Noam Chomsky:
Wirtschaft und Gewalt
Vom Kolonialismus zur neuen Weltordnung

Deutsch von Michael Haupt

Deutscher
Taschenbuch
Verlag

Der vorliegenden Taschenbuchausgabe wurde zusätzlich ein Personen- und Sachregister beigegeben.

Oktober 1995
Deutscher Taschenbuch Verlag GmbH & Co. KG, München
© 1993 Noam Chomsky
Titel der amerikanischen Originalausgabe:
›Year 501. The Conquest Continues‹ (South End Press, Boston)
© 1993 der deutschsprachigen Ausgabe:
Dietrich zu Klampen Verlag GbR, Lüneburg · ISBN 3-924245-31-2
Umschlagtypographie: Celestino Piatti
Umschlaggestaltung: Dieter Brumshagen
Umschlagbild: Michael Ende / Bilderberg
Gesamtherstellung: C. H. Beck'sche Buchdruckerei, Nördlingen
Printed in Germany · ISBN 3-423-04665-1

Das Buch

Nach dem Ende des Zweiten Weltkriegs, als die Welt neu geordnet werden sollte, schlug Winston Churchill vor: »... die Welt sollte von den saturierten Nationen regiert werden, die nicht mehr begehren, als sie bereits besitzen. Läge die Regierung der Welt in den Händen hungriger Nationen, gäbe es fortwährend Gefahr ... Wir können uns verhalten wie reiche Männer, die auf ihrem eigenen Grund und Boden in Frieden leben.« In seinem Vorwort zur deutschen Ausgabe dieses Buches bemerkt Noam Chomsky dazu: »Zieht man den Schleier der Täuschung von Churchills Empfehlung, so lautet sie schlicht, daß die reichen Männer der reichen Gesellschaften die Welt regieren, untereinander um einen größeren Anteil an Macht und Reichtum konkurrieren und gnadenlos alle unterdrücken sollen, die ihnen im Weg stehen. Unterstützung erhalten sie von den reichen Männern der ›hungrigen Nationen‹, die in diesem Spiel ihren Einsatz machen sollen. Die anderen dienen und leiden.« Chomskys ebenso akribische wie leidenschaftliche und bedrückende Studie über die Hintergründe und Folgen der westlichen, vor allem der amerikanischen Wirtschaftspolitik von Columbus bis in die neunziger Jahre des 20. Jahrhunderts enthält eine überwältigende Fülle von Fakten und Materialien. Sie ist ein »Muß für jeden, der sich einen Rest Mündigkeit bewahren will«. (René Zeyer in ›blick‹)

Der Autor

Noam Chomsky, 1928 als Sohn polnischer Einwanderer in Philadelphia geboren, ist Professor für Linguistik am Massachusetts Institute of Technology. Neben seinen bahnbrechenden Arbeiten im linguistischen Bereich setzt er sich seit den siebziger Jahren kritisch vor allem mit der amerikanischen Politik auseinander. Veröffentlichungen zu diesem Thema in deutscher Sprache u. a.: ›Vom politischen Gebrauch der Waffen‹, ›Die fünfte Freiheit‹ (1988), ›Was will Onkel Sam wirklich?‹ (1993).

Inhalt

Vorwort zur deutschen Ausgabe   9

ERSTER TEIL
ALTER WEIN, NEUE SCHLÄUCHE

I. »Das große Werk der Unterwerfung und der Eroberung«   27
1. »Die brutale Ungerechtigkeit der Europäer«   30
2. »Bäume und Indianer fällen«   51
3. Wohltätigkeit   61

II. Umrisse der Weltordnung   69
1. Die Logik der Nord-Süd-Beziehungen   69
2. Nach dem Kolonialismus   78
3. Der Club der reichen Männer   86
4. Das Ende der Wohlstandsallianz   94
5. Der »abscheuliche Wahlspruch der Herrschenden«   100
6. Das neue imperiale Zeitalter   109

III. Nord-Süd, Ost-West   114
1. Ein riesiger »fauler Apfel«   114
2. »Logische Unlogik«   119
3. Rückkehr zur Normalität   130
4. Einige Erfolge des freien Marktes   137
5. Nach dem Kalten Krieg   143
6. Die sanfte Linie   153

ZWEITER TEIL
HEHRE PRINZIPIEN

IV. Demokratie und Markt — 158
1. Die Freiheit, die zählt — 158
2. Der Flug der Hummel — 160
3. Die frohe Botschaft — 172
4. Neuformierung der Industriepolitik — 174

V. Die Menschenrechte: das pragmatische Kriterium — 184
1. Die Realität und ihr Mißbrauch — 184
2. Den Anker sichern — 186
3. Siegesfeier — 193
4. Das Ziehen von Schlußstrichen — 200

DRITTER TEIL
DAUERTHEMEN

VI. Eine »reife Frucht« — 210

VII. Alte und neue Weltordnungen: Lateinamerika — 230
1. »Der Koloß des Südens« — 230
2. »Das Wohlergehen des kapitalistischen Weltsystems« — 232
3. Die Demokratie schützen — 237
4. Den Sieg sichern — 242
5. »Eine typisch amerikanische Erfolgsgeschichte« — 246
6. Der triumphierende Fundamentalismus — 250
7. Andere Mörderstaaten — 254
8. »Unser Wesen und unsere Traditionen« — 266
9. Ein bißchen Handwerkszeug — 270

VIII. Haitis Tragödie	286
1. »Die erste freie Nation freier Menschen«	286
2. »Selbstlose Intervention«	291
3. »Die Politik hat Vorrang«	301
IX. Die Last der Verantwortung	319
1. Irrationale Verachtung	319
2. Versuchskaninchen	323
3. Die Vertreibung der Indianer	329
4. »Die amerikanische Psyche«	334

VIERTER TEIL
ERINNERUNGEN

X. Mord an der Geschichte	337
1. Ein Datum der Niedertracht	337
2. Fehlende Glieder in der Kette	342
3. Ein bißchen Unterricht in ›politischer Korrektheit‹	350
4. »Selbstmitleid« und andere Charakterschwächen	356
5. Unser sensibler Umgang mit Geschichte	372
6. »Haltet den Dieb!«	377
7. Ein Datum ohne Niedertracht	383
XI. Die Dritte Welt im eigenen Land	390
1. »Das Paradox des Jahres 1992«	390
2. »Ein Kampf auf Leben und Tod«	398
3. »Unseren Nachbarn fragen«	405
Nachweise und Anmerkungen	409
Bibliographie	431
Glossar	437
Personenregister	439
Sachregister	446

Vorwort zur deutschen Ausgabe

Die Originalversion dieses Buches erschien Anfang 1993 unter dem Titel *Year 501: the Conquest Continues*. Das bezog sich natürlich auf die Ankunft von Christoph Kolumbus in der amerikanischen Welt, auf den fünfhundertsten Jahrestag der Entdeckung Amerikas, der im Oktober 1992 begangen wurde. Sie gehörte zu einer ganzen Reihe entscheidender Ereignisse, die Europa den Weg zur Eroberung der Welt bahnten. In dieser langen Epoche hat es dramatische Veränderungen gegeben, aber viele von ihnen sind nichts als Variationen einiger durchgehaltener Themen, deren Melodie bis heute zu hören ist, da wir in eine »Ära der Verheißung« eintreten und »einen jener seltenen Augenblicke« erleben dürfen, in denen »die Weltgeschichte sich wandelt«. Jedenfalls war das Außenminister Bakers erhebende Vision, als die USA sich daran machten, den Irak zu bombardieren. Tatsächlich war damit nur eine neue Phase des »großen Werks der Unterwerfung und der Eroberung« eingeläutet worden. So jedenfalls lautete die Formulierung überschwenglicher amerikanischer Schriftsteller, die im neunzehnten Jahrhundert erwartungsfroh in die Zukunft schauten.

Die Leitmotive sind einfach und direkt; sie wurden von den politischen Führern der Welt gelegentlich mit aller Deutlichkeit vorgetragen. Als nach dem Zweiten Weltkrieg eine neue Weltordnung errichtet wurde, formulierte Winston Churchill die Lehren, die bei ihrer Durchsetzung zu beherzigen wären: »... die Welt sollte von den saturierten Nationen regiert werden, die nicht mehr begehren, als sie bereits besitzen. Läge die Regierung der Welt in den Händen hungriger Nationen, gäbe es fortwährend Gefahr. Aber von uns hätte keiner irgendeinen Grund, mehr besitzen zu wollen. Dergestalt könnte der Friede von Völkern bewahrt werden, die auf ihre Weise leben und nicht ehrgeizig sind. Unsere Macht hat uns über die anderen erhoben. Wir könnten uns verhalten wie reiche Männer, die auf ihrem eigenen Grund und Boden in Frieden leben.« Herrschaft auszuüben ist nicht nur das Recht der Reichen, sondern auch ihre Pflicht.

Indes sind zwei fehlende Anmerkungen hinzuzufügen. Erstens mangelt es den reichen Männern keineswegs an Ehrgeiz. Ständig gibt es neue Gelegenheiten, sich zu bereichern und andere zu beherrschen, und das Wirtschaftssystem macht es leider unumgänglich, diese Gelegenheiten wahrzunehmen, denn wer zu spät kommt, wird vom Leben bestraft. Zweitens dient die Vorstellung, »Nationen« oder »Völker« würden als Akteure in der internationalen Arena auftreten, der üblichen ideologischen Drapierung, hinter der sich die Tatsache verbirgt, daß es innerhalb der reichen wie auch der hungrigen Nationen radikale Unterschiede hinsichtlich der Verteilung von Macht und Privilegien gibt. Zieht man den Schleier der Täuschung von Churchills Empfehlung, so lautet sie schlicht, daß die reichen Männer der reichen Gesellschaften die Welt regieren, untereinander um einen größeren Anteil an Macht und Reichtum konkurrieren und gnadenlos alle unterdrücken sollen, die ihnen im Wege stehen. Unterstützung erhalten sie von den reichen Männern der »hungrigen Nationen«, die in diesem Spiel ihren Einsatz machen sollen. Die anderen dienen und leiden.

Das sind alles Binsenweisheiten. Vor über 200 Jahren hat Adam Smith, der häufig mißverstandene Held des gegenwärtigen westlichen Triumphzuges, beschrieben, daß die Reichen dem »abscheulichen Wahlspruch der Herrschenden« folgen: »Alles für uns und nichts für die anderen.« Wie selbstverständlich benutzen sie die Staatsmacht, um ihre Ziele zu erreichen. Zu seiner Zeit waren die »Kaufleute und Produzenten« die »führenden Architekten« der Politik, die sie so ausrichteten, daß ihre Interessen »vorrangig wahrgenommen werden konnten«, ungeachtet der »schmerzlichen« Auswirkungen auf andere – wozu auch die Bevölkerung ihrer eigenen Heimatländer gehörte.

Wie in jedem komplexen System lassen sich weitere Schattierungen und Nebenwirkungen angeben; aber in Wahrheit sind dieses die Grundthemen der alten ebenso wie der neuen Weltordnung.

Die elementaren Tatsachen sind den Opfern wohlbekannt. Die vorläufig letzte Version einer Neuen Weltordnung wurde im Januar 1991 von George Bush verkündet, als Bomben auf Bagdad und Basra niederregneten und die unglücklichen Wehrpflichtigen sich im Wüstensand versteckten. Seine Erklärungen lösten bei Journalisten und in den Kreisen der Gebildeten viel Bewunderung und Zustimmung aus, aber diese Reaktion blieb weitgehend auf den Westen beschränkt.

Ein paar Tage nach Verkündigung des neuen Zeitalters hieß es in der *Times of India*, der Westen strebe »ein regionales Jalta [an], bei dem die mächtigen Nationen die arabischen Beutestücke unter sich aufteilen«. Und weiter: »Das Verhalten der Westmächte hat uns die Kehrseite der westlichen Zivilisation gezeigt: ihre ungezügelte Gier nach Herrschaft, ihre morbide Anbetung hochtechnologischer Rüstung, ihr Mangel an Verständnis für ›fremde‹ Kulturen, ihr abstoßender Chauvinismus...«. Eine führende Monatszeitschrift der Dritten Welt, die in Malaysia erscheint, verurteilte den »feigsten Krieg, der je auf diesem Planeten geführt wurde«. Der Auslandsredakteur einer großen brasilianischen Tageszeitung schrieb: »Was im Golf praktiziert wird, läuft auf die nackte Barbarei hinaus, die ironischerweise unter dem Deckmantel der Zivilisation auftritt. Bush ist genauso verantwortlich wie Saddam ... In ihrer Unbeweglichkeit folgen sie einzig der kalten Logik geopolitischer Interessen und zeigen für das menschliche Leben nichts als Verachtung.« Eine Karikatur in einer chilenischen Zeitschrift zeigte Bush in einer Badewanne voller Kriegsspielzeug. Im dazugehörigen Artikel bemerkte Mario Benedetti: »Wenn die Vereinigten Staaten vom Befreiungsfieber geschüttelt werden, läuten überall die Alarmglocken, vor allem in der Dritten Welt«, die nicht das westliche Talent besitzt, das »befreite Wrack« schnell wieder zu verlassen. Benedetti fand vielsagende Parallelen zwischen Bushs »Neuer Weltordnung« und den großraumpolitischen Vorstellungen von Mussolini und Hitler. Jener verfolge mit dem Golfkrieg die »erklärte Absicht, der Dritten Welt wie auch den alten und neuen Verbündeten der USA zu zeigen, daß ab jetzt Washington befiehlt, einmarschiert und das Gesetz diktiert, punktum«. Für die Dritte Welt »könnte sich die Schwächung der Sowjetunion und der gleichzeitige Sieg [der USA] am Golf als verhängnisvoll erweisen, ... weil der Zusammenbruch des internationalen militärischen Gleichgewichts bisher das Herrschaftsverlangen der Vereinigten Staaten einigermaßen im Zaum gehalten hat«, während nun der westliche Chauvinismus »zu noch wilderen imperialistischen Abenteuern angestachelt werden könnte«. Die Dritte Welt aber müsse nun sämtliche Götter anflehen, sie möchten »Bush und Powell überreden, nicht zu unserer Befreiung auszurücken.«

Die allgemeine Stimmung in der Dritten Welt faßte Kardinal Paulo Evaristo Arns aus Sao Paulo zusammen. In den arabischen Ländern »haben die Reichen die US-Regierung unterstützt, während die Millionen von Armen diese militärische Aggression verdammten.« In der ganzen Dritten Welt, so der Kardinal, »herrschen

Haß und Furcht: Wann werden die US-Truppen bei uns einmarschieren?«, und unter welchem Vorwand?

Diese Ängste wurden nicht vermindert, als Washington wegsah, während sein alter Freund und Bündnispartner Saddam Hussein rebellierende Schiiten und Kurden massakrierte, was er, wie die Presse umsichtig erklärte, natürlich nur aus Gründen der »Stabilität« vollbrachte. Als die USA und Großbritannien die chauvinistischen Gefühle wieder ein wenig anheizen wollten und zu diesem Zweck den libyschen Punchingball aus der Ecke holten, bezeichnete die halbamtliche ägyptische Zeitung *Al-Ahram* die Neue Weltordnung als »festen Regeln folgende internationale Piraterie«. Als Bill Clinton in die Fußstapfen seines Vorgängers trat und im Juni 1993 Tomahawk-Raketen auf die Innenstadt von Bagdad abfeuern ließ, schrieb eine führende Tageszeitung in Bahrein: »Amerika kann mit Arabien mittlerweile ad libitum verfahren und sucht noch nicht einmal nach einem halbwegs plausiblen Vorwand, um die jüngste Aggression zu rechtfertigen«, denn Washington vertraut auf die Unterstützung durch den UN-Sicherheitsrat, der zum »bloßen Anhängsel des US-Außenministeriums« geworden ist. Die offizielle Presse in Marokko beschuldigte Clinton, er würde »die neue Weltordnung dazu mißbrauchen, die Länder und Völker der Welt zu versklaven« und den Sicherheitsrat als »Organ der amerikanischen Außenpolitik« benutzen.

Die Reaktionen auf Clintons Bomben beleuchten die Verheißungen des neuen Zeitalters, so wie die Bombardierung ihrerseits nur ein weiterer Hinweis darauf ist, daß das mit großem Aplomb verkündete »Mandat für den Wandel« – ein Ausdruck, den Clintons PR-Leute von Eisenhower geborgt haben – in Wirklichkeit nichts anderes bedeutet als »Alles läuft weiter wie bisher«.

Die Bombardierung war die Reaktion auf ein angeblich geplantes Attentat, dem Präsident Bush in Kuwait zum Opfer fallen sollte. Dort führte man gegen die Angeklagten eine dubiose Gerichtsverhandlung, als die Raketen abgeschossen wurden. Die Schlagzeilen betonten Washingtons Ankündigung, man habe »gewisse Beweise«, die den Irak belasteten. Nur sehr sorgfältige Leser bemerkten, daß die Regierung, wie sie im Stillen auch zugab, bestenfalls »Indizien« in Händen hielt. Diese Tatsache wurde kaum zur Kenntnis genommen und schnell als bedeutungslos ad acta gelegt. Großen Beifall spendete die Heimat, als Washington sich zur Rechtfertigung der Bombardierung auf den Artikel 51 der Charta der Vereinten Nationen berief. Der Artikel legt fest, daß die Selbstverteidigung gegen einen »bewaffneten Angriff« bis zum Einschreiten des Sicherheitsrates legitim ist, allerdings muß, so will es das internationale Recht, die Notwendigkeit zum Handeln »unmittelbar gegeben und von höchster Dringlichkeit sein und darf keine Verzögerung hinsichtlich einer Entscheidung über die Mittel gestatten«. Daß Washington für die Bombardierung Bagdads zwei Monate nach einem angeblichen Attentatsversuch auf einen früheren Präsidenten den Artikel 51 bemüht, kann nicht einmal mehr absurd genannt werden. Die Kommentatoren haben sich wenig darum geschert.

Die *Washington Post* versicherte den Führungsschichten der Nation, daß die Fakten und der Artikel 51 »nahtlos zusammenpaßten«. Die Zeitung lobte Clinton dafür, daß er »der feindlichen Aggression entgegengetreten« sei und die Befürchtung widerlegt habe, er könnte sich zur Anwendung von Gewalt weniger bereitwillig zeigen als seine Vorgänger. Die Bombardierung beseitigte die Gefahr einer möglichen »dauerhaften Lähmung der US-amerikanischen Außenpolitik, die sich in der Ära nach dem Ende des Kalten Krieges durch die Beschränkungen des Multilateralismus« – das heißt, durch das internationale Recht und die UN-Charta – »am Horizont abzeichnete«. Andere stimmten dem zu, und nur wenige fragten sich, ob der Artikel 51 wirklich auf die Sachlage zutreffe. Die Schlußfolgerung, daß die Bombardierung ein weiterer Akt krimineller Gewaltanwendung gewesen sei, zogen sie allerdings nicht.

Es ist, nebenbei bemerkt, nicht schwierig sich vorzustellen, wie die Welt aussähe, wenn Washingtons Verhaltenskodex zum allgemeinen Gesetz erhoben würde: sie wäre ein Dschungel, in dem die Mächtigen ihren Willen nach Belieben durchsetzten. Sie wäre, kurz gesagt, wie die Welt, die wir sehen, sobald wir die Scheuklappen der Ideologie ablegen.

Sieben der 23 Raketen verfehlten ihr Ziel und trafen stattdessen Wohngebiete. Acht Zivilisten wurden getötet, berichtete die *Washington Post* aus Bagdad, darunter die bekannte Künstlerin Layla al-Attar und ein Mann, der, als er gefunden wurde, noch sein Baby in den Armen hielt. Es gilt als ausgemacht, daß ein Raketenangriff gar nicht ohne technische Pannen ablaufen kann, doch der »Hauptvorteil« hierbei war, so betonte Verteidigungsminister Les Aspin, daß »die US-Piloten kein Risiko eingehen mußten«, was bei zielgenauerem Vorgehen unvermeidlich gewesen wäre. So traf das Risiko irakische Zivilisten, aber irgendjemand muß sich ja schließlich opfern.

Clinton war über das Ergebnis hocherfreut. »Ich bin sehr zufrieden mit dem, was mir bis jetzt gemeldet wurde, und ich denke, das amerikanische Volk sollte ebenfalls zufrieden sein«, sagte der tief religiöse Präsident am nächsten Tag auf dem Weg zur Kirche. Seine Freude wurde von vielen Kommentatoren und Leitartiklern des beschränkten politischen Spektrums ebenso geteilt wie von den Tauben im Kongreß, die den Angriff als »angemessen, vernünftig und notwendig« beurteilten (Barney Frank, ein führender Liberaler aus Massachussetts).

Vielfach wurde darauf hingewiesen, daß die Bombardierung politisch klug gewesen sei, habe sie doch dem Präsidenten in einer schwierigen Situation öffentliche Unterstützung verschafft, indem er die Bevölkerung unter der Fahne sammelte. Das ist die gewohnte Reaktion auf eine offensichtliche Krise. Clinton wurde auch dafür gelobt, das Leben von Amerikanern nicht aufs Spiel gesetzt zu haben. Natürlich hätten die USA in Bagdad noch viel schrecklichere Verwüstungen anrichten können, ohne zu riskieren, daß Menschen dabei sterben, auf deren Leben es ankommt. Aber das wäre unklug gewesen. Der Präsident »wollte unter der Zivilbevölkerung keinen ernsthaften Schaden anrichten«, erklärt Thomas Friedman, Chef-Auslandskorrespondent der *New York Times*: »Ein Schlag, der noch mehr Opfer in der Zivilbevölkerung gekostet hätte, würde wahrscheinlich keine Unterstützung für Washington, sondern eher Sympathie für den Irak hervorgerufen haben.«

Trotz dieses kraftvollen Arguments gegen Massenmord waren nicht alle mit der Zurückhaltung des Präsidenten zufrieden. In der *New York Times* rügte William Safire die Regierung, sie habe Saddam »nur ein bißchen auf die Finger geklopft«, statt seine »Kriegsmaschinerie und seine wirtschaftliche Basis« in voller Breite anzugreifen und »alle Hoffnungen auf einen baldigen Wiederaufbau nachhaltig zu zerstören«. Diese Bedenken wurden von der liberalen *New Republic* und anderen Blättern geteilt.

Das bemerkenswerteste Kennzeichen der Medienreaktion war der Mantel des Schweigens, der über eine – für jeden seiner Sinne halbwegs mächtigen Leitartikler ganz offenkundige – Tatsache gebreitet wurde: Washington hält den Weltrekord an politischen Mordversuchen. Zu den Zielpersonen gehörten unter anderem Fidel Castro, Patrice Lumumba und Ghaddafi. Folgte man der von Regierung und Medien vertretenen Logik, müßten wir die halbe Welt dazu aufrufen, Bomben auf New York und Washington zu werfen. Es gab, um es genau zu sagen, durchaus Hinweise auf den Mordversuch an Ghaddafi. So bemerkte Thomas Friedman in der *New York Times*: »Der Luftangriff auf Libyen zielte direkt auf Oberst Ghaddafi, Mitglieder seiner Familie wurden getötet, und er entging nur knapp der Gefahr, in seinem Zelt in die Luft gesprengt zu werden.« Was schließen wir daraus? Die Mordversuch an Ghaddafi ist ein würdiger Vorläufer von Clintons Vergeltungsschlag für eine angebliche Verschwörung zur Ermordung George Bushs.

Die Neue Weltordnung ist eine höchst wundersame Konstruktion.

Solche Reaktionen, die das Meinungsspektrum der Führungsschichten adäquat wiedergeben, erteilen nützliche Lektionen über die Aussichten, die sich uns eröffnen. Folgt man den Normen der zivilisierten Gesellschaft, so sind Mordanschläge, Terrorismus, Folter und Aggression hart zu bestrafende Verbrechen, wenn sie auf Personen zielen, auf die es ankommt; sie sind keiner Erwähnung wert oder gar lobenswerte Akte der Selbstverteidigung, wenn der höchste Mafiaboß die Verbrechen im Namen der freien Welt selbst ausführt. Diese Wahrheiten sind uns so selbstverständlich, daß sie in nahezu 100 Prozent der Berichte und Kommentare über Clintons Angriff vertreten wurden; ja, man ging sogar so weit, US-amerikanische Mordversuche an ausländischen Politikern als Rechtfertigung für den Angriff auf den Irak anzuführen! Jeder totalitäre Staat könnte stolz darauf sein, eine Intellektuellenschicht zu besitzen, die Derartiges fertigbringt.

Andere aktuelle Ereignisse unterstreichen das eben Gesagte. Der Irak kann nach Belieben bombardiert werden. In Somalia haben UN-Truppen, die de facto unter US-amerikanischem Kommando stehen, die Erlaubnis zu Vergeltungsschlägen gegen lokale Streitkräfte. Es hat bereits viele Opfer unter der Zivilbevölkerung gegeben. Ganz anders lauten die Regeln des militärischen Engagements, wenn es um den Völkermord in Bosnien oder um Angola geht, wo Grausamkeiten ähnlichen Ausmaßes begangen werden, die hier nicht einmal die Öffentlichkeit erreichen. Eine Intervention zur Eindämmung der Gewalttaten ist jedoch nicht vorgesehen, und die USA weigern sich strikt, in Bosnien Bodentruppen zu stationieren. In Somalia dagegen sind Bombardements und Truppenstationierungen erlaubt.

Die Operationskriterien sind nicht schwer zu durchschauen. In Bosnien ist der Einsatz von Bodentruppen mit hohen Risiken verbunden, und Vergeltungsschläge würden den Westen teuer zu stehen kommen. In Somalia dagegen rechnet man damit, leichtes Spiel zu haben. Krieg und Gewalt im ehemaligen Jugoslawien könnten für den Westen bedrohlich werden und sind von daher aufmerksam zu beobachten. Dagegen berührt der Bürgerkrieg in Angola die westlichen Interessen nicht weiter und kann getrost sich selbst überlassen bleiben. Überdies ist der Hauptakteur, Jonas Savimbi, ein treuer Vasall der USA und gilt dort bei vielen führenden Politikern als »Freiheitskämpfer«. Jeane Kirkpatrick nannte ihn sogar »einen der wenigen wirklichen Helden unserer Zeit«, nachdem seine Streitkräfte unter anderem mit dem Abschuß von Zivilflugzeugen geprahlt hatten. Einige hundert Menschen kamen dabei ums Leben. Unterstützt von Südafrika und den USA begingen Savimbis Truppen wahre Heldentaten an Zerstörung und Grausamkeit. Aber davon soll die Öffentlichkeit genauso wenig etwas erfahren wie von den Greueltaten des fanatischen islamischen Fundamentalisten Gulbuddin Hekmatyar, die dieser Günstling der CIA in Afghanistan begeht.

Prinzipiell sollten, so das zugrundeliegende Leitmotiv, militärische Eingriffe nur vorgenommen werden, wenn das Eigeninteresse dies gebietet. Die Geschichte gibt uns genügend Beispiele an die Hand. Natürlich sind die historischen Umstände auch bei parallel gelagerten Fällen (wie zum Beispiel Ost-Timor und Kuwait) niemals völlig gleich, was den Apologeten, die den jeweiligen Kurs der Mächtigen begründen und rechtfertigen müssen, natürlich entgegenkommt. Doch vergleichende Untersuchungen lassen schnell erkennen, daß die Begründungen, selbst wenn sie in dem einen oder anderen Fall solide sind, nicht auf der operativen Ebene liegen. Operative Gründe lassen sich gar nicht formulieren, außer durch ehrliche Zyniker der Art Churchills, dessen »reiche Männer« von den veränderten Bedingungen profitieren.

Nach dem Ende des Kalten Krieges dürfen umfangreiche Teile des ehemaligen Herrschaftsgebiets der Sowjetdiktatur wieder die traditionell dienende Rolle übernehmen, die ihnen als Ländern der Dritten Welt zukommt. Die Wirtschaftspresse hat bereits darauf hingewiesen, daß sich daraus neue Gewinnmöglichkeiten schöpfen und neue Waffen gegen die Bevölkerung der reichen Nationen selbst schmieden lassen. General Motors plant die Schließung von zwei Dutzend Werken in den USA und Kanada, ist aber zum größten Arbeitgeber in Mexiko geworden. Der Konzern hat sich das dortige »Wirtschaftswunder« zunutze gemacht, mittels dessen die Löhne in den letzten zehn Jahren um 60 Prozent gefallen sind, was vielerorts mit Beifall aufgenommen wurde. Nun winken in Ost- und Mitteleuropa ähnliche Bedingungen. General Motors baute für 690 Millionen Dollar ein Fertigungswerk in Ostdeutschland auf, wo die Arbeiter, wie die *Financial Times* glücklich erklärte, längere Arbeitszeiten und geringere Löhne in Kauf zu nehmen bereit sind als ihre »verwöhnten Kollegen im Westen«. Unter der Überschrift »Neues Leben blüht aus kommunistischen Ruinen« – nicht alles im Osten ist düster – berichtet die *Financial Times* über neue Möglichkeiten für die Konzerne, ihre Kosten zu senken. Denn mit dem Fortschreiten des kapitalistischen Reformprozesses »werden große Teile der Industriearbeiterschaft Opfer von Armut und Arbeitslosigkeit«. In dieser Hinsicht bietet Polen sogar noch günstigere Bedingungen als Ostdeutschland; dort verlangen die Arbeiter gar nur 10 Prozent des Lohns, der im Westen gezahlt wird. Das verdankt sich nicht zuletzt »der härteren Arbeitsmarktpolitik, die die polnische Regierung betreibt«. Als der Westen noch gegen den Erzfeind kämpfte, war die polnische Gewerkschaft *Solidarität* der große Liebling. Jetzt gehört sie, wie die Arbeiterbewegung im Westen, selbst zu den Feinden.

Business Week erläutert, was auf die westeuropäischen Arbeiter zukommt. »Hohe Löhne müssen ebenso der Vergangenheit angehören wie Unternehmenssteuern, kürzere Wochenarbeitszeiten ebenso wie die Unbeweglichkeit der Arbeitskräfte und luxuriöse Sozialprogramme.« In dieser Hinsicht kann Europa von Großbritannien lernen. Hier nämlich, so vermerkt die Londoner Zeitschrift *Economist* zustimmend, werde »endlich etwas getan«. Durch die juristische Maßregelung der Gewerkschaften, durch hohe Arbeitslosigkeit und die Ablehnung der Sozialcharta des Vertrages von Maastricht sind die Unternehmer »vor zu starker Regulierung und zu geringer Flexibilität der Arbeitskräfte« geschützt. Diese und ähnliche Lektionen werden die Arbeiter in Nordamerika auch noch lernen.

Die grundlegenden Ziele beschrieb der Präsident von »United Technologies«, Harry Gray, mit wünschenswerter Deutlichkeit: Wir brauchen »weltweit ein Geschäftsklima, das nicht von Regierungserlassen und -vorschriften behelligt wird«. Insbesondere hält Gray Maßnahmen zum Schutz der Konsumenten (Inspektionen,

Angaben auf Verpackungen) für überflüssig. Die Gewinne der Investoren sind der höchste menschliche Wert, dem alles andere untergeordnet werden muß. Natürlich spricht sich Gray nicht gegen Regierungsmaßnahmen aus, die seinem Konzern, einem Ableger des Pentagon-Systems, das Überleben garantieren. Der Neoliberalismus ist eine Waffe gegen die Armen; die Reichen und Mächtigen werden sich zur Wahrung ihrer Interessen auch weiterhin auf die Staatsmacht verlassen.

Im Gefolge der Globalisierung der Wirtschaft entstehen neue Regulationsmechanismen, die den Interessen transnationaler Wirtschaftsmächte dienen sollen. Dazu gehören zentral gesteuerte Transaktionen, die, wenn sie nationale Grenzen überschreiten, »Freihandel« genannt werden; dazu gehört ebenso ein zunehmender Protektionismus – gleichfalls »Freihandel« genannt –, der gewährleistet, daß die transnationalen Konzerne die Technologien der Zukunft kontrollieren. Ein weiteres Resultat dieser Globalisierung ist die Ausweitung der für Länder der Dritten Welt so typischen Zwei-Klassen-Gesellschaft auf die Industrienationen. Hier haben die USA die Führung übernommen. Strategisch, politisch und wirtschaftlich einzigartig ausgestattet, besitzen die Vereinigten Staaten auch eine außerordentlich mächtige und klassenbewußte Unternehmenskultur, die den in anderen Ländern durch Kämpfe und Auseinandersetzungen erzwungenen Sozialvertrag nicht übernehmen mußte. Ein Gang durch eine beliebige amerikanische Großstadt veranschaulicht die Statistiken über Unterernährung, Kindersterblichkeit, Armut und andere Elemente dessen, was die Wirtschaftspresse das »Paradox des Jahres 1992« nannte und in der Formel »Schwache Wirtschaft, starke Gewinne« bündig zusammenfaßte. Daß der Nachfolger von George Bush, seines Zeichens konservativer Demokrat, dieses Paradox durch seine Politik nur verschärfen wird, steht außer Zweifel.

Als geographische Einheit ist das Land längst nicht mehr wichtig, die Banken und Konzerne spielen ein anderes Spiel. Zunehmend kann die Produktion in Länder mit starker politischer Unterdrückung und niedrigen Löhnen verlagert oder in privilegierte Sektoren der Weltwirtschaft verschoben werden. Große Teile der Bevölkerung werden damit für die Produktion und vielleicht gar für die Konsumtion überflüssig. Die Zeit, in der ein Henry Ford erkannte, daß er seinen Arbeitern in einer national begrenzten Ökonomie anständige Löhne zahlen müsse, um seine Autos verkaufen zu können, ist längst dahin.

Wie steht es nun mit Clintons »Mandat für den Wandel«? Clinton war, was in Europa oftmals mißverstanden wurde, kein Kandidat für die breiten Schichten der Bevölkerung und hatte ganz sicher keine sozialdemokratischen Ambitionen. Das Wahlvolk stimmte in der Hauptsache »gegen Bush« und traute Clinton nicht, dessen Popularität auch, bald nachdem seine Wahlversprechungen verblaßt waren, in den Keller sank. Zu den verzweifelten Bemühungen, aus diesem Tief herauszukommen, gehörte die Bombardierung des Irak. Clinton hatte eine gewisse Bekanntheit als Führer der konservativen Demokraten erlangt, die ihrerseits kaum vom weniger chauvinistischen und fanatischen Flügel der republikanischen Partei zu unterscheiden sind. Auf die Öffentlichkeit übt er wenig Anziehungskraft aus.

Die beiden Fraktionen – Republikaner und Demokraten – sind im Grunde Flügel einer einzigen Unternehmerpartei, die in vielerlei Hinsicht übereinstimmen, sich jedoch im Hinblick auf ihre Wählerschaft und (bisweilen) ihre taktischen Schwerpunkte unterscheiden. Das sind zwar nur Tendenzen, in denen sich wechselnde Bündnisse niederschlagen, aber sie sind real und zeitigen hin und wieder politische Konsequenzen. Die Demokraten sind von ihrer Basis her stärker in den sozialen Bewegungen – bei Arbeitern, Frauen, Minderheiten und den Armen – verhaftet. Die Republikaner haben sich immer sehr viel offener und umstandsloser als Partei der Besitzenden, der Firmeneigner und -manager präsentiert. Ihre Basis in der Bevölkerung suchten sie durch den Appell an chauvinistische Instinkte, Angst, religiösen Fanatismus und dergleichen. Sie waren damit alles andere als erfolglos: der religiöse Fundamentalismus erreicht eine in den übrigen Industrienationen unbekannte Breitenwirkung, und die Bevölkerung ist jahrzehntelang durch hysterische Propagandakampagnen über angriffsbereite Feinde eingeschüchtert worden, wobei die von John F. Kennedy und anderen an die Wand gemalte »monolithische und gnadenlose Verschwörung« der Kommunisten mittlerweile durch verrückte Araber, internationale Terroristen, hispanische Drogenhändler und andere geeignete Zielgruppen ersetzt worden ist.

Man muß nicht eigens erwähnen, daß keine der beiden politischen Fraktionen ihren breiten Wählerschichten tatsächliche Mitsprache bei wichtigen Dingen, die die Privatwirtschaft betreffen, einräumt. Die Sorgen und Nöte der breiten Mehrheit spielen höchstens eine Nebenrolle; der dramatische Angriff auf die Bürgerrechte während der Reagan-Ära ist ein typischer Fall. Clinton, der sich auf andere Bevölkerungsschichten bezieht, wird die Auswirkungen dieser Politik sicherlich abmildern, was für das Leben der Individuen von großer Bedeutung sein kann, sich auf die politische Hauptaufgabe jedoch nur am Rande auswirkt: auch Clinton wird das Funktionieren eines Wohlfahrtsstaates für die Reichen zu gewährleisten haben.

Hier entstehen objektive Probleme, die sich nicht wegdekretieren lassen. In der Privatwirtschaft (und von daher auch im politischen System) ist man sich uneins darüber, wie damit umzugehen sei. Eine Hauptsorge gilt der »Industriepolitik«, anders gesagt, der Rolle des Staates bei der Unterstützung von Privatunternehmen. Das wird oft als Suche nach »Arbeitsplätzen« getarnt, weil der Ausdruck »Profit« im ideologischen System vermieden werden muß. Vielleicht war dies der Hauptgesichtspunkt bei den Wahlen von 1992.

Wie alle entwickelten Industriegesellschaften haben auch die USA von Beginn an eine Wirtschaftspolitik der staatlichen Intervention betrieben, wiewohl diese Tatsache aus ideologischen Gründen gerne geleugnet wird. Während des Kalten Krieges verbarg sich diese »Industriepolitik« hinter dem Pentagon-System und bezog auch das Energieministerium (in dessen Auftrag Nuklearwaffen produziert wurden) sowie die NASA mit ein, die von der Regierung Kennedy zu einer wichtigen Quelle staatlich gelenkter öffentlicher Subventionen für die entwickelte Industrie wurde. In den späten vierziger Jahren hielten es Regierungs- und Wirtschaftskreise für ausgemacht, daß der Staat auf massive Weise intervenieren müsse, um die Privatwirtschaft aufrechtzuerhalten. Das Pentagon-System galt als ideale Umsetzung dieser Ziele. Es bürdet der öffentlichen Hand einen Großteil der Kosten (für Forschungs- und Entwicklungsarbeiten, R&D) auf und garantiert einen Absatzmarkt für die Überschußproduktion. Das ist ein nützliches Ruhekissen für Management-Entscheidungen. Darüber hinaus ist eine solche Industriepolitik frei von den unerwünschten Nebenwirkungen, die Sozialausgaben für menschliche Bedürfnisse mit sich bringen. Diese nämlich zeitigen nicht nur höchst unerfreuliche Umverteilungseffekte, sondern geraten auch den wirtschaftspolitischen Präferenzen des Managements ins Gehege; die Produktion nützlicher Güter könnte eventuell die privat erzielten Gewinne aushöhlen, während die staatlich subventionierte Ausschußproduktion (Waffen, bemannte Mondexpeditionen usw.) für den Eigner und Manager ein reines Geschenk ist, weil er darüber hinaus auch noch die marktverwertbaren Nebenprodukte kontrolliert. Des weiteren könnten Sozialausgaben öffentliches Interesse und öffentliche Beteiligung nach sich ziehen und so den langen Schatten der Demokratie auf die politischen Verhältnisse werfen; die Öffentlichkeit ist an Krankenhäusern, Straßen, gut nachbarschaftlichen Beziehungen usw. interessiert, nicht aber an ballistischen Flugkörpern und High-Tech-Kampfbombern. Die Nachteile der Sozialausgaben tangierten den militärischen Keynesianismus nicht, der noch den zusätzlichen Vorteil besaß, an die Bedürfnisse einer entwickelten Industrie optimal angepaßt zu sein: Computer und Elektronik, Flugzeugbau und ein breites Spektrum damit zusammenhängender Technologien und Unternehmungen waren auch für die zivile Industrie höchst interessant.

Das Pentagon-System diente natürlich auch anderen Zwecken. Als weltweit agierender Zwingherr benötigen die USA zur Intervention fähige Streitkräfte und eine einschüchternde Drohhaltung, um ihren Einsatz zu erleichtern. Aber die wirtschaftliche Rolle des Systems stand immer im Mittelpunkt, was den Militärstrategen gut bekannt ist. General James Gavin, Planungschef unter Eisenhower und verantwortlich für die militärische Forschung und Entwicklung, bemerkte: »Was als Konkurrenz zwischen den einzelnen militärischen Abteilungen erscheint, ist in den meisten Fällen ... ein harter Wettbewerb zwischen verschiedenen Industriezweigen.« Von Anbeginn an war auch klar, daß diese Ziele »Aufopferung und Disziplin« seitens der Öffentlichkeit verlangen (so das wichtigste Planungsdokument des Kalten Krieges, NSC 68 vom April 1950). Deshalb war es, wie Dean Acheson mit Nachdruck betonte, notwendig, den Kongreß und widerstrebende Regierungsbeamte mit der kommunistischen Bedrohung unter Druck zu setzen und, wie der einflußreiche Senator Arthur Vandenberg die Botschaft interpretierte, »dem amerikanischen Volk den Schrecken seines Lebens einzujagen«. Dies war eine der Hauptaufgaben der Intellektuellen während jener Jahre.

Der Niedergang der traditionellen Industriezweige ist eine ernste Angelegenheit. Es wird immer schwieriger, den Steuerzahler davon zu überzeugen, daß es sinnvoll ist, die Industrie mit Methoden zu subventionieren, die in der frühen Nachkriegszeit entwickelt worden sind. Demzufolge gibt es jetzt eine offene Diskussion über die Notwendigkeit einer »Industriepolitik«, die nicht mehr unter der Maske des Pentagon-Systems betrieben wird.

Daß die alten Methoden in so schweres Fahrwasser gerieten, lag nicht nur am Verlust des Hauptfeindes, der immer als Standardvorwand herhalten mußte. Es lag auch nicht nur daran, daß die Menschen, die unter den Auswirkungen der Reaganschen Bereicherungspolitik leiden mußten, irgendwann die Geduld verloren. Das Pentagon-System war in gewisser Hinsicht von vornherein ineffizient gewesen. Als die USA noch die uneingeschränkte Weltwirtschaftsmacht darstellten, spielte das keine Rolle. Mittlerweile aber treffen die amerikanischen Konzerne auf ernstzunehmende Konkurrenten, die direkt für den Markt planen und produzieren können und nicht auf mögliche Nebenprodukte der Waffen- oder Raumfahrttechnologie warten müssen. Darüber hinaus finden die entscheidenden industriellen Entwicklungen im Bereich der Biotechnologie statt. Hier lassen sich öffentliche Subventionen und staatliche Protektionsmaßnahmen nicht mehr hinter dem Schleier des Pentagon-Systems verbergen. Schon deshalb bedarf es neuer Formen staatlicher Intervention.

In der Wahlkampagne von 1992 zeigten die Demokraten in dieser Hinsicht mehr Problembewußtsein und wurden von bestimmten Bereichen des Finanz- und Konzernkapitals unterstützt, die Clinton und seinen Leuten mehr Realitätsbewußtsein zubilligten als den Ideologen des Reaganismus.

Allerdings zögerten auch die Reagisten nicht, die Staatsmaschinerie einzusetzen, um die Reichen vor den Marktmechanismen zu schützen. Sie bedienten sich dabei vor allem der Mittel aus dem Fundus des Militärkeynesianismus. Um nur einen Fall zu nennen: eine 1985 veröffentlichte OECD-Studie fand heraus, daß das Pentagon und Japans Ministerium für staatliche Planung (MITI) die Gelder für den Bereich »Forschung und Entwicklung« in ähnlicher Weise auf die neuen Technologien verteilten. Das Pentagon bediente sich vor allem des SDI-Programms (»Krieg der Sterne«), das öffentlich als staatliche Förderung für den »Privatsektor« angekündigt und von der Wirtschaftspresse dafür gelobt worden war. Das Jahrzehnt der Präsidenten Reagan und Bush endete im Herbst 1992 mit einer von den Medien groß aufgemachten Verbesserung der Wirtschaftslage, die die Wirtschaftspresse auf die

Erhöhung der Militärausgaben zurückführte, von denen ein Großteil für den Ankauf von Computerhard- und -software verwendet wurde.

Trotz vieler solcher Errungenschaften stand der Reagan-Bush-Fraktion ihr eigener ideologischer Extremismus im Wege, der sie daran hinderte, die aktuellen Probleme der industriellen Entwicklung so direkt anzupacken, wie ihre politischen Gegner es vermochten. Clinton denkt anders über diese Probleme, was sich schon daran zeigt, daß er die Berkeley-Professorin Laura Tyson zur Vorsitzenden des Wirtschaftsbeirates berufen hat. Tyson war in Berkeley Mitbegründerin und Direktorin der »Internationalen Wirtschaftsrunde«, eines von Konzernen finanzierten Forschungsinstituts zu Problemen von Handel und Technologie, das sich für eine offen staatlich gelenkte Industriepolitik einsetzt. Sie hat »seit langen Jahren Beziehungen zu Unternehmen in Silicon Valley, die von der Politik, für die sie eintritt, profitieren werden«, hieß es im Wirtschaftsteil der *New York Times*. Zur Unterstützung dieser Politik zitiert Michael Borrus, ein weiterer Direktor der »Wirtschaftsrunde«, aus einer Untersuchung des Handelsministeriums von 1988, die zeigt, daß »im Zeitraum von 1972 bis 1988 fünf der sechs am schnellsten wachsenden US-Industrien direkt oder indirekt durch Investitionen des Bundes gefördert oder unterstützt wurden«. Eine Ausnahme bildete nur das graphische Druckgewerbe. In früheren Jahren, schreibt er, »waren die Gewinner – Computer- und Biotechnologie, Düsentriebwerke und Flugzeugzellen – Nebenprodukte öffentlicher Ausgaben für die nationale Verteidigung und das Gesundheitssystem«. Diese Praktiken lassen sich bis in die Anfangsjahre der amerikanischen Republik zurückverfolgen; »Verteidigung« und »Gesundheitssystem« sind die gewohnten ideologischen Deckmantelwörter, die sich vielleicht etwas weniger trügerisch geben als »Neoliberalismus« oder »freie Marktwirtschaft«. Die letztgenannten Ideologien werden tatsächlich ernstgenommen: als Rezept für die »hungrigen Nationen«. Die Reichen unterwerfen sich ebenso wie diejenigen, die zu den Reichen gehören wollen, der Disziplin des Marktes nur dann, wenn es zu ihrem Vorteil ist. Sie werden diesen Kurs auch in Zukunft beibehalten.

Mit dem Zerfall des Pentagon-Systems und der Ideologie des Kalten Krieges können solche Lektionen, die die Wirtschaftsgeschichte erteilt, nicht länger ignoriert werden. Die interventionistischen Maßnahmen der Reagan-Ära spiegeln diese Bedürfnisse wieder, ebenso die zunehmend offener werdenden Diskussionen über »Industriepolitik«. »Amerika kann nicht länger auf die Methode setzen, technologische Innovation als Nebenprodukt militärischer Forschung zu behandeln«, konstatiert Clinton in einem von seinem Wahlkampfbüro herausgegebenen Dokument vom September 1992 (»Technologie: die Lokomotive des Wirtschaftswachstums«). Das alte Spiel ist aus. Die Regierung Clinton plant eine »neue Ära«, in der, so William Broad, Wissenschaftsredakteur der *New York Times*, »die Regierung ihr Augenmerk weniger der Waffentechnologie als der Entwicklung neuer Technologie- und Industriezweige im zivilen Sektor widmen will«. Das war in der »alten Ära« nicht viel anders, verbarg sich aber damals noch hinter der Maske des Pentagon. »Präsident Clinton sieht vor, etwa 76 Milliarden Dollar an jährlichen Forschungsausgaben des Bundes für die [technologische] Innovation auf dem industriellen Sektor umzuverteilen.« Das lief bisher, in der »alten Ära« über das Pentagon-System (und das »National Institute of Health«). Mindestens 30 Milliarden Dollar sollen für diese Zwecke als »Friedensdividende« mit einer Laufzeit von vier Jahren aus dem Forschungshaushalt des Pentagon genommen werden, schreibt Broad und vermerkt: »Bezeichnenderweise würde diese Initiative ebensoviel Geld wie Reagans ›Krieg der Sterne‹, nämlich 30 Milliarden Dollar, in der Hälfte der Zeit ausgeben.«

Ähnlich steht es um die traditionelle Forderung der Wirtschaft, die Öffentlichkeit habe (auf dem Regierungswege) sämtliche Kosten der für private Profitrealisierung erforderlichen Infrastruktur – von den Schulen bis zum Straßenbau – zu übernehmen. Mittlerweile sind selbst die größten Befürworter von Reagans Party für die Reichen, wie etwa das *Wall Street Journal* über die Folgekosten der von ihnen unterstützten Politik besorgt. Zu diesen Folgen gehört der Niedergang des staatlichen Hochschulsystems, das die Bedürfnisse der Konzerne abdeckte. »Das öffentliche Hochschulsystem – einer der wenigen Bereiche, in denen Amerika immer noch ganz vorne liegt – wird durch die Kürzung der Staatsausgaben in Mitleidenschaft gezogen«, berichtet das *Wall Street Journal* voller Besorgnis. Es gibt damit auch die Befürchtungen der Geschäftswelt wieder, die »auf einen ständigen Zustrom von Hochschulabsolventen« als qualifizierte Fachkräfte und für die angewandte Forschung »dringend angewiesen« ist. Dies ist eine der seit langem vorhergesagten Folgen der Kürzungen staatlicher Gelder im Sozialbereich, von denen Bundesstaaten, Städte und Gemeinden so hart getroffen werden. Der Klassenkrieg kennt keine Feinabstimmung.

Daß Clinton in der Lage sein wird, die innenpolitischen Probleme ernsthaft anzupacken, scheint zweifelhaft. Die Politik des Reaganismus hat dem Land auf nahezu allen Ebenen, von der Bundesregierung bis zu den Haushalten, einen gigantischen Schuldenberg hinterlassen. Die Schuldenzinsen des Bundes haben schwindelerregende Höhen erreicht. Das ließe sich alles noch rechtfertigen, wenn das Geld für produktive Investitionen ausgegeben, in den Bereich der Forschung und Entwicklung gesteckt worden wäre. Aber das ist nicht geschehen. Es wurde für die Konsumtion von Luxusgütern verwendet, für finanzielle Manipulationen, für Schwindelgeschäfte und andere Yuppie-Spielchen verschleudert – ebenso wie in Thatcher-England, wo gleichfalls eine von den Privilegierten bewunderte »Revolution« stattfand. Währenddessen sanken die Reallöhne, Hunger und Armut griffen um sich, die Gefängnisse füllten sich, und die Gesellschaft unterschied sich in einigen Bereichen kaum noch von Ländern der ›Dritten Welt‹. In Anbetracht der Schulden könnten sich auch die von Clintons Beratern schließlich lancierten, recht begrenzten Stimulanzien als unzureichend erweisen, selbst wenn sie die von den Konzerninteressen im Kongreß errichteten Hindernisse überwinden sollten.

Im Augenblick träumen die Intellektuellen davon, daß sich in der Geschichte letzten Endes die liberale Demokratie mit der freien Marktwirtschaft (der unhintergehbaren Verwirklichung von Freiheit) zu einem Ideal vereinigt, das den Überfluß für alle garantiert. Die wirkliche Welt sieht leider anders aus.

Noam Chomsky   *Cambridge MA, im Juli 1993*

Erster Teil
Alter Wein, neue Schläuche

I. »Das große Werk der Unterwerfung und der Eroberung«

Der 11. Oktober 1992 bezeichnete das Ende des 500. Jahres der alten Weltordnung, die bisweilen auch die weltgeschichtliche Ära des Kolumbus oder des Vasco da Gama genannt wird, je nachdem welcher plünderungsbegierige Abenteurer zuerst die jeweilige Küste der Verheißung betrat. Man könnte auch vom »fünfhundertjährigen Reich« sprechen und damit auf den Titel eines Buches anspielen, das die Methode und Ideologie der Nazis mit denen der europäischen Invasoren vergleicht, die sich den größten Teil der Welt untertan machten.[1] Das wichtigste Kennzeichen dieser alten Weltordnung war die weltweite Konfrontation von Eroberern und Eroberten. Sie hat unterschiedliche Formen angenommen und unterschiedliche Namen erhalten: Imperialismus, Neokolonialismus, Nord-Süd-Konflikt, Zentrum vs. Peripherie, G-7 (die sieben führenden kapitalistischen Industriegesellschaften) und ihre Satelliten vs. den Rest der Welt. Oder einfacher: die europäische Welteroberung.

Zu »Europa« gehören für uns auch die von Europäern besiedelten Kolonien, von denen im Augenblick eine den Kreuzzug anführt; in Übereinstimmung mit südafrikanischen Gepflogenheiten sind die Japaner als »Weiße ehrenhalber« mit von der Partie, denn durch ihren Reichtum erwerben sie diese Qualifikation. Japan war eine der wenigen Regionen des Südens, die der Eroberung entgingen und sich, vielleicht nicht ganz zufällig, dem Zentrum anschließen konnten. Einige japanische Ex-Kolonien folgten im Schlepptau hinterdrein. Daß die Beziehung zwischen Unabhängigkeit und Entwicklung alles andere als kontingent ist, zeigt ein Blick auf Westeuropa, dessen einstmals kolonisierte Regionen einen Weg eingeschlagen haben, der gewisse Ähnlichkeit mit den Ländern der Dritten Welt aufweist. Ein bemerkenswertes Beispiel ist Irland, das gewaltsam erobert und sodann mittels der Doktrin des »Freihandels« von der wirtschaftlichen Weiterentwicklung ausgeschlossen wurde. Diese Lehre wird immer dann selektiv angewendet, wenn der unterworfene Süden an seinem angestammten Platz gehalten werden soll. Heute nennt man das »strukturelle Anpassung«, »Neoliberalismus« oder »unsere hehren Ideale«, von denen wir selbst natürlich ausgenommen sind.²

»Die Entdeckung Amerikas und die Entdeckung eines Seeweges nach Ostindien, der über das Kap der Guten Hoffnung führte, sind die beiden größten und wichtigsten Ereignisse, welche die Geschichte der Menschheit verzeichnet«, schrieb Adam Smith 1776. »Welche Vorteile oder Mißgeschicke der Menschheit aus diesen großen Ereignissen noch erwachsen mögen, kann die menschliche Weisheit nicht vorhersehen.« Doch konnte ein ungetrübtes Auge wahrnehmen, was geschehen war. »Die Entdeckung Amerikas ... war ohne Zweifel ein ganz und gar wesentlicher« Beitrag zur »Lage Europas«, schrieb er weiter, denn »dadurch eröffneten sich neue und unerschöpfliche Märkte«, die zu einer umfassenden Ausweitung der »produktiven Kräfte« und zu »Wohlstand und Gewinn« führten. Theoretisch »hätten die neuen Tauschbeziehungen ... sich für den neuen Kontinent als genauso vorteilhaft erweisen müssen wie für den alten«. Dem sollte jedoch nicht so sein.

»Die brutale Ungerechtigkeit der Europäer ließ ein Ereignis, das sich für alle zum Vorteil hätte auswirken müssen, für einige dieser unglücklichen Länder zum Ruin und zur Zerstörung werden«, schrieb Smith und erwies sich damit als früher Vertreter einer Haltung, die die heutigen Kulturmanager gern als »politische Korrektheit« denunzieren. »Für die Eingeborenen ... der Ostindischen wie der Westindischen Inseln sind alle Handelsvorteile, die sich aus diesen Ereignissen hätten ergeben können, von dem furchtbaren Unglück, das diese Länder befiel, in den Abgrund gerissen worden.« Und weiter Smith: Mit der »Überlegenheit, die Gewalt verleiht« und über die die Europäer verfügten, »konnten sie in diesen entlegenen Ländern ungestraft jede Ungerechtigkeit begehen«.

Smith läßt die Eingeborenen Nordamerikas unerwähnt. »Es gab nur zwei Völker in Amerika, die den Wilden in irgendeiner Hinsicht überlegen waren [in Peru und Mexiko], und diese waren gleich nach ihrer Entdeckung dem Untergang geweiht. Die übrigen waren bloße Wilde« – eine Vorstellung, die den britischen Eroberern sehr gelegen kam und deshalb selbst in der Forschung weiterbestand, bis die kulturellen Erdbeben der sechziger Jahre manchem die Augen öffneten.

Mehr als ein halbes Jahrhundert später spricht Hegel in seinen »Vorlesungen über die Philosophie der Geschichte« mit autoritativer Entschiedenheit über die gleichen Themen. Mit ungebrochenem Selbstvertrauen läßt er den Geist in das »vierte Moment der Weltgeschichte«, in das »*Germanische* Reich« eingehen, in dem er »seine vollkommene Reife« erreiche. Von dieser luftigen Höhe aus läßt sich das Amerika der Eingeborenen gut betrachten. Es sei »physisch und geistig ohnmächtig« und von einer so beschränkten Kultur, daß diese »untergehen mußte, sowie der Geist sich ihr näherte«. So seien »die Eingeborenen ... allmählich an dem Hauche der europäischen Tätigkeit untergegangen«. »Sanftmut und Trieblosigkeit, Demut und kriechende Unterwürfigkeit ... sind ... der Hauptcharakter der Amerikaner«, die als dermaßen »träge« sich erwiesen, daß sie, von der freundlichen »Autorität der Väter« [der katholischen Geistlichen, d. Ü.] geleitet, sogar von einer Glocke »an ihre ehelichen Pflichten« erinnert werden mußten. In dieser Hinsicht sei der Amerikaner sogar dem Neger unterlegen, der »den natürlichen Menschen in seiner ganzen Wildheit und Unbändigkeit« darstellt, und bei dem man »von aller Ehrfurcht und Sittlichkeit, von dem, was Gefühl heißt, ... abstrahieren« muß; »es ist nichts an das Menschliche Anklingende in diesem Charakter zu finden«. »Bei den Negern sind ... die sittlichen Empfindungen vollkommen schwach oder, besser gesagt, gar nicht vorhanden. Die Eltern verkaufen ihre Kinder und ebenso umgekehrt diese jene, je nachdem man einander habhaft werden kann. ... Die Polygamie der Neger hat häufig den Zweck, viele Kinder zu erzielen, die samt und sonders zu Sklaven verkauft werden könnten«. »Dieser Zustand ist keiner Entwicklung und Bildung fähig«, und so werden diejenigen, »welche das meiste zur Abschaffung des Sklavenhandels und der Sklaverei getan haben [nämlich die Engländer, d. Ü.], ... von ihnen selbst als Feinde behandelt«. Insgesamt hat die Sklaverei sogar »mehr Menschliches unter den Negern geweckt« – bedeutet sie doch »eine Weise des Teilhaftigwerdens höherer Sittlichkeit und mit ihr zusammenhängender Bildung«.

Die Eroberung der neuen Welt war die Ursache für zwei umfassende demographische Katastrophen, die in der Geschichte ihresgleichen suchen: zum einen wurde die eingeborene Bevölkerung der westlichen Hemisphäre praktisch vernichtet, zum anderen wurde Afrika verwüstet als der Sklavenhandel sich rapide ausweitete, um die Bedürfnisse der Eroberer zu befriedigen. Dabei fiel der ganze Kontinent unter das Joch fremder Herren. Aber auch große Teile Asiens erlitten ein »beklagenswertes Unglück«. Während sich die Modalitäten geändert haben, sind die Grundzüge der Eroberung nach wie vor gültig und werden es bleiben, solange die Wirklichkeit und die Ursachen der »brutalen Ungerechtigkeit« nicht mit aller Offenheit zum Ausdruck gebracht werden.[3]

1. »Die brutale Ungerechtigkeit der Europäer«

Die spanisch-portugiesischen Eroberungsfeldzüge besaßen ihr innenpolitisches Gegenstück. 1492 wurden die Juden aus Spanien vertrieben oder zur Konversion gezwungen. Millionen von Mauren erlitten das gleiche Schicksal. Mit dem Fall von Granada (ebenfalls 1492) ging die 800 Jahre währende maurische Herrschaft zu Ende, und die spanische Inquisition konnte nun ihre barbarische Gewalt ausweiten. Die Eroberer zerstörten unschätzbare Bücher und Manuskripte mit reichem Bestand an klassischer Gelehrsamkeit, und sie zerschlugen die zivilisatorischen Errungenschaften, die unter der erheblich toleranteren und kulturell entwickelteren maurischen Herrschaft aufgeblüht waren. So wurde der Niedergang Spaniens eingeläutet und der Welteroberung mit ihrer ganzen Brutalität und ihrem Rassismus der Boden bereitet. Das war – mit den Worten des Afrika-Historikers Basil Davidson – »der Fluch des Kolumbus«.[4]

Spanien und Portugal wurden aus ihrer führenden Rolle bald verdrängt. Der erste große Konkurrent war Holland. Es besaß mehr Kapital als seine Rivalen, vorwiegend deshalb, weil es seit dem sechzehnten Jahrhundert den Ostseehandel kontrollierte und seine Vorherrschaft unter Einsatz von Gewalt aufrechtzuerhalten wußte. Der 1602 gegründeten *Vereinigten Ostindischen Kompanie* (VOK) standen praktisch die Machtmittel eines Staates zur Verfügung, einschließlich des Rechts zur Kriegsführung und Paktbildung. Technisch gesehen handelte es sich um ein selbständiges Unternehmen, praktisch aber lagen die Dinge anders. »Daß die VOK vom Staat offensichtlich nicht politisch kontrolliert wurde«, schreibt M. N. Pearson, verdankt sich der Tatsache, daß sie »mit dem Staat identisch war«. Der Staat wiederum unterlag der Kontrolle von holländischen Bankiers und Kaufleuten. In stark vereinfachter Form finden wir hier bereits Vorformen der modernen politischen Ökonomie, die von einem Netz aus transnationalen Finanz- und Industrieorganisationen beherrscht wird. Diese Organisationen wickeln ihre Investitionen und ihren Handel intern ab, während die von ihnen mobilisierte und größtenteils kontrollierte Staatsmacht ihnen Reichtum und Einfluß sichert und bewahrt.

»Die VOK verband die Funktionen einer souveränen Macht mit den Funktionen einer Geschäftspartnerschaft«, schreibt ein über den holländischen Kapitalismus arbeitender Historiker. »Politische und geschäftliche Entscheidungen wurden innerhalb einer und derselben Hierarchie von Managern und Beamten gefällt, und Erfolg oder Mißerfolg bemaßen sich letzten Endes immer nach dem realisierten Gewinn.« Die Holländer bauten ihre Stellungen weltweit aus: in Indonesien (das bis 1940 ihre Kolonie blieb), Indien, Brasilien und der Karibik, sie übernahmen Sri Lanka von Portugal und drangen bis an die Randgebiete von Japan und China vor. Allerdings wurden die Niederlande Opfer der (später so genannten) »holländischen Krankheit«, das heißt einer unzureichend ausgebildeten zentralen Staatsmacht, unter der die Menschen »als Individuen wohl reich werden konnten, als Staat aber schwach blieben«. So sah es jedenfalls Lord Sheffield im Großbritannien des achtzehnten Jahrhunderts, der seine Landsleute davor warnte, den gleichen Fehler zu begehen.[5]

Weitere Schläge erlitt das iberische Reich, als englische Piraten, Plünderer und Sklavenhändler die Meere kreuzten, unter ihnen der wohl berüchtigtste von allen, Sir Francis Drake. Die Beute, die er heimbrachte, »kann ohne weiteres als Quelle und Ursprung der britischen Auslandsinvestitionen betrachtet werden«, schrieb John Maynard Keynes. »Elisabeth bezahlte aus den Erlösen ihre sämtlichen Auslandsschulden und investierte einen Teil des Guthabens ... in die *Levant Company*; hauptsächlich aus deren Profiten entstand dann die Ostindische Handelsgesellschaft, und ihre Gewinne ... bildeten den Grundstock für die englischen Auslandsgeschäfte.« Vor 1630 waren die englischen Operationen im Atlantik nichts weiter als ein »Raubzug bewaffneter Händler und Plünderer, um sich mit allen Mitteln einen Teil des atlantischen Reichtums der iberischen Nationen zu sichern« (Kenneth Andrews). Die Abenteurer, die den Handelsimperien des siebzehnten und achtzehnten Jahrhunderts den Boden bereiteten, »verfolgten eine lange europäische Tradition der Verbindung von Handel und Krieg«, fügt Thomas Brady hinzu, denn »aus dem Wachstum der europäischen Staaten als Militärunternehmen« entstand »die ihrem Wesen nach europäische Gestalt des Handelskriegers.« Später übernahm dann der frisch konsolidierte englische Staat die Aufgabe, »Krieg um Märkte zu führen«, was zuvor die »Beutezüge der elisabethanischen Seebären« (Christopher Hill) geleistet hatten. Die Ostindische Handelsgesellschaft *(British East India Company)* erhielt ihre Konzession im Jahre 1600, sie wurde neun Jahre später noch einmal unbegrenzt erweitert. Damit erlangte die Gesellschaft, abgesegnet durch die Autorität der britischen Krone, das Handelsmonopol mit dem Osten. Es folgten grausame, oftmals mit unsäglicher Brutalität geführte Kriege zwischen den europäischen Rivalen, von denen die einheimischen Völker in Übersee, die häufig in ihre eigenen Kämpfe verstrickt waren, nicht verschont blieben. 1622 vertrieb Großbritannien die Portugiesen aus der Meerenge von Hormuz, dem »Schlüssel zu ganz Indien«, und gewann schließlich das ganze Land. Was von der Welt sonst noch übrigblieb, wurde auf die bekannte Art und Weise aufgeteilt.

Mit seiner wachsenden Staatsmacht hatte England die eigenen keltischen Randgebiete unterjochen können, um dann die verbesserten Techniken mit noch größerer Brutalität für neue Opfer jenseits des Atlantiks zu verwenden. Ihre Verachtung der »dreckigen, kühehütenden Kelten in den Randgebieten [von England]« machte es den »gebildeten und wohlhabenden Engländern« leichter, eine beherrschende Stellung im Sklavenhandel einzunehmen, als »der Gradient der Verachtung ... seinen Schatten nicht mehr nur über die benachbarten Herzen der Finsternis warf, sondern sich bis zu den überseeischen hin erstreckte«, schreibt Thomas Brady.

Ab Mitte des siebzehnten Jahrhunderts war England mächtig genug, um die Navigationsakte (1651, 1662) durchzusetzen, mit der es seine Kolonien für ausländische Händler sperrte und der britischen Schiffahrt »das Handelsmonopol für ihr eigenes Land« (Importe) sicherte. Dies geschah entweder durch »absolute Einfuhrverbote« oder dadurch, daß den anderen »hohe Kosten« auferlegt wurden (so Adam Smith, der diese Maßnahmen mit gemischten Gefühlen, teils zustimmend, teils reserviert betrachtet). Diese Initiativen, so berichtet die *Cambridge Economic History of Europe,* verfolgten ein doppeltes Ziel: durch das »Kolonial- und Schiffahrtsmonopol« sollten »strategische Macht und wirtschaftlicher Reichtum« erlangt werden. In den englisch-holländischen Kriegen von 1652 bis 1674 war Großbritannien darauf aus, Hollands Handel und Schiffahrt zu beeinträchtigen oder zu zerstören und die

Kontrolle über den gewinnbringenden Sklavenhandel zu erlangen. Brennpunkt dieser Bestrebungen war der Atlantik, wo die Kolonien der neuen Welt ungeheure Reichtümer bereithielten. Die Navigationsakte und die Kriege erweiterten die von den englischen Kaufleuten beherrschten Handelsregionen. Die Kaufleute konnten sich durch den Sklavenhandel und ihre »auf Plünderei beruhenden Handelsbeziehungen mit Amerika, Afrika und Asien« (Hill) bereichern. Unterstützt wurden sie durch »staatlich geförderte Kolonialkriege« und durch die diversen wirtschaftspolitischen Tricks, mit denen die Staatsmacht den Weg zu privatem Reichtum und zu einer bestimmten, für ihn unabdingbaren Form der Entwicklung ebnete, ohne die dieser Gewinn nicht realisiert werden konnte.[6]

Der europäische Erfolg verdankte sich, wie Adam Smith bemerkt, der meisterlichen Handhabung der Mittel, in denen sich die Kultur der Gewalt konkretisierte. »In Indien war die Kriegführung noch ein Sport«, heißt es bei John Keay, »in Europa war sie zur Wissenschaft geworden«. Aus europäischer Sicht waren die weltweiten Eroberungen auch für die militärischen Führer nichts als »kleine Kriege«, sagt Geoffrey Parker und weist darauf hin, daß »Cortés Mexiko mit vielleicht 500 Spaniern eroberte; Pizarro brauchte nicht einmal 200 Mann, um das Reich der Inkas zugrundezurichten, und das gesamte portugiesische Imperium [von Japan bis Südafrika] wurde von weniger als 10.000 Europäern verwaltet und verteidigt«. Bei der entscheidenden Schlacht von Plassey im Jahre 1757 – dem Beginn der Übernahme von Bengalen durch die Ostindische Handelskompanie, zugleich dem Weg zur späteren britischen Vorherrschaft in Indien – war Robert Clive im Verhältnis 1:10 unterlegen. Ein paar Jahre später konnten die Briten diese Unterlegenheit durch die Rekrutierung einheimischer Söldner nahezu ausgleichen. Diese Söldner machten 90 Prozent der in Indien stationierten britischen Streitkräfte aus und bildeten auch den Kern der britischen Armeen, die Mitte des neunzehnten Jahrhunderts in China einmarschierten. Die nordamerikanischen Kolonien dagegen verabsäumten es, »das Empire militärisch zu unterstützen«, einer der Hauptgründe, weswegen Adam Smith dafür eintrat, Großbritannien solle sich »von ihnen befreien«.

Die Europäer kämpften, um zu töten, und sie besaßen die Mittel und Wege, ihren Blutdurst zu befriedigen. In den amerikanischen Kolonien waren die Einheimischen erstaunt über die Brutalität der Spanier und Briten, während auf der anderen Seite der Erdkugel

»die allerzerstörende Wut europäischer Kriegsführung die Völker Indonesiens mit Abscheu erfüllte« (Parker). Noch im zwölften Jahrhundert sagte ein spanischer Mekkapilger: »Die Krieger sind im Felde, die Völker haben ihre Ruhe«. Solche Zeiten hatten die Europäer längst hinter sich gelassen. Sie kamen wohl mit der Absicht, Handel zu treiben, doch sie blieben, um zu erobern. »Handel kann nicht ohne Krieg geführt werden, noch Krieg ohne Handel«, schrieb 1614 einer der holländischen Eroberer Ostindiens. Nur China und Japan konnten den Westen damals auf Distanz halten, weil sie »die Spielregeln bereits beherrschten«. Die europäische Vormachtstellung in der Welt »beruhte ganz wesentlich auf dem fortwährenden Einsatz von Gewalt«, schreibt Parker. »Militärische Überlegenheit und nicht irgendwelche sozialen, moralischen oder natürlichen Vorteile führten dazu, daß die weißen Völker der Welt – für wie kurze Zeit auch immer – in der Lage waren, die erste globale Hegemonie in der Geschichte hervorzubringen und zu kontrollieren.«[7] Über die Kürze der Zeit läßt sich streiten.

»Die Historiker des zwanzigsten Jahrhunderts können übereinstimmend davon ausgehen, daß es für gewöhnlich die Europäer waren, die gewaltsam in vordem relativ friedliche asiatische Handelssysteme eindrangen«, faßt James Tracy die Ergebnisse einer von ihm veröffentlichten Untersuchung über Handelsimperien zusammen. Die Europäer führten den staatlichen Handel in einer Region ein, deren relativ freie Märkte »allen offenstanden, die mit friedlichen Absichten und unter allseits bekannten und allgemein akzeptierten Bedingungen daran teilnahmen«. Ihr gewaltsames Eindringen in diese Welt brachte »eine wesentlich, wo nicht ausschließlich europäische Verbindung von Staatsmacht und Handelsinteressen mit sich, sei es in Form staatlich gelenkten Handels oder in Form einer Handelsgesellschaft, die sich wie ein Staat aufführt«. »Europäische Unternehmungen unterschieden sich von einheimischen Handelsnetzen in anderen Erdteilen vor allem dadurch«, so schließt er, daß die Europäer »ihren Handel in der Hauptsache entweder als Verlängerung des Staates ... oder als autonome Handelsgesellschaft organisierten, ... die mit vielen staatlichen Eigenschaften ausgestattet war« und von der jeweiligen heimatlichen Zentralmacht gestützt wurde.

Portugal ebnete hier den Weg, indem es dem asiatischen Handel Abgaben abpreßte. »Zuerst drohte man der asiatischen Schiffahrt mit Gewalt«, dann verkaufte man Schutzmaßnahmen gegen diese angedrohte Gewalt, ohne im Gegenzug dafür etwas anzubieten. »Aus heutiger Sicht«, schreibt Pearson, »handelt es sich um nichts anderes als um organisierte Erpressung von Schutzgeldern«. Portugals mächtige Gegner in Europa übernahmen diese Methoden, setzten aber Gewaltmaßnahmen wirkungsvoller ein und bedienten sich verfeinerter Kontroll- und Verwaltungsmethoden. Die Portugiesen hatten »die Struktur des traditionellen Handelssystems nicht radikal verändert«, erst die Holländer »schlugen es kurz und klein«. Die englischen und holländischen Gesellschaften setzten, im Unterschied zu ihren portugiesischen Vorgängern, »die Gewalt auf eher selektive, ja rationale Weise ein«. »Sie wurde ausschließlich im und für den Handel eingesetzt ... Den Schlußstrich zog immer die Bilanz.« Natürlich war man auch im Hinblick auf die militärische und staatliche Organisation weit überlegen. Die Briten gaben sich der »holländischen Krankheit« nicht hin und schlugen ihre Konkurrenten mehr oder weniger aus dem Felde. Die führende Rolle staatlicher Macht und Gewalt ist ein bemerkenswerter Zug in der inneren Entwicklung des »europäischen Staates«, den A. Smith beschreibt, und ein »wesentlicher« Beitrag, den die Kolonien zu diesem Staat geleistet haben.[8]

Im Hinblick auf diese Entwicklung ist Großbritannien als Ausnahme von der Regel betrachtet worden; seine liberale, staatlicher Macht und Gewalt eher abholde Tradition galt dabei als Geheimnis des Erfolges. In seiner beachtlichen Neuinterpretation von Großbritanniens Aufstieg zur Weltmacht zieht John Brewer diese Annahmen in Zweifel. Großbritannien wurde zum »militärischen *Wunderkind* [i. O. dt.] der Epoche« – der Wende vom siebzehnten zum achtzehnten Jahrhundert –, das die unterworfenen Völker in fernen Ländern oftmals »brutal und barbarisch« behandelte. Diese Entwicklung fiel zusammen »mit einer bemerkenswerten Wandlung des britischen Regierungssystems, die den politischen Körper Großbritanniens mit Sehnen und Muskeln versah«. Zu dieser Zeit wurde Großbritannien – im Widerspruch zur liberalen Tradition – ein starker, ein »fiskalisch-militärischer Staat«. Dies verdankte sich einem »radikalen Anstieg der Steuern« und »einer umfangreichen öffentlichen Verwaltung, die dazu diente, die fiskalischen und militärischen Aktivitäten des Staates zu organisieren«. Der Staat wurde zum größten Wirtschaftsakteur und – »gemessen an der Fähigkeit, den Leuten das Geld abzunehmen und Soldaten auf die Beine sowie Matrosen auf die Schiffe zu stellen« – einer der mächtigsten Staaten im europäischen Vergleich.»Lobbies, Handelsunternehmen, ganze Gruppen von Finanz- und Kaufleuten kämpften gegeneinander oder schlossen sich zusammen, um des Schutzes teilhaftig zu werden, den die größte wirtschaftliche Macht – der Staat – zu bieten hatte.«

Während dieser Zeit kletterte der britische Steuersatz auf das zweifache des französischen (wo doch Frankreich seit alters her als *der* überzentralisierte und allmächtige Staat galt), und die Diskrepanz sollte sich noch verschärfen. Entsprechend wuchsen die öffentlichen Schulden. Am Ende des achtzehnten Jahrhunderts betrugen die Steuern fast ein Viertel des Pro-Kopf-Einkommens. Sie stiegen während der napoleonischen Kriege auf über ein Drittel an. »In absoluter wie in relativer Hinsicht waren die Steuern in Großbritannien enorm hoch.« Die Steuereinnahmen betrugen das Fünffache des Wirtschaftswachstums ein Jahrhundert zuvor, als das militärische *Wunderkind* das Licht der Welt erblickte. Verantwortlich dafür waren zum Teil Gründe der Effizienz; in einem für Europa ungewöhnlichen Ausmaß lag die Steuereintreibung in den Händen der Regierung. Ein weiterer Faktor war die größere Legitimität eines demokratischer verfaßten Staates, dessen Rolle nicht nur die des Eroberers war; vielmehr mußte er den Export begünstigen, den Import beschränken und so allgemein jene protektionistische Verdrängungspolitik betreiben, die seither dem industriellen Aufschwung von England bis Südkorea den Weg bereitet hat.[9]

Zum Zusammenbruch des spanischen Imperiums trug offensichtlich dessen exzessiver Liberalismus bei. Er gestattete »Kaufleuten, oftmals auch nicht-spanischer Herkunft, innerhalb seiner Grenzen Handel zu treiben« und »die Gewinne durch Spanien hindurch- und aus Spanien herauszuschleusen«. Im Gegensatz dazu behielten die Holländer die Gewinne im eigenen Land, während »die einheimischen Kaufleute das Imperium und den Staat« repräsentierten (Pearson). Großbritannien verfolgte eine ähnliche Politik des Wirtschaftsnationalismus, indem es staatlichen Monopolen Rechte gewährte, die zunächst (1581) für die Türkei und den gesamten Nahen Osten, dann für das übrige Asien und für Nordamerika Gültigkeit besaßen. Im Gegenzug leisteten die quasi-staatlichen Handelsgesellschaften regelmäßige Zahlungen an die Krone; dieses Verfahren wurde später durch direktere Eingriffe der Staatsmacht ersetzt. Als im achtzehnten Jahrhundert die britischen

Handels- und Gewinnmargen in die Höhe kletterten, blieb die Einflußnahme der Regierung weiterhin wichtig. »Die Abnahme der Beschränkungen im neunzehnten Jahrhundert war Ergebnis, nicht Ursache der englischen Vorherrschaft«, bemerkt Pearson.

In seiner erbitterten Verurteilung der Ostindischen Handelskompanie mag Adam Smith mit großer Beredsamkeit den schädlichen Einfluß des »verfluchten Monopolgeistes« dingfest gemacht haben, doch war seine theoretische Analyse nicht die Ursache für den Niedergang der »ehrenwerten Gesellschaft«. Sie wurde Opfer der Überzeugung britischer Industrieller, vor allem der Textilfabrikanten. Sie waren vor der »unfairen« Konkurrenz indischer Textilien geschützt worden, riefen aber sofort nach deregulierenden Maßnahmen, als sie sich davon überzeugt hatten, daß sie einen »fairen Wettbewerb« zu gewinnen in der Lage wären. Zwischenzeitlich nämlich hatten sie ihre Konkurrenten in den Kolonien mittels staatlicher Macht und Gewalt unterminiert und verwendeten den neu erworbenen Reichtum und ihre Macht, um die Herstellung von Textilien zu mechanisieren und die Versorgung mit Baumwolle zu verbessern. Um es modern auszudrücken: Sobald sie das Spielfeld ein für alle Mal zu ihren Gunsten abgesteckt hatten, schien nichts edelmütiger zu sein als eine »offene Welt«, in der der ehrliche Unternehmer, von allen irrationalen und zufälligen Störungen befreit, zum Vorteil aller agieren konnte.[10]

In absehbarer Weise werden diejenigen, die das Spiel zu gewinnen hoffen, das Loblied des »freien Wettbewerbs« singen, dessen Regeln sie jedoch immer ihren eigenen Interessen unterwerfen. So haben – um nur den offensichtlichsten Irrtum zu erwähnen – die Apostel des Wirtschaftsliberalismus niemals auch nur im entferntesten daran gedacht, die »freie Zirkulation der Arbeit ... von Ort zu Ort« zu gestatten, die immerhin, wie Adam Smith hervorhob, eine der Grundlagen der Handelsfreiheit darstellt.

Weit verbreitet ist der Glaube an den Einfluß der Lehren Adam Smiths, doch läßt sich hierfür kaum historisches Beweismaterial beibringen. Nehmen wir etwa die Behauptung des Chicagoer Ökonomen George Stigler, Smith habe England zwischen 1850 und 1930 »vom Wert des internationalen Freihandels überzeugt«. Was »England überzeugte« – genauer gesagt, diejenigen Engländer, welche die Zügel in der Hand hielten –, war die Auffassung, der (begrenzte) internationale Freihandel würde ihren Interessen dienlich sein. »Erst 1846, als die britischen Industrieinteressen mächtig genug geworden waren, war das Parlament darauf vorbereitet, die Revolution [des Freihandels] zu vollziehen«, bemerkt Richard Morris. 1930 dann war England vom genauen Gegenteil überzeugt, denn es erkannte, daß diese Zeit der Vergangenheit angehörte. Weil England mit Japan nicht konkurrieren konnte, schloß es das Reich des Tenno vom Handel mit dem Commonwealth (inklusive Indien) aus; die Vereinigten Staaten folgten dem Beispiel, ebenso die Holländer. Im Endeffekt führte dies, als Japan sich anschickte, seinen mächtigen Vorgängern nachzueifern, zum Krieg im Pazifik. Zunächst nämlich hatten die Japaner die liberalen Doktrinen naiv übernommen, um dann zu entdecken, daß es sich um reinen Schwindel handelte, mit dem die Schwachen eingeschüchtert wurden und den die Starken nur akzeptierten, wenn er ihnen von Nutzen war. So ist es seit jeher gewesen.[11]

Allerdings könnte Stigler durchaus richtig liegen, wenn er sagt, Smith habe »alle nach ihm kommenden Ökonomen überzeugt«. Das aber wäre, die Wahrheit der Behauptung vorausgesetzt, ein Kommentar zu den Gefahren ungerechtfertigter Idealisierung: die Untersuchung wird (ein in den Wissenschaften geläufiges Problem) nicht auf alle ihr Thema betreffenden Faktoren gleichermaßen bezogen. In diesem Fall etwa trennt man die abstrakte Untersuchung des Reichtums der Nationen von der Frage der Macht ab: Wer entscheidet, und für wen? Wir kehren zu Adam Smiths eigener Auffassung des Problems zurück.

Der Reichtum der Kolonien gelangte nach Großbritannien zurück und schuf hier große Reichtümer. Um 1700 liefen, wie ein zeitgenössischer Kritiker bemerkte, nahezu 50 Prozent des nationalen Handels über die Ostindische Handelskompanie. Die Anteile dieser Gesellschaft wurden (schreibt Keay) in der ersten Hälfte des achtzehnten Jahrhunderts »zum Äquivalent für mündelsichere Wertpapiere, die bei Treuhändern, Wohlfahrtsverbänden und ausländischen Investoren hoch im Kurs standen«. Das schnelle Wachstum von Macht und Reichtum schuf die Grundlagen für direkte Eroberungen und imperiale Herrschaftsausübung. Britische Beamte, Kaufleute und Investoren »häuften immense Reichtümer an«, die »jenseits aller habsüchtigen Träume lagen« (Parker). Das galt besonders für Bengalen, wo (wie Keay ausführt) ein verheerendes Experiment mit einer in Abhängigkeit gehaltenen Regierung zur Destabilisierung und Verarmung des Landes führte – eines der vielen »Experimente« in der Dritten Welt, das nicht unbedingt zugunsten der Objekte der Versuchsanordnung ausgegangen ist. Zwei mit Indien befaßte Historiker, Edward Thompson und G. T. Garrett, haben die Frühgeschichte von Britisch-Indien als den »vielleicht absoluten Gipfelpunkt der Bereicherung« bezeichnet. »England war besessen von einem Goldrausch, wie ihn die Welt seit der Hysterie von Cortés' und Pizarros Zeiten nicht gesehen hatte. Vor allem Bengalen sollte keine Ruhe mehr finden, bis es ganz und gar ausgeblutet war.« Bezeichnenderweise, sagen sie, ist *loot* (Beute, Plünderung) eines der Hindustani-Wörter, die in den englischen Wortschatz übergegangen sind.[12]

Das Schicksal von Bengalen bringt wesentliche Elemente der weltweiten Eroberungspolitik zum Vorschein. Kalkutta und Bangladesh sind mittlerweile längst zu Symbolen von Elend und Verzweiflung geworden. Ganz im Gegensatz dazu stehen Berichte der europäischen Handelskrieger, für die Bengalen ein überaus anziehendes Objekt der Begierde war. Ein früher englischer Besucher beschrieb es als »Land von außerordentlicher Schönheit, dessen Reichtum und Überfluß weder durch Krieg noch Unterdrückung oder Seuchen zerstört werden können«. Einige Zeit zuvor hatte sich der marokkanische Weltreisende Ibn Battuta in Bengalen aufgehalten. Bei ihm heißt es: »Es ist ein Land, das sich weithin erstreckt, und in dem es Reis im Überfluß gibt. In keiner anderen Region dieser Erde finden sich so reichliche Lebensmittelvorräte.« 1757, im Jahr der Schlacht von Plassey, beschrieb Clive das Textilzentrum von Dacca als »ausgedehnt, dichtbesiedelt und reich wie die City von London«. 1840 war, wie Sir Charles Trevelyan vor dem Sonderausschuß des britischen Oberhauses bezeugte, die Einwohnerzahl von 150.000 auf 30.000 gesunken und »der Dschungel und die Malaria breiten sich rasch aus. ... Dacca, das indische Manchester, ist von einer blühenden zu einer kleinen und verarmten Stadt geworden.« Heute ist es die Hauptstadt von Bangladesh.

Bengalen war für seine feine Baumwolle bekannt, die heute nicht mehr angebaut wird, sowie für die außerordentliche Qualität seiner Textilien, die jetzt importiert werden müssen. Nach der Übernahme durch Großbritannien erwarben die britischen Händler »mit allen erdenklichen Schurkereien ... das Tuch von den Webern zu einem Bruchteil seines Werts«, schrieb der englische Kaufmann William Bolts 1772. »Die Methoden zur Unterdrückung der armen Weber sind zahlreich und vielfältig ... Geldstrafen, Prügel, Einkerkerung, Erzwingung von Schuldscheinen usw.« »Daß in Bengalen der Handel darniederliegt, die Gewinne zurückgehen und der ganze Zustand so erbärmlich ist, liegt an der Unterdrückung und den Handelsmonopolen«, die Bengalen von den Engländern aufgezwungen wurden.

Vielleicht bezog sich Adam Smith auf Bolts (dessen Buch in seinem Besitz war), als er vier Jahre später schrieb, daß in dem spärlich bevölkerten und fruchtbaren Land Bengalen »in einem Jahr drei- bis viertausend Menschen Hungers sterben« – die Folge »ungeeigneter Maßnahmen« und »unkluger Beschränkungen«, welche die Handelsgesellschaft dem Reishandel auferlegt und die »aus Mangel Hungersnot machen«. Es war für Angestellte der Handelsgesellschaft durchaus üblich, »ein fruchtbares Reis- oder Getreidefeld umpflügen [zu] lassen, um Platz für die Aussaat von Mohn zu schaffen, weil der Aufseher glaubte, mit Opium sei ein außergewöhnlicher Gewinn zu erzielen«. Der miserable Zustand Bengalens »und einiger anderer englischer Niederlassungen« verdankt sich der fehlerhaften Politik »der Kaufmannsgesellschaft, die Ostindien unterdrückt und beherrscht«. Das steht, so hebt Smith hervor, in krassem Gegensatz zum »Geist der britischen Verfassung, die Nordamerika schützt und regiert«, wobei er zu erwähnen vergißt, daß es die englischen Siedler sind, die diesen Schutz genießen, nicht aber die »Wilden«.

Tatsächlich war der Schutz der englischen Siedler ein Instrument von zweifelhafter Qualität. Großbritannien, so bemerkt Smith an anderer Stelle, »hat den Bau von Schneidemühlen auf seinen amerikanischen Plantagen durchweg verboten« und den internen Handel mit amerikanischen Produkten strengen Regeln unterworfen, »die die Herstellung [von Hüten, Wolle, Wollprodukten] für den Weiterverkauf wirksam unterbinden und das Gewerbetreiben der Siedler auf jene groben und häuslichen Fabrikationsmechanismen beschränkt, mit denen eine Familie für den Eigenbedarf« oder für enge Nachbarn produziert. Das ist eine in den Kolonialgebieten übliche »offenkundige Verletzung der heiligsten Menschenrechte«.

Nachdem Großbritannien sich 1793 dauerhaft in Indien niedergelassen hatte (»Permanent Settlement«), wurde das Land in Privateigentum umgewandelt, was einigen Vasallen vor Ort Reichtümer und der britischen Regierung Steuereinnahmen bescherte. Eine britische Untersuchungskommission beleuchtete 1832 noch eine andere Seite des Experiments: »Die mit großer Sorgfalt und Entschiedenheit durchgeführte Besiedlung hat, wie wir schmerzlich zur Kenntnis nehmen, fast die gesamten niederen Klassen in betrüblichste Bedrängnis gebracht«. Drei Jahre später berichtete der Direktor der Handelskompanie: »Die Armut ist in der Geschichte des Handels ohne Beispiel. Die Knochen der Baumwollspinner färben die indischen Ebenen weiß.« Dennoch war das Experiment kein völliger Fehlschlag. »Wenn es«, so bemerkte Lord Bentinck, der Generalgouverneur von Indien, »vordem keine Sicherheit vor einem Volksaufstand oder einer Revolution gab, so hat die Besiedlung meines Erachtens, obwohl sie sonst in vielfacher Hinsicht und in den wesentlichsten Umständen gescheitert ist, zumindest einen großen Vorteil: sie hat eine starke Gruppe von reichen Grundbesitzern geschaffen, die sehr am weiteren Bestehen des britischen Dominions interessiert sind und die die Masse der Bevölkerung fest im Griff haben.« Somit ist das wachsende Elend der Bevölkerung ein geringeres Problem als es zunächst schien. Als die einheimische Produktion verfiel, wurde Bengalen auf exportorientierte Landwirtschaft – zunächst Indigo, dann Jute – umgestellt. Bangladesh produzierte um 1900 mehr als die Hälfte des weltweit geernteten Getreides, doch wurde unter britischer Herrschaft dort nicht eine einzige Mühle zur Verarbeitung gebaut.[13]

Während man Bengalen ausplünderte, wurde die britische Textilindustrie vor der indischen Konkurrenz geschützt; eine wichtige Sache, weil indische Produzenten einen vergleichbaren Vorteil in bezug auf bedruckte Textilerzeugnisse aus Baumwolle auf dem expandierenden britischen Markt genossen. Eine königlich-britische Industriekommission von 1916-18 rief in Erinnerung, daß die industrielle Entwicklung in Indien zu dem Zeitpunkt, als »Handelsabenteurer aus dem Westen« kamen, »nicht hinter den entwickelten europäischen Nationen zurückstand«. Es könnte sogar sein, daß »die indische Industrie sehr viel weiter war als die des Westens zum Zeitpunkt der industriellen Revolution«, bemerkt Frederick Clairmonte, der sich auf britische Untersuchungen beruft. Parlamentarische Erlasse von 1700 und 1720 verboten die Einfuhr bedruckter Stoffe aus Indien, Persien und China; alle bei Zuwiderhandlungen aufgefundenen Güter waren zu konfiszieren, zu versteigern und zu re-exportieren. Ein Importverbot galt auch für Kaliko aus Indien, einschließlich »aller Kleidungsstücke oder Ausstattungen ... in oder an Betten, Sitzkissen, Vorhängen oder sonstigen Haushaltsgegenständen«. Später wurden sogar die Stoffe in und für Indien selbst mit britischen Steuern belegt, so daß Indien gezwungen war, schlechtere Ware aus England einzuführen.

Solche Maßnahmen waren unvermeidlich, schrieb Horace Wilson in seiner 1826 erschienenen *History of British India:* »Andernfalls hätten die Mühlen von Paisley und Manchester gleich zu Anfang mit ihrer Arbeit aufgehört und wären kaum wieder in Bewegung zu setzen gewesen, nicht einmal durch Dampfkraft. Sie wurden durch die Opferung der indischen Hersteller geschaffen.« Der Wirtschaftshistoriker J. H. Clapham zog den Schluß, daß »dieser restriktive Erlaß dem Textildruck in Großbritannien einen wichtigen, um nicht zu sagen nützlichen Impuls gab«. Immerhin war die Textilindustrie ein führender Sektor in der industriellen Revolution. Im neunzehnten Jahrhundert finanzierte Indien mehr als zwei Fünftel des britischen Handelsdefizits, stellte einen Markt für britische Erzeugnisse sowie Truppen für Englands koloniale Eroberungen und Opium, den Hauptartikel im Handel mit China bereit.[14]

»Nicht zu übersehen ist die Tatsache, daß diejenigen Regionen Indiens, die am längsten unter britischer Herrschaft standen, heute am ärmsten sind«, schrieb Jawaharlal Nehru. »Man könnte ein Diagramm verfertigen, um die enge Beziehung zwischen der Dauer der britischen Herrschaft und dem fortschreitenden Wachstum der Armut anzuzeigen.« Mitte des achtzehnten Jahrhunderts war Indien nicht nur auf dem Textilsektor ein vergleichsweise entwickeltes Land. »Der Schiffbau florierte und eines der Flaggschiffe eines englischen Admirals zur Zeit der napoleonischen Kriege war von einem indischen Betrieb in Indien gebaut worden.« Diese und viele andere gut etablierte Industriezweige wie »Metallverarbeitung, Glas, Papier und große Bereiche des Handwerks« verfielen während der britischen Herrschaft. Indiens Entwicklung wurde gestoppt, das Wachstum der neuen Industrien blockiert und das Land »zur landwirtschaftlichen Kolonie des industriellen England«. Während in Europa die Urbanisierung fortschritt, wurde Indien »zunehmend ländlich« und der Anteil der vom Ackerbau abhängigen Bevölkerung stieg rasch an. Das war »die wirkliche, grundlegende Ursache für die entsetzliche Armut des indischen Volkes«, schreibt Nehru. 1840 konnte ein britischer Historiker vor einem parlamentarischen Untersuchungsausschuß noch bezeugen: »In Indien ist die industrielle Produktion ebenso ausgeprägt wie die landwirtschaftliche, und wer immer dieses Land auf die Agrikultur beschränken wollte, würde seinen zivilisatorischen Rang beschädigen.« Genau das aber, so Nehru, geschah unter dem »despotischen Einfluß« Großbritanniens.[15]

In seiner Untersuchung über »Kolonien als Handelsinvestitionen« kommt der brasilianische Wirtschaftshistoriker José de Arruda zu dem Schluß, daß diese Investitionen höchst gewinnträchtig waren, nämlich für die Holländer, die Franzosen und vor allem die Briten, die auch die Vorteile aus den kolonialen Aktivposten Portugals übernahmen. Ferner profitierten die Sklavenhändler, die Kaufleute, die Fabrikanten und die Kolonien von Neuengland, deren Entwicklung durch den Dreieckshandel mit Großbritannien und den Zuckerkolonien Westindiens beschleunigt wurde. »Die koloniale Welt ... erfüllte ihre Hauptfunktion als Bindeglied für die Anfänge der Kapitalakkumulation.« Sie begünstigte »den Transfer kolonialer Reichtümer in die Metropolen, die dann um die Aneignung des kolonialen Mehrwerts kämpften«. Das trug grundlegend zum wirtschaftlichen Wachstum Europas bei. *»Diese Kolonien machten sich bezahlt«*, lautet Arrudas Schlußfolgerung. Doch die Kalkulationen, fügt er hinzu, lassen den Hauptgesichtspunkt außer acht: »Die Profite wurden individuell angeeignet, die Kosten aber auf die Gesamtgesellschaft umgeschlagen«. Das System ist wesentlich gekennzeichnet durch »gesellschaftliche Verluste«, die einhergehen mit »der Möglichkeit kontinuierlichen Fortschritts für den Kapitalismus« und für »die privaten Schatzkammern der Handelsbourgeoisie«. Kurz gesagt ist es das alte Lied von den öffentlichen Subventionen und den privaten Gewinnen, das in der Politik besonders gern gesungen wird, wenn ihre Baumeister zu denen gehören, die am Gewinn beteiligt sind.

Im Hinblick auf die Opfer dieses Vorgangs stellt Pearson die – von ihm allerdings nicht vertiefte – Frage, ob »ein alternativer Weg möglich gewesen wäre, um der europäischen Herausforderung wirksam zu begegnen«, so daß China, Indien und andere von Europa eroberte Länder es hätten vermeiden können, »als periphere Bereiche in die Weltwirtschaft einzugehen, Opfer der Unterentwicklung zu werden und zu leiden, als Handelsimperien sich in sehr viel unheilvollere, von einem wirtschaftlich dominanten Westeuropa unterstützte, Territorialreiche verwandelten.«[16]

In seiner klassischen, vernichtenden Kritik an Monopolmacht und Kolonisierung macht Adam Smith nützliche Bemerkungen über die britische Politik und weist auf ähnliche Punkte hin wie

Arruda. Er beschreibt diese Politik auf zwiespältige Weise und ist schließlich der Ansicht, daß ungeachtet der großen Vorteile, die England aus Kolonialbesitz und Handelsmonopol zog, diese Praktiken sich auf lange Sicht weder in Asien noch in Nordamerika ausgezahlt haben. Er argumentiert dabei vor allem auf der theoretischen Ebene, denn ausreichendes Datenmaterial stand nicht zur Verfügung.

Doch wie überzeugend die Argumentation auch sein mag, läßt Smiths Erörterung auch erkennen, warum sie am eigentlichen Punkt vorbeigeht. Die Kolonien aufzugeben wäre, so lautet seine Schlußfolgerung, »für den größeren Teil des [englischen] Volkes – wenn auch nicht für die Kaufleute –, vorteilhafter als das Monopol, das es zur Zeit genießt«. Zwar belastet das Monopol »die Kolonien mit hohen Steuern und vermehrt für eine bestimmte Gruppe von Menschen in Großbritannien den Gewinn, vermindert ihn aber zugleich für die Mehrheit des Volkes«. Abgesehen von den Investitionen und Handel betreffenden Verzerrungen stellten allein die Militärkosten eine schwere Belastung dar.

Der Mehrheit der englischen Bevölkerung erschien das ostindische Handelsmonopol und die nordamerikanischen Kolonien sehr wahrscheinlich als die von Smith behauptete »Absurdität«, und auch ihre Auswirkungen auf die englischen Kolonialsiedler mögen betrüblich gewesen sein. Doch für diejenigen, die dieses ganze Handelssystem erdacht und ausgeheckt hatten, waren sie alles andere als absurd. »Unsere Kaufleute und Fabrikanten waren die hauptsächlichen Architekten«, und ihre Interessen sind vom System »aufs Beste bedient worden«, nicht aber die der Konsumenten und der arbeitenden Menschen. Dafür wurden die Interessen der Eigner mündelsicherer Wertpapiere und vieler anderer, die sich eine goldene Nase verdienten, ebenfalls »aufs Beste bedient«. Die Kosten wurden auf die Gesamtgesellschaft umgeschlagen, während die Profite in die Schatzkammern der »hauptsächlichen Architekten« flossen. Die von ihnen ausgeheckte und verfolgte Politik war im Hinblick auf das beschränkte Eigeninteresse durchaus rational, ungeachtet dessen, wie sehr andere, einschließlich der englischen Bevölkerungsmehrheit, darunter leiden mußten.[17]

Smith sagt weiter: »Von daher erwirtschaftet Großbritannien unter dem gegenwärtigen Verwaltungssystem aus der Herrschaft über die Kolonien nichts als Verluste.« Diese Schlußfolgerung ist jedoch äußerst irreführend. Im Hinblick auf die Wahl politischer

Strategien bildete Großbritannien keine Einheit. Der »Reichtum der Nationen« kümmerte die »Architekten der Politik«, die – wie Smith betont – ihren Gewinn einheimsen wollten, herzlich wenig. Das Schicksal der kleinen Leute war ihnen ebenso egal wie das der »Wilden«, die im Wege standen. Wenn eine »unsichtbare Hand« bisweilen andere begünstigte, so war dies bloßer Zufall. Die Konzentration auf den »Reichtum der Nationen« und auf das, was Großbritannien zukommt, ist von Anfang an mit Fehlern und ungerechtfertigten Idealisierungen behaftet, wenngleich Smith im Gesamtzusammenhang seiner Erörterungen Korrekturen und Präzisierungen vornimmt.

Diese wichtigen Ergänzungen sind jedoch mit dem Eintritt in die Gefilde der zeitgenössischen Ideologie von den jüngsten Schülern des Adam Smith zumeist fallengelassen worden. So schreibt George Stigler in seiner Einleitung zur Chicagoer 200-Jahr-Gedenkausgabe des Klassikers: »Die Amerikaner werden vor allem seine Sichtweise der amerikanischen Kolonien sehr lehrreich finden. Er war der Ansicht, daß es tatsächlich Ausbeutung gab – doch wurden die Engländer von den Kolonisten ausgebeutet.« In Wirklichkeit vertrat Smith, wie wir gesehen haben, genau die gegenteilige Auffassung. Wenn wir unterschlagen, daß Smith den grundlegenden Klassenkonflikt und dessen Einfluß auf die Politik betont, verfälschen wir seine Sichtweise und entstellen die Tatsachen. Allerdings schaffen wir ein nützliches Instrument zur Irreführung im Dienste von Macht und Reichtum. Doch so laufen im allgemeinen die gegenwärtigen Diskussionen über internationale Politik und über ähnliche Dinge. Wenn man zum Beispiel die schädlichen Auswirkungen des Pentagon-Systems auf die Wirtschaft geißelt, so ist das höchst irreführend, wenn man zu betonen vergißt, daß diese Auswirkungen für die Architekten der Politik und die von ihnen vertretenen Interessen (vor allem die entwickelten Industriesektoren) alles andere als schädlich gewesen sind.

Es ist kaum überraschend, daß sich die Sozialpolitik mit schöner Regelmäßigkeit als Wohlfahrtsprojekt für die Reichen und Mächtigen erweist. Insbesondere gehören die imperialen Systeme zu jenen Einrichtungen, mittels derer die Armen zu Hause ihre Herren und Meister finanzieren. Und während Untersuchungen über die Kosteneffektivität von Imperium und Herrschaftsausübung für »die Nation« von akademischem Interesse sein mögen, besitzen sie doch nur marginale Bedeutung, wenn es um die Gestaltung der Politik in Gesellschaften geht, in denen der größere Teil der Öffentlichkeit nichts zu sagen hat. Was im übrigen für alle existierenden Gesellschaften zutrifft.

Die Schlußfolgerungen jedoch müssen sehr viel weiter gezogen werden. Wie das Beispiel mit dem Pentagon-System bereits andeutete, gelten für die einheimische wie für die internationale Politik die gleichen Überlegungen. Die Staatsmacht verhalf nicht nur einigen Menschen zu ungeheuren Reichtümern, während in Übersee die unterworfenen Gesellschaften zerstört wurden – sie sorgte auch für die Festschreibung einheimischer Privilegien. Zu Beginn der Moderne schuf der Staat in Holland und England Infrastrukturen für die kapitalistische Entwicklung, schützte empfindliche und entscheidende Produktionszweige (Wolle, Fischerei), unterwarf sie festen Regeln und benutzte sein Gewaltmonopol, um bis dato unabhängige Bauern in die Lohnarbeit zu treiben. Vor Jahrhunderten wurden auch die »europäischen Gesellschaften kolonisiert und ausgeplündert, nicht so schlimm wie Amerika, aber schlimmer als die meisten Regionen Asiens« (Thomas Brady). »Der von England eingeschlagene Weg rascher wirtschaftlicher Entwicklung erwies sich für die überkommenen Eigentumsrechte zu Hause wie auch für die Einrichtungen und Kulturen weltweit als äußerst zerstörerisch.« In den sich ökonomisch entwickelnden Ländern Europas setzte ein Prozeß der »ländlichen Befriedung« ein. »Die umfangreiche Enteignung der Bauernschaft, die sich im eigentlichen Sinne nur in England so massiv vollzog«, könnte sehr wohl die Grundlage für die beschleunigte wirtschaftliche Entwicklung dort gewesen sein, wurden die englischen Bauern doch – im Unterschied zu Frankreich – ihrer Eigentumsrechte beraubt und auf den Arbeitsmarkt geworfen. »Gerade die Abwesenheit [von Freiheits- und Eigentumsrechten] erleichterte den Beginn einer realen Wirtschaftsentwicklung« in England, sagt Robert Brenner in seiner eindringlichen Untersuchung über die Ursprünge des europäischen Kapitalismus. Die einfache Bevölkerung hatte gute Gründe, diesem »Vormarsch des Fortschritts« Widerstand entgegenzusetzen oder ihn so umzulenken, daß bestimmte Werte sich erhalten und ausbreiten konnten: »Gemeinschaft, Beisammensein, das Ganze, das mehr ist als die Teile, der Gemeinnutz, der vor Eigennutz geht« (Brady).

Von solchen Ideen und Vorstellungen zehrten die »umfassenden Gemeinschaftsbewegungen« im vorkapitalistischen Europa, schreibt Brady. Sie gaben »dem gemeinen Volk Mittel an die Hand, damit es sich selbst regieren könne« und erregten in den traditionellen Eliten »Verachtung, bisweilen auch Furcht«. So bestand das Volk, das Freiheit und gemeinschaftliche Güter wollte, in ihren Augen aus »Dreckshandwerkern«, aus »Abschaum«, der Hungers sterben solle. Kaiser Maximilian beschimpfte es als »hinterhältige, grobschlächtige hirnlose Bauern, die weder Tugend, noch edles Blut, noch richtiges Maß kennen, sondern nur Unmäßigkeit, Untreue und Haß auf die deutsche Nation« – dies waren die »Anti-Amerikaner« der damaligen Zeit. Die aufständischen Bewegungen im England des siebzehnten Jahrhunderts wurden als »gemeiner Haufen«, »Tiere in Menschengestalt«, als »verkommen und verdorben« verleumdet. Demokratische Theoretiker des zwanzigsten Jahrhunderts geben den Rat, »die Öffentlichkeit zurechtzuweisen«, damit die »verantwortlichen Männer« durch das »Getrampel und Geschrei einer verwirrten Herde« nicht belästigt werden und verschont bleiben »von unwissenden und aufdringlichen Außenseitern«, die allerhöchstens »interessierte Zuschauer« des Geschehens, nicht aber an ihm beteiligt werden sollen. Sie leihen in regelmäßigen Abständen dem einen oder anderen Mitglied der Führungsschicht ihr Gewicht (durch Wahlen) und kehren dann zu ihren Privatangelegenheiten zurück (Walter Lippmann). Die große Masse der Bevölkerung ist »unwissend und geistig minderwertig« und muß um des Allgemeinwohls willen im Zaum gehalten und mit »notwendigen Illusionen« und »emotional wirksamen Übervereinfachungen« gefüttert werden (Wilsons Innenminister Robert Lansing, Reinhold Niebuhr). Ihre »konservativen« Gegenspieler sind noch stärker darauf bedacht, das Loblied der »weisen Männer« zu schmettern, die mit Recht an der Spitze des Staates stehen – im Dienste der Reichen und Mächtigen natürlich, ein kleines Detail, das gerne vergessen wird.[18]

Der Abschaum muß den Wert der Unterordnung schätzen lernen und, mit Scheuklappen versehen, auf die Suche nach persönlichem materiellen Gewinn geschickt werden. Maßgebend dabei sind die von den herrschaftlichen Institutionen gesetzten Parameter. Eine Demokratie, die diesen Namen verdiente, bei der die Bevölkerung am Geschehen beteiligt wäre, stellt eine Bedrohung dar, die überwunden werden muß. Auch dies sind Dauerthemen, die lediglich neue Formen annehmen.

Mit seiner nuancierten Interpretation des staatlichen Eingriffs in den internationalen Handel bezog sich Adam Smith auch auf die heimische Szenerie. Sein Lob der Arbeitsteilung ist wohlbekannt; für ihn ist sie die Quelle »der größten Verbesserung in den produktiven Kräften der Arbeit sowie für den größeren Teil der Sachkenntnis, Erfahrung und Geschicklichkeit, mit der sie überall eingesetzt oder angewendet wird.« Sie ist die Grundlage für den »Reichtum der Nationen«. Das große Verdienst des Freihandels liegt darin, so sagt er, zu diesen Tendenzen beizutragen. Weniger bekannt ist, auf welche Weise er die unmenschlichen Folgen der Arbeitsteilung anprangert, die sich einstellen, wenn sie an ihre natürlichen Grenzen stößt. »Das Verständnis der meisten Menschen«, schrieb er, »wird notwendigerweise von ihren alltäglichen Verrichtungen bestimmt.« Folglich »wird ein Mensch, der sein Leben damit zubringt, einige einfache Handgriffe auszuführen, die möglicherweise immer das Gleiche oder etwas Ähnliches bewirken, keine Gelegenheit dazu haben, seine Verstandeskräfte zu üben. ... Demzufolge wird er für gewöhnlich so dumm und unwissend werden, wie ein menschliches Wesen überhaupt nur sein kann. ... Doch in jeder fortgeschrittenen und zivilisierten Gesellschaft ist dies der Zustand, in den die arbeitenden Armen, mithin die große Masse der Bevölkerung, zwangsläufig geraten muß, wenn die Regierung keinen Plan ausarbeitet, um dies zu verhindern.« Die Gesellschaft muß einen Weg finden, um den teuflischen Einfluß der »unsichtbaren Hand« zu überwinden.

Andere, die ebenfalls viel zum klassisch-liberalen Kanon beigetragen haben, gehen noch weiter. Wilhelm von Humboldt, der John Stuart Mill beeinflußte, beschrieb den »wahre[n] Zweck des Menschen« als »die höchste und proportionirlichste Bildung seiner Kräfte zu einem Ganzen«, ein Prinzip, das nicht nur durch die in sich beschränkte Suche nach Effizienz mittels der Arbeitsteilung, sondern durch die Lohnarbeit selbst untergraben wird. »Was nicht von dem Menschen selbst gewählt, worin er auch nur eingeschränkt und geleitet wird, das geht nicht in sein Wesen über, das bleibt ihm ewig fremd, das verrichtet er nicht eigentlich mit menschlicher Kraft, sondern mit mechanischer Fertigkeit«.[19]

Smiths Bewunderung für das private Unternehmertum wurde auch von seiner Verachtung gedämpft, die er dem »abscheulichen Wahlspruch der Herrschenden«: »Alles für uns und nichts für die anderen« entgegenbrachte. Auch wenn die »niedrigen« und

»schmutzigen« Machenschaften der Herrschenden zufälligen Gewinn abwerfen können, sei der Glaube, dies müsse zwangsläufig so sein, reiner Mystizismus, ganz abgesehen von dem viel grundlegenderen Unverständnis dieser Leute für den von Humboldt betonten Grundsatz des klassischen liberalen Denkens. Was von Smiths und Humboldts Lehren in der zeitgenössischen Ideologie überlebt, ist ein häßliches und verzerrtes Bild, das im Interesse der Herrschenden zusammengeschustert wurde.[20]

Der europäische Eroberungsdrang beruhte auf zwei durchgängigen Grundzügen: auf einer zentralisierten Staatsmacht, die dem privaten Vorteil und der privaten Verfügungsgewalt verpflichtet war sowie auf dem rationalen und organisierten Einsatz brutaler Gewalt. Weitere Merkmale sind die innere Kolonisierung, bei der die Armen die Reichen subventionieren, und die Verachtung von Demokratie und der Freiheit. Ebenso beharrlich ist die Selbstgerechtigkeit, mit der Plünderungen, Massaker und Unterdrückung auftreten.

Ein führender Liberaler, der 1840 in Oxford lehrte und wußte, was sich in Bengalen und im übrigen Indien abspielte, lobte die »britische Politik der kolonialen Aufklärung«, die sich »so völlig von der unserer Vorfahren unterscheidet«. Diese nämlich unterdrückten ihre Kolonien, »um bestimmte Handelsvorteile aus ihnen zu ziehen«, wohingegen wir den Kolonien »Handelsvorteile verschaffen und uns zu ihren Gunsten Steuern auferlegen, damit sie weiterhin unter unserer Oberhoheit bleiben und wir so das Vergnügen haben, sie zu regieren«. Lord Cromer, zwischen 1883 und 1906 der eigentliche Herrscher in Ägypten, erklärte: Wir »regieren sie ausschließlich mit dem Nachdruck des Charakters und ohne Anwendung von Gewalt. Dies gelingt uns«, weil die Briten »in sehr hohem Maße die Fähigkeit besitzen, sich der Sympathie und des Vertrauens aller möglichen primitiven Rassen zu versichern, mit denen sie zusammentreffen«. Sein Kollege Lord Curzon, seines Zeichens Vizekönig von Indien, verkündete: »Mit dem Empire haben wir nicht nur den Schlüssel zu Ruhm und Reichtum gefunden, sondern auch den Ruf der Pflicht und die Mittel, der Menschheit zu dienen.« Die frühen holländischen Eroberer waren davon überzeugt, daß Händler aller Nationen in Scharen zur Vereinigten Ostindischen Kompanie strömen würden, weil »die gute alte freie Art und Weise unserer Nation viel gerühmt wird«. Das Siegel des Gouverneurs und der *Company of Massachussetts*

Bay von 1629 stellt einen Indianer dar, der bittet: »Kommt her und helft uns.« Wer vermag noch zu sagen, wie oft bis zum heutigen Tag der göttliche Wille, die zivilisatorische Mission, die auf Wohltätigkeit bedachte Partnerschaft, edelste Beweggründe und dergleichen mehr beschworen worden sind? Der Himmel müßte bis zum Rand voll sein, wenn die Meister der Selbstbeweihräucherung Recht hätten.[21]

Ihre Bemühungen waren alles andere als nutzlos. In den gebildeten Schichten genießen die Märchen von der gerechten Mission und der aufrichtigen Mildtätigkeit schon lange den Status von Lehrbuchwahrheiten und ein nicht geringer Teil der Öffentlichkeit scheint ebenfalls daran zu glauben. 1989 meinten fünfzig Prozent der US-amerikanischen Öffentlichkeit, die Auslandshilfe sei der größte Bestandteil des Bundeshaushaltes. In Wirklichkeit lagen die USA damit auf dem letzten Platz unter den Industrienationen und die bereitgestellten Mittel – ohne Lupe im Haushalt kaum zu entdecken – beliefen sich auf stolze 0,21 Prozent des Bruttosozialproduktes. Wer auf seine Lehrmeister hört, mag dann sogar glauben, den nächsthöheren Prozentpunkt bildeten die den Sozialarbeiterinnen gestellten Cadillacs.[22]

Die unterworfenen Völker drücken ihre Dankbarkeit auf seltsame Weise aus. Nehru, die führende Persönlichkeit des modernen indischen Nationalismus sah in Adolf Hitler »die einzig denkbare Parallele« zum Vizekönig von Indien. Die britische Herrschaft bediene sich der Ideologie »von *Herrenvolk* [i. O. dt.] und Herrenrasse«, die dem Imperialismus ohnehin »zu eigen war«. Sie werde »in unzweideutiger Sprache von den Herrschenden verkündet« und fände ihren Ausdruck in der Praxis, in der die Inder »Beleidigungen, Erniedrigungen und verächtlicher Behandlung« ausgesetzt waren. Als Nehru 1944 in einem britischen Gefängnis die folgenden Zeilen schrieb, gedachte er durchaus der großzügigen Absichten, die die Beherrscher Indiens verfolgten: »Der indische Bauer ist von britischen Industriellen und Wirtschaftsexperten mit wahrhaft herzerquickender Besorgnis bedacht worden. Wenn man all dies bedenkt und auch die verschwenderische Freigiebigkeit nicht vergißt, die ihm die britische Regierung in Indien zuteil werden ließ, dann muß man wohl zu dem Schluß kommen, daß ein allmächtiges und böses Geschick, eine übernatürliche Macht, ihre Absichten und Maßnahmen ins Gegenteil verkehrt und den indischen Bauern zu einer der ärmsten und elendesten Kreaturen auf dieser Erde gemacht hat.«[23] Nehru war gewissermaßen anglophil. Andere haben sich in bezug auf diese Angelegenheiten weniger zurückhaltend geäußert; allerdings bleibt die westliche Kultur, geschützt durch Reichtum und Raketen, weitgehend immun gegen derlei Angriffe.

Fairerweise müssen wir zugeben, daß nicht alle Grausamkeiten unerwähnt bleiben. Einer der berüchtigsten Schlächter war König Leopold von Belgien, der den Tod von wahrscheinlich 10 Millionen Menschen im Kongo zu verantworten hat. Seine Machenschaften wurden getreu von der *Encyclopedia Britannica* aufgezeichnet, die den »ungeheuren Reichtum« beschreibt, der ihm durch die »Ausbeutung dieses umfangreichen Territoriums« zugefallen war. Die letzte Zeile des langatmigen Eintrags lautet: »... aber er hatte kein Herz für die Eingeborenen seiner so weit entfernten Besitzungen«. Ein halbes Jahrhundert später geißelt Alfred Cobban in seiner *History of Modern France* Ludwig XVI., weil er Frankreichs Interessen in bezug auf die Westindischen Inseln nicht geschützt habe. Der Sklavenhandel, auf dem diese Interessen beruhten, ist eines Kommentars in Parenthese wert: »seine moralische Grundlage ist bis jetzt kaum zum Gegenstand von Diskussionen geworden«. Wohl wahr.[24] Beispiele dafür sind nicht schwer zu finden.

2. »Bäume und Indianer fällen«

Die englischen Siedler in Amerika führten fort, was von ihren Vorläufern im Heimatland begonnen worden war. Seit den frühesten Tagen der Kolonisierung war Virginia ein Zentrum der Piraterie und der Beutezüge, eine Basis, von der aus der spanische Handel angegriffen und die französischen Siedlungen an der Küste von Maine geplündert werden konnten. Von hier aus konnte man die »Teufelsanbeter« und »grausamen Bestien« ausrotten, deren Großzügigkeit den Kolonisten ursprünglich das Überleben ermöglicht hatte. Dafür wurden sie nun mit Hunden gejagt, ihre Frauen und Kinder umgebracht, ihre Saaten zerstört, man versuchte, sie mittels infizierter Wolldecken mit Pocken anzustecken, und heckte noch andere Mittel aus, die den englischen Barbaren in den Sinn kamen, wenn sie sich ihrer jüngsten Heldentaten in Irland erinnerten. Im späten siebzehnten Jahrhundert drangen nordamerikanische Piraten bis ins Arabische Meer vor. Unterdessen war »New York zum Markt für Diebesgut geworden, wo die Piraten ihre auf den Meeren zusammengeraubte Beute loswurden«, bemerkt Nathan Miller. Zugleich war »die Korruption ... *das* Schmiermittel für die Räder der nationalen Verwaltung«. »Korruption und Bestechung spielten eine wichtige Rolle bei der Entwicklung der modernen amerikanischen Gesellschaft und beim Aufbau der komplexen, verschachtelten Maschinerie von Regierung und Geschäftswelt, die zur Zeit den Gang unserer Politik bestimmt«, schreibt Miller und macht damit den Schock von Watergate lächerlich.[25]

Als sich die Staatsmacht konsolidierte, wurde die privat ausgeübte Gewalt zugunsten der staatlich organisierten Form unterdrückt. Allerdings gestatteten die Vereinigten Staaten nicht, daß amerikanische Bürger, die wegen Sklavenhandels festgenommen worden waren, von ausländischen Gerichten verurteilt wurden. Das war keine Nebensache; der britischen Marine wurde die Durchsuchung von amerikanischen Sklavenschiffen untersagt, »und amerikanische Marineboote kreuzten höchst selten zu diesem Zweck auf. Das hatte zur Folge, daß die meisten Sklavenschiffe in den fünfziger Jahren des achtzehnten Jahrhunderts nicht nur unter amerikanischer Flagge segelten, sondern auch im Besitz amerikanischer Bürger waren«. Die Vereinigten Staaten wollten nicht akzeptieren, was Muammar Ghaddafi 1992 vorschlug: daß nämlich die gegen Libyen erhobene Beschuldigung des Terrorismus vor dem Weltgerichtshof oder einer anderen neutralen Instanz verhandelt werden solle. Dergleichen wurde von Washington und der Presse mit Abscheu verworfen, denn für Instrumente, die sich plötzlich als unabhängig erweisen könnten, besteht kein Bedarf.[26]

Nachdem die Kolonien im Gefolge des großen internationalen Konflikts, der England gegen Frankreich, Spanien und Holland ins Feld führte, ihre Unabhängigkeit erlangt hatten, diente die Staatsmacht dazu, die einheimische Industrie zu schützen, die landwirtschaftliche Produktion zu fördern, den Handel zu manipulieren, die Rohstoffe zu monopolisieren und den Ureinwohnern ihr Land wegzunehmen. Die Amerikaner »konzentrierten sich darauf, Bäume und Indianer zu fällen und ihre natürlichen Grenzen auszubauen«. So beschrieb der Historiker Thomas Bailey 1969 das Projekt.[27]

Diese Aufgaben waren, mitsamt ihrer rhetorischen Begleitmusik, im Hinblick auf die herrschenden Maßstäbe politischer Korrektheit* durchweg vernünftig, und es kann deshalb nicht erstaunen, daß ihre Infragestellung in den letzten Jahren unter den Gralshütern doktrinärer Reinheit viel Empörung ausgelöst hat. Hugo Grotius, ein führender Humanist des siebzehnten Jahrhunderts und der Begründer des modernen Völkerrechts, entschied, daß »der gerechteste Krieg gegen wilde Tiere geführt wird, der nächst gerechte gegen Menschen, die wie Tiere sind«. George Washington schrieb 1783, daß »die allmähliche Ausbreitung unserer Siedlungen sowohl den Wilden als auch den Wolf zum Rückzug zwingen wird; beide sind Raubtiere, auch wenn sie sich im Aussehen unterscheiden«. Washington, in der offiziellen Rhetorik der politischen Korrektheit ein »Pragmatiker«, hielt den Ankauf von indianischem Land (der natürlich durch Drohungen und Betrügereien getätigt wurde) für eine kostengünstigere Taktik als die Anwendung von Gewalt. Thomas Jefferson sagte gegenüber John Adams voraus, daß die »rückständigen« Stämme an den Grenzen »in Barbarei und Elend zurückfallen und durch Krieg und Armut dezimiert werden, so daß wir dann gezwungen sind, sie mit den Tieren der Wälder ins Felsengebirge zu treiben«. Ähnliches hatte er für den Fall der Eroberung Kanadas in Aussicht gestellt; zugleich sollten alle Schwarzen nach Afrika oder in die Karibik zurückgebracht werden; das Land wäre dann »makellos und mischlingsfrei«. Ein Jahr nach Verkünden der Monroe-Doktrin rief der Präsident dazu auf, den Indianern »bei der Überwindung ihrer Vorurteile, mit denen sie an ihrem heimatlichen Boden hängen«, hilfreich zur Seite zu stehen, so daß wir, wenn wir sie in den Westen übersiedeln, »tatsächlich zu ihren Wohltätern werden«. Als die Indianer ihre Zustimmung verweigerten, wurden sie zwangsweise umgesiedelt. Das Gewissen wurde auch durch den von Bundesrichter John Marshall verkündeten Rechtslehrsatz beruhigt, in dem es hieß: »Durch die Entdeckung war das indianische Recht auf Inanspruchnahme erlo-

---

* *Political Correctness, politically correct*, abg. PC. Ein vor allem von der Linken in den USA und GB benutzter Versuch, nicht-diskriminierende Sprachregelungen für Minderheiten (Farbige, Behinderte etc.) sowie vor allem an den Universitäten ›fortschrittliche‹ Lehrpläne und politisch-moralisch einwandfreie Verhaltensweisen einzuführen und durchzusetzen. Chomsky verwendet den Begriff allerdings des öfteren als Beispiel für einen ideologischen Sprachgebrauch in Sinne der Herrschenden (A. d. Ü.).

schen, sei es mittels Kauf oder Eroberung«; »das Recht, das die Beziehungen zwischen dem Eroberer und dem Eroberten regelt oder im allgemeinen regeln sollte, konnte auf ... die indianischen Stämme ... nicht angewendet werden, ... [es handelte sich um] Wilde, deren Beschäftigung der Krieg war und die die Mittel zu ihrer Subsistenz vor allem aus dem Wald bezogen«.

Die Siedler wußten es natürlich besser. Ihr Überleben hing von den landwirtschaftlichen Kenntnissen und der Großzügigkeit der »Wilden« ab, und sie waren mit den vorherrschenden Normen der Gewaltanwendung auf allen Seiten bestens vertraut. Roger Williams, der die Kriege zwischen den Narraganset und den Pequot beobachtete, berichtete, daß ihr Kampf »sehr viel unblutiger und weniger zerstörerisch [ist] als die grausamen Kriege in Europa«, von denen die Siedler ihr Handwerk gelernt hatten. John Underhill macht sich über das »schwächliche Betragen« der indianischen Krieger lustig, das man »kaum als Kämpfen bezeichnen konnte«. Lachhaft fand er auch ihren Protest gegen den »heftigen« Stil der Engländer, die »zu viele Männer erschlagen« – ganz zu schweigen von den Frauen und Kindern in ungeschützten Dörfern; eine europäische Taktik, die den rückständigen Eingeborenen erst beigebracht werden mußte. Dies waren, wie schon gesagt, Charakterzüge der Eroberung im Weltmaßstab.

Die nützlichen Lehren von Richter Marshall und anderen sind auch der modernen Gelehrtenwelt noch vertraut. A. L. Kroeber, eine hoch angesehene Autorität, schrieb den Indianern der Ostküste eine »Kriegführung [zu], die wahnsinnig war, kein Ende fand«, »aus unserer Sicht« unerklärlich bleibt und in ihrer Kultur »eine so beherrschende Stellung einnahm, daß ein Entkommen fast unmöglich war«, denn wenn eine Gruppe von diesen entsetzlichen Regeln Abstand nehmen wollte, war sie »mit ziemlicher Sicherheit dem frühen Untergang geweiht«. Das ist, wie Francis Jennings in seiner einflußreichen Untersuchung bemerkt, »ein harsches Urteil, dem mehr Gewicht zukäme, wenn außer der Rhetorik auch noch Beispiele oder Hinweise beigebracht würden«. Die Indianer waren sicher keine Pazifisten, doch die Technik des wahrhaft bestialischen, »totalen Krieges« mußten sie von den europäischen Eroberern lernen, die in den keltischen Regionen und andernorts genug Erfahrungen gesammelt hatten.[28]

Geachtete Staatsmänner hielten die gleichen Werte hoch. So etwa Theodore Roosevelt, den George Bush und jene liberalen

Leitartikler, die während der Golf-Massaker 1991 von Bushs »gerechter Mission« schwärmten, als heldenhaftes Vorbild feierten. Für Roosevelt war »der in letzter Hinsicht gerechteste aller Kriege ein Krieg gegen Wilde«, der die Herrschaft »der führenden Weltrassen« begründet. Das gräßliche und feige Massaker von Sand Creek in Colorado 1864, nazi-ähnlich in seiner Bestialität, war für ihn »ein so gerechtes und wohltätiges Unternehmen, wie es kaum jemals an der Front stattgefunden hat«. Dieser »edel gesonnene Missionar«, wie zeitgenössische Ideologen ihn betiteln, beschränkte seine visionäre Vorstellung nicht auf die »Raubtiere«, die innerhalb der »natürlichen Grenzen« der amerikanischen Nation aus ihren Höhlen vertrieben werden mußten. Zu den Wilden gehörten auch die »Dagos« im Süden, ferner die »malaiischen Banditen« und die »chinesischen Mischlinge«, die der amerikanischen Eroberung der Philippinen Widerstand entgegensetzten. Sie waren, wie ihre Gegenwehr deutlich zeigte, »Wilde, Barbaren, ein wildes und ungebildetes Volk, Apachen, Sioux, chinesische Boxer«. Winston Churchill hielt den Einsatz von Giftgas gegen »unzivilisierte Stämme« (vor allem Kurden und Afghanen) für angemessen. Der gleichfalls hochangesehene Staatsmann Lloyd George nahm befriedigt zur Kenntnis, daß britische Diplomatie die Verurteilung von Bombardements der Zivilbevölkerung in der Abrüstungskonvention von 1932 verhindert hatte. »Wir haben uns das Recht vorbehalten, Nigger zu bombardieren«, faßte er den Hauptgesichtspunkt lakonisch zusammen. Die Metaphern des »Kampfes gegen die Indianer« fanden auch während der Indochinakriege Verwendung. Diese Traditionen erhalten sich am Leben, wie wir im Januar 1991 sehen konnten – und wahrscheinlich bald wieder sehen werden.[29]

Das außergewöhnliche Potential, das die Vereinigten Staaten darstellten, blieb nicht lange verborgen und erfüllte die Wächter der etablierten Ordnung mit beträchtlicher Sorge. Der Zar und seine Diplomaten fürchteten »die ansteckende, durch nichts aufzuhaltende Ausbreitung revolutionärer Prinzipien«, die »teuflischen Grundsätze« des Republikanismus und der Volksherrschaft, die in einem Teil Nordamerikas bereits Wirklichkeit geworden waren. Auch Metternich warnte vor der »Flut von bösen Lehren und verderblichen Beispielen«, die den »Predigern des Aufstands neue Kräfte verleihen könnten«, und er fragte, »was denn aus unseren religiösen Einrichtungen, der moralischen Kraft unserer Regierungen und des konservativen Systems, das Europa vor der Auflösung bewahrt hat«, werden würde, wenn man der Flut nicht Einhalt geböte. Die Fäulnis würde um sich greifen, sagen die Erben Metternichs in den USA, die nun, in der Mitte des zwanzigsten Jahrhunderts, die Führerschaft des konservativen Systems übernehmen.[30]

Bei all ihrer Brüchigkeit stellten diese Lehren und Beispiele doch einen dramatischen Fortschritt im endlosen Kampf um Freiheit und Gerechtigkeit dar, deren Ausbreitung die weisen Männer der damaligen Zeit mit Recht fürchteten. Doch predigten die Befürworter dieser Lehren im achtzehnten Jahrhundert sicher nicht den Aufstand, sondern setzten ihre politische Vorstellung in die Tat um; sie wollten »eine politische Demokratie, die von einer Elite beeinflußt wird« (Richard Morris), d. h. von der alten Aristokratie, später dann von der aufstrebenden Schicht der Unternehmer und Geschäftsleute. Eine »solide und verantwortliche Führungsschicht ergriff das Ruder«, wie Morris beifällig vermerkt. So waren die schrecklichsten Befürchtungen bald besänftigt. Auch den Ex-Revolutionären fehlte es nicht an Ehrgeiz. Und wie Metternich und der Zar fürchteten sie die »verderblichen Beispiele« an ihren Grenzen. Florida wurde erobert, um die Bedrohung durch »die vereinigten Horden gesetzloser Indianer und Neger« abzuwehren, schrieb John Quincy Adams mit begeisterter Zustimmung von Thomas Jefferson. Seine Äußerung bezog sich auf entlaufene Sklaven und Einheimische, die von Tyrannen und Eroberern frei sein wollten und damit ein gefährliches Beispiel gaben. Jefferson und andere befürworteten die Eroberung von Kanada, um zu verhindern, daß die eingeborene Bevölkerung von den »kanadischen Erzfeinden« (wie der Präsident der Yale-Universität sie nannte) weiterhin unterstützt würde. Der Ausdehnung nach Norden und Süden stand Großbritannien im Wege, doch die Annexion des Westens schritt unaufhaltsam in dem Maße voran, in dem die eingeborene Bevölkerung umgebracht, zynisch betrogen und vertrieben wurde.[31]

»Die Aufgabe, Bäume und Indianer zu fällen und die natürlichen Grenzen auszubauen«, machte es für die die neue Welt erforderlich, sich der überseeischen Konkurrenz zu entledigen. Der Hauptfeind war England, eine mächtige Bedrohung der US-Interessen und in breiten Kreisen Zielscheibe wütenden Hasses. Der Unabhängigkeitskrieg war nichts anderes als ein verbissen geführter Bürgerkrieg und seinerseits Bestandteil eines internationalen Konflikts gewesen. Im Hinblick auf die Leiden der Bevölkerung unterschied er sich kaum vom Sezessionskrieg fast ein Jahrhundert später. In seinem Gefolge kam es zu einem großen Exodus von Flüchtlingen, die das reichste Land der Welt verließen, um der Rache der Sieger zu entgehen. Der Konflikt zwischen den Vereinigten Staaten und Großbritannien schwelte weiter; 1812 kam es zu kriegerischen Auseinandersetzungen. Nachdem im Jahre 1837 einige Amerikaner einen Aufstand in Kanada unterstützt hatten, überquerten britische Streitkräfte die Grenze und steckten das amerikanische Schiff *Caroline* in Brand, was den Innenminister Daniel Webster dazu veranlaßte, einen Lehrsatz zu formulieren, der zur Wiege des modernen Völkerrechts geworden ist: »Die Achtung vor der Unverletzlichkeit des Territoriums unabhängiger Staaten ist die erste Grundlage der Zivilisation«. Gewalt dürfe nur im Falle der Selbstverteidigung angewendet werden, bei »dringender, überwältigender Notwendigkeit, die keine Abwägung und keine Wahl anderer Mittel mehr zuläßt«. Diese Doktrin fand auch bei den Nürnberger Prozessen Verwendung. Mit ihrer Hilfe wurde die Behauptung der Naziführer zurückgewiesen, die Invasion von Norwegen sei gerechtfertigt gewesen, weil man alliierten Truppenbewegungen habe zuvorkommen wollen. Darüber, wie die USA diesen Grundsatz seit 1837 befolgt haben, brauchen wir keine Worte zu verlieren.[32]

Der Konflikt zwischen Großbritannien und den Vereinigten Staaten beruhte auf ganz realen Interessen: die USA wollten sich auf dem Kontinent und in der Karibik ausbreiten, die herrschende Weltmacht dagegen befürchtete, der Einzelgänger aus Übersee könnte ihre Macht und ihren Reichtum bedrohen.

Obwohl es in England beträchtliche Sympathien für die Rebellen gab, entwarfen die Führer des frisch gebackenen unabhängigen Landes ein anderes Bild. Großbritannien »haßte und verachtete uns mehr als alles andere auf der Erde«, schrieb Thomas Jefferson 1816 an Monroe, womit die Amerikaner »Grund genug haben, England mehr als jede andere Nation zu hassen«. Großbritannien sei nicht nur ein Feind der Vereinigten Staaten, sondern »ein wahrhafter *hostis humani generis*«, ein Feind des Menschengeschlechts, schrieb er ein paar Wochen später an John Adams. »Da es Großbritannien in die Wiege gelegt wurde, uns zu verachten, zu verletzen, zu beleidigen, wird es niemals unser Freund sein, bis wir sein Herr und Meister sind«, antwortete Adams. 1785 hatte Jefferson Abigail Adams eine andere Lösung vorgeschlagen: »Daß der Charakter der Engländer für die Zivilisation so unempfänglich ist«, spekulierte er, »liegt, so glaube ich, an der Menge tierischen Fleisches, die sie zu sich nehmen. Ich habe den Verdacht, daß ihre Erneuerung in der Küche und nicht in der Kirche beginnen muß.« Zehn Jahre später hoffte er inständig, die französische Armee werde Großbritannien befreien, um mit dem Charakter der Briten auch ihre Küche zu verbessern.[33]

Die Ablehnung verstärkte sich wechselseitig, ein gut Teil Verachtung mischte sich hinein. 1865 machte ein fortschrittlicher englischer Gentleman das Angebot, an der Universität von Cambridge einen Lehrstuhl für amerikanische Studien einzurichten, der alle zwei Jahre mit einem Gast aus Harvard besetzt werden solle. Mitglieder der Dozentenschaft in Cambridge protestierten gegen das, was einer, mit bewundernswertem literarischen Gespür, »einen biennalen Blitz von transatlantischer Dunkelheit« nannte. Andere fanden die Besorgnis übertrieben und erinnerten daran, daß die Lehrstuhlinhaber aus einer Klasse stammten, die selbst »die wachsende Gefahr spürte, von den niedrigeren Elementen einer ungeheuren Demokratie aufgesogen zu werden«. Die meisten aber fürchteten die Ausbreitung von »Unzufriedenheit und gefährlichen Ideen« unter wehrlosen Studenten. So wurde denn die Bedrohung in jener Art von politischer Korrektheit zurückgeschlagen, die bis heute in der akademischen Welt mit ihrem Argwohn vor den niederen Elementen und deren seltsamen Ideen vorherrscht.[34]

In der Erkenntnis, daß Englands Militärmacht bei einer Konfrontation überlegen sein würde, forderten die Demokraten unter Jackson die Annexion von Texas, um sich das weltweite Baumwollmonopol zu sichern. Dann könnten die Vereinigten Staaten England lahmlegen und Europa einschüchtern. »Indem wir uns praktisch das Monopol in Sachen Baumwollpflanze gesichert haben«, bemerkte Präsident Tyler nach der Annexion und der Eroberung eines Drittels von Mexiko, »besitzen wir einen größeren Einfluß auf die Weltpolitik als ihn noch so starke Armeen oder noch so umfangreiche Kriegsflotten gewähren könnten.« Und weiter schrieb er: »Dies nunmehr gesicherte Monopol legt das Schicksal aller anderen Nationen in unsere Hände. Ein einziges Embargo von einem Jahr Dauer würde Europa stärker leiden lassen als ein fünfzig Jahre währender Krieg. Ich zweifle daran, daß Großbritannien Erschütterungen vermeiden könnte.« Diese Monopolmacht brachte die britischen Bedenken gegen die Eroberung des Territoriums von Oregon zum Verstummen.

Der Leitartikler des *New York Herald*, der größten Tageszeitung, jubelte, nunmehr sei Großbritannien »mit den Baumwollschnüren [der Vereinigten Staaten] gefesselt und geknebelt« und dieser gefährliche Rivale dergestalt »erfolgreich unter Kontrolle gebracht«. Dank der Eroberungen, die den USA das Monopol auf die wichtigste Ware im Welthandel verschafften, könnten die Vereinigten Staaten, so prahlte die Regierung unter Präsident Polk, »den weltweiten Handel kontrollieren und dadurch der amerikanischen Union unschätzbare politische und geschäftliche Vorteile verschaffen.« »Noch nicht einmal fünfzig Jahre werden vergehen, und das Schicksal des menschlichen Geschlechts liegt in unserer Hand«, verkündete ein Abgeordneter aus Louisiana, als er und andere die »Vorherrschaft über den Pazifik« und die Kontrolle der Ressourcen, von denen Europa abhängig war, ins Auge faßten. Polks Schatzmeister berichtete dem Kongreß, die Eroberungen der Demokraten würden »den Welthandel unter unsere Kontrolle bringen«.

Der Nationaldichter Walt Whitman schrieb, unsere Eroberungen würden »die Ketten beseitigen, damit alle Menschen die Chance haben, gut und glücklich zu sein«. Mexikanisches Territorium wurde zum Besten der Menschheit besetzt: »Was hat das armselige, untaugliche Mexiko ... mit der großen Mission zu schaffen, die neue Welt mit einer edlen Rasse zu bevölkern?« Andere wiesen auf die Schwierigkeit hin, die mexikanischen Ressourcen zu übernehmen, ohne sich mit der »schwachsinnigen«, durch »Rassenvermischung heruntergekommenen« Bevölkerung zu belasten. Allerdings war die New Yorker Presse voller Hoffnung, daß jene das Schicksal der Indianer teilen würde – »ehe noch ein Jahrhundert vorbei ist, wird diese Rasse ausgestorben sein«. Ralph Waldo Emerson verlieh lediglich den üblichen Themen des *Manifest Destiny** Ausdruck, als er die Annexion von Texas eine ganz selbstverständliche Sache nannte. »Ganz zweifellos muß die starke britische Rasse, die sich auf diesem Kontinent schon so weit ausgebreitet hat, auch diese Spur noch auslöschen, ebenso Mexiko und Oregon, und die Zeit wird vergessen machen, warum und wie es geschah.« 1829 hatte Joel Poinsett, der Minister für Mexiko, der als späterer Kriegsminister für den Tod und die Vernichtung der Cherokee-Indianer auf ihrem Pfad der Tränen verantwortlich wurde,

---

*Manifest Destiny ist der Glaube an die weseneigene Berechtigung des US-amerikanischen Expansionismus, A. d. Ü.

Mexiko davon in Kenntnis gesetzt, daß »die Vereinigten Staaten sich in ständiger Vergrößerung befinden, die in der Weltgeschichte ihresgleichen sucht«, und dies, so erklärte der Sklavenbesitzer aus South Carolina, mit Fug und Recht, denn »die Mehrheit ihrer Bevölkerung ist besser ausgebildet und, was ihren moralischen und geistigen Charakter angeht, höherstehend als die irgend eines anderen Landes. Sollte es, wenn die politische Lage sich so darstellt, möglich sein, daß ihr Fortschritt verlangsamt oder ihre Vergrösserung aufgehalten werden kann, nur weil Mexikos Wohlstand wächst?«

Die Besorgnisse der Expansionisten gingen über die Befürchtung, ein unabhängiges Texas könnte das US-amerikanische Baumwollmonopol brechen und zum Konkurrenten werden, weit hinaus. Könnte es nicht auch die Sklaverei abschaffen und den gefährlichen Funken der Gleichmacherei zum Entzünden bringen? Genau davor hatte Andrew Jackson Angst. Ein unabhängiges Texas, in dem sich Indianer und entlaufene Sklaven zusammenfinden, könne, von Großbritannien manipuliert, den »ganzen Westen in Brand setzen«. Noch einmal könnten die Briten »gemischte Horden gesetzloser Indianer und Neger« in einen »grausamen Krieg« gegen die »friedliebenden Einwohner« der Vereinigten Staaten hetzen. 1827 hatte Poinsett nach Washington berichtet, daß das »Halbblut« Richard Fields, ein Cherokee-Häuptling, zusammen mit dem »berüchtigten« John Hunter ein »rot-weißes Banner gehißt« habe, um in Texas eine »Vereinigung von Weißen und Indianern« auf die Beine zu stellen. Hunter war ein unter Indianern großgewordener Weißer, der in den Westen zurückkehrte, um den Völkermord zu verhindern. Auch die Briten interessierten sich für Fields' und Hunters »Republic of Fredonia«. Stephen Austin, Vorsteher einer in der Nachbarschaft gelegenen weißen Siedlung, wies Hunter warnend darauf hin, daß seine Pläne verrückt seien: wenn die Republik errichtet würde, wären Mexiko und die Vereinigten Staaten sich darin einig, »einen so gefährlichen und lästigen Nachbarn zu vernichten«, wobei sie sich mit »*nichts Geringerem als Auslöschung oder Vertreibung*« zufriedengeben würden. »Die Vereinigten Staaten würden die Indianer sehr bald aus dem Lande fegen und sie, wie schon zuvor, in den Ruin und die Vernichtung treiben.« Kurz gesagt, Washington würde seine (um es modern auszudrücken) Politik des Völkermords fortsetzen und »diesem Irrsinn« einer freien Gesellschaft von Roten und Weißen ein Ende bereiten.

Austin hatte die »Eingeborenen des Waldes« mit Erfolg aus seiner Siedlung vertrieben, bevor er den Aufstand niederwarf. Hunter und Fields wurden dabei umgebracht.[35]

Die Logik der Annexion von Texas war ihrem Wesen nach die, welche die US-Propaganda Saddam Hussein nach seinem Einmarsch in Kuwait zuschrieb. Aber die Vergleiche sollten nicht weiter getrieben werden als nötig. Im Gegensatz zu seinen nordamerikanischen Vorläufern aus dem neunzehnten Jahrhundert fürchtete Sadam Hussein offensichtlich nicht, daß die Sklaverei im Irak durch unabhängige Nachbarstaaten gefährdet sein könnte. Ebensowenig hat er öffentlich bekundet, die »schwachsinnigen« Bewohner dieser Staaten sollten »aussterben«, damit die »große Mission, den Nahen Osten mit einer edlen Rasse« von Irakern zu bevölkern vorangetrieben werden könne, um »das Schicksal des menschlichen Geschlechts in die Hände« der Eroberer zu legen. Und selbst die wildesten Phantasten gingen nicht davon aus, Sadam Hussein könne die Ölvorräte auf eine Art und Weise unter Kontrolle bringen, wie es die amerikanischen Expansionisten der vierziger Jahre des vorigen Jahrhunderts im Hinblick auf die hauptsächliche Ressource der damaligen Zeit anstrebten. Die von hingerissenen Intellektuellen so gepriesene Geschichte hält noch weitere interessante Lehren für uns bereit.

3. Wohltätigkeit

Nach den zur Mitte des neunzehnten Jahrhunderts getätigten Eroberungen bemerkten US-amerikanische Verleger stolz, daß die Vereinigten Staaten »die einzige Macht [seien], die niemals darauf aus war und ist, sich auch nur einen Fußbreit fremden Territoriums durch Waffengewalt anzueignen«. »Von den weiten Gebieten unserer großen Konföderation, über denen das Sternenbanner weht, wurde nicht ein einziger Meter durch Gewalt oder Blutvergießen hinzugewonnen.« Die übriggebliebene eingeborene Bevölkerung wurde allerdings nicht gebeten, diese Aussage zu bestätigen. Die Vereinigten Staaten stehen unter den Nationen insofern einzigartig dar, als sie sich »durch eigene Wesenskraft ausdehnen«. Das ist ganz natürlich, denn »alle anderen Rassen« müssen sich vor dem von der angelsächsischen Rasse vollbrachten »großen Werk der Unterwerfung und Eroberung ... verneigen und verblassen«; Eroberung ohne Gewalt, wohlgemerkt. Führende zeitgenössische Historiker akzeptierten dieses schmeichelhafte Selbstbild. Samuel

Flagg Bemis schrieb 1965, die »amerikanische Expansion in einen praktisch leeren Kontinent [habe] keine Nation auf unrechtmäßige Weise geplündert«; niemand wird es schließlich als ungerecht empfinden, wenn zusammen mit den Bäumen auch die Indianer »gefällt« werden. Vorher schon hatte Arthur Schlesinger Präsident Polk als einen »der zu Unrecht vergessenen Männer der amerikanischen Geschichte« bezeichnet. »Indem er die Fahne bis zum Pazifik trug, gab er Amerika die kontinentale Weite und sicherte diesem Land seine zukünftige Bedeutung.« Das ist eine zutreffende Feststellung, wenn auch vielleicht nicht im intendierten Sinne.[36]

Derartige Lehren hatten es schwer, das kulturelle Erwachen der sechziger Jahre zu überleben, nur die Schicht der Intellektuellen ergötzt uns mit schöner Regelmäßigkeit durch Lobreden, nach denen »die USA seit 200 Jahren die ursprünglichen Ideen der Aufklärung, vor allem aber die Universalität dieser Werte ... in nahezu makelloser Reinheit bewahrt haben« (Michael Howard, als einer von vielen anderen). »Obwohl wir zu den Sternen greifen und weniger begünstigte Völker mit dem warmen Regen unvergleichlicher Wohltätigkeit überschüttet haben, werden unsere Beweggründe zutiefst mißverstanden, und unseren militärischen Absichten steht man mit großem Mißtrauen gegenüber«, schrieb ein anderer bedeutender Historiker, Richard Morris, im Jahre 1967. Er bezog sich auf die »traurige« Tatsache, daß es anderen schwerfällt, die Größe unserer Sache in Vietnam zu begreifen, wo doch dieses Land (Vietnam) »von internationaler Subversion und ausländischer Aggression heimgesucht wird« (das heißt von Vietnamesen). 1992 schrieb Richard Bernstein, Korrespondent der *New York Times* über »das Selbstbild der Amerikaner« und stellte alarmiert fest, daß »viele, die in den Jahren des Protests, den Sechzigern, erwachsen wurden, jenes in früheren Epochen vorherrschende Vertrauen in das gute, anständige Wesen Amerikas und seiner Regierung nie wieder zurückgewonnen haben«. Das ist für Kulturmanager seither eine Quelle ständiger Besorgnis.[37]

Die grundlegenden Muster der frühen Eroberungszüge bestehen bis zum heutigen Tage fort. Als die Massaker, die das Militär von Guatemala unter der einheimischen Bevölkerung anrichtete, praktisch in den Völkermord übergingen, lobten Ronald Reagan und sein Stab die Mörder als weitsichtige Demokraten und informierten zugleich den Kongreß darüber, daß die USA Waffen liefern würden, »um die bessere Durchsetzung der Menschenrechte nach dem

Putsch von 1982 zu beschleunigen«. Dieser Putsch brachte Ríos Montt an die Macht, der vielleicht der größte Schlächter überhaupt war. In der Hauptsache jedoch empfing Guatemala US-amerikanische Militärausrüstungen über den kommerziellen Handel, dessen Aktivitäten vom Handelsministerium genehmigt worden waren, wie der Rechnungshof des Kongresses feststellte. Er vergaß dabei allerdings jenes internationale Netzwerk, das immer bereit ist, die wilden Tiere in Wald und Feld auszurotten, wenn damit Gewinne zu machen sind. Die Reaganisten waren auch dabei behilflich, Terror und Massaker von Mozambique bis Angola zu unterstützen, während sie sich in linksliberalen Kreisen durch ihre »stille Diplomatie« Respekt verschafften, die es ihren südafrikanischen Freunden ermöglichte, zwischen 1980 und 1988 in den Nachbarstaaten Schäden in Höhe von über 60 Milliarden Dollar anzurichten und den Tod von 1,5 Millionen Menschen zu verursachen. Von der allgemeinen Katastrophe des Kapitalismus in den achtziger Jahren waren zwei Kontinente, Afrika und Lateinamerika, am stärksten betroffen.[38]

Einer der übelsten guatemaltekischen Killer, General Héctor Gramajo, wurde für seinen Beitrag zum Völkermord im Hochland mit einer Dozentur an der *John F. Kennedy School of Government* in Harvard belohnt – was im Hinblick auf Kennedys Engagement in Sachen *counterinsurgency* (ein terminus technicus für den internationalen Terrorismus der Mächtigen) als durchaus sinnvoll erscheint. Die Dozenten der Universität Cambridge werden mit Erleichterung zur Kenntnis nehmen, daß Harvard kein gefährliches Nest der Subversion mehr ist.

Während Gramajo in Harvard seiner Lehrtätigkeit nachging, gab er der *Harvard International Review* ein Interview, in dem er eine nuanciertere Betrachtung seiner Rolle anbot. Er rechnete sich persönlich das Verdienst für ein »70/30 Prozent-Verwaltungsprogramm zu, das die Regierung Guatemalas während der achtziger Jahre benutzte, um Menschen oder Organisationen zu überwachen, die mit der Regierung nicht übereinstimmten«. So umriß er die von ihm eingeführten lehrbuchmäßigen Neuerungen: »Wir haben eine humanitärere und weniger kostenintensive Strategie entwickelt, die besser an das demokratische System angepaßt ist. Wir haben [1982] die zivile Verwaltung eingeführt, die Entwicklungsmaßnahmen für 70 Prozent der Bevölkerung vorsieht, während wir 30 Prozent umbringen. Vorher bestand die Strategie darin, 100 Prozent umzubringen.« Dies ist natürlich eine »ausgefeiltere Methode« als die vorhergehende grobschlächtige Annahme, man müsse »jeden umbringen, um den Job zu erledigen«, das heißt den Dissens unter Kontrolle zu bringen, erklärte er.

Von daher hält es der Journalist Alan Nairn, der die US-amerikanischen Quellen der Todesschwadronen in Zentralamerika aufgedeckt hatte, für unfair, Gramajo als »einen der schlimmsten Massenmörder in der westlichen Hemisphäre« zu beschreiben, und dies, obwohl Gramajo wegen entsetzlicher Verbrechen vor Gericht gebracht wurde. Dergestalt sind wir nun auch in der Lage zu begreifen, warum der frühere CIA-Direktor William Colby, der mit solchen Dingen in Vietnam Erfahrungen aus erster Hand sammeln konnte, Gramajo ein Exemplar seiner Memoiren mit folgender Widmung schickte: »Einem Kollegen im Bemühen, eine anständige und demokratische Strategie der Rebellenbekämpfung zu finden«. Anständig und demokratisch à la Washington, versteht sich.

Bei dieser Auffassung von Menschenfreundlichkeit, Anständigkeit und Demokratie kann es nicht verwundern, daß Gramajo für das US-Außenministerium bei den Wahlen von 1995 der aussichtsreichste Kandidat zu sein scheint. So jedenfalls berichtet das guatemaltekische Journal *Central America Report,* das seinerseits *Americas Watch* zitiert: die Dozentur in Harvard sei »die Methode des Außenministeriums, um Gramajo [für den Job] aufzubauen«. Angeführt wird ferner ein Stabsmitglied des US-Senats mit den Worten: »Er ist todsicher ihr Mann da unten.« »Gramajo, der in den frühen achtziger Jahren in Guatemala, als das Militär für den Tod von Zehntausenden von Menschen – größtenteils Zivilisten – verantwortlich gemacht wurde, einen Kommandantenposten bekleidete, wird von der US-Botschaft als gemäßigt eingestuft«, berichtet Kenneth Fred unter Berufung auf einen westlichen Diplomaten. Zugleich versichert er uns, daß Washington das (von den USA unterstützte und mit Beifall bedachte) Vorgehen der Sicherheitskräfte mit »Abscheu« betrachte. In der *Washington Post* heißt es, viele Politiker in Guatemala seien davon überzeugt, daß Gramajo aus den Wahlen als Sieger hervorgehen werde, was einleuchtend scheint, wenn er tatsächlich der Mann des Außenministeriums ist. Sein Image wird schon jetzt nachgebessert. Er bot der *Washington Post* eine bereinigte Version seines Interviews über das 70/30-Prozent-Programm an: »Die Regierung hatte sich zum Ziel gesetzt, 70 Prozent in die Entwicklung und 30 Prozent in die

Kriegsanstrengungen zu stecken – ich bezog mich auf die Anstrengungen, nicht auf die Menschen.« Zu dumm, daß er sich so unklar – oder besser: so ehrlich – ausdrückte, bevor die aufbauende Wirkung von Harvard einsetzte.[39]

Es ist nicht unwahrscheinlich, daß die Herrscher der Welt, die sich auf G-7-Konferenzen zusammenfinden, große Teile von Afrika und Lateinamerika bereits abgeschrieben haben. Dort leben überflüssige Menschen, die in der Neuen Weltordnung keinen Platz haben. Aus den Mutterländern werden ihnen viele nachfolgen.

Ähnlich hat auch die Diplomatie Lateinamerika und Afrika gesehen. Planungsunterlagen heben hervor, daß Lateinamerika Ressourcen sowie ein angenehmes Geschäfts- und Investitionsklima bereitzustellen hat. Wenn das mit formellen Wahlen unter Bedingungen, die den Schutz von Geschäftsinteressen gewährleisten, erreicht werden kann, umso besser. Wenn Staatsterror erforderlich ist, »um eine vorgebliche oder reale Bedrohung der Struktur sozioökonomischer Privilegien dauerhaft zu zerstören, indem man die politische Partizipation der zahlenmäßigen Mehrheit beseitigt ...«, dann ist das leider nicht so gut, aber der Alternative namens Unabhängigkeit in jedem Falle vorzuziehen. Zitiert wurde hier übrigens der Lateinamerikanist Lars Schoultz; er beschrieb die Ziele, die von Staaten verfolgt wurden, deren Programm einer »nationalen Sicherheit« auf die Politik der Kennedy-Administration zurückgeht. Im Hinblick auf Afrika empfahl der Planungschef des Außenministeriums, George Kennan, der jeder Region des Südens ihre Spezialfunktion innerhalb der Neuen Weltordnung der Nachkriegszeit zuwies, dieser Kontinent solle für den Wiederaufbau Europas »ausgebeutet« werden. Er fügte hinzu, daß die Gelegenheit zur Ausbeutung Afrikas den Europäern »jenes materielle Ziel zum Greifen nahe bringen solle, nach dem alle bisher ihre Finger ohne großen Erfolg ausgestreckt haben ...«. Das war für diese in den schwierigen Nachkriegswirren eine dringend erforderliche psychologische Aufmunterung. Derlei Empfehlungen sind offensichtlich so unumstritten, daß sie keinen Kommentar hervorrufen, ja nicht einmal Aufmerksamkeit erregen.[40]

Der Völkermord, wie er zu Zeiten Kolumbus' und Vasco da Gamas geschah, blieb nicht auf die eroberten Regionen des Südens beschränkt, wie die vor 50 Jahren begangenen Heldentaten unserer westlich-zivilisatorischen Vormacht bündig beweisen. Immer wieder ist es zwischen den führenden Gesellschaften des Nordens zu grausamen Auseinandersetzungen gekommen, die sich bisweilen, besonders in diesem schrecklichen Jahrhundert, weit über ihre Grenzen hinaus erstreckten. Dem größten Teil der Weltbevölkerung erscheinen diese Kriege wie Schießereien zwischen rivalisierenden Drogenbanden oder Mafiabossen, und die Frage ist nur, wer das Vorrecht auf Raub und Mord erwirbt. Nach dem Zweiten Weltkrieg sind die USA zum Vollstrecker geworden, der die Interessen der Privilegierten weltweit garantiert. Auf diese Weise ist ein eindrucksvolles Register entstanden, das internationalen Terrorismus, Aggression, Massaker, Folter, chemische und bakteriologische Kriegsführung, Menschenrechtsverletzungen jeglicher Art minutiös verzeichnet. Das kann nicht überraschen; wo gehobelt wird, fallen eben Späne. Ebenso ist es nicht erstaunlich, daß die gelegentliche Dokumentation solcher Tatsachen – weitab vom Mainstream – bei den jeweiligen Politkommissaren Wutanfälle auslöst.

Auch in dieser Hinsicht gibt es nichts Neues unter der Sonne. Seit der biblischen Zeit ist den Überbringern unwillkommener Botschaften selten der rote Teppich ausgerollt worden; die »verantwortlichen Männer« sind falsche Propheten, die tröstlichere Geschichten erzählen. Las Casas' Augenzeugenbericht über die Vernichtung der Indianer ist theoretisch seit 1552 im Druck erhältlich, ohne daß er seitdem zum literarischen Renner geworden wäre. 1880 schrieb Helen Jackson einen bemerkenswerten Bericht über »Ein Jahrhundert der Ehrlosigkeit« *(A Century of Dishonor)*, eine »traurige Enthüllung über Vertrauensbrüche, Vertragsverletzungen und unmenschliche Gewalttaten, [die] die Wangen derer, welche ihr Land lieben, schamrot machen werden«, schrieb Bischof H. B. Whipple aus Minnesota in seinem Vorwort. Allzu viele Wangen verfärbten sich indes nicht, auch nicht, als das Buch 1964 (»auf 2000 Exemplare begrenzt«) nachgedruckt wurde.

Die Gegner der Sklaverei werden zumeist im nachhinein geehrt. Sie wurden »von den ›Patrioten‹ verachtet, ausgestoßen und verhöhnt«, schrieb Mark Twain. »Nur die Toten dürfen die Wahrheit sagen.« Seine eigenen anti-imperialistischen Essays sind kaum bekannt. Die erste Sammlung erschien 1992; ihr Herausgeber bemerkt, daß Mark Twains bedeutende Rolle in der Antiimperialistischen Liga, die ihn die letzten zehn Jahre seines Lebens beschäftigte, »in allen Biographien augenscheinlich unbemerkt geblieben ist«. Der im November 1989 begangene Mord an sechs Jesuiten, für den die von US-Ausbildern trainierte Atlacatl-Brigade verantwortlich war, hat große Empörung hervorgerufen. Sie wurden ermordet, schreiben John Hassett und Hugh Lacey in einer Einführung zu ihrem Werk, »weil sie *als Intellektuelle, Forscher, Schriftsteller und Lehrer* ihrer Solidarität mit den Armen Ausdruck verliehen haben« (Hervorhebung von den Autoren). Am sichersten werden sie dem Vergessen überantwortet, wenn man ihre Worte unterdrückt. So bleiben sie unbekannt, unerwähnt, obwohl die von ihnen aufgezeigten Probleme zum Mittelpunkt der außenpolitischen Themen jenes Jahrzehnts gehören, dessen Rahmen ihre Ermordung ebenso wie die des Erzbischofs Romero bildet, die auch kein Gegenstand der Erinnerung mehr ist. Sowjetische Dissidenten sind im Westen geehrt worden, in ihrer Heimat aber galten diejenigen als achtbare Vertreter des gemäßigten Flügels, die offizielle Wahrheiten hochhielten und die »Apologeten des Imperialismus« mit Schimpf und Schande überhäuften.

Natürlich können Leute wie Las Casas bisweilen im Renommiergestus vorgezeigt werden, als Beweis für unser gutes Wesen. Die »demographische Katastrophe, von der das junge Lateinamerika befallen wurde, ... entsprang nicht der Bosheit, sondern menschlichem Versagen und einer Art von Schicksalhaftigkeit: den langsam mahlenden Mühlen geschichtlichen Wandels«, erklärt der Londoner *Economist* und fährt fort: »Um das, was an Grausamkeiten und Greueltaten geschah, wissen die Historiker aufgrund des leidenschaftlichen Gerechtigkeitssinns im Spanien des sechzehnten Jahrhunderts, denn diese Untaten wurden von Moralisten verdammt oder von Gerichten aufgezeichnet und bestraft.« Vor allem aber waren die Eroberer »guten Willens, denn sie glaubten aufrichtig daran«, ihren Opfern eine »gottgewollte Ordnung« zu bieten, als sie sie massakrierten, folterten und versklavten. Das zeigt, wie ahnungslos die »politisch korrekten« Wirrköpfe sind, wenn sie die »grausame Ungerechtigkeit der Europäer« (Adam Smith) beklagen. Kolumbus selbst wollte »für die Indianer sorgen und darauf achten, daß ihnen kein Leid zugefügt wird«. Das sind seine eigenen Worte, und damit ist der Fall erledigt. Was könnte den edlen Geist unseres kulturellen Erbes besser beweisen als die zartfühlende Besorgtheit des Kolumbus und der leidenschaftliche Gerechtigkeitssinn der Spanier?

Seltsam indes, daß der führende Chronist, Las Casas, am Ende seines Lebens in sein Testament schrieb: »Ich glaube, daß aufgrund dieser gottlosen, verbrecherischen und schändlichen Taten, die auf so ungerechte, tyrannische und barbarische Weise verübt wurden, Gott Seinen Grimm und Seinen Zorn über Spanien kommen lassen wird, denn fast ganz Spanien hat Anteil gehabt am blutigen Reichtum, dessen es sich auf Kosten von so viel Gemetzel und Zerstörung bemächtigte.«[41]

Der schreckliche Bericht über das, was tatsächlich geschah, wird, sofern man ihm überhaupt Beachtung schenkt, für unbedeutend, wo nicht gar für einen Beweis unseres Edelmutes gehalten. Noch einmal: Wo gehobelt wird, fallen Späne. Der mächtigste Mafiaboß bestimmt den Kanon der herrschenden Lehre. Einer der großen Vorteile, die Macht und Reichtum mit sich bringen, besteht darin, sich niemals für etwas entschuldigen zu müssen. Genau hieraus erwächst, am Ende der ersten 500 Jahre, die moralische und kulturelle Herausforderung.

II. Umrisse der Weltordnung

1. Die Logik der Nord-Süd-Beziehungen

Es war die Aufgabe der Siedler, im heimatlichen Territorium die »natürlichen Grenzen auszubauen«, die sich gegen Ende des neunzehnten Jahrhunderts bis zum mittleren Pazifik erstreckten. Doch die »natürlichen Grenzen« des Südens müssen ebenfalls geschützt werden, deshalb gibt man sich große Mühe, darauf zu achten, daß dort keine Region ihre eigenen Wege geht. Das große, oft an Hysterie grenzende Zittern setzt ein, wenn irgendeine Abweichung aufgedeckt wird. Alles muß säuberlich in die von den staatskapitalistischen Industriegesellschaften beherrschte Weltwirtschaft integriert sein.

Dem Süden wird dabei eine dienende Funktion zugewiesen: er soll Ressourcen liefern, billige Arbeitskräfte, Märkte, Investitionsmöglichkeiten und – seit neuestem – Deponien für Sondermüll aus den Industriestaaten. Im letzten halben Jahrhundert haben die Vereinigten Staaten die Verantwortung auf sich genommen, die Interessen der »satten Nationen« zu schützen, deren Macht sie »über die anderen stellt«. Den »reichen Männern, die zufrieden in ihren Behausungen leben«, muß »die Weltregierung anvertraut werden«, stellte Winston Churchill nach dem Zweiten Weltkrieg klar.

Von daher müssen die amerikanischen Interessen im globalen Kontext gesehen werden. Die Hauptbedrohung dieser Interessen firmiert in hochrangigen Planungsdokumenten unter der Rubrik »radikale und nationalistische Regimes«, die bereit sind, dem Druck der Straße nachzugeben, wenn die »schnelle Anhebung des niedrigen Lebensstandards der Massen« und Entwicklungshilfe für die eigenen Bedürfnisse gefordert wird. So etwas gerät natürlich in Konflikt mit dem Verlangen nach »einem politischen und wirtschaftlichen Klima, das privaten Investitionen förderlich ist«, die angemessene Repatriierung der Profite garantiert* und den »Schutz unserer Rohstoffe« sicherstellt (George Kennan). Darum sollten wir, wie der klarsichtige Chef des außenpolitischen Planungsstabes 1948 erkannte, »nicht mehr über verschwommene und ... unrealisti-

---

* (NSC 5432/1, 1954) – NSC steht für *National Security Council*, d. h. für den Nationalen Sicherheitsrat, d. Ü.

sche Ziele wie Menschenrechte, Anhebung des Lebensstandards und Demokratisierung sprechen«, sondern müssen »frei von idealistischen Phrasen« über »Altruismus und Weltbeglückung« mit »eindeutigen Machtkonzeptionen arbeiten«, wenn wir die »Position der Disparität« aufrechterhalten wollen, die unseren ungeheuren Reichtum von der Armut der anderen trennt (Kennan).

Die zutiefst undemokratische Stoßrichtung der US-amerikanischen Politik in der Dritten Welt, der wiederholte Rückgriff auf Terrormaßnahmen, um die »politische Partizipation der zahlenmäßigen Mehrheit« zu beseitigen, leuchtet unmittelbar ein. Sie ist ein direktes Produkt der Gegnerschaft zum »wirtschaftlichen Nationalismus«, der zumeist aus dem moralischen Druck der Bevölkerung in jenen Ländern und ihrer Organisationen erwächst. Solche häretischen Anwandlungen müssen im Keim erstickt werden. Es handelt sich dabei um hervorstechende, vom Kalten Krieg gänzlich unabhängige Grundzüge einer Politik, deren Strategien gerade im vergangenen Jahrzehnt durch Brutalität und Destruktivität gekennzeichnet waren. Wohlerzogen wie immer, preisen die US-Intellektuellen diese Politik, weil sie der Welt die Demokratie und die erneute Achtung der Menschenrechte näherbrachte.

Die Analogien zur Innenpolitik liegen auf der Hand, wobei hier jedoch andere Tricks und Slogans vonnöten sind, um die »verwirrte Herde« im eigenen Land zu zähmen.[1]

Wie bereits erwähnt, wird der »Freihandel« von denen hochgehalten, die den Wettbewerb zu gewinnen hoffen, wobei dessen Prinzipien bedenkenlos verletzt werden, wenn die eigenen Interessen es verlangen. Auf entsprechende Weise ist die Gegnerschaft zum wirtschaftlichen Nationalismus (der anderen) bei denen, die global planen, praktisch zum Reflex geworden. Sie wurde zum Hauptthema der US-Politik, nachdem die Vereinigten Staaten selbst protektionistische, importbeschränkende und andere »ultranationalistische« Maßnahmen ergriffen hatten, um erfolgreich am Ball zu bleiben. Mitte der vierziger Jahre war die US-amerikanische Vorherrschaft ungewöhnlich stark angewachsen, und folglich pries man die Tugenden des Wirtschaftsliberalismus mit großer Inbrunst, während man zugleich forderte, die umfangreichen staatlichen Subventionen für einheimische Unternehmen noch auszuweiten. Das einzige Problem bestand darin, den geistigen Hinterwäldlern die Verdienste einer Politik nahezubringen, die den US-Interessen so wunderbar nützlich war.

Auf der Amerika-Konferenz, die im Februar 1945 in Chapultepec (Mexiko) stattfand, forderten die Vereinigten Staaten eine »gesamtamerikanische Wirtschaftscharta«, die den Wirtschaftsnationalismus »in all seinen Formen« beseitigen sollte. Diese Politik stand in scharfem Widerspruch zum lateinamerikanischen Standpunkt, den ein Beamter des US-Außenministeriums als die »Philosophie des neuen Nationalismus« beschrieb. Sie laufe »auf eine Politik hinaus, deren Ziel die umfassende Verteilung des Reichtums und die Hebung des Lebensstandards der Massen« sei. Laurence Duggan, der politische Berater des Außenministeriums, vertrat die Auffassung: »[Der] Wirtschaftsnationalismus bildet den gemeinsamen Nenner der neuen Industrialisierungsbestrebungen. Die Lateinamerikaner sind davon überzeugt, daß der erste Nutznießer bei der Entwicklung der Ressourcen eines Landes die eigene Bevölkerung sein sollte.« Im Gegensatz dazu waren die Vereinigten Staaten der Meinung, die »ersten Nutznießer« sollten die US-amerikanischen Investoren sein, während Lateinamerika seiner dienenden Funktion nachkommen müsse. Lateinamerika solle, so die Regierungen Truman und Eisenhower, keiner »exzessiven industriellen Entwicklung« unterzogen werden, die die Interessen der USA verletzen könnte.[2] Unter den gegebenen Machtverhältnissen setzte sich die Haltung der USA durch.

Im Hinblick auf Asien erhielten die oben genannten Grundsätze, wie Bruce Cumings bemerkt, ihre erste definitive Form in einem Entwurf des Dokuments NSC 48 vom August 1948. Das grundlegende Prinzip wird als »Handelsbeziehungen zu beiderseitigem Vorteil« bezeichnet. Auch hier erteilt man allen Bestrebungen zur eigenständigen Entwicklung eine Absage: »Für sich genommen besitzt keines [der asiatischen Länder] ausreichende Ressourcen, die einer allgemeinen Industrialisierung als Grundlage dienen könnten.« Indien, China und Japan könnten sich »diesem Status annähern«, mehr aber auch nicht. Japans Aussichten wurden als sehr begrenzt eingeschätzt. Bestenfalls könnten die Japaner, so folgerte eine US-amerikanische Beobachterdelegation 1950, »Nippsachen« für die unterentwickelte Welt fabrizieren. Zweifellos waren solche Ansichten von Rassismus durchtränkt, zu jener Zeit aber auch nicht ganz unrealistisch, denn erst der Koreakrieg brachte Japans stagnierende Wirtschaft wieder in Schwung. »Eine allgemeine Industrialisierung einzelner Länder könnte nur unter hohen Kosten vorgenommen werden, weil ihr die Produktion in vergleichsweise vorteilhaften Sektoren zum Opfer fallen müßte«, fährt der Entwurf fort. Die Vereinigten Staaten müssen Mittel und Wege finden, um »wirtschaftlichen Druck« auf diejenigen Länder auszuüben, die nicht bereit sind, ihre Rolle als Lieferanten von »strategischen Waren und anderen Rohmaterialien« zu übernehmen. Hierin liegt, bemerkt Cumings, der Keim für die spätere US-Politik der wirtschaftlichen Kriegsführung.

Pläne für die Entwicklung in Afrika wurden niemals ernstgenommen, es sei denn, sie bezogen sich auf die von Weißen beherrschten Gebiete. Im Nahen Osten wiederum war es wichtig, daß das Energiesystem in US-amerikanischen Händen blieb und auf die von den Briten vorgezeichnete Weise funktionierte: die Verwaltung vor Ort wurde, unter Einbeziehung der Kolonien, an eine arabische Marionettenregierung übergeben und das ganze dann »durch die Fiktion einer Verfassung als Protektorat, Einflußsphäre oder Pufferstaat getarnt«, ein Trick, der zwar kostenintensiver war als die direkte Herrschaft (Lord Curzon und das *Eastern Committee* 1917-18) – aber wir dürfen, so warnte John Foster Dulles, niemals das Risiko eingehen, »die Kontrolle zu verlieren«. Die Fassade würde aus familialen Diktaturen bestehen, die sich ziemlich genau an das halten, was sie gesagt bekommen und garantieren, daß die Gewinne an die vorbestimmten Ziele gelangen: in die USA, nach Großbritannien und an die Ölkonzerne. Die Marionettenregierungen müßten durch regionale, vorzugsweise nicht-arabische Mächte geschützt werden (die Türkei, Israel, der Iran unter dem Schah, Pakistan), während Großbritannien und die USA im Hintergrund – falls notwendig – die Muskeln spielen lassen. Dieses System hat über einen beträchtlichen Zeitraum hinweg funktioniert und eröffnet heute, da die säkularen nationalistischen Kräfte in der arabischen Welt zur Auflösung tendieren und die sowjetische Abschreckung nicht mehr existiert, neue Perspektiven.[3]

Bisweilen gelangen die Prinzipien regierungsinterner Planungen an die Öffentlichkeit. Dergleichen geschah, als die Leitartikler der *New York Times* dem Sturz des parlamentarischen Regimes von Mossadegh im Iran Beifall zollten und bemerkten: »Unterentwickelte Länder mit reichen Ressourcen haben nun eine Lehrstunde über die hohen Kosten erhalten, die anfallen, wenn eines von ihnen aus fanatischem Nationalismus heraus wild um sich schlägt.« Die Dienstleistungsbereiche müßten vor »Bolschewismus« oder »Kommunismus« geschützt werden. Diese Ausdrücke beziehen sich auf einen gesellschaftlichen Wandel, der »die Bereitschaft und Fähigkeit dieser Länder, die Industriewirtschaft des Westens zu ergänzen, entscheidend beeinträchtigt«. So formuliert es eine wichtige wissenschaftliche Studie aus den fünfziger Jahren. Die geschichtlichen Ereignisse bestätigen diese weit verbreitete Auffassung von der Rolle des Südens nur zu gut.[4]

»Radikale und nationalistische Regime« können an sich schon nicht geduldet werden, umso weniger, wenn sie auf eine Weise erfolgreich sind, die für unterdrückte und leidende Völker ein Zeichen setzen könnte. In diesem Fall werden sie zum »Virus«, der andere »anstecken« kann, zum »faulen Apfel«, der »das ganze Faß verdirbt«. Für die Öffentlichkeit sind es »Dominosteine«, die andere durch Aggression und Eroberung zu Fall bringen. Regierungsintern wird oft (wenn auch nicht immer) zugegeben, daß dieses Bild absurd ist, und die Bedrohung wird als das anerkannt, was Oxfam* einmal – auf Nicaragua bezogen – »die Gefahr eines guten Beispiels« nannte. Als Henry Kissinger warnend darauf hinwies, daß das »ansteckende Beispiel« der Allende-Regierung in Chile nicht nur Lateinamerika, sondern auch Südeuropa »infizieren« könnte, indem es italienischen Wählern die Botschaft übermittelte, die demokratische Gesellschaftsreform sei eine mögliche Option, glaubte er nicht, Allendes Horden würden in Rom einfallen. Obwohl die Vorstellung von einer sandinistischen »Revolution ohne Grenzen« ein von Regierung und Medien der USA äußerst erfolgreich inszenierter Schwindel war, spiegelten die Propagandabilder eine echte Besorgnis wider: Aus der Perspektive einer Hegemonialmacht und ihrer intellektuellen Diener läuft die Bekundung der Befreiungsbewegungen, das eigene Modell möge andere inspirieren – die wirkliche Quelle der Zerrbilder – auf Aggression hinaus.[5]

Wenn ein Virus entdeckt ist, muß er zerstört, und mögliche Opfer müssen immunisiert werden. Der kubanische Virus rief Invasion, Terror und ökonomische Kriegsführung hervor, zugleich legte eine Flut von Staaten »nationale Sicherheitsprogramme« vor, um die Fäulnis im Keim zu ersticken. Zur selben Zeit spielte sich in Südostasien die gleiche Geschichte ab. Üblicherweise bekämpft man den Virus mit einer Politik der Zweigleisigkeit wie im Fall

---

* Das *Oxford Committee for Famine Relief*, eine Organisation zur Bekämpfung von Hunger und Elend, d. Ü.

Allende. Die Hardliner forderten einen Militärputsch, der schließlich auch in Szene gesetzt wurde. Die sanftere Vorgehensweise erläuterte der Botschafter Edward Korry, ein Liberaler à la Kennedy: Wir müssen, sagte er, »alles in unserer Macht stehende tun, um Chile und die Chilenen in äußerste Entbehrung und Armut zu stürzen. Diese Politik muß lange währen, damit die harten Charakterzüge einer kommunistischen Regierung in Chile schneller hervortreten.« Wenn also die Hardliner bei ihrem Versuch, den Virus durch den Einsatz faschistischer Mörder abzutöten, erfolglos blieben, würde die Vision »äußerster Entbehrung« ausreichen, um die Fäulnis an der Ausbreitung zu hindern, und schließlich den Patienten selbst demoralisieren. Vor allem aber würde es Wasser auf die Mühlen der Kulturmanager leiten, die angesichts der »harten Charakterzüge einer kommunistischen Gesellschaft« ein Zorngeschrei anstimmen und »Apologeten«, die beschreiben, was vor sich geht, mit Verachtung überschütten. Diesen Punkt macht Bertrand Russell in seinem bitter-kritischen Bericht über das frühe bolschewistische Rußland deutlich: »Jedes Versagen der Industrie, jede tyrannische Regelung, die der verzweifelten Lage entspringt, wird von der Entente als Rechtfertigung ihrer Politik benutzt. Wenn ein Mensch nichts zu essen und zu trinken hat, wird er geschwächt, verliert den Verstand und stirbt schließlich. Das ist für gewöhnlich kein Grund, den Hungertod noch willentlich herbeizuführen. Wo es aber um Nationen geht, werden Schwächen und Kämpfe als moralische Schuld betrachtet und gelten als Rechtfertigungsgrund für weitere Bestrafung.«

Offensichtlich kann es sehr befriedigend sein, diejenigen genau zu untersuchen, die sich unter unserem Stiefel winden, um zu überprüfen, ob sie sich ordentlich benehmen. Wenn sie es nicht tun – und das ist häufig der Fall –, ist die Entrüstung natürlich groß. Unsere eigenen, viel entsetzlicheren Greueltaten oder die unserer »gemäßigten« und »im Fortschritt begriffenen« Vasallen sind natürlich nur Abirrungen, die bald behoben sein werden.[6]

Um weitere termini technici einzuführen: »faule Äpfel« bedrohen die »Stabilität«. Als Washington 1954 den Sturz der ersten demokratischen Regierung in Guatemala vorbereitete, wies ein Beamter des Außenministeriums warnend darauf hin, daß Guatemala »eine zunehmende Bedrohung für die Stabilität von Honduras und El Salvador geworden ist. Seine Agrarreform ist eine mächtige Propagandawaffe; sein weitgefächertes Sozialprogramm, das den

Arbeitern und Bauern in einem siegreichen Kampf gegen die Oberschichten und die großen ausländischen Unternehmen beistehen soll, ist äußerst attraktiv für die Bevölkerung der mittelamerikanischen Nachbarn, bei denen ähnliche Bedingungen herrschen.« »Stabilität« bedeutet Sicherheit »für die Oberschichten und die großen ausländischen Unternehmen« und muß natürlich erhalten werden. Von daher ist es verständlich, daß Eisenhower und Dulles die »Selbstverteidigung und Selbsterhaltung« der Vereinigten Staaten bedroht sahen, als man ihnen mitteilte, daß eine »Streiksituation« in Honduras »von der guatemaltekischen Seite der Grenze aus inspiriert und unterstützt worden sein könnte.«[7]

»Stabilität« ist so wichtig, daß »wünschenswerte Reformen« nicht durchgeführt werden dürfen. Im Dezember 1967 veröffentlichte *Freedom House* eine Erklärung von vierzehn bekannten Gelehrten, die sich selbst als »die gemäßigte Sektion der akademischen Gemeinschaft« bezeichneten. Sie lobten die »bemerkenswert gute« Politik der USA in Asien, vor allem in Indochina, wo unsere tapfere Verteidigung der Freiheit in großem Maße zum »politischen Gleichgewicht in Asien« beigetragen und die »Kampfmoral – wie auch die Politik – unserer asiatischen Verbündeten und der Blockfreien« gestärkt hat. Was sie meinen, wird verdeutlicht durch das, was sie als unseren größten Triumph anführen: die »dramatischen Veränderungen« im Indonesien von 1965, als die Armee, durch unsere Haltung ermutigt, die Dinge in die Hand nahm und einige hunderttausend Menschen, zumeist landlose Bauern, abschlachtete (vgl. Kap. V). Ganz allgemein gilt, so die gemäßigten Gelehrten, daß »viele Reformtypen die Instabilität vergrößern, auch wenn sie auf lange Sicht wünschenswert und notwendig sein mögen. Für Völker im Belagerungszustand gibt es keinen Ersatz für Sicherheit.« Die Ausdrücke »Völker«, »Stabilität« usw. werden in ihrer üblichen »politisch korrekten« Bedeutung benutzt.

Viele bekannte Gelehrte stimmten dem am *Massachussetts Institute of Technology* lehrenden Politikwissenschaftler Ithiel Pool zu, daß in der gesamten Dritten Welt »die Ordnung davon abhängt, inwieweit die in Bewegung geratenen Unterschichten gezwungen werden können, zu ihrer vormaligen Passivität und Schicksalsergebenheit zurückzukehren«. Sehr bald schon gab die Trilaterale Kommission die gleichen Slogans für die westliche Bevölkerung aus, war diese doch – durch ihren Eintritt in die Arena der demokratischen Politik – drauf und dran, die »Demokratie« zu untergraben, statt die ihr zugedachte »Zuschauer«-Rolle zu übernehmen, derweil die Show von denen veranstaltet wird, die etwas davon verstehen.[8]

Verständlicherweise sind solche Ansichten weit verbreitet, und sie werden es bleiben, solange die Bedrohung für Ordnung und Stabilität anhält. Die Kontinuitäten sind ganz offensichtlich und keineswegs nur mit dem Kalten Krieg verknüpft. Als dieser nämlich nach dem Golfkrieg gestorben und in seiner Funktion als Ausrede und Vorwand nicht mehr wiederzubeleben war, kehrte George Bush wieder dazu zurück, seinen alten Freund und Verbündeten Saddam Hussein beim Krieg gegen die Schiiten im Süden und dann gegen die Kurden im Norden zu unterstützen. Westliche Ideologen erklärten, daß wir, auch wenn unser Feingefühl sich dagegen sträube, diese Grausamkeiten im Namen der »Stabilität« akzeptieren müßten. Der wichtigste diplomatische Auslandskorrespondent der *New York Times,* Thomas Friedman, skizzierte die Überlegungen der Regierung Bush: Washington sucht »die beste aller Welten: eine irakische Junta mit eiserner Faust und ohne Saddam Hussein«, eine Rückkehr zu jenen Zeiten, als Saddams »eiserne Faust den Irak, sehr zur Freude der Türkei und Saudi-Arabiens, beides Bündnispartner Amerikas, zusammenhielt« – diese Freude teilte damals auch Washington. Saddam Hussein beging sein erstes gravierendes Verbrechen am 2. August 1990, als er den Anweisungen nicht mehr gehorchte. Man mußte ihn also vernichten, zugleich aber einen geklonten Doppelgänger finden, der die »Stabilität« sichert. Im Einklang mit diesen Lehren wurde während der ganzen Golfkrise (in Wahrheit auch vorher und nachher) die demokratische Opposition im Irak vom Kontakt mit Washington, und so zugleich mit den hauptsächlichen US-amerikanischen Medien, ausgeschlossen. Erst im Sommer 1992, als die Wahlen vor der Tür standen, stellte die Regierung Bush begrenzte Kontakte zu irakischen Demokraten her.[9]

Dies sind Grundzüge der Neuen (und alten) Weltordnung. Gut dokumentiert in regierungsinternen Berichten, durch die historische Praxis fortlaufend illustriert, werden sie den zufälligen Wandel der Zeiten überdauern.

Die offizielle Rhetorik der politischen Korrektheit enthält noch eine Vielzahl anderer Termini. So muß der aufstrebende Intellektuelle den Ausdruck »Bedrohung der Sicherheit« beherrschen, der sich auf alles bezieht, was die Rechte von US-Investoren beeinträchtigen könnte. Ein anderer Begriff ist »Pragmatismus«, der für uns bedeutet: »Wir tun, was wir wollen«. Für die anderen heißt das ensprechend: »Sie tun, was wir wollen«. So haben zum Beispiel die USA im arabisch-israelischen Konflikt lange Jahre hindurch ganz allein alle Friedensbemühungen blockiert, die darauf hinausliefen, den Palästinensern nationalstaatliche Rechte zu gewähren. Von den beiden Spielarten israelischer Unnachgiebigkeit – Arbeiterpartei und Likud-Block – haben die USA allerdings die erstere vorgezogen. Entsprechend war Yitzhak Shamir vom Likud-Block »ideologisch«, Yitzhak Rabin von der Arbeiterpartei dagegen »pragmatisch«. »Rabins pragmatische, unideologische Herangehensweise kommt dem Team von Bush entgegen«, schreibt Thomas Friedman, Sprecher des Außenministeriums in der *New York Times,* und läßt damit erkennen, daß das Bush-Team, in Übereinstimmung mit sich selbst, per se pragmatisch ist. Clyde Haberman, Korrespondent in Jerusalem, bezeichnet den Wahlsieg Rabins von 1992 beifällig als Sieg des »Pragmatismus«. Ebenso werden die Palästinenser für ihr »pragmatisches« Verhalten gelobt, wenn sie anerkennen, daß Washington die Regeln diktiert: sie besitzen keine nationalstaatlichen Rechte, weil die USA es so verfügt haben. Sie müssen deshalb die »Autonomie eines Kriegsgefangenenlagers« akzeptieren, wie es der israelische Journalist Danny Rubinstein beschrieb, eine »Autonomie«, die ihnen die Freiheit gibt, ihren Abfall in von Israel nicht besetzten Gebieten zu sammeln – jedenfalls so lange die Mülleimer nicht die Farben der palästinensischen Flagge zeigen, wie ein führender israelischer Bürgerrechtler hinzufügt. Der Ausdruck »Friedensprozeß« gehört auch zu denen, die man beherrschen muß: in der Rhetorik der politischen Korrektheit bezieht er sich auf das, was die USA gerade tun oder vorhaben, wozu ja auch (Beispiele dafür gibt es genug) die Blockierung des Friedensprozesses gehören kann.[10]

Andere Fähigkeiten müssen ebenfalls erlernt werden (auf einige von ihnen kommen wir zurück), aber die Aufgabe ist nicht allzu mühselig, wie die Leichtigkeit zeigt, mit der sie beherrscht werden.

Die »kommunistische« Bedrohung der »Stabilität« wird noch dadurch verschärft, daß die Kommunisten im Besitz gewisser unfairer Vorteile sind. So können sie, wie Eisenhower beklagte, »sich direkt an die Massen wenden«, wohingegen unsere Pläne für die »Massen« so etwas nicht vorsehen. Außenminister John Foster Dulles bedauerte in einem Privatgespräch mit seinem Bruder Allan, dem Chef des CIA, daß die Kommunisten im Gegensatz zu uns die

Möglichkeit besäßen, »Massenbewegungen zu kontrollieren«. »Sie wenden sich an die Armen, und die wollten immer schon die Reichen ausplündern.«[11] Ähnliche Besorgnisse löst – wie jedes Engagement für unabhängige Entwicklung und Demokratie – die lateinamerikanische Kirche mit ihrer »bevorzugten Hinwendung zu den Armen« aus. Und wehe, wenn Freunde wie Mussolini, Trujillo, Noriega und Saddam Hussein vergessen, welche Rolle ihnen zugewiesen ist!

2. Nach dem Kolonialismus

Um die Jahrhundertwende waren die Vereinigten Staaten zur größten Industriemacht der Welt aufgestiegen, nach dem Ersten Weltkrieg waren sie ihr führender Gläubiger. Diese Position behielten sie, bis die Reaganisten das Ruder übernahmen und die USA ganz schnell in die führende Schuldnernation verwandelten. Während des Zweiten Weltkrieges waren die Auswirkungen der Wirtschaftskrise durch quasi-totalitäre Maßnahmen zu guter Letzt überwunden worden. Die US-Industrieproduktion hatte sich mehr als verdreifacht und die Konzernmanager, die die Kriegswirtschaft befehligten, hatten wertvolle Lektionen gelernt. Sie zogen den Schluß, daß privat organisierte Macht- und Reichtumsverhältnisse nur durch umfassende staatliche Subventionen in Gang gesetzt, erhalten und ausgeweitet werden können. Dem ist bis jetzt nicht ernsthaft widersprochen worden, und nur in rhetorischen Wendungen oder kleinen Randbemerkungen wird der Kapitalismus als lebensfähiges System betrachtet. Als die Welt in Trümmern lag, hatten die Vereinigten Staaten einen Höhepunkt militärischer und wirtschaftlicher Vorherrschaft erreicht, für den es in der Geschichte keine Parallele gibt. Die Planungsstäbe im Staat und in den Konzernen waren sich ihrer beispiellosen Macht sehr wohl bewußt und wollten sie benutzen, um eine Weltordnung zu errichten, die den Interessen ihrer Arbeitgeber von Nutzen sein konnte.

Vor allem aber mußten die industriellen Kernregionen – Japan und ein auf deutschen Pfeilern ruhendes Europa – fest in die von den USA beherrschte Weltordnung integriert und das heißt: der Kontrolle von US-amerikanischen Finanz- und Industrieunternehmen unterworfen werden, die ihrerseits mit der Staats-/Kapitalmacht verbunden waren. Der erste Punkt auf der Geschäftsordnung bestand also darin, den in der Bevölkerungsmehrheit (vulgo: »der gemeine Haufen«) wurzelnden antifaschistischen Widerstand zu untergraben, die Arbeiterbewegung und ihre Organisationen zu schwächen und die traditionelle konservative Herrschaft – oft mit Hilfe von faschistischen Kollaborateuren – wieder einzusetzen. Diese Aufgabe wurde Ende der vierziger Jahre weltweit angegangen, wenn notwendig, unter beträchtlichem Einsatz von Gewalt, wie etwa in Griechenland und Südkorea.

In dieser Neuen Weltordnung wurden die Beziehungen zwischen dem Norden und dem Süden wieder aufgebaut, aber nicht grundlegend erneuert. Die Vereinigten Staaten wollten eine prinzipiell offene Welt herstellen, die auf den Grundsätzen eines liberalen Internationalismus beruhte; im übrigen gingen sie davon aus, daß sie aus einem »freien und fairen« Wettbewerb als Sieger hervorgehen würden. Diese Erwägungen führten zu einer begrenzten Unterstützung der an Stärke zunehmenden anti-kolonialistischen Bewegungen. Ein CIA-Memorandum von 1948 bemerkte, zwischen der »Unterstützung regionaler nationalistischer Bestrebungen und der Erhaltung kolonialwirtschaftlicher Interessen von Ländern, denen in Westeuropa Hilfe gewährleistet worden sei«, müsse eine Balance gefunden werden. Wie die Gewichte verteilt sind, wenn US-Interessen auf dem Spiel stehen, dürfte nicht fraglich sein. Ebenso mußte das imperiale System, das Japan sich aufgebaut hatte, wiederhergestellt werden, wobei die USA eine übergreifende Kontrollfunktion übernahmen. Diese Erwägungen führten zur taktischen Entscheidung, für Konkurrenten/Verbündete das klassische koloniale Meistbegünstigungssystem zu installieren; dies geschah auch zeitweise, im Zusammenhang mit dem Wiederaufbau nach dem Krieg und der Wiedereinführung von Handelsstrukturen mit den industriellen Mächten, auf denen die US-amerikanische Wirtschaft beruhte.

Weil die USA die Verhältnisse im Fernen Osten im wesentlichen allein gestalten wollten, schloß Washington seine Verbündeten von jeglicher Entscheidung über Japans weiteres Schicksal aus. Das Ziel war es, »die US-amerikanische Sicherheit durch eine langwährende Vorherrschaft in Japan zu gewährleisten« und »den Einfluß seitens dritter Regierungen auszuschalten« (Melvyn Leffler, der einem Konsens von Wissenschaftlern Ausdruck verlieh, wobei »Sicherheit« die übliche Bedeutung besitzt). Angesichts der Machtfülle der Vereinigten Staaten wurde das Ziel – ungeachtet aller Abkommen aus Kriegstagen – mit Leichtigkeit erreicht. Im Nahen Osten und in Lateinamerika überträgt dieses ideologische

System den Vereinigten Staaten das Recht, ihre »Bedürfnisse« und »Anliegen« zu verfolgen, und zwar in genau dieser Reihenfolge. Der Plan lief also darauf hinaus, Einmischungen des Auslandes zu begrenzen, wobei Vasallen hier und da eine untergeordnete Rolle zugewiesen werden konnte, zum Beispiel England im Nahen Osten. Großbritannien dient uns »als unser Statthalter (vornehm ausgedrückt: als unser Partner)«, wie ein ranghoher Berater von Kennedy wissen ließ; die Briten sollten natürlich nur den vornehmen Ausdruck hören.[12]

Wie die Planung aussah, läßt sich am Beispiel Italiens veranschaulichen. Italiens strategische Bedeutung reichte, wie die Griechenlands, bis in den Nahen Osten. »Strategische US-Interessen« erforderten die Kontrolle der »Kommunikationslinie«, die durch den Mittelmeerbereich bis zu den »nahöstlichen Absatzmärkten für die Ölfelder Saudi-Arabiens« führte, bemerkte ein internes geheimdienstliches Gutachten vom September 1945. Diese Interessen wären gefährdet, wenn Italien in »die Hände irgendeiner Großmacht« fiele – was übersetzt heißt: wenn Italien den Händen der richtigen Großmacht entflöhe. Italien »könnte dazu dienen, Öllieferungen aus dem Nahen Osten zu sichern oder, wenn es in falsche Hände gerät, zu gefährden«, bemerkte Rhodri Jeffrey-Jones.

Allgemein wurde erwartet, daß die Kommunistische Partei mit ihrer starken Unterstützung seitens der Arbeiter und dem Prestige, das sie durch ihre Rolle im antifaschistischen Widerstand genoß, die Wahlen von 1948 gewinnen würde. Ein solches Ergebnis könnte, wie US-Politiker warnend vermerkten, »in ganz Westeuropa, in der Mittelmeerregion und im Nahen Osten demoralisierend wirken«. »Zum ersten Mal in der Geschichte würde eine kommunistische Machtübernahme durch öffentliche Wahlen und rechtsstaatliche Verfahren vor sich gehen.« Ein »so beispielloser und unheilvoller Vorgang muß auf die von den Sowjets bedrohten und ... um ihre Freiheit ringenden Länder tiefgreifende psychologische Auswirkungen haben.« In die Umgangssprache übersetzt: Ein solcher Vorgang könnte politische Bewegungen, die einen unabhängigen und oftmals radikaldemokratischen Kurs verfolgen, beeinflussen. Dadurch würde die US-amerikanische Politik untergraben, die ja im Gegenteil gerade auf die Wiederherstellung der von konservativen Wirtschaftskräften, oftmals auch von profaschistischen Bewegungen beherrschten traditionalen Ordnung (»Freiheit«) zielt. Kurz gesagt, könnte Italien ein »Virus« werden, der »andere Länder ansteckt«. Die Vereinigten Staaten planten einen militärischen Eingriff für den Fall, daß die Wahlen nicht durch andere Methoden zu kontrollieren wären. Schließlich konnte durch eine Mischung aus Gewalt, Drohungen, Kontrolle über lebenswichtige Nahrungsmittel und weiteren Maßnahmen die Gefahr abgewendet werden. Die USA unternahmen noch bis in die siebziger Jahre erhebliche Anstrengungen, die italienische Demokratie zu untergraben. Später fürchtete man, daß Chile ein Virus sei, der Italien anstecken könne.[13]

Aus ähnlichen Gründen verbannte Washington, nachdem es die Wahlen von 1984 in Nicaragua nicht durch Terror hatte verhindern können, das schreckliche Ereignis aus der Geschichte. Die Medien verschwiegen rigoros die Zustimmung, die von internationalen Beobachtern (auch ablehnend eingestellten), von US-amerikanischen Lateinamerikaspezialisten, die die Wahl gründlich studiert hatten sowie von der führenden Persönlichkeit der mittelamerikanischen Demokratie, José Figueres, geäußert wurde.

Wer für die Weltordnung verantwortlich ist, hat kein leichtes Leben, wie zu ihrer Zeit Metternich und der Zar feststellten.

Neben der Subversion suchten die politischen Strategen noch andere Möglichkeiten, um »Italien zu stabilisieren«, schreibt Sallie Pisani in ihrer Untersuchung über die Anfänge der CIA. Subversion zu betreiben, um Stabilität zu erreichen, ist ein Standardverfahren, das all denen, die das Vokabular der politischen Korrektheit beherrschen, ohne weiteres einleuchtet. Schließlich war es ja auch möglich, »eine frei gewählte marxistische Regierung in Chile zu destabilisieren«, weil wir »Stabilität unbedingt suchten« (James Chace). Ein praktischer Einfall bestand darin, die in sich zerrissene Bevölkerung auszudünnen, indem man die Emigration förderte. Gelder aus dem Marshall-Plan wurden eingesetzt, um die italienische Handelsmarine wieder aufzubauen und so »die Anzahl der italienischen Auswanderer, die jedes Jahr nach Übersee transportiert werden kann, zu verdoppeln«, berichtete der Chef der Marshall-Plan-Mission aus Italien. Das Geld wurde auch für die Umschulung von Arbeitern verwendet, damit sie »von anderen Ländern leichter aufgenommen werden«, fügte er hinzu. In Europa herrschte Arbeitslosigkeit, und in den USA wollte man auf keinen Fall noch mehr »Itaker« haben. Der Kongreß bewilligte also Fördermittel, »um italienische Auswanderer in andere Erdteile – mit Ausnahme der Vereinigten Staaten – zu transportieren«. Die

Marshall-Planer entschieden sich für Südamerika mit seinen »relativ unentwickelten Regionen«. Eine Inspektion wurde finanziert und durchgeführt, die in Südamerika »geeignete Ländereien für italienische Siedler aufspüren« und die Umsiedlung mit vorbereiten sollte. Das erste Land, das solch eine Umsiedlungshilfe empfing, war (im Jahre 1950) Brasilien.

Der Plan galt als äußerst heikel und wurde vor den Italienern geheimgehalten. »Es war ebenso wichtig, auf die im Lande bleibenden Italiener propagandistischen Einfluß zu nehmen«, schreib Pisani, und so wurde eine »sorgsam durchdachte Kampagne« durchgeführt. Neben Italien war auch Frankreich davon betroffen, ein weiterer potentieller »Virus«. Problematisch war, wie die Marshall-Planer bemerkten, daß »die Franzosen allergisch auf Propaganda reagieren. Sie verwechseln oftmals das, was wir Information nennen, mit dem, was sie als Propaganda bezeichnen«. Die US-Strategen stimmten darin überein, daß »offene amerikanische Propaganda« sich in Europa aufgrund der dortigen Erfahrungen mit dem Nazismus nicht gut verkaufen würde. Von daher übernahm die Planungskommission den Begriff des »Umwegs« *(indirection),* um der Bevölkerung die »US-regierungsoffiziellen außenpolitischen Perspektiven zu übermitteln, ohne daß die Planungskommission oder die US-Regierung als Quelle des Materials bekannt werden«. In den Vereinigten Staaten, wo die Bevölkerung besser konditioniert ist, reicht die »Information« aus.[14]

In der westlichen Hemisphäre hatten die USA ihre europäischen Rivalen im Verlauf des Zweiten Weltkrieges weitgehend verdrängt. Deshalb sollten die Grundzüge der Neuen Weltordnung für »unsere kleine Gegend hier, die keinen je gestört hat«, keine Gültigkeit besitzen. »Unsere kleine Gegend« nannte Kriegsminister Henry Stimson die amerikanische Hemisphäre, als er erklärte, warum alle regionalen Systeme aufgelöst werden müssen und nur unsere eigenen erweitert werden sollen. Die Vereinigten Staaten bestanden darauf, daß die politischen Angelegenheiten in den amerikanischen Einflußzonen von regionalen Organisationen geregelt werden sollten (die sich natürlich besser beherrschen ließen). Als Saddam Hussein 1990 vorschlug, die Arabische Liga solle sich mit den Problemen am Golf beschäftigen, zielte er in eine ähnliche Richtung, wurde aber dafür heftig angegriffen. Schließlich muß es auch Grenzen geben. Wenn die Lateinamerikaner »unverantwortlich mit ihrer numerischen Überzahl in der OAS (Organisation amerikanischer Staaten) umgehen«, erklärt John Dreier in seiner Untersuchung dieser Organisation, »wenn sie die Doktrin der Nichtintervention allzu weit treiben, wenn sie den Vereinigten Staaten zum Selbstschutz nur die Alternative unilateralen Handelns lassen, dann zerstören sie nicht nur die Grundlage der Kooperation für den Fortschritt in dieser Hemisphäre, sondern auch jegliche Hoffnung auf eine sichere Zukunft für sie selbst«. Die Wächter der Weltordnung halten immerfort Ausschau nach den Zeichen möglicher Unverantwortlichkeit.

Das gleiche galt für Roosevelts Politik der guten Nachbarschaft, die, wie Robert Woodward (der Lateinamerika-Beauftragte des US-Außenministeriums) betonte, »eine implizite Verpflichtung zur Gegenseitigkeit« mit sich trug. »Für den Fall, daß eine fremde Ideologie in eine amerikanische Regierung Eingang fände«, wären »die Vereinigten Staaten zu Verteidigungsmaßnahmen gezwungen«, unilateral natürlich. Andere, auch das ist klar, besitzen ein solches Recht nicht und dürfen sich insbesondere nicht gegen die USA und ihre »Ideologie« verteidigen. Denn diese ist nicht »fremd«, und bei Licht besehen verfügen die USA – abgesehen von ihrem »Pragmatismus« – im technischen Sinne auch gar nicht über so etwas wie Ideologie. Carters Lateinamerika-Berater Robert Pastor machte am entscheidenden Beispiel deutlich, worum es eigentlich geht. Die Vereinigten Staaten befürworten, daß andere Nationen »unabhängig handeln, *außer* wenn dabei US-Interessen negativ berührt werden«. Die USA haben niemals andere Nationen »beaufsichtigen« wollen, solange die Entwicklung nicht »außer Kontrolle« gerät. Diese Nationen können frei sein, solange sie »pragmatisch« handeln.[15]

Um Ländern beizustehen, die »danach streben, ihre Freiheit zurückzugewinnen«, waren die USA regelmäßig gezwungen, sie terroristischen Angriffen auszusetzen oder direkt dort einzumarschieren. Dafür nutzten sie ihre beispiellosen Möglichkeiten der ökonomischen Kriegsführung und Subversion. Diese Mission erforderte eine zur Zusammenarbeit bereite Schicht von Intellektuellen, die die »Informationen« auf die Bevölkerung zuschneiden. Das ist allerdings überhaupt kein Problem.

Nach dem Zweiten Weltkrieg verstärkte sich die Bedeutung der traditionell dienenden Rolle des Südens noch durch »die Einsicht, daß die Lebensmittel und Brennstoffe Osteuropas für Westeuropa nicht mehr zum Vorkriegspreis zu haben sein würden« (Leffler).

Jeder Region wurde von den Planungsstrategen ihr Status und ihre »Funktion« zugewiesen. Die USA würden sich Lateinamerikas und – mit Hilfe ihres Statthalters – des Nahen Ostens annehmen. Afrika sollte für den Wiederaufbau Europas ausgebeutet werden, und Südostasien diente vor allem als »Lieferant von Rohstoffen für Japan und Westeuropa« (George Kennan und sein politischer Planungsstab im Außenministerium, 1948-1949). Auch die USA würden Rohstoffe aus den ehemaligen Kolonien kaufen und damit die Dreiecksbeziehungen im Handel wieder herstellen, mittels derer die Industriegesellschaften US-amerikanische Fabrikate einführen, die sie mit Dollars bezahlen, welche wiederum aus den Rohstoffexporten ihrer traditionellen Kolonien stammen. Die »Dollarlücke«, die den Export amerikanischer Industriegüter nach Europa behinderte, wurde von Dean Acheson und anderen hochrangigen Planern als äußerst gravierendes Problem betrachtet. Die Überwindung dieses Problems war, so hieß es, für die US-Wirtschaft von entscheidender Notwendigkeit, andernfalls könnte sie in eine starke Rezession zurückfallen oder sich staatlichen Eingriffen gegenübersehen, die den Privilegien der Konzerne nicht eben förderlich wären. Durch diese Argumentation, die noch verfeinert und lang und breit in der Öffentlichkeit dargestellt wurde, konnten ehemalige Kolonien nominell eine eigene Regierung bekommen, mehr war aber zumeist nicht drin.[16]

Der globale Planungsrahmen der Nachkriegszeit sah die Neuordnung der Kolonialbeziehungen und die Unterdrückung »ultranationalistischer« Tendenzen vor, besonders wenn sie die »Stabilität« in anderen Ländern und Regionen gefährdeten. Das Schicksal des Südens blieb unverändert. Sowohl die industriellen Kernländer als auch die ihnen untergeordnete Peripherie mußten vor jeglicher Verbindung mit dem »Sino-Sowjetischen Block« bewahrt werden (bzw. vor dessen Komponenten, als der tiefgreifende Antagonismus innerhalb des Blocks nicht mehr zu leugnen war). Dieser Block nun, ein umfassender Teil der ehemaligen Dritten Welt, der aus seiner traditionellen Rolle ausgebrochen war, mußte »eingedämmt« oder, wenn möglich, durch eine »Rollback-Politik« in seine dienende Funktion zurückgezwungen werden. Ein bedeutsamer Faktor im Kalten Krieg war die sowjetische Herrschaft über traditionelle Zulieferstaaten, die nun aus der von den USA beherrschten staatskapitalistischen Welt herausgebrochen waren. Dazu kam die Drohung, die Sowjetunion könne noch weitere Regionen zum Abfall bewegen und sogar Teile der Bevölkerung im industriellen Kernbereich selbst beeinflussen, was man vor allem in den ersten Nachkriegsjahren befürchtete.

Die Nord-Süd-Beziehungen verändern sich im Lauf der Jahre ein wenig, gehen aber kaum über diese grundsätzlichen Grenzen hinaus. Die Realitäten werden in einem 1990 erschienenen Bericht der *South Commission* beschrieben. Die Kommission, unter dem Vorsitz von Julius Nyerere, bestand aus führenden Ökonomen, Mitgliedern staatlicher Planungsstäbe, religiösen Führern und anderen Persönlichkeiten der Dritten Welt. Sie merkte an, daß es in den siebziger Jahren eine Hinwendung zu den Problemen der Dritten Welt gab, die unzweifelhaft der Besorgnis über »das neue Selbstbewußtsein des Südens nach dem Anstieg der Ölpreise 1973« entsprang (wobei dieser Anstieg übrigens den USA und Großbritannien nicht ganz unwillkommen war). Als das Selbstbewußtsein des Südens mit der Zeit eine weniger drohende Gestalt annahm, verloren die Industriegesellschaften das Interesse und wandten sich einer »neuen Form des Neokolonialismus« zu: Sie monopolisierten die Kontrolle über die Weltwirtschaft, untergruben die demokratischeren Bestandteile der Vereinten Nationen und waren während der achtziger Jahre insgesamt damit beschäftigt, »den zweitrangigen Status des Südens« festzuschreiben.

Das Muster bleibt das gleiche; alles andere wäre auch eine Überraschung.

Angesichts des tristen Zustands, in dem die traditionellen Herrschaftsgebiete des Westens sich befinden, forderte die Kommission eine »Neue Weltordnung«, die »der Forderung des Südens nach Gerechtigkeit, Gleichheit und Demokratie in der Weltgesellschaft« Genüge tut. In Anbetracht der Aufmerksamkeit, die dieser Forderung gewidmet wurde, tendieren die Aussichten auf Verwirklichung gegen Null. Die Untersuchung wurde nicht beachtet, wie allgemein Stimmen aus der Dritten Welt überhört werden. Für die reichen Männer, von denen Churchill sagte, »die Herrschaft über die Welt« müsse ihnen anvertraut werden, sind sie von geringem Interesse.[17]

Einige Monate später griff Bush den Ausdruck »Neue Weltordnung« auf, um damit seinen Golfkrieg zu maskieren. In diesem Fall fand das Wort Gehör, und die Rhetorik von Bush und Baker setzte hochtönende Diskurse über die sich uns eröffnenden Aussichten in Gang. Im Süden dagegen wird die von den Mächtigen erzwungene

»Neue Weltordnung« in durchaus realistischer Weise als bitterer internationaler Klassenkrieg wahrgenommen, in dem die fortgeschrittenen staatskapitalistischen Wirtschaftsordnungen und ihre transnationalen Konzerne die Gewaltmittel monopolisieren, Investitionen, Kapital, Technologie, Planungs- und Management-Entscheidungen kontrollieren, während die Bevölkerungsmehrheit die Zeche zahlt. Die regionalen Eliten in den südlichen Niederlassungen bekommen ein Stück von der Beute ab.

Zugleich setzen die USA und Großbritannien – mit der Peitsche in der Hand – ihren Abstieg fort, werden den Gesellschaften der Dritten Welt ähnlicher, wie sich am Verfall der Innenstädte und der ländlichen Gebiete beobachten läßt. Das europäische Festland wird nicht allzu viel Zeit benötigen, um diesem Beispiel zu folgen, auch wenn die Arbeiterbewegung hier immer noch ein Hindernis darstellt, das bislang noch nicht ganz aus dem Weg geräumt werden konnte.

3. Der Club der reichen Männer

Auch im Club der reichen Männer muß Ordnung herrschen, so will es das von den USA entworfene Weltsystem. 1973 (im Europajahr) setzte Kissinger die Europäer davon in Kenntnis, daß die geringeren Mitglieder in diesem Club »regionale Interessen« verfolgen dürfen, während der »umfassende Ordnungsrahmen« von den Vereinigten Staaten bestimmt wird, der einzigen Macht mit »globalen Interessen und globaler Verantwortung«. In den frühen Nachkriegsjahren konnte eine Drittmacht Europa nicht geduldet werden. Die Gründung der NATO verdankt sich zu einem großen Teil der Notwendigkeit, »Westeuropa und England in den US-amerikanischen Einflußbereich zu integrieren«, bemerkt Leffler. »Ein ungeteiltes Europa durfte sich – als dritte Kraft oder neutraler Block – ebensowenig entwickeln wie ein vereinigtes Deutschland oder ein unabhängiges Japan.« Neutralismus wäre, so Außenminister Dean Acheson, der »kürzeste Weg zum Selbstmord«. Das gleiche galt für die Bereiche außerhalb der industriellen Kernländer. Acheson erkannte wohl, daß die Russen für die Konflikte in der Dritten Welt nicht verantwortlich waren, befürchtete aber (1952), daß sie diese Konflikte ausbeuten und den Versuch unternehmen könnten, »die größtmögliche Anzahl nicht-kommunistischer Länder zu zwingen, eine Politik der Neutralität zu betreiben und den führenden Mächten des Westens ihre Ressourcen zu verweigern« – das heißt, sie unter den vom Westen gestellten Bedingungen zu verweigern. Auch General Omar Bradley warnte vor dem »selbstmörderischen Neutralismus« und dachte dabei an Japan.[18]

Die westlichen Planungsstäbe, schreibt Leffler, »erwarteten und befürchteten keine sowjetische Aggression«. Er faßt damit zusammen, was in der Wissenschaft lange schon Konsens ist. »Die Regierung Truman unterstützte das Atlantische Bündnis vor allem deswegen, weil es unverzichtbar war, um über die Einbindung Deutschlands die europäische Stabilität zu befördern.« Darin bestand die grundlegende Motivation für den im April 1949 in Washington unterzeichneten Nordatlantikpakt, der zur Gründung der NATO und, als Reaktion darauf, des Warschauer Pakts führte. Bei ihren Vorbereitungen für das Treffen im April gelangten die US-amerikanischen Politstrategen »zu der Überzeugung, daß die Sowjets tatsächlich daran interessiert sein könnten, in einen Handel einzuschlagen, Deutschland zu vereinigen und die Teilung Europas zu beenden«. Allerdings wurde das nicht als Chance begrüßt, sondern als Bedrohung des »vorrangigen Ziels der nationalen Sicherheit« betrachtet, nämlich »Deutschlands wirtschaftliches und militärisches Potential für die Atlantische Gemeinschaft stark zu machen« und den »selbstmörderischen Neutralismus« abzuwehren.[19]

Zu beachten ist, daß der Ausdruck »nationale Sicherheit« hier im technischen Sinne verwendet wird und nichts mit der Sicherheit der Nation zu tun hat, die durch diese bewußt vollzogenen Schritte in Richtung auf eine Konfrontation der Supermächte nur gefährdet werden konnte. In gleicher Weise bezieht sich »Atlantische Gemeinschaft« auf die sie beherrschenden Elemente, nicht auf die Bevölkerung der Länder, deren Interessen ohne weiteres dem Diktat von Macht und Reichtum geopfert werden können, zum Beispiel durch die Verlagerung der Produktion ins Ausland, wo die Staatsgewalt dafür sorgt, daß fügsame und billige Arbeitskräfte vorhanden sind.

»Der entscheidende Gesichtspunkt«, folgerte die CIA 1949, »ist nicht die Klärung der deutschen Frage«, die, so glaubte (und fürchtete) man, durch Verhandlungen mit dem Kreml erreicht werden könne, sondern »die langfristige Kontrolle der deutschen Macht«. Diese »große Produktionsstätte« mußte unter allen Umständen von den USA und ihren Vasallen kontrolliert werden, ohne daß die Sowjetunion in irgendeiner Weise daran beteiligt war. Die berechtigten und wohlbekannten Sicherheitsinteressen jenes Landes, das gerade zum zweiten Mal innerhalb von 30 Jahren von deutschen Truppen verwüstet worden war und die Hauptlast des Krieges gegen die Nazis getragen hatte, spielten keine Rolle; der Beschluß verstieß darüber hinaus gegen die während des Krieges getroffenen Übereinkommen zur sowjetischen Rolle in Deutschland. Sie waren allerdings, wie Leffler bemerkt, durch die USA bereits im März 1946 verletzt worden. Der Abzug der sowjetischen Truppen aus Deutschland stelle, so meinte Acheson, ein verfolgenswertes Ziel dar, aber »der Abzug amerikanischer und britischer Truppen wäre ein zu hoher Preis dafür«. »Unser Denken«, erkannte George Kennan, »geht dahin, ... daß wir zu dieser Zeit Deutschlands Wiedervereinigung nicht wirklich wollen, und daß es *keine* Bedingungen gibt, aufgrund derer wir eine solche Lösung wirklich befriedigend fänden«. Die deutsche Wiedervereinigung sei langfristig zwar wünschbar und anzustreben, aber, wie das Außenministerium hervorhob, »nur wenn die Umstände geeignet sind«. Mithin würden US-amerikanische Truppen auch dann in Deutschland bleiben, wenn die Sowjets einen gegenseitigen Abzug vorschlügen; Deutschland würde als Tochtergesellschaft in die von den USA beherrschte Weltwirtschaft aufgenommen, die Russen dagegen hätten keinerlei Einspruchsmöglichkeiten, würden keine Reparationszahlungen erhalten und die industrielle (oder militärische) Entwicklung Deutschlands nicht beeinflussen.[20]

Im Endeffekt würden damit zwei wichtige Ziele erreicht: die Schwächung der sowjetischen Konkurrenz und die Verstärkung der US-Vorherrschaft über ihre Alliierten. Die Beendigung des Kalten Krieges wäre dagegen keinem dieser Ziele dienlich und wurde deshalb niemals ernsthaft in Erwägung gezogen.

Ein dritter Grund, der gegen die Wiedervereinigung sprach, war, so Leffler, die mögliche »Anziehungskraft der Linken«, die durch die »Neubelebung politischer Aktivitäten in der Sowjetzone« verstärkt worden war. Dort besaßen Arbeiterräte in entnazifizierten Betrieben und in Gewerkschaftsorganisationen einen gewissen Spielraum für Verwaltung und Management. Washington befürchtete, daß eine vereinigte Arbeiterbewegung in Zusammenarbeit mit anderen volksnahen Organisationen den Restaurationsplänen im Wege sein könnte, und das britische Auswärtige Amt ängstigte sich vor »wirtschaftlicher und ideologischer Infiltration« aus dem Osten, was für das »Foreign Office« bereits »an Aggression grenzte«; wenn die falschen Leute politischen Erfolg haben, wird deren

Aktivität in den internen Aufzeichnungen als »Aggression« bezeichnet. In einem vereinigten Deutschland, warnte das »Foreign Office«, läge »der Vorteil offensichtlich bei den Russen«, weil sie »den stärkeren Druck ausüben könnten«. Von daher zog man die Teilung Deutschlands vor, und die Sowjetunion hatte in bezug auf das Kernland der deutschen Industrie, das Gebiet an Rhein und Ruhr, kein Mitspracherecht.[21]

Aus vielerlei Gründen schien die Konfrontation vorteilhafter als die gegenseitige Verständigung. Ob diese möglich gewesen wäre, bleibt reine Spekulation. Jedenfalls bestand eines der Hauptziele darin, die industriellen Kernländer in eine vom staatlich-kapitalistischen Komplex der USA beherrschte Weltordnung zu integrieren.

Ein Jahrzehnt später hatte sich Europa glänzend erholt, was sich vor allem der Politik des »internationalen Militärkeynesianismus« verdankte, die Washington kurz vor dem Koreakrieg zu verfolgen begann. Der Koreakrieg selbst war dabei nur ein Vorwand unter der Annahme, die Russen würden nun mit der Welteroberung beginnen. Beweise dafür waren überflüssig. Als Europas Gesundung weitere Fortschritte machte, nahm die Angst vor Unabhängigkeitsbestrebungen und neutralistischen Tendenzen zu. Kennedys Botschafter in London, David Bruce, sah »Gefahren« aufsteigen, falls Europa »einen Alleingang wagt und und eine von den USA unabhängige Position anstrebt«. Wie andere, so wollte auch Bruce »Partnerschaft – wobei die Vereinigten Staaten die bessere Position einnehmen sollten«, bemerkt Frank Costigliola. Kennedys »großer Entwurf« war ein Versuch, die Verbündeten auf Vordermann zu bringen; die Ergebnisse waren indes gemischt, wobei Frankreich besonderen Ärger bereitete. Kennedy befürchtete, Charles de Gaulle könne mit den Russen zu einer »für die Deutschen akzeptablen« Übereinkunft gelangen. »Außerordentlich besorgt« zeigte er sich über Berichte des Geheimdienstes, denen zufolge ein Abkommen zwischen Frankreich und Rußland geplant sei, das den Abzug der USA aus Europa und die Aufkündigung enger Bündnisverhältnisse vorsehe. Auch für den besorgniserregenden Abfluß von Gold wurde insgeheim Frankreich verantwortlich gemacht. Irritierend war ferner de Gaulles Haltung Indochina gegenüber. Er setzte auf Diplomatie und Neutralisierung, was für die Regierung Kennedy völlig unannehmbar war. In Washington wollte man den militärischen Sieg und war zu jener Zeit eifrig bemüht, den vietnamesischen Initiativen, die den Konflikt ohne größeren internationalen Krieg beilegen wollten, das Wasser abzugraben. Wie in Europa und in der ganzen Dritten Welt war auch in Indochina der Neutralismus für die Politstrategen der USA »der kürzeste Weg zum Selbstmord«.[22]

Es wurde nun zunehmend schwieriger, die Verbündeten unter Kontrolle zu halten. Das führte zu Kissingers Ermahnungen von 1973. Seinem Gefühl nach war das »größte Problem« im westlichen Bündnis die »innenpolitische Entwicklung in vielen Ländern Europas«, die zu einem Kurs der Unabhängigkeit führen könne. Neue Sorgen bereitete das Aufkommen des Eurokommunismus. Hier war Kissinger einer Meinung mit Breschnew, der von der Forderung nach einem »demokratischen Weg zum Sozialismus« und der Ablehnung »jeglicher Intervention von außen« ebenfalls nicht begeistert sein konnte. Kissinger nannte das nach-faschistische Portugal und Italien als Beispiele für eine politische Situation, die, »wiewohl nicht Ergebnis der Entspannungs- oder der Sowjetpolitik«, die USA dennoch vor Probleme stellte: »Wir können den Dialog mit kommunistischen Parteien innerhalb von NATO-Mitgliedsstaaten nicht befürworten«, teilte er US-Botschaftern mit, ob diese Parteien nun »der Linie Moskaus« folgen oder nicht. »Der Einfluß einer Kommunistischen Partei Italiens, die erfolgreiche Regierungsarbeit zu leisten scheint, wäre verheerend – auf Frankreich wie auch auf die NATO.« Folgerichtig müssen die Vereinigten Staaten dem Aufstieg der Kommunistischen Partei in Portugal nach dem Zusammenbruch der faschistischen Diktatur (die als solche kein Problem dargestellt hatte) auch dann Widerstand entgegensetzen, wenn die Partei dem italienischen Modell des Eurokommunismus folgen sollte. »Man befürchtete, der Eurokommunismus würde die kommunistischen Parteien des Westens für die Bevölkerung der westlichen Länder attraktiver machen«, schreibt Raymond Garthoff in seiner umfassenden Untersuchung jener Periode: die USA »räumten dem Schutz des westlichen Bündnisses und dem amerikanischen Einfluß darin ... größere Bedeutung ein« als »der Schwächung des sowjetischen Einflusses im Osten«.[23]

Erneut erkennen wir hier die beiden Seiten einer Medaille: demokratische Entwicklungen jenseits des Einflusses der Konzerne sind verbunden mit dem Niedergang US-amerikanischer Macht. Annehmbar ist weder die eine noch die andere Seite, zusammengenommen bedrohen sie die »Sicherheit« und die »Stabilität« aufs äußerste.

Während der siebziger Jahre wuchsen den USA die Probleme über den Kopf, und so schlugen sie einen radikal geänderen Kurs ein (auf den wir im nächsten Abschnitt zurückkommen). Die Probleme aber sind in den neunziger Jahren nicht geringer geworden. Ein Beispiel dafür ist die Kontroverse anläßlich eines geheimen Entwurfs aus dem Pentagon vom Februar 1992. Einzelheiten dieses Handbuchs zur Verteidigungsplanung, das sich selbst als »Standard-Handbuch des Verteidigungsministeriums« für Budgetpolitik bis zum Jahr 2000 bezeichnet, sickerten an die Presse durch. Der Entwurf zeigt das übliche, standardisierte Denken. Die Vereinigten Staaten sollen die »weltweite Macht« und das Gewaltmonopol behalten. So können sie die »Neue Ordnung« schützen und anderen gestatten, ihre – von Washington definierten – »legitimen Interessen« zu verfolgen. Die USA »müssen die Interessen der fortgeschrittenen Industrienationen angemessen berücksichtigen, um sie davon abzuhalten, unsere führende Rolle in Frage zu stellen oder die etablierte politische und wirtschaftliche Ordnung von Grund auf zu verändern« oder gar »eine größere Rolle im regionalen oder globalen Machtkonzert spielen zu wollen«. Es darf kein eigenständiges europäisches Sicherheitssystem geben; vielmehr muß die NATO unter Führung der USA das »vorrangige westliche Verteidigungs- und Sicherheitsinstrument bleiben und auch weiterhin den Einfluß auf und die Beteiligung der USA an europäischer Sicherheitspolitik garantieren«. »Wir werden auch weiterhin die vorrangige Verantwortung dafür tragen, daß Vergehen, die nicht nur unsere Interessen, sondern auch die unserer Verbündeten und Freunde bedrohen, von uns selektiv beantwortet werden«; wobei die Vereinigten Staaten allein entscheiden, welche Vorfälle »Vergehen« und wann sie selektiv »richtigzustellen« sind. Wie bereits in der Vergangenheit ist auch heute der Nahe Osten ein besonders heikler Bereich. Hier »besteht unser Gesamtziel darin, die vorherrschende Fremdmacht in der Region zu bleiben und den US-amerikanischen und westlichen Zugang zu den Ölreserven der Region zu bewahren«. Zugleich sollen potentielle Angreifer (selektiv) abgeschreckt, strategische Kontrolle und »regionale Stabilität« (im technischen Sinne) aufrechterhalten, sowie »Eigentum und Staatsangehörige der USA« geschützt werden. In Lateinamerika geht die stärkste Bedrohung von einer möglichen »militärischen

Provokation« Kubas aus, die sich »gegen die Vereinigten Staaten oder einen amerikanischen Verbündeten« richtet. Das ist die geläufige Orwellsche Formel für den eskalierenden Krieg der USA gegen die Unabhängigkeit Kubas.

»Hierorts akkreditierte Diplomaten aus Westeuropa und der Dritten Welt standen einigen Formulierungen im Dokument äußerst kritisch gegenüber«, berichtete Patrick Tyler aus Washington. »Hochrangige Beamte des Weißen Hauses und des Außenministeriums« haben es ebenfalls »scharf kritisiert« und behauptet, es stelle »in keiner Weise und keiner Form die US-amerikanische Politik dar«. Der Sprecher des Pentagon wies »mit aller Deutlichkeit einige der zentralen politischen Aussagen« des Dokuments zurück, bemerkte aber, daß »seine grundlegende Ausrichtung die öffentlichen Aussagen und Bekundungen des Verteidigungsministers Dick Cheyney wiedergibt«. Hierin zeigt sich, Tyler zufolge, ein »taktischer Rückzug« des Pentagons, der durch die »Reaktion im Kongreß und seitens hoher Regierungsbeamter« hervorgerufen worden sei. Wahrscheinlich entspringen die kritischen Anmerkungen der Regierung auch der Besorgnis über die negative Reaktion, die das Dokument in vielen Hauptstädten ausgelöst hat, und sind ihrerseits als taktischer Rückzug zu verstehen. Cheyney und der Staatssekretär Paul Wolfowitz haben, wie hochrangige Beamte bestätigten, »die grundlegenden Aussagen [des Dokuments] gebilligt«. Auch die Presse äußerte sich kritisch, vor allem der außenpolitische Spezialist der *New York Times*, Leslie Gelb. Er monierte die »Tagträume vom Weltpolizisten« und eine »bestürzende Auslassung«: »Das Dokument scheint sich über Amerikas Rolle in bezug auf die Sicherheit Israels auszuschweigen.«[24]

In welchem Ausmaß die anderen Mitglieder des Clubs die Oberhoheit des Vollstreckers, der »ihre Interessen angemessen zu berücksichtigen« beansprucht, anerkennen werden, bleibt abzuwarten. Im vorliegenden Falle sah sich die Regierung angesichts der Proteste und der besorgten Fragen nach den Kosten dazu veranlaßt, den Plan nach einigen Monaten zu revidieren, indem sie – zumindest für die Öffentlichkeit – traditionelle Themen durch halbherzige Klischees ersetzte. Unterdessen führten Frankreich und Deutschland Gespräche, um eine aus Truppen beider Länder bestehende und NATO-unabhängige Militäreinheit auf die Beine zu stellen. Das traf auf intensive Gegenwehr seitens der USA. Frankreich blockierte zusätzlich US-amerikanische Bestrebungen zur Ausweitung der NATO-Mitgliedschaft (und des mit ihr verbundenen Nordatlantischen Rates für Zusammenarbeit, NACC) auf Ungarn, Polen und die Tschechoslowakei. US-Regierungsbeamte erklärten, daß »die Franzosen es ablehnen, einer amerikanisch geführten NATO weitere Verantwortung in Osteuropa zu übertragen« und das Bündnis fortzusetzen, berichtete das *Wall Street Journal*.[25]

In den Debatten spiegelt sich ein reales außenpolitisches Dilemma. Die Wirtschaft der Vereinigten Staaten befindet sich auf dem absteigenden Ast, ihre soziale Basis ist – vor allem nach einem Jahrzehnt hemmungsloser reaganistischer Schuldenpolitik – in sehr schlechtem Zustand. Sind die USA von daher noch in der Lage, die hegemoniale Stellung zu halten, die sie seit einem halben Jahrhundert innehaben? Und werden andere sich mit Nebenrollen zufriedengeben? Werden sie weiterhin willig die Kosten zahlen, wenn die USA ihren beträchtlichen Vorsprung als Militärmacht ausnutzen, um ihre von innenpolitischen Interessen diktierte Version einer globalen Ordnung aufrechtzuerhalten, – Kosten, die von den USA gar nicht mehr aufgebracht werden können? Es ist keineswegs sicher, daß die anderen reichen Männer dazu bereit sind, die USA, vielleicht zusammen mit ihrem britischen Statthalter, als ihre »Hessen«[*] in Dienst zu nehmen, wie es die Wirtschaftspresse während des Truppenaufmarsches am Golf empfahl. Auch Großbritannien befindet sich sozial und ökonomisch im Niedergang, ist aber »gut qualifiziert, motiviert und besitzt aller Aussicht nach ein klares militärisches Profil als Söldner der internationalen Gemeinschaft«, wie der Militärkorrespondent des Londoner *Independent* kommentierte. Dies war ein während des Golfkrieges ständig wiederkehrendes Thema, das vom Triumphgeheul britischer Nationalisten begleitet wurde. Sie träumten von den guten alten Zeiten, als sie noch »das Recht besaßen, die Nigger zu bombardieren«, ohne daß die Linksfaschisten ihr Gejammer anstimmten.[26]

Um die Diskussion zu verstehen, muß man die konventionellen Euphemismen entziffern, die ihr Gerüst ausmachen (»Verantwortung«, »Sicherheit«, »Verteidigung« usw.). Die Kodeworte verschleiern eine grundlegende Frage: Wer wird den Laden schmeissen?

---

[*] »Hessen«: Im 18. Jahrhundert verkaufte das Kurfürstentum Hessen eine ganze Anzahl von Soldaten nach England, die dann als Söldner im amerikanischen Unabhängigkeitskrieg eingesetzt wurden. (A. d. Ü.)

4. Das Ende der Wohlstandsallianz

Der strategische Grundrahmen politischen Handelns verändert sich im wesentlichen kaum, solange die Macht- und Herrschaftsinstitutionen stabil bleiben und die Möglichkeit bieten, Herausforderungen zu begegnen und rivalisierende Kräfte miteinander in Einklang zu bringen oder gegeneinander auszuspielen. Genau dies haben die Vereinigten Staaten in der Nachkriegsepoche und schon lange vorher getan. Dennoch muß die Politik den wechselnden Zeitläuften angepaßt werden.

Das geschah im August 1971. In Anerkenntnis der veränderten Weltlage verkündete Richard Nixon seine »neue ökonomische Politik«. Er demontierte die nach dem Zweiten Weltkrieg etablierte internationale Wirtschaftsordnung (das System von Bretton Woods), in der die USA praktisch die Funktion des Bankiers innehatten: der Dollar wurde zur einzigen internationalen Währung; der Goldstandard betrug 35 Dollar für die Feinunze Gold. 1971 nun war »die Wohlstandsallianz am Ende des Weges angekommen« und »die Unordnung war mit Kopfschmerztabletten allein nicht mehr zu bekämpfen«, bemerkt die Wirtschaftswissenschaftlerin Susan Strange. Europa (mit der Führungsmacht Westdeutschland) und Japan hatten sich von den Kriegsfolgen erholt, und die USA sahen sich mit den unvorgesehenen Kosten des Vietnamkrieges konfrontiert. Die Weltwirtschaft trat in die Phase der »Tripolarität« ein, und zugleich in eine weltweite kapitalistische Rezessionsperiode.[27]

Die vorhersehbare Folge war eine schnelle Intensivierung des Klassenkrieges, der von den Konzernen, ihren politischen Agenten und ihren ideologischen Dienern mit unnachgiebiger Entschlossenheit geführt wurde. Die folgenden Jahre erlebten den Angriff auf Reallöhne, soziale Einrichtungen, Gewerkschaften – auf die funktionierenden demokratischen Strukturen schlechthin –, um so die lästige »Krise der Demokratie« zu überwinden, die entstanden war, weil die Öffentlichkeit völlig ungerechtfertigterweise die politische Arena betreten wollte. In ideologischer Hinsicht sollte diese Offensive Autorität und Gehorsam stärken, das soziale Bewußtsein schwächen, menschliches Fehlverhalten wie etwa Fürsorglichkeit korrigieren und junge Leute zum Narzißmus erziehen. Ein anderes Ziel bestand darin, eine Art Weltregierung zu schaffen, die – frei von massendemokratischer Kontrolle – den transnationalen Konzernen und den internationalen Banken weltweit den Zugang zu menschlichen und materiellen Ressourcen sichert. Denn sie sollen ja das globale System kontrollieren.

Die USA bleiben weiterhin die größte nationale Wirtschaftsmacht, auch wenn ihr Verfall stärker ist als der ihrer Konkurrenten, die ihre eigenen Probleme haben. Diejenigen der USA lassen sich nicht mit Schmerztabletten bekämpfen, obwohl (dem durch Reagan angehäuften Schuldenberg sei Dank) etwas anderes gar nicht zur Verfügung steht, denn die Triumphe der Ideologie haben die Möglichkeiten sozialstaatlichen Handelns fast auf den Nullpunkt gebracht. Aber das betrifft ja nur die Bedürfnisse der unwichtigen Bevölkerungsmehrheit.

Nixon reagierte ohne große Umschweife auf den Niedergang der wirtschaftlichen Hegemonie der USA: »Wenn du verlierst, ändere die Spielregeln«, bemerkte der Ökonom Richard Du Boff. Nixon hob die Konvertierbarkeit des Dollars in Gold (den »Dollarstandard«) auf, wobei er das internationale Währungssystem in seinen Grundfesten erschütterte; er verhängte zeitweilige Lohn- und Preiskontrollen und erhöhte die Einfuhrzölle. Des weiteren setzte er eine Steuerreform in Gang, die die Staatsmacht über das bisher Gängige hinaus zum Wohlfahrtsunternehmen für die Reichen machte: die Bundessteuern wurden ebenso wie die Staatsausgaben gesenkt, während die üblichen Subventionen für den privatwirtschaftlichen Sektor weiterliefen. An diesen wirtschaftspolitischen Leitlinien hat sich seither nichts geändert. Unter Reagan, der im wesentlichen das weiter- und auf die monetaristische Spitze trieb, was die Regierung Carter vorgezeichnet hatte, wurde die Entwicklung beschleunigt und resultierte schließlich in einem riesigen Schuldenberg, zu dem Staat und Wirtschaft gleichermaßen beigetragen hatten. Zu produktiven Investitionen indes führte diese Politik nicht. Bedenklich ist allerdings die unbezifferbare Schuldlast der vernachlässigten sozialen Erfordernisse, die in steigendem Maße der großen Mehrheit der Bevölkerung und den zukünftigen Generationen aufgebürdet wird.

Nixons Initiativen stellten »eine Art merkantilistischer Revolution in der Innen- und Außenpolitik« dar, bemerkte der politische Ökonom David Calleo einige Jahre später. Das internationale Wirtschaftssystem geriet in Unordnung, weil »die Herrschaft der Regeln und Vorschriften durch die der Macht verdrängt wurde«. Die »rationalen Kontrollmechanismen in der Volkswirtschaft« wurden abgebaut und daraus ergaben sich große Vorteile für internationale Banken und Konzerne, deren Kapitalströme nun unkontrolliert und uneingeschränkt fließen konnten. Wenn etwas schiefging, konnte man ja auf die Hilfe der öffentlichen Hand vertrauen. Befreit von Regulations- und Kontrollinstanzen boomten die internationalen Kapitalmärkte, deren Transferkapazitäten durch den Fluß von Petrodollars nach der Ölpreiserhöhung von 1973-74 und die Revolution in der Kommunikationstechnologie beträchtlich verbessert worden waren. Die energisch vorgetragenen Kreditinitiativen der Banken trugen zur Schuldenkrise in der Dritten Welt bei und führten zur gegenwärtigen Instabilität im Bankgeschäft selbst.[28]

Der Anstieg der Ölpreise (dem eine vergleichbare Zunahme der Preise für US-amerikanische Kohle, Uran und landwirtschaftliche Exportprodukte vorherging) gewährte der Wirtschaft der Vereinigten Staaten und Großbritanniens zeitweise Vorteile, indem er den Energiekonzernen beider Länder unverhoffte Profite verschaffte und sie zur Produktion von teurem Erdöl (Alaska, Nordsee) veranlaßte, das bisher nicht auf den Markt gelangt war. Die USA konnten die steigenden Energiekosten durch den Export militärischer und anderer Güter in die Ölförderländer des Nahen Ostens und durch die Verwirklichung umfangreicher Bauvorhaben in diesen Ländern in hinreichender Weise ausgleichen. Ihre Profite flossen auch den Wertpapieren und Anlagen der Bundesschatzämter zu; seit langem schon ist es die vorrangige Aufgabe des Managements in den arabischen Ölstaaten, die Wirtschaft Großbritanniens und der USA zu unterstützen.[29]

Zur gleichen Zeit erlebte die Welt die Stagnation und den Zusammenbruch des sowjetischen Imperiums, das den globalen Ordnungsplan des öfteren empfindlich gestört hatte (vgl. Kap. III). Die Macht der staatskapitalistischen Industriegesellschaften wuchs durch die ökonomische Katastrophe, die während der achtziger Jahre den größten Teil ihrer Herrschaftsgebiete erfaßte, noch weiter an. Daher ist es leicht zu verstehen, daß die gesamte Dritte Welt böse Vorahnungen hat.

Japan und Kontinentaleuropa erholten sich von der Rezession der frühen achtziger Jahre, ohne jedoch die alten Wachstumsraten wieder zu erreichen. Die USA stabilisierten sich durch massive Kreditaufnahme und wirtschaftliche Förderprogramme, die zumeist als vom Pentagon gestützte Subventionen der öffentlichen Hand in die Hochtechnologie flossen und von einer starken Zunahme protektionistischer Maßnahmen sowie einer Erhöhung der Zinsraten begleitet wurden. Dies wiederum trug zur Krise des Südens bei, weil die Schuldzinsen anstiegen, während Investitionen und Hilfsprogramme verkümmerten und die oberen Schichten ihre Reichtümer im Westen anlegten. So floß das Kapital in breitem Strom vom Süden in den Norden ab, mit ruinösen Folgen für die betreffenden Länder. Eine Ausnahme bildeten einzig die Schwellenländer Ostasiens, wo der Staat mächtig genug ist, die Kapitalflucht zu unterbinden und die Wirtschaft erfolgreich zu regulieren. Die Wirtschaftskrise der achtziger Jahre ließ auch Osteuropa nicht unberührt; sie führte zum Zerfall des Sowjetimperiums und zum praktischen Verschwinden Sowjetrußlands von der politischen Landkarte.[30]

In früheren Jahren hatten die blockfreien Staaten versucht, ihr Schicksal in die eigenen Hände zu nehmen. Die UNCTAD (UNO-Konferenz über Probleme der Weltwirtschaft) bemühte sich um den Aufbau einer »neuen internationalen Wirtschaftsordnung«, die Förder- und Stabilisierungsprogramme für Grundprodukte vorsah. Man hoffte, dadurch der Verschlechterung der Außenhandelsbedingungen entgegenzuwirken und die beträchtlichen Preisschwankungen in den Griff zu bekommen. Gerade letztere sind für Volkswirtschaften, die nur auf wenigen Grundprodukten beruhen, verheerend. Parallel dazu unternahm die UNESCO Anstrengungen, den Dritte-Welt-Ländern Zugang zu den internationalen Kommunikationstechnologien zu beschaffen, die sich praktisch im Monopolbesitz der fortgeschrittenen Industrieländer befinden.

Diese Initiativen stießen bei den Herren der Welt natürlich auf eisige Ablehnung und wurden in den achtziger Jahren endgültig abgeschmettert. Die USA lancierten einen wütenden Angriff auf die Vereinten Nationen, die damit als unabhängige Macht in der Weltpolitik praktisch ausmanövriert waren. Die UNESCO zog besonderen Haß auf sich, weil sie die ideologische Vorherrschaft bedrohte und sich vornehmlich in der Dritten Welt engagierte. Die Demontage der Vereinten Nationen und ihre erneute Vereinnahmung durch die USA ist hierzulande – nicht ohne Berechtigung – als Rückkehr zu den Idealen der Begründer gefeiert worden. Es bedurfte außerordentlicher Betrugsmanöver, um zu verschleiern, daß es vor allem die Vereinigten Staaten, gefolgt von Großbritannien, gewesen sind, die ihr Veto gegen Resolutionen des Sicherheitsrates eingelegt und die Vereinten Nationen zwanzig

Jahre lang untergraben haben, während sie sich zugleich des Standardvorwurfs bedienten, die Wirkungslosigkeit der UNO verdanke sich »sowjetischer Obstruktionspolitik« und »schrillem Anti-Amerikanismus der Dritten Welt«. Die kompakten Lügengewebe, in deren Schutz US-Regierung und Medien ihren Feldzug gegen die Ketzereien der UNESCO führten, finden sich in einer wichtigen Studie dokumentiert, die – man muß das nicht eigens betonen – ohne Einfluß blieb.[31]

Ein interessantes innenpolitisches Gegenstück sind die Aufregungen, die das Thema der politischen Korrektheit hervorrief. Das Ausmaß dieser Hysterie ist wirklich augenfällig; ganze Wagenladungen von Bestsellern erschienen auf dem Markt, voll mit – oftmals erfundenen – Anekdoten über die angebliche Schreckensherrschaft an den Universitäten. Zornige Reden wurden geschwungen, und die Presse – ob Sport- oder Nachrichtenredaktion, ob Groschen- oder seriöses Journal – veröffentlichte wie auf Befehl eine Flut von Artikeln; eine sechsmonatige Untersuchung der *Los Angeles Times* verzeichnete mehr als eine Meldung pro Tag. Das Drama hat eine reale Grundlage. Es gibt tatsächlich sehr viele Menschen, die sich gegen Rassismus und Sexismus wehren, andere Kulturen respektieren und Grausamkeiten »um der guten Sache willen« mit Mißtrauen betrachten. Natürlich ist auch der Mißbrauch, der die Rechtgläubigen so entsetzt, nicht schlankweg erfunden; selbst die grobschlächtigste Propaganda bezieht sich meist auf ein reales Geschehen. Doch es geht auch hier wie mit unseren offiziellen Feinden in Übersee: der tatsächliche Mißbrauch, wie immer er aussehen mag, hat mit dem Drama, zu dessen Inszenierung er dient, verhältnismäßig wenig zu tun.

Das Phänomen der politischen Korrektheit ist nicht vom Himmel gefallen. Ein Aspekt des neu entbrannten Klassenkrieges im postmaterialistischen Zeitalter ist die weitgehende Vereinnahmung des ideologischen Systems durch die Rechte. Die Denkfabriken der Rechten werden weiter ausgebaut, und es läuft eine Kampagne, um die ideologisch relevanten Bereiche der Hochschulen und Universitäten fest in den konservativen Griff zu bekommen. Schon jetzt gibt es jede Menge Professuren für Marktwirtschaft und freies Unternehmertum, materiell großzügig unterstützte Studentenzeitschriften, die extrem rechts angesiedelt sind, sowie jede Menge weiterer Tricks, um Denk- und Diskussionsansätze auf dem ohnehin sehr begrenzten Spektrum so weit wie möglich nach rechts zu verschieben. Mittlerweile kann ein anerkannter liberaler Spezialist für Außenpolitik die staatstragend-konservative *New York Times* ohne Ironie als die »etablierte Linke« bezeichnen (Charles Maynes). In der Politik wurde dem Begriff »liberal« als Abschreckung das Wörtchen »sozialistisch« beigegeben, und 1992 brauchten die Demokraten den Wählern der unteren Schichten, die zu vertreten sie einst beansprucht hatten, keine großen Zugeständnisse mehr zu machen. Gore Vidal übertreibt kaum, wenn er die US-amerikanische Politik als Ein-Parteien-System mit zwei rechten Flügeln bezeichnet. Unter anderem hat dieser ideologische Siegeszug dazu geführt, daß Orwellsche Rhetorik und gewisse Maßstäbe der politischen Korrektheit tief ins politische Leben eingedrungen sind; wie einige Beispiele zeigten, muß, wer in der Diskussion dazugehören will, seine entsprechenden Lektionen gelernt haben. Im politischen Mainstream ist der Abschied von diesen Konventionen praktisch denkunmöglich.[32]

Das nächste Kapitel kann keinen Kenner des Kulturmanagements überraschen. Was wäre nach einer Periode intensiven und einseitigen ideologischen Kampfes – den die Rechten und die Marktinteressen auf den institutionellen Feldern von Politik und Wissenschaft für sich entschieden haben –, natürlicher als ein Propagandafeldzug unter der Behauptung, die Linksfaschisten hätten die Kommandohöhen zur Kontrolle der gesamten Kultur erobert, um ihre unbeugsamen Maßstäbe überall geltend zu machen? Ja, die Situation sei sogar noch schlimmer als vor 25 Jahren; damals war der Ruf nach Zerschlagung der Universität »auf jedem Campus der Vereinigten Staaten zu vernehmen, Bibliotheken wurden in Brand gesteckt, Universitätsgebäude zerstört«, und »man kann sich kaum etwas Ekelhafteres, Widerwärtigeres und Stickigeres vorstellen als die moralische Atmosphäre« an Universitäten, wo schwarze Studenten »ein Fluch« waren, bis endlich »die Eiterbeule aufgestochen wurde« – um ein paar Phantasien zu zitieren, an denen sich die britische Rechte berauschte.[33] Wir vernehmen flehentliche Bitten um Unterstützung für die schwindenden Überreste, die den erbarmungslosen Angriffen des linken Flügels noch Widerstand leisten und in irgendeinem hart umkämpften Blättchen oder einer ganz auf sich allein gestellten Hochschule in Mittel-Idaho tapfer das Banner der historischen Wahrheit und der westlichen Kultur schwenken. Was wäre auch besser geeignet, um ernsthafte Fragen zur herrschenden Lehrmeinung oder einen genaueren Blick auf die Hand, die die Knute hält, zu unterdrücken?

Es entbehrt nicht der Komik, daß diejenigen, die ihre eiserne Kontrolle ziemlich unangefochten aufrechterhalten, in laute Klagerufe ausbrechen. Auf 100 Artikel, die die Vorherrschaft der Linksfaschisten bejammern, kommt vielleicht einer, der zaghaft darauf hinweist, daß die Machtübernahme so vollständig nun auch wieder nicht sei, und nicht ein einziger, der die Wahrheit mitteilt; um das zu erkennen, genügt schon ein Blick auf das politische Spektrum der veröffentlichten Artikel. Aber die Einschränkung des Denkens ist eine ernsthafte Sache, und unsere respektablen Persönlichkeiten werden sich kein Lächeln abringen, wenn sie im Gleichschritt marschierend den Verlust eines Seminars für vergleichende Literaturwissenschaft betrauern (das vielleicht an einen rechten Vertreter der »Dekonstruktionstheorie« oder an einen liberalen Hermeneutiker gegangen ist, die beide als Linksfaschisten denunziert werden).

Für die totalitäre Geisteshaltung ist auch die geringste Abweichung eine furchtbare Tragödie, die wilde Raserei auslöst. Ein solches Schauspiel trägt das Seine zur weiteren Verschärfung der ideologischen Kontrollen bei, mittels derer der gemeine Haufen auch weiterhin blind bleibt für das, was um ihn herum passiert.

5. Der »abscheuliche Wahlspruch der Herrschenden«

Zu den Wachstumsraten der Ära von Bretton Woods ist die Weltwirtschaft nicht zurückgekehrt. Der Verfall des Südens zeigte sich mit besonderer Härte in Afrika und Lateinamerika, wo er von zügellosem Staatsterror begleitet und durch die von den Weltherrschern diktierten Wirtschaftsdoktrinen beschleunigt wurde. Die UN-Wirtschaftskommission für Afrika fand heraus, daß Länder, die den vom Weltwährungsfonds (IWF) empfohlenen Programmen folgten, niedrigere Wachstumsraten aufwiesen als diejenigen Staaten, welche die Grundversorgung der Bevölkerung über öffentliche Mittel absicherten. In Lateinamerika waren die Auswirkungen der neoliberalen Wirtschaftspolitik besonders verheerend.[34]

Gelegentlich nehmen entwickelte Gesellschaften ihre eigene Rhetorik nicht ganz ernst und vergessen, sich vor dem zerstörerischen Einfluß unregulierter Märkte zu schützen. Die Folgen sind dieselben wie in den traditionellen kolonialen Herrschaftsgebieten, wenngleich nicht so tödlich. Dafür bietet das Australien der achtziger Jahre ein Beispiel. Die Labor-Regierung experimentierte mit freier Marktwirtschaft, woraufhin sich das Nationaleinkommen am Ende des Jahrzehnts um mehr als fünf Prozent verringerte. Die Reallöhne sanken, australische Unternehmen gerieten unter ausländische Kontrolle, und das Land steuerte auf den Status eines Ressourcenlieferanten für die von Japan beherrschte Region zu, die ihr dynamisches Wachstum nur deshalb beibehielt, weil sie so eilig Abschied nahm vom – anfänglich entwicklungsfördernden – neoliberalen Dogma. In Großbritannien blieben nach zehn Jahren Thatcherismus »die Aussichten trübe, weil in die warenproduzierende Wirtschaft nicht ausreichend reinvestiert wurde«, bemerkt der Direktor einer US-amerikanischen Investmentgesellschaft. Entsprechende Firmen in Japan sehen das genauso: »Wir glauben, daß die britische Wirtschaft lange brauchen wird, um sich zu erholen.«[35]

Wie schon bemerkt, nehmen die reichen Industriegesellschaften selbst charakteristische Merkmale der Dritten Welt an: Aus einer steigenden Flut von Armut und Verzweiflung erheben sich Inseln extremen Reichtums und enormer Privilegien. Dies gilt insbesondere für die USA und Großbritannien, die der Disziplin von Reagan und Thatcher unterworfen waren. Allerdings schließt Kontinentaleuropa langsam auf, auch wenn es den Gesellschaftsvertrag und die Restbestände der Arbeiterbewegung verteidigt und seine Slums via »Gastarbeiter« exportieren kann. Der Zusammenbruch des Sowjetimperiums eröffnet neue Möglichkeiten, um die Grenzlinie zwischen Norden und Süden innerhalb der reichen Gesellschaften selbst noch besser als bisher zu befestigen. Als im Mai 1992 der öffentliche Dienst in Deutschland streikte, drohte der Vorsitzende des Aufsichtsrates von Daimler-Benz, Edzard Reuter, mit der Verlagerung der Produktion ins Ausland, vielleicht nach Rußland, wo es genug ausgebildete, gesunde und (so hofft man doch) fügsame Arbeiter gibt. Der Vorsitzende von General Motors kann mit Seitenblicken auf Mexiko und andere Regionen der Dritten Welt (Osteuropa nicht zu vergessen) ähnliche Drohungen ausstoßen. Während General Motors plant, 21 Niederlassungen in den USA und Kanada zu schließen, hat es in Ostdeutschland für 690 Millionen Dollar ein Montagewerk errichtet. Die Erwartungen sind hochgesteckt, unter anderem auch deswegen, weil dank einer (inoffiziellen) Arbeitslosigkeit von 43 Prozent die ostdeutschen Arbeiter gewillt sind, »länger zu arbeiten als ihre verwöhnten Kollegen im Westen«, wobei sie nur 40 Prozent des Westlohns und weniger Vergünstigungen erhalten, wie die *Financial Times* berichtet. Kapital kann sich überaus frei bewegen, die Menschen können es nicht, oder es wird ihnen von jenen verweigert, die Adam Smiths Lehren Beifall klatschen, wenn sie ihnen zupaß kommen.

Nicht daß Daimler-Benz unter den vom Management beklagten Lohnkosten leidet. Zwei Wochen nach der Drohung, die Produktion zu verlagern, verkündete Edzard Reuter das »ausgezeichnete Ergebnis« eines sehr absatzstarken ersten Vierteljahrs, in dem die Gewinnspanne um 14 und der Verkauf um 17 Prozent anstiegen, was vor allem den Auslandsmarkt betrifft. Deutsche Arbeiter sind nicht unbedingt das Zielpublikum der PKW-Produktion des Konzerns; vielmehr sollen, wie Reuter mitteilte, 1992 10.000 Arbeitsplätze wegrationalisiert werden, später dann weitere 10.000. Davon ließ sich die US-amerikanische Presse allerdings nicht beeinflussen, vielmehr griff sie die streikenden deutschen Arbeiter wegen ihres »süßen Lebens« und ihrer langen Urlaubszeit an und beklagte, daß sie den ihnen gebührenden Platz als Produktionswerkzeuge für die Reichen und Mächtigen nicht einnehmen wollten. Sie sollten die Lektion lernen, die der Caterpillar-Konzern zur gleichen Zeit amerikanischen Arbeitern erteilte: Ansteigende Produktivität und Profite, sinkende Löhne, das Streikrecht durch Rückgriff auf professionelle Streikbrecher (»permanent replacement workers«, fortlaufend beschäftigte Ersatzkräfte) de facto beseitigt.[36]

Dies sind die Früchte des erbitterten Feldzuges, den die US-Konzerne gegen die Arbeiter geführt haben, als sie – nach langen Jahren harten Kampfes und einer für die industrielle Welt beispiellosen Unterdrückung – Mitte der dreißiger Jahre endlich das Recht erhielten, sich zu organisieren. Vielleicht kehren wir gar zu jener Zeit zurück, als der bewunderte Philanthrop Andrew Carnegie den Opfern der großen Depression von 1896 die Tugenden der »ehrlichen, arbeitsamen, selbstverleugnenden Armut« predigen konnte. Kurz zuvor hatte er die Stahlarbeitergewerkschaft in Homestead brutal zerschlagen, während er verkündete, die besiegten Arbeiter hätten ihm ein Telegramm geschickt, in dem es hieß: »Sage uns, milder Gebieter, was du von uns verlangst, und wir werden es für dich tun.« Er sympathisiere mit den Armen, erklärte Carnegie, weil er wisse, »wie lieblich und glücklich und reinlich die Heimstatt ehrlicher Armut« sei. Währenddessen teilte er ihr düsteres Geschick in seinen luxuriös ausgestatteten Villen.[37]

Wenn die angeschlagenen Gewerkschaften endlich erkennen, welch unaufhörlichen Krieg die äußerst klassenbewußten Konzerne gegen sie führen, und sich die Wirtschaftspresse daraufhin wundert, daß einige *Gewerkschaften* immer noch der veralteten »Klassenkampfideologie« das Wort reden, daß sie seltsamerweise ihre eigenen Führer wie gewöhnliche Mitglieder behandeln und die »abgenutzte marxistische Ansicht« vertreten, »die Arbeiter [bildeten] eine gegen die der Eigentümer und Manager von Unternehmen abgegrenzte Klasse von Bürgern mit gemeinsamen Interessen« – so ist diese Reaktion der Presse alles andere als erstaunlich. Die Herren und Meister dagegen halten an dieser »abgenutzten marxistischen Ansicht« fest, die sie des öfteren auf vulgärmarxistische Weise kundtun, nur daß sie die Bewertungen ins Gegenteil verkehren.[38]

Unter den gegebenen Bedingungen gesellschaftlicher Organisation und Machtkonzentration kann der (selektive) Freihandel kaum zur Hebung des allgemeinen Wohlstandes beitragen, dazu bedürfte es einer anderen Gestaltung der sozialen Verhältnisse. Diejenigen, die ihre Verbundenheit mit Adam Smith bekunden, vermeiden es sorgfältig, sich auf seine Worte zu beziehen: Die Grundsätze des Wirtschaftsliberalismus können günstige Ergebnisse zeitigen, wenn sie mit der Anerkennung fundamentaler Menschenrechte einhergehen. Wenn sie aber durch die »brutale Ungerechtigkeit der Europäer« und durch blinden Gehorsam gegenüber dem »abscheulichen Wahlspruch« verformt werden, können sie bestenfalls den »Architekten der Politik« von Nutzen sein, anderen nur durch Zufall.

Die Erfahrung mit dem Freihandelsabkommen zwischen den Vereinigten Staaten und Kanada veranschaulicht diesen Vorgang. Innerhalb von zwei Jahren hat Kanada mehrere hunderttausend Arbeitsplätze verloren, viele davon an Industrieregionen der USA, wo Gewerkschaften durch Regierungsverordnungen praktisch nicht zugelassen sind (der Orwellsche Ausdruck lautet: »Recht auf Arbeit«, was bedeutet: »Es ist illegal, sich gewerkschaftlich zu organisieren«). Diese Regierungspolitik, die in einer Marktgesellschaft mit marginalisierter Öffentlichkeit ganz natürlich ist, läßt die Arbeiter schutzlos. Sie sind leichter auszubeuten als in Kanada, wo die Gewerkschaftsbewegung stärker, das Solidaritätsgefühl innerhalb der Gesellschaft ausgeprägter ist. Das Abkommen diente auch dazu, Kanada von seinen Schutzmaßnahmen für den Pazifiklachs abzubringen, seine Pestizidverordnungen den weniger strengen Maßstäben der USA anzupassen, keine Schritte zur Verringerung der Emissionen aus den Blei-, Zink- und Kupferschmelzanlagen zu unternehmen, die Wiederaufforstung nicht länger zu subventionieren und in Ontario einen dem kanadischen Gesundheitssystem nachgebildeten Versicherungsplan für alleinstehende Selbstversicherer fallenzulassen, der die US-amerikanischen Versicherungsgesellschaften um einige hundert Millionen Dollar Gewinn gebracht hätte, wenn er durchgeführt worden wäre. Alle diese Praktiken wurden als illegale Hindernisse für den Freihandel eingestuft. Auf ähnliche Weise widersprachen die USA einer Klausel des Allgemeinen Zoll- und Handelsabkommens (GATT), die es Ländern in Notzeiten erlaubt, ihre Lebensmittelexporte zu beschränken. Die US-Agrarkonzerne müssen die Rohstoffe ohne Rücksicht auf die menschlichen Kosten kontrollieren können.

Zugleich erhebt Kanada als Asbest-Exporteur Anklage gegen die USA, mit der Begründung, die Vereinigten Staaten würden in Verletzung von Handelsverpflichtungen und unter Nichtbeachtung der »internationalen wissenschaftlichen Erkenntnisse« über die Gesundheitsrisiken von Asbest ihre EPA-Normen *(Environmental Protection Agency*, Umweltschutzbüro) durchdrücken wollen. Die EPA habe »noch die geringsten Auflagen für die Konzerne« weit unterschritten, behauptet Kanada. Bei den GATT-Verhandlungen unterstützen die USA Konzernforderungen nach Beschränkungen des Umwelt- und Konsumentenschutzes auf Fälle, die durch »wissenschaftliche Erkenntnisse« gestützt werden. Das ganze wird von einer Kommission beurteilt, die aus Regierungsbeamten und Geschäftsführern von Chemie- und Nahrungsmittelkonzernen besteht.[39]

Das vielleicht dramatischste Beispiel für die zynische Anwendung des »abscheulichen Wahlspruchs« im internationalen Handel ist der Druck, den Washington auf Dritte-Welt-Länder ausübt, damit es seinen Tabak exportieren kann. Immerhin nimmt Tabak unter den tödlichen Narkotika die unangefochtene Spitzenstellung ein. Die Bush-Regierung startete ihren heuchlerischen »Drogenkrieg« (gerade rechtzeitig, um die geeignete Stimmung für die Invasion in Panama herzustellen), während sie zugleich Schritte unternahm, um Drittweltländer zum Import dieses tödlichen Krauts zu zwingen. Sie schuf auch günstige Bedingungen für die Werbung, die auf neue Märkte – vor allem Frauen und Kinder – zielte. Diese Bemühungen wurden vom GATT unterstützt. Die Medien stiegen unter lauten Fanfarenklängen an der Seite der Regierung in den »Drogenkrieg« ein und stärkten ihr den Rücken, indem sie die eigentliche Titelstory unter den Tisch fallen ließen. Jedenfalls gab es keine Schlagzeilen wie »USA wollen im weltweiten Drogengeschäft die Nr. 1 werden«, nicht einmal auf den hinteren Zeitungsseiten (abgesehen von einigen statistisch bedeutungslosen Dissidenten).

Während die Länder Osteuropas sich in Richtung Dritte Welt entwickeln, zeigen die Rauschgifthändler, wo sich gut investieren läßt. »Zigarettenhersteller strömen nach Osteuropa« überschrieb der *Boston Globe* eine optimistische Titelgeschichte: »Im Gegensatz zu vielen US-Gesellschaften, die wegen ihrer Zurückhaltung bei Investitionen in Osteuropa kritisiert worden sind, haben die US-amerikanischen Zigarettenhersteller Pionierarbeit geleistet.« Ein leitender Manager erklärt: »In Ungarn ist das Umwelt- und Gesundheitsbewußtsein noch kaum entwickelt. Wir haben für die nächsten zehn Jahre ein offenes Betätigungsfeld« – das heißt, zehn Jahre Profit, bevor die Linksfaschisten den Kampf gegen diesen einträglichen Massenmord aufnehmen. »Unter dreißig entwickelten Ländern«, so der Zeitungsbericht, »ist die Lebenserwartung in Osteuropa am kürzesten.« Die US-Konzerne sind schon dabei, diese Statistik fortzuschreiben, »Pionierarbeit für den Kapitalismus«; wohlwollender Applaus ist ihnen sicher.

Man bemerke, daß Rumänien, Bulgarien, Rußland, das ehemalige Jugoslawien usw. »entwickelte Länder« sind und – um die Schrecken des Kommunismus aufzuzeigen – mit Westeuropa verglichen werden müssen, nicht aber mit Brasilien, Guatemala, den Philippinen und anderen quasi-kolonialen Regionen, denen sie ähnelten, bevor sie sich von der traditionellen Dritten Welt lösten. Diese Praxis ist ein unausrottbares Charakteristikum der gegenwärtigen Ideologie. Im Hinblick auf diesen wichtigen Gesichtspunkt ist Ehrlichkeit strengstens *verboten* [i. O. dt.].[40]

Eine andere Geschichte in der gleichen Ausgabe des *Boston Globe* illustriert, daß Wirtschaftslehren sehr flexibel einsetzbare Instrumente sein können. Der Artikel feiert die Errungenschaften von New Hampshire im Umgang mit seinen Steuerproblemen. Die Methode bestand darin, ein erfolgreiches Unternehmen zu fördern, das dann tatsächlich »staatlichen Behörden zufolge zum weltgrößten Einzelhandelsgeschäft für Weine und Spirituosen geworden ist«, mit einem Gewinn von 62 Mio. Dollar bei einem Umsatz von über 200 Mio. im Jahre 1991; innerhalb eines Jahres stieg der Gewinn um 5 Mio. Dollar. Diese Zunahme verdankt sich zum Teil der Verdoppelung des Werbeetats für Alkohol, der zweitwirksamsten Killerdroge nach dem Tabak. Das Unternehmen ist ein staatliches Monopol. Angesichts der erwirtschafteten Gewinne kann der konservativste Staat der USA in aller Ruhe an der Lehre vom freien Markt festhalten und zugleich Steuern vermeiden, die den Reichen das Geld wegnehmen, um es den Sozialarbeiterinnen hinterherzuwerfen. Ein weiterer Triumph des freien Marktes, der unbemerkt geblieben ist.[41]

Theoretisch sollten Freihandelsvereinbarungen dazu führen, daß die Löhne in den entwickelten Gesellschaften fallen, während sie in den ärmeren Regionen, in die Kapital einfließt, steigen, um so die weltweite Angleichung zu befördern. Doch unter den vorherrschenden Bedingungen wird das Resultat wohl anders aussehen. Der leitende Wirtschaftswissenschaftler im Umweltressort der Weltbank, Herman Daly, weist darauf hin, daß die ständig wachsende Unterbeschäftigung in Ländern der Dritten Welt »das Reservoir an Arbeitskräften nicht verringert, so daß ein weltweiter Anstieg der Löhne eher unwahrscheinlich ist«. Unterdrückung und Terror leisten dabei noch Hilfestellung. Das Ergebnis sind umfangreiche Gewinne, während hohe Löhne und soziale Errungenschaften wegbrechen, Gesetze gegen Kinderarbeit eingeschränkt, Arbeitszeitbegrenzungen und Umweltschutzbestimmungen untergraben werden. »Alles was Kosten verursacht, wird im internationalen Freihandel durch Konkurrenz auf den kleinsten gemeinsamen Nenner gebracht«, so die Voraussage von Daly. Genau das will man ja auch erreichen.[42]

Unter den gegenwärtigen Bedingungen von Macht und Kontrolle wird der selektive Freihandel den Lebensstandard der Menschen, die an den ihr Leben betreffenden Entscheidungen nur als Zuschauer beteiligt sind, auf das Existenzminimum drücken. Andrew Reding beschreibt sehr gut, woher und wohin der Wind weht: »Weil sie nicht in der Lage ist, einem ›bewegungsunfähigen‹ Kongreß, der, wie unvollkommen auch immer, an der Zivilgesellschaft (›Gruppen mit besonderen Interessen‹) festhält, schließt die Regierung Bush sich mit gleichgesinnten Eliten im Ausland zusammen, um die Gesetzgebung von außerhalb zu betreiben und ... gewissermaßen eine Art oder Abart von internationaler Regierung zu bilden, in der merkwürdigerweise nur die Handels- und Geschäftswelt Sitz und Stimme hat.« »Unter dem Deckmantel des Freihandels gewinnen ausländische Regierungen und Unternehmen bei der wohlfahrtsstaatlichen Gesetzgebung auf Bundes-, Staats- und Distriktsebene praktisch ein Vetorecht. Allerdings ist diese der Gegenwart angepaßte Interpretation des abscheulichen Wahlspruchs der Herrschenden absolut nichts »Merkwürdiges«.[43]

Der Wahlspruch muß nur ein bißchen erweitert werden: »alles für die Herrschenden *jetzt*«. Längerfristige Überlegungen sind so irrelevant wie die Sorge um andere Menschen. In einer Titelreportage rühmt das *Wall Street Journal* Georges Bushs »außerordentlichen Coup«, mit dem er auf der Umweltkonferenz von Rio im Juni 1992 die ganze Welt zwang, die Pläne für ein sinnvolles Abkommen über Stickoxyde fallenzulassen. Ein Geschickterer als ich könnte eine schöne Geschichte schreiben oder zeichnen: Die letzte Ausgabe des *Journal* geht in Druck – mit einem leidenschaftlichen Leitartikel, der beweist, daß der Treibhauseffekt eine böswillige Erfindung der Linken ist, während das steigende Weltmeer bereits die Geschäftszentrale umspült.[44]

Insgesamt öffnete sich in den achtziger Jahren eine weltweite Kluft zwischen einer kleinen Schicht mit enormen Privilegien und einer wachsenden Mehrheit, die in Armut und Elend lebt. Obwohl diese Leute für die einzig menschliche Funktion, die die herrschenden Institutionen und ihre Ideologie anerkennen, nämlich die Produktion oder Konsumption von Wohlstand, überflüssig sind, muß man sich auf irgendeine Weise mit ihnen befassen. Die Sozialpolitik der USA besteht zur Zeit darin, solche Menschen in den städtischen Zentren zusammenzupferchen, wo sie Jagd aufeinander machen können, oder sie ins Gefängnis zu sperren: eine nützliche Begleiterscheinung des Drogenkrieges (vgl. Kap. IV.3).

Die seit 1971 beschleunigte Internationalisierung des Kapitals verleiht dem Wettbewerb zwischen den Nationalstaaten einen neuen Charakter. Während zum Beispiel der Anteil der USA am weltweiten Export von Industriegütern zwischen 1966 und 1984 um 3,5 Prozent sank, nahm die Zahl der in den Vereinigten Staaten beheimateten multinationalen Konzerne leicht zu. Die internationalen Handelsbeziehungen geben ein ganz anderes Bild ab, wenn die von überseeischen Tochtergesellschaften stammenden Importe der einheimischen Produktion zugeschlagen werden. 1957 lag der Anteil dieser Gesellschaften am gesamten Industriegüterexport der US-Firmen noch unter 18 Prozent; 1984 war er auf 41 Prozent angewachsen. »Schätzungen des Handelsministeriums zufolge würden sich die US-Exporte verdoppeln, wenn man die Auslandsproduktion in die USA zurückholen könnte«, bemerkt Richard Du Boff. Eine 1992 in Auftrag gegebene Untersuchung der Weltbank berichtet, daß »der Binnenhandel innerhalb der 350 größten [Multis] etwa 40 Prozent des Gesamthandels betrug. Über ein Drittel des US-Handels findet zwischen ausländischen Tochtergesellschaften und der amerikanischen Muttergesellschaft statt.« Mehr als 50 Prozent der malaiischen Exporte in die Vereinigten Staaten kamen von US-Tochtergesellschaften, die fünf führenden Elektronikexporteure Taiwans sind US-amerikanische Firmen, 1982 wurden 47 Prozent der Exporte Singapurs von Firmen getätigt, die US-amerikanischen Unternehmen gehörten. »In ähnlicher Weise hatte Südkoreas Export von Elektrowaren durch japanische Produzenten in Südkorea sehr viel mit dem Aufstieg des Landes zu einem der größten Elektronikproduzenten zu tun.« »Was die Lehrbücher des Freihandels über vergleichbare Vorteile und die Tugenden bruchlos offener Handelssysteme mitteilen, ist barer Unsinn«, befindet Doug Henwood und bemerkt, daß die gegenwärtigen Schätzungen vermutlich höher liegen dürften als die folgenden, vom Beginn der achtziger Jahre datierenden Zahlen: »Ein paar hundert wirtschaftlich und politisch mächtige Konzerne, die über globale Netzwerke verfügen, beherrschen den Handel weitgehend zu ihren Bedingungen und dienen dann ihren Regierungen als Ratgeber in Sachen Handelsstrategie.«

In den Handelswaren schlagen sich diese Tendenzen entsprechend nieder. Um nur ein Beispiel zu nehmen: fast ein Drittel des Verkaufspreises eines GM Pontiac LeMans geht an Produzenten in Südkorea, über ein Sechstel nach Japan, etwa das gleiche an eine Kombination aus Deutschland, Singapur, Großbritannien, Barbados und andere. Als gesellschaftliches Gebilde kann ein Land mitsamt der Mehrheit seiner Bevölkerung verfallen; die Konzernimperien spielen ein anderes Spiel, das auf der theologischen Lehre von den Herren und Meistern beruht, die ihr Recht auf Investitionsentscheidungen nicht von den Sorgen ihrer Knechte am Arbeitsplatz und in der sozialen Gemeinschaft abhängig machen. Da mittlerweile zwischen 25 und 50 Prozent des Welthandels bereits innerhalb der im Norden beheimateten Multinationalen Konzerne abgewickelt werden, gewinnen diese Faktoren immer mehr an Gewicht, insbesondere, wenn wir unser Auge auf das Jahr 501 nach Kolumbus richten.[45]

6. Das neue imperiale Zeitalter

Die realen Verhältnisse werden von den Herrschenden und ihren Ideologen oft mit erstaunlicher Freimütigkeit ausgesprochen. Die Londoner *Financial Times* bringt einen groß aufgemachten Leitartikel des Wirtschaftskorrespondenten vom BBC World Service, James Morgan, unter der Überschrift: »Nach dem Zerfall des sowjetischen Blocks: G-7 und Weltwährungsfonds können die Welt regieren und ein neues imperiales Zeitalter einläuten«. So nähern wir uns zu guter Letzt der Verwirklichung von Churchills Vision und lassen uns nicht mehr von den »hungrigen Nationen« beunruhigen, die »mehr wollen« und die Ruhe der reichen Männer stören, die doch von Rechts wegen die Zügel in der Hand halten.

Die heutige Version der Vision liest sich so: »Der Aufbau eines neuen globalen Systems wird durch die G-7, den Weltwährungsfonds, die Weltbank und das Allgemeine Zoll- und Handelsabkommen, GATT, in Szene gesetzt«. Dies geschieht durch »ein System indirekter Herrschaft, das die Einbindung führender Politiker aus Entwicklungsländern in das Netzwerk der neuen herrschenden Klasse involviert«. Es kann kaum überraschen, daß die neue herrschende Klasse der alten zum Verwechseln ähnlich sieht. Natürlich werden die jeweils einheimischen Manager am Reichtum beteiligt, solange sie wissen, wem sie zu dienen haben.

Morgan verweist auf »die Heuchelei der reichen Nationen, die offene Märkte in der Dritten Welt fordern, aber ihre eigenen schließen«. Er hätte auch auf den Bericht der Weltbank verweisen können, der besagt, daß die protektionistischen Maßnahmen der Industrieländer das Nationaleinkommen im Süden um den zweifachen Betrag dessen reduzieren, was die öffentliche Hand an Hilfsleistungen erbringen kann – vorwiegend Exportförderung, die sich zumeist auf die reicheren Sektoren der »Entwicklungsländer« erstreckt (die eher Konsumwaren als lebensnotwendige Güter produzieren). Laut Schätzungen der UNCTAD reduzieren die von den Industrieländern errichteten Zollschranken die Exporte der Dritten Welt gerade in sensiblen Bereichen (Textilien, Stahl, Meeresfrüchte, Tierfutter und andere landwirtschaftliche Produkte) um fast 20 Prozent, was pro Jahr Verluste von einigen Milliarden Dollar erzeugt. Die Weltbank geht davon aus, daß 31 Prozent der Industriegüterexporte des Südens durch Zollschranken behindert werden, während dieses im Norden nur zu 18 Prozent passiert. Der 1992 vom »UN Human Development Program« veröffentlichte Bericht untersucht die breiter werdende Kluft zwischen reich und arm. Mittlerweile sind 83 Prozent des Weltreichtums in den Händen von einer Milliarde Menschen, während am anderen Ende der Skala für eine Milliarde Menschen gerade eben 1,4 Prozent übrigbleiben. Seit 1960 hat sich die Lücke um das Doppelte verbreitet, was der Politik von Weltwährungsfonds und Weltbank angelastet wird. Auf ihr Konto geht auch die Tatsache, daß 20 von 24 Industrieländern heute protektionistischer sind als noch vor zehn Jahren. Dazu gehören auch die USA, die die Reagan-Revolution auf ihre Art feierten: indem sie die Anzahl der Importgüter, die Beschränkungen unterliegen, verdoppelten. »Das Ergebnis jahrzehntelanger Entwicklungshilfe auf Pump besteht darin, daß die armen Länder bis vor kurzem über 21 Milliarden Dollar pro Jahr in die Tresore der reichen Länder gepumpt haben«, bemerkt der *Economist*, indem er das düstere Bild abrundet.

An Einzelfällen lassen sich die Details verdeutlichen. So haben etwa die USA, Großbritannien und Frankreich ihrem Handelskonkurrenten Bangladesh Einfuhrquoten auferlegt, weil seine Textilien die einheimische Industrie gefährden könnten. »Die Regierung von Bangladesh«, heißt es in der *Financial Times*, »war besonders verärgert über eine Entscheidung der USA, Handtücher mit einer Anti-Dumping-Steuer von bis zu 42 Prozent zu belegen«. Davon betroffen waren Importe aus »einem der ärmsten Länder der Erde«, die sich »auf fürstliche 2.46 [Millionen] Dollar beliefen«. In Mali, Burkina Faso und Togo wurden hochsubventionierter Weizen und Rindfleisch aus US- und EG-Beständen zu Dumpingpreisen verkauft und damit einheimische Hersteller in so mächtigen Konkurrenzländern wie der Sahelzone aus dem Felde geschlagen. Besorgt zeigten sich die USA wiederum über die Stahlimporte aus Trinidad-Tobago, die die einheimische Industrie bedrohen könnten.[46]

Dieses Versagen der Industrienationen hat bei den »[Finanz-]Ministern der Dritten Welt, die ihre eigenen Budgets unter unsäglichen Mühen aus dem Dauerdefizit herauszerren mußten, besondere Empörung ausgelöst«, heißt es in der *Financial Times*. Der Präsident der Weltbank, Lewis Preston, verwies auf »die düstere Stimmung« im Süden, als er die Praktiken der Industriegesellschaften beklagte. Diese verlangen nämlich von der Dritten Welt, sie solle »die Bürde [struktureller] Anpassung für die reichen Länder ebenso tragen wie für die eigenen Staaten«, während alle Versprechen, den Protektionismus zu reduzieren und Unterstützung zu gewährleisten, sich regelmäßig in Luft auflösen. Nach einem Treffen hochrangiger Beamter aus den Geberstaaten hieß es in der Weltbank ganz offen, daß die Versprechungen erneut nicht eingehalten würden. Selbst »einstmals großzügige Geberstaaten wie Schweden« reagieren sehr viel zurückhaltender, während »weniger freigiebige Länder wie Großbritannien und die USA« ihre winzigen Beiträge »wahrscheinlich weiter kürzen werden«. Auf einem Treffen von nicht-staatlichen Organisationen hieß es: »Die von der Weltbank und [vom Weltwährungsfonds] erzwungene strukturelle Anpassung bedeutet in 100 Ländern für viele Menschen der Unterschichten das Aus.« Die armen Länder werden gezwungen, »ihre Märkte für eine Flut von Billigimporten zu öffnen«, während die reichen sich weigern, »ihre Subventions-, Quoten- und Hochzollpolitik aufzugeben«. Daraus resultiert die »brutale Senkung der Löhne und des Lebensstandards« sowie die Beseitigung der Sozialprogramme. Da es sich dabei um Langzeitprogramme handelt, nehmen die negativen Folgen mit wachsender Dauer zu.[47]

Die Institutionen der »neuen herrschenden Klasse«, die jetzt »große Teile der Entwicklungsländer und Osteuropas verwalten«, ermutigen ihre Klientel, »der richtigen Art von Reformpolitik« zu folgen, heißt es bei James Morgan in der *Financial Times*. Sie müssen, ist damit gemeint, sorgsam jeglicher Politik aus dem Wege gehen, die – vom England des siebzehnten bis zu den ostasiatischen »kleinen Drachen« des zwanzigsten Jahrhunderts – eine erfolgreiche Entwicklung verheißt. Diese »richtige Art von Reformpolitik« nützt in erster Linie der Internationale der Herrschenden. Und wenn wirtschaftliche Kontrollmechanismen nicht ausreichen, um das gute Betragen herbeizuführen, dann greifen wir eben wieder auf die Sicherheitstruppen zurück.

Natürlich haben auch die Herrschenden an der gärenden ökonomischen Krise ihr Päckchen zu tragen. Doch können sie die Staatsmacht zu Hilfe rufen. Als 1984 die *Continental Illinois Bank and Trust* vor dem Zusammenbruch stand, erwartete man von der Regierung Unterstützungsmaßnahmen. Die kamen dann auch, und zwar als »größte Verstaatlichung in der US-amerikanischen Geschichte« (Howard Wachtel). Der für diese finanzielle Katastrophe zuständige Direktor, Roger Anderson, wurde durch seine Berufung zum *Federal Advisory Council* (Bundesbeirat) belohnt und zum offiziellen Berater von Paul Volker ernannt. Volker war Direktor der Bundesnotenbank, die der zunehmenden Krise bei *Continental*

Illinois zwar zugesehen, aber ihre Kontroll- und Weisungsbefugnisse nicht wahrgenommen hatte. Wenn der Zusammenbruch des Grundstücksimperiums von *Olympia and York* tatsächlich, wie von den Banken befürchtet, drei Milliarden Dollar Verlust einfährt, werden die Steuerzahler wieder in Dienst genommen. Sparsamkeit mag zwar das richtige Mittel für lateinamerikanische Bauern, polnische Arbeiter und die Vergessenen von South-Central Los Angeles sein, aber doch nicht für die Leute, auf die es ankommt.[48]

Die Regierung hat auch die Pflicht, Einfuhrschranken aufzubauen, wenn sie benötigt werden. So konnte sie der Stahlindustrie, die von Anfang an hinter protektionistischen Mauern groß geworden ist, die Neukapitalisierung erlauben, indem sie seit 1982 die Stahlimporte auf einen Marktanteil von 20 Prozent beschränkte. Zugleich hat die Regierung auch die Pflicht, die Gewerkschaften zu untergraben, damit die neuen »nicht-gewerkschaftlichen Billiglohn-Produzenten« ihrer Arbeiterschaft die Hälfte oder ein Drittel dessen zahlen, was die Stahlarbeiter nach einem Jahrhundert blutiger Auseinandersetzungen erkämpft hatten. Gefragt und gefeiert ist der neue Hersteller, der »schlank und rank«* produziert, wie der Londoner *Economist* rühmend vermerkt. Dem steht die *New York Times* nicht nach und lobt den erfolreichen »zehn Jahre währenden Schutz vor importiertem Stahl« und den Rückgriff auf »nicht gewerkschaftlich organisierte Arbeitskräfte« zur Kostendämpfung.[49]

Eine wichtige Errungenschaft des neuen imperialen Zeitalters ist die weitere Marginalisierung der Bevölkerungsmehrheit. Damit wird der Weg frei für erhebende Reden über unsere demokratischen Ideale, in der Gewißheit, daß diese nicht von den falschen Leuten ernstgenommen werden. Die weltweit herrschenden Klassen können nun uneingeschränkt operieren, mit besserer Koordination und zentraler Verwaltung, ohne von der breiten Masse gestört zu werden. Deren Einfluß auf die Entscheidungen der Herrschenden ist gleich null (das Grundprinzip kapitalistischer Autokratie), um ihre Kenntnis dieser Entscheidungen steht es nicht besser. Wer verfolgt noch die wichtigen Entscheidungen, die in den GATT-Verhandlungen oder vom Weltwährungsfonds getroffen werden und die enormen Einfluß auf die Weltgesellschaft besitzen? Das gleiche gilt für die multinationalen Konzerne, für die internationa-

---

* *Lean and mean*, was man auch mit »klein und gemein« übersetzen könnte; A. d. Ü.

len Banken und Investmentgesellschaften, die überall auf der Welt die Produktions-, Handels- und Lebensbedingungen bestimmen. Das Nordamerikanische Freihandelsabkommen (NAFTA) wird weitreichende Folgen haben (es ist eine Goldgrube für Investoren und sehr wahrscheinlich eine Katastrophe für Arbeiter und Umwelt). Sein Inhalt ist nicht bekannt. Der Text wurde selbst dem *Labor Advisory Committee* bis zum letzten Tag vor der anberaumten Sitzung vorenthalten, das laut Gesetz zu solchen Maßnahmen gehört werden muß. Der Kongreß nahm seine Verantwortung nicht wahr. Die Bürger wissen von nichts.[50]

Die elitäre Demokratietheorie hat sich während der letzten Jahrhunderte in einem vergleichsweise engen Spektrum bewegt. Am einen Ende finden wir den libertären Denker John Locke, der den Bürgern das Recht zur Erörterung öffentlicher Angelegenheiten absprach, ihnen die Kenntnisnahme aber nicht verweigern wollte; die moderne Variante ist ein bißchen entgegenkommender (vgl. Kap. I.1). Am anderen Ende finden wir etatistisch gesonnene Reaktionäre vom Typus Reagan (»Konservative«), die der Öffentlichkeit sogar das Recht absprechen, wissen zu dürfen, was ihre Führer tun. Also richten sie illegale Staatspropaganda-Agenturen ein, bevorzugen verdeckte Operationen in großem Maßstab, verweigern die Freigabe von Informationen über die Regierung selbst aus der entfernteren Vergangenheit und schirmen die Staatsmacht noch auf andere Weise vor Untersuchungen ab. Während der Amtszeit von Reagan erreichte die Zensur schwindelnde Höhen. Regierungsinterne Dokumente wurden in einem Ausmaß unter Verschluß gehalten, daß der Vorsitzende des akademischen Beirats im Außenministerium unter Protest von seinem Posten zurücktrat. Das neue imperiale Zeitalter markiert einen weiteren Schritt in Richtung auf das autoritäre Extrem formaldemokratischer Praxis.[51]

Die Öffentlichkeit steht dem, was da vor sich geht, nicht ahnungslos gegenüber. Doch der Erfolg einer Politik, die auf Isolation und den Zusammenbruch von Organisationsstrukturen zielte, hat die Reaktionen ziellos und selbstzerstörerisch werden lassen: der Glaube an lächerliche, milliardenschwere Erlöser, Mythen, welche die Unschuld und die edlen Führer von einst beschwören, religiöser und nationalistischer Fanatismus, Verschwörungskulte, richtungsloser Skeptizismus und Desillusionierung – das alles ergibt eine Mischung, die in der Vergangenheit keine besonders glücklichen Folgen gezeitigt hat.

III. Nord-Süd, Ost-West

1. Ein riesiger »fauler Apfel«

In dem von uns abgesteckten Rahmen kann der Kalte Krieg als ein Zwischenspiel im nunmehr 500-jährigen Nord-Süd-Konflikt verstanden werden. Sein Ausmaß war sicherlich ungewöhnlich, sonst aber glich er in vielerlei Hinsicht anderen Episoden innerhalb der Auseinandersetzung zwischen Nord und Süd.

Bereits in der präkolumbianischen Zeit drifteten Ost- und Westeuropa auseinander, wobei sich eine trennende Linie mitten durch Deutschland zog. »Seit der Mitte des fünfzehnten Jahrhunderts«, schreibt Robert Brenner, »besserten sich in großen Teilen Westeuropas die ökonomischen Rahmenbedingungen und eine neue Periode wirtschaftlichen Aufschwungs brach an«. Die seit langem bestehenden, gut organisierten bäuerlichen Gemeinschaften Westeuropas, die »den (oftmals erfolgreichen) Kampf um ihre Rechte gewohnt waren« und »ein beeindruckendes Netzwerk von dörflichen Institutionen zur Regulierung der wirtschaftlichen Verhältnisse und zur politischen Selbstverwaltung« besaßen, konnten »die feudalen Fesseln abstreifen und ihre Freiheit erlangen«, während sich im Osten »die Leibeigenschaft mit aller Macht erhob« und den Weg zur »Entwicklung der Unterentwicklung« bahnte. So scheint etwa in Polen die nationale Produktion Mitte des sechzehnten Jahrhunderts einen Höhepunkt erklommen zu haben, der in den nächsten 200 Jahren nicht wieder erreicht wurde. »Daß es im Osten so wenig dörfliche Solidarität gab, ... scheint mit dem Gesamtstatus der Region zusammenzuhängen, die sich unter der Vorherrschaft der Großgrundbesitzer zur Kolonialgesellschaft entwickelte.«

Die Dritte Welt, bemerkt Leften Stavrianos, »tauchte zuerst in Osteuropa auf«. Von dort wurden seit dem vierzehnten Jahrhundert die Rohstoffe für die wachsenden textil- und metallverarbeitenden Betriebe in England und Holland geliefert, dann tat sich allmählich der (uns mittlerweile vertraute) Weg in die Unterentwicklung auf. Handels- und Investitionsstrukturen entwickelten sich naturwüchsig und wurden den auseinanderdriftenden sozialen Verhältnissen übergestülpt. Dieser Prozeß machte aus dem Osten »Europas vielleicht die erste Kolonialregion, eine Dritte Welt des sechzehnten Jahrhunderts, einen Rohstofflieferanten für die Produzenten im Westen, ein Testgebiet für Bankiers und Finanziers, die dort ausprobieren konnten, was sie später in weiter entfernten Ländern vollenden würden« (John Feffer). Rußland war so groß und militärisch so mächtig, daß es dem Westen noch nicht einverleibt werden konnte, doch geriet es im neunzehnten Jahrhundert auch auf die abschüssige Bahn Richtung Süden: Verarmung breitete sich aus, und die Schlüsselsektoren der Wirtschaft wurden von ausländischen Kräften kontrolliert.

Ein Tscheche, der Ende des neunzehnten Jahrhunderts Rußland bereiste, beschrieb, wie Europa auf der Fahrt nach Osten immer stärker verblaßte, sich zuletzt nur noch auf die Eisenbahn und ein paar Hotels beschränkte. »Der aristokratische Großgrundbesitzer richtet sein Landhaus im europäischen Stil ein, und auch die beständig sich vermehrenden Fabriken auf dem Lande sind europäische Oasen. Technische Ausrüstungen und alltagspraktische Einrichtungen sind sämtlich europäisch: Eisenbahnen, Fabriken, Banken ...; Armee, Marine und zum Teil sogar die Verwaltung.« Um 1907 lag die Beteiligung von Auslandskapital an russischen Eisenbahnen bei 93 Prozent, auch das investierte Kapital kam zumeist aus dem Ausland, zum großen Teil aus Frankreich, der Schuldenberg wuchs in die Höhe. Kurzum, Rußland begab sich auf den typischen Weg eines Dritte-Welt-Landes. 1914 war Rußland »ein halb-koloniales Besitztum des europäischen Kapitals« geworden (Theodor Shanin).

»Viele Russen, gleich welcher politischen Überzeugung sie sein mochten, waren über den halbkolonialen Status ergrimmt, der ihrem Land im Westen zugewiesen wurde«, schreibt Z. Zeman. »Kritisch betrachtet, war die bolschewistische Revolution die Wendung einer sich entwickelnden, ihrem Wesen nach agrarischen Gesellschaft gegen den Westen: gegen seine politische Selbstbespiegelung, gegen seinen Wirtschaftsegoismus, gegen seine militärische Verschwendungssucht. Die gegenwärtige Teilung zwischen Nord und Süd, zwischen den reichen und den armen Ländern hatte, mitsamt ihren für das zwanzigste Jahrhundert so typischen Spannungen, ihre Vorläufer in der europäischen Spaltung zwischen Ost und West. Abgesehen von Rußland selbst wurde der Gegensatz zwischen Ost- und Westeuropa um die Jahrhundertwende »schärfer als je zuvor«, was sich auch in der Zwischenkriegsepoche nicht ändern sollte.[1]

Die bolschewistische Machtübernahme vom Oktober 1917, die alle sozialistischen Tendenzen schnell im Keim erstickte und jeden Anschein von Arbeiter- oder Volksorganisation zerstörte, brach die Sowjetunion aus der vom Westen beherrschten Peripherie heraus und provozierte damit die unvermeidliche Reaktion, die mit einer sofortigen militärischen Intervention durch Großbritannien, Frankreich, Japan und die USA begann. Dies waren von Anbeginn an grundlegende Elemente des Kalten Krieges.

Die Reaktion unterschied sich in ihrem Maßstab, nicht aber in ihrer Logik vom Umgang mit Grenada oder Guatemala. Das bolschewistische Rußland war »radikal nationalistisch« und – in technischem Sinne – »kommunistisch«, weil es sich weigerte, »die westliche Industriewirtschaft zu bedienen«. Im eigentlichen Sinne »kommunistisch« oder »sozialistisch« war die Sowjetunion jedoch nicht. Das Beispiel des Bolschewismus übte auf die Länder der Dritten Welt eine große Anziehungskraft aus, obwohl es keine greifbare militärische Bedrohung darstellte. »Allein seine Existenz ... bereitete [den politischen Strategen der USA] schlaflose Nächte«, bemerkt Melvyn Leffler. »Hier war ein totalitäres Land, dessen revolutionäre Ideologie die Völker der Dritten Welt in ihrer Entschlossenheit, die Vorherrschaft des Westens abzuschütteln und auf den raschen ökonomischen Fortschritt zu setzen, nur bestärken konnte.« In Großbritannien und den USA befürchtete man das Überspringen des Funkens auf die industriellen Kernländer.

Die Sowjetunion war, kurz gesagt, ein riesiger »fauler Apfel«. Wenn wir die dem Nord-Süd-Konflikt zugrundeliegende Logik und Rhetorik übernehmen, könnten wir die der Revolution folgende westliche Invasion als defensive Handlung rechtfertigen, die »auf eine tiefgreifende und *möglicherweise weitreichende Intervention* der neuen sowjetischen Regierung in die inneren Angelegenheiten nicht nur des Westens, sondern praktisch jedes Landes auf dem Erdball reagiert«. Es geht nämlich darum, daß »die Revolution ... das Überleben der kapitalistischen Ordnung selbst in Frage stellt«. Mithin war »die Sicherheit der Vereinigten Staaten« nicht erst 1950, sondern bereits 1917 in Gefahr, und von daher war die Intervention als Verteidigungsmaßnahme gegen die Veränderung der Gesellschaftsordnung in Rußland und gegen die Verkündung revolutionärer Absichten völlig gerechtfertigt (so der Historiker John Lewis Gaddis; Hervorhebung von mir).²

Das »schnelle Wirtschaftswachstum« wurde vom Süden besonders aufmerksam und vom Norden mit großer Besorgnis registriert. In seiner 1952 erschienenen Untersuchung über verspätete Wirtschaftsentwicklung beschreibt Alexander Gerschenkron die »annähernd sechsfache Zunahme des Umfangs an Industrieproduktion« als »den größten und längsten [Industrialisierungsschub] in der industriellen Entwicklungsgeschichte des Landes«. Allerdings hatte diese »große, von der Sowjetregierung betriebene industrielle Transformation« mit der marxistischen oder überhaupt sozialistischen Ideologie »nur sehr entfernt zu tun« und wurde natürlich ohne große Rücksicht auf menschliche Kosten durchgeführt. Zehn Jahre später untersuchte Simon Kuznets langfristige Phasen der Wirtschaftsentwicklung und führte die Sowjetunion, zusammen mit Schweden und Japan, unter den Ländern mit der höchsten Wachstumsrate in der Pro-Kopf-Produktion an. Die Vereinigten Staaten dagegen, die doch von einem viel günstigeren Ausgangspunkt gestartet waren, rangierten übers Jahrhundert gerechnet knapp vor Großbritannien im Mittelfeld.³

Nachdem Rußland im Sieg über Hitler die führende Rolle und im Endeffekt auch die Kontrolle über Osteuropa und Teile von Mitteleuropa übernommen hatte, war die Gefahr des Ultranationalismus weiter angewachsen, denn nun waren die neuen Herrschaftsbereiche der UdSSR der Obhut des Westens entzogen. Der faule Apfel war zu beträchtlicher Größe angewachsen und hatte sich nach dem Zweiten Weltkrieg als ernstzunehmende Militärmacht entpuppt. Dergestalt war der von ihm ausgehende Virus so gefährlich, daß diese Facette des Nord-Süd-Konflikts von Beginn an ein Eigenleben führte. Schon lange vor der Machtübernahme durch Lenin und Trotzki hatte die Wirtschafts- und Regierungspresse die Gefahren von »Kommunismus« und »Anarchismus« beschworen. Das aber war weiter nichts als eine Rechtfertigung für die brutale Unterdrückung aller Versuche der arbeitenden Menschen, sich zu organisieren und für ihre Grundrechte zu kämpfen. Die Regierung Wilson nutzte die Machtergreifung der Bolschewiki, um – unter dem Beifall von Presse und Geschäftswelt – die Arbeiterbewegung im allgemeinen und unabhängiges Denken im besonderen zu zermalmen. Seither ist dieses Muster nicht mehr aus der Mode gekommen; die Oktoberrevolution wurde zum Standardmodell für die Intervention in Dritte-Welt-Ländern, die immer, unter Mißachtung der Tatsachen, als »Verteidigung gegen kommunistische Aggression« ausgegeben wurde. Die Unterstützung der USA für Mussolini (seit dem »Marsch auf Rom«), später für Hitler, beruht auf der Doktrin, daß Faschismus und Nationalsozialismus verständliche, wenn auch bisweilen extreme Reaktionen auf die viel gefährlichere Bedrohung durch den Bolschewismus gewesen sind. Diese Bedrohung aber kam von innen – niemand ging davon aus, daß die Rote Armee in Marsch gesetzt worden sei. Desgleichen mußten die USA in Nicaragua einmarschieren, um es vor dem bolschewistischen Mexiko zu schützen, während sie 50 Jahre später Nicaragua angreifen mußten, um Mexiko vor den nicaraguanischen Bolschewisten zu bewahren. Der geschmeidige Charakter der Ideologie läßt einen immer wieder zutiefst erstaunen.

Wenn man beweisen will, daß ein avisiertes Angriffsziel ein Außenposten des Kreml (später: Pekings) ist, muß man die Tatsachen ein bißchen zurechtbiegen. 1950 fällte Washington den Entschluß, Frankreich bei der Unterdrückung der vietnamesischen Unabhängigkeitsbewegung unter die Arme zu greifen. So wurden die Geheimdienste angewiesen, Beweismaterial dafür beizubringen, daß Ho Chi Minh eine Marionette Moskaus oder Pekings sei. Trotz aller Bemühungen konnte – »völlig anomal« – eine vom Kreml geleitete Verschwörung gerade in Vietnam nicht aufgespürt werden. Ebensowenig ließen sich Verbindungen zu Peking nachweisen. Folgerichtig schloß man, die Viet Minh »seien so loyal und vertrauenswürdig, daß sie ihre Tagespolitik ohne Überwachung von außen bestimmen könnten«. Wenn es keine Verbindungen gibt, so beweist gerade das, wie weit das Reich des Bösen mit seinen unheilvollen Plänen schon gediehen ist. Hierfür gibt es zahlreiche andere Beispiele.

Eine Variante stellt der Fall Guatemala dar. Als die USA den Sturz der Regierung vorbereiteten, wies ein Botschaftsangehöriger darauf hin, daß eine von der OAS geplante Resolution, die sich für einen Waffenstopp und die Ausweisung kommunistischer Agenten einsetzte, »es uns ermöglichen würde, den Schiffsverkehr (auch unseren eigenen) so zu behindern, daß die Wirtschaft Guatemalas darunter leidet«. Das wiederum könnte zu einem pro-amerikanischen Putsch oder zu weiterer kommunistischer Einflußnahme führen, die ihrerseits »strenge Maßnahmen seitens der US-Regierung rechtfertigte«. Die können dann natürlich einseitig sein. Im

Einklang damit steht eine Außenpolitik, die Embargo- und Terrormethoden einsetzt und mit härteren Gewaltmaßnahmen droht, damit das Opfer sich an die Russen wendet und dort um Hilfe nachsucht. Damit entlarvt es sich als Fangarm der sowjetischen Verschwörung, der uns demnächst zu erwürgen gedenkt. Diese Technik wurde gegen Guatemala und Nicaragua äußerst grobschlächtig eingesetzt, in den zutiefst konformistischen Kreisen der Intellektuellen aber mit großem Beifall aufgenommen.[4]

2. »Logische Unlogik«

Als Rußland die Schläge der Nazi-Armee wegsteckte, wurde Stalin zum Verbündeten, zum bewunderten »Uncle Joe«. Doch war diese Haltung nicht ohne Ambivalenz. Roosevelts Kriegsstrategie bestand, wie er seinem Sohn privatim anvertraute, darin, die USA in Reserve zu halten und abzuwarten, bis die Russen sich im Kampf gegen die Nazis verausgabt hätten. Erst dann würden die Amerikaner aktiv in den Krieg eingreifen. Warren Kimball, der jene Epoche gründlich erforscht hat, kommt zu dem Schluß, daß »der Präsident die Sowjetunion erst dann unterstützen wollte«, wenn die Siege der Roten Armee den Einsatz von US-Soldaten in einem europäischen Landkrieg überflüssig machen würden. Truman ging noch weiter. Als Deutschland im Juni 1941 die Sowjetunion angriff, lautete sein Kommentar: »Wenn wir sehen, daß Deutschland gewinnt, sollten wir Rußland helfen, und wenn Rußland gewinnt, sollten wir Deutschland helfen, so daß sie sich auf diese Weise möglichst gegenseitig umbringen.« 1943 begannen die USA in Italien mit der Wiedereinsetzung von faschistischen Kollaborateuren und Sympathisanten, eine Vorgehensweise, die später weltweit bei der Befreiung von Territorien Anwendung finden sollte. Der Faschismus wurde geduldet, weil er radikale soziale Veränderungen blockieren sollte. Man erinnere sich daran, daß ein sowjetischer Angriff vor dem Krieg kein Thema war und nach dem Krieg nicht eigentlich erwartet wurde.[5]

Das Problem des großen faulen Apfels führte bei den Politstrategen zu einigen geistigen Verrenkungen. In einer wichtigen Untersuchung vom Juli 1945, die dem US-Innenminister von Kriegsminister Stimson übermittelt wurde, versuchten die militärischen Planungsstäbe, der Intention, die Welt zu kontrollieren und Rußland militärisch einzukreisen, ohne dem Gegner irgendwelche Rechte jenseits seiner Grenzen einzuräumen, den Glanz der

Überzeugung zu verleihen. »Wenn wir behaupten, es sei notwendig, daß Großbritannien oder die USA auch weiterhin eine einseitige militärische Kontrolle über Panama oder Gibraltar ausüben und wir zugleich Rußland eine vergleichbare Möglichkeit im Hinblick auf die Dardanellen verweigern, könnte uns das den Vorwurf der Unlogik eintragen«, stellten sie mit sorgenzerfurchter Stirn fest. Ganz unbegründet waren diese Bedenken nicht, denn die Dardanellen stellten Rußlands einzigen Zugang zu den ganzjährig offenen Gewässern des Südens dar, und sie sollten unter der alleinigen Kontrolle der Briten und Amerikaner bleiben. Aber die Kritik, so schlußfolgerten die Planungsstäbe, ist nur oberflächlich plausibel: der Plan der USA zeichne sich eben durch seine »logische Unlogik« aus. Auch die »wildeste Phantasie« könne sich nicht ausmalen, daß Großbritannien und die USA »expansionistische oder aggressive Gelüste« besäßen. Aber Rußland »hat noch nicht bewiesen, daß es völlig frei ist von expansionistischen Bestrebungen. ... Rußland ist der Ideologie des Kommunismus auf unlösbare und fast mystische Weise verpflichtet, einer Ideologie, die zumindest auf den ersten Blick mit einer weltweiten Springflut verglichen werden kann, mit deren Hilfe der einfache Mensch größeren und weiteren Horizonten entgegenstrebt. Rußland muß in großer Versuchung sein, seine Kraft und seine Ideologie zu vereinen, um seinen Einfluß in der Welt auszuweiten. Jedenfalls bieten Rußlands Unternehmungen der letzten Jahre keine gesicherte Grundlage für die Annahme, es habe nicht mit dem Gedanken gespielt.«

Kurz gesagt, die Russen müssen den Beweis erbringen, daß es ihnen fernliegt, sich mit der »größeren und weiteren Horizonten entgegenstrebenden« Masse, mit den Armen, »die immer schon die Reichen ausplündern wollten« (Dulles), gemein zu machen. Und bevor ihnen das nicht überzeugend gelingt, ist es für die verantwortungsbewußten Männer, die sich nicht mit kriminellen, plünderungsbegierigen Elementen verbünden, noch gar in subversiver Weise weitere Horizonte ansteuern wollen, eine ganz logische Sache, die Welt ohne fremde Hilfe zu kontrollieren. Rußland muß zeigen, daß von ihm keine Gefahr für »das Überleben der kapitalistischen Ordnung« (Gaddis) ausgeht. Haben die Russen dann erst einmal Churchills Grundsatz akzeptiert, daß die reichen Leute ihren Willen bekommen müssen, können sie in die Dienstbotenräume einziehen.

Die Idee der »logischen Unlogik« ist ein weiteres nützliches Teil im ideologischen Werkzeugkoffer, das möglichst vielseitig verwendet werden sollte.

Einen Monat zuvor hatte William Donovan, Leiter des OSS (Office for Strategic Services, der Vorläufer der CIA), auf das Ausmaß der russischen Gefahr hingewiesen. In einem »von Elend und Krieg heimgesuchten« Europa hätten die Sowjets, so seine Warnung, »mit der proletarischen Philosophie des Kommunismus einen starken Trumpf in der Hand«, wohingegen die USA und ihre Alliierten »eine vergleichbar dynamische und anziehende politische Philosophie oder Gesellschaftstheorie« nicht besitzen. Wie schon bemerkt, wurde das gleiche Problem zehn Jahre später von Eisenhower und Dulles beklagt, und in Indochina wiesen die Amerikaner ständig auf diesen wunden Punkt hin.[6]

Die 1945 skizzierte Argumentation wurde während der gesamten Periode des Kalten Krieges beibehalten und ergab sich ganz zwanglos aus der allgemeinen Logik des Nord-Süd-Konflikts. Zudem war sie aus der Innenpolitik vertraut, etwa aus der Zeit nach dem Ersten Weltkrieg, als man »zwischen den theoretischen Idealen der Radikalen und ihrer tatsächlichen Verletzung unserer Bundesgesetze keine subtilen Unterscheidungen treffen« und »seine Zeit nicht mit haarspalterischen Überlegungen vertun konnte, wann denn nun Freiheitsrechte mißachtet würden« (Generalstaatsanwalt Palmer und die *Washington Post* während der unter Wilson grassierenden Kommunistenfurcht [»Red Scare«]). Die gleiche Doktrin wurde hervorgekramt, als man 1986 die Bombardierung der libyschen Städte rechtfertigte. Das sei lediglich »Selbstverteidigung gegen zukünftige Angriffe« gewesen, verkündete die Regierung unter dem Beifall vieler begeisterter Fürsprecher des internationalen Rechts.[7]

»Deutlich sichtbare und gegenwärtige Gefahren« können nicht geduldet werden, wie getrübt der Blick und wie fern die Gegenwart auch immer sein mögen.

Die Logik ist einfach: die reichen Männer herrschen rechtmäßig über die Welt, die ihnen gehört. Man kann nicht erwarten, daß sie mögliche kriminelle Handlungen tolerieren, die die »Stabilität« ins Wanken bringen könnten. Das Übel muß an der Wurzel gekappt werden. Und wenn es Gestalt annimmt, dann sind wir dazu berechtigt, das zu tun, was getan werden muß.

Nicht Stalins Verbrechen bereiteten den westlichen Führern Kopfzerbrechen. Truman notierte in seinem Tagebuch: »Mit Stalin komme ich zurecht«, er ist »aufrichtig, aber höllisch gescheit«. Andere stimmten dem zu, darunter Eisenhower, Leahy, Harriman und Byrnes. Was in Rußland vor sich gehe, sei nicht seine Angelegenheit, erklärte Truman. Stalins Tod wäre, so empfand er es, eine »wahre Katastrophe«. Aber die Zusammenarbeit machte er davon abhängig, daß die USA in 85 Prozent aller Fälle ihren Willen durchsetzen konnten. Melvyn Leffler, der die historischen Aufzeichnungen sehr genau durchforscht hat und großen Respekt vor den Errungenschaften und der Weitsicht bekundet, den die politische Führerschaft nach dem Krieg bewies, bemerkt, daß Truman Stalin »mochte«. Er weist darauf hin, daß den dokumentarischen Aufzeichnungen jeglicher »Sinn für wahrhaftes Mitgefühl und/oder moralische Leidenschaft« abgehe. »Diesen Männern ging es in erster Linie um Macht und um die eigenen Interessen, nicht um wirkliche Menschen und um ihre Probleme in einer wirklichen Welt, die gerade 15 Jahre ökonomischer Kämpfe, stalinistischer Schreckensherrschaft und nationalsozialistischen Völkermord hinter sich gebracht hat.«[8]

Die schlaflosen Nächte wurden nicht durch Stalins grauenhafte Verbrechen verursacht, sondern durch seine sichtbaren (und beispielgebenden) Erfolge bei der Entwicklung des Landes. Außerdem bestand die schreckliche Möglichkeit, die Russen könnten »mit dem Gedanken liebäugeln«, die »Bestrebungen des gemeinen Mannes« im Westen und die unterjochten und unterdrückten Völker der Erde zu unterstützen. Und schließlich war Osteuropa weit davon entfernt, seine traditionelle Rolle als Rohstoff- und Nahrungslieferant für den Westen wieder aufzunehmen. Problematisch sind nicht die Verbrechen, sondern die Insubordination, wie sich anhand einer erlesenen Reihe von Gangstern – Mussolini, Stalin, Hitler, Saddam Hussein – leicht zeigen läßt.

Obwohl die US-Strategen einen sowjetischen Angriff auf den Westen nicht erwarteten, waren sie hauptsächlich aus zwei Gründen über die sowjetische Militärmacht besorgt. Zum einen befürchteten sie, die UdSSR könnte auf die Übernahme der Welt durch die USA reagieren, weil sie die »Logik« unserer »Unlogik« nicht erkennen würde. Besonders bedrohlich war aus sowjetischer Sicht der Wiederaufbau und die Wiederbewaffnung Deutschlands und Japans. Diese traditionellen Feindmächte waren nun dem US-amerikanischen Machtsystem eingegliedert worden, das darauf abzielte, den sowjetischen Virus auszurotten. Die US-Strategen wußten nur zu genau, daß diese Entwicklung eine Bedrohung der sowjetischen Sicherheit darstellte, und sie befürchteten eine mögliche Reaktion.

Zum anderen war die Sowjetmacht ein Abschreckungsmittel gegen die US-amerikanische Gewalt, mit der gesichert werden sollte, daß die »Peripherie« ihren Dienstpflichten nachkommt. Überdies unterstützte der Kreml des öfteren (ebenfalls aus zynischen Gründen) die Länder, die Opfer US-amerikanischer Angriffe und subversiver Tätigkeit geworden waren. Auch die Sowjetunion suchte den Vorteil, wo er sich anbot. Die bloße Existenz der Sowjetmacht schuf im Süden Spielräume für größere Bewegungsfreiheit und öffnete weltweit den Weg zur Blockfreiheit, die, so befürchtete man in den USA, den Westen seiner Kontrolle über die Regionen, die ihm bisher Privilegien und Macht verschafft hatten, berauben könnte. Die politischen Führer der Dritten Welt nutzten diese Öffnung, um in der Weltpolitik eine unabhängige Rolle zu spielen. In den sechziger Jahren verfiel die UNO, bis dato ein gefügiges und von den USA mit Wohlwollen begleitetes Instrument, der »Tyrannei der Mehrheit«. Der wachsende Einfluß unwürdiger Elemente setzte intensive Bemühungen seitens der USA in Gang, die auf Irrwege geratene Institution zu zerstören. Diese Bemühungen dauern an und haben sich nur anders maskiert, während die UNO wieder unter Kontrolle gebracht wurde.[9]

Die UdSSR hatte sich nicht nur des Ultranationalismus und – als fauler Apfel – der Untergrabung der »Stabilität« schuldig gemacht, sondern beging noch ein weiteres Verbrechen: Sie störte die Pläne der USA und unterstützte den Widerstand der Opfer. Das aber war ein Affront, den sich nur wenige Länder des Südens leisten konnten, wie etwa Kuba, als es die US-gestützten Angriffe Südafrikas gegen Angola stoppte. Von daher konnte es kein Miteinander, keine Entspannung geben. Noch als die UdSSR Ende der achtziger Jahre auseinanderbrach, war die Elle, mit der die liberale Presse Gorbatschows Perestrojka maß, seine Bereitschaft, der US-amerikanischen Gewalt keinen Widerstand entgegenzusetzen. Solange er dieses Kriterium nicht erfüllt, sind seine Gesten ohne Bedeutung und nur ein Zeichen weiterer kommunistischer Aggressivität.[10]

Aus diesen Beweggründen heraus hatten die USA kein ernsthaftes Interesse an einer Beendigung des Kalten Krieges, es sei denn um den Preis einer unterwerfungsbereiten Sowjetunion. Obwohl sowjetische Dokumente rar sind und wir nur mutmaßen können, was in den inneren Kreisen der Macht gedacht wurde, läßt sich aus dem vorhandenen Material schließen, daß Stalin und seine Nachfolger bereit gewesen wären, im US-beherrschten Weltsystem die Rolle des Juniorpartners zu übernehmen, den eigenen Kerker ohne Einmischung von außen zu verwalten und sich an gemeinsamen Bemühungen zur Aufrechterhaltung der weltweiten »Stabilität« zu beteiligen. Das hatte man in den dreißiger Jahren ja auch schon geleistet, als kommunistische Truppen bei der Niederschlagung sozialrevolutionärer Tendenzen in vorderster Front zu finden waren.

Washingtons Sichtweise wurde von Außenminister Dean Acheson auf einer Sitzung des Senatskomitees für äußere Angelegenheiten verdeutlicht. Er erläuterte dort, welche Verhandlungsposition die USA auf dem bevorstehenden Treffen der Außenminister (Mai 1949) in Sachen Deutschland einnehmen werde. Acheson nahm, so schreibt Leffler, eine »derartig kompromißlose« Haltung ein, daß die Mitglieder des Komitees »wie vor den Kopf geschlagen« waren. Als Arthur Vandenberg die Besorgnis äußerte, die US-Position würde den Kalten Krieg dauerhaft institutionalisieren, erklärte Acheson, das Ziel sei nicht die Vermeidung des Kalten Krieges, sondern die Konsolidierung der westlichen Macht, natürlich unter US-amerikanischer Vorherrschaft. »Als Senator Claude Pepper Acheson dringlich bat, die Möglichkeit eines fairen Umgangs mit den Sowjets in Erwägung zu ziehen«, lehnte Acheson dies rundweg ab und setzte das Komitee davon in Kenntnis, es sei »sein Ziel, die Stärke Westdeutschlands in das westliche Europa zu integrieren und eine blühende westliche Gemeinschaft zu schaffen, die ihre Anziehungskraft auf die Kreml-Satelliten des Ostens ausüben solle«. Damit sollte nicht nur die Macht der UdSSR untergraben, sondern es sollten auch die quasi-kolonialen Beziehungen mit dem Osten wiederhergestellt werden. Als das Treffen der Außenminister, wie nicht anders zu erwarten, in einer Sackgasse endete, war »Acheson hocherfreut«, so Leffler weiter. Die Sowjets, so erklärte Acheson, »sind erneut in der Defensive«. »Sie sind sichtlich besorgt und beunruhigt über die Tatsache, daß sie Deutschland verloren haben.«[11]

Wie bereits gesagt, wurde das offenkundige sowjetische Interesse an einer friedlichen europäischen Einigung 1949 nicht als eine Möglichkeit angesehen, sondern als Bedrohung der »nationalen

Sicherheit«, der man durch die Gründung der NATO begegnen mußte. Aus dem gleichen Grunde zogen die USA Stalins Vorschläge zu einem vereinigten und entmilitarisierten Deutschland mit freien Wahlen im Jahre 1952 gar nicht erst in Betracht. Unbeachtet blieb auch Chruschtschows Aufforderung, sich seinen radikalen Truppenreduzierungen und Kürzungen der Militärausgaben anzuschließen, die er zwischen 1961 und 1963 vornahm. Sie waren der Regierung Kennedy wohlbekannt, aber sie sah darüber hinweg. Am Vorabend seiner Wahl zum Präsidenten hatte Kennedy geschrieben, die Sowjetunion werde Europa »auf indirekte Weise« erobern, indem sie »die ergiebigen Rohstoffgebiete außerhalb Europas« zu gewinnen suche. Das war der geläufige Ausdruck für die Unterstützung der blockfreien und neutralen Länder durch die UdSSR. Gorbatschows Entspannungsbemühungen Mitte der achtziger Jahre (u. a. einseitige Truppenreduzierungen, Vorschläge zum Stopp von Atomwaffentests, zur Auflösung der Militärbündnisse und zum Rückzug der Kriegsflotten aus dem Mittelmeergebiet) fanden keinen Widerhall. Die Verminderung von Spannungen ist nur dann von Wert, wenn die Abtrünnigen ihren Bedienstetenstatus wieder aufnehmen.[12]

Die Sowjetunion erreichte den Höhepunkt ihrer Macht gegen Ende der fünfziger Jahre, war aber, wie üblich, weit hinter dem Westen zurück. Eine Untersuchung des »Center of Defense Information« (CDI) aus dem Jahre 1980 zeigte anhand konkreter Länderdaten, wie sich der Einfluß der Sowjets seit jenem Höhepunkt kontinuierlich verringerte, bis sie 1979 »mit Ausnahme der Sowjetunion selbst nur sechs Prozent der Weltbevölkerung und fünf Prozent des weltweiten Bruttosozialprodukts zu ihrem Einflußbereich zählten«. Mitte der sechziger Jahre stagnierte die Sowjetwirtschaft oder war sogar im Rückgang begriffen; ähnliches galt für Wohnungsbau, Handel und Lebenserwartung. Die Kindersterblichkeit nahm zwischen 1970 und 1975 um ein Drittel zu.[13]

Die Kuba-Krise von 1962 enthüllte die extreme Verletzbarkeit der Sowjetunion und führte zu einer gewaltigen Steigerung der Militärausgaben, die Ende der siebziger Jahre wieder zurückgingen. Die Wirtschaft war ersichtlich in Stagnation begriffen und die autokratische Herrschaft sah sich außerstande, die wachsende Dissidenz unter Kontrolle zu halten. Die Kommandowirtschaft hatte für die grundlegende industrielle Entwicklung gesorgt, konnte aber den Sprung auf weiter fortgeschrittene Stufen nicht bewerkstelligen und litt zudem unter der weltweiten Rezession, die auch viele Länder des Südens heimgesucht hatte. In den achtziger Jahren brach das System zusammen, und die industriellen Kernländer, die immer schon reicher und mächtiger gewesen waren, hatten »den Kalten Krieg gewonnen«. Viele Teile des ehemaligen sowjetischen Imperiums werden wohl zu ihrem traditionellen Status von Drittweltländern zurückkehren, wobei die alte Schicht der privilegierten KP-Mitglieder (die Nomenklatura) die Rolle der Eliten in der Dritten Welt übernimmt, die sich mit den internationalen Geschäfts- und Finanzinteressen verbündet.[14]

Ein Bericht der Weltbank aus dem Jahre 1990 beschreibt das Ergebnis wie folgt: »Die Sowjetunion und die Volksrepublik China gehörten bis vor kurzem zu den prägnantesten Beispielen für relativ erfolgreiche Länder, die sich entschieden von der Weltwirtschaft abwandten« und auf ihre »räumliche Ausdehnung« vertrauten, um ihre »innere Entwicklung besser voranzutreiben als dies den meisten Ländern möglich wäre«. Schließlich aber »entschieden sie sich, ihre Politik anders zu gewichten und eine aktivere Rolle in der Weltwirtschaft zu spielen«. Man müßte wohl genauer sagen, daß ihre »räumliche Ausdehnung« es ihnen ermöglichte, ihren eigenen Weg zu suchen jenseits der ihnen vom Westen zugedachten traditionellen Unterordnung, d. h. der »aktiven Rolle in der Weltwirtschaft«, die die herrschenden Mächte dem Süden oktroyieren.[15]

Während der ganzen Epoche wurden große Anstrengungen unternommen, die Sowjetunion in Überlebensgröße darzustellen, auf dem Sprung, uns zu überwältigen. Das wichtigste Dokument des Kalten Krieges, NSC 68 vom April 1950, versuchte die bei unvoreingenommener Analyse offenkundige Schwäche der UdSSR zu bemänteln, um das erforderliche Bild vom »Sklavenstaat« vermitteln zu können, der seinem »unverrückbaren Ziel« nachstrebte und die »absolute Herrschaft« über die Welt erlangen wollte. Nur die Vereinigten Staaten versuchten mit fast unvorstellbarer Würde und Vollkommenheit, ihm den Weg zu verbauen. Die Bedrohung sei so schrecklich, daß die Amerikaner »die Notwendigkeit gerechter Unterdrückung« als wichtigen Charakterzug »des demokratischen Weges« akzeptieren und ein »großes Maß an Opferbereitschaft und Disziplin« ertragen müßten – unter anderem die Kontrolle der Gedanken sowie die Umschichtung der Regierungsausgaben von Sozialprogrammen auf »Verteidigungsmaßnahmen und Auslandshilfe« (übersetzt: Subventionen für die Großindustrie und Exportförderung). In einem 1948 erschienenen Buch schrieb der liberale Politiker Cord Meyer, eine einflußreiche Gestalt in der CIA, das Streikrecht müsse, wenn es keine freiwilligen Beschränkungen gebe, angesichts der »Dringlichkeit [dieser] Verteidigungspläne« verweigert werden. Und die »Bürger der Vereinigten Staaten werden sich an die Allgegenwart der mächtigen Geheimpolizei, die zum Schutz gegen Sabotage und Spionage notwendig ist, gewöhnen müssen«. Wie unter Wilson bedarf es faschistischer Methoden, um gegen die Bedrohung der »Stabilität« gewappnet zu sein.

Zu Beginn der achtziger Jahre mußte jedem unvoreingenommenen Beobachter der »Hegemonieverlust und der relative wirtschaftliche Niedergang« der beiden Supermächte auffallen. Das »bipolare System der Nachkriegsjahre war vielschichtiger geworden« und entsprechend zerbröckelte das System des Kalten Krieges. Es war »für beide Supermächte von Nutzen gewesen, ein brauchbares Mittel, um die Verbündeten bei der Stange zu halten und innenpolitische Unterstützung für die häßlichen und oftmals teuren Maßnahmen zu gewinnen, mit denen Ordnung und Stabilität in den jeweiligen Herrschaftsgebieten aufrechterhalten werden konnten«. Abgesehen davon war auch klar, welche von beiden Supermächten über mehr Einfluß und größere Macht verfügte; die Analysen des CDI und anderer Organisationen sprachen eine deutliche Sprache. Dennoch waren diese Jahre von einer wachsenden Hysterie geprägt: Die Sowjetunion nahm gigantische Ausmaße an und wurde von Monat zu Monat stärker, umspannte den Erdball, provozierte die USA und stellte sogar deren Überleben in Frage; sie befestigte ihre Positionen in Kambodscha, Nicaragua, Mozambique und anderen strategischen Machtzentren.[16]

Diese Täuschungsmanöver verbanden sich mit phantastischen Vorstellungen über die Höhe der sowjetischen Militärausgaben. Auch hier war wieder viel Einfallsreichtum erforderlich, da zum Beispiel die 1982 vom Pentagon selbst genannten Zahlen zeigten, daß die NATO (unter Einschluß der USA, die sich keiner Bedrohung von außen gegenübersah) von 1971 bis 1980 250 Milliarden Dollar mehr ausgegeben hatte als der Warschauer Pakt (unter Einschluß der UdSSR, die sehr viele Truppen und Waffen für die Sicherung der sowjetisch-chinesischen Grenze benötigte). Doch sind diese Zahlen, wie der Wirtschaftswissenschaftler Franklyn Holzman nachgewiesen hat, sehr ungenau und übertreiben die Stärke des sowjetischen Militärs. Wenn man sie berichtigt, wachsen die Mehrausgaben der NATO für die siebziger Jahre auf etwa 700 Milliarden Dollar an. Die Aufrüstung unter Carter, die Reagan noch ausweitete, und der Druck auf die NATO-Staaten, diesem Beispiel zu folgen, wurden »zum Teil mit falschen Behauptungen über ständig steigende sowjetische Rüstungsausgaben gerechtfertigt«, bemerkt Raymond Garthoff. »Die ›unaufhörliche sowjetische Aufrüstung‹ verdankte sich zum großen Teil amerikanischen Irrtümern bei der Einschätzung der sowjetischen Ausgabenpolitik und war beileibe kein ›beunruhigender Hinweis auf sowjetische Absichten‹«, wie es in der zweiten Hälfte von Carters Regierungszeit behauptet wurde. »Die amerikanische Führungsposition bei strategischen Bomben und Gefechtsköpfen weitete sich – in absoluten Ziffern gerechnet – zwischen 1970 und 1980 noch aus.« Holzman liefert einiges Beweismaterial dafür, daß zu den Irrtümern auch die »bewußte Irreführung [seitens der CIA]« aus den späten siebziger Jahren gehört, die unter enormem politischen Druck zustande kam.[17]

Charakteristisch für den Nord-Süd-Konflikt ist, daß die Stärke des Feindes übertrieben wird. Von den äußeren Grenzen verlautete, daß die Sandinisten sich bereits nach Texas in Marsch gesetzt hätten, ja sogar *Grenada* sei eine Bedrohung, seine Lage »strategisch geeignet«, um den Ölnachschub der Amerikaner zu gefährden, »wie die Kubaner dankbar zur Kenntnis nehmen« (Robert Leiken). Solche Vorgehensweisen sind keine Erfindung des Kalten Krieges. »Wenn wir solche Panik-Szenarien aus der Vergangenheit einmal Revue passieren lassen, so können wir mit der Bedrohung beginnen, die Chile in den achtziger Jahren des vorigen Jahrhunderts für die Befürworter einer neuen Kriegsflotte darstellte«, heißt es bei John Thompson in seiner Untersuchung zur Geschichte der »Übertreibung der amerikanischen Verwundbarkeit«. Erinnern wir uns auch der »zusammengewürfelten Horden gesetzloser Indianer und Neger«, die uns aus Gründen der Selbstverteidigung zur Eroberung Floridas zwangen. Auch die Kolonialzeit bietet viel Anschauungsmaterial.[18]

Der Zweck ist durchsichtig. Die Kulturmanager müssen die Werkzeuge für ihre Arbeit bei der Hand haben. Und die Strategen (abgesehen von den ganz und gar zynischen) müssen davon überzeugt sein, daß die oftmals monströsen Handlungen, die sie planen und durchführen, gerechtfertigt sind. Es gibt nur zwei Vorwände: Selbstverteidigung und Wohltätigkeit. Man sollte nicht glauben, daß der Gebrauch dieser Werkzeuge nur auf Betrug oder Karrierismus abzielt, obwohl auch das manchmal eine Rolle spielt. Nichts ist leichter, als sich selbst von dem Wert einer Handlung oder einer Politik überzeugen zu lassen, die dem Eigeninteresse dient. Besondere Vorsicht ist geboten, wenn wohltätige Absichten bekundet werden: dergleichen ist nur ernstzunehmen, wenn die befürwortete Politik dem Eigeninteresse abträglich ist – diese historische Kategorie ist allerdings von verschwindend geringer Größe.

Im Hinblick auf den Kalten Krieg gibt es noch einen anderen Faktor, der das Wahnsystem über seine normalen Grenzen hinauswachsen ließ: die Russen hatten ihre eigenen Gründe dafür, sich als schreckenerregende Supermacht darzustellen, die in eine noch größere Zukunft marschiert. Wenn die zwei größten Propagandasysteme der Welt in irgendeiner Doktrin übereinstimmen, mag diese auch noch so bizarr sein, dann fällt es schwer, ihrem Zugriff zu entrinnen.

Ein schlagendes Beispiel ist die Wahnidee, der Kalte Krieg sei eine Auseinandersetzung zwischen Kapitalismus und Sozialismus gewesen. Seit 1917 ist die Sowjetunion vom Sozialismus weiter entfernt gewesen als die USA und ihre Verbündeten vom Kapitalismus, doch auch hier waren die beiden Propagandasysteme dauerhaft an der Behauptung des Gegenteils interessiert: der Westen wollte den Sozialismus unter Verweis auf die leninistische Tyrannei verleumden, die UdSSR dagegen maximalen Prestigegewinn durch die Anknüpfung an sozialistische Ideale erzielen – Ideale, die ebenso mächtig wie umfassend waren. »Ich glaube, der Sozialismus ist die größte Theorie, die jemals ersonnen wurde, und eines Tages, dessen bin ich mir sicher, wird ihr die Welt gehören«, sagte Andrew Carnegie der *New York Times*, dann »haben wir das Paradies auf Erden«. Bis zum heutigen Tag hält fast die Hälfte der Bevölkerung den Satz »Jeder nach seinen Fähigkeiten, jedem nach seinen Bedürfnissen« für eine so offensichtliche Wahrheit, daß er der US-amerikanischen Verfassung zugeschrieben wird, einem weithin unbekannten, aber der Heiligen Schrift an die Seite gestellten Text. Die absurde Gleichsetzung der bolschewistischen Tyrannei mit sozialistischer Freiheit wurde zweifellos durch die Übereinstimmung zwischen den Doktrinen der Supermächte noch verstärkt, wobei die Anziehungskraft, die Lenins autoritäre Abweichung von der sozialistischen Tradition auf Intellektuelle ausübte, tiefere Wurzeln besitzt.[19] Zu Beginn der achtziger Jahre war die Illusion einer Sowjetmacht nicht länger aufrechtzuerhalten. Ein paar Jahre später wurde sie zu Grabe getragen.

3. Rückkehr zur Normalität

War das Osteuropa der frühen Neuzeit ein »Testgebiet für Bankiers und Finanziers, die dort ausprobieren konnten, was sie später in weiter entfernten Ländern vollenden würden« (Feffer), so lief die Entwicklung in den achtziger Jahren genau anders herum: Nun wurde Osteuropa zum »Testgebiet« für jene ökonomischen Laissez-faire-Doktrinen, die von wirtschaftlich erfolgreichen Ländern gemieden worden waren und die im Süden unter westlicher Anleitung katastrophale Folgen gezeigt hatten. Ein vielsagendes Beispiel für diese Umkehrung ist die Rolle des Harvard-Ökonomen Jeffrey Sachs, der, wie Feffer richtig bemerkt, »in den achtziger Jahren die Wirtschaft Boliviens im Namen der Währungsstabilität ruinierte« und dann nach Polen weiterzog, um dort die bittere Medizin zu verabreichen, die für gewöhnlich in den öffentlichen Dienstleistungsbereichen angewendet wird.

In Befolgung dieser Regeln erlebte Polen nicht nur »die Entstehung vieler profitabler Privatunternehmen«, wie der kenntnisreiche Wirtschaftsfachmann Abraham Brumberg bemerkt, sondern auch »einen Produktionsrückgang um fast 40 Prozent, enormes Elend und soziale Unruhen« sowie »das Scheitern zweier Regierungen«. 1991 fiel das Bruttoinlandsprodukt um 8 bis 10 Prozent, verbunden mit einem achtprozentigen Investitionsrückgang und dem Anstieg der Arbeitslosenzahlen um fast das Doppelte. Anfang 1992 waren 11 Prozent der Arbeiterschaft davon betroffen, während das Bruttoinlandsprodukt offiziellen Angaben zufolge innerhalb von zwei Jahren um 20 Prozent gefallen war. Ein in der *Financial Times* von Anthony Robinson diskutierter Bericht der Weltbank von 1992 zur Lage der polnischen Wirtschaft kommt zu dem Schluß: »Die Situation der Staatsfinanzen ist so alarmierend, daß eine Hyperinflation droht. Die Arbeitslosigkeit hat ein Ausmaß erreicht, das auf längere Sicht unerträglich ist. Investitionen in die wirtschaftliche und soziale Infrastruktur sind derartig geschrumpft, daß dringend etwas geschehen muß, um zukünftiges Wachstum nicht zu untergraben.« Weiter wurde darauf verwiesen, daß keine der von der Bank vorgeschlagenen »langfristigen Maßnahmen zur Verbesserung angebotsorientierter Strukturen irgendeine Erfolgschance hat, wenn Polen in die Hyperinflation zurückfällt oder wenn seine Wirtschaft den dramatischen Niedergang der letzten zwei Jahre fortsetzt«. Robinson fügt hinzu: »Private Sparguthaben wurden durch die Hyperinflation und das Wirtschaftsstabilisierungsprogramm von 1990 praktisch wertlos«, während sich die Probleme durch eine Kapitalflucht von einigen Millionen Dollar im Monat noch weiter verschärften. Der Niedergang wird irgendwann seinen Tiefpunkt erreichen, und die Aussichten für die Bevölkerungsmehrheit bleiben düster.

Rußland ist den gleichen Weg gegangen. »Einigen Schätzungen zufolge«, so Michael Haynes, »betrug die Kapitalflucht aus der UdSSR 1991 zwischen 14 und 19 Milliarden Dollar«, wobei die Gelder teils kurzfristig, teils aus längerfristigen strukturellen Gründen ins Ausland transferiert wurden. Im gleichen Jahr war die Produktion rückläufig, und der Wirtschafts- und Finanzminister Jegor Gaidar warnte, das Schlimmste stehe noch bevor. In der Leichtindustrie ging die Produktion in den ersten drei Januarwochen 1992 um 15 bis 30 Prozent zurück, während die Lieferung von Fleisch, Getreide und Milch sich um ein Drittel reduzierte. Zwischen 1989 und 1992 sank die polnische Industrieproduktion um 45 Prozent, während die Preise um 40 Prozent stiegen und die Reallöhne sich fast halbierten (laut Statistiken der Weltbank und des IWF); für das übrige Osteuropa sahen die Zahlen nicht besser aus.

Westliche Ideologen sind von dem bisher Erreichten beeindruckt und zugleich darüber besorgt, daß wirtschaftliche Irrationalität den weiteren Fortschritt behindern könnte. Unter der Überschrift »Fabrikdinosaurier gefährden Polens Wirtschaftsgewinne« schildert Stephen Engelberg, Korrespondent der *New York Times*, »eines der schlimmsten Beispiele dafür, auf welche Weise die industriellen Hinterlassenschaften des kommunistischen Systems die Pläne zur Wirtschaftsreform in Polen und anderen Nationen Osteuropas in den Abgrund zu reißen drohen«. Es geht um die Stadt Rzeszow, die in puncto Arbeitsplätze, Steuern und Heizwärme, die sie aus industriellen Nebenprodukten bezieht, von einem Flugzeughersteller abhängig ist. Die Politik des freien Marktes »hat Städten wie Warschau oder Krakau blühenden Handel gebracht«, bemerkt Engelberg, und die Anzahl der Privatunternehmen ist auf das Doppelte gestiegen (wobei die meisten Menschen sich nicht einmal Grundnahrungsmittel leisten können, geschweige denn die Waren in den Privatläden). Doch wird dieser willkommene Fortschritt durch die Forderung gefährdet, die Regierung möge eingreifen, um wenigstens die Befriedigung der unmittelbaren menschlichen Bedürfnisse zu sichern und Unternehmen zu retten, die unter dem Verlust von Märkten und Zulieferungen sowie Zahlungsausfällen nach dem Zusammenbruch der UdSSR leiden.

Nicht weniger bedrohlich sei, so Engelberg, »die Unruhe unter den Arbeitern«, die jetzt bis zu einem gewissen Grade in den Fabriken mitbestimmen können und sogar streiken, um die Schliessung von Anlagen zu verhindern, die durch »Regierungsanleihen für den Wiederaufbau von Gießereien« gerettet werden könnten. Solidarnosc fordert die Regierung auf, »überfällige Steuern zu erlassen und den Bau von Flugzeugen für die polnische Armee in Auftrag zu geben«. Ein Führer von Solidarnosc sagt, die Regierung müsse »eine Entscheidung darüber fällen, ob sie eine Flugzeugindustrie braucht oder nicht, oder ob diese Industrie umstrukturiert werden muß, oder ob sie nur zur Hälfte Flugzeugbau betreibt, während die andere Hälfte etwas anderes macht«. Aber im Westen ist man der Auffassung, daß solche Entscheidungen nicht in den Händen der Polen liegen, sondern vom »freien Markt« gefällt werden müssen – d. h. von den mächtigen Institutionen, die ihn beherrschen. Natürlich werden auch keine peinlichen Fragen darüber gestellt, wie es denn der US-amerikanischen Flugzeugindustrie oder den entwickelten Industriezweigen insgesamt erginge, wenn die riesigen öffentlichen Subventionen ausblieben. Das gilt im übrigen für alle funktionierenden Wirtschaftssektoren. Beispiele sind leicht zu finden: die Rettung von Chrysler, Reagans Hilfestellung für die *Continental Illinois Bank*, oder die vielen Milliarden Dollar aus Steuermitteln, mit denen die Manager und Investoren von *S&L* ausgezahlt und damit von staatlicher Regulation und eigenem Risiko dank der genialen *Reagonomics* befreit wurden. Die Frage, auf welche Weise denn die der Dritten Welt verweigerte »wirtschaftliche Irrationalität« es den Amerikanern ermögliche, ökonomisch über den Handel mit Fellen hinauszugelangen, lassen wir hier unbeantwortet.

Der bereits erwähnte Anthony Robinson befaßt sich auch mit dem Problem der aufsässigen Arbeiter. Viele Städte und Gemeinden, so schreibt er, sind abhängig von »großen Fabrikanlagen, wo Arbeiterräte starken Einfluß auf ein in Sachen Marktwirtschaft unerfahrenes Management ausüben«. Dieser unberechtigte Einfluß macht den Erfolg der von uns geduldig vermittelten Lehrstunden über ökonomische Rationalität und Demokratie wieder zunichte.

Ökonomische Rationalität macht es nämlich erforderlich, daß die Produktionswerkzeuge ihr Widerstreben angesichts der drohenden Zerstörung ihrer Familien und Gemeinschaften überwinden. »Nicht die Ware entscheidet darüber, wo sie zum Kauf angeboten und zu welchem Zweck sie benutzt wird, um welchen Preis sie den Besitzer wechselt und auf welche Weise sie verbraucht oder zerstört wird«, schreibt Karl Polanyi in seiner klassischen Untersuchung über das Laissez-faire-Experiment im England des 19. Jahrhunderts. Es wurde schnell beendet, als die Geschäftsleute und Unternehmer begriffen, daß ihre Interessen durch den freien Markt beeinträchtigt würden, konnte dieser doch »nicht über einen längeren Zeitraum existieren, ohne die menschlichen und natürlichen Grundlagen der Gesellschaft zu zerstören; er hätte den Menschen physisch vernichtet und seine Umwelt in eine Wildnis verwandelt«.

Die wohlverstandene Demokratie sieht keinen Raum für öffentliche Einflußnahme auf die totalitäre Struktur der Konzernwirtschaft vor; entsprechendes gilt für andere Lebensbereiche. Die Öffentlichkeit soll Befehlen gehorchen, nicht etwa sich einmischen.

Unter der Überschrift »Boom auf dem polnischen Markt: Blonde, blauäugige Babies« erzählt Gabrielle Glaser in der *New York Times*, was bei der »polnischen Öffnung gegenüber westlichen Marktkräften« so alles herauskommen kann. Ein »unerwarteter Nebeneffekt« des freien Marktes, schreibt sie, sei ein »blühender Handel« mit der Ware Kleinkind, weil »junge Mütter dazu gezwungen werden, die Rechte an ihren Kindern abzutreten«. Es soll bereits Zehntausende solcher Fälle geben. »Ich sage es ungern«, teilt der Direktor eines staatlichen Adoptionsbüros mit, »aber mir scheint, daß Polen einen der größten Märkte für weiße Babies darstellt.« Polnische Zeitungen scheuen davor zurück, die Rolle der Kirche näher zu beleuchten (berichtet Glaser), aber in einem Bericht hieß es, daß die Oberin eines Waisenhauses 15.000 Dollar für ein Mädchen und 25.000 Dollar für einen Jungen erhielt. Danach befragt, antwortete sie: »Ich kann Ihnen keine Informationen geben. Auf Wiedersehen.« Sie zeigte aber die ihr vom Papst für die »Verteidigung des Lebens« verliehene Auszeichnung. »Diese Ehre läßt Johannes Paul II. verdienten Abtreibungsgegnern in seinem Heimatland zuteil werden«, erklärt Glaser.

Warum dieser Nebeneffekt »unerwartet« ist, erklärt Glaser nicht. Immerhin bemerkt sie selbst, daß solche Berichte »in Osteuropa oder der Dritten Welt keine Neuigkeit darstellen: Rumänien war nach der Revolution von 1989 für diese Praxis berüchtigt.« Der Hinweis auf Rumänien ist eigenartig. Der Kinderhandel ist eine wohlbekannte Begleiterscheinung der Integration des Südens in die Weltordnung; Berichte über solche Geschäfte gehören noch zur milderen Sorte und sind all jenen vertraut, die sich nicht gegen ungeliebte Tatsachen abschirmen. Die »Nebeneffekte« der Unterwerfung des Südens unter den Markt sind in keiner Weise unerwartet, außer für den Blick des durchtrainierten Ideologen.

»Unerwartete Nebeneffekte« der unsichtbaren Hand sind auch in Rußland angetroffen worden und haben ebenfalls einiges Erstaunen hervorgerufen. Eine Überschrift auf der Titelseite der *New York Times* verrät: »Die neue Devise der Russen: Wenn es sich auszahlt, geht alles.« »Es geht nicht nur um Verbrechen, Korruption, Prostitution, Schmuggel, Drogen- und Alkoholmißbrauch«, all dies nimmt zu; verbreitet ist auch »die Ansicht, daß ... die Menschen für sich selbst sorgen müssen und alles möglich ist« – nicht so wie in den Vereinigten Staaten, wo der »abscheuliche Wahlspruch der Herrschenden« ebenso unbekannt ist wie in den Provinzen der Dritten Welt, die unsere helfende Hand so sanft geleitet hat. »Betrug und Bestechung sind in Rußland kein neues Phänomen«, bemerkt Celestine Bohlen; sie waren dem »alten kommunistischen System« bereits vertraut – was in den USA und bei ihren Vasallen wiederum ganz anders ist.

Angesichts des neuen, »protzig zur Schau gestellten Reichtums sind die Nerven der meisten Bürger zum Zerreißen gespannt«, fährt Bohlen fort und beschreibt die üblichen Folgen neoliberaler Heilmittel. »Nach dem Zusammenbruch des Kommunismus hat das Verbrechen in Rußland, wie in Osteuropa generell, mächtige Blüten getrieben«, darunter vor allem Wirtschaftsverbrechen, die allerdings »New Yorker Größenordnungen noch lange nicht erreichen«. Es gibt also noch Fortschrittsmöglichkeiten in Richtung auf das kapitalistische Ideal.

In den achtziger Jahren stagnierten die Volkswirtschaften Osteuropas oder entwickelten sich rückläufig. Als aber mit dem Ende des Kalten Krieges 1989 die Maßgaben des Weltwährungsfonds übernommen wurden, setzte der freie Fall ein. Im letzten Quartal des Jahres 1990 war der (zuvor konstant gebliebene) Güterausstoß der bulgarischen Industrieproduktion um 17 Prozent gefallen; in Ungarn waren es 12 Prozent, in Polen mehr als 23, in Rumänien 30 Prozent. Die UN-Wirtschaftskommission für Europa berichtete gegen Ende 1991, daß der Güterausstoß in jener Region 1989 um ein Prozent zurückgegangen war, 1990 um 10 Prozent, 1991 um 15 Prozent; ein Ende sei nicht abzusehen. Ein Resultat dieser Entwicklung war die allgemeine Enttäuschung über die demokratische Öffnung, hier und da wuchs sogar die Unterstützung für ehemalige kommunistische Parteien wieder an. In Rußland hat der wirtschaftliche Zusammenbruch vielen Menschen Leid und Elend gebracht und ein Stimmungsgemisch »aus Müdigkeit, Zynismus und Zorn erzeugt, das sich gegen alle Politiker, einschließlich Jelzins, richtet«, lesen wir bei Brumberg. Vor allem aber zieht die Ex-Nomenklatura den Haß auf sich. Sie wird sich, was vorauszusehen war, zu einer für Dritte-Welt-Länder typischen Elite entwickeln, die den Interessen fremder Herren verpflichtet ist. Bei öffentlichen Meinungsumfragen hielten 50 Prozent der Befragten den Putsch vom August 1991 für illegal, 25 Prozent stimmten ihm zu, der Rest hatte keine Meinung.[20]

Der Verlust des Glaubens an die Demokratie kümmert den Westen wenig, obwohl der »bürokratische Kapitalismus«, der von ex-kommunistischen Yuppies eingeführt werden könnte, ein mögliches Problem darstellt. Die westliche Doktrin spricht demokratischen Formen Wert zu, solange sie die Geschäfte nicht stören. Insgesamt aber sind sie zweitrangig, die wirkliche Priorität liegt bei der Integration in die Weltwirtschaft, in der sich genug Möglichkeiten für Ausbeutung und Ausplünderung bieten.

Unterstützt durch den Weltwährungsfonds hat die Europäische Gemeinschaft Osteuropa einen eindeutigen Test für gutes Verhalten vorgelegt. In den alten Zeiten mußten die Russen beweisen, daß sie nicht »mit dem Gedanken spielten«, die Bestrebungen des »gemeinen Mannes« zu unterstützen. Heute muß Osteuropa zeigen, daß »wirtschaftliche Liberalisierung im Verbund mit der Einführung von marktwirtschaftlichen Strategien« unumkehrbar ist. Ein »Dritter Weg« mit gesellschaftlich-demokratischen Strukturen und ein substantieller Fortschritt in Richtung auf Demokratie und Freiheit im Sinne der Arbeitenden ist ungangbar. Als der oberste Wirtschaftsberater der EG, Richard Portes, von einem annehmbaren »Machtwechsel« sprach, meinte er keine demokratischen Formen, sondern einen »endgültigen Abschied von der sozialistischen Planwirtschaft – und seine Unumkehrbarkeit«. Ein kürzlich erstellter IWF-Bericht konzentriert sich, wie Peter Gowan anmerkt, »fast ausschließlich auf die Rolle der Sowjetunion als Produzentin von

Energie, Rohstoffen und Landwirtschaftsprodukten. Die Republiken der ehemaligen Sowjetunion werden wohl kaum eine größere Rolle als Industriemächte auf dem Weltmarkt spielen«. Die Übereignung von Betrieben an die Beschäftigten, heißt es weiter, »ist in Polen und der Tschechoslowakei auf starke Unterstützung seitens der Bevölkerung gestoßen«, kann von den westlichen Aufsehern aber leider nicht akzeptiert werden, weil sie zur freien Marktwirtschaft, der der Süden untergeordnet werden muß, in Widerspruch steht.

Der *jetzige* Süden. In Übereinstimmung mit traditionellen Praktiken hat die EG Barrieren aufgebaut, um ihre eigene Industrie und Landwirtschaft zu schützen. Damit hat sie den Exportmarkt geschlossen, der es den osteuropäischen Ländern ermöglichen könnte, ihre eigene Wirtschaft neu zu strukturieren. Als Polen alle Einfuhrbeschränkungen aufhob, weigerte sich die EG, gleichzuziehen, und diesem Entschluß fiel die Hälfte der polnischen Exporte zum Opfer. Die Forderungen der EG-Stahllobby liefen auf eine »Restrukturierung« der osteuropäischen Wirtschaft hinaus, die ihre faktische Einbindung in das westliche Industriesystem bedeutete; die chemische Industrie wies warnend darauf hin, daß der Ausbau einer freien Marktwirtschaft im ehemaligen Sowjetimperium »nicht auf Kosten der langfristigen Lebensfähigkeit der chemischen Industrie Westeuropas« gehen dürfe. Und, wie bereits bemerkt, akzeptiert keine der staatskapitalistischen Gesellschaften das Prinzip der unbeschränkt freien Wahl des Arbeitsplatzes, eine *conditio sine qua non* der Theorie des freien Marktes. Osteuropa soll, zumindest großenteils, zu einer Dienerrolle als Dritte-Welt-Land zurückkehren.[21]

Die Situation erinnert an die Lage Japans in den dreißiger Jahren oder an die Karibik-Initiative von Reagan und Bush, die offen exportorientierte Wirtschaftsstrukturen in der Region beförderte, während sie die protektionistischen Maßnahmen der USA aufrechterhält, so daß mögliche Freihandelsgewinne für die anvisierten Gesellschaften ausbleiben.[22] Diese Handlungsmuster sind ebenso omnipräsent wie verständlich.

Die USA haben die Entwicklung in Osteuropa mit einigem Unbehagen verfolgt. Während der achtziger Jahre versuchte man, die Handelsbeziehungen zwischen Ost und West und die Auflösung des Sowjetimperiums zu verhindern. Im August 1991 gab Bush der Ukraine den Rat, sich nicht von der Sowjetunion zu lösen, gerade als das Land den ersten Schritt tun wollte. Der Hauptgrund liegt darin, daß die Vereinigten Staaten nach Reagans wilder Party für die Reichen nicht unbedingt in der Lage sind, sich Japan und einem von Deutschland angeführten Europa anzuschließen, wenn es um die Standortvorteile in den neu eröffneten Regionen des Südens geht. Liberale Demokraten drängen darauf, die »Auslandshilfe« von Mittelamerika in die Gebiete der ehemaligen UdSSR umzudirigieren. Sie weisen darauf hin, daß ohne die traditionellen Tricks zur Exportförderung Japan und die EG »das umfassende Handels- und Investitionspotential Osteuropas« ausnutzen werden, während wir »darüber streiten, wie wir zwei außenpolitische Debakel auf einmal bereinigen können« (Senator Patrick Leahy). Dagegen würde kein ernsthafter Mensch den rüden Vorschlag machen, daß wir zumindest helfen könnten, ein bißchen von dem Blut zu entfernen, das wir vergossen haben. 1992 kündigte Präsident Bush seinen *Freedom Support Act* (»Akte zur Unterstützung der Freiheit«) an, um dem Problem abzuhelfen. Wie Amy Kaslow berichtet, bildeten sich riesige Lobbies von »hochrangigen Regierungsbeamten und Großkonzernführern«, um diese Maßnahme für sich zu verwerten. Der Botschafter Robert Strauss drängte auf rasches Handeln, »damit die US-Firmen ... den riesigen Konsumentenmarkt der ehemaligen Sowjetunion nicht an die Konkurrenz verlieren«. Die Akte wird US-amerikanischen »Farmern [Landwirtschaftskonzernen] und Herstellern neue Möglichkeiten« eröffnen und »den US-Konzernen den Weg zur Entdeckung neuer großer Märkte erschließen«. Es steht außer Zweifel, wessen »Freiheit« hier »unterstützt« wird.[23]

4. Einige Erfolge des freien Marktes

Der Fairneß halber muß man hinzufügen, daß das Rezept von Weltbank und IWF, das gerade der Ex-Sowjetunion verschrieben wird, schon einige Erfolge aufweisen kann. Ein mit viel Lärm gefeierter Triumph ist Bolivien, dessen Wirtschaft durch die neue ökonomische Politik von 1985 vor dem Zusammenbruch bewahrt wurde. Die Experten, die diese Politik verordneten, tummeln sich jetzt in osteuropäischen Gefilden. – Was geschah in Bolivien? Die öffentliche Beschäftigungspolitik wurde radikal eingeschränkt, die nationale Bergbaugesellschaft zum Schleuderpreis verkauft – was unter den Bergarbeitern zu massiver Arbeitslosigkeit führte –, die Reallöhne sanken, die Landschullehrer quittierten haufenweise den Dienst, eine regressive Besteuerung wurde eingeführt, mit dem

Absinken von Produktivinvestitionen schrumpfte auch die Wirtschaft, während die Ungleichheit zunahm. In der Hauptstadt, schreibt Melvin Burke, »ist der Kontrast zwischen Straßenhändlern und Bettlern einerseits sowie den Modeboutiquen, Nobelhotels und Mercedeskarossen andererseits nicht zu übersehen«. Das Bruttosozialprodukt beträgt nur noch drei Viertel des Umfangs von 1980, und die Schulden fressen 30 Prozent der Exportgewinne auf. Als Belohnung für dieses Wirtschaftswunder wurde Bolivien vom IWF, der Bank für Interamerikanische Entwicklung und dem G-7-Club von Paris umfangreiche finanzielle Unterstützung angeboten, darunter geheime Zuwendungen an Regierungsminister.

Das bestaunte Wunder besteht in der Stabilisierung der Preise und im Exportboom. Burke schätzt, daß etwa zwei Drittel der Exportgewinne aus der Produktion von und dem Handel mit Koka resultieren. Die Stabilisierung der Währung und des Preisniveaus erklärt sich ihm zufolge aus dem Drogengeld. Etwa 80 Prozent der drei Milliarden Dollar an jährlichen Drogengewinnen werden im Ausland angelegt oder ausgegeben. Hier stehen die USA an erster Stelle, so daß die amerikanische Wirtschaft auch davon profitiert. Dieses gewinnträchtige Exportgeschäft »dient ganz offensichtlich den Interessen der neuen illegalen Bourgeoisie und den ›Narco-Generälen‹ Boliviens«, fährt Burke fort, sowie »den nationalen Interessen der Vereinigten Staaten insofern, als diese die Geldwäsche nicht nur geduldet, sondern de facto gefördert haben«. Es sind »die armen Kokabauern«, die »gegen die bewaffnete Übermacht der Vereinigten Staaten und des bolivianischen Militärs um ihr Überleben kämpfen müssen«. Von diesen Bauern gibt es so viele, daß die Fortsetzung des gepriesenen Wirtschaftswunders garantiert ist.

Waltrad Morales bestätigt die Zahlen und schätzt, daß etwa 20 Prozent der Arbeitskräfte ihren Lebensunterhalt mit Koka/Kokain-Handel und -Produktion verdienen müssen; das macht etwa die Hälfte des bolivianischen Bruttoinlandsproduktes aus. Das Exportwunder hat die Bodenpreise und die landwirtschaftliche Entwicklung ruiniert, »so daß die Bolivianer nicht mehr für ihren Eigenbedarf produzieren können«. Die Unterernährung bei Kindern unter fünf Jahren liegt mehr als 50 Prozent höher als der (ohnehin erschreckende) Durchschnitt in der Region. Das Land muß ein Drittel der benötigten Nahrungsmittel einführen. »Diese ›nationale Ernährungskrise‹ – die durch das neoliberale Wirtschaftsmodell noch befördert wird – hat zur Marginalisierung der Bauernschaft beigetragen, so daß viele Bauern gezwungen wurden, Kokapflanzen anzubauen, um ihr Überleben zu sichern« – ein teuflischer Kreislauf.[24] Er reicht bis nach Polen.

Auch anderswo hat es, dank rechtzeitiger Intervention und gelungenem Krisenmanagement seitens der USA, Erfolge gegeben. Nehmen wir Grenada. Nach seiner Befreiung 1983 – der einige Jahre ökonomischer Kriegsführung und Einschüchterung folgten, die aus der Geschichte verdrängt worden sind – wurde die Insel (pro Kopf berechnet) zum größten Empfänger US-amerikanischer Wirtschaftshilfe. Nur Israel erhielt mehr, aber das ist ein Sonderfall. Die Reagan-Administration setzte alles daran, Grenada zu einem »Vorzeigestück des Kapitalismus« zu machen; das ist die übliche Formulierung, die Anwendung findet, wenn ein Land vor seiner Bevölkerung gerettet und von seinen Wohltätern auf den richtigen Kurs gebracht wird; das Guatemala von 1954 ist ein ähnlicher, leider zu wenig bekannter Fall (vgl. Kap. VI.7). Die Reformprogramme, die die üblichen sozialökonomischen Verheerungen mit sich brachten, wurden sogar von der Privatwirtschaft, der sie doch nützen sollten, verurteilt. Darüber hinaus »hat die Invasion das politische Leben der Insel langfristig lahmgelegt«, berichtet der Carter-Assistent Peter Bourne aus Grenada, wo er an der medizinischen Fakultät unterrichtet, deren Studenten »gerettet« wurden. »Die glanzlosen und fügsamen pro-amerikanischen Führer haben keine kreativen Vorstellungen entwickelt, um Grenadas soziale und ökonomische Probleme zu lösen«. Alkoholismus und Drogenmißbrauch haben Rekordhöhen erreicht, und »lähmendes gesellschaftliches Unbehagen« greift um sich, während viele Menschen keine andere Wahl haben als »ihr schönes Land zu verlassen«.

Einen Lichtblick gibt es aber doch, wie Ron Suskind in einem Artikel auf der Titelseite des *Wall Street Journal* berichtet. Die Schlagzeile lautet: »Unter dem Schutz der *Marines* ist Grenada zur Heimat für Off-shore-Banken geworden«. Die Wirtschaft mag wohl »in schrecklichem Zustand« sein, wie der Chef einer lokalen Investmentfirma, der zugleich Parlamentsabgeordneter ist, berichtet. (Daß dieser Zustand sich den USAID-geleiteten strukturellen Anpassungsprogrammen verdankt, erwähnt das *Journal* nicht.) Aber die Hauptstadt »ist zu einem Casablanca der Karibik geworden, zu einer schnell wachsenden Heimstatt für Geldwäsche, Steuerhinterziehung und diversen Finanzvergehen«. Sie beheimatet 118 Off-shore-Banken, auf 64 Einwohner kommt eine Bank. Rechtsanwälte, Steuerberater und einige Unternehmer machen, wie zweifellos auch die ausländischen Bankiers, Geldwäscher und Drogenkönige, die hier vor den Gefahren des sorgfältig inszenierten »Drogenkrieges« sicher sind, gute Geschäfte.[25]

Die Befreiung Panamas zeitigte ähnliche Triumphe. Seit der Invasion von 1989 stieg die Armutsgrenze von 40 auf 54 Prozent. Guillermo Endara, der am Tag der Invasion auf einem US-Militärstützpunkt als Präsident vereidigt wurde, hätte bei einer Wahl, Umfragen von 1992 zufolge, 2,4 Prozent der Stimmen zu erwarten. Seine Regierung bestimmte den zweiten Jahrestag der Invasion als »nationalen Gedenktag«. Tausende von Einheimischen »zogen den ganzen Tag in einem ›Trauermarsch‹ durch die Straßen der Hauptstadt, um die US-Invasion und die Wirtschaftspolitik Endaras anzuklagen«, berichtete die französische Presseagentur AFP. Die Demonstranten behaupteten, US-amerikanische Truppen hätten 3000 Menschen umgebracht und viele Leichen in Massengräbern verscharrt oder ins Meer geworfen. Die Wirtschaft hat sich bis heute nicht von den Folgen des Embargos und der Invasion erholt. Ein Führer des *Civic Crusade* (Bürgerkreuzzug), der die Opposition der Mittelschichten gegen Noriega organisierte, erklärte gegenüber dem Reporter der *Chicago Tribune*, Nathaniel Sheppard: »Die von den USA gegen unseren Willen verhängten Wirtschaftssanktionen, die Noriega aus seinem Amt vertreiben sollten, haben ihm nicht geschadet, aber unsere Wirtschaft ruiniert. Mittlerweile nehmen wir an, die Sanktionen könnten zum Plan gehören, unsere Wirtschaft so zu treffen, daß wir außerstande wären, von den USA eine bessere und würdevolle Behandlung zu verlangen.« George Bushs Besuch vom Juni 1992, der schnell in einem von den Medien interessiert registrierten Fiasko endete, »lenkte die Aufmerksamkeit auf die« wegen der Invasion »lange schon schwelende Feindseligkeit gegenüber Bush«, berichtete Sheppard. Die »mit Gewehren behängten amerikanischen Truppen« in den vornehmeren Wohngegenden sind besonders irritierend, und die Stimmung verbesserte sich nicht, als Sicherheitskräfte in Begleitung von »etwa acht amerikanischen Mannschaften« das Haus eines Mitglieds der Nationalversammlung stürmten, schriftliche Unterlagen filzten, Pässe an sich nahmen, Schüsse abfeuerten und seine Frau belästigten, die offenbar allein im Hause war.

In einem Bericht über Panama nach der Invasion, den der mexikanische Botschafter Javier Wimer dem UNO-Komitee für ökonomische, soziale und kulturelle Rechte übergab, heißt es, die Wirtschaft sei zusammengebrochen, mit »katastrophalen Folgen für den Wohnungs- und Ernährungssektor sowie für grundlegende Dienstleistungen wie Gesundheit, Erziehung und Kultur«. Als Ergebnis der Invasion und der darauf folgenden Bemühungen, »die Spuren des früheren Nationalismus zu beseitigen«, nehmen Menschenrechtsverletzungen zu. Besondere Angriffsziele sind Arbeiterorganisationen und andere Institutionen, die »Keimzellen zivilen Widerstands und politischer Opposition« sein könnten. Die Regierungen Panamas und der Vereinigten Staaten sind gemeinsam verantwortlich für die »ernsthafte und systematische« Verletzung von Menschenrechten, schließt der Bericht. Dem geachteten *Central America Report* (Guatemala, *CAR*) zufolge könnte der US-amerikanische Drogenkrieg eine Tarnung für Angriffe der Sicherheitskräfte gegen politische Aktivisten und für andere Vergehen gegen die Menschenrechte sein.

Einige Indikatoren indes weisen nach oben. Der Allgemeine Rechnungshof des Kongresses berichtete, der Drogenhandel könne sich seit der Invasion »verdoppelt« haben, während die Geldwäsche »floriere«, was im übrigen leicht vorhersagbar war, wenn man sich die kleine europäische Elite ansieht, die die USA wieder in ihre traditionelle Rolle eingesetzt hatten. Eine von USAID finanzierte Untersuchung wies nach, daß Panama beim Drogenmißbrauch an der Spitze aller lateinamerikanischen Länder liegt; seit der Invasion sei ein Anstieg von 400 Prozent zu verzeichnen. Der leitende Sekretär des Zentrums für Lateinamerikanische Studien, der an der Untersuchung mitgearbeitet hat, erklärt, daß die US-Truppen »einen sehr lukrativen Markt für Drogen darstellen«, was zur Krise noch beiträgt. Die Zunahme »vor allem unter den Armen und den Jungen ... ist beispiellos«, heißt es im *Christian Science Monitor*.[26]

Ein weiterer Triumph marktwirtschaftlicher Demokratie wurde in Nicaragua verzeichnet, wo die Regierung Chamorro und US-Botschafter Harry Shlaudeman Übereinkommen unterzeichneten, die der *Drug Enforcement Agency* (DEA) Operationen in Nicaragua gestatteten, »damit das Problem des wachsenden Drogenhandels unter Kontrolle gebracht werden kann«, berichtet *CAR*. Der *DEA*-Agent in Costa Rica erklärte, Nicaragua werde jetzt »als Korridor benutzt, um kolumbianisches Kokain in die Vereinigten Staaten zu transferieren«. Ein Staatsanwalt des Justizministeriums fügte hinzu, das nicaraguanische Finanzsystem werde als Geldwaschanlage benutzt. Auch in Nicaragua greift die Drogenepidemie um sich, die durch verschiedene Faktoren noch angeheizt wird: durch den hohen Drogenkonsum von Heimkehrern aus Miami, durch den weiter anhaltenden wirtschaftlichen Niedergang und durch die neuen Wege, die sich dem Drogenhandel eröffnet haben, seit das Land wieder US-amerikanischer Kontrolle untersteht. »Seit der Einsetzung der Regierung Chamorro und der Rückkehr von zahlreichen Nicaraguanern aus Miami hat der Drogenkonsum wieder stark zugenommen, nachdem das Land lange Zeit frei davon gewesen ist.« So der *CAR*. Der Miskito-Führer Steadman Fagoth hat zwei Mitglieder des Kabinetts Chamorro, seinen früheren Contra-Verbündeten Brooklyn Rivera und den Minister für Fischerei an der Atlantikküste der Zusammenarbeit mit den kolumbianischen Kokain-Kartellen bezichtigt. Als im April 1991 die neunte internationale Konferenz über die Kontrolle des Drogenhandels stattfand, gab der nicaraguanische Delegierte an, Nicaragua sei »zum erstrangigen Bindeglied bei der Verschiffung von Kokain in die USA und nach Europa geworden«. In Managua wächst die Zahl der Straßenkinder beängstigend schnell, ebenso die Drogenabhängigkeit, die 1984 praktisch beseitigt war. Zehn Jahre alte Kinder schnüffeln Klebstoff, weil es, wie sie sagen, »den Hunger nimmt«.

Fairerweise sollten wir ein Zeichen des US-kontrollierten wirtschaftlichen Fortschritts nicht unerwähnt lassen: der Verkauf von Schuhklebemitteln als Babynahrung, importiert von einem multinationalen Lieferanten, ist zum einträglichen Geschäft geworden.[27]

Im August 1991 fand in Managua eine Konferenz statt, an der Regierungsvertreter und nicht-staatliche Organisationen teilnahmen. Sie kam zu dem Ergebnis, daß es nunmehr 250.000 Drogenabhängige gebe und Nicaragua zum internationalen Brückenkopf für Drogentransporte werde (zum Vergleich: aus Costa Rica werden 400.000 Süchtige gemeldet, aus Guatemala 450.000, aus El Salvador 500.000). Vor allem unter jungen Leuten nimmt die Abhängigkeit zu. Ein Organisator der Konferenz merkt an, es habe »1986 keinen einzigen bekanntgewordenen Fall harten Drogenkonsums gegeben«, während es »1990 mindestens 12.000 Fälle waren«. Allein in Nicaragua wurden 118 Organisationen gezählt, die mit Drogen handelten; die Atlantikküste ist zum internationalen Transitgebiet für harte Drogen geworden, was zu vermehrter

Abhängigkeit führt. Die US-Journalistin Nancy Nusser berichtet aus Managua, daß Drogenhändlern zufolge Kokain »erst seit dem Amtsantritt von Präsidentin Violeta Chamorro im April 1990 frei verfügbar war«. »Zur Zeit der Sandinisten gab es überhaupt kein Kokain, nur Marijuana«, sagte ein Händler. Regierungsminister Carlos Hurtado meint, das »Phänomen des Kokainhandels« habe »schon vorher existiert, wenn auch in sehr bescheidenem Umfang«. Nun aber wächst und gedeiht es, wobei, einem »hochrangigen westlichen Diplomaten zufolge, der Kenntnisse über den Drogenhandel besitzt« (wahrscheinlich ein Angehöriger der US-Botschaft), die meisten Geschäfte über die Atlantikküste laufen, die er als »Niemandsland« beschreibt. Im *Miami Herald* berichtet Tim Johnson, daß auch El Salvador »von einer neuen Geißel, dem Drogenhandel, heimgesucht wird«. Als Korridor für Kokainverschiffungen in die Vereinigten Staaten laufen ihm nur noch Panama und Guatemala den Rang ab.[28]

Drogen werden »zur neuesten Wachstumsindustrie in Mittelamerika«, berichtet *CAR*, ein Ergebnis der »äußerst harten Wirtschaftslage, wo 85 Prozent der mittelamerikanischen Bevölkerung in Armut leben«, und des Mangels an Arbeitsplätzen, wobei der neoliberale Angriff die Zustände noch verschlimmert hat. Allerdings ist es noch nicht so schlimm wie in Kolumbien, wo von US-Ausbildern trainierte und bewaffnete Sicherheitskräfte ihr zerstörerisches Werk aus Terror, Folter und Entführung gegen Oppositionelle, politische Aktivisten, Gewerkschaftsführer, Menschenrechtler und die bäuerlichen Gemeinschaften insgesamt fortsetzen, während die US-amerikanische Wirtschaftshilfe »die Korruption der kolumbianischen Sicherheitskräfte fördert und das Blutsbündnis zwischen rechten Politikern, Militäroffizieren und rücksichtslosen Drogenhändlern verstärkt« – so der Menschenrechtler Jorge Gómez Lizarazo, ein ehemaliger Richter. Die Lage in Peru ist sogar noch schlimmer.[29]

Dies alles sind nur Symptome einer viel tiefer liegenden Krankheit, auf die wir im dritten Teil zurückkommen werden.

5. *Nach dem Kalten Krieg*

Es gibt wenig Grund zu der Annahme, das »große Werk der Unterwerfung und der Eroberung« werde sich nach dem Ende des Kalten Krieges im Hinblick auf den Nord-Süd-Konflikt grundlegend verändern. Doch wie immer muß eine stabile Politik den

Wechselfällen des Lebens angepaßt werden. So geschah es 1945, als eine Neue Weltordnung auf die Beine gestellt wurde; so geschah es 1971, als Richard Nixon seine »Neue Ökonomische Politik« verkündete. In beiden Fällen reflektierte der Wechsel reale Veränderungen in der Verteilung der Macht. Der Niedergang der Sowjetunion, der sich seit Ende der siebziger Jahre beschleunigte, führt ebenfalls zu einer in mancherlei Hinsicht neuen Situation, wobei grundsätzliche Entwicklungstendenzen fortgeschrieben werden: die Internationalisierung des Produktions- und Finanzwesens, die Unordnung in der Wohlstandsallianz, die Schwächeperiode der immer noch hegemonialen US-Wirtschaft und die allmähliche Marginalisierung der Öffentlichkeit in den weltbeherrschenden Gesellschaften.

Aus dem Zusammenbruch des sowjetischen Imperiums entspringt der Plan, große Teile der Region unter die Kuratel des Neoliberalismus zu bringen. Zudem werden Vorwände für mögliche Interventionen benötigt. Trotz vielen Brimboriums erkannte man diese Notwendigkeit schon in den achtziger Jahren und erfreute die Bevölkerung mit internationalen Terroristen, hispanischen Drogenhändlern, islamischen Fundamentalisten, verrückten Arabern und anderen nützlichen Konstruktionen, um die Standardformel zur Ablenkung und Ruhigstellung der Öffentlichkeit den wechselnden Verhältnissen anzupassen: die Furcht vor einem schrecklichen Satan wird geschürt, die sich in Ehrfurcht verwandelt, sobald unsere großen Führer ihn überwältigt haben und neuen Triumphen entgegenmarschieren. So wurde ordentlich an Konfrontationen gebastelt, wobei uns Libyen als Punching-Ball gerade recht war. Dann verdüsterte Grenada den Horizont und drohte damit, uns von einem (von den Kubanern erbauten) Luftwaffenstützpunkt aus zu bombardieren. Die Sandinisten verbreiteten ihre »Revolution ohne Grenzen« und marschierten auf Texas zu. Noriega leitete (nach seinem Sturz) das kolumbianische Drogenkartell, um unsere Kinder zu vergiften. Saddam Hussein tanzte aus der Reihe und verwandelte sich in die »Bestie von Bagdad« usw. Wie aber die Verschiedenheit dieser Zielscheiben zeigt, läßt sich die Standardformel nicht mehr so routinemäßig anwenden wie früher. Präsident Bush ist für sein Versäumnis, nach Art seiner Vorgänger große Pläne zu umreißen, kritisiert worden, doch das ist unfair, wenn man bedenkt, daß die »monolithische und rücksichtslose Verschwörung«, auf die JFK sich noch berufen konnte, mitsamt ihren

Varianten verschwunden ist. Die Standardformel kann ihre Durchschlagskraft noch aus anderen Gründen verlieren, wenn zum Beispiel die Lebensbedingungen des überflüssigen Teils der Bevölkerung sich verschlechtern.

Vernunftgeleitete Betrachter haben ohne Umschweife auf weitere Folgen hingewiesen. In einem Jahresrückblick auf den Kalten Krieg schrieb Dimitri Simes 1988 in der *New York Times*, das drohende Verschwinden des sowjetischen Feindes beschere den Vereinigten Staaten drei Vorteile: erstens können wir die Kosten der NATO auf die europäische Konkurrenz verlagern; zweitens können wir »die Manipulation Amerikas durch Dritte-Welt-Länder« beenden, »ungerechtfertigte Hilfsforderungen aus der Dritten Welt ablehnen« und gegenüber »widerspenstigen Schuldnerländern aus der Dritten Welt« eine härtere Gangart einschlagen; drittens schließlich kann die militärische Macht freier »als außenpolitisches Instrument der Vereinigten Staaten ... gegen all jene eingesetzt werden, die damit liebäugeln, wichtige amerikanische Interessen zu verletzen«. Die Gefahr einer »Gegenintervention« ist nicht mehr gegeben, weil der Antagonist fehlt. Kurz gesagt, die USA können im Club der reichen Männer wieder zu mehr Macht gelangen, die Daumenschrauben in der Dritten Welt fester anziehen und gegen wehrlose Opfer relativ ungehindert Gewalt anwenden. Der Seniorpartner der »Carnegie Endowment for International Peace« war auf dem richtigen Wege.[30]

Der Fall der Berliner Mauer im November 1989 kann als symbolisches Ende des Kalten Krieges gelten. Danach bedurfte es schon wilder Entschlossenheit, noch die Karte der sowjetischen Bedrohung auszuspielen, obwohl Gewohnheiten zählebig sind. So gab es Anfang 1990 viel Aufregung um ein durch Martin Malia, einen Sowjetologen an der University of California, anonym veröffentlichtes Manuskript, das sich lang und breit darüber ausließ, wie Breschnew »in der Dritten Welt nach Lust und Laune intervenierte« und »Rußland die Welt am Gängelband hielt«, während »der liberale bis radikale Mainstream der angloamerikanischen Sowjetologie« den Stalinismus »in seinen Grundzügen für demokratisch« hielt, sich »marktschreierischer Phantasien ... über demokratischen Stalinismus« und der »pubertären Verherrlichung Lenins« befleissigte. Das Manuskript enthielt noch eine Reihe ähnlicher Einsichten, die unzweifelhaft in einem Pariser Café aufgeschnappt worden waren. In den neunziger Jahren können solch literarische Kost nur noch durch und durch gefestigte Geister mit der angemessenen Ernsthaftigkeit zu sich nehmen.[31]

Wir können viel über die Epoche des Kalten Krieges lernen, wenn wir beobachten, was nach dem Fall der Mauer geschah. Lehrreich ist Kuba. 170 Jahre lang hatten die USA versucht, die Unabhängigkeit der Insel zu verhindern. Seit 1959 bildete die Sicherheitsbedrohung, die dieser Außenposten des Kreml darstellte, den Vorwand für Invasion, Terror und Handelskrieg. Die Reaktion auf den Fortfall der Bedrohung war einheitlich: wir müssen den Angriff fortsetzen, und zwar unter dem Banner »Demokratie und Menschenrechte«. Hierbei stehen politische Führer und Moralisten in der ersten Reihe, die schon seit Jahren mit großer Integrität demonstrieren, wie engagiert sie für diese Werte eintreten. Das zeigt sich u. a. im mörderischen Kreuzzug der USA gegen die Kirche und andere Organisationen, die es wagten, die Öffentlichkeit in Mittelamerika zu mobilisieren. Deutlicher läßt sich kaum zeigen, wie verlogen der Vorwand des Kalten Krieges gewesen ist; aus seinem Ende werden keine Schlußfolgerungen gezogen, weil sie für die herrschende Lehre unannehmbar wären (vgl. Kap. VI).

Die zweihundertjährige Opposition der USA gegen Haiti dauert ebenfalls fort, ob nun Kalter Krieg ist oder nicht. Ebenso zeigen viele Ereignisse der achtziger Jahre, insbesondere nach dem Fall der Mauer, die traditionelle US-amerikanische Ablehnung der Demokratie und ihre Gleichgültigkeit gegenüber Menschenrechten. Wir kommen auf die Einzelheiten zurück (Kap. VIII).

Ein anderes lehrreiches Beispiel ist Saddam Hussein, der ungeachtet seiner Greueltaten ein bevorzugter Freund und Handelspartner des Westens war. Als die Berliner Mauer im Oktober 1989 bereits wankte, griff das Weiße Haus in einem geheimen Treffen direkt ein, um dem Irak eine weitere Milliarde Dollar in Anleihen zu sichern. Dies geschah gegen die Einwände des Schatz- und Handelsministeriums, das den Irak nicht für kreditwürdig hielt. Das Außenministerium begründete die Entscheidung damit, daß der Irak »für die US-Interessen im Nahen Osten von großer Bedeutung« sei, »Einfluß auf den Friedensprozeß« habe und eine »Schlüsselposition bei der Aufrechterhaltung der Stabilität in der Region« einnehme, weil er »US-Unternehmen große Handelsmöglichkeiten« biete. Wie üblich waren Saddams Verbrechen ohne Bedeutung, bis er das Verbrechen des Ungehorsams beging. Zudem kehrte der Westen bald zur stillschweigenden Unterstützung des Irak zurück, um gegen einen noch mächtigeren Feind – gegen Demokratie und Freiheit in der Dritten Welt – zu kämpfen.[32]

Erneut ist die Lektion klar: Macht und Gewinne haben den Vorrang, eine mehr als nur formale Demokratie ist bedrohlich und muß bekämpft werden, Menschenrechte sind von instrumentellem Wert für Propagandazwecke, mehr nicht.

Wie Simes bemerkt, wurden offene Interventionen in der Folge des sowjetischen Zusammenbruchs weniger risikoreich. Von daher kann es nicht überraschen, daß Bush die Ära nach dem Kalten Krieg durch die Invasion Panamas einläutete, um uns von dem Erzdämon Noriega zu befreien. Dem ging ein sorgfältig ausgearbeiteter Propagandafeldzug voraus, den die Presse mit beträchtlichem Talent begleitete und dabei sogar die Tatsache unterschlug, daß die Invasion von der Ankündigung neuer Hilfen für Bushs Freunde in Peking und Bagdad begleitet wurde, gegen die Noriega wie ein Chorknabe aussah. Wiederum ging es um die Durchsetzung der eigentlichen Interessen: US-Handelspartner kehrten an die Hebel der Macht zurück, die Sicherheitskräfte standen wieder unter amerikanischer Kontrolle und Washington konnte das Schicksal des Panama-Kanals bestimmen. Dieses akzentuiert erneut die Bedeutung des Kalten Krieges in ihrer ganzen Dramatik – die herrschende Lehre aber bleibt dagegen immun.[33]

Der zweite Fall von Aggression nach dem Ende des Kalten Krieges war die Invasion Kuwaits durch den Irak am 2. August 1990. Damit wurde Saddam Hussein über Nacht von einem gemäßigten-Führer-der-sich-entwickelt zur Reinkarnation des Hunnenkönigs Attila. Das Bündnis Großbritannien – USA beeilte sich, den diplomatischen Ausweg zu versperren, aus Angst, daß friedliche Mittel »die Krise entschärfen« könnten und der frühere Freund mit »ein paar Alibigewinnen« davonkäme, wie der Botschaftskorrespondent der *New York Times*, Thomas Friedman, Ende August die Regierungsposition skizzierte. Hätten diese Befürchtungen sich bestätigt, wäre die Invasion ähnlich verlaufen wie die in Panama, was natürlich nicht annehmbar war. Die *New York Times* und ihre Kolleginnen verschwiegen pflichtschuldigst die Verhandlungsmöglichkeiten über einen irakischen Rückzug, die sich, hochrangigen US-Regierungsbeamten zufolge, seit Mitte August eröffneten. Am Vorabend des Bombardements vom 15. Januar 1991 befürwortete die US-amerikanische Bevölkerung im Verhältnis von 2:1 eine diplomatische Lösung auf der Grundlage eines irakischen Vorschlages, der von US-Regierungsbeamten übermittelt worden war. Dank der Mediendisziplin blieb die Existenz dieses Vorschlages wie auch seine sofortige Ablehnung seitens der USA der Bevölkerung verborgen, so daß der gemeine Haufen auf dem ihm angewiesenen Platz blieb. Zu keiner Zeit wurde die Regierung aufgefordert, ein – zumindest halbwegs intelligentes – Argument vorzulegen, das eher für den Krieg als für diplomatische Verhandlungen gesprochen hätte. Die ideologischen Institutionen blockierten mit glänzendem Erfolg alle grundsätzlichen Fragen, die in einer funktionierenden Demokratie hätten gestellt werden müssen.

Die Kriegspolitik wurde auch von der Bevölkerung in der betroffenen Region abgelehnt. Die demokratische Opposition im Irak, von Washington (und somit auch von der Presse) ständig vor den Kopf gestoßen, war durchweg gegen die Politik der USA: gegen die Unterstützung des irakischen Diktators vor der Invasion, gegen die Weigerung, friedliche Mittel und Wege zu finden, schließlich gegen die stillschweigende Unterstützung für Saddam Hussein, als er die Rebellion der Kurden und der Schiiten niederschlug. Ein führender Sprecher der Opposition, der Bankier Ahmad Chalabi, beschrieb das Kriegsresultat als »schlechteste aller möglichen Welten« für die irakische Bevölkerung und erklärte, die USA würden ihre traditionelle Politik – »Diktaturen werden unterstützt, um die Stabilität zu sichern« – auch weiterhin betreiben. In Ägypten, dem einzigen arabischen Verbündeten mit einem gewissen Maß an innerer Freiheit, schrieb die halbamtliche Presse, das Ergebnis zeige, daß die USA dem Irak nur die Flügel stutzen wollten, um ihre eigene unangefochtene Hegemonie durchzusetzen, notfalls »in geheimem Einverständnis mit Saddam selbst«, denn man sei sich mit dem »wilden Tier« über die Notwendigkeit einig, »jeden Fortschritt zu blockieren, und jede auch noch so verschwommene Hoffnung auf Freiheit oder Gleichheit und mehr Demokratie zu beseitigen« (9. April). Die Medien unterdrückten die Tatsachen mit ihrer gewohnten Disziplin. Gleich nachdem Ägypten die USA der Kungelei mit Saddam bezichtigt hatte, informierte Alan Cowell, Korrespondent der *New York Times*, die Öffentlichkeit über die »bemerkenswerte Einmütigkeit« unter den arabischen Verbündeten im Hinblick auf die Unterstützung der US-amerikanischen Haltung gegenüber Saddam. »Welche Sünden der irakische Führer auch immer begangen hat, so bot er doch dem Westen und der Region begründetere Hoffnungen auf die Stabilität seines Landes als diejenigen, die Opfer seiner Unterdrückung wurden.« (11. April.) Der *New York Times* gebührt Dank für Friedmans einleuchtende Beantwortung der Frage, warum wir einen Doppelgänger von Saddam Hussein brauchen, der mit »eiserner Faust« regiert, nicht aber die Drohung demokratischer Verhältnisse für das irakische Volk (»Instabilität«) benötigen.

Die Vereinten Nationen mußten weitere Schläge einstecken. Die Invasion Kuwaits war insofern ein ungewöhnlicher Fall, als Großbritannien und die Vereinigten Staaten einen internationalen Gewaltakt verurteilten und somit nicht, wie sonst üblich, auf ihr Vetorecht oder andere Mittel zurückgriffen, mit denen sie die Bemühungen der UNO, das Verbrechen rückgängig zu machen, blockieren konnten. Doch zwangen die USA den Sicherheitsrat, sich aus der Sache herauszuhalten. Das war eine tiefgreifende Verletzung der UN-Charta, weil einzelnen Staaten das Recht auf individuelle Handlungsfreiheit gelassen wurde. Weiterer Druck seitens der USA hinderte den Sicherheitsrat daran, der Forderung einiger Mitgliedsstaaten nach Zusammenkünften stattzugeben. Das aber sehen jene Regeln vor, die von den Vereinigten Staaten so nachdrücklich aufrechterhalten wurden, als sie ihren eigenen Interessen dienlich waren. Daß Washington auf diplomatische Mittel oder Institutionen der Weltordnung keinen Wert legt, wenn es sie nicht als Instrumente eigener Macht nutzen kann, wird durch die Vorgänge in Südostasien, dem Nahen Osten, Mittelamerika und anderen Regionen hinreichend belegt. In dieser Hinsicht wird sich auch zukünftig nicht viel ändern. Das gilt auch für die Geschicklichkeit, mit der Tatsachen im Dunkel gehalten werden.[34]

Die politische Abwesenheit der Sowjetunion war im Fall des Irak ein gewichtiger Faktor für die Kriegsentscheidung. Ähnliches könnte für die Invasion in Panama gegolten haben, wie Reagans Lateinamerika-Spezialist Elliott Abrams behauptet. Er war im übrigen hocherfreut darüber, daß die USA nun Gewaltmittel einsetzen könnten, ohne eine Reaktion seitens der Russen fürchten zu müssen.

Die feindselige Haltung gegenüber funktionierenden Demokratien in Mittelamerika blieb unverändert. Als die Berliner Mauer fiel, wurden in Honduras Wahlen abgehalten, die George Bush als »begeisterndes Beispiel des demokratischen Versprechens, das heute durch ganz Amerika hindurchgeht«, bezeichnete. Die Kanditaten repräsentierten Großgrundbesitzer und reiche Industrielle, die enge Bindungen zum US-kontrollierten Militär, der eigentlich herrschenden Macht, besaßen. Ihre politischen Programme waren weitgehend identisch, und die Wahlkampagne beschränkte sich auf Shows und gegenseitige Vorhaltungen. Vor der Wahl nahm die Anzahl der Menschenrechtsverletzungen durch Sicherheitskräfte zu. Hunger und Elend waren weit verbreitet, sie hatten, zusammen mit Kapitalflucht und Schuldenlast, während des »Jahrzehnts der Demokratie« zugenommen. Doch waren insgesamt weder die Investoren noch die Ordnung bedroht.

Zur gleichen Zeit wurde die Wahlkampagne in Nicaragua eröffnet. Die Wahlen von 1984 existieren in den Geschichtsdokumenten der USA einfach nicht. Sie konnten nicht kontrolliert werden und sind von daher kein begeisterndes Beispiel für Demokratie. Mit den von langer Hand vorbereiteten Wahlen von 1990 wollte Bush kein Risiko eingehen und verkündete bei der Eröffnung der Kampagne im November, daß das Embargo aufgehoben werde, wenn seine Kandidatin gewinne. Das Weiße Haus und der Kongreß erneuerten ihre Unterstützung für die Contras. Sie brüskierten damit die Präsidenten Mittelamerikas, den Weltgerichtshof und die Vereinten Nationen, die durch das Veto der USA zur Bedeutungslosigkeit verurteilt wurden. Die Medien marschierten im Gleichschritt mit: sie verschwiegen die Sabotage des Friedensprozesses durch die USA mit einer Geschicklichkeit, wie sie nur wichtigen Staatsangelegenheiten zukommt. So erhielten die Nicaraguaner die Information, daß nur die Stimmabgabe für die US-Kandidatin den Terror und die illegale ökonomische Kriegsführung beenden könne. In Lateinamerika wurden die Wahlergebnisse sogar von den Gegnern der Sandinisten als Sieg für Bush interpretiert. In den Vereinigten Staaten pries man das Resultat als »Sieg für das Fair-Play der USA«, das die »Amerikaner in Freude vereint«, wie die Schlagzeilen der *New York Times* verkündeten.

Dabei wußten die Feiernden sehr wohl, auf welche Weise die USA den Sieg errungen hatten. Sie zeigten unverhohlene Freude darüber, daß die Demokratie so erfolgreich untergraben worden war. So berichtete zum Beispiel das *Time-Magazine* ganz offen über die Mittel, mit denen dieser krönende Abschluß »einer glücklichen Reihe demokratischer Überraschungen« bewerkstelligt wurde, als in Nicaragua »die Demokratie ausbrach«. Die Methode bestand darin, »die Wirtschaft zu zerschlagen und einen langen, tödlichen Stellvertreterkrieg zu betreiben, bis die erschöpften Bewohner des Landes die unerwünschte Regierung von sich aus stürzen«. Die Kosten für uns sind minimal, während das Opfer »mit zerstörten Brücken, funktionsuntüchtigen Kraftwerken und ruinierten Bauernhöfen« zurückbleibt. Dadurch wird die US-Kandidatin mit einem »Siegerbonus« ausgestattet: sie ist in der Lage »die Verarmung des nicaraguanischen Volkes« zu beenden. Um die zugrundeliegende politische Kultur würdigen zu können, muß man sich lediglich vorstellen, die gleiche Geschichte würde mit ein paar veränderten Namen im stalinistischen Rußland passieren. Aber diese Geistesübung übersteigt die Fähigkeiten der westlichen Kommissare und Apparatschiks.[35] Die Offenheit des *Time-Magazine* ist erfrischend und enthüllt mit wünschenswerter Deutlichkeit, was unter den »in Freude vereinten Amerikanern«, die ihre Ergebenheit für die »Demokratie« bekunden, zu verstehen ist.

Washington hat mit ähnlichen Mitteln versucht, die »Demokratie« nach Angola zu bringen; auch hier ist das Land verheert worden, wobei der Blutzoll mittlerweile in die Hunderttausende geht. Seit 1975 wurde Angola von Südafrika und den Terroristen von Jonas Savimbis UNITA angegriffen, die von Namibia, später von Zaire aus mit US-amerikanischer Unterstützung operierte. Einzig die USA weigerten sich, die Regierung der angolanischen Befreiungsfront MPLA anzuerkennen und führten einen Wirtschaftskrieg gegen sie. Südafrika zog sich schließlich nach der militärischen Niederlage gegen die kubanischen Truppen, die der Aggression seit 1975 Widerstand geleistet hatten, zurück, und im Mai 1991 wurde ein Friedensabkommen unterzeichnet, das Wahlen vorsah. Wie in Mittelamerika gingen die USA sofort daran, das Abkommen zu sabotieren, indem sie ihre Unterstützung für die UNITA-Terroristen fortsetzten. Die Ergebnisse beschreibt der südafrikanische Journalist Phillip van Niekerk: die Bauern »mögen die UNITA nicht«. »Aber die meisten befürchten, daß der Krieg weitergeht, wenn die UNITA die Wahlen verliert« (Niekerk zitiert einen holländischen Entwicklungshelfer, der auf dem Lande arbeitet).

Wer um die »Grausamkeiten weiß, die von UNITA begangen wurden«, mag die Aussichten »abstoßend« finden, fährt van Niekerk fort, aber die Fortsetzung des Kriegs kann der Bevölkerung nicht mehr zugemutet werden. Die herrschende MPLA »hat eine Generation geopfert, um die jahrelange südafrikanische Aggression und die US-gestütze Destabilisierung durch die UNITA zu bekämpfen«, schreibt Victoria Brittain. Die frühere Glaubwürdigkeit ist dahin, was ohne die Angriffe durch Südafrika und die USA hätte sein können, mag jeder für sich entscheiden. Eine »neue Welle weißer Siedler rekolonisiert« Angola, berichtet van Niekerk; es handelt sich jetzt um Afrikaander, später werden es vielleicht Portugiesen sein, die ihr Land zurückfordern. »Die einzigen Optimisten«, schließt Brittain, »sind südafrikanische Geschäftsleute, die die Lobbies der renovierten Hotels [in Luanda] bevölkern«. Zyniker bemerken dazu: »Wenn UNITA gewinnt, bekommen sie das Land auf einem Silbertablett serviert, wenn die MPLA gewinnt, bekommen sie es auch, für ein paar lausige Rand.«[36]

Wiederum ist es nur allzu natürlich, daß am anderen Ende des politischen Spektrums Anthony Lewis die seit den siebziger Jahren »konsistent gebliebene Politik der USA« und ihren Beitrag »zur Beendigung des brutalen Bürgerkrieges in Angola« ebenso lobt wie die »friedfertige Politik« der Regierung Bush, die auf eine »politische Lösung in Nicaragua« abziele.[37]

Die traditionelle Haltung gegenüber der Demokratie wurde vom Pentagon im September 1990 auf einer Arbeitstagung zur lateinamerikanischen Entwicklungsstrategie bekräftigt. Die augenblicklichen Beziehungen zur mexikanischen Diktatur wurden dort als »außerordentlich positiv« bezeichnet. Gefälschte Wahlen, Todesschwadronen, Folter, skandalöse Behandlung von Arbeitern und Bauern – all dies konnte die gute Stimmung nicht trüben. Aber »eine ›demokratische Öffnung‹ könnte diese besonderen Beziehungen auf die Probe stellen, wenn eine Regierung das Amt übernähme, die stärkeres Interesse daran zeigte, die USA aus ökonomischen und nationalistischen Beweggründen herauszufordern« – was seit vielen Jahren befürchtet wird.[38]

In jedem Jahr schickt das Weiße Haus dem Kongreß einen Bericht, in dem erklärt wird, daß die militärische Bedrohung, der wir uns gegenübersehen, umfassende Ausgaben erforderlich mache, die – natürlich rein zufällig – die High-Tech-Industrie zu Hause sowie die Unterdrückung im Ausland stützten. Die erste Ausgabe dieses Berichts, die nach dem Ende des Kalten Krieges erstellt wurde, erschien im März 1990. Da die Russen inzwischen von der Feindbildfläche verschwunden waren, erkannte der Bericht zu guter Letzt unumwunden an, daß die Dritte Welt der Feind sei. Sie müsse von der US-Militärmacht ins Visier genommen werden, hieß es. Das gelte insbesondere für den Nahen Osten, wo die »Bedrohung unserer Interessen ... nicht dem Kreml in die Schuhe geschoben werden kann«. Diese Tatsache kann jetzt, da der Vorwand namens »Sowjetunion« verschwunden ist, anerkannt werden. Aus diesem Grund wird die Bedrohung nunmehr »in den wachsenden technologischen Raffinessen der Konflikte innerhalb der Dritten Welt« gesucht. Die USA müßten mithin ihre »wehrtechnischen Grundlagen« stärken und Anreize für »Investitionen in neue Anlagen und Ausrüstungen wie auch in Forschung und Entwicklung« vermitteln. Natürlich sollten auch weitere vorgeschobene Stützpunkte gebaut, Partisanenbekämpfung betrieben und die Fähigkeit zur Kriegführung niedriger Intensität verstärkt werden.[39]

Kurz gesagt geht es immer noch darum, die Macht im Club der reichen Männer zu bewahren, die Dienstleistungsregionen unter Kontrolle zu halten und die staatlich organisierten öffentlichen Subventionen für die heimischen, entwickelten Industriesektoren weiter fließen zu lassen. Der Demokratie ist mit aller Kraft zu widerstehen, außer im politisch korrekten Sinne der ungestörten Herrschaft von Geschäftsinteressen. Menschenrechte sind irrelevant. Die Politik bleibt stabil und paßt sich lediglich an neue Verhältnisse an, was die Kulturmanager auf adäquate Weise nachvollziehen. Diese Gesichtspunkte springen so unverhohlen ins Auge und bleiben mit solch manischer Geläufigkeit auf der Tagesordnung, daß man schon ziemlich talentiert sein muß, um sie zu übersehen.

6. Die sanfte Linie

Mit dem Ende des Kalten Krieges könnten die USA verstärkt Gewalt einsetzen, um den Süden unter Kontrolle zu halten, doch ist anzunehmen, daß der Rückgriff auf solcherlei traditionelle Methoden durch verschiedene Faktoren gehemmt wird. Dazu zählen die erfolgreiche Zerschlagung bevölkerungsnaher nationaler Bewegungen und Reformbestrebungen und die ökonomischen Katastrophen des letzten Jahrzehnts. Zudem fehlt denen, die schon immer die Reichen plündern wollten, das »kommunistische« Vorbild. Im Lichte dieser Errungenschaften können begrenzte Formen von Unabhängigkeit und Verschiedenheit geduldet werden, weil man nicht mehr befürchten muß, daß sie sogleich die herrschenden Geschäftsinteressen gefährden. Kontrolle kann auch durch Wirtschaftsmaßnahmen ausgeübt werden: durch IWF-Vorschriften, begrenzten Rückgriff auf Freihandelsmethoden usw. Demokratische Formen sind tragbar, ja sogar zu bevorzugen, solange die »Stabilität«

gesichert ist. Doch wenn dieser höchste Wert in Gefahr gerät, muß mit eiserner Faust Ordnung geschaffen werden.

Ein anderer Hemmfaktor liegt darin, daß die innenpolitische Situation für außenpolitische Abenteuer alles andere als günstig ist. Aus den ersten Jahren der Regierung Bush stammt ein Bericht zur nationalen Sicherheitspolitik, in dem es heißt, daß »viel schwächere Feinde« (will heißen, jedes annehmbare Ziel) »entschlossen und schnell« besiegt werden müßten, weil die »innenpolitische Unterstützung« äußerst gering geworden sei.[40] Ein weiteres Problem liegt darin, daß andere wirtschaftliche Machtzentren ihre eigenen Interessen verfolgen, auch wenn die bereits zitierte Planungsstudie zur Verteidigung richtigerweise bemerkt, daß es grundlegende gemeinsame Interessen gibt, zu denen zum Beispiel die Dienstleistungsfunktion der Dritte-Welt-Länder gehört. Zudem verleiht die zunehmende Internationalisierung der Wirtschaft der zwischenstaatlichen Konkurrenz neues Gewicht. Dies alles sind Faktoren, die zunehmend wichtiger werden.

Die Gewaltanwendung gegen Dritte-Welt-Länder ist ein letztes Mittel. Ökonomische Waffen sind allerdings viel wirkungsvoller, wenn man sie einsetzen kann. Einige neuere Mechanismen zeigen sich in den GATT-Verhandlungen. Die westlichen Mächte fordern Liberalisierung, wenn sie ihren Interessen entspricht, und sie rufen nach verstärkter Protektion, wenn ihnen dies zupaß kommt. Eine vordringliche Sorge der USA gilt den »neuen Themen«: Garantien für »geistige Eigentumsrechte« wie Patente und Software, die den multinationalen Konzernen das Monopol auf neue Technologien zuspielen und die Aufhebung der Beschränkungen für Dienstleistungen und Investitionen, die nationale Entwicklungsprogramme in der Dritten Welt untergraben und wirtschafts- wie sozialpolitische Entscheidungen in die Hände der Multinationalen und der Finanzinstitutionen des Nordens legen würden. Dies sind Themen von größerer Gewichtigkeit als der publizistisch stärker ausgeschlachtete Konflikt um die Agrarsubventionen, sagt William Brock, der Vorsitzende einer aus großen US-Konzernen gebildeten »Koalition für Multilaterale Handelsvereinbarungen«.[41]

Im allgemeinen befürworten alle reichen Industriemächte eine Mischung aus Liberalisierung und Protektionismus (Abkommen über Multifasern und seine Erweiterung, Abkommen zwischen Japan und den USA über Halbleiter, Freiwillige Exportabkommen usw.). Diese Mischung dient den Interessen der einheimischen

Wirtschaftsmächte, besonders aber den Multinationalen, die die Weltwirtschaft leiten sollen. Im Endeffekt würden damit die Regierungen der Dritte-Welt-Länder zur Polizei degradiert, die die Arbeiterklasse und überflüssige Bevölkerungsschichten kontrolliert, während die Multinationalen freien Zugang zu den Ressourcen und das Monopol über die neuen Technologien sowie die weltweiten Investitionen und Produktionen erhielten. Natürlich fallen *diesen* auch die zentralen Funktionen von Planung, Allokation, Produktion und Distribution zu und nicht den Regierungen, die unsichere Kandidaten sind, weil sie unter den Druck der Bevölkerung geraten könnten, die ihre eigenen Bedürfnisse erfüllt sehen will. Man kann so etwas, weil die herrschende Lehre derlei gern sieht, »Freihandel« nennen, genauer aber müßte man von »einem System weltwirtschaftlicher Herrschaft« sprechen, »dessen Parameter durch den unregulierten Markt und dessen Regeln durch supranationale Banken und Konzerne definiert werden« (Howard Wachtel). Man könnte es auch als ein System des »korporativen Merkantilismus« bezeichnen (Peter Phillips), das gesteuerte Handelsbeziehungen innerhalb von und zwischen großen Konzerngruppen ebenso kennt wie die reguläre staatliche Intervention, die in den drei großen Wirtschaftsblöcken des Nordens diejenigen internationalen Konzerne und Finanzinstitutionen subventionieren und protegieren soll, die ihren Hauptsitz im jeweiligen Land selbst haben.[42]

Die Kommentatoren in der Dritten Welt haben diese Tatsachen sehr wohl bemerkt und laut und deutlich protestiert. Doch ihre Stimmen werden ebensowenig gehört wie die der irakischen Demokraten.

Unterdessen bauen die USA einen regionalen Block auf, der es ihnen ermöglichen soll, mit der EG und der von Japan dominierten Region effektiver konkurrieren zu können. Kanada hat die Bereitstellung von Ressourcen, bestimmten Dienstleistungen und qualifizierten Arbeitskräften zu übernehmen. Seine allmähliche Eingliederung in die US-Wirtschaft geht mit Einschränkungen im Wohlfahrtssystem, mit verminderten Rechten für die Arbeiter und mit dem Rückgang der kulturellen Unabhängigkeit einher. Der »Canadian Labour Congress« berichtete vom Verlust von mehr als 225.000 Arbeitsplätzen in den ersten zwei Jahren des Freihandelsabkommens; zugleich gingen viele kanadische Gesellschaften in US-amerikanische Hände über (vgl. Kap. II.5). Mexiko, Mittelamerika und die Karibik sollen billige Arbeitskräfte für Montagefabriken liefern. Ein Vorbild dürften die Niedriglohnindustrien im nördlichen Mexiko sein, wo harte Arbeitsbedingungen, niedrige Löhne und die Abwesenheit von Umweltkontrollen außerordentlich gewinnträchtige Investitionsbedingungen ermöglichen. Interne Repression und strukturelle Angleichung sorgen für genügend billige und fügsame Arbeitskräfte. Diese Regionen sollen außerdem exportierbare Feldfrüchte und Märkte für die US-amerikanische Agrarindustrie zur Verfügung stellen. Des weiteren fließt aus Mexiko und Venezuela Öl, wobei US-Konzernen das Recht an der Produktionsbeteiligung gesichert wird. Das verkehrt die Bemühungen der nationalen Kontrolle der Naturressourcen ins genaue Gegenteil. Leider hat es die Presse versäumt, Bush für seine Erfolge zu gratulieren, als er im Herbst 1990 von seiner Tour durch Lateinamerika zurückkehrte. Mexiko wurde dazu veranlaßt, US-amerikanischen Ölgesellschaften neuen Zugang zu seinen Quellen zu gewähren, was seit einem halben Jahrhundert das Ziel der US-Politik gewesen war. Die US-Gesellschaften werden nun in der Lage sein, »Mexikos nationalisierter Ölgesellschaft zu helfen«, wie das *Wall Street Journal* sich die Sache zurechtlegte. Es war nämlich immer schon unser aufrichtigster Wunsch, unseren kleinen braunen Brüdern zu helfen, und die unwissenden mexikanischen Tagelöhner werden uns zu guter Letzt erlauben, ihren Bedürfnissen auf die Sprünge zu helfen.[43]

Diese Politik wird auf geeignete Gebiete in Südamerika ausgedehnt werden. Vor allem aber werden die Vereinigten Staaten ihren Einfluß auf die Ölproduktion am Golf und auf die daraus resultierenden Profite weiterhin geltend zu machen suchen. Andere Wirtschaftsmächte haben natürlich ihre eigenen Vorstellungen, und somit vermehren sich die möglichen Konfliktherde.

Es gibt viele bekannte Gründe, warum Macht und Reichtum danach streben, sich zu reproduzieren. Von daher kann es nicht erstaunen, daß die Dritte Welt im Vergleich mit dem Norden immer weiter zurückfällt. UNO-Statistiken zeigen, daß Afrikas Bruttoinlandsprodukt (das ein Prozent des BIP der entwickelten Länder beträgt), zwischen 1960 und 1987 um 50 Prozent gefallen ist (Südafrika nicht mit einberechnet). Für Lateinamerika lassen sich ähnliche Zahlen aufstellen.[44]

Aus diesen Gründen und weil die vorherrschenden Werte die der Herrschenden sind, werden in den reichen Gesellschaften selbst große Teile der Bevölkerung überflüssig und müssen marginalisiert und unterdrückt werden. Das gilt ganz besonders für die letzten 20 Jahre, die durch ökonomische Stagnation und vermehrten Druck auf die Konzerngewinne gekennzeichnet waren. Wie bereits bemerkt, werden die Gesellschaften des Nordens – vor allem die Vereinigten Staaten – in mancher Hinsicht Dritte-Welt-Ländern ähnlich. Natürlich ist die Verteilung von Privilegien und Verzweiflung in einer Gesellschaft mit so enormen Vorteilen, wie die unsere sie bietet, anders gelagert als etwa in Brasilien oder Mexiko. Aber die Tendenzen sind nicht zu übersehen.

Im allgemeinen sind die Aussichten, die das »neue imperiale Zeitalter« der überwiegenden Mehrheit der – inländischen wie auch ausländischen – Bevölkerung bietet, nicht unbedingt vielversprechend.

ZWEITER TEIL
HEHRE PRINZIPIEN

IV. Demokratie und Markt

1. Die Freiheit, die zählt

Von all denen, die Planung im Weltmaßstab betrieben, haben nur wenige das Wesen der Politik so klar begriffen wie George Kennan, als er 1948 den Rat gab, wir müßten, wenn wir die »Disparität« zwischen unserem Reichtum und der Armut der anderen aufrechterhalten wollten, »idealistische Phrasen« verwerfen und uns an »klare Machtkonzepte« halten. Von diesen Vorgaben wird seither nur selten abgewichen. Ideale wie »Demokratie« und »Markt« sind gut und schön, wenn die Kräfteverhältnisse in der Arena den richtigen Leuten zum Sieg verhelfen. Wenn der gemeine Haufen sein Haupt erhebt, muß er so oder so zur Unterordnung gezwungen werden; in der Dritten Welt genügt oft die direkte Gewalt. Wenn Marktkräfte mit nationalen Privilegien kollidieren, wird der Freihandel gerne über Bord geworfen.

Die Wahrheit findet ihren angemessenen Ausdruck in den Worten eines Bankiers im Venezuela der mörderischen Diktatur von Pérez Jiménez: »Man kann hier mit seinem Geld machen, was man will, und das ist für mich mehr wert als alle politische Freiheit der Welt.« Eine recht gelungene Zusammenfassung.[1]

Solche Lehren wurzeln zu tief in den institutionellen Strukturen, als daß sie innerhalb der herrschenden Verbindung von Staat und Konzernen ernsthaft in Frage gestellt werden könnten. Gelegentlich wird einmal jemand nach oben gespült, der sich in moralischen Vorträgen über Menschenrechte ergeht. Aber wenn es um die eigentlichen Interessen geht, wird die Rhetorik schnell kassiert – während es etwa notwendig ist, den Völkermord in Timor zu unterstützen, oder Somozas Nationalgarde abzuschirmen, wenn sie Tausende von Zivilisten abschlachtet, oder sich auf die Seite Chinas und Pol Pots zu schlagen usw.

Die geläufige Praxis läßt sich durch viele Beispiele und anhand vieler Quellen belegen. Ein anderer Fall, der die grundlegenden

Prinzipien deutlich sichtbar macht, ist die Reaktion der USA, als General Chuns Militärdiktatur in Südkorea die Demokratiebewegung zerschlug. Im Mai 1980 verübten paramilitärische Verbände in Kwangju »mit dem Eifer von Nazi-Sturmtruppen ein dreitägiges barbarisches Massaker«, berichtet eine Untersuchungskommission von Asia Watch. »Sie schlugen, erstachen und verstümmelten unbewaffnete Zivilisten, darunter Kinder, junge Mädchen und Greisinnen«. Schätzungsweise wurden zweitausend Menschen bei diesem Wüten getötet. Die USA erhielten zwei Hilfsgesuche: das eine kam vom Bürgerkomitee, das demokratische Forderungen gestellt hatte; es bat um Unterstützung bei Verhandlungen. Das andere kam von General Chun: er bat um die Entsendung von 20.000 Soldaten unter amerikanischem Kommando, die sich den Sturmtruppen anschließen sollten. Dieser Wunsch ging in Erfüllung und die USA schickten Marine- und Lufteinheiten, um Unterstützung seitens der Vereinigten Staaten zu demonstrieren.

Die Koreaner, die auf Hilfe von Carter gehofft hatten, waren wie vor den Kopf geschlagen«, schreibt Tim Shorrocks, als »Helikopter in Kwangju die Nachricht von der direkten Unterstützung durch die USA verbreiteten und der ganzen Nation die Neuigkeit in fetten Schlagzeilen mitgeteilt wurde«. Ein paar Tage später schickte Carter den Vorstand der Export-Import-Bank nach Seoul, um der Militärjunta wirtschaftliche Unterstützung zuzusichern. Er befürwortete dabei einen Kredit von 600 Millionen Dollar. Als Chun gewaltsam die Präsidentschaft übernahm, meinte Carter, wir würden natürlich die Demokratie bevorzugen, doch seien »die Koreaner, ihrem eigenen Urteil zufolge, dafür noch nicht reif, und ich kann auch keine bessere Erklärung anbieten«.

Chun verhaftete Tausende von »subversiven Elementen«, die demokratische Verhältnisse forderten. Er schickte sie in militärische »Umerziehungs«lager. Hunderte von Arbeiterführern wurden liquidiert, die neue Gesetzgebung schwächte die Gewerkschaften beträchtlich, was zu einem Mitgliederschwund von 30 Prozent führte. Die Zensurmaßnahmen wurden noch rigider. Zufrieden mit diesem Fortschritt ehrte Reagan den Diktator, indem er ihn als erstes Staatsoberhaupt nach seiner Inauguration empfing. Als Außenminister George Shultz Korea 1986 besuchte, lobte er »die verdammt harte Arbeit, die in puncto Sicherheit geleistet wurde« und die »beeindruckenden Fortschritte in Richtung Demokratie«. Er sagte General Chun seine volle Unterstützung zu und kritisierte die demokratische Opposition in scharfen Tönen. Er verweigerte ein Treffen mit ihren Führern Kim Dae Jung und Kim Young Sam und erklärte, die Nationen könnten »die Dinge auf unterschiedliche Weise regeln und trotzdem kann man es Demokratie nennen«.

Um zu zeigen, wieviel sich seit dem Ende des Kalten Krieges verändert hat, erkor Präsident Bush den liebenswerten Mobutu aus Zaire zum ersten afrikanischen Führer, der im Weißen Haus empfangen wurde. Er pries ihn als »einen unserer geachtetsten Freunde« und erwähnte die Menschenrechtsverletzungen mit keinem Wort. Es gab natürlich noch andere, die für ihre Verdienste um Demokratie und Menschenrechte belohnt wurden, darunter Bushs Freunde in Bagdad und Peking sowie Rumäniens irrer Diktator Ceausescu.[2]

2. *Der Flug der Hummel*

Es muß in der gegenwärtigen Phase intellektueller Verderbtheit immer wieder betont werden, daß nicht nur Menschenrechte und Demokratie, sondern auch die gleichermaßen von den Herrschenden gepredigten Wirtschaftslehren Machtinstrumente sind, mit deren Hilfe andere wirksamer ausgeraubt und ausgebeutet werden können. Keine wohlhabende Gesellschaft würde nach diesen Lehren leben wollen, es sei denn um zeitweiliger Vorteile willen. Zudem zeigt die Geschichte dieser Lehren, daß die radikale Abkehr von ihnen ein wichtiger Entwicklungsfaktor gewesen ist.

Spätestens seit den Arbeiten von Alexander Gerschenkron in den fünfziger Jahren gilt unter Wirtschaftshistorikern als gesichert, daß »verspätete Entwicklungen« in entscheidendem Maß von staatlicher Intervention abhängig gewesen sind. Standardbeispiele für diese These sind Japan und die Schwellenländer (Newly Industrialized Countrys, NICs) an seiner Peripherie. In einer umfassenden Untersuchung diskutieren 24 führende japanische Wirtschaftswissenschaftler die nach dem Zweiten Weltkrieg getroffene Entscheidung des Ministeriums für internationalen Handel und Industrie (MITI), vorherrschende Wirtschaftstheorien außer acht zu lassen und der Staatsbürokratie eine »bestimmende Rolle in der Industriepolitik« zuzuweisen, wobei das Gesamtsystem »der Organisation der industriellen Bürokratie in sozialistischen Ländern sehr ähnlich ist«. Jedem Industriesektor war eine Abteilung in der Regierungsbürokratie zugeordnet, die »enge Zusammenarbeit« mit einem Industrieverband pflegt. Starke Protektion, Subventionen und Steuererleichterungen, finanzielle Kontrollen und viele andere Hilfsmittel standen zur Verfügung, um Marktnachteile, die entwicklungshemmend gewesen wären, auszugleichen. Gegen die geläufigen Lehren entschied das MITI, daß die »langfristige Eigenständigkeit Japans aufgeschoben oder gar untergraben werden könnte, wenn man die offenkundigen Vorteile [dieser Lehren] auch auf die arbeitsintensiven Sektoren ausdehnt«. Die radikale Abwendung von ökonomischen Regeln habe, so folgern die Wissenschaftler, dem japanischen Wirtschaftswunder den Weg geebnet. Dem wird von westlichen Spezialisten nicht widersprochen. Chalmers Johnson bemerkt, Japan könne als »die einzige funktionierende kommunistische Nation« beschrieben werden. Bisweilen wird – halb im Scherz, halb im Ernst – behauptet, Japan unterstütze die Brookings Institution und andere Vertreter der reinen Lehre vor allem deshalb, um zum Schaden seiner Handelskonkurrenten den Glauben an die klassische Theorie wiederzubeleben.[3]

Das gleiche gilt für die Schwellenländer im Umkreis Japans. In ihrer wichtigen Arbeit über den Wirtschaftsfortschritt in Südkorea benennt Alice Amsden Faktoren wie Landverteilung und Lohn-/Gehaltsabstufungen, die nach westlichen Maßstäben ausgewogen sind, staatliche Interventionen nach japanischem Modell, um »die Preise zu ›fälschen‹, damit Handel und Investitionen angeregt werden«, eine hohe Arbeitsdisziplin und, auffallender noch, ein äußerst diszipliniertes Verhalten des Kapitals, das erreicht wird durch »Preisobergrenzen, Überwachung der Kapitalflucht, und Anreize, welche die Diversifizierung in neue Industrien vom bisherigen Erfolg und Wohlverhalten abhängig machen«. Ähnliches gilt, so schreibt sie, auch für die anderen ostasiatischen Länder. Der Ökonom Stephen Smith weist darauf hin, daß die Beispiele für exportgeleitetes Wachstum ein ums andere Mal die Lehren der neoliberalen »neuen Orthodoxie« widerlegen. Der Erfolg beruhte auf einer »aktiven Handels- und Industriepolitik«, die Marktanreize eingreifend verändert, um »langfristige Entwicklungsziele« an die Stelle von »kurzfristigen Vorteilen« zu setzen. Die monumentale Vergleichsstudie von Chenery u. a. kommt zu dem Schluß, daß »einer Periode umfassender Erweiterung des Exports fast immer eine Periode starker Importbeschränkung vorangeht« – Maßnahmen staatlicher Intervention, die die Marktregeln verletzen. Der Vergleich zwischen Brasilien und den ostasiatischen Schwellenländern ist aufschlußreich. Bis 1980 lief ihre jeweilige Entwicklung parallel, war bestimmt durch »aktive Industrie- und Exportpolitik« und Importbeschränkung. Aber die Schuldenkrise zwang Brasilien zur Übernahme der von IWF und Weltbank propagierten neuen Orthodoxie, die »die Liberalisierung des Handels über nationale Wachstumsziele« stellte und – mit bitteren Konsequenzen – auf den Export von Primärprodukten setzte. Die Schwellenländer, in denen die staatliche Kontrolle viel stärker entwickelt war, konnten das Desaster vermeiden, indem sie die Kapitalflucht verhinderten und Investitionen ermöglichten.[4]

Unterdessen bleibt die Volksrepublik China, die sich die westlichen Experten vom Leibe gehalten hat, das einzige »kommunistische« Land mit beschleunigter Wirtschaftsentwicklung (die von rigoroser Unterdrückung begleitet wird und keinen Anspruch auf Demokratie erhebt). Der Wirtschaftskorrespondent David Francis schreibt: »Ein überwältigender Erfolg waren die ›städtischen und dörflichen Unternehmen‹, wobei es sich zumeist um Fabriken im Besitz von Bauern handelte.« Diese Unternehmen »sorgen mittlerweile für fast 20 Prozent von Chinas Bruttosozialprodukt, denn sie beschäftigen mehr als 100 Millionen Menschen«. Francis zitiert einen Sprecher der Weltbank, der diesen Unternehmen in China eine große Zukunft attestiert.

Auch das deutsche Wirtschaftswunder läßt sich auf Abweichungen von der Standardregel zurückführen, die bis ins neunzehnte Jahrhundert zurückdatieren. Das nach dem Zweiten Weltkrieg entwickelte System enthält »korporative« Elemente, die sich näher bestimmen lassen als »industrieübergreifende konzertierte Aktionen zwischen Arbeitnehmer- und Arbeitgebervertretern unter der Schirmherrschaft des Staates, der normalerweise für die Einrichtung dieser Maßnahmen sorgt und sie kontinuierlich überwacht« (Charles Meier). Hierbei bleibt allerdings die Rolle der zentralen Finanzinstitutionen unberücksichtigt, die, wie Michael Huelshoff schreibt, »einen besonders wichtigen Part in der politischen Ökonomie Deutschlands spielen«. »Der Alptraum von angebotsorientierter Wirtschaft und Militärkeynesianismus à la Reagan« ist mitsamt seiner »fiskalischen Rücksichtslosigkeit und seiner Politik des knappen Geldes« gerade in Deutschland auf herbe Kritik gestoßen (James Sperling). Auch kleinere Volkswirtschaften greifen zu diesen Mitteln, wenn sie Erfolg haben wollen. Holland zum Beispiel verließ sich beim Neuaufbau seiner Wirtschaft nach dem

Krieg auf Kartelle, die, unter der Koordination des Wirtschaftsministeriums, für die Regulierung von Produktion, Verkauf, Angebot, Preisen usw. sorgten. Von den über 400, die 1992 noch funktionstüchtig waren, werden nicht alle die EG überleben, aber die Regierung hat bereits grünes Licht für »positive Kartelle« angekündigt, die Gesellschaften bei der Entwicklung neuer Technologien Schutz gewähren können.

»Ein strikter Verfechter der freien Marktwirtschaft würde erklären, die deutsche Wirtschaft sei, wie die Hummel, theoretisch flugunfähig«, vermerkt der *Economist* mit Verwunderung, als er die zahllosen Verstöße gegen die Orthodoxie betrachtet: »gut ausgebildete und gut bezahlte Arbeiter, die in Aufsichtsräten sitzen«, »Industriegiganten im Besitz von Banken, die von Anteilseignern in Ruhe gelassen werden, vor Wegelagerern sicher sind, den Gewinnen keine Beachtung schenken müssen«, hohe Steuern, »sozialstaatliche Rundumversorgung« und andere Sünden. Die »schlagfertige Antwort der deutschen Wirtschaft auf diese veraltete Karikatur besteht darin, einfach zu fliegen«. Die Theorie bleibt allerdings in Kraft.

Niedrige Löhne scheinen bei der verspäteten Entwicklung keine ausschlaggebende Rolle gespielt zu haben, auch wenn sie für die Multis sehr attraktiv sein mögen. »Weder Deutschland noch die Vereinigten Staaten haben ihre Industrialisierung durchgeführt, indem sie mit Großbritannien um die niedrigsten Löhne wetteiferten«, erklärt Amsden; und das gleiche gilt für Japan, das britische Textilien in den zwanziger Jahren weniger durch niedrige Löhne als vielmehr durch moderne Produktionsanlagen im Preis ausstach. In Deutschland und anderen prosperierenden Volkswirtschaften sind Arbeitsbedingungen und -vergünstigungen auf einem vergleichsweise hohen Standard. Als Spezialisten des »Massachussetts Institute of Technology« (MIT) die industrielle Produktivität in verschiedenen Ländern untersuchten, stellten sie fest, daß Deutschland, Japan und andere Länder, in denen die »Handwerkstradition« mit größerer »direkter Beteiligung von Facharbeitern an Produktionsentscheidungen« noch lebendig war, in der modernen Industrie erfolgreicher produzierten als die Vereinigten Staaten, die das Hauptgewicht bisher auf ungelernte Arbeiter in der Massenproduktion legten. Aber auch hier haben der Abbau von Hierarchien, die zunehmende Verantwortlichkeit von Produktionsarbeitern und die Ausbildung in neuen Technologien die Ergebnisse verbessert.

Ähnliches vermerkt der Wirtschaftswissenschaftler David Felix, wenn er Lateinamerika mit Ostasien vergleicht. Die Asiaten waren weniger durch Europa und die USA beeinflußt als die lateinamerikanischen Führungsschichten und wiesen von daher ausländischen Konsumtionsgütern einen weniger hohen Status zu. Bei ihnen »konnten sehr viel größere Segmente des Handwerks überleben, akkumulieren und ihre Technologie modernisieren«, während sie zugleich den Druck einer unausgeglichenen Zahlungsbilanz abmilderten. Amsden schreibt Südkoreas Erfolg zum Teil dem Vertrauen in die Initiative der Arbeiter zu, dem auf der betrieblichen Ebene der Vorzug vor Manager-Hierarchien gegeben wurde.[5]

Es ist allerdings nicht nur die »späte Entwicklung«, die für Abweichungen von der reinen Lehre verantwortlich zeichnet. Ähnliches gilt, wie bereits erörtert, von der »frühen Entwicklung« Englands und der Vereinigten Staaten. Hohe Zölle und andere Formen staatlicher Intervention haben den amerikanischen Konsumenten sicherlich Kosten verursacht, aber sie führten auch zur Entwicklung der heimischen Industrie, von Textilien über Stahl bis zu Computern. So wurden billigere britische Produkte in früheren Jahren vom Markt ferngehalten, dieser selbst staatlich garantiert, Forschung und Entwicklung in fortgeschritteneren Sektoren öffentlich subventioniert, eine kapitalintensive Agrarindustrie geschaffen und aufrechterhalten usw. Hätte man um 1830 die Zölle abgeschafft, so wäre »der halbe Industriesektor Neu-Englands« bankrott gegangen, heißt es bei dem Wirtschaftshistoriker Mark Bils.

Das England des neunzehnten Jahrhunderts experimentierte mit offenen Märkten, jedoch nicht lange. Hier und da wurde der Freihandel eingeführt und wieder aufgehoben, je nach nationaler Interessenlage. In den USA wandten sich die Geschäftsimperien regelmäßig an den Staat, der ihre Probleme bereinigen sollte. Sie forderten Protektions- und Subventionsmaßnahmen, und auf ihr Betreiben wurde eine staatliche Behörde eingerichtet, die seit den achtziger Jahren existiert. In den dreißiger Jahren war der Glaube an die Lebensfähigkeit des Kapitalismus praktisch verschwunden, und die entwickelten Länder bewegten sich auf die eine oder andere Form eines staatlich integrierten Wirtschaftssystems zu. Es ist wohl schon ein Gemeinplatz, wenn gesagt wird, daß »die Militärausgaben seit dem Zweiten Weltkrieg zum Rückgrat unserer Güterproduktion geworden sind. Mit ihrer Hilfe konnten Nachfrage und Arbeitslosenzahl in ihrem jeweiligen Gesamtvolumen stabil gehalten, den wechselnden Erfordernissen der Geschäftswelt angepaßt und zur Realisierung der Wachstumsziele verwendet werden...« (Richard Bartel). Die Militärausgaben im Zweiten Weltkrieg überzeugten Konzernchefs von der Brauchbarkeit des keynesianischen Modells staatlicher Intervention. Seitdem gehen sie ganz selbstverständlich davon aus, daß der Staat eingreifen muß, um die Reichen und Privilegierten zu schützen und zu subventionieren. Die Jahre unter Reagan sind für diese Politik besonders berüchtigt.[6]

Welch entscheidende Rolle die »sichtbare Hand« beim industriellen Fortschritt – d. h. bei der Planung und Koordination von Produktion, Marketing sowie Forschung und Entwicklung – gespielt hat, läßt Alfred Chandler in seinen Untersuchungen über geschäftliche Unternehmungen während der letzten 30 Jahre deutlich werden. William Lazonick hat die Studien von Chandler, Landes und anderen Entwicklungshistorikern zusammengefaßt und erweitert. Er teilt den Industriekapitalismus in drei große Phasen ein. Am Anfang steht der »Besitzkapitalismus« im England des neunzehnten Jahrhunderts, gekennzeichnet durch familieneigene Firmen und einen beträchtlichen Grad an Marktkoordination; dann kommt der »Manager-Kapitalismus« der Vereinigten Staaten, gekennzeichnet durch »administrative Koordination« im Hinblick auf Organisation und Planung; die dritte Stufe bildet der »kollektive Kapitalismus« des japanischen Modells, der noch effizientere langfristige Planung und Koordination ermöglicht. In allen drei Fällen haben sich die Privatunternehmen in großem Ausmaß auf den von ihnen kontrollierten Staat verlassen, wenn auch auf jeweils unterschiedliche Weise. Die Multis dehnen diese intern koordinierten, staatlich gestützten Systeme auf die ganze Welt aus.[7]

»Importbeschränkung [durch staatliche Intervention] ist bisher so ziemlich der einzige Weg, den man gefunden hat, um die Industrialisierung zu ermöglichen«, heißt es bei dem Entwicklungsökonomen Lance Taylor. »Langfristig gibt es keinen vom Laissezfaire inspirierten Übergang zum modernen Wirtschaftswachstum. Der Staat hat immer eingegriffen, um eine Klasse von Kapitalisten zu schaffen. Danach muß er diese Klasse regulieren und dann darauf achtgeben, nicht von ihr geschluckt zu werden, aber der Staat ist immer schon dagewesen.« Des weiteren ist die Staatsmacht immer von Investoren und Unternehmern um Hilfe angegangen worden: er sollte sie vor zerstörerischen Kräften des Marktes schützen, Ressourcen, Märkte und Investitionsmöglichkeiten sichern und ganz allgemein ihre Macht und ihre Gewinne sichern und ausbauen.[8]

Nachdem der konventionelle Vorwand dahin war, suchte Washington andere Wege, um die entwickelte Industrie weiterhin subventionieren zu können. Eine Methode waren schon damals Waffenverkäufe ins Ausland, wodurch auch die Krise in der Zahlungsbilanz abgemildert wird. Als der Kalte Krieg endgültig gelaufen war, gründete die Regierung Bush ein »Center for Defensive Trade« (Handelszentrum für Verteidigungsgüter), um den Waffenverkauf anzukurbeln. Für den Kauf von US-amerikanischen Waffen wurden Regierungsgarantien von bis zu einer Milliarde Dollar in Anleihen zugesichert. Es wird berichtet, daß die »Defense Security Assistance Agency« mehr als 900 Offiziere in gut 50 Länder schickte, um den Waffenverkauf zu fördern. Beamte des Pentagon sehen die Quelle dieser Politik in einer Anweisung vom Juli 1990, in der es hieß, Botschaftsangehörige sollten US-amerikanischen Waffenexporteuren erweiterte Hilfestellung leisten. Der Golfkrieg wurde damals als erstklassige verkaufsfördernde Maßnahme gewertet. Auf einer Konferenz der Pentagon-Industrie im Mai 1991 baten Vertreter der Industrie die Regierung, die Kosten für militärische Ausrüstung und Personal zu übernehmen, die in der ganzen Welt bei Handelsmessen als *sales promotion* gebraucht wurden. Das Pentagon sagte diese Unterstützung zu und revidierte damit eine 25-jährige Politik. Die erste vom Steuerzahler gesponsorte Ausstellung fand im Juni 1991 auf der Pariser Luftfahrtmesse statt.

Lawrence Korb von der Brookings Institution, früher als Staatssekretär im Verteidigungsministerium mit der Logistik betraut, bemerkt, daß die Lager der Lieferanten durch die Aussicht auf Waffenverkäufe wohlgefüllt bleiben, obwohl der Kalte Krieg vorbei ist. Die Waffenverkäufe sind sogar von 12 Milliarden Dollar im Jahr 1989 auf fast 40 Milliarden im Jahr 1991 angestiegen. Zwar hat das US-Militär ein bißchen weniger eingekauft, aber dieser Verlust wurde durch andere von US-Firmen getätigte Geschäfte mehr als wettgemacht. Seit »Präsident Bush im Mai 1991 eine Beschränkung der Waffenverkäufe in den Nahen Osten gefordert hat«, berichtete der AP-Korrespondent Barry Schweid Anfang 1992, »haben die Vereinigten Staaten Waffen im Wert von rund sechs Milliarden Dollar in die Region geschafft«, das ist ein Teil des 19-Milliarden-Dollar-Deals mit dem Nahen Osten seit dem

Überfall des Irak auf Kuwait. Von 1989 bis Ende 1991 nahm der Waffenexport in die Dritte Welt um 138 Prozent zu, wodurch die USA zum weltweit größten Waffenexporteur wurden. Seit Mai 1991 werden, wie der Sprecher des Außenministeriums, Richard Boucher, mitteilte, die Verkäufe »in völliger Übereinstimmung mit der Initiative und den Richtlinien des Präsidenten« in seiner Forderung nach Ausfuhrbeschränkungen getätigt – was seine Richtigkeit hat, wenn man die Absicht bedenkt, die dem zugrundeliegt.

Die Forderungen der Regierung Bush nach Einschränkung des Waffenhandels zielten auf die triumphale Feier des Golfkrieges und waren damit Teil einer PR-Kampagne, die die neue Ära der Ruhe und des Friedens pries, in die wir bald darauf dank der Tapferkeit unserer großen Führer eintraten. Am 6. Februar 1991 teilte Außenminister James Baker dem Auslandskomitee des Repräsentantenhauses mit, daß nun die Zeit gekommen sei, konkrete Schritte zur Eindämmung der Waffenflut, die sich in den Nahen Osten ergießt, zu unternehmen, denn »diese Region ist bereits übermilitarisiert«. Am 6. März erklärte der Präsident in einer triumphalen Rede vor beiden Häusern des Kongresses einem begeisterten Auditorium, daß die Kontrolle des Waffenhandels zu seinen wichtigsten Nachkriegszielen gehöre: »Es wäre tragisch«, sagte er, »wenn die Nationen des Nahen Ostens und des Persischen Golfs nun, im Sog des Krieges, einen neuen Rüstungswettlauf beginnen würden.«

Da sie das Ausmaß der Tragödie erkannte, hatte die Regierung einige Tage zuvor dem Senatskomitee für Auslandsbeziehungen eine vertrauliche Liste mit geplanten Verkäufen übergeben, die Rekordhöhen erreichten; über die Hälfte davon ging in den Nahen Osten. Den Kongreß informierte sie über den Verkauf von hochentwickelten Jagdbombern im Wert von 1,6 Milliarden Dollar an Ägypten. Eine Woche nach der Rede wurde der Kongreß von einem Vertrag in Kenntnis gesetzt, der die Lieferung von Apache-Helikoptern (Wert: 760 Millionen Dollar) an die Vereinigten Arabischen Emirate vorsah. Danach benutzte das Pentagon die Pariser Luftfahrtmesse, um den Verkauf in nie gekannter Weise anzuheizen; mit Stolz (und voller Erwartung) wurden die Produkte ausgestellt, die ein wehrloses Land der Dritten Welt auf so hervorragende Weise zerstört hatten. Verteidigungsminister Cheney kündigte neue Lieferungen nach Israel an und umriß den Plan, dort Waffen im Wert von 200 Millionen Dollar zu lagern; weitere Verkäufe für sieben Milliarden Dollar, fast alle für den Nahen

Osten bestimmt, wurden im Juli angekündigt. Großbritannien folgte auf gleichem Wege nach. Der einzige Waffenexporteur, der sich für konkrete Begrenzungen von Waffenverkäufen in den Nahen Osten aussprach, war China, doch sein Vorschlag wurde von den USA und ihren Verbündeten kurz und schmerzlos abgelehnt.[9]

Militärkeynesianische Initiativen blieben nicht auf die aus Steuergeldern abgezweigten Subventionen (Forschung und Entwicklung) und einen staatlich garantierten Markt beschränkt. Während, so William Hartung, die USA »bei Pro-Kopf-Ausgaben für ausländische Wirtschaftshilfe weit hinter Nationen wie Deutschland und Japan liegen«, dient etwa ein Drittel ihres Budgets für Auslandshilfe dazu, »ausländischen Regierungen Zuschüsse oder Anleihen für den Kauf US-amerikanischer Militärausrüstung zu verschaffen«; andere Programme sind auf ähnliche Zwecke zugeschnitten.

Die grundlegendere Aufgabe des Pentagon-Systems (unter Einschluß der NASA und des »Department of Energy«, DOE) besteht jedoch in der Unterstützung der High-Tech-Industrie insgesamt, wie auch die staatliche Intervention eine entscheidende Rolle bei der Hilfestellung für Biotechnologie, Pharmazeutik, Agrarindustrie und für die meisten wettbewerbsorientierten Wirtschaftssektoren spielt. Unter Reagan nahmen die protektionistischen Maßnahmen gewaltig zu; Banken und Industrien, die vor der Pleite standen, wurden gestützt und die Macht der US-Konzerne generell gestärkt.

Wenn man IWF-Maßstäbe anlegte, so wären die USA nach einem Jahrzehnt reaganistischer Narreteien ein erstrangiger Kandidat für strenge Sparmaßnahmen. Doch derlei Regeln sind für die armen Länder gedacht, nicht für die mächtigen.

Schätzungen der Weltbank zufolge reduzieren die protektionistischen Maßnahmen der Industrieländer – die mit bombastischer Rhetorik über »freie Märkte« einhergehen – das Nationaleinkommen des Südens um das Doppelte dessen, was die offizielle »Entwicklungshilfe« beträgt. Ob diese nun den Empfängern hilft oder schadet, ist dem Zufall überlassen. In ihrer typischen Form ist Entwicklungshilfe eine Art der Exportförderung. Ein bemerkenswertes Beispiel stellt das »Food for Peace«-Programm dar, mit dessen Hilfe die US-Agrarindustrie subventioniert und andere Länder »in puncto Nahrungsmitteln von uns abhängig werden sollen« (Senator Hubert Humphrey). Des weiteren soll mit »Food for Peace« das globale Sicherheitsnetzwerk angepriesen und gefördert werden, das die Ordnung in der Dritten Welt aufrechterhält, indem es die nationalen Regierungen dazu veranlaßt, entsprechende Fonds für Waffenkäufe zu nutzen (womit sie denn auch die US-amerikanischen Waffenproduzenten subventionieren).

Ein noch gewichtigeres Beispiel ist der Marshall-Plan. Sein Ziel bestand darin, »das ›wirtschaftliche, soziale und politische‹ Chaos in Europa zu vermeiden, den Kommunismus einzudämmen (womit nicht die sowjetische Intervention, sondern der Erfolg nationaler kommunistischer Parteien gemeint war), den Zusammenbruch des US-amerikanischen Exporthandels zu verhindern und den Multilateralismus durchzusetzen«. Ferner sollte der Marshall-Plan einen entscheidenden wirtschaftlichen Anreiz für »individuelle Initiativen und Privatunternehmen auf dem Kontinent wie auch in den Vereinigten Staaten« bieten, um die Furcht vor »Experimenten mit sozialistischen Wirtschaftsformen und Regierungskontrollen« zu beseitigen, die auch »die Privatunternehmen in den Vereinigten Staaten« gefährden könnten (schreibt Michael Hogan in seiner großen wissenschaftlichen Untersuchung). Wie Reagans Handelsministerium 1984 feststellte, machte der Marshall-Plan auch den Weg frei für »umfangreiche direkte Investitionen von US-Firmen in Europa« und schuf damit die Grundlagen für die modernen multinationalen Konzerne. Die Multis konnten »expandieren und gedeihen, weil sie Aufträge aus Übersee erhielten, ... die ihrerseits zu Beginn durch Dollars aus dem Marshall-Plan ermöglicht worden waren«; sie wurden vor »negativen Entwicklungen« durch den »Schutzschild der amerikanischen Macht« bewahrt, wie die *Business Week* 1975 bemerkte, wobei sie Klagelieder über das drohende Verschwinden dieses goldenen Zeitalters staatlicher Intervention anstimmte. Die Wirtschaftshilfe für Israel, Ägypten und die Türkei, den führenden Empfängern der letzten Jahre, resultiert aus der Rolle, die diese Länder bei der Erhaltung der amerikanischen Vorherrschaft im Nahen Osten mit seinen ungeheuren Ölreserven spielen.[10]

So läßt sich ein Fall nach dem anderen aufzählen.

Wie nützlich der freie Handel als Waffe gegen die Armen ist, läßt eine Untersuchung der Weltbank zum Treibhauseffekt erkennen. Die Studie sollte – als Vorbereitung auf die Umweltkonferenz von Rio im Juni 1992 – »einen Konsens unter Ökonomen« (aus dem Club der reichen Männer) herstellen, berichtete die Wirtschaftskorrespondentin der *New York Times*, Silvia Nasar, unter der

Schlagzeile: »Kann der Kapitalismus das Ozonloch stopfen?« (die Antwort sollte natürlich lauten: »Ja«). Lawrence Summers, Wirtschaftswissenschaftler in Harvard und Chefökonom der Weltbank, erklärte, die Umweltprobleme seien lediglich »das Ergebnis einer aus engstirnigen wirtschaftlichen Gründen fehlgeleiteten Politik«. Dazu zählt vor allem die Politik der armen Länder, die »Öl, Kohle und Erdgas an einheimische Käufer praktisch verschenkt haben, weil sie hofften, die Industrie zu beleben und die Lebenshaltungskosten für städtische Arbeiter niedrig zu halten« (Nasar). Könnten die armen Länder ihren Mut zusammennehmen und dem »extremen Druck« widerstehen, der sie zwingt, ihre »Wirtschaft zu verbessern« und ihre Bevölkerung vor dem Hungertod zu bewahren, würden sich die Umweltprobleme in Luft auflösen. »Wenn man in Rußland und in anderen armen Ländern freie Märkte schafft, kann das der langsamen Erwärmung der Erdatmosphäre abträglicher sein als alle Maßnahmen, die die reichen Länder in den neunziger Jahren wahrscheinlich ergreifen werden«, folgert die Weltbank. Und damit hat sie natürlich recht, denn die Reichen werden wohl kaum eine Politik verfolgen, die ihren Interessen abträglich ist. Wenn man sich für das Kleingedruckte interessiert, erfährt man dort, daß die konsensorientierten Ökonomen sehr wohl wissen, daß »wirksamere staatliche Regulierungsmechanismen« die Luftverschmutzung reduzieren. Vorteilhafter ist es aber offensichtlich, die Armen durch die Mühle zu drehen.

Auf der gleichen Seite des Wirtschaftsteils der *New York Times* findet sich eine kurze Notiz über ein vertrauliches Memorandum der Weltbank, das zum *Economist* durchgesickert ist. Sein Autor ist der bereits genannte Lawrence Summers. Er schreibt: »Ganz unter uns: sollte die Weltbank nicht dazu ermutigen, daß mehr umweltschädliche Industrien [in die Dritte Welt] abwandern?« Das ist, wie Summers erklärt, äußerst sinnvoll, denn ein krebserzeugender Stoff wird »in einem Land, wo die Menschen überleben und dann an Prostatakrebs erkranken«, größere Wirkungen zeitigen als »in einem Land, wo von 1000 Kindern unter fünf Jahren 200 sterben«. Arme Länder seien »*unter*-verschmutzt« (*under*-polluted), und es sei nur vernünftig, daß man »umweltschädliche Industrien« ermutigt, dort ihr Lager aufzuschlagen. »Die wirtschaftliche Logik, die hinter der Lagerung von Giftmüll in Niedriglohn-Ländern steht, ist untadelig, und wir sollten ihr ins Gesicht sehen.« Natürlich gibt es »Argumente gegen alle diese Vorschläge«, den Umweltschmutz in die Dritte Welt zu exportieren:»das unabdingbare Recht auf bestimmte Güter, moralische Gründe, soziale Bedenken, das Fehlen angemessener Märkte usw.«. Doch haben diese Argumente einen grundsätzlichen Fehler: sie »können umgedreht und mehr oder weniger wirksam gegen jeden Liberalisierungsvorschlag der Weltbank eingesetzt werden«.

»Mr. Summers stellt Fragen, die die Weltbank lieber nicht hören würde«, meint der *Economist*, aber »in wirtschaftlicher Hinsicht sind seine Argumente schwer zu widerlegen«. Sehr richtig. Wir haben die Wahl, sie entweder als *reductio ad absurdum* zu verstehen und somit die Ideologie aufzugeben oder die Schlußfolgerungen zu akzeptieren: Aus Gründen wirtschaftlicher Rationalität sollten die reichen Länder die Umweltverschmutzung in die Dritte Welt exportieren, und diese wiederum wäre gut beraten, ihre »fehlgeleiteten« Versuche, die wirtschaftliche Entwicklung zu fördern und die Bevölkerung vor der Katastrophe zu schützen, aufzugeben. Auf diese Art und Weise kann der Kapitalismus die Umweltkrise überwinden. Die freie Marktwirtschaft ist in der Tat ein wundersames Instrument. Es sollten jährlich zwei Nobelpreise vergeben werden, nicht nur einer.

Als er zu diesem Memorandum befragt wurde, antwortete Summers, es habe »lediglich eine Diskussion provozieren sollen«. In einer weiteren Stellungnahme bezeichnete er es als »sarkastische Reaktion« auf einen anderen Entwurf der Weltbank. Vielleicht gilt dergleichen auch von der »Konsens«-Untersuchung der Weltbank. Tatsächlich ist oftmals nur schwer zu entscheiden, ob die geistigen Ergüsse der Experten ernst gemeint oder eine perverse Spielart des Sarkasmus sind. Allerdings können die zahllosen Menschen, die diesen Doktrinen unterworfen sind, sich nicht den Luxus leisten, über diese faszinierende Frage nachzudenken.[11]

Obwohl er nicht für uns gedacht und gemacht ist, hat der »Freihandel durchaus seinen Nutzen«, bemerkt Arthur MacEwan in einem Überblick über die Entwicklung von Industrie und Landwirtschaft durch protektionistische und andere interventionistische Maßnahmen. »Hoch entwickelte Nationen können den Freihandel zur Ausweitung ihrer Macht und ihrer Kontrolle über den Reichtum der Welt nutzen, Unternehmer können ihn als Waffe gegen die Arbeiterbewegung einsetzen. Vor allem aber kann der Freihandel den Bemühungen um eine ausgeglichenere Einkommensverteilung Grenzen setzen, er kann fortschrittliche sozialstaatliche Programme untergraben und die Menschen davon abhalten, ihre wirtschaftliche Existenz demokratisch zu kontrollieren.« Es kann nicht überraschen, daß die »neuen Evangelisten« der neoliberalen Theologie im System der herrschenden Lehre einen überwältigenden Sieg errungen haben. Was es an Beweisen im Hinblick auf erfolgreiche Entwicklung und die tatsächlichen Folgen der neoliberalen Lehre gibt, wird mit einem Achselzucken als irrelevant abgetan. »Gott regiert die Welt, der Inhalt seiner Regierung, die Vollführung seines Plans ist die Weltgeschichte«, erklärt Hegel, »... was ihm [dem Plan] nicht gemäß ist, ist nur faule Existenz.«[12]

3. Die frohe Botschaft

Die Wohlstandsära ist vorbei, und die ideologischen Institutionen werfen sich mit erneuertem Eifer darauf, die zukünftigen Opfer von den Vorteilen jener höheren Wahrheiten zu überzeugen, welche eigens für untergeordnete Völker kreiert wurden. Im Süden, dessen Länder jahrelang durch diese Lehren verwüstet worden sind, werden die herrlichsten Nachrichten über die Wunder der freien Marktwirtschaft verbreitet, und auch die Osteuropäer sind herzlich eingeladen, sich an dem Segen zu beteiligen. Die Eliten in den Zielländern sind sehr kooperativ, ohne dabei auf das Schicksal der Minderbemittelten zu achten, denn sie hoffen auf ein Stück vom Kuchen.

Die fortschreitende Internationalisierung der Wirtschaft zeigt sich unter anderem daran, daß das Zwei-Schichten-Modell der Dritte-Welt-Länder von der Peripherie in die Zentren zurückkehrt. Dergestalt gerät die Marktwirtschaftslehre auch zur ideologischen Waffe in der Innenpolitik, wobei das ideologische System erfolgreich verschleiert, daß diese Lehre nur im Sinne der Herrschenden verwendet wird. Macht und Reichtum fließen in zunehmendem Maß in den Händen von Investoren und professionellen Marktstrategen zusammen, die von dem grenzüberschreitenden Kapital- und Kommunikationstransfer profitieren. Öffentliche Dienstleistungen für die Allgemeinheit, wie etwa das Erziehungs-, Gesundheits-, Transport- und Bibliothekswesen werden so überflüssig wie jene, denen sie dienen sollen, und können eingeschränkt oder ganz abgeschafft werden. Einige werden allerdings noch gebraucht und müssen sogar, wie zum Beispiel die Gefängnisse, weiter ausgebaut werden. Wohin denn sonst mit den unnützen Leuten? In dem Maße, wie die Fürsorge für seelisch erkrankte Menschen zurückgeht, werden die Gefängnisse zu »Ersatzkliniken für Geisteskranke«, wie Ralph Naders *Public Citizen* und eine Studie der »National Alliance for the Mentally Ill« feststellen. Der die Untersuchungen leitende Psychiater bemerkt: »Vor einhundert Jahren saßen sehr viel weniger psychotische Menschen im Gefängnis als heute«. Wir kehren zu den Praktiken des neunzehnten Jahrhunderts zurück. In fast 30 Prozent aller Gefängnisse sitzen seelisch Kranke ein, ohne irgendwelcher Vergehen beschuldigt zu werden. Zu dieser Technik der sozialen Kontrolle hat auch der Drogenkrieg einen bedeutsamen Beitrag geleistet. Die dramatische Zunahme der Inhaftierten in den späten achtziger Jahren geht im wesentlichen nicht auf kriminelle Handlungen, sondern auf den Besitz von und den Handel mit Kokain zurück und verdankt sich auch den von »Konservativen« befürworteten härteren Urteilen im Gerichtssaal. Die USA haben die weltweit höchste Inhaftierungsrate, die »in erster Linie mit der Drogenkriminalität zusammenhängt« (Mathea Falco). Zum Glück sind wir nicht in China, wo, wie uns das *Wall Street Journal* erklärt, die »fortlebende Polizeistaats-Mentalität wenig Raum läßt für kreative Lösungen der Art, die der Westen im Umgang mit sozialen Gebrechen wie Drogenabhängigkeit bevorzugt«.

Auch Gefängnisse bieten der Wirtschaft keynesianische Anreize; hier besonders dem Baugewerbe und der Beschäftigung von Angestellten; zu den Berufszweigen mit dem stärksten Wachstum gehört, wie berichtet wird, das Sicherheitspersonal. Zudem bieten sie Möglichkeiten wirtschaftlicher Konversion, die nicht mit den Konzernprivilegien kollidieren und deshalb akzeptabel sind. »Erste Wahl: Fort Devens wird US-Gefängnis«, titelt der *Boston Globe* strahlend; das neue Bundesgefängnis kann den Schaden beheben, der der Wirtschaft vor Ort entsteht, wenn der Armeestützpunkt geschlossen wird.[13]

Sehr weit oben auf der Abschußliste der neuen Evangelisten steht das öffentliche Bildungssystem, das überflüssig wird, weil die Reichen sich alles, was sie brauchen, auf dem »Bildungsmarkt« kaufen können. Zudem ist die Vorstellung, man müsse sich um die Gesamtgesellschaft kümmern, zusammen mit anderen alten Vorurteilen längst im Mülleimer der Geschichte gelandet. Eine groß aufgemachte Geschichte im liberalen *Boston Globe* beschreibt ein Experiment, das in der »Stadt der Verzweiflung«, in Baltimore, durchgeführt wurde, wo das Schulsystem zusammenbricht. Einige Schulen werden nun von einer gewinnorientierten Gesellschaft übernommen und lernen den »Geist des Unternehmertums« kennen: »die Effizienz des Privatbetriebes und ein neues Bildungsmodell ... was zum Beispiel bedeutet, nicht-gewerkschaftliches Aufsichtspersonal einzustellen und Sonderschüler in ›gewöhnliche‹ Klassen zu versetzen«. Die für die Betreuung dieser Schüler zuständigen Lehrer und das gewerkschaftliche Aufsichtspersonal mit seinen höheren Vergütungen übernehmen jene Schulen, die weiterhin in öffentlicher Hand bleiben. Ferner werden im »Geist des Unternehmertums« gutbezahlte Lehrer durch schlechtbezahlte Referendare und Freiwillige (Eltern) ersetzt. Diese Wunder des Kapitalismus könnten »eine wertvolle Lehre auf dem Weg zur Verbesserung des amerikanischen Bildungssystems darstellen«.[14]

Ein Hauptthema der jüngsten ideologischen Offensive war der Angriff gegen »zu viel Staat«, verbunden mit der Forderung, den armen Steuerzahler zu entlasten. Der aber bezahlt im Vergleich mit anderen entwickelten Ländern eher zu wenig Steuern[15] (und die Steuerprogression ist mit Abstand die geringste). Genau darin liegt der Grund für den um sich greifenden Verfall der Highways, des Bildungs- und Gesundheitssystems, ja, aller Einrichtungen, die der bedeutungslosen Öffentlichkeit von Nutzen sein könnten. Zugleich werden protektionistische Methoden, Subventionen, Hilfestellungen bei Konkursen und andere vertraute Elemente des Wohlfahrtsstaates für die Reichen still und heimlich ausgeweitet, während das Loblied auf den freien Markt zum Himmel emporsteigt. Diese Kombination ist eine erstklassige Leistung des Bündnisses von Staat, Konzernen und Medien.

4. Neuformierung der Industriepolitik

Die Welt ist kompliziert; selbst die erfolgreichsten Pläne bringen verdeckte Kosten mit sich. Den »Alptraum von angebotsorientierter Wirtschaft und Militärkeynesianismus à la Reagan« hat keiner enthusiastischer verfochten als das *Wall Street Journal*, das sich jetzt über die vorhersehbaren Folgen beklagt, durch die Macht und Reichtum beeinträchtigt werden. »Die staatliche Hochschulbildung – einer der wenigen Bereiche, in denen Amerika noch einen führenden Platz einnimmt – wird von der Kürzung der Staatsausgaben schwer getroffen«, berichtet das *Journal* über die Sorgen der Geschäftswelt, die »auf einen ständigen Zustrom von Hochschulabsolventen dringend angewiesen ist«. Das ist eine der lange schon vorhergesagten Folgen, die sich aus den Kürzungen der Bundesausgaben in allen Bereichen – Macht und Reichtum ausgenommen – ergeben; besonders schwer betroffen sind die einzelnen Staaten und die Gemeinden. Der Klassenkrieg kennt keine Feinabstimmung.

Die Wirtschaftsmanager der achtziger Jahre hinterließen den USA nicht nur eine öffentliche und private Schuldenlast von bislang unbekannten Ausmaßen, sondern auch die niedrigste private Nettoinvestitionsrate aller großen Industriestaaten. In den achtziger Jahren fielen die Nettoneuinvestitionen (als Bestandteil des Nationaleinkommens) auf den niedrigsten Stand seit dem Zweiten Weltkrieg. 1989/90 fielen die USA im Bereich der Industrieinvestitionen in absoluten Zahlen gerechnet hinter Japan zurück, dessen Bevölkerung um die Hälfte geringer ist. Auch in der High-Tech-Industrie verschlechterte sich die amerikanische Position. Ein anderes Erbteil des »Alptraums« ist der Rückgang der Ausgaben für Forschung und Entwicklung, bei denen es sich – wie bei Gesundheit und Bildung – um Investitionen in die Zukunft handelt. Das Niveau habe »gefährliche« Tiefen erreicht, heißt es in einer Untersuchung des politischen Flügels der »National Science Foundation« (National Science Board, NSB) aus dem Jahre 1992. Bis 1985 waren die Ausgaben der Privatwirtschaft für Forschung und Entwicklung ständig gestiegen, seitdem aber (auf einen konstanten Dollarwert berechnet) praktisch gleich geblieben. Wenn dieser Trend sich fortsetzt, sagte der zweite Vorsitzende, hätte das »schwerwiegende Folgen für die technologische Wettbewerbsfähigkeit der USA«. Der NSB berichtet, daß die USA im Gesamtbereich Forschung und Entwicklung bereits hinter ihre größten Handelskonkurrenten zurückgefallen sei; im nicht-militärischen industriellen Bereich betrage der Rückstand bereits 25 Prozent. Schuld daran seien vor allem schlechte Management-Praktiken und die Verschuldung der Konzerne. Gerade letztere habe ein solches Niveau erreicht, daß »im Juli 1990, als die Rezession einsetzte, die Zinsverbindlichkeiten der Konzerne 44 Prozent der Bruttogewinne absorbierten; das ist mehr als das Doppelte des in den sechziger und siebziger Jahren üblichen Durchschnitts«, schreibt der Wirtschaftswissenschaftler Robert Pollin. Kredite wurden für Konsumption und Finanzspekulation verwendet, wobei eine Billion Dollar für Fusionen und Firmenaufkäufe ausgegeben wurde. Insgesamt, so berichtet die NSF für 1986/87, gab es keinerlei Anzeichen für ein wirtschaftliches Vernunftdenken, sondern genügend Hinweise auf eine schwere Schuldenlast und einen Rückgang in der konzerneigenen Forschung und Entwicklung um fünf Prozent, während Gesellschaften, die diese Praktiken nicht mitmachten, um fünf Prozent zulegten.[16]

Vierzig Jahre lang beruhte die Industriepolitik der USA auf dem Pentagon-System, das der High-Tech-Industrie regelmäßige Anreize und einen staatlich garantierten Markt zur Abfederung von Management-Entscheidungen bescherte. Benötigte die Regierung eine Finanzspritze, so ließ sich eine Bedrohung unserer Existenz mühelos konstruieren: der Korea-Krieg von 1950, Kennedys »Raketenlücke«, die drohende russische Welteroberung und das »Fenster der Verwundbarkeit« Ende der siebziger/Anfang der achtziger Jahre. Die Fälschungen und Tricks waren in jedem dieser Fälle offenkundig, doch konnten Macht und Tyrannei der Sowjetunion nicht geleugnet werden, und das genügte. Die massiven staatlichen Wirtschaftshilfen verschafften den USA einen bequemen Vorsprung auf dem Gebiet der fortgeschrittenen Technologien und bildeten einen »wichtigen Stützpfeiler der Volkswirtschaft«, wie Ideologen und Führungskräfte aus den Chefetagen jetzt einräumen, während sie das Verschwinden der sowjetischen Bedrohung beklagen, auf die man sich immer berufen konnte, um von der Regierung Zuwendungen zu erhalten. Wie ein leitender Ökonom der Bostoner Bundesbank bemerkt, haben die Militärausgaben in der Periode nach dem Zweiten Weltkrieg maßgeblich dazu beigetragen, die Rezession zu beenden. Er fährt fort: »Nie war eine Erhöhung der Verteidigungsausgaben so wichtig für die Wirtschaft wie jetzt.« Viele Wirtschaftswissenschaftler sehen den Hauptfaktor der Rezession unter Bush in der Beschneidung der militärischen Beschaffungsmaßnahmen. Das waren zumeist mit Fabriken vereinbarte Aufträge, die nicht nur einen beträchtlichen Teil des Gesamtvolumens an Gütern und Dienstleistungen ausmachten, sondern auch als vielfältige Multiplikatoren wirkten. So schufen sie Arbeitsplätze in Firmen, die Konsumgüter für die relativ gut bezahlten Arbeiter in anderen Firmen herstellten, die ihrerseits dank der Unterstützung durch den Steuerzahler gewinnbringend arbeiteten. »Die Auswirkungen sind größer, als die Zahlen es vermuten lassen«, bemerkt der konservative Wirtschaftswissenschaftler Herbert Stein vom »American Enterprise Institute«. »Der plötzliche Zerfall der Sowjetunion« hat den Plan, mit dessen Hilfe die Wirtschaft nach dem Zweiten Weltkrieg in Schwung gehalten werden sollte, zunichte gemacht«, berichtet der Wirtschaftskorrespondent der *New*

York Times, Louis Uchitelle, so daß »führende Militärproduzenten« wie General Electric und die High-Tech-Industrie insgesamt in Schwierigkeiten sind.[17]

Zur gleichen Zeit greifen die Einsparungen auf andere Bereiche über, wobei die Biotechnologie an erster Stelle steht. Wie andere wettbewerbsintensive Wirtschaftssektoren haben die Industrien im pharmazeutischen, gesundheitlichen und landwirtschaftlichen Bereich immer von staatlich organisierten Subventionen für Forschung, Entwicklung und Marketing profitiert. Diese Bereiche gewinnen jetzt eine größere Bedeutung für die Planung der kommenden Jahre. In der frühen Nachkriegszeit entstanden als »Nebenprodukte« der Forschung Elektronik- und Computerfirmen, heute sind es biotechnische Unternehmen, die auf ähnliche Weise im Umkreis der gleichen Forschungsinstitutionen entstehen.

Die nationalen Gesundheitsinstitute der USA (National Institutes of Health, NIH) sind mit der (wie das *Wall Street Journal* es nennt) »größten Jagd auf Besitzrechte seit der Landnahme von 1889« beschäftigt. In diesem Falle wollen sie »US-Patentrechte für tausende von genetischen Materialteilchen – DNA – festklopfen, die den Wissenschaftlern der NIH zufolge Fragmente unbekannter Gene darstellen«. Ziel ist es, erklärt die NIH, den US-Konzernen die Vorherrschaft im Geschäft mit der Biotechnologie zu sichern, das laut Schätzungen der Regierung »bis zum Jahr 2000 einen jährlichen Ertrag von 50 Milliarden Dollar erwirtschaften soll« und danach noch weitaus mehr. Ein Patent für eine menschliche Blutzelle könnte einem kalifornischen Unternehmen »den Markt für ein breites Spektrum an lebensrettenden Technologien sichern«, um nur ein Beispiel zu zitieren. Das Geschäft mit der Biotechnologie ging so richtig los, nachdem eine Entscheidung des Obersten Gerichtshofes 1980 Patentrechte auf einen ölauflösenden Mikroorganismus gewährte, der durch gentechnische Verfahrensweisen entwickelt worden war, berichtet das *Journal*. Auch medizinische Methoden wie Knochenmark-Transplantationen und Gentherapien sollen durch Patente geschützt werden. Das gleiche könnte für gentechnisch behandelte Tiere und Pflanzensamen gelten.

Wir sprechen hier von der Kontrolle über Lebensprozesse selbst. Verglichen damit ist die Elektronik eine Bequemlichkeit des Alltags. Ausländische Regierungen, die dazu in der Lage sind, wollen dagegenhalten, und auch die Gemeinschaft der Wissenschaftler im In- und Ausland hat ihre Opposition gegen diese Vorhaben bekundet. Ein Forscher bemerkte angesichts der fortschreitenden Bemühungen von Regierung und Industrie zynisch, daß Eltern eines Tages vielleicht Tantiemen für den Besitz von Kindern würden zahlen müssen. Eine Konferenz in der Nationalen Akademie der Wissenschaften »bekundete mit Nachdruck, daß die US-amerikanische und die internationale Gemeinschaft der Genforscher den Bestrebungen der NIH weiterhin Widerstand entgegensetzen«, berichtet das Magazin *Science*. Vertreter führender europäischer und US-amerikanischer Wissenschaftsorganisationen betonten, »eine Realisierung der NIH-Vorhaben würde einen Massenansturm auf Patentrechte auslösen, der die Produktentwicklung behindern und die internationale Zusammenarbeit zerstören würde«. Die erste Nord-Süd-Konferenz zur Humangenetik verabschiedete einmütig eine Resolution, in der es hieß, daß »geistiges Eigentum auf der Verwendung von genetischen Reihen und nicht auf diesen selbst beruhen sollte«. Führende europäische Wissenschaftler forderten ein internationales Abkommen, das die Patentierung von Genreihen als solchen verhindern sollte. Ein Vertreter der (US-amerikanischen) »Industrial Biotechnological Association« bemerkte, auch die Industrie habe ihre Bedenken, aber die Organisation »glaubt, daß die NIH keine andere Wahl hatten, als die Patente anzumelden«. Die Direktorin der NIH, Bernardine Healy, sagte, man werde die Entwicklung vorantreiben, »um die eigenen Optionen – und die des Steuerzahlers – zu schützen«; wobei »Steuerzahler« eine euphemistische Bezeichnung für diejenigen ist, die im Endeffekt den Gewinn einstreichen und die im staatskapitalistischen Wohlfahrtsstaat die eigentlichen Nutznießer der Sozialpolitik sind.

Im März 1992 brachte Senator Mark Hatfield eine Gesetzesvorlage ein, die ein Moratorium zur Patentierung genetisch verwandter Organismen forderte. Er zog die Vorlage jedoch zurück, nachdem sie »in der Industrie vielfach auf Opposition gestoßen war, vor allem aber zu einer lobbyistischen Großoffensive seitens der ›Industrial Biotechnology Association‹ geführt hatte«, berichtet der Rundbrief der Gesundheitsindustrie. Neben Regierungsbeamten führte auch der Biotechnologie-Ausschuß des Kongresses seine Lobby gegen den Gesetzantrag ins Feld. Ein Moratorium »würde unsere führende Position in der Biotechnologie gefährden, denn hier sind Patentrechte ein Schlüssel für die umfangreichen [privaten] Investitionen, die für die Produktentwicklung benötigt werden«, versichert der Minister für Gesundheit und soziale Dienste.

Unterdessen wurde in einer Studie der »National Academy of Sciences and Engineering« der Vorschlag unterbreitet, eine quasi regierungseigene Gesellschaft mit einem Grundkapital von fünf Milliarden Dollar zu gründen, »um Bundesmittel in private Forschungsbetriebe zu stecken«: öffentlich geförderte Forschung, die privaten Profit einbringt. Ein anderer Bericht, mit dem Titel »Die Rolle der Regierung in der zivilen Technologie: Ein neues Bündnis wird errichtet«, fordert neue Anstrengungen zur Ausweitung der »engen und lang andauernden« Beziehung zwischen Regierung und Industrie, mit deren Hilfe die kommerzielle biotechnologische Industrie aufgebaut wurde«. Empfohlen wird ein aus Regierungsmitteln finanziertes ›ziviles Technologieunternehmen‹, das der US-amerikanischen Industrie bei der Vermarktung der Technologie behilflich sein soll, indem es »kooperative Forschungs- und Entwicklungsunternehmungen im vorkommerziellen Bereich« fördert. Diese Unternehmungen werden bis zu dem Punkt »kooperativ« sein, an dem die Produktentwicklung abgeschlossen ist – die öffentliche Hand übernimmt die Kosten. Dann nämlich werden aus Kosten Gewinne und die Öffentlichkeit übergibt das Unternehmen an die private Industrie.[18]

Der »abscheuliche Wahlspruch der Herrschenden« findet seine Ergänzung in den staatskapitalistischen Gesellschaften: öffentliche Subventionen, private Gewinne.

Einige Wochen nach Erscheinen dieser Berichte trat der Leiter des NIH-Projekts mit nahezu seinem gesamten Stab zurück, um mit den 70 Millionen Dollar, die ihm eine Gruppe von Kapitalanlageunternehmen zur Verfügung gestellt hatte, ein Privatlabor zu errichten. Der Vorsitzende des Spenderkonzerns »teilte mit, er habe plötzlich erkannt, daß es einen internationalen Wettlauf um den Alleinbesitz des menschlichen Genoms gebe« und daß der NIH die Mittel fehlten, um mitzuhalten. »Ich dachte plötzlich: ›Mein Gott, wenn diese Sache in den Vereinigten Staaten nicht grundlegend angepackt wird, dann ist die Biotechnologie hier am Ende.‹« Vielleicht bleibt auch der eine oder andere Dollar für die Wohltäter übrig, die die US-Wirtschaft zu retten suchen, indem sie die Rechte für jedes Produkt halten, das entwickelt wird. Die Wissenschaftler sind »angesichts der Möglichkeit, das menschliche Genom könne Investoren als Anlage und Besitz dienen, entsetzt«. Sie weisen zudem darauf hin, daß die zur Isolierung von Genen benutzte Technik die wissenschaftliche Arbeit – zu entdecken, wie die bereits patentierten Gene funktionieren – anderen überläßt. Allgemein fordern die Wissenschaftler ein internationales Abkommen, um solche Patente zu verbieten. Fürs erste dauert das Wettrennen um die Vorherrschaft in der zukünftigen biotechnologischen Industrie an.[19]

Diese Entwicklungen verleihen der von den USA bei den GATT-Verhandlungen erhobenen Forderung nach besserem Schutz »geistigen Eigentums« – Patente eingeschlossen – neues Gewicht. »Amerikas Eintreten für geistiges Eigentum ist keineswegs altruistisch«, bemerkt der *Economist*. »Von Filmen bis hin zu Mikrochips hat Amerika 1990 im Handel mit Ideen einen gesunden Überschuß von 12 Milliarden Dollar erwirtschaftet«, während die meisten anderen entwickelten Länder Verluste einfuhren und die Dritte Welt gar nicht erst mitmischt. Die neuen protektionistischen Maßnahmen sollen den US-Konzernen die Vorherrschaft in der Gesundheits- und Landwirtschaftsindustrie und damit die Kontrolle über die wesentlichen menschlichen Lebens-Mittel sichern sowie den Pharma-Konzernen überdurchschnittliche Gewinne garantieren. Wie eine Untersuchung aus dem Jahre 1992 enthüllte, zogen die Preise für die 20 am meisten verschriebenen Arzneimittel zwischen 1984 und 1991 viermal so stark an wie die Inflationsrate, was den Pharmakonzernen geradezu märchenhafte Gewinnspannen bescherte; fast die Hälfte des zehnprozentigen Jahreswachstums wurde in Marketing, Gewinne und Verwaltungsausgaben investiert.

»Biomedizinische Grundlagenforschung ist schon seit langem von den Steuerzahlern der Vereinigten Staaten hoch subventioniert worden«, bemerkt die *New York Times* im Wirtschaftsteil, und »High-Tech-Pharmaprodukte verdanken ihr Entstehen vor allem diesen Investitionen sowie staatlich angestellten Wissenschaftlern«. All dies kostet Milliarden Dollar aus der Tasche von Steuerzahlern. Aber die mit öffentlichen Subventionen entwickelten Pharma-Artikel sind für diejenigen, die sie ursprünglich finanzierten, viel zu teuer, von der überwiegenden Mehrheit der Weltbevölkerung ganz zu schweigen. Der Schutz des »geistigen Eigentums« soll den öffentlich subventionierten Konzernen Monopolprofite garantieren, nicht aber denen nützen, die alles zahlen; und dem Süden muß das Recht auf die vergleichsweise billige Produktion von Arzneimitteln, Samen und anderen lebenswichtigen Gütern verwehrt werden.

Aus ähnlichen Gründen verweigerten die USA die Unterschrift unter einen Vertrag zum weltweiten Schutz der biologischen Arten.

Curtis Bohlen, Staatssekretär im Umweltministerium, sagte, der Vertrag biete »amerikanischen Gesellschaften, die Biotechnologie an weiterentwickelnde Firmen transferieren, keinen angemessenen Patentschutz« und versuche sich an der »Regulierung gentechnisch produzierter Materialien, einem Konkurrenzbereich, in dem die Vereinigten Staaten führend sind«, berichtet die *New York Times*.[20]

Die US-amerikanische Internationale Handelskommission schätzt, daß US-Gesellschaften aus der Dritten Welt 61 Milliarden Dollar pro Jahr erwarten dürfen, wenn die Rechte auf »geistiges Eigentum« im Sinne der US-amerikanischen Forderungen geschützt werden. Bei Ausweitung auf die anderen Industrienationen wird es den Süden zwischen 100 und 300 Milliarden Dollar kosten, eine Summe, der gegenüber seine Zinsschulden als nachgerade lächerlich erscheinen. Die gleichen US-Forderungen werden arme Farmer dazu zwingen, multinationalen Konzernen Tantiemen für Samen zu zahlen, wodurch ihnen das traditionelle Recht, den Samen aus ihrer eigenen Ernte zu verwenden, verwehrt wird. Ebenso werden geklonte Ableger von Feldfrüchten, die der Süden exportiert (Palmöl, Baumwolle, Gummi usw.) zur Handelsware, für die Tantiemen bezahlt werden müssen. »Hauptnutznießer wird eine Kerngruppe von nicht einmal zwölf Samen- und Pharmakonzernen sein, die über 70 Prozent des weltweiten Samenhandels« und der Agrarwirtschaft generell kontrollieren, sagt Kevin Watkins.[21]

Während die USA sich das zukünftige Kontrollmonopol sichern wollen, beuten die von ihnen protegierten Pharma-Gesellschaften das gesammelte Wissen von Eingeborenenkulturen für Produkte aus, die pro Jahr einige 100 Milliarden Dollar Gewinn abwerfen. Aber die vor Ort lebenden Menschen, die die Forscher mit den von ihnen entwickelten und über tausende von Jahren verfeinerten Medizinen, Samen und anderen Produkten vertraut machen, erhalten im Gegenzug so gut wie nichts. »Auf dem Weltmarkt stellen die Heilmittel, die aus von eingeborenen Völkern entdeckten medizinischen Pflanzen gewonnen werden, einen jährlichen Wert von 43 Milliarden Dollar dar«, schätzt der Ethnobotaniker Darrell Posey. »Weniger als 0,0001 Prozent der Gewinne aus naturheilkundlichen Mitteln sind an die eingeborenen Völker, die den Forschern die entsprechenden Pflanzen gezeigt haben, zurückgeflossen.« Ähnliche Gewinne, so glaubt er, werden mit umweltverträglichen Insektiziden, Insektenschutzmitteln und pflanzengenetischen Materialien gemacht. Allein die internationale Samenindustrie ist für etwa 15

Milliarden Dollar pro Jahr gut, die in großem Maße auf genetischen Materialien von Feldfruchtarten beruhen, die innovative Farmer der Dritten Welt seit Hunderten, ja Tausenden von Jahren gezüchtet, aufgezogen, verbessert und entwickelt haben«, fügt Maria Elena Hurtado hinzu.[22]

Nur das Wissen der Reichen und Mächtigen verdient es, geschützt zu werden.

Der Direktor von »India's Working Group on Patent Laws« (Indiens Arbeitsgruppe zu Patentrechten) erklärt, daß sich »Widersprüchlichkeit und Heuchelei auf einem atemberaubenden Niveau bewegen«. Die Reichen »fordern den Wettbewerb, wollen aber das Monopol. Das ist Erpressung. Sie versuchen, durch wirtschaftliche Regelung das zu erreichen, was früher durch Invasions- und Besatzungsarmeen erreicht wurde.« Der Manager einer Pharmagesellschaft in Bombay fügt hinzu, der Westen habe »seine eigenen jungen Industrien geschützt, als sie die Welt ausplünderten, um Reichtum zu schaffen. Nun predigen sie anderen Ländern, das zu tun, was sie selbst niemals getan haben«. Die entwickelten Länder »haben Patente für Produkte erst zugelassen, nachdem sie ihre eigene Industrie und Infrastruktur aufgebaut hatten. Deutschland erlaubte Patente für Pharmazieprodukte erst 1966, Japan 1976, Italien 1982«. Im Endeffekt werden die neuen Wirtschaftsregelungen Länder wie Indien daran hindern, lebensrettende Medikamente zu einem Bruchteil der Kosten herzustellen, die von den staatlich subventionierten Konzernen der reichen Länder in Rechnung gestellt werden.

Wie andere entwickelte Länder sind die USA den Regeln, die sie jetzt durchzusetzen suchen, selbst nie gefolgt. Im neunzehnten Jahrhundert wiesen sie Auslandsansprüche auf geistige Eigentumsrechte mit der Begründung zurück, sie würden ihre wirtschaftliche Entwicklung behindern. Japan steuerte den gleichen Kurs. Und heute wird der Begriff des »geistigen Eigentums« ins Spiel gebracht, um den Bedürfnissen der reichen Länder entgegenzukommen. Wie am Beispiel des »Freihandels« gezeigt, bleiben Churchills »hungrigen Nationen« mit ihrem lautstarken Wehgeheul noch heute die Methoden verwehrt, die den »friedlich in ihren Behausungen verweilenden Reichen« vergönnt sind.[23]

Der Süden betrachtet die Pläne der Herrschenden als einen »Akt ungezügelter Piraterie«, bemerkt Watkins angesichts der Tatsache, daß die von den westlichen Konzernen zur Herstellung ihrer patentierten und geschützten Produkte verwendeten Genmaterialien von Ackerfrüchten und wilden Pflanzen der Dritten Welt abstammen, die über unzählige Generationen hinweg kultiviert, verfeinert und bestimmt worden sind. So geht der Profit an die Pharma- und Agrarkonzerne des Westens, während die Bauern der Dritten Welt leer ausgehen. Ägyptens führende Zeitung *al-Ahram* beschreibt die Neue Weltordnung als »festen Regeln folgende internationale Piraterie«. Sie bezieht sich in diesem Fall auf die Regierung Bush, die aus innenpolitischen Beweggründen einen Streit mit Ghaddafi vom Zaun zu brechen beabsichtigte. Die Terminologie paßt haargenau.[24]

Diese ungezügelte Piraterie bewirkt immer größer werdende Not. Die einheimische Landwirtschaft und Erfahrung werden untergraben, denn der Süden gerät unter Druck, die Produktion für den Eigenbedarf zugunsten ökologisch untragbarer Agrarexporte im Interesse der Multis aufzugeben. Als Folge schwinden die biologischen Ressourcen weltweit – in der Hauptsache aber im Süden – dahin. Damit steigt die Gefahr von Krankheit und Schädlingsbefall in ernstem Maße. In welchem Ausmaß auch immer die Biotechnologie hier heilend eingreifen kann, so wird es doch darauf hinauslaufen, Macht und Reichtum an die Herren der Welt zu transferieren, wenn den Forderungen der Konzerne nach weiteren Protektionsmaßnahmen stattgegeben wird. Was im neuen imperialen Zeitalter des Jahres 501 angesichts der Machtverteilung und eingedenk der Tatsache, daß die Entscheidungen anderenorts stattfinden als in der Öffentlichkeit, wohl kaum bezweifelt werden dürfte.

V. Die Menschenrechte: das pragmatische Kriterium

1. Die Realität und ihr Mißbrauch

Unter den hehren Prinzipien, denen wir verpflichtet sind, stehen – neben Demokratie und Marktwirtschaft – die Menschenrechte an vorderster Stelle, die zufällig gerade in dem Moment zur »Seele unserer Außenpolitik« wurden, als die angesichts grausamer Verbrechen aufgeschreckte Bevölkerung nicht mehr zu beschwichtigen war.

Es wird darauf hingewiesen, daß unser Dienst für die Sache der Humanität nicht ohne Schattenseiten ist. Wir gingen zu weit, indem wir »eine fast ausschließlich dem Idealismus verpflichtete Außenpolitik betreiben«, warnen Pressekommentatoren unter Berufung auf hochrangige Regierungsbeamte. Dieser Edelmut gerät uns zum Nachteil, wo wir es mit den »hinterhältigen Wilden« zu tun haben, vor denen Richter Marshall gewarnt hatte. Mit diesem Problem hat sich Europa während der gesamten Geschichte seiner »Begegnungen« herumgeplagt. Der Korea-Krieg »warf die drängende Frage auf, wie denn der sanfte, humanitäre Westen mit solchen Leuten« wie den »skrupellosen« asiatischen Führern in Wettstreit treten könne, schrieb Kennedys engster Berater Maxwell Taylor. Seine »beunruhigenden Gedanken über die Zukunft des Westens in Asien« fanden ihr Echo bei führenden liberalen Kritikern des Vietnamkrieges, als er außer Kontrolle geriet. Die »Armen Asiens« bedienten sich der »Strategie der Schwachen«, indem sie uns dazu einluden, unsere »strategische Logik bis zu ihrem Ende zu führen, das heißt, bis zum Genozid«, wir aber sind nicht Willens, »uns selbst zu zerstören, ... indem wir unseren eigenen Wertsystemen zuwiderhandeln«. Als nachgiebige Menschenfreunde spüren wir, daß der »Genozid eine furchtbare Bürde ist« (William Pfaff, Townsend Hoopes). Der Strategieexperte Albert Wohlstetter erklärt, daß es »den Vietnamesen leichter fiel, die ihnen auferlegten Kosten zu tragen, als uns, sie ihnen aufzuerlegen«. Wir sind einfach zu gut für diese grausame Welt.

Das Dilemma, vor dem wir stehen, hat die tiefsten Denker beschäftigt. Hegel begrüßelte die »Menschenverachtung der Neger«

Afrikas, »die sich zu Tausenden niederschießen lassen im Krieg gegen die Europäer. Das Leben hat nämlich nur da einen Wert, wo es ein Würdiges zu seinem Zwecke hat.« Der Gedanke muß über das Begreifen der bloßen Dinge hinausreichen; die Wilden aber seien unfähig, unsere hochfliegenden Werte zu erfassen und behinderten uns darum in unserer Suche nach Gerechtigkeit und Tugend.[1]

Die Gerechten müssen viel leiden.

Man kann diese im Brustton der Überzeugung verkündeten Thesen überprüfen, indem man z. B. das Verhältnis zwischen der US-amerikanischen Wirtschaftshilfe und dem Stand der Menschenrechte in den jeweiligen Empfängerländern untersucht. Das hat der führende Experte für Menschenrechte in Lateinamerika, Lars Schoultz, getan. Er fand heraus, daß die US-Wirtschaftshilfe »in unverhältnismäßigem Umfang an lateinamerikanische Regierungen geflossen ist, die ihre Bürger foltern lassen, ... an diejenigen, die in dieser Region mit am eifrigsten für die Verletzung elementarer Menschenrechte gesorgt haben«. Die Wirtschaftshilfe schloß militärische Unterstützung ein, war nicht bedürfnisorientiert und wurde in dieser Form während Carters gesamter Regierungszeit geleistet, in der Menschenrechtsfragen zumindest nicht gänzlich unbeachtet blieben. Eine umfassendere Untersuchung von Edward Herman fand weltweit die gleiche Korrelation vor. In einer weiteren Studie nannte Herman die Gründe: Wirtschaftshilfe hängt aufs engste mit der Verbesserung des Investitionsklimas zusammen. Diese Verbesserung erzielt man für gewöhnlich durch die Ermordung von Priestern und Gewerkschaftsführern, durch die Abschlachtung von Bauern, die sich organisieren wollen, durch Bombenattentate auf die unabhängige Presse usw. So entdecken wir zunächst die Korrelation zwischen Wirtschaftshilfe und Menschenrechten, sodann die untergründige zwischen Wirtschaftshilfe und Menschenrechtsverletzungen. Diese Untersuchungen fanden übrigens vor der Präsidentschaft Reagans statt, als man solchen Fragen noch gar keinen Wert beimaß.

Ein anderer Ansatz besteht darin, das Verhältnis zwischen der Quelle der Greueltaten und der Reaktion auf sie zu untersuchen. Das Thema ist ausführlich behandelt worden, wiederum mit eindeutigen und in sich schlüssigen Ergebnissen: Die Greueltaten der offiziell anerkannten Feinde rufen Zorn und Empörung hervor, werden ausführlich dokumentiert und oft mit schamlosen Lügen noch schlimmer dargestellt, als sie eigentlich sind. Liegt die Verantwortlichkeit eher im eigenen Umfeld, gilt in allem das genaue Gegenteil. (Greueltaten, die außerhalb des Bereichs der eigenen Machtinteressen liegen, werden im allgemeinen nicht zur Kenntnis genommen.) Das gilt (wiewohl vergleichbare Untersuchungen fehlen) auch für die Sowjetunion unter Stalin und für Nazideutschland. Die Bedeutung dieser Feststellungen wird noch durch die von Kommissaren aller Couleur gern verschleierte Tatsache verstärkt, daß Vergehen gegen die Menschenrechte insofern unsere Aufmerksamkeit benötigen, als wir aus grundsätzlichen moralischen Erwägungen heraus etwas dagegen unternehmen können. Und da fangen wir am besten im eigenen Land und mit seinen Vasallen an.[2]

Unsere höchsten Wahrheiten bleiben von all dem unberührt. Aber auch das hat seinen guten Sinn. Wie im besprochenen Fall von Demokratie und Markt wird das Faktische auf Hegels »faule Existenz« reduziert und hat mit »Gottes Plan« und dem »reinen Licht der göttlichen Idee« nichts zu schaffen. Dies Argument ist bisweilen von zeitgenössischen Wissenschaftlern vertreten worden. So betonte Hans Morgenthau, einer der Begründer der realistischen Schule, nachdrücklich, daß das Faktische keiner Begründung bedürfe, weil man sonst »den Mißbrauch der Realität mit der Realität selbst verwechselt«. Realität selbst sei der »transzendente Zweck« der Nation, eine zweifelsohne edle Angelegenheit. Der Mißbrauch der Realität sei das bedeutungslose Faktische.[3]

Die Aufzeichnung der Fakten führt in die Irre, wenn sie nur die Unterstützung namenloser Greueltaten verzeichnet, jedoch verschweigt, wie freudig sie begrüßt wurden, sobald sie einer gerechten Sache dienten; dies ist ein Hauptcharakteristikum der 500-jährigen Eroberung. Die Reaktion auf die von den USA während der letzten zehn Jahre in Lateinamerika veranlaßten Greueltaten ist ein genau untersuchtes Beispiel. Um zu zeigen, wie sicher dieser Pfeiler der traditionellen Kultur auf seinen Grundfesten ruht, bietet es sich an, den frühesten asiatischen Außenposten des europäischen Kolonialismus, Holländisch-Ostindien, in jener Ära zu betrachten, als die USA politisches Management im Weltmaßstab betrieben.

2. Den Anker sichern

»Das indonesische Problem« ist »zur Zeit der wichtigste Gesichtspunkt in unserem Kampf mit dem Kreml«, schrieb Kennan 1948. »In der Inselkette, die sich von Hokkaido bis Sumatra erstreckt, bildet Indonesien den Anker, den wir als politisch-ökonomische Gegenmacht zum Kommunismus und als Basisregion« für mögliche weiterreichende Militäraktionen »entwickeln sollten«. Ein kommunistisches Indonesien, so warnte er, wäre eine »Infektion«, die sich »westwärts ausbreiten« und ganz Südasien erfassen würde. Das ressourcenreiche Indonesien war auch als wichtiger Bestandteil jenes »nach Süden ausgerichteten Imperiums« vorgesehen, das die Vereinigten Staaten für Japan neu errichten wollten. Japan war mittlerweile in das von den USA beherrschte System integriert worden.

Mit den gewohnten Mustern übereinstimmend argumentierte Kennan, ein indonesischer »Ultra-Nationalismus« hindere Südostasien daran, »seine hauptsächliche Funktion« als Dienstleistungsregion für die industriellen Kernländer zu erfüllen. Deshalb drängten die USA bei der ehemaligen Kolonialmacht, den Niederlanden, auf die Unabhängigkeit Indonesiens, das allerdings »unter niederländischer Vormundschaft« bleiben sollte. Das war, wie Leffler bemerkt, ein »für die wirtschaftliche Gesundung Westeuropas und für den strategischen Vorteil Amerikas« wichtiges Ergebnis; es diente zugleich dem Wiederaufbau Japans. Die grundsätzliche Gegnerschaft der US-Außenpolitik gegen nationale Unabhängigkeitsbestrebungen erlangte im Hinblick auf Indonesien besondere Bedeutung.[4]

Nach der Befreiung von den Niederländern wurde Indonesien von dem Nationalisten Sukarno regiert. Anfänglich waren die Vereinigten Staaten mit dieser Lösung einverstanden, und dies um so mehr, als Sukarno und die Armee eine Landreformbewegung unterdrückten, die von der Kommunistischen Partei Indonesiens (PKI) 1948 in der Region von Madiun getragen worden war. Dabei wurde nahezu die gesamte Führung der PKI vernichtet und 36.000 Menschen in die Gefängnisse geworfen. Aber schon bald erwies sich Sukarnos nationalistische und neutralistische Politik als völlig untragbar.

Die zwei hauptsächlichen Machtzentren in Indonesien bildeten die Armee und die PKI. Letztere war die einzige politische Kraft mit einer Massenbasis. Innenpolitisch versuchte Sukarno, diese beiden Machtfaktoren auszubalancieren. Die Armee folgte im wesentlichen westlichen Zielvorstellungen und wurde deshalb als gemäßigt bezeichnet. Um diese Vorstellungen durchzusetzen, mußte man auf irgendeine Weise die anti-amerikanischen Extremisten überwinden. Da andere Methoden versagt hatten, bot sich als letzter Ausweg die Massenvernichtung an.

Zu Beginn der fünfziger Jahre versuchte es die CIA mit einer verdeckten Unterstützung der Rechtsparteien, 1957/58 beteiligten sich die USA an bewaffneten Erhebungen gegen Sukarno, wozu möglicherweise auch Mordanschläge gehörten. Die Erhebungen wurden aber niedergeschlagen, und so versuchten es die USA mit einem Militärhilfeprogramm (inklusive Training und Ausbildung), während zugleich die Wirtschaftshilfe zurückgefahren wurde. Das sind klassische Kennzeichen für die Vorbereitung eines Militärputsches, wie wir sie auch einige Jahre später in Chile erlebt haben. Ein weiterer Versuch dieser Art wurde im Iran gestartet, wohin unmittelbar nach der Machtübernahme durch Chomeini Waffenlieferungen via Israel lanciert wurden – eine der vielen Haupt- und Staatsaktionen in der Iran-Contra-Affäre, die bei der darauf folgenden Vertuschungsaktion in der Versenkung verschwanden.[5]

In einer von der Princeton University 1962 veröffentlichten Studie der RAND-Corporation drängte Guy Pauker, über RAND und die CIA in die US-Politik involviert, seine Kontaktpersonen im indonesischen Militär, die »volle Verantwortung« für ihr Land zu übernehmen, »eine Mission zu erfüllen« und »zuzuschlagen, in ihrem Land mit eisernem Besen zu kehren«. 1963 warnte der ehemalige CIA-Stabsoffizier William Kintner, der zu jener Zeit an einem CIA-finanzierten Forschungsinstitut der Universität von Pennsylvanien beschäftigt war: »Wenn die PKI ihre legale Existenz aufrechterhalten kann und der sowjetische Einfluß weiter anwächst, dann könnte Indonesien als erstes Land in Südostasien von einer volksnahen, rechtmäßig gewählten kommunistischen Regierung übernommen werden. ... Währenddessen müssen die freien politischen Führer in Asien – in Zusammenarbeit mit dem Militär – mit westlicher Hilfe nicht nur fest entschlossen weiterregieren, sondern reformieren und den Fortschritt vorantreiben, während sie die politischen und die Guerilla-Armeen des Feindes vernichten.« Allerdings war man hinsichtlich einer erfolgreichen Liquidierung der volksnahen politischen Kräfte eher skeptisch. In einem Memorandum der RAND-Corporation von 1964 gab Pauker seiner Besorgnis darüber Ausdruck, daß den US-nahen Gruppierungen »möglicherweise jene Rücksichtslosigkeit fehlen könnte, die es den Nazis erlaubte, die Kommunistische Partei Deutschlands zu unterdrücken. ... [Diese rechtsorientierten und militärischen Elemente] sind schwächer als die Nazis, nicht nur was ihre Anzahl und ihre Unterstützung durch die Massen angeht, sondern auch in puncto Einheit, Disziplin und Führerschaft«.

Paukers Pessimismus erwies sich als unbegründet. Nach einem angeblichen kommunistischen Putschversuch am 30. September 1965 und dem Mord an sechs indonesischen Generälen nahm der pro-amerikanische General Suharto die Sache in die Hand und richtete ein Blutbad an, bei dem Hunderttausende, zumeist landlose Bauern, den Tod fanden. In einer Nachbetrachtung bemerkte Pauker 1969, daß die Ermordung der Generäle »jene Rücksichtslosigkeit hervorrief, die ich ein Jahr früher noch nicht vorhergesehen hatte und die zum Tod einer großen Anzahl kommunistischer Kader führte«.

Der Umfang des Massakers ist nicht bekannt. Schätzungen der CIA gingen von 250.000 Getöteten aus, der Leiter des indonesischen Staatssicherheitssystems sprach später von mehr als einer halben Million, Amnesty International von »weit über einer Million«. Wie hoch die Zahlen auch sein mögen, keiner bezweifelt, daß es ein grauenhaftes Abschlachten war. Weitere siebenhunderttausend Menschen – so die offiziellen Zahlen – wurden verhaftet, viele von ihnen blieben lange Jahre ohne Gerichtsverhandlung unter furchtbaren Bedingungen im Gefängnis. Präsident Sukarno wurde abgesetzt und das Militär herrschte uneingeschränkt. Das Land wurde westlicher Ausbeutung geöffnet, der nur die Habgier der Herrschenden im Wege stand.

Welche Rolle die USA bei diesen Ereignissen gespielt haben, ist ungewiß; einen Grund dafür bilden dokumentarische Lücken. Gabriel Kolko bemerkt, daß »US-Dokumente für die drei dem 30. September 1965 vorhergehenden Monate, die mit dem gesamten Hintergrund und den Intrigen, weniger mit der Rolle der US-Botschaft und der CIA zu tun haben, der öffentlichen Einsichtnahme entzogen worden sind. In Anbetracht der verfügbaren, ausführlichen Materialien aus der Zeit vor und nach Juli-September 1965 läßt sich lediglich vermuten, daß die Freigabe dieser Unterlagen die US-Regierung in Verlegenheit bringen könnte«. Der ehemalige CIA-Offizier Ralph McGehee berichtet, daß er Kenntnis besitze von einem als hochgeheim eingestuften CIA-Bericht über die Rolle, die die *Agency* gespielt hat, als es darum ging, die Vernichtung der PKI vorzubereiten. Er schreibt das Gemetzel der »C.I.A. [ein Wort getilgt] Operation« zu. Die Tilgung wurde von der CIA-Zensur veranlaßt. Peter Dale Scott, der den sorgfältigsten Versuch zur Rekonstruktion der Ereignisse unternommen hat, ist der Auffassung, das getilgte Wort laute »Täuschung« und beziehe sich auf CIA-Propaganda, die, mit McGehees unzensierten Worten, für diese und andere Massenmordveranstaltungen »die geeigneten Situationen herstellt« (was sich auch auf Chile bezieht). McGehee verwies insbesondere auf von der CIA fabrizierte Berichte über Greueltaten, die der Gewalt gegen die PKI den Boden bereiten sollten.[6]

Zweifellos hatte Washington Kenntnis von dem Massaker und billigte es. Am 29. Oktober telegrafierte Außenminister Dean Rusk an den Botschafter Marshall Green, daß die »Kampagne gegen die PKI« fortgesetzt werden müsse und daß das Militär, das sie inszeniere, die »einzige ordnungsstiftende Macht in Indonesien« sei und dies auch – mit Unterstützung seitens der USA für einen »großangelegten militärischen Feldzug gegen die PKI« – bleiben müsse. US-amerikanische Militärhilfe war schnell beschafft, doch wurden keine Einzelheiten publik gemacht. Telegramme aus der Botschaft in Jakarta vom 30. Oktober und 4. November lassen durchblicken, daß die Lieferung von Kommunikationsausrüstungen für die indonesische Armee beschleunigt und dem Verkauf von Flugzeugen zugestimmt wurde, während der stellvertretende Gesandte bemerkte: »Botschaft und Regierung der Vereinigten Staaten waren mit dem Vorgehen der Armee insgesamt einverstanden und bewunderten es.«[7]

Um der Klarheit willen müssen wir verschiedene Gesichtspunkte auseinanderhalten. Einerseits ist nach geschichtlichen Tatsachen zu fragen: Was geschah in Indonesien und Washington 1965/66? Ferner gibt es kulturgeschichtliche Fragen: Wie reagierten die US-Regierung und mit ihr verbundene Institutionen auf das, was sie für die Tatsachen hielten? Die politische Geschichte selbst ist trübe. Im Hinblick auf die Kulturgeschichte jedoch gibt es mehr als genug an öffentlichen Aufzeichnungen. Sie ist, was die Langzeitfolgen angeht, bei weitem informativer. Aus den Reaktionen leiten wir Lektionen für die Zukunft ab.

Washingtons Sympathie für »das Vorgehen der Armee« wird nicht ernsthaft bestritten. In diesem Zusammenhang ist eine Analyse von H. W. Brands von besonderem Interesse.[8] Von all den sorgfältigen Untersuchungen der Ereignisse selbst ist die seine am skeptischsten hinsichtlich der Rolle der Vereinigten Staaten, die für ihn im Grunde die Lage mit großer Verwirrung betrachteten und »lediglich sehr begrenzte Möglichkeiten besaßen, eine äußerst gefährliche Situation zum Besseren zu wenden«. Doch läßt er keinen Zweifel an Washingtons Begeisterung für die »Wende zum Besseren«, die das Gemetzel bewirkte.

Brands rekonstruiert die Ereignisse folgendermaßen. Zu Beginn des Jahres 1964 waren die USA »stillschweigend bemüht, die Armee zu ermutigen, gegen die PKI vorzugehen«, so daß bei Ausbruch des erwarteten Konflikts die indonesischen Militärs wissen mußten, daß sie »Freunde in Washington« besaßen. Das Ziel der zivilen und militärischen Vorgehensweisen lag, wie Außenminister Dean Rusk erläuterte, »in der Stärkung antikommunistischer Elemente in Indonesien im gegenwärtigen und zukünftigen Kampf gegen die PKI«. Der Stabschef Nasution, den US-Botschafter Howard Jones für den »stärksten Mann im Lande« hielt, teilte Jones im März 1964 mit, daß »ein heutiges Durchgreifen der Armee weitaus schlimmere Folgen haben würde als Madiun«. Er bezog sich damit auf die blutige Unterdrückung von 1948.

1965 wälzte Washington die Frage, wie man die Armee zum Eingreifen gegen die PKI veranlassen könnte. Der US-Gesandte Ellsworth Bunker vertrat die Auffassung, Washington solle sich öffentlich zurückhalten, damit die Generäle losschlagen könnten, ohne daß sie »zum Schreckgespenst gemacht und als Verteidiger der Neokolonialisten und Imperialisten angegriffen würden«. Das Außenministerium stimmte zu. Doch blieben die Zukunftsaussichten ungewiß, und der September 1965 endete, so Brands, damit, daß »die US-Regierungskreise binnen kurzem schlechte Neuigkeiten erwarteten«.

So kam der Schlag vom 30. September gegen die Armeeführung für Washington überraschend; auch die CIA war kaum informiert. Botschafter Green, der für Jones gekommen war, erklärte gegenüber Washington, er könne eine Beteiligung der PKI nicht erkennen. Dennoch lautet die offizielle Geschichte seitdem, es habe sich um einen »kommunistischen Putschversuch gehandelt«.

Die »guten Nachrichten« trafen sehr bald ein. »Die US-amerikanischen Regierungskreise erkannten sofort, daß die Lage in Indonesien sich drastisch und, aus ihrer Perspektive, zum Besseren wandelte«, fährt Brands fort. »Als aus den ländlichen Gebieten Nachrichten über eine beginnende Säuberungsaktion gegen die PKI eintrafen, waren die amerikanischen Regierungsbeauftragten in

Jakarta und Washington hauptsächlich darüber besorgt, daß die Armee es versäumen könnte, sich diese Gelegenheit zunutze zu machen.« Und als das Militär zu zögern schien, suchte Washington nach Möglichkeiten, »die Offiziere zum Weitermachen zu ermutigen«. Green empfahl, Gerüchte über »Schuld, Verrat und Brutalität der PKI zu verbreiten«, obwohl er von der Beteiligung der PKI nichts wußte. Nach McGehees Bericht über interne CIA-Aufzeichnungen arbeitete die Gerüchteküche erfolgreich. George Ball, die führende Taube in der Regierung, empfahl den USA, im Hintergrund zu bleiben, weil »die Generäle sehr gut allein mit der Situation fertigwurden« (Brands' Paraphrase). Die militärischen Hilfsprogramme »sollten den Armeeführern hinreichend deutlich gemacht haben, daß die USA hinter ihnen stehen, falls sie Hilfe benötigen« (Ball). Ball wies die Botschaft in Jakarta an, »äußerste Vorsicht walten zu lassen, damit unsere gutgemeinten Angebote, ihnen zu helfen oder sie in ihrem Entschluß zu bestärken, nicht de facto Sukarno und [seinem politischen Verbündeten] Subandrio in die Hände spielen«. Dean Rusk fügte hinzu: »Wenn die Bereitschaft der Armee, entschlossen gegen die PKI vorzugehen, in irgendeiner Weise vom Einfluß der Vereinigten Staaten abhängt, sollten wir die Gelegenheit nicht versäumen, ein US-amerikanisches Eingreifen in Betracht zu ziehen.«

Brands zieht den Schluß, daß die verdeckte Unterstützung seitens der USA »die Liquidierung der PKI erleichtert haben mag«, jedoch »bestenfalls nur das beschleunigt hat, was ohnehin, wenn auch auf langsamere Weise, passiert wäre«. »Welche Rolle auch immer die Regierung bei diesen Entwicklung gespielt hat«, fährt er fort, »sie fand den Gesamttrend auf jeden Fall ermutigend. Mitte Dezember berichtete Ball mit Befriedigung, daß die Vernichtungskampagne der Armee ›schnell und reibungslos vor sich geht‹. Ungefähr zur gleichen Zeit telegrafierte Green aus Jakarta. ›Die Beseitigung der Kommunisten macht rasche Fortschritte.‹« Anfang Februar 1966 wurde Präsident Johnson davon in Kenntnis gesetzt, daß etwa 100.000 Personen umgebracht worden seien. Kurz zuvor hatte die CIA berichtet, Sukarno sei am Ende und »die PKI von der Armee praktisch vernichtet«.

»Trotz dieser guten Nachrichten«, so Brands weiter, »zögerte die Regierung immer noch, sich öffentlich zu Suharto zu bekennen«, weil sie den Ausgang weiterhin für ungewiß hielt. Aber die Zweifel verflüchtigten sich bald. Johnsons neuer Sicherheitsberater,

Walt Rostow, »fand Suhartos ›neue Ordnung‹ ermutigend«, die Wirtschaftshilfe begann offen zu fließen, und Washingtons Regierungsverantwortliche heimsten allmählich die Lorbeeren für diesen großen Erfolg ein.

Dieser skeptischen Sichtweise zufolge haben »die Vereinigten Staaten Sukarno nicht gestürzt und sind nicht für die Hunderttausende von Toten verantwortlich, die die Beseitigung der PKI gekostet hat«. Aber die USA haben alles in ihrer Macht Stehende getan, um die Armee zur Vernichtung der einzigen Massenorganisation in Indonesien zu ermutigen. Sie zögerten nur deshalb vor einem stärkeren Engagement zurück, weil sie befürchteten, diese Bemühungen könnten sich als kontraproduktiv erweisen. Sie begrüßten die »guten Nachrichten« begeistert, als das Gemetzel um sich griff und unterstützen die »neue Ordnung« enthusiastisch, die sich mit dem Triumph der gemäßigten Kräfte aus dem Blutbad erhob.

3. Siegesfeier

Die offizielle Reaktion des Westens bestand aus Erleichterung und Stolz. Der stellvertretende Staatssekretär im Außenministerium, Alexis Johnson, feierte »den Rückgang der kommunistischen Flutwelle im großen Land Indonesien« als »ein Ereignis, das zusammen mit dem Vietnamkrieg für Asien zum vielleicht wichtigsten Wendepunkt in diesem Jahrzehnt werden kann« (Oktober 1966). Verteidigungsminister Robert McNamara wurde vor einem Senatskomitee befragt, ob die vor dem Putsch geleistete Militärhilfe »sich ausgezahlt« habe. Er bejahte dies und war in seinem Tun gerechtfertigt – die eingefahrene Dividende bestand aus einem riesigen Leichenhaufen. In einer privaten Mitteilung an Präsident Johnson vom März 1967 ging McNamara noch weiter. Er sagte, die der indonesischen Armee geleistete Militärhilfe habe »sie zum Schlag gegen die PKI ermutigt, als sich ihr die Gelegenheit dazu bot«. Als besonders wertvoll bezeichnete er dabei das Programm, indonesisches Militärpersonal zur Ausbildung an Universitäten in die Vereinigten Staaten zu bringen, wo ihnen das beigebracht wurde, was sie nachher so perfekt in die Praxis umsetzten. Dies waren »bedeutsame Faktoren für die günstige Orientierung der neuen politischen Elite Indonesiens« (d. h. der Armee), vermerkte McNamara. Übereinstimmend damit stellte ein Kongreßbericht fest, die Ausbildung der Offiziere und der ständige Kontakt mit ihnen hätten sich

»außerordentlich bezahlt gemacht«. Die gleiche Argumentation blieb auch für Lateinamerika lange gültig. Die Resultate waren ähnlich.[9]

Ein breites Spektrum von Kommentatoren schrieb der US-Intervention in Vietnam das Verdienst für diese hochwillkommene Entwicklung zu: sie habe ein Zeichen für Amerikas Engagement in Sachen Antikommunismus gesetzt und einen »Schutzschild« dargestellt, hinter dem die Generäle agieren konnten, ohne sich allzusehr um Sukarnos Verbündeten, die VR China, kümmern zu müssen. Eine im November 1966 von »145 bekannten Amerikanern« unterzeichnete Erklärung des »Freedom House« rechtfertigte den Krieg in Vietnam, weil er »ein Schutzschild für die scharfe Abkehr Indonesiens vom Kommunismus« gewesen sei. Die Methoden, die dabei zur Anwendung kamen, wurden nicht weiter kommentiert. In einer Rede vor US-amerikanischen Truppen im November 1966 sagte Präsident Johnson, ihre Heldentaten in Indochina seien der Grund dafür, »daß in Indonesien heute 100 Millionen Menschen ein Ausmaß an Freiheit genießen, welches sie gestern noch nicht gekannt haben«. In diesen Reaktionen spiegelt sich die Logik des US-amerikanischen Indochina-Krieges.[10]

Skeptisch wie immer, hält Brands diese Behauptungen für überzogen. McNamaras »Versuche, sich die Verantwortung für den Aufstieg des Generals zur Macht zuzuschreiben«, sind für ihn eine Reaktion auf Johnsons »Begeisterung für das Suharto-Regime«. Die dem indonesischen Militär gegebenen Versicherungen »waren sicherlich nicht ohne Einfluß darauf, wie Suharto seine Aussichten einschätzte«, doch sollte man die Wirkung nicht überschätzen, denn die Versicherungen »wiederholten lediglich die offenkundige Tatsache, daß die Vereinigten Staaten rechtsgerichteten Politikern den Vorzug vor linksorientierten gaben« – und zu ersteren gehören auch Rechte, die ein Blutbad veranstalten und eine terroristische »neue Ordnung« errichten. Was den Krieg in Vietnam angeht, so bezweifelte die CIA, daß »die von den USA in Vietnam demonstrierte Entschlossenheit den Ausgang der indonesischen Krise in irgendeiner Weise beeinflußt hat«. So jedenfalls äußerte sich CIA-Direktor Helms 1966 gegenüber Walt Rostow. Die Regierung Johnson war, wie Brands es ausdrückt, darüber besorgt, daß Indonesien das Schicksal erleiden könne, »vor dem die Vereinigten Staaten Vietnam zu bewahren suchten«. Glücklicherweise rettete Indonesien sich aus eigener Kraft.

Im Kongreß erhob sich keine Stimme, um das Massaker zu verurteilen, und keine große US-Hilfsorganisation bot ihre Unterstützung an. Die Weltbank war Indonesien wieder wohlgesonnen und machte das Land bald zum drittgrößten Kreditnehmer. Westliche Regierungen und Konzerne standen da nicht zurück.

Die vor Ort dabei waren, haben in puncto Bauernmassaker einiges dazugelernt. Botschafter Green ging ins Außenministerium, wo er, neben anderen Errungenschaften, die Bombardierung der Landgebiete Kambodschas leitete, die 1973 mit der Abschlachtung zehntausender Bauern einen geschichtlichen Höhepunkt erreichte. Zu eben jener Zeit bezeugte Green vor dem Kongreß, daß das Massaker um unseres Friedensdursts willen fortgesetzt werden müsse: unsere Erfahrung mit »diesen Typen in Hanoi« zeige, daß sie nur durch die Blutströme kambodschanischer Bauern an den Verhandlungstisch gezwungen würden. Die »Erfahrung«, auf die er sich berief, war die Weihnachten 1972 unternommene Bombardierung von Hanoi, mit der die dortigen »Typen« gezwungen werden sollten, die mit der Regierung Nixon im Oktober getroffenen Abkommen zu modifizieren. Sie waren von Washington zunächst zurückgewiesen, dann ohne Veränderung wieder in Kraft gesetzt worden, nachdem das Bombardement sich als zu kostspielig erwiesen hatte und eingestellt worden war. Da die freie Presse diese Ereignisse und ihr bemerkenswertes Nachspiel verschwiegen hatte, konnte Green vertrauensvoll darauf setzen, daß seine gigantischen Fälschungen im Interesse fortgesetzten Massenmordes nicht an den Pranger kommen würden.[11]

Was Indonesien angeht, so waren die Medien hocherfreut, ja euphorisch. Als die Armee sich anschickte, die Kontrolle zu übernehmen, beschrieb Max Frankel, Korrespondent der *New York Times,* wie entzückt die Mitglieder der Johnson-Regierung über die »dramatisch neuen Möglichkeiten« in Indonesien waren. Das »Militär hat Stärke demonstriert«, so daß »Indonesien nun vor dem scheinbar unvermeidlichen Abgleiten in eine friedliche Machtübernahme von innen bewahrt werden kann«. Denn andernfalls wäre die unausdenkbare Katastrophe eingetreten und die Innenpolitik der Kontrolle der USA gänzlich entglitten. US-Regierungsvertreter »sind der Auffassung, die Armee werde die Kommunisten in ihrer Bedeutsamkeit als politische Kraft entscheidend schwächen, vielleicht gar zerstören«, so daß schließlich »der kommunistische Einfluß auf allen Gesellschaftsebenen ausgeschaltet werden kann«.

Nun gibt es »Hoffnung dort, wo noch vor zwei Wochen Verzweiflung herrsche«.[12]

Nicht alle waren begeistert von der Möglichkeit, die einzige volksnahe politische Kraft im Lande zu zerstören. Japans führende Tageszeitung, *Asahi Shimbun*, mahnte Vorsicht an. »In Anbetracht der Tatsache, daß der Einfluß der Kommunisten bis tief in die Wurzeln der indonesischen Bevölkerung hineinreicht, würde die unübersichtliche Lage im Lande durch ein hartes Vorgehen gegen diese Kräfte noch verschlimmert werden.« Aber derlei trübsinnige Gedanken waren selten zu finden.[13]

Mitte 1966 – die Ergebnisse waren nun schon seit einiger Zeit bekannt – lieferte der *U.S. News & World Report* unter der Überschrift: »Indonesien: ›Hoffnung ... wo es einst keine gab‹« eine lange und begeisterte Story ab. »Die Indonesier dieser Tage können frei miteinander sprechen und diskutieren, ohne Angst vor Denunziation und Verhaftung«, berichtete die Zeitschrift. Sie beschrieb in solchen Worten einen sich herausbildenden totalitären Schreckensstaat, wo Hunderttausende im Gefängnis saßen und das Blut noch floß. Unter der Überschrift »Rache mit lächelndem Gesicht« feierte das Magazin *Time* in einer Titelgeschichte die »seit langem besten Nachrichten für den Westen aus Asien«. Fünf Seiten mit Text und sechs weitere mit Photos wurden dem »dampfenden Blutbad« gewidmet, »das fast unbemerkt 400.000 Leben kostete«. Das neue Militärregime »achtet peinlich genau auf Verfassungstreue«, verkündete *Time* glücklich, und »beruht auf dem Gesetz, nicht auf reiner Macht«. So die Worte des »ruhig-entschlossenen« Führers Suharto, dessen Gesicht »von fast kindlicher Unschuld ist«. Daß die PKI, eine Partei mit drei Millionen Mitgliedern, durch ihren »einzigen ernsthaften Rivalen«, die Armee, beseitigt und der »wahrhafte Volksheld« Sukarno gestürzt wurde, könne gewissermaßen als Triumph der Demokratie angesehen werden.[14]

James Reston, der politische Vordenker der *New York Times*, reihte sich mit der Überschrift »Ein Lichtstrahl in Asien« in den Chor ein. Reston, eine Art Sprachrohr des Außenministeriums, ermahnte die Amerikaner, sie sollten den schlechten Nachrichten aus Vietnam nicht den Vorrang geben vor »den hoffnungsvolleren Entwicklungen in Asien«, darunter vor allem der »gewalttätigen Umwandlung Indonesiens von einer pro-chinesischen Politik unter Sukarno zu einer herausfordernd antikommunistischen Politik unter General Suharto«: »Washington vermeidet es sorgfältig, sich irgendwelche Verdienste für den Wandel in dem sechstgrößten Land der Welt, das zu den reichsten Nationen zählt, zuzuschreiben. Doch das will nicht besagen, daß Washington mit diesem Wandel nichts zu tun hatte. Es gab sehr viel engere Kontakte zwischen den antikommunistischen Kräften in jenem Land und zumindest einer hochgestellten Regierungspersönlichkeit in Washington, als allgemein bekannt ist. General Suhartos Truppen, die zuweilen unter erheblichem Nahrungs- und Munitionsmangel litten, haben von hier aus über verschiedene Drittländer Hilfsleistungen empfangen, und es steht zu bezweifeln, ob der Putsch ohne die amerikanische Machtdemonstration in Vietnam überhaupt in Angriff genommen worden wäre oder ob er ohne die verdeckten Hilfsleistungen hätte durchgestanden werden können.«

Die aktuelle Berichterstattung über Indonesien vom selben Tag brachte weitere frohe Kunde. Unter der Überschrift »Indonesier gehen wieder in US-Filme« wurde »das größte öffentliche Gesellschaftsereignis in der indonesischen Hauptstadt« beschrieben, das sich jener Tage ereignete. »Elegant gekleideten Indonesiern«, die »aus teuren Limousinen steigen«, werden amerikanische Filme geboten: »ein Zeichen dafür, daß das Land die anti-amerikanische, pro-kommunistische Politik der indonesischen Regierung« aus der düsteren, wolkenverhangenen Zeit vor dem Putsch »zurückweist«.[15]

Erinnern wir uns, daß, der skeptischen Sichtweise Brands und anderer zufolge, Restons stolze Behauptung, die US-Regierung könne durchaus Verdienste für das Massaker und die Errichtung der »neuen Ordnung« beanspruchen, übertrieben, aber verständlich ist.

Die Reaktion der Leitartikler auf das Blutbad war umsichtig. Die *New York Times* zeigte sich erfreut darüber, daß die indonesische Armee »die politische Zeitbombe des Landes, die mächtige Kommunistische Partei Indonesiens, entschärft« hatte und lobte Washington dafür, »während der jüngsten Umwälzungen klugerweise im Hintergrund geblieben zu sein«, statt ganz offen Hilfestellung geleistet und Freudentänze veranstaltet zu haben. Die Vorstellung, Washington oder sonst jemand hätte protestieren und den Versuch unternehmen können, das nützliche Abschlachten zu verhindern, war jenseits der Grenzen des guten Geschmacks. Washington solle, so betonten die Leitartikler nachhaltig, seine klug eingeschlagene Richtung beibehalten und internationale Hilfsleistungen für die »gemäßigten Kräfte in Indonesien«, die das Massaker veranstaltet hatten, unterstützen. Ein Leitartikel vom Februar 1966 umriß die möglichen Vorteile für die Vereinigten Staaten, die sich aus der Machtergreifung der Militärs und der »Demontage des gesamten Parteiapparats der PKI« ergeben könnten. Ein weiterer Leitartikel aus dem August erkannte, daß »unter den Kommunisten ein riesiges Blutbad angerichtet worden ist«, wobei Hunderttausende getötet wurden. Aus dieser »Situation ... ergeben sich kritische Fragen an die USA«, die glücklicherweise richtig beantwortet wurden: Washington »hat sich klugerweise nicht in die indonesischen Wirren eingemischt [und] die neuen Führer öffentlich umarmt«, was sie »sehr wohl hätte verletzen können« – das war die einzige »kritische Frage«, die die USA sich stellte. Einen Monat später beschrieben die Leitartikler die Erleichterung in Washington angesichts der Tatsache, daß »Indonesien verlorenging und wiedergefunden wurde.« Die Erfolge der »gemäßigten Kräfte« waren »mit großzügigen Bürgschaften für Reis, Baumwolle und Maschinerie« belohnt worden, außerdem liefen die Vorbereitungen zur Wiederaufnahme der Wirtschaftshilfe an, die ausgesetzt worden war, bevor das »riesige Blutbad« die Dinge wieder ins Lot brachte. Die USA »haben Grund genug, sich aus Staatsräson mit dem neuen Regime ins Benehmen zu setzen«, ganz zu schweigen von den mehr als ausreichenden Gründen der Profiträson.[16]

Innerhalb weniger Jahre war ein kompletter Rollentausch vollzogen worden. 1977 schrieb George McArthur, ein geachteter Asien-Experte der *Los Angeles Times*, die PKI habe »versucht, die Macht an sich zu reißen und das Land einem Blutbad ausgeliefert. Verrucht wie sie sind, haben die Kommunisten ihr Haupt selbst auf den Richtblock gelegt.[17]

Unterdessen hatten die indonesischen Generäle ihren Rekord an Menschenrechtsverletzungen im eigenen Land weiter aufgestockt und ihrem 1975 begonnenen Angriff auf die ehemalige portugiesische Kolonie Osttimor an Völkermord grenzende Dimensionen verliehen. Sie veranstalteten ein weiteres »riesiges Blutbad«, das den zur gleichen Zeit stattfindenden Metzeleien von Pol Pot vergleichbar ist. In diesem Fall genoß das Unternehmen die entscheidende Unterstützung der Menschenrechtsregierung [Präsident Carters, d. Ü.] und ihrer Verbündeten. Diese verstehen die »Staatsräson« so gut wie die Leitartikler der *New York Times*, die, zusammen mit ihren nordamerikanischen und europäischen Kollegen, alles in ihrer Macht Stehende taten, um den Massenmord zu bagatellisieren. Sie unterdrückten die leicht zugänglichen Tatsachen zugunsten einiger Märchen, die ihnen von den indonesischen Generälen und dem Außenministerium aufgetischt wurden. Vor der Invasion, die mit westlichen Besorgnissen über den Zusammenbruch des portugiesischen Imperiums zusammenhing, war die US-amerikanische und kanadische Berichterstattung über Timor ausführlich und umfassend gewesen. Als 1978 die Grausamkeiten und die US-amerikanischen Waffenlieferungen ihren Höhepunkt erreichten, herrschte Schweigen im Blätterwald.[18]

Die Leitartikler der *New York Times* waren nicht die einzigen, die die gemäßigten Kräfte rühmten, welche das »dampfende Blutbad« angerichtet hatten. »Suharto, der neue gemäßigte Führer in Jakarta, wurde vom ganzen Westen umworben«, berichtete der *Christian Science Monitor* später. Der Südostasien-Korrespondent der *New York Times*, Philip Shenon, fügt etwas vorsichtiger hinzu, Suhartos Verhältnis zu den Menschenrechten sei »nicht eindeutig«. Der Londoner *Economist* beschrieb den Massenmörder und Folterknecht als »von gütiger Wesensart«, womit sicher sein Mitgefühl gegenüber den multinationalen Konzernen gemeint war. Unglücklicherweise gibt es Menschen, die sein huldreiches Wesen in Zweifel ziehen: »Propagandisten der Guerillas« in Osttimor und Westpapua (Irian Jaya) »sprechen von der Blindwütigkeit und Folterbereitschaft der Armee« – wie etwa der Bischof und andere Kirchenangehörige, Tausende von Flüchtlingen in Australien und Portugal, westliche Diplomaten und Journalisten, die ihre Scheuklappen entschlossen abgelegt haben, Amnesty International und andere Menschenrechtsorganisationen. Sie alle sind »Propagandisten«, nicht aber unerschrockene Verfechter der Menschenrechte, denn sie erzählen die falsche Geschichte.[19]

Im *Wall Street Journal* beschrieb Barry Wain, der die Asien-Ausgabe betreut, Suhartos »Kühnheit bei der Zerschlagung der Putschisten und der Festigung seiner Macht«, seine »Stärke und Raffinesse«, mit der er die totale Kontrolle über das Land erlangt habe. »Er hat sich, nach Maßgabe des Möglichen, gut geschlagen«, abgesehen von ein paar Problemen wie etwa der Beteiligung der Regierung an der Ermordung von einigen Tausend angeblichen Kriminellen zwischen 1982 und 1985. Aber lassen wir die ungeklärten Fragen zu Ereignissen vergangener Jahre auf sich beruhen. Ein paar Wochen vor Wains Lobeshymne berichtete *Asiaweek* von einem weiteren Massaker in Sumatra. Bewaffnete Truppen brannten dort ein 300 Einwohner zählendes Dorf nieder und töteten Dutzende von Zivilisten. Dieses Vorgehen war Bestandteil einer Operation zur Unterdrückung von Unruhen in den ländlichen Gebieten. Suharto sei »ein Symbol der Stabilität«, lesen wir in einer Schlagzeile des *Wall Street Journal*, wobei »Stabilität« im bereits erörterten Sinn politischer Korrektheit gebraucht wird. Die optimistische Story übersieht die Ereignisse von 1965 nicht. Ein Satz lautet: Suharto »übernahm das Kommando, um den Putschversuch zu zerschlagen, und war erfolgreich«.[20]

Wenn die Opfer nicht mehr als Menschen angesehen werden, sondern als wilde Tiere in Menschengestalt, als Kommunisten, Terroristen oder wie immer der gerade geläufige Ausdruck lauten mag, dann ruft ihre Auslöschung keine moralischen Bedenken hervor, und die Agenten der Auslöschung sind allen Lobes werte Kräfte der Mäßigung – unsere Nazis, um es aus dem Orwellschen »Neusprech« zu übersetzen. Das ist die übliche Verfahrensweise; man denke nur an den »gemäßigten« General Gramajo, der sich durchaus um die Aufnahme in Suhartos Liga bewerben könnte.

4. Das Ziehen von Schlußstrichen

1990/91 gaben einige Ereignisse Anlaß zu ungewöhnlicher Besorgnis über Gewaltakte in Indonesien, die von den USA unterstützt worden waren. Im Mai 1990 veröffentlichte der »States News Service« in Washington eine Untersuchung von Kathy Kadane. Dort heißt es: »Die US-Regierung habe, wie ehemalige US-Diplomaten behaupten, eine wichtige Rolle gespielt, indem sie die Namen Tausender kommunistischer Parteiführer an die indonesische Armee weiterleitete, die die Linken jagte und umbrachte. ... Insgesamt wurden der indonesischen Armee 5000 Namen übermittelt, und die Amerikaner kreuzten später, wie US-Regierungsbeamte behaupten, die Namen der Getöteten oder Gefangenen auf den Listen an. ... Die Listen enthielten ein detailliertes *Who's Who* der Führungsschicht einer drei Millionen Mitglieder zählenden Partei, sagte [der Geheimdienstoffizier Robert] Martens. Auf ihnen standen Namen von Komiteemitgliedern der PKI aus ländlichen, städtischen und anderen lokalen Bereichen, wie auch der Führungskader von ›Massenorganisationen‹ wie etwa der nationalen Arbeitervereinigung der PKI und ihrer Frauen- und Jugendgruppierungen.«

Die Namen wurden an die Militärs weitergereicht und von ihnen als »Abschußliste« genutzt, behauptet Joseph Lazarsky, der damals in Jakarta stellvertretender Leiter der CIA-Dienststelle war. Einige Personen, fügt er hinzu, wurden für Vernehmungen oder »Femegerichte« aufgespart, weil die Indonesier »nicht genügend Schlägertrupps hatten, um sie alle abzuknallen«. Kadane berichtet, hochrangige Beamten der US-Botschaft hätten in Interviews eingeräumt, der Freigabe der Namenliste zugestimmt zu haben. William Colby verglich die Operation mit seinem »Phoenix-Programm« in Vietnam, um sich für seine eigene politische Mordkampagne zu rechtfertigen (denn nichts anderes ist Phönix gewesen, auch wenn Colby dies abstreitet).

»Keiner kümmerte sich darum, solange es Kommunisten waren, die abgeschlachtet wurden«, sagte Howard Federspiel, der damalige Indonesien-Experte im Geheimdienst des Außenministeriums. »Niemand geriet deshalb besonders aus der Fassung.« »Es war tatsächlich eine große Hilfe für die Armee«, meinte Martens. »Sie haben wahrscheinlich eine Menge Leute umgebracht, und ich habe wahrscheinlich ziemlich viel Blut an den Händen, aber das alles ist ja nicht nur schlecht.« »Es gibt eine Zeit, wo man im entscheidenden Moment hart zuschlagen muß.«

Die Geschichte wurde von einigen Zeitungen aufgegriffen, aber die Aufregung hielt sich in Grenzen. Es war ja auch nichts Außergewöhnliches; immerhin hatte sich die US-Botschaft ein Jahrzehnt zuvor in Guatemala fast genau so verhalten, als eine andere nützliche Metzelei im Gange war.[21]

Zwar wurden einige Federn gerupft, aber danach geriet der Bericht schnell in Vergessenheit. Die *New York Times* ließ sich fast zwei Monate Zeit, ehe das »Newspaper of Record« Notiz davon nahm, lange genug, um die erforderlichen Dementis aufmarschieren zu lassen. Der Reporter Michael Wines gibt die dürftigsten Propagandaklischees der Regierung über die Ereignisse als unbezweifelbare Tatsache wieder. Botschafter Green verwirft den Bericht von Kadane als »Müll«. Er und andere behaupten, die USA hätten mit der Liste, die ohnehin bedeutungslos gewesen sei, nichts zu tun gehabt. Wines zitiert aus einem Brief von Martens an die *Washington Post*, in dem es heißt, die Namen seien durch die indonesische Presse öffentlich zugänglich gewesen; Martens' weitergehende Bemerkung, es sei wichtig gewesen, die Namenliste zu übergeben, fällt bei Wine fort. Martens schrieb, er habe »nichts Schlimmes in dieser Hilfestellung gesehen« und sei auch weiterhin von der Richtigkeit seines Tuns überzeugt, weil »der pro-kommunistische Terror, der zum endgültigen Schlag ... gegen die nicht-kommunistische Armeespitze führte, ... die systematische Sammlung von Daten über die Kommunisten verhindert hatte« (eine wirklichkeitsferne Geschichte, aber was macht das schon). Darüber, wie die *New York Times* das Gemetzel feierte, schweigt Wines sich ebenso aus wie über den Stolz, den ihr führender Leitartikler angesichts der Rolle der USA bei der Beschleunigung der Ereignisse empfand.[22]

Als einer der wenigen in der US-Presselandschaft zeigte sich Stephen Rosenfeld von der *Washington Post* besorgt über die Enthüllungen von Kathy Kadane. Auch seine Reaktion ist sehr aufschlußreich.

Nachdem die Kadane-Story erschienen war, druckte die *Washington Post* einen Brief des indonesischen Menschenrechtlers Carmel Budiardjo ab. Budiardjo wies darauf hin, daß die direkte Beteiligung der USA am Massenmord bereits aus dem von Gabriel Kolko veröffentlichten telegrafischen Verkehr zwischen der US-Botschaft in Jakarta und dem Außenministerium bekannt geworden sei, besonders aus dem bereits zitierten Meinungsaustausch zwischen Green und Rusk. Einen Monat später äußerte sich Rosenfeld einigermaßen besorgt und fügte hinzu, daß »in einer Darstellung, die ich gerade lese« – er meint Kolkos Buch – die kommunistische Beteiligung an dem angeblichen Putschversuch, der als Vorwand für die Massaker diente, angezweifelt wird (man bemerke, wie hier sehr geschickt wichtige Aspekte ausgelassen werden). Rosenfeld gestand, daß Kolkos »für die Revisionisten typische Sichtweise des ›Amerika-ist-an-allem-schuld‹ mich in bezug auf seine Schlußfolgerungen mißtrauisch macht«. Er gab der Hoffnung Ausdruck, daß »jemand aus dem politischen Mainstream das Material durchsieht und eine unabhängige Einschätzung bietet«. Sein Rettungsgesuch erschien unter der Schlagzeile: »Indonesien 1965: Ein Jahr des Zynismus?«

Zum Glück war Entsatz bereits unterwegs. Eine Woche später schrieb Rosenfeld unter der Überschrift »Indonesien 1965: Das Jahr der Bedeutungslosigkeit Amerikas«, er habe mit der Post eine »unabhängige Einschätzung« erhalten, die von einem Historiker »ohne politische Schlagseite« stamme – also jemandem, der ihm versichern konnte, daß der von ihm geliebte Staat kein Unrecht begangen habe. Dieses Gegengift steckte voller »erfreulicher Überraschungen«, aus denen sich die Schlußfolgerung ziehen ließ, die USA seien für die Todesfälle und den Sturz Sukarnos nicht verantwortlich. Damit sind »die Amerikaner von dem dräuenden Verdacht, für den Putsch und das Massaker in Indonesien verantwortlich zu sein, befreit«, schließt Rosenfeld glücklich. »Für mich ist die Frage nach der Rolle Amerikas in Indonesien ein für alle Mal beantwortet.«[23]

Wie einfach ist doch das Leben des wahrhaft Gläubigen.

Der Artikel, der zu Rosenfelds großer Erleichterung den Schlußstrich zog, war die bereits erwähnte Untersuchung von Brands. Daß dieser ein »unabhängiger« Kommentator »ohne politische Schlagseite« ist, läßt sich leicht zeigen: Seiner Einschätzung nach sei der Vietnamkrieg ein Versuch gewesen, »Südvietnam zu retten«, die in Washington eintreffende Information, daß die Armee in einem Riesenmassaker »die PKI praktisch zerstört hat«, ist für ihn eine »gute Nachricht«. Die »größte Schwäche verdeckter Kriegsführung« bestehe darin, daß sie »unvermeidlich dazu neigt, den Brunnen der öffentlichen Meinung politisch zu vergiften«, das heißt, den USA die Taten irgendwelcher Unruhestifter in anderen Ländern anzulasten, usw.

Von größerer Bedeutung sind indes die »erfreulichen Überraschungen«, die alle noch rumorenden Zweifel beseitigen. Da die Untersuchung alle Fragen mit positiver Bilanz zum Abschluß bringt, können wir von nun an selig in dem Bewußtsein ruhen, daß Washington alles in seiner Macht stehende tat, um das größte Massaker seit Hitler und Stalin in Gang zu setzen, das Resultat mit Begeisterung aufnahm und sich unmittelbar darauf der Aufgabe widmete, Suhartos mit vollem Recht so genannte »neue Ordnung« zu unterstützen. Zum Glück gibt es da nichts, was das liberale Gewissen beunruhigen könnte.

Eine interessante Nicht-Reaktion auf den Kadane-Bericht läßt der von Senator Daniel Moynihan geschriebene Leitartikel in der *New York Review of Books* erkennen. Er befürchtet, daß wir »die Brunnen unseres historischen Gedächtnisses vergiften«, wenn wir die unangenehmen Seiten unserer Vergangenheit unterdrückten. Dieses Versagen kontrastiert er der »außergewöhnlichen Periode«, in der die Sowjetunion heutzutage »die schlimmsten Verbrechen ihrer grausamen Geschichte ausgräbt«. Selbstverständlich hätten »die Vereinigten Staaten keine solche Geschichte. Im Gegenteil.« Unsere Geschichte sei völlig rein. Wir müssen keine Verbrechen ausgraben, die gegen die eingeborene Bevölkerung begangen wurden, oder gegen die Afrikaner in den siebzig Jahren, die auf *unsere* Revolution folgten; oder Verbrechen gegen Filipinos, gegen Menschen aus Mittelamerika oder Indochina, oder später gegen andere. Trotz alledem sind auch wir nicht ganz vollkommen: »nicht alles, was wir in diesem Land getan haben, ist in aller Offenheit geschehen«, bemerkt Moynihan, wobei allerdings auch »nicht alles offen getan werden konnte. Oder sollte.« Daß wir aber zu viel verbergen, sei das schlimmste Verbrechen in unserer Geschichte.[24]

Schwer zu glauben, daß der Senator bei der Niederschrift dieser Worte nicht an die jüngsten Enthüllungen in Sachen Indonesien gedacht haben soll. Schließlich hat gerade er eine besondere persönliche Beziehung zu den indonesischen Greueltaten. Er war UNO-Botschafter, als die Indonesier Osttimor besetzten, und rühmt sich in seinen Memoiren, jegliche internationale Reaktion auf den Angriff und auf das Massaker verhindert zu haben. »Die Vereinigten Staaten wollten die Wendung der Dinge so, wie sie sich dann tatsächlich vollzog«, schreibt er, »und sie arbeiteten daran, dies zustandezubringen. Das Außenministerium verlangte, daß jegliche Maßnahmen seitens der Vereinten Nationen sich als ganz und gar wirkungslos erweisen sollten. Diese Aufgabe wurde mir übertragen, und ich habe sie mit nicht unbeträchtlichem Erfolg ausgeführt.« Moynihan wußte sehr wohl über die Wendung der Dinge Bescheid und bemerkte, daß innerhalb weniger Wochen mehr als 60.000 Menschen getötet worden waren, »zehn Prozent der Bevölkerung, ungefähr die Verluste, die die Sowjetunion während des Zweiten Weltkrieges zu tragen hatte«. Dergestalt sprach er sich das Verdienst für Erfolge zu, die er mit denen der Nazis verglich. Und zweifellos ist ihm bekannt, welche Rolle die US-Regierung des weiteren in der Eskalation der Gewaltmaßnahmen gespielt hat und welchen Beitrag die Medien und die politische Klasse zur Vertuschung dieser Vorgänge geleistet haben. Aber die neu veröffentlichten Informationen über die Rolle der USA beim Massenmord haben nicht an die Tür seines Geschichtsgedächtnisses geklopft und kein Nachdenken über unsere Praxis bewirkt. Unser einziger Fehler ist unsere mangelnde Offenheit.

Moynihans Erfolge in der UNO sind auf die übliche Weise in die Geschichte eingegangen. Die gegen den Irak und Libyen ergriffenen Maßnahmen »zeigen erneut, wie der Zusammenbruch des Kommunismus dem Sicherheitsrat den zur Durchsetzung seiner

Aufträge notwendigen Zusammenhalt verschafft hat«, erklärt Paul Lewis, UNO-Korrespondent der *New York Times*, in einem Bericht auf der Titelseite. »In früheren Fällen wie etwa ... der Annexion Osttimors durch Indonesien war das nicht möglich.«[25]

Im August 1990 marschierte der Irak in Kuwait ein, und auch in diesem Zusammenhang erinnerte man sich wieder an Indonesien, an die Ähnlichkeit dieses Vorgangs mit der damaligen (sehr viel blutigeren) Aggression und Annexion. Ein Jahrzehnt zuvor, als die ersten Anzeichen dessen, was eigentlich geschehen war, sich allmählich herauskristallisierten, waren hier und da Suhartos Heldentaten in Timor mit den zur gleichen Zeit stattfindenden Massakern Pol Pots verglichen worden. Wie 1990 lautet der schwerwiegendste Vorwurf an die USA und ihre Verbündeten, sie würden über die Greueltaten Indonesiens »hinwegsehen«. Die Wahrheit blieb gut verhüllt: Indonesien erhielt wichtige militärische und diplomatische Unterstützung für seine ungeheuren Kriegsverbrechen, die – und hier liegt ein ganz entscheidender Unterschied zu Pol Pot und Saddam – jederzeit durch die Einstellung der westlichen Hilfsleistungen und die Durchbrechung der Schweigemauer hätten gestoppt werden können.

Man hat äußerst einfallsreiche Bemühungen unternommen, um die radikal unterschiedlichen Reaktionen auf Suharto einerseits und Pol Pot wie Saddam andererseits hinwegzuerklären. Umgehen wollte man die sich anbietende Bezugnahme auf materielle und politische Interessen, die natürlich ein viel breiteres Erklärungsspektrum eröffnet. William Shawcross bot eine »strukturell überzeugendere Erklärung« für den Fall Timor/Kambodscha an: in bezug auf Timor habe ein »beträchtlicher Mangel an Quellen« und ein Mangel an Zufluchtsorten für die Flüchtlinge geherrscht, denn Lissabon und Australien sind sicher weiter voneinander entfernt als die Grenze zwischen Thailand und Kambodscha. Gérard Chaliand zeigte große Seelenqualen angesichts Pol Pots und verniedlichte dabei Frankreichs aktive Unterstützung der indonesischen Greueltaten, weil die Bevölkerung von Timor »geographisch und historisch marginal« sei. Fred Halliday zufolge besteht der Unterschied zwischen Kuwait und Timor darin, daß Kuwait »seit 1961 als unabhängiger Staat existiert«. Um diese Äußerung zu gewichten, sei daran erinnert, daß die USA die UNO daran gehindert haben, Israels Libanoninvasion zu verurteilen oder die Besetzung der syrischen Golanhöhen konsequent zu verurteilen. Darüber hinaus hatte Saddam – im Unterschied zu Suharto in Timor – seinen Rückzug aus Kuwait angeboten. Wir wissen nicht, wie ernst dieser Vorschlag gemeint war, weil die USA diese Angebote sofort zurückwiesen, denn sie hatten Angst, die Krise könne dadurch »entschärft« werden. Ein Gemeinplatz ist, daß der »Einfluß Amerikas [auf Indonesiens Entschluß zur Invasion] gerne übertrieben wird«, obwohl die USA »den Blick von Osttimor abgewendet haben« und »sehr viel mehr hätten tun können, um sich vom Blutbad zu distanzieren« (James Fallows). Der Fehler lag also im passiven Verhalten, nicht in der entschiedenen Unterstützung des Gemetzels durch vermehrte Waffenlieferungen und durch die Behinderung der UNO, weil »die Vereinigten Staaten die Wendung der Dinge so wollten, wie sie sich dann tatsächlich vollzog« (Botschafter Moynihan). Derweil begnügten sich die Intellektuellen damit, die Verbrechen der offiziell anerkannten Feinde anzuprangern. Andere versuchten sich in anderen Techniken, das Offensichtliche zu umgehen, und fügten der unrühmlichen Geschichte weitere Fußnoten hinzu.[26]

Die australische Regierung äußerte sich freimütiger. »Es gibt keine bindende gesetzliche Verpflichtung, die gewaltsame Aneignung eines Territoriums nicht anzuerkennen«, erklärte Außenminister Gareth Evans und fügte hinzu: »Die Welt ist ein Ort voller Unfairneß, übersät mit Beispielen von gewaltsam eroberten Territorien ...« (im gleichen Atemzug erteilte er, im Gefolge Großbritanniens und der USA, allen offiziellen Kontakten mit der PLO eine empörte Absage, weil sie »den irakischen Einmarsch in Kuwait rückhaltlos verteidigt«). Premierminister Hawke erklärte, daß »große Länder nicht einfach kleine Nachbarn überfallen und ungeschoren davonkommen können« (wobei er sich auf den Irak und Kuwait bezog). Er verkündete, daß in der »Neuen Ordnung«, welche die tugendhaften Angloamerikaner errichten würden, »Möchtegern-Aggressoren es sich zweimal überlegen, ehe sie kleinere Nachbarn überfallen«. Die Schwachen werden »sich sicherer fühlen, weil sie wissen, daß sie im Fall einer Bedrohung nicht allein dastehen«, denn nun müßten endlich »alle Nationen wissen, daß die Herrschaft des Gesetzes in den internationalen Beziehungen Vorrang genießt vor der Herrschaft der Gewalt«.

Australien hat eine besondere Beziehung zu Timor; Zehntausende von Timoresen wurden während des Zweiten Weltkrieges getötet, als sie ein paar australische Guerillas schützten, die in Timor gegen die drohende japanische Invasion Australiens kämpften. Ein seit langem bekannter Grund sind die reichen Erdgas- und Erdölvorkommen im »Timor Gap«, »eine kalte, harte und ernüchternde Realität, der man ins Auge sehen muß«, wie Außenminister Bill Hayden im April 1984 ohne Umschweife erklärte. Im Dezember 1989 unterzeichnete Evans ein Abkommen mit den indonesischen Eroberern, um den Reichtum Timors aufzuteilen; während des Jahres 1990 empfing Australien 31 Millionen Austrodollars, die ihm Ölgesellschaften für Terrainerkundungen hinblättern mußten. Evans' oben zitierte Bemerkungen stammen aus einer Erklärung, in der Australien erläuterte, warum es einen von Portugal (das allgemein als verantwortliche Autorität galt) vor dem Weltgerichtshof eingebrachten Protest gegen das Abkommen zurückweise.[27]

Während britische Politiker und Intellektuelle sich mit angemessenem Ernst über die Werte ihrer traditionellen Kultur verbreiteten, die von dem Fähnlein der Aufrechten nun auch in der »Neuen Weltordnung« durchgesetzt werden müsse (sie meinten damit Irak-Kuwait), war »British Aerospace« dabei, Indonesien Kampfflieger zu verkaufen und Koproduktionsverträge auszuhandeln, »die sich als eines der größten Waffenpakete entpuppen könnten, die je eine Gesellschaft an ein asiatisches Land verkauft hat«, berichtete die *Far Eastern Economic Review*. Großbritannien war »zu einem der wichtigsten Waffenlieferanten Indonesiens geworden«, schreibt der Oxforder Historiker Peter Carey, »und hat allein im Zeitraum von 1986 bis 1990 Ausrüstungen im Wert von 290 Millionen Pfund dorthin verkauft.«[28]

Die Öffentlichkeit wurde vor solch unerfreulichen Tatsachen geschützt. Alles blieb im Dunkel, auch eine indonesische Militäroffensive in Timor, die im Herbst 1990 im Windschatten der Golfkrise durchgeführt wurde. Im Dunkeln blieben die von westlicher Seite gestützten indonesischen Operationen in West-Papua, die das Leben von einer Million Eingeborenen auslöschen könnten. Menschenrechtlern und anderen Beobachtern zufolge gibt es bereits jetzt unter den Toten Tausende, die durch den Einsatz chemischer Waffen umgekommen sind. Mithin kann der würdevolle Diskurs über internationales Recht, Aggression und unseren vielleicht allzu leidenschaftlichen Idealismus in aller Ruhe weitergeführt werden. Die Aufmerksamkeit des zivilisierten Westens ist wie ein Laserstrahl auf die Verbrechen der offiziell anerkannten Feinde gerichtet, nicht auf diejenigen, welche ohne großen Aufwand gemildert oder beendet werden könnten.[29]

Die Aufregung um Timor/Kuwait legte sich schnell wieder. Das ist verständlich, denn es handelt sich hierbei nur um eines von vielen Beispielen, die den ganzen Zynismus der Pose während des Golfkrieges verraten. Doch im November 1991 gab es neue Probleme, als Indonesien den törichten Fehler beging, in Dili (einer Distrikthauptstadt auf Timor) vor laufenden Fernsehkameras ein Massaker zu veranstalten und zwei US-amerikanische Reporter, Alan Nairn und Amy Goodman, zusammenzuschlagen. So etwas gehört sich natürlich nicht, der Vorgang bedarf der üblichen Behandlung: die Greueltaten werden mittels einer Untersuchung verharmlost, den Verantwortlichen wird auf die Finger geklopft, einige Untergebene erhalten milde Strafen, und der Club der reichen Männer zollt diesem beeindruckenden Beweis für den weiteren Fortschritt unseres Vasallen seinen Beifall. Zugleich wurden die Timoresen hart bestraft, und die Atmosphäre des Schreckens verdichtete sich.

Aber Geschäft ist Geschäft. Ein paar Wochen nach dem Massaker von Dili wurden zwischen Indonesien und Australien sechs Verträge für Ölbohrungen im »Timor Gap« ausgehandelt, vier weitere folgten im Januar. Mitte 1992 gab es elf Verträge mit 55 Gesellschaften, darunter australische, britische, japanische, holländische und US-amerikanische Konsortien. Naiverweise könnte man fragen, wie wohl die Reaktion ausgesehen hätte, wenn 55 Gesellschaften aus westlichen Ländern sich mit dem Irak zusammengetan hätten, um kuwaitische Ölquellen auszubeuten. Allerdings stimmt die Analogie nicht ganz, denn Suhartos Greueltaten in Timor übertrafen die des Irak um das Hundertfache. Großbritannien erweiterte seine Waffenverkäufe und kündigte Pläne für die Lieferung eines Kriegsschiffes an. Und während indonesische Gerichte timoresische »Untergrundkämpfer« zu 15 Jahren Gefängnis verurteilten, weil sie angeblich das Massaker in Dili angestiftet hatten, wurden sich British Aerospace und Rolls-Royce mit Indonesien über die Lieferung von 40 Kampfflugzeugen vom Typus »Hawk« im Wert von mehreren Millionen Pfund handelseinig. Sie sollten die 15 bereits im Dienst befindlichen Maschinen ergänzen, von denen einige im Kampf gegen die Timoresen eingesetzt worden waren. Auch andere britische Firmen starteten mit Verkaufskampagnen Richtung Indonesien, weil die Aussichten für die Luftfahrtindustrie dort ausgezeichnet waren. Als der kleine Wirbel um Dili sich gelegt hatte, folgten andere nach.[30]

Der »Lichtstrahl in Asien«, der 1965-1966 erglänzte, beleuchtet mit seinem Nachglühen noch heute die traditionelle Haltung zu Menschenrechten und Demokratie, die Gründe für diese Haltung und die entscheidende Rolle der gebildeten Schichten. Sein Widerschein erhellt auch die Reichweite des pragmatischen Kriteriums, das auf die menschlichen Werte in einer Kultur des Anstands und der Achtbarkeit verzichtet.

DRITTER TEIL
DAUERTHEMEN

VI. Eine »reife Frucht«

Wenn die alten Schläuche durch neue ersetzt werden, kann der Geschmack des Weins sich ändern, aber für die Opfer der »brutalen Ungerechtigkeit« der Eroberer wird er darum nicht süßer. Meistens ist es auch gleichgültig, wessen Hand die Peitsche schwingt. Meistens, aber nicht immer. Während der amerikanischen Revolution, schreibt Francis Jennings, wurde der größte Teil der Eingeborenen »durch die Ereignisse schließlich dahin gebracht, für ihren ›altehrwürdigen Schutzherren und Freund‹, den König von England zu kämpfen«, denn sie sahen wohl, was bei einem Sieg der Rebellen auf sie zukommen würde. Ähnliches galt für die schwarze Bevölkerung, deren Aufmerksamkeit die britische Befreiungsproklamation von 1775 weckte. Sie bot »allen durch Verträge gebundenen Sklaven, seien es Neger oder andere, ... die willens und fähig sind, Waffen zu tragen«, die Freiheit an, während aus der Unabhängigkeitserklärung die Verurteilung des Sklavenhandels getilgt wurde, »um South Carolina und Georgia entgegenzukommen« (Thomas Jefferson). Selbst Arbeiter wurden von den Rebellen als Sklaven angesehen. Örtliche Komitees wehrten sich dagegen, ihnen die Erlaubnis zum Eintritt in George Washingtons Armee zu erteilen, weil »alle Lehrlinge und Bediensteten Eigentum ihrer Herren und Herrinnen sind, und jegliche Art und Weise, die Herren und Herrinnen ihres Eigentums zu berauben, eine Verletzung der Menschenrechte darstellt, die ... im Widerspruch zum Kontinentalkongreß [Continental Congress] steht, und den Frieden der guten Menschen in diesem Staate stört« (Pennsylvania). Daran läßt sich ablesen, »wie patriotische Arbeitgeber den revolutionären Impetus ihrer Untergebenen empfunden haben mögen«, bemerkt Richard Morris.

Die Sklaven konnten genausogut wie Samuel Johnson der Tatsache gewahr werden, daß »wir das lauteste Freiheitsgeschrei unter den Sklaventreibern hören«, auch unter denen, die ihren Sklaven einreden, »sie sollten mit ihrer Lage zufrieden sein und auf bessere Lebensbedingungen in der nächsten Welt hoffen«, wie der Bundesrichter Leon Higginbotham anmerkt. Viele flohen vor dem Terror der nordamerikanischen Rebellen, darunter eine Menge »boat people«, deren Elend nie in die Geschichtsbücher Eingang gefunden hat, sowie Tausende von Schwarzen, die »nach Großbritannien, auf die Westindischen Inseln, nach Kanada und schließlich nach Afrika in die Freiheit gelangten« (Ira Berlin). Die einheimische Bevölkerung begriff sehr gut, woran Alexander Hamilton dachte, als er in den *Federalist Papers* schrieb, daß »die wilden Stämme an unserer westlichen Grenze als unsere natürlichen Feinde« und als die natürlichen Verbündeten der Europäer angesehen werden sollten, »weil sie von uns am meisten zu befürchten, von ihnen am meisten zu erhoffen haben«. Ihre schlimmsten Befürchtungen sollten sich schon bald bestätigen.[1]

Lateinamerika lehrt uns, mit welcher Beharrlichkeit sich die dominierenden außenpolitischen Themen im Rahmen der Welteroberung durchgehalten haben. Simon Bolívar, der Befreier Lateinamerikas, sah 1822 eines der vordringlichsten Probleme des Kontinents seit der Beseitigung der spanischen Herrschaft vorher: »Sehr weit im Norden dieses großen Kontinents existiert ein mächtiges Land, das sehr reich, sehr kriegerisch und zu allem fähig ist.« Piero Gleijeses zufolge »erblickte Bolívar in England einen Beschützer, in den Vereinigten Staaten eine Bedrohung«. Was angesichts der geopolitischen Realitäten ganz natürlich erscheint.[2]

Großbritannien hatte seine eigenen Gründe, um dem angriffslustigen Emporkömmling jenseits des Atlantiks auf die Finger zu schauen. Im Hinblick auf die Karibikregion wies Außenminister George Canning 1822 darauf hin, daß »die Vereinigten Staaten nicht beide Ufer des Kanals, durch die unser Handel mit Jamaica seinen Weg nimmt, in Besitz nehmen dürfen, weil ... anderenfalls der Handel zum Erliegen kommen und schließlich zugrundegehen würde«. Wir wiesen bereits darauf hin, daß die Demokraten unter Präsident Jackson weit mehr erreichen wollten, als England zu knebeln und unter Kontrolle zu bringen, sie wollten »alle anderen Nationen zu unseren Füßen liegen sehen« und »den Welthandel kontrollieren«.[3]

Die Vereinigten Staaten blickten der Unabhängigkeit der spanischen Kolonien ohne große Begeisterung entgegen. »In den Kongreßdebatten der damaligen Zeit«, notiert Gleijeses, »findet sich sehr viel mehr Begeisterung für die Sache der Griechen als für die der spanischen Amerikaner«. Ein Grund lag darin, daß die Lateinamerikaner »eher zweifelhafte Weiße waren«, bestenfalls »von entarteter spanischer Abstammung«. Die Griechen dagegen galten als arische Giganten und Schöpfer der Zivilisation, so wie es die Geschichtskonstruktion rassistischer europäischer Wissenschaftler lehrte.[4] Ein anderer Grund war, daß Bolívar, im Gegensatz zu den Gründungsvätern, seine Sklaven freiließ und sich so als fauler Apfel erwies, der das ganze Faß verderben könnte.

Die geistigen Auffassungen der damaligen Zeit legen noch einen umfassenderen Gesichtspunkt nahe. Vielfach wurde damals die Meinung vertreten, daß »Südamerika für Nordamerika das sein wird, ... was Asien und Afrika für Europa darstellen« – nämlich *unsere* Dritte Welt. Diese Perspektive ist bis heute lebendig geblieben. In einem Kommentar zu Außenminister Bakers Bemühungen um »gemeinsame regionale Problembewältigung« registriert *New York Times*-Korrespondentin Barbara Crossette die »in den Vereinigten Staaten und der gesamten Hemisphäre um sich greifende Erkenntnis, daß europäische und asiatische Handelsblöcke am besten durch eine große Freihandelszone in diesem Teil der Welt ins Wanken gebracht werden können«, wobei die »Erkenntnis« auf Länder beschränkt ist, die – Maßstäben der *Times* zufolge – zählen; andere dürften von dem im Interesse der Herrschenden entworfenen Plan weniger begeistert sein. Auch die Weltbank schwelgt nicht in Optimismus. Ein 1992 veröffentlichter Bericht kommt zu dem Ergebnis, daß die USA von den Freihandelsabkommen mehr profitieren werden als Lateinamerika. Ausgenommen sind Mexiko und Brasilien – genauer gesagt, die in diesen Ländern mit dem internationalen Kapital kooperierenden Schichten. Insgesamt sei es für die Region besser, eine Zollunion nach dem Modell der Europäischen Gemeinschaft mit einem gemeinsamen Außenzoll zu errichten und die USA außen vor zu lassen. Das allerdings dürfte kaum zu verwirklichen sein.[5]

Im neunzehnten Jahrhundert verhinderte Großbritannien die Vorherrschaft der USA in dieser Zone. Aber die Vorstellung, »unsere Konföderation« sei »das Nest, von dem aus ganz Amerika, Norden und Süden gleichermaßen, bevölkert werden muß« (Thomas Jefferson), hatte ebenso tiefe Wurzeln geschlagen wie der ergänzende Lehrsatz, die Spanier könnten gerne so lange regieren, bis »unsere Bevölkerung weit genug gediehen ist, um ihnen [das Land] Stück für Stück abzunehmen«.[6]

In dieser Sache gab es interne Auseinandersetzungen. Amerikanische Händler »dienten eifrig der Sache der Freiheit, solange die Rebellen zahlen konnten, und zwar am besten in harter Währung«, bemerkt Gleijeses. Die alte Tradition der Piraterie hatte ein Reservoir aus amerikanischen Schiffseigentümern und Seeleuten (auch britischer Herkunft) geschaffen, die gerne ihre Dienste als Privatleute anboten, um spanische Schiffe anzugreifen. Als sie aber ihr terroristisches Engagement auf amerikanische Schiffe ausdehnten, führte das zu beträchtlichem moralischen Aufruhr und zum Zusammenbruch einer Regierung. Neben England trug auch das befreite Haiti zur Sache der Unabhängigkeit bei, machte jedoch zur Bedingung, daß die Sklaven freigelassen werden müßten. Auch Haiti war ein gefährlicher fauler Apfel, der für seine Unabhängigkeit bestraft wurde (worauf wir im achten Kapitel näher eingehen).

Der von Bolívar entwickelte Begriff des Panamerikanismus war dem der Monroe-Doktrin, der zur gleichen Zeit entwickelt wurde, diametral entgegengesetzt. Ein britischer Regierungsbeamter schrieb 1916, Bolívar habe bei der Entfaltung seiner Idee des Panamerikanismus »nicht bedacht, daß seine Politik unter der Schirmherrschaft der Vereinigten Staaten zu Ende geführt werden würde«. Das war, meint Gleijeses, »Monroes Sieg und Bolívars Niederlage«.

Von besonderer Bedeutung war der Status Kubas – eine einschlägige Illustration für die Beharrlichkeit bestimmter Probleme und Themen. Die USA waren aufgrund seiner »strategisch günstigen Lage und seines Reichtums an Zucker und Sklaven« (Gleijeses) strikt gegen die Unabhängigkeit Kubas. Jefferson riet Präsident Madison, er solle Napoleon in Spanisch-Amerika gewähren lassen, wenn zum Ausgleich Kuba an die Vereinigten Staaten fiele. Die USA sollten, schrieb er an Präsident Monroe 1823, wegen Kuba keinen Krieg anzetteln, »aber der erste aus anderen Gründen geführte Krieg wird uns die Insel in die Hände spielen, oder sie selbst wird es tun, wenn sich dafür eine Möglichkeit bietet«. Außenminister John Quincey Adams beschrieb Kuba als »einen für die politischen und Handelsinteressen unserer Union über alle Maßen wichtigen Gegenstand«. Auch er war der Ansicht, die spanische Souveränität solle erhalten bleiben, bis Kuba durch die »Gesetze der politischen ... Schwerkraft« als »erntereife Frucht« in die Hände der USA fiele. Exekutive und Kongreß unterstützten die spanische Herrschaft nahezu einmütig; europäische Mächte, Kolumbien und Mexiko wurden um Hilfe ersucht, um die Befreiung Kubas zu verhindern. Besorgt war man vor allem über die demokratischen Neigungen in der kubanischen Unabhängigkeitsbewegung, die die Abschaffung der Sklaverei und gleiche Rechte für alle forderte. Auch hier drohte die Gefahr, daß die »Fäulnis« sich bis zu unseren Küsten hin »ausbreiten könnte«.[7]

Gegen Ende des neunzehnten Jahrhunderts waren die USA so mächtig geworden, daß sie britische Interessen ignorieren und Kuba erobern konnten – gerade rechtzeitig, um den Erfolg des dortigen Befreiungskampfes zu verhindern. Kuba wurde mit den üblichen Begründungen praktisch zur Kolonie degradiert. Der New Yorker Presse zufolge waren die Kubaner »ungebildete Nigger, Mestizen und Dagos«; die militärischen Befehlshaber sprachen von »einem Haufen degenerierter Kreaturen ..., die genauso unfähig sind, sich selbst zu regieren, wie die Wilden in Afrika«. Die USA setzten die Vorherrschaft der weißen, besitzenden Klassen durch, die sich nicht groß um Demokratie, Freiheit und Rechtsgleichheit scherten, und deshalb keine degenerierten Kreaturen waren. Die »reife Frucht« wurde in eine US-Plantage verwandelt, und die Aussichten auf selbständige Entwicklung fanden ihr Ende.[8]

Eine Generation später war die ökonomische und politische Vorherrschaft der USA in der Region gesichert, und Präsident Roosevelt startete seine »Politik der guten Nachbarschaft«. Marktkräfte sind die wirksamsten Kontrollmechanismen, wenn sie ausreichen. Zunächst war es jedoch notwendig, die Regierung von Dr. Ramón Grau San Martín zu stürzen, die eine Bedrohung der US-amerikanischen »Handels- und Exportinteressen in Kuba« darstellte, wie Botschafter Sumner Welles mitteilte. Als erfahrener Lateinamerika-Experte störte Welles vor allem, daß Zuckermühlen von den Arbeitern übernommen und einem, wie er es nannte, »Sowjetregime« unterstellt worden waren. Man kann »in die Politik oder die Stabilität dieser Regierung kein Vertrauen setzen«, teilte er Außenminister Cordell Hull mit, der seinerseits die Presse davon in Kenntnis setzte, daß die USA »jede Regierung begrüßen würden, die den Willen des Volkes dieser Republik repräsentiert und in der Lage ist, auf der gesamten Insel für Ruhe und Ordnung zu sorgen«. Damit meinte er natürlich nicht die Regierung Grau. Welles gab zwar zu, daß Gesetz und Ordnung aufrechterhalten würden, aber diese scheinbare Stabilität sei nur die »Ruhe vor dem Sturm«, wie er erklärte. Der Berater des Außenministeriums, Adolf Berle, fügte hinzu, es handle sich um eine Situation »passiver Anarchie« – noch so ein Ausdruck, der neben der »logischen Unlogik« vielleicht einmal in die Geschichte eingehen wird.

Roosevelt sagte gegenüber der Presse, Grau würde nur durch »seine lokale Armee« von 1500 Mann und »ein paar Studenten« unterstützt, so daß seiner Regierung jegliche Legitimität fehle. Welles' Nachfolger, Jefferson Caffery, bezeugte später, »daß die faktische Regierung [Grau] bei den besser gestellten Klassen sehr unbeliebt war« und nur »von der Armee und ungebildeten Massen unterstützt wurde.« Mit US-amerikanischer Hilfe wurde Grau durch die Regierung Mendieta ersetzt, die es nicht ganz einfach hatte, die Bevölkerung niederzuhalten. Das lag, wie Caffery erklärte, daran, daß »die ungebildeten Massen auf Kuba zahlenmäßig von beträchtlichem Umfang sind«.

Roosevelts Weigerung, die Regierung Grau anzuerkennen, »lief im Endeffekt auf die wirtschaftliche Strangulierung der Insel hinaus«, sagt David Green, »weil die Vereinigten Staaten mit einer von ihnen nicht anerkannten Regierung keine Verhandlungen über neue Zuckerankäufe führen würden«, die davon abhängige Wirtschaft aber dringend solche Ankäufe benötigte. Fulgencio Batista, Stabschef der Armee, verstand die Botschaft und ging dazu über, den Oppositionsführer, Carlos Mendieta, zu unterstützen. Mendieta trat an die Stelle von Grau und wurde sofort von Washington anerkannt. Die Neuregelung der Beziehungen ergab, so bemerkte ein Angehöriger der US-Zollkommission, daß Kuba nun stärker »in das Protektionssystem der Vereinigten Staaten eingegliedert wurde«. Die USA behielten die Kontrolle über die kubanische Politik und hielten das repressive, stark nach Klassen und Schichten unterteilte Sozialsystem ebenso aufrecht wie den beherrschenden Einfluß ausländischer Unternehmen.[9]

Ein paar Jahre später ergriff Batista die Macht. Seine Diktatur diente den US-amerikanischen »Handels- und Exportinteressen auf Kuba« ganz vortrefflich und genoß von daher volle Unterstützung.

Castro stürzte die Militärdiktatur im Januar 1959. Die USA reagierten darauf feindselig und kehrten zu den traditionellen Methoden zurück. Gegen Ende 1959 beschlossen CIA und Außenministerium, daß Castro beseitigt werden müsse. Ein Grund liege, so erklärten liberale Politiker des Außenministeriums, »in der ernsthaften Beeinträchtigung unserer Geschäftsinteressen auf Kuba«. Ein zweiter Grund war die Furcht vor dem faulen Apfel: »Die Vereinigten Staaten können nicht darauf setzen, in anderen Ländern Lateinamerikas eine gesunde Wirtschaftspolitik zu befördern und zu unterstützen und die Bedingungen für notwendige private Investitionen zu schaffen, wenn Lateinamerika zur gleichen Zeit möglicher- oder tatsächlicherweise mit dem Programm Castros kooperiert.« Diesen deutlichen Worten vom November 1959 fügte das Außenministerium jedoch noch eine Bedingung hinzu: »angesichts der starken (wenn auch sich abschwächenden) Unterstützung, die Castro auf Kuba genießt, ist es überaus wichtig, daß die Regierung der Vereinigten Staaten keine offenen Maßnahmen ergreift, damit ihr Castros Versagen oder Sturz nicht angelastet werden kann«.

Wie Castros Situation beschaffen war, erhellen durch Untersuchungen zur öffentlichen Meinung, die dem Weißen Haus im April 1960 vorlagen. Ihnen zufolge blickten die meisten Kubaner optimistisch in die Zukunft und unterstützten Castro. Nur sieben Prozent hatten Angst vor dem Kommunismus und nur zwei Prozent beschwerten sich darüber, daß es keine Wahlen gäbe. Die sowjetische Präsenz war gleich Null. In den Vereinigten Staaten »erblickten Liberale und Konservative in Castro gleichermaßen eine Bedrohung für die gesamte Hemisphäre, ohne dabei eine kommunistische Weltverschwörung anzunehmen« (Jules Benjamin).

Im Oktober 1959 starteten in Florida stationierte Flugzeuge Bomben- und Tiefflugangriffe gegen kubanisches Territorium. Im Dezember verstärkte die CIA ihre subversive Tätigkeit; unter anderem lieferte sie Waffen an Guerillagruppen und organisierte Anschläge auf Zuckermühlen und andere ökonomisch wichtige Zielobjekte. Im März 1960 machte sich die Regierung Eisenhower einen Plan zu eigen, der den Sturz Castros zugunsten eines Regimes vorsah, »das den wahren Interessen des kubanischen Volkes stärker verpflichtet und für die Vereinigten Staaten eher annehmbar ist« – wobei die zwei Bedingungen gleichwertig sind. Wiederum wurde betont, daß der Plan »auf eine Weise [verwirklicht werden muß], die jeden Anschein einer US-Intervention vermeidet«.

Die Regierung Kennedy verschärfte Sabotage, Terror und Aggression und führte darüber hinaus jene Art von Wirtschaftskrieg, die kein kleines Land lange durchhält. Kubas Abhängigkeit von den USA im Export- und Importgeschäft war natürlich überwältigend gewesen und konnte nur unter großen Kosten durch andere Handelsbeziehungen ersetzt werden. Kennedys *New Frontier*-Liberale waren von Beginn an von der Schreckensvorstellung eines kommunistischen Kuba besessen. Während der Präsidentschaftskampagne von 1960 beschuldigte Kennedy Eisenhower und Nixon, sie würden die Sicherheit der USA bedrohen, weil sie es zuließen, daß »der eiserne Vorhang ... 90 Meilen vor der Küste der Vereinigten Staaten« niedergehen konnte. »Was Castro anging, so waren wir während der Zeit der Invasion in der Schweinebucht [April 1961] und danach alle hysterisch«, sagte Verteidigungsminister McNamara später vor dem Church Committee aus. Wenige Tage vor der Entscheidung zur Invasion warnte Arthur Schlesinger den Präsidenten, daß »das Spiel im größten Teil von Lateinamerika gelaufen sei«, wenn die USA »ein weiteres Kuba« dulden würden. Für Kennedy war das eine schon zuviel. Seine Politik in Lateinamerika war in hohem Maße von der Angst diktiert, der Virus könne um sich greifen und die US-amerikanische Hegemonie in der Region einschränken.

Auf dem ersten Treffen des Kabinetts nach der fehlgeschlagenen Invasion in der Schweinebucht herrschte eine »fast barbarische« Stimmung, wie Chester Bowles in seinen Privatnotizen mitteilt. »Man suchte wie besessen nach einem Aktionsprogramm.« Die öffentliche Haltung des Präsidenten war nicht weniger militant: »die selbstzufriedenen, nachgiebigen, weichen Gesellschaften werden auf den Abfallhaufen der Geschichte geworfen. Nur die starken ... können überleben«, teilte er dem Land mit. Kennedy brach alle diplomatischen, finanziellen und die Handelsbeziehungen zu Kuba ab. Das war für die kubanische Wirtschaft in Anbetracht der vorherigen Abhängigkeit ein furchtbarer Schlag. Es gelang Kennedy, Kuba diplomatisch zu isolieren, doch die Bemühungen, andere Länder zu einem gemeinsamen Vorgehen gegen die Insel zu bewegen, schlugen fehl. Der mögliche Grund dafür findet sich in der Äußerung eines mexikanischen Diplomaten: »Wenn wir öffentlich erklären, daß Kuba unsere Sicherheit bedroht, werden 40 Millionen Mexikaner vor Lachen sterben.« Glücklicherweise waren die gebildeten Schichten in den Vereinigten Staaten zu einer nüchterneren Beurteilung der Gefahr fähig, die Kuba angeblich für das Überleben der freien Welt darstellte.[10]

Rein theoretisch waren Arzneimittel und einige Nahrungsmittel vom Embargo ausgenommen, doch als der Wirbelsturm Flora im Oktober 1963 für Tod und Zerstörung sorgte, wurde die Lieferung von Nahrung und Medizin verweigert. Das ist übrigens ein Standardverfahren: man denke an Carters Weigerung, den im August 1980 von einem Hurrikan heimgesuchten Ländern der Karibik Hilfe zu leisten, wenn nicht Grenada ausgeschlossen würde. Die Westindischen Inseln weigerten sich und erhielten keinerlei Unterstützung. Oder man denke an die Reaktion der USA, als Nicaragua im Oktober 1988 von einem Hurrikan schwer getroffen wurde. Washington konnte seine Freude über die hochwillkommenen Aussichten auf Hungersnöte und Umweltschäden kaum verbergen und verweigerte Hilfeleistungen. Nicht einmal die verwüstete atlantische Küstenregion mit ihren traditionell guten Verbindungen zu den USA und ihrer tiefen Abneigung gegen die Sandinisten wurde unterstützt; auch dort mußten die Menschen in den Ruinen ihrer Hütten hungern, um unseren Blutdurst zu befriedigen. Die Verbündeten der USA folgten furchtsam den Befehlen und rechtfertigten ihre Feigheit mit der üblichen Heuchelei. Allerdings reagierte Washington, um zu zeigen, daß seine Bosheit wahrhaft überparteilich ist, nicht viel anders, als im September 1992 eine Flutwelle viele Fischerdörfer überschwemmte und für Hunderte von Toten und Vermißten sorgte. Die *New York Times* brachte folgende Überschrift: »Opfer der Flutkatastrophe auf 116 gestiegen: USA sorgen in Nicaragua für Hilfe«. »Ausländische Regierungen, darunter die Vereinigten Staaten, haben heute mit sofortigen Hilfsleistungen für die Überlebenden reagiert«, schreibt jemand, den die *New York Times* Reporter nennt. Unterdessen kündigte Washington an, »es werde unverzüglich 5 Millionen Dollar bereitstellen, um die Folgen der Katastrophe zu mildern«. Welch Edelmut. Erst im Kleingedruckten entdecken wir, daß diese fünf Millionen von geplanten, bisher aber nicht ausgezahlten Hilfsleistungen abgezweigt werden – jedoch nicht, wie dem Kongreß versichert wurde, von dem 100 Millionen Dollar-Hilfspaket, das die Regierung gesperrt hatte, weil die Machthaber in Nicaragua noch nicht genug für die Erfüllung US-amerikanischer Forderungen tun. Insgesamt beläuft sich die humanitäre Gabe auf beeindruckende 25.000 Dollar.[11]

Gegen die Verfechter der Unabhängigkeit kann jede Waffe eingesetzt werden, und sei sie noch so grausam. Zugleich darf die ehrfurchteischende Selbstbeweihräucherung nicht aufhören.

»Beinahe wäre es schiefgegangen«, schreibt Mark Twain: »Wären die Schafe zuerst geschaffen worden, würde der Mensch als Plagiat dastehen.«[12]

Aus Furcht vor der um sich greifenden Fäulnis des Apfels wollte die Regierung Kennedy sogar eine kulturelle Quarantäne verhängen, um den freien Fluß von Gedanken und Informationen nach Lateinamerika zu unterbinden. Im März 1963 traf sich Kennedy mit sieben mittelamerikanischen Präsidenten, die darin übereinkamen, »sofortige gemeinsame Maßnahmen zu entwickeln und zu ergreifen, um die Ein- und Ausreise subversiver Staatsangehöriger von und nach Kuba, sowie den Zustrom von Materialien, Propaganda und Geldmitteln aus diesem Land einzuschränken«. Die Kennedy-Liberalen waren immer äußerst besorgt über den mangelnden Willen vieler lateinamerikanischer Regierungen, der von den USA praktizierten Überwachung der Reiseaktivitäten und des Kulturaustausches nachzueifern. Ebenso beunruhigt waren sie über die Rechtsverordnungen in diesen Ländern, die verlangten, daß man den der »Subversion« Beschuldigten ihre Vergehen auch wirklich nachweisen müsse, was für die USA als Zeichen eines ausufernden Liberalismus gelten mußte.[13]

Unmittelbar nach dem Schweinebucht-Desaster startete Kennedy, um das Castro-Regime zu stürzen, ein internationales Terrorprogramm, das bemerkenswerte Dimensionen erreichte, im Westen aber – abgesehen von einigen Mordanschlägen, von denen einer am Tag der Ermordung Kennedys verübt wurde – weitgehend unbeachtet blieb. Lyndon Johnson stellte die Terroroperationen formell ein; sie wurden jedoch weitergeführt und unter Nixon noch verstärkt. Spätere Aktionen werden Abtrünnigen zugeschrieben, die außerhalb der Kontrolle der CIA operiert hätten. Ob das stimmt, weiß man nicht; Roswell Gilpatric, ein hochrangiger Pentagon-Beamter, der unter Kennedy und Johnson gedient hat, bezweifelt es. Unterstützt durch Gerichtsbeschlüsse, duldete die Regierung Carter die Entführung kubanischer Schiffe. Sie verstieß dabei gegen die von Castro respektierte Konvention, die sich gegen solche Entführungen richtet. Die Reaganisten wiesen kubanische Initiativen zur diplomatischen Normalisierung der Beziehungen zurück und verhängten – unter abenteuerlichsten Vorwänden und direkten Lügen – neue Sanktionen. Wayne Smith, der als Chef der US-amerikanischen Interessenvertretung in Havanna unter Protest von seinem Posten zurücktrat, hat diese Vorgänge aus nächster Nähe verfolgt.[14]

Aus kubanischer Perspektive schien der von Kennedy angeheizte Terror ein Vorspiel zur Invasion darzustellen. Im September

1962 – also noch vor der Entdeckung russischer Raketen Mitte Oktober – zog die CIA den Schluß, daß »der Hauptgrund der gegenwärtigen militärischen Aufrüstung [der Sowjets] in Kuba darin besteht, das dortige kommunistische Regime vor einem von Kubanern und Russen vermuteten Umsturzversuch der USA, wie immer dieser beschaffen sein mag, zu schützen«. Anfang Oktober bestätigte das Außenministerium diese Einschätzung, ebenso eine später von ihm in Auftrag gegebene Untersuchung. Wie realistisch die Befürchtungen waren, läßt sich nur vermuten.

Von Interesse ist in diesem Zusammenhang Robert McNamaras Reaktion auf Andrej Gromykos späteren Hinweis, die sowjetischen Raketen seien nach Kuba geschickt worden, um »die Verteidigungsfähigkeit der Insel zu stärken – aus keinem anderen Grund«. In seiner Antwort gab McNamara zu: »Wenn ich ein kubanischer oder sowjetischer Regierungsverantwortlicher gewesen wäre, hätte ich wohl Ihrer Einschätzung zugestimmt, daß eine US-Invasion im Bereich des Möglichen lag.« (Er selbst erklärte die Einschätzung allerdings für unrichtig.) Die Wahrscheinlichkeit, daß nach einer US-Invasion der Atomkrieg ausbrechen würde, lag, wie er hinzufügte, bei »99 Prozent«. Diese Invasion war in bedrohliche Nähe gerückt, nachdem Kennedy Chruschtschows Angebot eines beiderseitigen Raketenabzuges aus Kuba und aus der Türkei abgelehnt hatte. (Da hier der Abzug schon angeordnet worden war, wäre es sogar ein unilaterales Unternehmen seitens der UdSSR gewesen.) Kuba hätte sogar selbst den Atomkrieg starten können. Als die Krise ihren Höhepunkt erreicht hatte, sprengte eine Gruppe von US-Terroristen (ein sog. »Mongoose-Team«) eine Fabrik in die Luft, wobei Castro zufolge 400 Menschen getötet wurden. Und wenn die Kubaner ihre Finger auf dem roten Knopf gehabt hätten?[15]

Der Plan vom März 1960, Castro zugunsten eines Regimes zu stürzen, das »den wahren Interessen des kubanischen Volkes stärker verpflichtet und für die USA annehmbarer ist«, blieb auch 1992 in Kraft. Die USA setzten und setzen ihre mit 170-jähriger Erfahrung betriebene Mission, die Unabhängigkeit Kubas zu verhindern, fort. Auch weiterhin gilt die Anweisung Eisenhowers, die Verbrechen so zu begehen, daß »jeglicher Anschein einer US-Intervention vermieden wird«. In Übereinstimmung damit ist es die Aufgabe der ideologischen Institutionen, die ganze Liste von Aggressionen, Terrorkampagnen, wirtschaftlicher Strangulierung und anderen Mitteln, die der Herrscher über beide Amerikas »den wahren Interessen des kubanischen Volkes« widmet, nicht ans Licht der Öffentlichkeit gelangen zu lassen.

Dieses Diktat ist mit einer Loyalität befolgt worden, die möglicherweise jenseits der Norm liegt. Die anerkannte Wissenschaft hat den gegen Kuba ausgeübten US-Terrorismus mit einem Diensteifer aus ihren Aufzeichnungen getilgt, der jeden Vertreter des Totalitarismus entzücken müßte. In den Medien wird Kubas Misere einzig dem Dämon Castro und dem »kubanischen Sozialismus« zugeschrieben. Castro trägt die volle Verantwortung für die »Armut, Isolierung und erniedrigende Abhängigkeit« von der UdSSR, belehrt uns der Leitartikler der *New York Times* und folgert triumphierend, daß »der kubanische Diktator sich selbst ausmanövriert habe«, ohne jegliche Hilfestellung von unserer Seite. Das ist wahr, weil die Doktrin, die ultimative Autorität, es so verlangt. Indes sollten wir, so der Leitartikel weiter, nicht den Vorschlägen gewisser »kalter Krieger« folgen und direkt intervenieren: »Fidel Castros Herrschaft sollte durch eigenes Versagen, nicht durch Märtyrertum ihr Ende finden.« Die der Taubenfraktion zugehörigen Leitartikler raten nicht zum Eingreifen, sondern zum Zuschauen, so wie wir es seit 30 Jahren tun, damit der naive Leser aus dieser (so typischen) Geschichtsversion, die den Anforderungen der Herrschenden Genüge tut, etwas lernen kann.

Die aktuelle Berichterstattung gehorcht denselben Konventionen. Howard French, Karibik-Korrespondent der *New York Times*, bezeichnet Kuba als »einen Arm- und Beinamputierten«, ein »kommunistisches Relikt in einer zunehmend durch freie Märkte bestimmten Welt«, das vergeblich gegen die »ökonomischen Realitäten« ankämpft, die sich natürlich dem Versagen der unfruchtbaren kommunistischen Lehre verdanken und mit dem Terror und der ökonomischen Kriegsführung der USA nichts zu tun haben. Der Terror wird verschwiegen, die Kriegsführung erwähnt, aber nur in Gestalt eines taktischen Problems: wir müssen entscheiden, ob das Embargo verschärft wird oder ob wir es einfach aufrechterhalten und davon ausgehen, daß die »ökonomischen Realitäten« hinreichen, um »den tiefgreifenden Wandel zu bewirken«. Was sich ausserhalb dieses Meinungsspektrums bewegt, ist nur ein weiteres »Relikt«, für das sich ein verantwortlicher Journalist, der auf dem freien Markt der Ideen operiert, nicht weiter interessiert.

Die Lateinamerika-Spezialistin des *Boston Globe*, Pamela Constable, stößt ins gleiche Horn. Ihre Rezension des Buches *Castro's*

Final Hour, geschrieben von Andres Oppenheimer, dem Korrespondenten des *Miami Herald*, eröffnet sie mit der Bemerkung, der Autor sei »kein Verfechter eines rabiaten Antikommunismus, doch macht sein Leumund als erfahrener journalistischer Beobachter Lateinamerikas sein Buch, eine rückhaltlose Darstellung der zynischen, besessenen Machenschaften von Fidel Castros alterndem sozialistischen Regime, nur noch überzeugender«. Er zeichnet Kuba »als eine klassische, verfallende Diktatur, an deren Spitze ein Mann steht, dessen Ideale längst der unerbittlichen Logik der Macht gewichen sind« und der »mit ebenso entschiedenem wie tödlichen Glauben an einem verfehlten System festhält«. In »tragikomischen Facetten« zeigt Oppenheimer, wie »das Leben für den Durchschnittskubaner zu einem mit Leid und Absurditäten gespickten Spießrutenlaufen geworden ist«, von dem sie amüsiert berichtet. »Oppenheimer läßt kaum einen Zweifel daran, daß Castro, wie andere messianische Tyrannen, den Keim zu seiner eigenen Zerstörung gepflanzt hat.« Kein Wort über die Vereinigten Staaten, kein Hinweis auf ihren Beitrag zu den »tragikomischen« Schicksalsprüfungen der Durchschnittskubaner oder zum »verfehlten System« oder zu Castros verrücktem, selbstzerstörerischem Verhalten. Die »unerbittliche Logik der Macht« ist einfach ein natürlich gegebenes Faktum, das, im Gegensatz zu Castros bösem Wesen, keinerlei Leidenschaft hervorruft. Die Normen sind universell, Kuba ist lediglich ein besonderer Fall. Im Hinblick auf den furchtbaren Niedergang Nicaraguas nach der Rückeroberung der Macht durch die US-gestützte Regierung schreibt Constable: »Zwei Probleme liegen der schweren Krise zugrunde, die diese arme Tropennation ergriffen hat«: zum einen die »weiterschwelende Feindschaft« zwischen den Sandinisten und den Rechtskräften, zum anderen die Korruption. Könnten das Wüten einer terroristischen Supermacht und die Bemühungen, den einstigen Glanz wieder aufzupolieren, von einem, und sei es nur marginalen, Einfluß auf die »zusammengebrochene sozialistische Wirtschaft« gewesen sein? Diese Idee läßt sich nicht in Sprache, vielleicht nicht einmal in Gedanken fassen, jedenfalls nicht in diesem Spektrum der konformistischen Kultur.

Dasselbe Buch wird von Clifford Krauss in der *New York Times* rezensiert. Auch hier wird Kubas Misere einzig den Verbrechen und den verrückten Ideen des bösen Dämons angelastet. In einem Satz finden auch die Vereinigten Staaten indirekte Erwähnung:

Castro (nicht Kuba) »hat ein ganzes Bündel von Schwierigkeiten überlebt: die Raketenkrise, das Handelsembargo, den Mariel-Exodus, wiederholte Mißernten und endlose Rationierungen«. Damit ist die Rolle der USA auch schon abgehakt. Oppenheimer wird gelobt, weil er Kubas Qualen »geistreich und scharfsinnig« beschreibt – seltsam, wie amüsant es ist, unsere Feinde leiden zu sehen –, wichtiger indes ist, daß er zuvor unbekannte Freveltaten ans Licht gebracht hat. Castro, unersättlich in seiner Gier nach Macht und seiner Liebe zur Gewalt, hätte »erfahrene Offiziere« ausgesandt, um Nicaraguaner auszubilden: sie sollten der terroristischen Armee Widerstand leisten, die die USA von ihren Stützpunkten in Honduras aus in Marsch gesetzt hatte. Deren Befehl lautete, »weiche Ziele« wie Kliniken und landwirtschaftliche Kooperativen anzugreifen (letzteres mit ausdrücklicher Billigung des Außenministeriums und der linksliberalen Öffentlichkeit). Das Ungeheuer dachte sogar an Vergeltungsschläge »für den Fall, daß die Vereinigten Staaten unter Reagan in Nicaragua eine Invasion durchführen sollten«. Außerdem unterstützte Castro »in Erwartung der US-Invasion« die Armee Panamas, und zwar »in viel höherem Maße als wir ahnten«.

Wer nun aber glaubt, daß dem auf Verbrechen sinnenden Geiste Grenzen gesetzt sind, der irrt. »Als er kubanische Soldaten nach Angola entsandte, um die marxistische Regierung zu unterstützen, machte sich Mr. Castro selbst zum Hindernis für eine auf Verhandlungen beruhende Beendigung des Bürgerkrieges, der in den achtziger Jahren in jenem Land tobte.« Genießer, die die gute alte *Prawda* vermissen, werden diese Geschichte als von der *New York Times* gesponnenes Garn erkennen. Kubas Unterstützung der Regierung wurde von fast jedermann außerhalb der USA anerkannt, ebenso der erfolgreiche Widerstand gegen die (von den USA unterstützte) südafrikanische Aggression. So wurden überhaupt erst die Bedingungen für eine Verhandlungssituation geschaffen, die Washington umstandslos wieder zunichte machte, indem es seine Vasallen auch weiterhin unterstützte. Damit wollte man sichergehen, daß der Krieg, der bereits viele hunderttausend Opfer gekostet und das Land zerstört hatte, die Überbleibsel Südafrika und westlichen Investoren in die Hände spielt.[16]

Solche Darbietungen sind – unabhängig davon, was man von Kuba halten mag – eine erhellende »Darstellung der zynischen, besessenen Machenschaften« eines Propagandasystems, das von ermüdender Vorhersagbarkeit ist und von einer Intellektuellenschicht betrieben wird, deren moralische Feigheit schon fast Respekt einflößt. Wenig hat sich verändert, seit die Leitartikler der *New York Times* vor sechzig Jahren unsere Wundertaten in der Karibik bejubelten. Damals hatten wir »die besten Beweggründe der Welt«, als Marinesoldaten den »ungreifbaren Banditen Sandino« verfolgten, während die Beifallsrufe der Nicaraguaner ihnen in den Ohren klangen und einen Kontrapunkt zum Gejammer der »berufsmäßigen ›Liberalen‹« bildeten. Allerdings, bemerkten die Leitartikler zartfühlend, komme der Zusammenstoß unglücklicherweise »gerade zu einer Zeit, da das Außenministerium huld- und friedensreich für die ganze Welt zu wirken sich anschickt«. Auf Kuba konnten wir »die Kubaner vor sich selbst schützen und sie in der Kunst unterrichten, sich eigenständig zu regieren«, indem wir ihnen »die nur durch die Schutzbestimmung des ›Platt-Amendments‹ eingeschränkte Unabhängigkeit« gewährten. Dieser Gesetzesnachtrag »schützte« die US-Konzerne und ihre Verbündeten vor Ort. »Kuba ist ein naheliegendes Beispiel«, fahren die Leitartikelschreiber fort, um den Vorwurf »der Bedrohung durch den amerikanischen Imperialismus zu widerlegen«. Wir wurden vom kubanischen Volk »herbeigerufen«, und die Kubaner haben sich schließlich, unter unserer freundlichen Anleitung, »das Geheimnis der Stabilität zu eigen gemacht«. Ohne daß »unsere kommerziellen Interessen auf der Insel eine Einbuße erlitten hätten, ... haben wir, gemeinsam mit einem freien kubanischen Volk, den Wohlstand gemehrt«, und mithin »ist von amerikanischem Imperialismus auf Kuba keine Rede« mehr.[17]

Zornig geben sich die Kommentatoren, wenn sie von Castros Verbrechen reden. Wären sie es doch, anstatt zynische Rhetorik zu entfalten. Dies und nichts anderes zeigt der Vergleich zwischen der hysterischen Empörung über Castros Verletzung der Menschenrechte und dem beredten Verschweigen viel größerer Greueltaten, die zur gleichen Zeit, in unmittelbarer Nähe, von US-Vasallenstaaten mit US-amerikanischer Hilfe und Beratung begangen werden. Die Geschichte hat sich erkenntlich gezeigt und einige dramatische Testfälle als Beweismaterial zur Verfügung gestellt.[18]

Das Gerede von den »wahren Interessen des kubanischen Volkes« und von »Demokratie« braucht uns nicht weiter zu beschäftigen. In Wirklichkeit geht es um die »wahren Interessen« der US-amerikanischen Geschäftswelt. Das gleiche gilt für die Besorgnis über die öffentliche Meinung in Kuba und Lateinamerika. Kennedy wußte, was er tat, als er Kommunikations- und Reiseaktivitäten zu verhindern suchte. Man kann die Befürchtungen verstehen, wenn man an die (weiter oben zitierten) Meinungsumfragen auf Kuba denkt oder an die Reaktion auf das Gesetz zur Reform der Landwirtschaft vom Mai 1959, das von einer UN-Organisation als Vorbild für ganz Lateinamerika gerühmt wurde. Und es gibt noch mehr Beispiele. Der Vertreter der Weltgesundheitsorganisation (WHO) stellte 1980 fest, daß »Kuba fraglos die besten Gesundheitsstatistiken in Lateinamerika aufweist« und die Organisation des Gesundheitswesens bei aller Armut auf der Insel »der eines sehr viel entwickelteren Landes entspricht«. Ein UNICEF-Bericht von 1990 über die »Situation der Kinder in der Welt« rechnet eine Reihe von Ländern in Lateinamerika zu denen mit extrem hoher Kindersterblichkeit, wobei Costa Rica und Chile im regionalen Vergleich besser abschneiden und »Kuba das einzige Land ist, das mit den entwickelten Nationen gleichgezogen hat«. Brasilien und andere lateinamerikanische Staaten bekunden großes Interesse an kubanischer Biotechnologie, was für ein kleines und armes Land ungewöhnlich, ja einzigartig sein dürfte. Die australische Presse berichtet, in sicherer Entfernung zu den USA, von den Bemühungen um das »historisch-strategische Ziel«, Kuba »in den Einflußbereich Washingtons« zurückzuholen: »Es ist an und für sich schon eine Leistung, daß Kuba unter diesen Umständen überleben konnte. Bemerkenswert ist, daß es in bezug auf das Bruttosozialprodukt (Löhne und Sozialleistungen) zwischen 1981 und 1990 den höchsten Pro-Kopf-Zuwachs unter allen Volkswirtschaften Lateinamerikas zu verzeichnen hat und dabei noch das nächsthöhere Land um das Doppelte übertrifft. Überdies geht es den Kubanern insgesamt, trotz aller wirtschaftlichen Schwierigkeiten, in bezug auf Ernährung und Unterkunft, sowie Bildungs- und Gesundheitsmaßnahmen, besser als anderen Lateinamerikanern. Ebenso ist es typisch, daß die kubanische Regierung die Lasten der neuen Sparmaßnahmen gleichmäßig auf die Bevölkerung zu verteilen suchte.«

Noch schlimmer ist, daß solche Wahrnehmungen in der Region selbst keineswegs unüblich sind, weil sie der direkten Erfahrung entspringen und in relativer Freiheit von den starren doktrinären Erfordernissen der US-Orthodoxie und ihrer europäischen Mitläufer gemacht werden können. Führende Persönlichkeiten verleihen diesen Wahrnehmungen Ausdruck. Ein prägnantes Beispiel ist

Pater Ignacio Ellacuría, der Rektor der Jesuitenuniversität von El Salvador (UCA). Er schrieb in einer lateinamerikanischen Kirchenzeitung im November 1989, daß trotz aller Mißstände das »kubanische Modell in relativ kurzer Zeit die beste Grundversorgung der Bevölkerung in ganz Lateinamerika erreicht hat«, während »die tatsächliche Situation der lateinamerikanischen Länder prophetisch auf die dem kapitalistischen System innewohnende Bosheit verweist und die ideologische Lüge der Scheindemokratie enthüllt, die jenes System begleitet, legitimiert und maskiert«. Weil er solche Gedanken zu äußern wagte, wurde er von Eliteeinheiten ermordet, als der Artikel erschien, und von denen, die hierzulande große Empörung heuchelten, in die Leichentücher des Schweigens gehüllt.[19]

Wie in vielen anderen Fällen sind es nicht Castros Verbrechen, die die Herrscher der beiden Amerikas stören, unterstützen sie doch vergnügt die Suhartos und Saddam Husseins und Gramajos, oder blicken einfach weg, solange diese Leute »ihre Funktion erfüllen«. Es ist vielmehr der Erfolg, der Furcht und Zorn erregt und Rachegelüste weckt; eine Tatsache, die von den Ideologen unterdrückt werden muß. Das ist keine leichte Aufgabe angesichts der überwältigenden Beweise für dieses Grundprinzip der geistigen Kultur.

In den achtziger Jahren verschärften die USA ihre ökonomische Kriegsführung, indem sie einen Einfuhrstopp für alle Industrieprodukte verhängten, die kubanischen Nickel enthielten, den die Insel in großem Umfang exportierte. Wer nicht unter politischem Gedächtnisschwund leidet, erinnert sich vielleicht an die Anordnung des US-Finanzministeriums vom April 1988, die die Einfuhr von nicaraguanischem Kaffee verbot, wenn er, obwohl in einem Drittland verarbeitet, »nicht vollständig genug transformiert war, um seine nicaraguanische Identität zu verlieren«. Dergleichen erinnere, so ein Leitartikel im *Boston Globe,* an die Sprache des Dritten Reiches. Die USA verboten einem schwedischen Hersteller medizinischer Geräte die Lieferung von Ausrüstungen nach Kuba, weil eine Komponente in den Vereinigten Staaten gefertigt war. Die ehemalige Sowjetunion sollte Hilfeleistungen nur dann erhalten, wenn sie die Unterstützung für Kuba einstellte, was Gorbatschow dann auch ankündigte. Daraufhin gab es große Schlagzeilen, die das Ereignis freudig begrüßten: »Baker begrüßt Maßnahme«, »Sowjets beseitigen Hindernis für US-Wirtschaftshilfe«, »Kuba – Sowjetunion: 31 Jahre Stachel im Fleisch der

USA«. Zu guter Letzt wird die schmerzliche Verletzung, die uns zugefügt wurde, wohl endlich verheilen.

Anfang 1991 nahmen die USA die Manöverübungen in der Karibik wieder auf und probten auch eine mögliche Invasion auf Kuba. Das sind Standardtechniken der Einschüchterung. Mitte 1991 wurde das Embargo noch einmal verschärft, unter anderem durch die Drosselung kubanisch-amerikanischer Geldüberweisungen. Im Zuge seiner Wahlkampagne ließ Bush im April 1992 Schiffe blockieren, die von US-amerikanischen Häfen aus Kuba anliefen. Liberale Kongreßabgeordnete schlugen unter dem zynischen Titel »Cuban Democracy Act« neue Gesetze vor, mit deren Hilfe das Embargo auf überseeische US-Tochtergesellschaften ausgedehnt werden könnte. Die Gesetze gestatteten es, die Ladung von Schiffen zu beschlagnahmen, die, aus Kuba kommend, in US-amerikanische Gewässer eintraten. Der wütende Haß auf die kubanische Unabhängigkeit geht bis zum äußersten und findet sich fast im gesamten, ohnehin eng begrenzten Spektrum des politischen Mainstream.[20]

Der Hemmschuh Sowjetunion ist verschwunden (wie ein Jahrhundert zuvor der Hemmschuh Großbritannien), die Wirtschaftsbeziehungen zwischen Kuba und dem Ostblock fast bei Null angelangt. Das erleichtert Washingtons Bestreben, seine lange avisierten Ziele durch ökonomische Kriegsführung oder andere Methoden zu erreichen. Aus diesen Tatsachen haben die USA gar keinen Hehl gemacht – schließlich könnte nur der teuflischste Antiamerikaner bezweifeln, daß wir das Recht haben, nach unserem Gusto zu handeln. Wer könnte, wenn wir zum Beispiel in ein wehrloses Land einfallen, um einen unserer Agenten gefangenzunehmen, der sich weigert, unseren Befehlen weiterhin Folge zu leisten, die Erhabenheit unserer Rechtsprechung in Frage stellen? Die UNO hat es versucht, doch unser Veto hat dieser kindischen Trotzreaktion ein Ende bereitet. Selbst das Oberste Bundesgericht hat seither den USA das Recht eingeräumt, als kriminell verdächtigte Personen im Ausland zu kidnappen, um sie hierzulande vor Gericht zu stellen. Sogar Adolf Hitler hatte da mehr Bedenken: Er schickte einen deutschen Emigranten, der 1937 von Himmlers Gangstern aus der Schweiz entführt worden war zurück, nachdem die Schweizer Regierung unter Berufung auf Prinzipien des internationalen Rechts Protest erhoben hatte.[21]

In einem typischen Kommentar zu Kubas erfreulicher Misere drängten die Leitartikler der *Washington Post,* die USA sollten die Gelegenheit beim Schopf packen und Castro stürzen: »Wenn der große Gegenspieler [Castros], die USA, diesem abgenutzten Überbleibsel zu dieser späten Stunde Entlastung und Legitimation verschafften, so verrieten sie das kubanische Volk – und mit ihm alle anderen Demokraten in dieser Hemisphäre.« Mit der gleichen Logik riefen die Leitartikel in den achtziger Jahren die USA dazu auf, Nicaragua in die »mittelamerikanische Daseinsweise« der Terrorstaaten à la Guatemala und El Salvador mit ihren so wunderbaren »regionalen Maßstäben« zurückzuzwingen. Sie spotteten über Gorbatschows Perestrojka, weil er es den USA noch versagte, ihre Ziele mittels der vom Weltgerichtshof verurteilten Methoden zu erreichen (wobei, wie die Presse und liberale Kommentatoren betonten, der Gerichtshof sich durch das Urteil selbst unglaubwürdig gemacht habe). Die *Post* spricht für die kubanische Bevölkerung genau so, wie es das Außenministerium in der Ära Eisenhower-Kennedy tat. Ebenso sprach William McKinley für »die große Mehrheit der Bevölkerung« auf den Philippinen, die »unsere Oberhoheit begrüßen«, während er sie zu Hunderttausenden abschlachten ließ. Und auch sein Statthalter, Leonard Wood, sprach für die anständige (das heißt: reiche europäische) Bevölkerung Kubas, die die US-amerikanische Vorherrschaft oder Annexion bevorzugte und vor den »entarteten Elementen« geschützt werden mußte.[22] An gutem Willen für die leidenden Völker der Welt, die vor den Machenschaften von Übeltätern bewahrt werden müssen, hat es den Vereinigten Staaten nie gefehlt. Über die Liebe der *Post* – und ihresgleichen – zur Demokratie sei der Mantel mildtätigen Schweigens gebreitet.

Wie der Umgang mit Kuba verdeutlicht, war der Kalte Krieg wenig mehr als ein Vorwand, hinter dem sich die traditionelle Ablehnung verbarg, die Unabhängigkeit von Ländern der Dritten Welt, gleich welcher politischen Couleur, anzuerkennen. Diese und ähnliche politische Methoden können innerhalb des Mainstream nicht ernsthaft in Frage gestellt werden. Die offenkundigsten Probleme anzusprechen gilt als illegitim, ja als undenkbar. So werden denn wohl die vertrauten Hebel in Gang gesetzt werden, damit die »reife Frucht« in die Hände ihrer rechtmäßigen Besitzer fällt, falls sie nicht umstandslos vom Baum heruntergepflückt wird.

Eine umsichtige Politik bestünde darin, den Würgegriff zu verstärken, indem man – um die Bevölkerung zu bestrafen – ökonomische und ideologische Kriegsführung betreibt und zugleich andere einschüchtert, damit sie nicht eingreifen. Mit dem wachsenden Leidensdruck werden höchstwahrscheinlich auch Proteste, Unterdrückungsmaßnahmen, weitere Unruhen usf. zunehmen; die Spirale beginnt sich zu drehen. Irgendwann hat der innere Zusammenbruch einen Punkt erreicht, an dem die Marines ohne weitere Kosten in Marsch gesetzt werden können, um die Insel noch einmal zu »befreien« und die alte Ordnung wieder herzustellen, während die Getreuen unseren großen Führern und ihrer Rechtschaffenheit Lobeshymnen darbringen. Vorübergehend können taktische Erwägungen den Prozeß beschleunigen, falls die Notwendigkeit besteht, chauvinistische Leidenschaften zu entfachen. Aber aller Wahrscheinlichkeit nach wird Washington auch weiterhin die Politik verfolgen, die in dem bereits zitierten Bericht der Regierung Bush zur nationalen Sicherheitspolitik (Kap. III. 6) skizziert ist.

VII. Alte und neue Weltordnungen: Lateinamerika

1. »Der Koloß des Südens«

»Wenn man die Ressourcen dieses riesigen Landes in Betracht zieht«, schrieb die *Washington Post* 1929, »dann ist klar, daß Brasilien in ein paar Jahren zu den führenden Mächten in der Welt gehören wird.« »Die Vereinigten Staaten sind hocherfreut über den Aufstieg dieser großen Republik in Südamerika«, die sich »auf dem Wege zu dauerhaftem Wohlstand und Frieden befindet.« Die euphorischen Vorhersagen schienen nicht aus der Luft gegriffen. »Brasilien zeichnet sich durch eine äußerst günstige Verbindung von Großflächigkeit, niedriger Bevölkerungsdichte und einem reichen Vorrat an natürlichen Ressourcen aus«, bemerkte Peter Evans. Das Land brauchte auch keine Angst vor äußeren Feinden zu haben. In der zweiten Hälfte des neunzehnten Jahrhunderts wuchs das Pro-Kopf-Realeinkommen in Brasilien schneller als in den Vereinigten Staaten. Sein führender Exportartikel, Kaffee, wurde vom einheimischen Kapital kontrolliert (um die Jahrhundertwende kamen mehr als 80 Prozent der gesamten Welternte aus Brasilien). Dann zeigten sich erste Schwächen: Die Wirtschaft beruhte in so hohem Maße auf dem Export von Grundprodukten, daß dieses Land mit seiner reichen Landwirtschaft sogar Hauptnahrungsmittel einführen mußte. Dennoch schien der »Koloß des Südens«, wie Brasilien 1926 von der *New York Herald Tribune* getauft wurde, ein wahres Pendant zum Koloß des Nordens zu sein, wie geschaffen für den Aufstieg zu Macht und Reichtum. Auch andere Zeitungen waren beeindruckt und beschrieben das Land als »Riesenreich unbeschränkter Möglichkeiten« und als eine »Nation, die die Vorstellungskraft in Erstaunen versetzt«.

1924 blickte das *Wall Street Journal* mit Röntgenaugen in die Zukunft: »Kein Territorium auf der Welt lohnt die Ausbeutung mehr als das brasilianische.« Fünf Jahre später »brüsteten sich amerikanische Geschäftsleute damit, einen größeren Anteil am Exportmarkt zu besitzen als ihre britischen Konkurrenten«. »New York hatte London als Hauptquelle neuer Kapitalinvestitionen vom ersten Platz verdrängt« (Joseph Smith). Von 1913 bis 1930 wuchsen die US-Investitionen um das Zehnfache und der Handel verdoppelte sich, während der britische um fast 20 Prozent zurückging. Das war in der Region kein Einzelfall. Die direkten US-Investitionen in lateinamerikanische Unternehmen verdoppelten sich in den zwanziger Jahren auf dreieinhalb Milliarden Dollar, während Portfolio-Investitionen (Anleihen und Aktien) sich auf über 1,7 Milliarden Dollar mehr als vervierfachten. Zu den beliebtesten Zielobjekten gehörten venezuelanisches Öl (während der Diktatur von Gómez), Minen in Bolivien, Chile und anderswo sowie die Reichtümer Kubas. Von 1925 bis 1929 betrug der Kapitalzufluß aus den USA etwa 200 Millionen Dollar jährlich, während der jährliche Abfluß an die US-Investoren bei etwa 300 Millionen lag.[1]

Seit 1889 haben die USA ein tiefergehendes Interesse an Brasilien. In jenem Jahr wurde die Monarchie gestürzt und eine Republik errichtet, und in Washington fand eine panamerikanische Konferenz statt. Sie war »Bestandteil einer umfassenderen Strategie zur Verdrängung der europäischen Konkurrenz, die zugleich dem amerikanischen Handel auf den Märkten Lateinamerikas einen kräftigen Anstoß geben sollte«, schreibt Smith. Die USA zögerten zunächst mit der Anerkennung der republikanischen Regierung, zum Teil auch deswegen, weil »die konservativen Instinkte amerikanischer Politiker den Umsturz eines Symbols der Autorität und Stabilität durch militärische Gewalt als bedrohlich empfanden«. Aber James Blaine, der kommende Außenminister, erkannte: »Brasilien unterhält im Süden praktisch die gleichen Beziehungen zu den anderen Ländern wie die Vereinigten Staaten im Norden«, und die Marktchancen waren verlockend. Die USA zögerten nicht allzu lange.

Wegen dieser Marktchancen wurde Brasilien als Tagungsort für die dritte panamerikanische Konferenz (1906) gewählt. Dort erklärte Außenminister Elihu Root, daß die USA und Brasilien »gemeinsam handelnd ein einzigartiger und immerwährender Garant für die Integrität Amerikas sein würden«. Zwischen 1900 und 1910 nahmen die US-amerikanischen Handels- und Investitionsgeschäfte mit Lateinamerika um mehr als das Doppelte zu, was weltweit die höchste Wachstumsrate darstellte. Als die Vereinigten Staaten mit dem Ersten Weltkrieg die globale Vorherrschaft erlangten, konnte Washington die Monroe-Doktrin auf die Regionen jenseits der

Karibik ausdehnen. Der ohnehin schon beträchtliche politisch-ökonomische Einfluß der USA in dieser Hemisphäre verstärkte sich noch, was zur Hochstimmung der zwanziger Jahre führte.[2]

Nach dem Zweiten Weltkrieg erreichte die Vorherrschaft der USA auf dem brasilianischen Markt ihren Höhepunkt. Aus den Vereinigten Staaten bezog Brasilien die Hälfte seiner Importe und schickte vierzig Prozent der Exporte dorthin. Unterdessen waren die Visionen der Washingtoner Planungsstäbe ins Gigantische gewachsen, und Lateinamerika spielte darin eher eine Nebenrolle. Vergessen wurde es jedoch nicht. »Lateinamerikas Rolle in der Neuen Weltordnung« bestand, wie Stephen Rabe bemerkt, darin, »seine Rohstoffe zu verkaufen« und »überschüssiges US-Kapital abzuschöpfen«. Kurz gesagt, sollte es seine »Hauptfunktion erfüllen« und zusammen mit dem übrigen Süden zum Vorteil der industriellen Kernländer »ausgebeutet« werden.[3]

Rabes Beschreibung der Neuen Weltordnung von 1945 besitzt noch heute ihre Gültigkeit, und das gilt ebenso für Bolívars Besorgnis über das »mächtige Land, das sehr reich, sehr kriegerisch und zu allem fähig ist«. Seit Kolumbus ist das Hauptthema die dem Süden zugewiesene Dienstleistungsrolle, und daran wird sich auch nach dem Eintritt in ein »neues imperiales Zeitalter« nichts ändern.

2. »Das Wohlergehen des kapitalistischen Weltsystems«

In den wissenschaftlichen Arbeiten des Mainstream wird die Neue Weltordnung von 1945 bisweilen mit beträchtlicher Zurückhaltung beschrieben. Eine viel gelobte Untersuchung der Beziehungen zwischen Brasilien und den USA, geschrieben von dem herausragenden Historiker der CIA, Gerald Haines, beginnt freimütig: »Nach dem Zweiten Weltkrieg übernahmen die USA aus eigenem Interesse die Verantwortung für das Wohlergehen des kapitalistischen Weltsystems.« Er hätte neben anderen Analysen, die Realinteressen widerspiegeln, auch das CIA-Memorandum über »die kolonialen Wirtschaftsinteressen« unserer westeuropäischen Verbündeten zitieren können, oder George Kennans Forderung, das »nach Süden gewandte Imperium« Japans wieder in Kraft zu setzen.[4]

»Die politischen Führer Amerikas wollten die Welt neu gestalten, so daß sie den US-amerikanischen Bedürfnissen und Maßstäben angepaßt wäre«, fährt Haines fort. Es sollte eine »offene Welt« werden, die indes nicht einmal der Ausbeutung durch die Reichen völlig offenstehen würde. Die USA strebten »ein geschlossenes hemisphärisches System in einer offenen Welt an«, erklärt Haines und folgt damit dem Lateinamerikanisten David Green, der das nach dem Zweiten Weltkrieg entstandene System mit nahezu identischen Worten beschrieben hatte. Anderen verschlossen blieben jene Regionen, die von den USA bereits kontrolliert oder denen entscheidende Wichtigkeit zugesprochen wurde (Lateinamerika und der Nahe Osten), offen war die Welt dort, wo die USA ihre Vorherrschaft noch nicht durchgesetzt hatten. Haines' Beschreibung erfaßt das gerühmte Prinzip der offenen Tür in seinem von der Doktrin festgelegten Sinn: Was wir besitzen, behalten wir (wenn es wichtig genug ist); woanders mag freier Zugang für alle herrschen. Dieser handlungsleitende Grundsatz wurde vom Außenministerium 1944 in einem Memorandum festgelegt, das den Titel trug: »Ölpolitik der Vereinigten Staaten«. Damals beherrschten die USA die Produktion in der westlichen Hemisphäre, die für weitere 25 Jahre die weltgrößte bleiben sollte. Das System muß, so hieß es im Memorandum, geschlossen bleiben, während die übrige Welt offen zu bleiben hat. Die US-Politik »würde die Bewahrung der augenblicklich erreichten absoluten Position, und mithin den wachsamen Schutz bereits existierender US-eigener Konzessionen, mit dem Beharren auf dem Prinzip der offenen Tür verbinden, das US-Gesellschaften in neuen Regionen die Chancengleichheit sichern soll«.[5]

Daß Lateinamerika unser sein würde, ist eine Erwartung, die bis in die frühesten Tage der Republik zurückreicht und in der Monroe-Doktrin ihren ersten Ausdruck findet. Die Intentionen wurden hier mit einfachen Worten beschrieben und durch entsprechendes Handeln illustriert. Man kann die Doktrin kaum besser in Worte fassen als Robert Lansing, Wilsons Außenminister, dies vermochte. Der Präsident fand die Formulierung »unschlagbar«, hielt es politisch jedoch für »unklug«, sie öffentlich zu äußern: »Bei ihrem Eintreten für die Monroe-Doktrin wägen die Vereinigten Staaten ihre eigenen Interessen ab. Die Eigenständigkeit anderer amerikanischer Nationen ist ein Nebenumstand, kein Zweck an sich. Dies mag allein auf Selbstsucht beruhen, doch der Verfasser dieser Doktrin hatte kein höheres oder großzügigeres Motiv vor Augen.«

Bismarck hatte nicht unrecht, als er 1898 die Monroe-Doktrin als »eine Art von Arroganz, typisch amerikanisch und unentschuldbar« bezeichnete.

Wilsons Vorgänger, Präsident Taft, hatte vorhergesehen, daß »eines nicht fernen Tages ... die ganze Hemisphäre de facto uns gehören wird, so wie sie, dank der Überlegenheit unserer Rasse, jetzt schon unser moralischer Besitz ist«. Angesichts der ungeheuren Machtfülle, die die USA Mitte der vierziger Jahre errungen hatten, sah Washington keinen Grund, in »unserer kleinen Gegend hier« (Stimson) irgendwelche Störenfriede zu dulden.[6]

Die Weltordnung von 1945 (fährt Haines fort) verfolgte das Ziel, »jegliche ausländische Konkurrenz« aus Lateinamerika fernzuhalten. Die USA wollten ihre französischen, britischen und kanadischen Rivalen ausschalten, um »die Region als wichtigen Markt für die industrielle Überschußproduktion und für private Investitionen zu erhalten, um die ungeheuren Rohstoffreserven auszubeuten und um den internationalen Kommunismus abzuwehren«. Der Ausdruck »Kommunist« kann hier in der üblichen technischen Bedeutung verstanden werden: er gilt für all jene, die sich an »die Armen« wenden, welche »schon immer die Reichen ausplündern wollten«, um John Foster Dulles zu zitieren. Ähnlich lauteten die Pläne für den Nahen Osten, auf den die USA die Monroe-Doktrin nach dem Zweiten Weltkrieg ausdehnten. Das zeitigte tiefgreifende Folgen für Südeuropa, Nordafrika und den Nahen Osten selbst.

Obwohl Haines sich auf das reichste und wichtigste Land Lateinamerikas konzentriert, lassen sich die Schlußfolgerungen verallgemeinern. In Brasilien, so schreibt er, waren die USA bestrebt, Wirtschaftsnationalismus und – mit den Worten von Truman und Eisenhower – »exzessive industrielle Entwicklung« zu verhindern. Letzteres meinte eine Entwicklung, die den US-Konzernen Konkurrenz machen könnte. Dagegen war der Wettbewerb mit ausländischem Kapital nicht »exzessiv« und von daher erlaubt. Wie bereits erörtert (Kap. II.1) wurde diese Forderung der USA im Februar 1945 auf die gesamte Hemisphäre ausgedehnt.

Neu an dieser Prioritätensetzung war das Ausmaß, nicht die Art und Weise selbst. Wie David Green schreibt, wollte die vor dem Krieg betriebene Politik der guten Nachbarschaft »eine gewisse Verbreiterung der lateinamerikanischen Produktionspalette anregen, in der Erwartung, daß die Lateinamerikaner geeignete Märkte in der Region vorfinden würden. [Allerdings] beschränkte sich diese Verbreiterung auf Produkte, die nicht mit existierenden Produktionssparten in bereits etablierten Märkten der westlichen Hemisphäre konkurrierten«. Damit waren in praxi US-amerikanische Produktionssparten gemeint. Die Interamerikanische Beratungskommission forderte die USA auf, mehr Importe aus Lateinamerika aufzunehmen, damit »Lateinamerika dank erhöhter Kaufkraft *mehr Industrieprodukte aus den USA erwerben kann*« (Hervorhebung von Green). Die frühesten Projekte der von den USA beherrschten interamerikanischen Handelsagenturen »liefen alle eher auf die Förderung von Konsum- anstatt von Produktionsgütern hinaus«. Der Zweck der Unternehmung bestand natürlich darin, »den US-amerikanischen ›Anteil‹ an Exporten nach Lateinamerika nicht zu beschneiden«, wobei es vor allem um »Exporte im Bereich der Maschinerie und Schwerindustrie« ging.

Ausnahmen bestätigten nur die Regel. Washington stimmte der Finanzierung eines brasilianischen Stahlprojekts zu, doch bedeutete dies, wie der Wirtschaftsexperte der Regierung, Simon Hansen, hervorhob, nur eine »Phasenverschiebung« im amerikanischen Stahlexport nach Brasilien, die keinen Umfangs- oder Wertverlust mit sich bringen würde: die brasilianische Anlage sollte die »einfacher hergestellten Produkte« fertigen, die ihrerseits »den Import komplexerer Materialien erforderlich machen«. Die Materialien wiederum benötigen eine entwickeltere Technologie, und hier »treten wir auf den Plan« und sichern unsere Exportmärkte. Eine Analyse kam zu dem Ergebnis, »daß bei Inbetriebnahme der Anlage England und Deutschland zu den größten Verlierern am brasilianischen Markt gehören werden«.[7]

Die politischen Führer der USA waren, so Haines, ganz allgemein »gegen größere Industrialisierungspläne von Dritte-Welt-Ländern eingestellt und lehnten ausländische Hilfsprogramme zur Förderung des Wirtschaftswachstums, die auf öffentlichen Anleihen beruhten, ab«. Sie zogen einen »merkantilistischen Ansatz« vor, bei dem die ökonomischen Systeme der Dritten Welt »in das von den USA beherrschte Freihandelssystem integriert werden«. Die Doktrin läßt sich gut auf den Begriff »merkantilistischer Freihandel« bringen. Die USA »wollten die industrielle Entwicklung Brasiliens zum Vorteil privater US-Konzerne lenken und Brasilien zum Bestandteil ihrer regionalen Wirtschaftspläne machen«. Das humanitäre »Point Four Program« – »ein Modell für ganz Lateinamerika« – sollte »der amerikanischen Wirtschaft größere und effizientere Versorgungsquellen eröffnen sowie expandierende Märkte für US-Exporte und expandierende Möglichkeiten für Kapitalinvestitionen schaffen«.

Was die Politstrategen der USA »avisierten, aber selten öffentlich kundtaten, war eine neokoloniale Beziehung, in der Brasilien die amerikanische Industrie mit Rohstoffen versorgen und die Vereinigten Staaten Brasilien mit Fertigprodukten beliefern sollten«. Die Strategen verfolgten eine »neokoloniale, neomerkantilistische Politik«, die in gewisser Weise »eine klassisch-liberale Herangehensweise an Entwicklungsprobleme« darstellt – was wiederum zeigt, was für ein flexibles Instrument die Wirtschaftstheorie doch sein kann. Die industrielle Entwicklung konnte nur geduldet werden, wenn sie »die US-amerikanische Industrie ergänzte«. Vom Grundsatz her »ging die brasilianische Entwicklung in Ordnung, solange sie nicht die Profite und die Vorherrschaft der USA bedrohte« und eine ausreichende Gewinnabschöpfung ermöglichte. Ebenso befürwortete man die Entwicklung der Landwirtschaft, wenn »destabilisierende« Programme, wie zum Beispiel eine Landreform, vermieden werden konnte. Außerdem sollte das technische Zubehör aus den USA kommen und der Anbau von Produkten wie »Kaffee, Kakao, Gummi und Jute« gefördert werden, die eine willkommene Ergänzung zur US-Produktion darstellten«. Und natürlich waren für US-amerikanische Landwirtschaftserzeugnisse wie Weizen und Milchprodukte »neue Märkte« zu schaffen.

»Die Wünsche und Bedürfnisse Brasiliens rangierten erst an zweiter Stelle«, bemerkt Haines. Aber es erwies sich als nützlich, die Brasilianer »ein bißchen zu tätscheln und sie glauben zu machen, man wäre ihnen zugetan«. So John Foster Dulles.

Dann warf sofort der Kalte Krieg seine Netze aus. Der Botschafter Adolf Berle, ein führender liberaler Staatsmann von den Tagen des »New Deal« bis zu Kennedys »New Frontier«, war 1946 sehr beunruhigt über sowjetische Umtriebe in Brasilien. Die Russen seien, sagte er warnend, wie die Nazis: »Auf schreckliche und zynische Weise bedienen sie sich aller möglichen Institutionen des Denkens und Handelns, die den Vereinigten Staaten Schaden zufügen könnten.« In dieser Hinsicht sind sie so ganz anders als wir. Der Geheimdienst konnte außer Handelsmissionen und anderen üblichen Einrichtungen keine sowjetische Wühlarbeit in Brasilien entdecken. Aber das wurde, wie sonst auch, für irrelevant erachtet, und man schloß sich Berles Auffassung an. Ein paar Monate später gab es einen weiteren Bericht vom Geheimdienst, den Haines wie folgt zusammenfaßt: die »Sowjetunion könnte es zukünftig für vorteilhaft halten, in trüben interamerikanischen Gewässern zu fischen«. Es galt, kein Risiko einzugehen. Dies ist eine weitere Illustration der »logischen Unlogik«, von der die weltpolitischen

Strategien bestimmt waren. Die potentiellen Kommunisten müssen beseitigt werden, ehe sie Gelegenheit haben, uns bei der Verfolgung unserer Ziele zu stören.

Die US-Politiker benutzten, wie Haines anmerkt, Brasilien »als Testgebiet für moderne wissenschaftliche Methoden der industriellen Entwicklung«. US-Experten erteilten Instruktionen über alle möglichen Themen. So ermutigten sie die Brasilianer, den Amazonas der wirtschaftlichen Entwicklung zu öffnen und dem US-amerikanischen Modell des Fortschritts via Eisenbahn zu folgen, wobei letzteres vielleicht ein Stück schwarzen Humors darstellte. Entscheidend aber ist, daß sie Brasilien diese ernstgemeinten Ratschläge zum Nutzen der US-Konzerne gaben.

Haines' Bericht ist durchsetzt mit Wendungen wie »es war die beste Absicht«, »es wurde ernsthaft angenommen« usw. Durch einen glücklichen Zufall paßte das, was da »ernsthaft angenommen« wurde, hervorragend in die Interessenlage der US-Investoren, auch wenn es sich auf unsere Schützlinge verheerend ausgewirkt haben mag. Auch hier schlägt Haines vertraute Töne an, zu denen der Glaube an die grundgütige Absicht gehört, die dem Eigeninteresse auf wundersame Weise zu Diensten ist.

3. Die Demokratie schützen

Haines konzentriert sich auf die frühen Jahre, aber er gibt einen Vorgeschmack von dem, was noch kommen sollte, als es zunächst darum ging »das brasilianische Militär zu zivilisieren«, das die US-Regierungsbeamten zum »Beschützer der Demokratie ... kürten«. Dieses weitsichtige Programm zur Verwirklichung unserer Vision von Demokratie trug erste Früchte, als die Generäle 1964 das Kommando übernahmen. Sie beendeten damit Brasiliens parlamentarisches Zwischenspiel der Nachkriegszeit und errichteten einen neofaschistischen Staat der »nationalen Sicherheit«, in dem Folter und Unterdrückung herrschten. Dadurch fühlten sich ihre Ebenbilder in den anderen Staaten der Region ermutigt, ähnliches zu tun – eine bemerkenswerte Illustration der »Domino-Theorie«, die aus irgendwelchen Gründen niemals in diesem Zusammenhang erwähnt wird. Indem sie unter fortgesetzter Vormundschaft der USA den bewährten Lehren des Neoliberalismus folgten, machten sich die Generäle daran, ein »Wirtschaftswunder« zu schaffen, das ehrfürchtig bestaunt wurde, auch wenn es Vorbehalte gab wegen der sadistischen Gewalt, mit der sie es durchsetzten.

Die militärisch beherrschten Staaten der »nationalen Sicherheit« waren das Ergebnis US-amerikanischer Politik und Ideologie. Seit dem Zweiten Weltkrieg wollten die Planungsstrategen der USA das lateinamerikanische Militär in die eigene Kommandostruktur einbeziehen. Während des Krieges hatten sie die Grundlage für ein langfristig koordiniertes Versorgungssystem geschaffen, das unter anderem nach US-Normen gefertigte Waffen für den Kontinent lieferte. Von diesen Maßnahmen erhoffte man sich »gewinnträchtige Ergebnisse« für die im Aufschwung befindlichen Militärindustrien der USA (so General »Hap« Arnold, der sich hier auf die Luftfahrtindustrie der Nachkriegszeit bezog). Des weiteren wollte man durch eine Kontrolle der militärischen Ausrüstung auch die politisch-ökonomische Machtstellung der USA verbessern, um nationalistischen Tendenzen wehren und der »Subversion« entgegenarbeiten zu können. Dazu war es notwendig, auch die mit der soldatischen Ausbildung befaßten Militärmissionen zu übernehmen, um so die europäische Konkurrenz aus dem Felde zu schlagen. Trumans 1946 getroffene Vereinbarung zur militärischen Zusammenarbeit (Inter-American Military Cooperation Act) zielte darauf ab, den USA das Versorgungs- und Ausbildungsmonopol in einer »militärisch geschlossenen Hemisphäre unter Vorherrschaft der Vereinigten Staaten« zu sichern (Green). Interne Dokumente aus späterer Zeit betonten die Notwendigkeit, die europäischen Konkurrenten zu verdrängen, was auch sehr schnell geschah.

Das Problem, die »Subversion« zu bekämpfen, war 1943 aufgetaucht. In jenem Jahr riefen bolivianische Minenbesitzer Regierungstruppen zu Hilfe, um Streiks in den Zinnminen niederzuschlagen. Dabei wurden Hunderte von Arbeitern in dem »Massaker von Catavi« getötet. Die USA reagierten erst, als die nationalistische, anti-oligarchische und arbeiternahe Nationale Revolutionsbewegung (MNR) ein Jahr später die Diktatur ablöste. Die USA verleumdeten das neue Regime (unter fadenscheinigen Vorwänden) als »profaschistisch« und stellten (richtigerweise) fest, daß es in Gegnerschaft zum »Anglo-Yankee-Imperialismus« stehe. Sie forderten, alle Mitglieder der MNR aus Machtpositionen auszuschließen und bewirkten den schnellen Sturz des Regimes zugunsten einer Militärregierung. Ein Memorandum des Außenministeriums wies auf ein entscheidendes Motiv hin: die Minenbesitzer, so hieß es, befürchteten, daß die von der MNR »bekundete Absicht, sich für die Verbesserung der Situation der Arbeiter einzusetzen, einseitig zu Lasten der Kapitalseite gehen würde«. Außerdem drohte das Gespenst des radikalen Nationalismus (vgl. Kap. II.1).

Die Regierung Kennedy trieb den Prozeß voran. Sie verschob den Auftrag des lateinamerikanischen Militärs von der »Verteidigung der Hemisphäre« hin zur »internationalen Sicherheit«, das heißt zum Krieg gegen die Bevölkerung. Wissenschaftliche Experten erklärten nüchtern, das Militär sei, unter US-amerikanischer Anleitung, eine »modernisierende« Kraft.

Den Sinn dieser Vorgehensweise erläuterte eine geheime Untersuchung aus dem Verteidigungsministerium McNamaras von 1965. Dort hieß es, »die Politik der USA gegenüber dem lateinamerikanischen Militär« habe »im großen und ganzen die gesteckten Ziele erreicht«, nämlich »die Befähigung zur inneren Sicherheit verbessert« und »die Vorherrschaft des militärischen Einflusses der USA befestigt«. Das lateinamerikanische Militär wisse nun, was es zu tun habe, und sei für seine Aufgaben entsprechend ausgerüstet. Dafür hat die Regierung Kennedy gesorgt, als sie in den Jahren 1961/62 die Mittel für die Militärhilfe beträchtlich aufstockte. Zu den Aufgaben des Militärs gehöre es unter anderem, Zivilregierungen zu stürzen, »wenn, dem Urteil des Militärs zufolge, das Verhalten dieser Regierungen dem Wohlergehen der Nation abträglich ist«. Dergleichen sei, so erklärten die Kennedy-Liberalen, »im kulturellen Umfeld Lateinamerikas« notwendig und werde sachgerecht durchgeführt, da die Lagebeurteilung durch das Militär nunmehr »auf dem Verständnis für und der Orientierung auf US-amerikanische Zielvorstellungen« beruhe. In Anwendung dieser Methoden können wir sicherstellen, daß der »revolutionäre Machtkampf zwischen den großen Gruppierungen, die die gegenwärtige Klassenstruktur [in Lateinamerika] repräsentieren«, seinen angemessenen Ausgang findet. Sichergestellt sind damit auch »private US-Investitionen« und Handelsmöglichkeiten; sie bilden die »ökonomische Wurzel« und damit den stärksten Faktor der »politischen Interessen der USA in Lateinamerika«.[8] Die von den Planungsstrategen unter Kennedy und Johnson verwendete vulgärmarxistische Rhetorik ist für regierungsinterne Dokumente typisch und findet sich auch in der Wirtschaftspresse.

Zurück zu Brasilien. Im August 1961 war Joao Goulart Präsident geworden; kurze Zeit später schmiedete man bereits Pläne für einen Militärputsch. Die Militärs beobachteten seine populistischen Reden und Appelle mit Argwohn und waren erbost über seine

Bemühungen, die Mindestlöhne der Arbeiter anzuheben. Auch die US-amerikanische Geschäftswelt war besorgt. Die Deputiertenkammer hatte ein Gesetz verabschiedet, das ausländische Investitionen erschwerte und die Rückführung von Gewinnen begrenzte, weil andernfalls »die brasilianische Wirtschaft ausbluten« würde. Obwohl Goulart, der der brasilianischen Oberschicht angehörte, Antikommunist war, zeigten sich US-Gewerkschaftsführer und Botschaftsangehörige besorgt darüber, daß er sich mit Arbeiter- und Bauernorganisationen einließ und brasilianische Kommunisten in politische Führungspositionen berief. Das sei, so die CIA, »ein offen kommunistischer Kurs«. Das entsprechende Umfeld im Rahmen des Kalten Krieges war von John F. Kennedy kurz vor seinem Amtsantritt schon benannt worden. Anfang 1962 hatten brasilianische Kommandeure Kennedys Botschafter, Lincoln Gordon, davon in Kenntnis gesetzt, daß sie einen Putsch planten. Auf persönliche Initiative des Präsidenten hin begannen die USA, rechtsgerichtete Politiker heimlich, aber auch offen zu unterstützen. Wie Gordon und die US-Geschäftswelt hatte Kennedy das Gefühl, »dem Militär würde künftig eine Schlüsselrolle zukommen«, folgert Ruth Leacock. Im Dezember 1962 wurde Robert Kennedy nach Brasilien entsandt, um auf Goulart Einfluß zu nehmen. Dieser solle, wie die US-Botschaft sich ausdrückte, »das Problem des Kommunismus in Angriff nehmen«. Robert Kennedy teilte Goulart mit, daß der Präsident ernsthaft besorgt sei, weil Regierung, Militär, Gewerkschaften und Studentengruppen von »Kommunisten und Vertretern einer anti-amerikanischen nationalistischen Linken« durchsetzt seien und weil »amerikanische und andere ausländische Privatinvestoren« schlecht behandelt würden«. Wenn Goulart von den USA unterstützt werden wolle, müsse er darauf achten, daß das »Personal in den Schlüsselpositionen« eine pro-amerikanische Einstellung vertrete und darüber hinaus die wirtschaftlichen Maßnahmen ergreifen, die von den USA empfohlen würden.

Die Beziehungen blieben indes gespannt. Mißhelligkeiten gab es vor allem wegen des Sparprogramms, das die Kennedy-Regierung zur Vorbedingung für die Gewährleistung von Wirtschaftshilfe forderte, und wegen der fortgesetzten Warnungen vor dem Einfluß der Linkskräfte. Im März 1963 berichtete die CIA erneut von Plänen für einen Militärputsch; mittlerweile drängte man in den Chefetagen der US-Konzerne auf eine völlige Einstellung der Wirtschaftshilfe, um so das Putschvorhaben zu beschleunigen. Im August wies der US-Militärattaché Vernon Walters das Pentagon darauf hin, daß Goulart »ultranationalistischen Offizieren« den Vorrang gebe vor »pro-demokratischen, pro-amerikanischen Offizieren« (offensichtlich sind beide Begriffe Synonyme). Unter der Regierung Johnson verhärteten sich die Beziehungen noch weiter. Senator Albert Gore teilte dem über US-Wirtschaftshilfe beratenden Senatskomitee für Auslandsbeziehungen mit, er habe gehört, daß »alle Mitglieder des brasilianischen Kongresses, die sich im Sinne der Reformen ausgesprochen haben, welche von uns zur Vorbedingung für die ›Fortschrittsallianz‹ gemacht worden sind, mittlerweile im Gefängnis sitzen«. Botschafter Gordon telegrafierte nach Washington, die USA sollten die Militärhilfe für Brasilien aufstocken, weil das Militär bei der »Strategie, die linksgerichteten Exzesse der Regierung Goulart einzugrenzen«, eine äußerst wichtige Rolle spiele. Unterdessen finanzierte die CIA »die städtischen Massendemonstrationen gegen die Regierung Goulart und bewies damit, daß die alten Themen – Gott, Vaterland, Familie und Freiheit – so wirkungsvoll wie eh und je sind«, notierte Philipp Agee in sein Tagebuch.

Militärhilfe ist, wie wir bereits gesehen haben, die übliche Verfahrensweise, um den Sturz einer Zivilregierung einzuleiten. Sie wurde mit Erfolg in Indonesien und Chile eingesetzt; versuchsweise auch im Iran zu Beginn der achtziger Jahre. Das war die erste Stufe eines Unternehmens, welches sich später zur Iran-Contra-Affäre ausweitete.[9]

Am 31. März übernahmen die Generäle die Macht. Die USA gewährten ihnen Unterstützung und hatten weitere Pläne in der Hinterhand, um nötigenfalls »den Erfolg der Machtübernahme abzusichern«. Die Generäle hätten, so telegrafierte Gordon nach Washington, einen »demokratischen Aufstand« durchgeführt. Die Revolution sei »ein großer Sieg für die freie Welt«. Sie habe verhindert, daß »der Westen aller südamerikanischen Republiken verlustig gegangen« sei, und solle »ein sehr viel besseres Investitionsklima« schaffen. »Der hauptsächliche Zweck der brasilianischen Revolution«, bestätigte er zwei Jahre später vor dem Kongreß, »lag in der Bewahrung der brasilianischen Demokratie, nicht in ihrer Zerstörung«. Diese demokratische Revolution sei »*der* entscheidende Sieg der Freiheit in der Mitte des Zwanzigsten Jahrhunderts« gewesen, meinte Gordon, und »einer der großen geschichtlichen Wendepunkte« dieser Epoche. Adolf Berle stimmte der Einschätzung zu, Goulart sei ein zweiter Castro gewesen, den man habe beseitigen müssen. Außenminister Dean Rusk rechtfertigte die Anerkennung des Putschregimes durch die USA, weil »der Regierungswechsel verfassungskonform verlief«, eine Aussage, die, wie Thomas Skidmore umsichtig anmerkt, »nicht ganz der Wirklichkeit entsprach«.

Die US-Gewerkschaftsführer verlangten ihren gerechten Anteil am Verdienst, das parlamentarische Regime gestürzt zu haben, während die neue Regierung mit der Zerstörung der Arbeiterbewegung begann. Die armen und die arbeitenden Massen sollten den übergreifenden Interessen der Wirtschaft, vor allem der ausländischen, untergeordnet werden. Innerhalb von drei Jahren wurden die Reallöhne um 25 Prozent gekürzt und das Einkommen »auf die oberen Einkommensgruppen umverteilt; sie waren dazu auserkoren, die Großkonsumenten des brasilianischen Wunders zu werden« (so Sylvia Ann Hewlett, die die brutale Unterdrückung und den Angriff auf den Lebensstandard als »essentielle Vorbedingung für einen neuen kapitalistischen Wachstumszyklus innerhalb der brasilianischen Volkswirtschaft« betrachtet). Washington und die Investoren waren natürlich begeistert. Als die Überreste verfassungsmäßiger Herrschaft wegbröckelten und das Investitionsklima sich verbesserte, bot die Weltbank ihre ersten Darlehen seit 15 Jahren an, und die US-amerikanische Wirtschaftshilfe nahm mit großer Geschwindigkeit zu. Mit ihr wuchsen Folter, Mord, Hungersnöte, Krankheiten, Kindersterblichkeit – und die Profite.[10]

4. Den Sieg sichern

Die Vereinigten Staaten waren »der verläßlichste Bündnispartner des Regimes«, bemerkt Thomas Skidmore, der die umfangreichste wissenschaftliche Untersuchung über die Zeit nach der Machtergreifung des Militärs verfaßt hat. Die US-amerikanische Wirtschaftshilfe »rettete die Lage« für die regierenden Generäle und »machte die USA zu einer Art unilateralem Weltwährungsfonds, der von *allen* Aspekten der brasilianischen Wirtschaftspolitik Kenntnis nahm«. »In fast jedem brasilianischen Büro, das mit der Verhängung von unpopulären Lohn-, Steuer- oder Preiserlassen befaßt war, fand man den allgegenwärtigen amerikanischen Berater vor«, entdeckte der neue US-Botschafter 1966. Erneut befanden sich die USA in einer geeigneten Lage, um Brasilien als »Testgebiet für moderne wissenschaftliche Methoden der industriellen

Entwicklung« zu nutzen (Haines), deshalb gebührt ihnen der Ruhm für alles, was folgte. Unter US-amerikanischer Anleitung verfolgte Brasilien eine orthodox-neoliberale Politik. Gemessen an monetaristischen Kriterien wurde »alles richtig gemacht« und die »Marktwirtschaft gestärkt« (Skidmore). Das »Wirtschaftswunder« entwickelte sich parallel zur Durchsetzung des faschistischen Staates der »nationalen Sicherheit«. Dies geschah nicht zufällig; ein Regime, das nicht die Knute zu schwingen verstand, hätte wohl kaum Maßnahmen durchführen können, die einen so verheerenden Einfluß auf die Bevölkerung ausübten.

Die neoliberalen Reformen trugen nicht gerade zum »Aufbau des brasilianischen Kapitalismus« bei, fährt Skidmore fort (wohl aber zum Aufbau ausländischer Konzerne). Sie riefen eine schwere industrielle Rezession hervor und trieben viele Unternehmen in den Ruin. Um diesen Problemen entgegenzuwirken und den weiteren Ausverkauf der Wirtschaft an ausländisches Kapital zu verhindern, wandte sich die Regierung dem öffentlichen Sektor zu und stärkte die verhaßten Staatskonzerne.

1967 wurde die Wirtschaftspolitik von Technokraten übernommen. Die Leitung hatte der hochgeachtete konservative Ökonom Antonio Delfim Neto inne, ein begeisterter Befürworter der »Revolution vom 31. März«, die für ihn eine »große Demonstration der Macht der Gesellschaft« und »das Ergebnis eines kollektiven Konsenses« (derer, die zur »Gesellschaft« zählen) darstellte. Die Regierung erklärte sich den Grundsätzen des Wirtschaftsliberalismus verpflichtet und richtete unbeschränkte Lohnkontrollen ein. »Die Proteste der Arbeiter, die bis dato keinen nennenswerten Umfang angenommen hatten, wurden mühelos unterdrückt«, bemerkt Skidmore. Zugleich nahm der Faschismus die Gesellschaft immer stärker in den Griff: die Zensurbestimmungen wurden verschärft, die Unabhängigkeit der Rechtsprechung beseitigt, viele Fakultäten geschlossen und Lehrpläne revidiert, um den Patriotismus zu fördern. Der neu eingerichtete Pflichtkurs mit dem Titel »Moralische und staatsbürgerliche Erziehung« zielte darauf ab, »das demokratische Prinzip zu verteidigen, indem der Geist der Religion, die Würde des Menschen und die Liebe zur Freiheit verantwortlich und mit göttlicher Inspiration bewahrt werden«, das heißt nach Maßgabe der Generäle mit Unterstützung der Technokraten. Die Verfasser des republikanischen Wahlkampfprogramms von 1992 wären, genauso wie die Konservativen der achtziger Jahre, sehr beeindruckt gewesen.

Der brasilianische Präsident verkündete 1970, die Unterdrückung werde »hart und unnachsichtig« sein, und »Pseudo-Brasilianer« hätten keinerlei Rechte zu gewärtigen. Die Folter wurde »zum gräßlichen Ritual, zum kalkulierten Anschlag gegen Körper und Seele«, schreibt Skidmore. Zu den Spezialitäten zählte die Folter von Kindern und die mehrfache Vergewaltigung von Frauen vor den Augen ihrer Familie. Diese »Folterorgie« war »eine nachdrückliche Warnung« an alle, die sich auf falschen Denkwegen befanden. Sie erwies sich als »machtvolles Instrument«, das »Delfim und seinen Technokraten die öffentliche Diskussion über grundlegende wirtschaftliche und soziale Prioritäten ersparte«, während sie »die Tugenden des freien Marktes predigten«. Diese Mittel kurbelten das Wirtschaftswachstum erneut an und machten Brasilien »für ausländische Investoren wieder attraktiv«. Gegen Ende der siebziger Jahre beherrschte »das einheimische Kapital diejenigen Industriezweige in Brasilien, in denen auf US-Seite kleinere Unternehmen florierten«, während die Multis und ihre lokalen Tochtergesellschaften in den gewinnträchtigeren Wachstumssektoren dominierten. Allerdings hatten sich die Veränderungen in der Weltwirtschaft bereits bemerkbar gemacht, denn etwa 60 Prozent des Auslandskapitals kam aus anderen Ländern als den USA (Peter Evans).

Die makroökonomischen Statistiken sahen weiterhin zufriedenstellend aus, fährt Skidmore fort. Das Bruttonationalprodukt und die Auslandsinvestitionen wuchsen rasch. Zudem verschaffte eine »dramatische« Verbesserung der Handelsbedingungen Anfang der siebziger Jahre den Generälen und Technokraten weiteren Rückenwind. Sie hielten eisern am Grundsatz fest, daß »die wahre Antwort auf Armut und ungleiche Einkommensverteilung ein schnelles Wirtschaftswachstum ist, bei dem der wirtschaftliche Gesamtertrag sich vergrößert«. Der Westen nickte zustimmend. Ein Blick aus der Nähe zeigt andere charakteristische Züge der neoliberalen Lehre. Obwohl die faschistischen Neoliberalen alle Vorteile autoritärer Wirtschaftskontrolle ausnutzen konnten, lagen die Wachstumsraten zwischen 1965 und 1982 im Staat der »nationalen Sicherheit« durchschnittlich nicht höher als unter den parlamentarischen Regierungen von 1947 bis 1964, bemerkt der Ökonom David Felix. Auch die nationalen Spareinlagen stiegen während der »Wunderjahre« unter der von den Generälen und Technokraten installierten »rechtsorientierten Konsumgesellschaft« kaum an. Der einheimische Markt wurde von Luxusgütern für die Reichen beherrscht. All dieses wird jenen vertraut vorkommen, die den gleichen Lehren unterworfen waren oder sind, einschließlich der Nordamerikaner, die »Reagans Revolution« miterlebten.

Brasilien wurde »zum überseeischen Markt mit den höchsten Wachstumsraten für amerikanische Hersteller«, bemerkt Evans. Gewinnträchtiger waren bisher nur die Investitionen in Deutschland Ende der sechziger/Anfang der siebziger Jahre gewesen. Das Land geriet dabei immer stärker zur Zweigstelle ausländischen Kapitals. Die Bevölkerungsmehrheit sah wenig vom Reichtum. Eine Untersuchung der Weltbank ergab 1975 – auf dem Höhepunkt der Wunderjahre –, daß 68 Prozent in ihrer Ernährung unter dem täglichen Kalorienminimum lagen, das für normale körperliche Aktivität erforderlich ist, und daß 58 Prozent der Kinder an Unterernährung litten. Das Budget des Gesundheitsministeriums lag unter dem von 1965. Die Folgen waren dementsprechend.[11]

Nachdem er 1972 Brasilien besucht hatte, drängte der Harvard-Politologe Samuel Huntington darauf, den faschistischen Terror abzumildern, ohne das Kind mit dem Bade auszuschütten: die »Lockerung der Kontrollen« könnte von »explosiver Wirkung sein, wobei der ganze Prozeß aus der Bahn gerät«, warnte er. Er schlug das Modell der Einparteienherrschaft wie in Mexiko oder der Türkei vor, wobei er den Freiheitsrechten im Vergleich mit den bedeutsameren Werten von »Institutionalisierung« und Stabilität den zweiten Rang anwies.

Einige Jahre später platzte die Seifenblase. Brasilien wurde von der weltweiten Wirtschaftskrise der achtziger Jahre erfaßt, die sich in Afrika und Lateinamerika besonders verheerend auswirkte. Die Handelsbedingungen verschlechterten sich rapide. So wurden diejenigen, die die Hand auf dem Geld und die Peitsche in der Hand hielten, von dieser Krücke befreit. Schulden und Inflationsraten erreichten astronomische Höhen, das Durchschnittseinkommen sackte in den Keller, viele Firmen standen vor dem Bankrott, die Kapazitätsauslastung lag bei nur noch 50 Prozent, was »dem Begriff ›Stagflation‹ eine neue Bedeutung verlieh«, bemerkt Skidmore. Delfims neoliberale Wachstumsstrategie war »völlig zusammengebrochen«. Nach vier Jahren Talfahrt erholte sich die Wirtschaft wieder, was sich zu großen Teilen der einfuhrbeschränkenden

Industrialisierung verdankte, die es der neoliberalen Wirtschaftsdoktrin zufolge nicht geben durfte. Die Generäle dankten grüßend ab und überließen es einer Regierung von Zivilisten, die sozialökonomische Hinterlassenschaft zu ordnen.

5. »Eine typisch amerikanische Erfolgsgeschichte«

1989 beschreibt Gerald Haines die Ergebnisse von über vier Jahrzehnten US-amerikanischer Dominanz und Vormundschaft als »eine typisch amerikanische Erfolgsgeschichte«. »Amerikas Brasilienpolitik war überaus erfolgreich«, denn sie bewirkte »ein beeindruckendes Wirtschaftswachstum auf solider kapitalistischer Grundlage«. Der politische Erfolg zeichnete sich schon sehr viel früher ab. Im September 1945, als das »Testgebiet« gerade für die Experimente eröffnet worden war, schrieb Botschafter Berle: »Jeder Brasilianer verfügt nun über alle Möglichkeiten, die einem Amerikaner im Wahlkampf zugänglich sind: er kann eine Rede halten, einen Versammlungsraum mieten, eine Petition in Umlauf bringen, eine Zeitung herausgeben, Handzettel verteilen, eine Parade auf die Beine stellen, Unterstützung anfordern, Sendezeit im Radio bekommen, Komitees bilden, eine politische Partei gründen und auch sonst mit allen friedlichen Mitteln um die Stimmen und die Gunst seiner Landsleute werben« – so wie »ein Amerikaner« eben. Wir sind alle gleich und bilden eine große, harmonische Familie, weshalb auch die Regierung den Bedürfnissen der Menschen so bereitwillig entgegenkommt. Und so »demokratisch« – im Sinne unhinterfragter Kapitalherrschaft.

Dieser Triumph der kapitalistischen Demokratie steht in dramatischem Gegensatz zum Versagen des Kommunismus, obwohl der Vergleich zugegebenermaßen nicht ganz fair ist. Denn die Kommunisten hatten auch nicht im entferntesten die günstigen Bedingungen, die in diesem »Testgebiet« des Kapitalismus vorherrschten: umfangreiche Ressourcen, Abwesenheit ausländischer Feinde, freier Zugang zu internationalem Kapital und Wirtschaftshilfe sowie die wohlwollende, lenkende Hand der USA, die das Land 50 Jahre lang begleitete. Und der Erfolg ist keine Einbildung. Die US-amerikanischen Gewinne und Investitionen boomten, als »Washington Brasiliens finanzielle Abhängigkeit von den Vereinigten Staaten verstärkte, die Regierungsentscheidungen hinsichtlich der Ressourcenallokation beeinflußte und Brasilien mit sanftem Druck in das von den USA beherrschte Handelssystem hineinbugsierte«, schreibt Haines.

Die »modernen wissenschaftlichen, auf solider kapitalistischer Grundlage beruhenden Entwicklungsmethoden« führten auch in Brasilien selbst zu beträchtlichen Gewinnvorteilen, doch muß man hier ein bißchen genauer hinschauen, um ein Gesamturteil fällen zu können. Es gebe, schrieb Peter Evans auf dem Höhepunkt des Wirtschaftswunders in den siebziger Jahren, zwei sehr unterschiedliche Brasilien: »Der grundlegende Konflikt besteht zwischen dem mikroskopisch kleinen Prozentsatz der Bevölkerung, der die Elite ausmacht, und den 80 Prozent, die aus dem ›brasilianischen Modell‹ der Entwicklung herausgefallen sind.« Das eine Brasilien ist modern und westlich orientiert und hat von der Erfolgsgeschichte des Kapitalismus reichlich profitiert. Das andere Brasilien dagegen versinkt im tiefsten Elend. Für drei Viertel der Bevölkerung dieses »Riesenreiches unbeschränkter Möglichkeiten« sind die in Osteuropa herrschenden Bedingungen ein unerreichbarer Traum. Auch dies ist ein Triumph der freien Welt.

Die eigentliche »typisch amerikanische Erfolgsgeschichte« wurde in einer von der neuen Zivilregierung 1986 in Auftrag gegebenen Untersuchung dargelegt. Sie zeichnete ein »mittlerweile vertrautes Bild von Brasilien«, bemerkt Skidmore. Denn dieses Land »rühmt sich zwar, die achtgrößte Volkswirtschaft der Welt zu sein, gerät aber, wenn es um sozialstaatliche Statistiken geht, auf eine Stufe mit den weniger entwickelten Ländern Afrikas oder Asiens«. Das ist das Resultat von »zwei Jahrzehnten technokratischen Schaltens und Waltens« und neoliberaler Doktrinen, die »den Kuchen vergrößerten« und zugleich eine »in der Welt fast einmalige Ungleichheit in der Einkommensverteilung« schufen, von den »grauenerregenden Mängeln« im Gesundheits- und Wohlfahrtswesen ganz zu schweigen. Ein Entwicklungsbericht der UNO (»Report on Human Development«), der sich unter anderem mit den Fortschritten im Gesundheits- und Erziehungswesen befaßte, wies Brasilien, in der Nachbarschaft von Albanien, Paraguay und Thailand, den 80. Platz zu. Im Oktober 1990 berichtete die UN-Organisation FAO (»Food and Agriculture Organisation), daß über 40 Prozent der Bevölkerung (fast 53 Millionen Menschen) hungern. Das brasilianische Gesundheitsministerium schätzt, daß in jedem Jahr Hunderttausende von Kindern Hungers sterben. Brasiliens Bildungs- und Erziehungswesen rangiert, 1990 erhobenen Daten der UNESCO zufolge, ganz weit unten; nur Guinea-Bissau und Bangladesh stehen noch schlechter da.[12]

Die »Erfolgsgeschichte« wird in einem Bericht von »Americas Watch« (Mai 1992) zusammengefaßt: »Das Land ist reich an natürlichen Ressourcen und besitzt ein ausgebautes industrielles Fundament. Dennoch trägt es die größte Schuldenlast unter den Entwicklungsländern und seine Wirtschaft steht vor dem zweiten Krisenjahrzehnt. Tragischerweise kann Brasilien seinen 148 Millionen Einwohnern keinen ausreichenden Lebensstandard garantieren. 1985 waren zwei Drittel unterernährt, ihr Elend wird dadurch verursacht und verstärkt, daß sie kein Land erwerben können.« Brasilien gehört weltweit zu den Ländern »mit der höchsten Konzentration an Landbesitz« und der kopflastigsten Einkommensverteilung.

Hungersnöte und Krankheiten greifen um sich; Akkordarbeiter werden als Sklaven gehalten, brutal mißhandelt oder einfach umgebracht, wenn sie zu entkommen suchen, bevor sie ihre Schulden abgearbeitet haben. Die »Land Ministry Commission« der katholischen Kirche hat in den ersten Monaten des Jahres 1992 neun Fälle von ländlicher Sklavenhaltung aufgedeckt. In einem Fall fand man 4000 Sklavenarbeiter, die in einem Landwirtschaftsprojekt Holzkohle destillierten. Von der Militärregierung war dieses Unternehmen als »Wiederaufforstungsprojekt« errichtet und bezuschußt worden. Aber außer den Holzkohleanlagen funktioniert dort nichts. Auf Haziendas schuften Sklavenarbeiter 16 Stunden am Tag ohne Bezahlung. Sie werden häufig geschlagen und gefoltert, manchmal auch umgebracht. Die Täter werden selten bestraft. Einem einzigen Prozent der Farmer gehört fast die Hälfte des gesamten Farmlandes; die Regierung war den Empfehlungen der ausländischen Herren gefolgt und hatte das Schwergewicht auf den Anbau von Feldfrüchten für den Export gelegt. Da waren Farmer mit Investivkapital im Vorteil, während die große Masse noch weiter an den Rand gedrängt wurde. Im Norden und Nordosten holen sich reiche Landbesitzer Revolverhelden oder die Militärpolizei, um Häuser oder Felder niederzubrennen, Vieh zu erschießen, Gewerkschafter, Priester, Nonnen, Rechtsanwälte und andere, die die Rechte der Bauern verteidigen, zu ermorden. Sie treiben die Dorfbewohner in Barackensiedlungen zusammen oder zum Amazonas hinunter. Sie werden dann beschuldigt, den Wald zu zerstören, wenn sie um des nackten Überlebens willen Land urbar zu machen suchen. Brasilianische Mediziner beschreiben die Bevölkerung jener Region als eine neue Unterart: als »Pygmäen«, die nur 40 Prozent der menschlichen Gehirnkapazität besitzen. Dies ist das Resultat extremer Unterernährung in einer fruchtbaren Region, die vorwiegend aus Plantagen besteht, auf denen Feldfrüchte für den Export produziert werden.[13]

Brasilien ist das Weltzentrum von Errungenschaften wie der Kindersklaverei. Etwa sieben Millionen Kinder arbeiten als Sklaven oder Prostituierte. Sie werden ausgebeutet, um ihre Gesundheit und Erziehung oder, so die Studie einer internationalen Organisation, »einfach um ihre Kindheit gebracht«. Die glücklicheren Kinder können sich darauf freuen, für Drogenhändler zu arbeiten und Leim zu schnüffeln, »damit der Hunger weggeht«. Weltweit dürfte es Hunderte Millionen solcher Kinder geben, »eine der wirklich düsteren Ironien dieses Zeitalters«, wie George Moffet bemerkt. Hätte man solche Düsterkeiten in Osteuropa vorgefunden, wäre natürlich der kommunistische Erzfeind daran schuld gewesen; da es sich aber um ein ganz normales Phänomen der westlichen Hemisphäre handelt, ist es nur eine Ironie des Zeitalters, das Ergebnis »endemischer Armut der Dritten Welt, ... die sich noch verschärft, weil die Regierungen angesichts leerer Kassen die Bildungsausgaben gekürzt haben«. Ursachen für all das gibt es natürlich nicht.

Brasilien steht auch der erste Preis für Folterungen und Ermordungen von Straßenkindern zu. Verantwortlich dafür sind die Sicherheitskräfte, die, so der Chef der Justizabteilung in Rio de Janeiro (Hélio Saboya) »einen Vernichtungsfeldzug gegen junge Menschen« führen. Ihr Ziel sind die sieben bis acht Millionen Straßenkinder, die »betteln, stehlen oder Leim schnüffeln« und »ein paar erhebende Augenblicke lang vergessen, wo oder wer sie sind« (Jan Rocha, Korrespondent des Londoner *Guardian*). In Rio konnte eine Kongreßkommission 15 Todesschwadronen identifizieren; die meisten von ihnen bestanden aus Polizeioffizieren und wurden von Kaufleuten finanziert. Die Leichen der Opfer werden außerhalb des Stadtbezirks gefunden; ihre Hände sind gefesselt, sie weisen Anzeichen von Folterungen auf und sind von Kugeln durchsiebt. Mädchen werden gezwungen, als Prostituierte zu arbeiten. Das Institut für Rechtsmedizin verzeichnete 1991 allein in Rio 427 Fälle von Kindesmord, die meisten waren Opfer von Todesschwadronen. Eine im Dezember 1991 veröffentlichte parlamentarische Untersuchung berichtete, daß in den vier vorangegangenen Jahren 7000 Kinder getötet worden waren.[14]

Das ist wahrlich ein Beitrag zu unserer Größe und zu den »modernen wissenschaftlichen Entwicklungsmethoden, die auf solider kapitalistischer Grundlage beruhen«. Allerdings sollten wir den Maßstab dessen, was erreicht wurde, nicht unterschätzen. Es zeugt von wirklicher Begabung, aus einem so begünstigten und reich ausgestatteten Land wie Brasilien einen solchen Alptraum zu machen. Im Licht dieses Triumphes kann man verstehen, daß die herrschenden Klassen des neuen imperialen Zeitalters mit so viel Leidenschaft anderen behilflich sind, dieser Wunder teilhaftig zu werden. Auch ist es nicht erstaunlich, daß die ideologischen Manager das Erreichte mit derartigem Enthusiasmus und Eigenlob feiern.

6. Der triumphierende Fundamentalismus

Man könnte einwenden, daß Brasilien trotz seiner ungewöhnlichen Vorzüge noch nicht das optimale Testgebiet darstellt, um die Tugenden der neoliberalen Doktrinen zu veranschaulichen, die der »US-amerikanische Kapitalismus« für jene Länder vorsieht, welche er »der Ausbeutung wert« befindet. Vielleicht sollte man es mit Venezuela versuchen, einem noch günstigeren Terrain mit außerordentlichen Ressourcen, zu denen auch die reichsten Erdölvorräte außerhalb des Nahen Ostens zählen. Werfen wir also einen Blick auf die nächste Erfolgsgeschichte.

In seiner umfassenden Untersuchung der Beziehungen zwischen den USA und Venezuela schreibt Stephen Rabe, daß die USA nach dem Zweiten Weltkrieg »das bösartige und korrupte Regime von Juan Vicente Gómez aktiv unterstützten«. Gómez hatte das Land der Ausbeutung durch ausländisches Kapital ausgeliefert. Das Außenministerium betrieb seine übliche »Politik der offenen Tür«, oder besser: es betrieb sie nicht, da man die Möglichkeit einer »US-amerikanischen Wirtschaftshegemonie in Venezuela« erkannt hatte. Mithin übte man Druck auf die dortige Regierung aus, den Briten keine Konzessionen zu erteilen (während man im Nahen Osten, wo England und Frankreich die Zügel in der Hand hielten, seine Rechte einklagte). 1928 war Venezuela zum führenden Ölexporteur geworden; an den Hebeln saßen US-amerikanische Gesellschaften. Während des Zweiten Weltkrieges forderte Venezuela eine Gewinnbeteiligung von 50 Prozent. Die USA stimmten zu, und so kam es zu einer umfassenden Ausweitung der Ölförderung, bei der die US-amerikanische »Ölindustrie beträchtliche Gewinne verbuchte«. Zudem kontrollierte sie mit der Zeit die gesamte Wirtschaft des Landes und nahm Einfluß auf »wichtige ökonomische Entscheidungen« in allen Bereichen. Von 1949 bis 1958 herrschte in Venezuela die Diktatur des Mordbrenners Pérez Jiménez. Während dieser Zeit »waren die Beziehungen zwischen Venezuela und den USA harmonisch und für die US-Geschäftsleute von großem wirtschaftlichem Nutzen«; Folter, Terror und Unterdrückung wurden stillschweigend übergangen; es herrschte ja Kalter Krieg. 1954 erhielt der Diktator von Präsident Eisenhower den Orden der Verdienstlegion. In der Lobrede hieß es, daß »seine Wirtschafts- und Finanzpolitik insgesamt Auslandsinvestitionen erleichtert hat. Damit hat seine Regierung zum steigenden Wohlergehen des Landes und zur schnellen Entwicklung seiner riesigen natürlichen Ressourcen beigetragen«. Nebenbei fielen dann auch noch einige Riesengewinne für die das Land beherrschenden US-Konzerne ab. Nur ein Beispiel: Nahezu die Hälfte der von »Standard Oil« realisierten Gewinne stammte von der venezolanischen Tochtergesellschaft.

Seit dem Zweiten Weltkrieg verfolgten die USA in Venezuela ihre Standardpolitik: sie kontrollierten den gesamten Militärapparat, »um ihren politischen und militärischen Einfluß in der westlichen Hemisphäre auszuweiten und die US-Waffenindustrie zu unterstützen« (Rabe). »US-orientierte, antikommunistische Streitkräfte sind für die Aufrechterhaltung unserer Sicherheitsinteressen lebensnotwendig«, erklärte (einige Jahre später) Kennedys Botschafter Allan Stewart. Er verwies dabei auf Kuba, wo die »Streitkräfte auseinandergefallen« seien, während sie in anderen Ländern »intakt blieben und in der Lage waren, sich und andere gegen die Kommunisten zu verteidigen«, was die Flut von »Staaten nationaler Sicherheit«, die Lateinamerika überschwemmten, veranschaulicht. Die Regierung Kennedy verstärkte die Unterstützung für die venezolanischen Sicherheitskräfte, »um die innere Sicherheit und *counterinsurgency*-Operationen gegen die politische Linke« zu fördern, heißt es bei Rabe. Ebenso wurden, wie in Vietnam, Militärberater zur Verfügung gestellt. Stewart drängte die venezolanische Regierung, die Verhaftung von Radikalen »dramatisch hochzuspielen«, weil das in Washington und bei den (entsprechenden) Venezolanern Eindruck machen würde.

1970 verlor Venezuela seine führende Position als ölexportierendes Land an Saudiarabien und den Iran. Wie der Nahe Osten verstaatlichte auch Venezuela sein Öl (und Eisenerz) auf eine für Washington und US-amerikanische Investoren äußerst zufriedenstellende Weise. Ein »neureiches Venezuela bot seine Gastfreundschaft an«, schreibt Rabe. Ein Vertreter des Handelsministeriums sprach von »einem der einzigartigsten Märkte der Welt«.[15] 1988 kehrte der Sozialdemokrat Carlos Andrés Pérez ins Amt zurück. Die anfänglichen Besorgnisse zerstreuten sich bald, als er ein vom Weltwährungsfonds befürwortetes Strukturanpassungsprogramm in die Tat umsetzte und an diesem Kurs ungeachtet zahlloser Proteste festhielt. Es kam zu gewalttätigen Kundgebungen. Im Februar 1989 wurden bei einer Demonstration in Caracas 300 Menschen von Sicherheitskräften getötet.

Die Protestaktionen wurden fortgesetzt, begleitet von massiven Streiks, die befürchten ließen, das Land werde in die »Anarchie« abgleiten. Auch die Gewalt ging weiter. Im November 1991 wurden drei Studenten bei Polizeiübergriffen auf friedliche Demonstrationen getötet, zwei Wochen später setzte die Polizei Tränengas ein, um einen Protestmarsch von 15.000 Menschen gegen Pérez' Wirtschaftspolitik aufzulösen. Im Januar 1992 sprach der Gewerkschaftsverband von ernsthaften Schwierigkeiten und Auseinandersetzungen, weil die neoliberalen Wirtschaftsprogramme zu »massiver Verarmung« und bei den Arbeitern innerhalb von drei Jahren zu einem Kaufkraftschwund von 60 Prozent geführt hätten, während Finanzkonsortien und Multis im Geld schwämmen.[16]

Unterdessen war schon ein anderes »Wirtschaftswunder« eingetreten: »eine von ausländischen Reserven überquellende Staatskasse, die niedrigste Inflationsrate seit fünf Jahren, und mit 9,2 Prozent im Jahre 1991 das höchste Wirtschaftswachstum in Amerika überhaupt«, berichtete James Brooke, Korrespondent der *New York Times*. Er notierte dabei auch einige vertraute Unschönheiten – unter anderem war der Mindestreallohn auf 44 Prozent dessen gefallen, was er 1987 betragen hatte, die Ernährungslage hatte sich verschlechtert, und die »Konzentration des Reichtums« war, einem eher rechten Kongreßabgeordneten zufolge, »skandalös«. Weitere Peinlichkeiten kamen (in den USA) nach einem Putschversuch ans Licht; so gab die Regierung zu, daß nur 57 Prozent der Venezolaner sich in diesem ungeheuer reichen Land mehr als eine Mahlzeit pro Tag leisten konnten. Schon vorher hatte die Kommission des Präsidenten für die Rechte der Kinder auf die Schattenseiten des Wirtschaftswunders hingewiesen. In einem zunächst wenig beachteten Bericht vom August 1991 hieß es, die »absolute Armutsgrenze, das heißt, die Unfähigkeit, wenigstens die Hälfte der Grundnahrungsmittel zu erwerben«, habe sich verdreifacht, sei von 11 Prozent der Bevölkerung im Jahre 1984 auf 33 Prozent im Jahre 1991 gestiegen. Zugleich sei zwischen 1988 und 1991 das reale Pro-Kopf-Einkommen um 55 Prozent, um mehr als das Doppelte der Verlustrate von 1980 bis 1988 gefallen.[17]

Am 4. Februar 1992 wurde ein versuchter Militärputsch niedergeschlagen. »Es gab wenig Jubel«, berichtete *AP*. »Der Putschversuch ist nur die Spitze eines Eisberges von Zorn und Enttäuschung angesichts der Wirtschaftsreformen, die auf der makroökonomischen Ebene so erfolgreich waren, aber das Leben der meisten Venezolaner nicht verbessern konnten und viele verbittert haben« *(Financial Times)*. Der Putsch »erhielt viel stillen Beifall von großen Teilen der Bevölkerung«, berichtete Brooke, vor allem in den Bezirken der Armen und der Arbeiter. Pérez hatte, wie die brasilianischen Technokraten, alles richtig gemacht, »Subventionen gekürzt, staatliche Gesellschaften privatisiert und eine geschlossene Wirtschaft dem Wettbewerb geöffnet«. Aber irgendetwas war merkwürdigerweise schiefgegangen. Sicher war die Wachstumsrate beeindruckend, »aber die meisten Wirtschaftsexperten stimmen darin überein, daß der hohe Ölpreis von 1991 Venezuelas Wachstum mehr beflügelt hat als Pérez' Sparpolitik«, berichtet Stan Yarbro. Zudem läßt sich nicht verhehlen, daß »der neue Reichtum die mittleren und unteren Einkommensschichten Venezuelas, deren Lebensstandard drastisch gefallen ist, nicht erreicht hat«. Wachsende Unterernährung und andere medizinische Probleme in den Favelas haben in den letzten zwei Jahren zu erhöhter Kindersterblichkeit geführt, berichtete ein Priester, der seit 16 Jahren in den Armenvierteln arbeitet. Viel von dem neuen Reichtum ist »in Finanzspekulationen statt in neue Investitionen für die Industrie geflossen. 1991 waren die Gewinne aus Immobilien- und Finanzgeschäften fast ebenso groß wie die in der Warenproduktion erzielten Profite«.[18]

Kurz gesagt: ein typisches Wirtschaftswunder, das unter ungewöhnlich günstigen Bedingungen für die Bestätigung der neoliberalen Doktrinen gesorgt hat, die von den Priestern des neuen »internationalen Monetär-Fundamentalismus« (ein Ausdruck Jeremy Seabrooks) mit großer Leidenschaft gepredigt werden.[19]

7. Andere Mörderstaaten

Es ist ein bißchen unfair, nur Brasilien den Preis für Versklavung, Mord und Kindesmißbrauch zuzuerkennen; immerhin ist es der »Koloß des Südens« und hat die größten Möglichkeiten. Tatsächlich ist die Geschichte überall auf dem Kontinent die gleiche. Nehmen wir Guatemala. Auch dies ein Land mit reichen Ressourcen und, nachdem die USA 1954 die Kontrolle wiedererlangt hatten, wie geschaffen für eine kapitalistische Erfolgsgeschichte. Zugleich ist es ein weiterer Fall, der uns mit Stolz auf unsere Errungenschaften erfüllen sollte, die sich im Vergleich mit den vom Erzfeind hinterlassenen Trümmern so beeindruckend ausnehmen.

UNICEF zufolge ist die Unterernährung der Kinder in Guatemala mittlerweile schlimmer als in Haiti. In Berichten des Gesundheitsministeriums heißt es, daß 40 Prozent der Schüler an chronischer Unterernährung leiden, während 2,5 Millionen Kinder (bei einer Gesamteinwohnerzahl von 9 Millionen) die Schule verlassen müssen und kriminell werden. Eine Viertelmillion Kinder sind durch politische Gewalt zu Waisen geworden. Diese Zahlen können nicht überraschen, wenn 87 Prozent der Bevölkerung unterhalb der Armutsgrenze leben (1980: 79 Prozent), 72 Prozent nicht den Minimalbedarf an Kalorien abdecken können (1980: 52 Prozent), 6 Millionen keinen Zugang zu medizinischer Versorgung haben, 3,6 Millionen ohne Trinkwasser leben, und die Konzentration an Landbesitz zunimmt (2 Prozent der Bevölkerung kontrollieren 70 Prozent der Ländereien). 1989 betrug die Kaufkraft 22 Prozent dessen, was 1972 erreicht worden war, und fiel noch weiter, als die neoliberalen Maßnahmen der achtziger Jahre intensiviert wurden.

Wir wollen uns nicht weiter bei den Massentötungen und dem Völkermord im Hochland aufhalten und auch die anderen Begleiterscheinungen, die mit dem Sieg der freien Welt üblicherweise verbunden sind – Folter, Verstümmelung, Verschwindenlassen von Menschen – hier nicht ausführlich darlegen. Man muß jedoch sagen, daß im Falle Guatemalas die imperialen Segnungen geradezu mit dem Füllhorn ausgeschüttet wurden. Von daher sollten wir zumindest die Umrisse des Geschehens ins Gedächtnis rufen.

Der Terror begann, nachdem der US-gesteuerte Putsch die reformkapitalistisch orientierte Demokratie beseitigt hatte. In zwei Monaten wurden etwa 8000 Bauern umgebracht – eine Kampagne, die sich vor allem gegen Gewerkschaftsführer in der »United Fruit Company« und gegen indianische Dorfhäuptlinge richtete. Die US-Botschaft beteiligte sich mit beträchtlichem Eifer daran, indem sie Listen von »Kommunisten« zur Verfügung stellte, die beseitigt, inhaftiert oder gefoltert werden sollten, während Washington sich der Aufgabe widmete, Guatemala zu einem »Musterbeispiel der Demokratie« zu machen. Bei ähnlichen Vorgängen in Kambodscha wurden die Roten Khmer des Genozids bezichtigt. Der Terror der sechziger Jahre wurde Ende der siebziger wieder aufgenommen und erreichte bald neue Ausmaße der Barbarei. Über 440 Dörfer wurden gänzlich zerstört, und weit mehr als 100.000 Zivilpersonen wurden getötet oder »verschwanden«. Reagans Regierung leistete bei all dem begeistert Unterstützung. Weite Flächen des Hochlandes wurden zerstört, die Umweltschäden sind irreparabel. Die Neuformierung volksnaher Organisationen sollte unbedingt verhindert, jeder Gedanke an Freiheit oder Gesellschaftsreform im Keim erstickt werden. Die Zahl der Gesamtopfer seit 1954 wird auf etwa 200.000 geschätzt – unbewaffnete Zivilisten, die getötet wurden oder »verschwanden«. Dennoch kämpfen die Volkskräfte weiter gegen den Neofaschismus à la USA.[20]

Der Terror geht weiter, der Westen nimmt wenig Notiz. Der Bericht des erzbischöflichen Menschenrechtsbüros verzeichnet in der ersten Hälfte des Jahres 1992 399 Morde, viele davon waren »außergerichtliche Aktionen« der Staatssicherheitskräfte und ihrer Verbündeten. »Jeden Tag werden Dutzende von Angriffen auf verfassungsmäßig garantierte Rechte gemeldet.« Der Terror hängt eng mit dem neoliberalen Wirtschaftsprogramm zusammen. »Zwanzig Gewerkschaftsführer flohen 1991 ins Exil, weil es gegen sie und ihre Familien Morddrohungen gegeben hatte«, heißt es im jährlichen Menschenrechtsbericht des Außenministeriums. 1991 wollten Arbeiter in der US-eigenen Phillips-Van Heusen-Gesellschaft eine Gewerkschaft gründen – was im übrigen ihr gutes Recht war. Die Reaktion waren Morddrohungen, erhöhte Produktionsquoten und die Erschießung eines Funktionärs. Schließlich wollten die im Besitz von Ausländern befindlichen Kleiderfabriken mit ihren Arbeitsbedingungen auch weiterhin einen Beitrag zum »Wirtschaftswunder« leisten: weniger als zwei Dollar Lohn für 16 Stunden Arbeit, stickige Werkstätten mit wenigen Ventilatoren und verschlossenen Ausgängen, körperlicher und sexueller Mißbrauch. Das jedenfalls berichtet eine Beschwerde, die US-Gewerkschaften dem Büro der US-amerikanischen Handelsvertretung vorgelegt haben.[21]

Und was ist mit dem Musterbeispiel der Demokratie? Für 1963 waren Wahlen geplant, die durch einen Putsch verhindert wurden. Die Regierung Kennedy unterstützte den Putsch, um die Beteiligung von Juan José Arévalo zu verhindern. Er war der Begründer der guatemaltekischen Demokratie. 1945, nach dem Sturz der US-gestützten Diktatur von Ubico, war er gewählt worden. 1966 gab es Wahlen, in deren Folge die militärische Kontrolle auf das ganze Land ausgedehnt wurde. Mit ihr kam der Terror. Anläßlich der Wahlen von 1985 verkündete die US-Botschaft, dies sei »der letzte Schritt in der Wiedererrichtung der Demokratie in Guatemala«. Die Wahlen vom November 1990 endeten mit einem Patt zwischen zwei rechtsgerichteten neoliberalen Kandidaten, denen es gelang, 30 Prozent der wahlberechtigten Bevölkerung (nach gültigen Stimmen berechnet) an die Wahlurnen zu zerren. In der Stichwahl, die Jorge Serrano gewann, war der Anteil der Nichtwähler noch höher.

Abgesehen von diesen Errungenschaften sind die vorherrschenden gesellschaftlichen Bedingungen das Ergebnis eines anderen erfolgreichen Experiments. Das von den US-Beratern nach dem Putsch von 1954 eingeführte Entwicklungsmodell beendete eine zehnjährige Episode kapitalistischer Demokratie. Der Terror half, das Investitionsklima zu verbessern, und exportorientierte Wirtschaftsprogramme führten zu schnellem Produktionswachstum bei landwirtschaftlichen Waren und Rindfleisch. Dabei wurden Wälder und traditionelle landwirtschaftliche Anbauweisen zerstört, Hunger und Elend nahmen zu, die Muttermilch enthielt den weltweit höchsten Anteil von DDT (die von der WHO festgelegten Grenzwerte wurden um das 185-fache übertroffen). Immerhin verzeichnete die US-Agrarindustrie samt ihren Tochtergesellschaften vor Ort erfreuliche Bilanzen. Die neuen Billiglohn-Industrien führen zu ähnlichen Resultaten, ebenso die gegenwärtig unter der Anleitung von US-Beratern entworfenen Wirtschaftspläne.

Wie vorauszusehen war, (v)erklärte Präsident Serrano im Januar 1992 in seinem Bericht an den Kongreß die Ergebnisse des durch und durch neoliberalen Wirtschaftsprogramms (zu dem auch eine 100-prozentige Steigerung des Militärhaushalts gehörte) zum

»Wirtschaftswunder«. Westliche Kommentatoren spendeten Beifall und erwarteten hoffnungsfroh weitere Triumphe der kapitalistischen Demokratie.

Nebenbei sei darauf hingewiesen, daß es sich bei den Opfern hauptsächlich um Eingeborene handelt, die über die Hälfte der Bevölkerung ausmachen. Ihr Elend begann bereits vor langer Zeit. »Zu keiner Zeit vor der [spanischen] Eroberung«, schreibt Susanne Jonas, »haben die Indianer eine so systematische materielle Verelendung erlebt wie in Guatemala seit 1524«, und »obwohl Bartolomé de Las Casas' Zahl von 4 bis 5 Millionen getöteter Indianer in Guatemala zwischen 1524 und 1540 übertrieben sein mag, weist sie doch in die richtige Richtung. Schätzungsweise sind zwischen 1519 und 1650 in Mittelamerika und Mexiko zwei Drittel bis sechs Siebtel der indianischen Bevölkerung umgekommen.«[22]

In den traditionellen Dienstleistungsregionen sind Kindersklaverei und Sklavenarbeit von Kindern seit langem vertraute Phänomene. Allein in Indien soll es etwa 14 Millionen Kinder geben, die arbeiten. Sie sind sechs Jahre und älter, viele arbeiten unter Bedingungen, die der Sklaverei gleichkommen, bis zu 16 Stunden am Tag. Auch hier spiegeln sich allgemeine gesellschaftliche Bedingungen wider. Eine führende indische Zeitschrift untersuchte »eine der fruchtbarsten und produktivsten Regionen in Südindien«. Sie fand »wachsende Alternativlosigkeit, Trostlosigkeit und Verzweiflung, in zunehmendem Maße auch den Tod« durch Hunger und Selbstmord. In zwei Monaten des Jahres 1991 hatte es unter den Webern mindestens 73 Hungertote gegeben. Diese Verfallserscheinungen sind das Ergebnis der »völlig überdrehten Exportschraube«, die mit der Strategie einhergeht, »die Armen zu besteuern und die Reichen zu entlasten«. Diese Politik wird sich mit den vom Weltwährungsfonds empfohlenen strukturellen Anpassungsmechanismen verschärfen, und genau dafür wird Indien jetzt überall gelobt.[23]

Berüchtigt war und ist auch die Situation in Thailand. Sie wurde von internationalen und thailändischen Menschenrechtlern verurteilt, während der Westen das Land als eine weitere »Erfolgsgeschichte des Kapitalismus« feiert. Nur die Presse in Bangkok liefert Berichte, die dieses schöne Bild in Frage stellen. Der Kambodscha-Spezialist Michael Vickery führt einige Beispiele an, etwa den Fall jener Teenager, die »aus einer Fabrik ... befreit wurden, wo man sie, ihren eigenen Angaben zufolge, zur Sklavenarbeit zwang und folterte«. Sie wurden gefesselt und geschlagen, wenn sie nach 18-stündiger Arbeitsschicht ermüdeten. 18 Mädchen im Alter von 12 bis 14 wurden aus einer Textilmühle gerettet, wo sie über 15 Stunden am Tag arbeiten mußten und dafür »fast nichts« erhielten. Teenager, die vor der Armut im Nordosten fliehen, werden in Fabriken gezwungen oder in Bordelle für europäische und japanische Touristen verschleppt. Ein führender thailändischer Politologe sagt: »In Thailand hören wir hin und wieder Geschichten über Kinder, die von ihren Eltern in die Sklaverei verkauft werden. Diese jungen, vertraglich gebundenen Diener arbeiten unter harten Bedingungen ... und für viele wird die Sklaverei verlängert, wenn die Eltern eine weitere Leihfrist mit dem Arbeitgeber vereinbaren. [Junge Mädchen] werden gezwungen, in einer Fabrik zu arbeiten, die für gewöhnlich im Industrieministerium nicht registriert ist. ... Schon im Alter von neun Jahren können sie vom Chef bis zu zwölf Stunden am Tag wortwörtlich eingesperrt werden. ... Wer sich beschwert oder zu fliehen versucht, wird hart bestraft.«

Daneben gibt es natürlich noch das normale Elend und die brutale Ausbeutung des Millionenheers der Armen. »Jahr für Jahr enthüllt die thailändische Presse solche Vorfälle«, bemerkt Vickery, »und obwohl die Behörden jedesmal äußerst schockiert sind, findet eine tiefgreifende Reform nicht statt, und zwar deswegen, weil solchen Grausamkeiten – und wir müssen die Dinge beim Namen nennen – dem thailändischen Typ des Kapitalismus systemimmanent sind.« Das gilt natürlich für die Helden der kapitalistischen Erfolgsgeschichten, die »Wirtschaftswunder«, ganz allgemein, wie etwa Vickerys beißender Kommentar zeigt, der die gequälten Opfer im Würgegriff des US-amerikanischen Wirtschaftskrieges, Kambodscha und Vietnam, mit Thailand, das großzügige Wirtschaftshilfe empfing, vergleicht: »Während vietnamesische Bauern allmählich Land erwerben und in Eigenverantwortung bebauen können, läuft die Entwicklung in Thailand genau in die andere Richtung. Hier werden die Bauern und ihre Kinder auf eine Art und Weise ausgebeutet, wie sie in Vietnam seit 1975 selbst von den feindseligsten Beobachtern nicht mehr entdeckt worden ist.«[24]

In einer peruanischen Kirchenzeitschrift findet sich ein Überblick über die lateinamerikanische Region. Dort berichtet der uruguayische Journalist Samuel Blixen, daß es in Guatemala City 5000 Straßenkinder gibt, die in der Mehrzahl der Prostitution nachgehen. Im September 1990 wurden drei Kinderleichen mit abgeschnittenen Ohren und ausgestochenen Augen gefunden, eine Warnung der formellen oder informellen Sicherheitskräfte an die potentiellen Zeugen von Kindesmißbrauch. In Peru werden Kinder zum Goldschürfen an den Meistbietenden verkauft; eine junge Campesina, die entkommen konnte, berichtete, sie müßten 18 Stunden am Tag im knietiefen Wasser arbeiten und würden mit einer täglichen Essensration abgespeist, die sie geradeeben am Leben erhalte. In Guayaquil (Ecuador) arbeiten an die 100.000 Kinder in 10- bis 12-stündigen Schichten zu niedrigen Löhnen; viele von ihnen werden sexuell mißbraucht. »Während der US-Invasion in Panama 1989 wurden die Gebäude des Schutztribunals der Minenarbeiter bombardiert, was die Arbeit nahezu unmöglich machte. Im Gefolge der Invasion stieg die Anzahl krimineller Banden, die auf der Suche nach Lebensmitteln Geschäfte plünderten«. Etwa 45 Prozent der Plünderungen gehen vermutlich auf das Konto von Kindern, die sich gestohlener Militärwaffen bedienten. UNICEF berichtet, daß in Lateinamerika 69 Millionen Kinder überleben, indem sie Arbeiten niedrigster Art verrichten, stehlen, Drogenhandel und Prostitution betreiben. Eine von den Gesundheitsministern der mittelamerikanischen Staaten im November 1991 veröffentlichte Untersuchung schätzt, daß in Mittelamerika jährlich 120.000 Kinder an Unterernährung sterben (die Geburtenrate liegt bei einer Million pro Jahr), und daß zwei Drittel der Überlebenden an Unterernährung leiden.

»Bis vor kurzem«, schreibt Blixen, »war das Bild des verlassenen lateinamerikanischen Kindes das einer in Lumpen gehüllten Gestalt, die in einer Toreinfahrt schläft. Heute ist es das Bild einer zerschnittenen und in einem Slum deponierten Leiche – wenn es überhaupt so lange überlebt.«[25]

Eine große mexikanische Zeitschrift berichtet von einer Untersuchung, die Victor Carlos García Moreno vom Institut für Rechtsforschung an der Autonomen Nationalen Universität von Mexiko (UNAM) durchgeführt und auf einer Konferenz über »Internationalen Kinderhandel« in Mexiko City vorgestellt hat. Er fand heraus, daß in jedem Jahr etwa 20.000 Kinder illegal in die Vereinigten Staaten geschickt werden, wobei »der illegale Handel mit lebenswichtigen Organen, die sexuelle Ausbeutung und Experimente mit Menschen die Hauptgründe sind«. Mexikos führende Tageszeitung, *Excelsior*, berichtet: »Es gibt [in Guatemala] verschiedene illegale ›Kinderkrippen‹, wo man Neugeborene ›mästet‹ und dann außer

Landes schickt, damit ihre Organe in Europa und den USA verkauft werden können.« Pater Barruel, Theologieprofessor an der Universität von Sao Paulo, berichtete der UNO, daß »75 Prozent der Leichen [von ermordeten Kindern] körperinnere Verstümmelungen aufweisen und die Mehrzahl keine Augen mehr hat«. Der Präsident der Bischofsversammlung von Lateinamerika, Erzbischof Lopez Rodriguez aus Santo Domingo, erklärte im Juli 1991, daß die Kirche »allen Vorwürfen nachgehen werde, die sich auf den Verkauf von Kindern zwecks illegaler Adoption oder Organtransplantation beziehen«.

Ob nun alle Vorwürfe, die in diese Richtung zielen, sich bewahrheiten lassen oder nicht, so ist doch die Tatsache, daß sie von der Presse ebenso ernst genommen werden wie von Forschern und Regierungsstellen, ein Hinweis auf die Existenzbedingungen, denen Kinder ausgesetzt sind.[26]

Ebenso wie andere überflüssige Geschöpfe. Das *British Medical Journal* berichtete über gerichtliche Ermittlungen in Argentinien, in deren Verlauf der Direktor einer psychiatrischen Klinik, Ärzte, Geschäftsleute und andere Personen verhaftet wurden, nachdem man unter anderem »Beweismaterial für den Handel mit menschlichen Organen« zutage gefördert hatte. *AFP* berichtete, die Argentinier seien »entsetzt gewesen über die Gruselgeschichten, die zehn Jahre lang in der Klinik abgelaufen sind: man habe Menschen verschwinden lassen, Handel mit Nieren, Blut und Babys betrieben, Schmuggel und Bestechung organisiert«. In Uruguay flog eine von Argentiniern geführte »Bande von Organschmugglern« auf. Der argentinische Gesundheitsminister sprach vom »Handel mit Kindern und Organen«.

Eine neuartige Idee fand in Kolumbien praktische Verwendung. Dort brachten Sicherheitskräfte einer medizinischen Schule arme Leute um und verkauften die Leichen an die Schule, damit die Studenten daran das Obduzieren lernen könnten. Berichte weisen darauf hin, daß den Opfern vor ihrem Tod Organe entfernt wurden, die auf dem Schwarzmarkt verkauft werden sollten. Diese Praktiken sind jedoch nur ein kleiner Punkt auf der langen Liste von Menschenrechtsverletzungen durch Sicherheitskräfte, die seit langem von den USA ausgebildet und unterstützt werden und mittlerweile zu den Hauptempfängern US-amerikanischer Militärhilfe auf dem Kontinent zählen. Auch hier richten sich die Folter-, Mord- und Verstümmelungsaktionen vor allem gegen Priester, Gewerkschaftsfunktionäre, Anführer politischer Gruppierungen und andere, die es sich zur Aufgabe gemacht haben, die Armen zu verteidigen, Kooperativen zu gründen oder auf andere Weise »subversive« Arbeit betreiben. »Subversiv«, weil sie mit dem neoliberalen Wirtschaftsmodell in Konflikt geraten, das unter Anleitung der USA und der Weltbank eingeführt wurde.[27]

Diese Entwicklungsprogramme weisen noch andere Charakterzüge auf, so etwa eine epidemische Ausbreitung von Vergiftungen durch Pestizide, die mittlerweile auch in die letzten Ecken unserer kleinen Gegend hier vorgedrungen sind, die sich dem tödlichen Einfluß der neoliberalen Lehren bislang haben entziehen können. In Costa Rica »machen gesetzlich zugelassene Pestizide – von denen viele aus den USA importiert werden – die Menschen krank, was bis zu Verletzungen mit Todesfolge führen kann«, berichtet Christopher Scanlan im *Miami Herald* aus Pitahaya. Dort war ein fünfzehnjähriger Farmarbeiter an einer Vergiftung gestorben, die er sich durch ein hochgiftiges Zyanamid-Produkt aus den USA zugezogen hatte. Der Dorffriedhof von Pitahaya, fährt er fort, »ist das nüchterne Symbol des weltweiten Blutzolls, den die Pestizide fordern. Die Weltgesundheitsorganisation schätzt die Zahl der jährlichen Opfer auf 220.000«. Hinzu kommen jährlich 25 Millionen Krankheitsfälle, chronische Nervenschäden eingerechnet. Die Guaymí-Indianer, die an Pestizidvergiftung sterben, weil sie die Drainageanlagen von US-eigenen Plantagen in Costa Rica und Panama reinigen, werden es wahrscheinlich nicht einmal zum Begräbnis auf einem Dorffriedhof bringen. Über 99 Prozent der Pestizidvergiftungen mit Todesfolge ereignen sich in Ländern der Dritten Welt, die 20 Prozent der landwirtschaftlich verwendeten Chemikalien einsetzen.

Weil die einheimischen Märkte aufgrund von Verordnungen zum Schutz von Umwelt und Bevölkerung nicht mehr genutzt werden konnten, »verlagerten die Chemiekonzerne den Verkauf der verbotenen Chemikalien in die Dritte Welt, wo die Auflagen weniger streng sind«. Zudem haben die Konzerne neue, »flüchtigere« Pestizide entwickelt, die »im allgemeinen für die Bauern und ihre Familien sehr viel schädlicher sind«. Einige von ihnen wurden sogar »von den Deutschen vor dem Zweiten Weltkrieg als Nervengas entwickelt«. Ärzte in Costa Rica fordern, den Verkauf solcher Killer-Chemikalien in der Dritten Welt zu verbieten, aber »die Regierung Bush steht auf Seiten der Industrie«, berichtet Scanlan.

Sie vertrat die Position, daß das Problem nicht durch Eingriffe in den Markt – soll heißen: durch Beschneidung der Profite – gelöst wird, sondern durch »Erziehung zum Umgang mit dem Risiko«, wie William Jordan vom Umweltschutzbüro erklärt. Der Fortschritt bringt so seine Probleme mit sich, gibt er zu, aber »man kann ihn nicht einfach ignorieren«. Ein amerikanischer Cyanamid-Hersteller behauptet: »Ich schlafe nachts sehr gut.« Das tun alle politischen Führer und Ideologen, solange ihre Ruhe nicht durch die Machenschaften offizieller Feinde und deren rückwärtsgewandte Lehren beeinträchtigt wird.[28]

Die Vereinigten Staaten sind mit Costa Rica niemals so richtig glücklich gewesen, obwohl das Land sich den Wünschen Washingtons und der US-Konzerne fast völlig unterworfen hat. Die dortige Sozialdemokratie und ihre in Mittelamerika einzigartigen Erfolge der staatlich gelenkten Entwicklungspolitik waren ein ständiges Ärgernis. Die Schuldenkrise und andere Probleme der achtziger Jahre eröffneten den USA dann die Möglichkeit, Costa Rica stärker an den von der US-Presse so gelobten »mittelamerikanischen Weg« heranzuführen, aber Bescheidenheit haben die Ticos immer noch nicht gelernt. Im November 1991 erneuerte Costa Rica die Forderung an die USA, den Rancher John Hull auszuliefern. Er war im Zusammenhang mit dem Bombenattentat von La Penca, bei dem sechs Menschen starben, des Mordes angeklagt, wurde aber auch wegen Drogenhandels und anderer Verbrechen gesucht. Diese neuerliche Forderung nach Auslieferung kam aus der Sicht der USA zu einem ärgerlich falschen Zeitpunkt. Hier nämlich war man gerade dabei, eine lautstarke PR-Kampagne zu inszenieren, weil Libyen darauf bestand, international geltendes Recht anzuwenden und zwei des Flugzeugterrorismus beschuldigte Libyer entweder im eigenen Land vor Gericht zu stellen oder die Verhandlung in einem neutralen Staat stattfinden zu lassen, statt die beiden an die USA auszuliefern. Allerdings wurde die von Washington und den Medien angezettelte Kampagne gegen Libyen durch den unliebsamen Zwischenfall nicht weiter gestört, denn die Forderungen Costa Ricas wurden stillschweigend unterschlagen.

Ein weiteres Verbrechen beging Costa Rica, als es US-Bürger enteignete. Die Strafe folgte auf dem Fuß: versprochene Wirtschaftshilfen wurden eingefroren. Der bedenklichste Fall ereignete sich, als Präsident Oscar Arias das Eigentum eines US-Geschäftsmannes konfiszieren und einem Nationalpark zugute kommen ließ.

Costa Rica bot Entschädigung an, die aber war Washington nicht hoch genug. Das Land wurde enteignet, als man herausfand, daß es von der CIA als illegale Start- und Landebahn für die Versorgung der US-Terroristen in Nicaragua benutzt worden war. Enteignung ohne ausreichende Entschädigung ist ein Verbrechen, das natürlich die Vergeltung durch Washington fordert – und das Schweigen der Medien, vor allem dann, wenn sie gegen den libyschen Terrorismus vom Leder ziehen.[29]

Ein anderer Reporter des *Miami Herald* nimmt die »trostlose Zukunft« in Augenschein, die »Mittelamerika droht«, weil dort und in Mexiko die Wälder schneller verschwinden »als in jeder anderen Region mit Ausnahme von Westafrika«. Vielleicht werden wir selbst noch »ihren endgültigen Tod erleben«. Die mit großer Geschwindigkeit wachsende Zerstörung wird von armen Bauern, Holzhändlern und Brennholzsuchern verursacht. Experten aber »führen die Entwaldung auf die ungerechte Landverteilung zurück«, die in der ganzen Region einschließlich Costa Ricas vorherrscht. Gerade hier greift die Vernichtung des Waldes besonders schnell um sich. Ein anderer Faktor ist die von den USA übernommene Taktik der Guerillabekämpfung, bei der man die Menschen, wenn man sie schon nicht kontrollieren kann, vertreibt, indem man ihre Häuser und ihr Land niederbrennt. Das Komitee für die Wasservorräte in Mittelamerika wies warnend darauf hin, daß durch die ökologische Katastrophe die Wasserversorgung ernsthaft bedroht sei. »Die großen Seen und Flüsse, die die Menschen mit Wasser versorgen, sind durch die Vernichtung des Waldes der Zerstörung nahe«, teilte ein hoher Beamter nach einem regionalen Treffen im Juli 1992 mit. Dadurch wird auch »die Erzeugung von Elektrizität und das mögliche Wirtschaftswachstum in Mitleidenschaft gezogen«.

»Das beste Land befindet sich mittlerweile im Besitz einer kleinen Oberschicht, die auf großen Gütern Kaffee, Baumwolle und Zuckerrohr anbaut. Dadurch sind Tausende von Bauern gezwungen worden, ihren Lebensunterhalt kargen, unfruchtbaren Böden abzuringen«, berichtet Tom Gibb aus El Salvador, wo das Brennholz knapp wird und 90 Prozent der Flüsse verseucht sind. Noch könnte die Zerstörung abgewendet werden, das aber würde »einen Wandel im politischen Klima erforderlich machen, das in El Salvador seit Jahrzehnten herrscht: die Kleinbauern befürchten, als ›subversiv‹ zu gelten, wenn sie sich organisieren und in Gruppen arbeiten«.[30]

Die Bauern sind sich, um es realistischer auszudrücken, der Möglichkeit bewußt, daß ihre Organisationsversuche eine neue Welle von Folterungen und Massakern heraufbeschwören könnten, denn schließlich wollen die USA jegliche Beeinträchtigung unserer hehren Ideale des Wirtschaftsliberalismus in der Dritten Welt vermeiden.

Eine vom »World Resources Institute« (Washington) und dem »Tropical Science Center« (Costa Rica) durchgeführte Untersuchung der Wirtschaft Costa Ricas kommt zu dem Ergebnis, daß in jedem Jahr fünf Prozent des Bruttoinlandsprodukts »spurlos verschwunden sind« und daß die Entwertung der natürlichen Ressourcen das Land während der letzten 20 Jahre um fast 30 Prozent seines potentiellen Nettowachstums gebracht hat. Wenn man diese Faktoren in Betracht zieht, verschwand im Zeitraum zwischen 1970 und 1989 ein Viertel der geschätzten Wachstumsrate.[31]

Bei weiterer Installierung der neoliberalen Modelle werden sich diese Auswirkungen noch verstärken. In Costa Rica herrscht der Neoliberalismus relativ unumschränkt seit 1985, in der übrigen Region schon seit längerer Zeit. De facto aber stellt er nur eine Variante der traditionellen US-amerikanischen Wirtschaftsprogramme dar. Nach fünf Jahren IWF-Fundamentalismus ist das vorhergesagte Wachstum in Costa Rica nicht eingetreten, dafür aber das Handelsdefizit – vor allem durch Importe aus den USA – erheblich gestiegen. Der Minimallohn hat 25 Prozent an Kaufkraft verloren, 37 Prozent der Arbeiter verdienen weniger als das gesetzliche Minimum vorsieht. Das durchschnittliche Familieneinkommen verringerte sich während der achtziger Jahre um 10 Prozent, mit Ausnahme der fünf Prozent Spitzenverdiener. Die Kaufkraft der arbeitenden Bevölkerung nimmt auch weiterhin ab. Das Arbeitsministerium teilt mit, daß unter dem neoliberalen Kurs Präsident Calderóns die Armut allein im Jahre 1991 um 18 Prozent zugenommen habe. Dadurch können, wie eine Erhebung des Wirtschaftsministeriums ergab, 35 Prozent der Familien in Costa Rica ihre Grundbedürfnisse nicht mehr befriedigen. Überhaupt weisen die Statistiken für das Jahr 1991 eine erhebliche Zunahme der Armut aus, »eine Folge der in den letzten Jahren lancierten wirtschaftlichen Anpassungsmaßnahmen«, wie ein Forscher hinzufügt. »Vertreter der Weltbank und von USAID haben die Regierung Calderón für ihr Wirtschaftsprogramm mit Lob überhäuft«, berichtet *CAR*.[32]

Dabei ist Costa Rica noch die Ausnahme in Mittelamerika, ein Sonderfall. In den Ländern, die den üblichen »mittelamerikanischen Weg« gehen, ist die Lage sehr viel schlimmer. In Honduras haben die Maßnahmen des IWF »zur Massenarbeitslosigkeit geführt«, von der bis zu zwei Drittel der Bevölkerung betroffen sind, und die »Inflation sprunghaft ansteigen lassen; die Preise für Treibstoff, Nahrungsmittel und Medikamente haben scharf angezogen *(CAR)*. Präsident Callejas gibt zu, daß sich diese Politik »auf die große Mehrheit der Bevölkerung negativ ausgewirkt hat«, doch er ist, wie *CAR* bemerkt, »fest entschlossen, diesen Preis zu zahlen, um internationale Kreditgeber zu befriedigen und die freie Marktwirtschaft weiter zu befördern«. Natürlich gehören Callejas und seine Partner auch nicht zu denen, die »die Zeche zahlen«. In El Salvador leben 90 Prozent der Bevölkerung in Armut, nur 40 Prozent haben reguläre Arbeit. Das 1990 in Kraft gesetzte strukturelle Anpassungsprogramm machte weitere 25.000 Personen arbeitslos und sorgte für einen beträchtlichen Rückgang der Exporte. Und obgleich die Minimallöhne stiegen, »steht der durchschnittliche Warenkorb für eine Familie in keinem Verhältnis zu dem, was der Arbeiter an Lohn nach Hause trägt«. Fast 80 Prozent der Privatkredite werden von den Banken an Großunternehmen vergeben; in der Landwirtschaft gehen die Kredite zu 60 Prozent an Kaffeepflanzer und zu drei Prozent an Kleinproduzenten von Getreide. Die Reserven sind gestiegen, berichtet die Zentralbank, doch nicht aufgrund der Sparmaßnahmen, sondern weil die im Ausland lebenden Salvadorianer 700 Millionen Dollar in die Heimat geschickt haben, aus der sie im vergangenen Jahrzehnt vor dem Staatsterror geflohen sind, der so auf seine Weise zu einer »wirtschaftlichen Erfolgsgeschichte« beigetragen hat. Der Terror gegen die Massen ist auf eine niedrigere Intensitätsstufe zurückgefahren worden: am 31. Juli 1992 wurde ein führender linker Gewerkschafter, Ivan Ramírez, von unbekannten Schützen im Stil der Todesschwadronen umgebracht.[33]

Der mittlerweile mit erneuertem missionarischen Eifer durchgesetzte IWF-Fundamentalismus hat, so die Jesuitenzeitschrift *Envío,* in Mittelamerika »katastrophische Auswirkungen« gezeigt. Die Inflationsrate ist gestiegen, die Schulden der öffentlichen Hand haben nicht in der prognostizierten Weise abgenommen, das Bruttoinlandsprodukt ist seit 1985 nicht gewachsen und seit 1988 rückläufig. Die Reallöhne sind fast überall in Lateinamerika erheblich zurückgegangen und die Einkommensverteilung ist noch asymmetrischer als zuvor. »Das Wort ›Entwicklung‹ ist aus dem lateinamerikanischen Wirtschaftsvokabular verschwunden« – von »Profit« indes reden die ausländischen und einheimischen Besitzer von Privilegien gerne. Ähnliches zeichnet sich für andere Regionen der Welt ab. Zwei Wirtschaftswissenschaftler des Instituts für Entwicklungsforschung in Bombay sind der Frage nachgegangen, was Indien von einer ökonomischen Restrukturierung à la IWF zu erwarten hätte, und haben dabei die Folgen solcher Programme weltweit untersucht. Aus der »Wirtschaftstheorie und der jüngsten Wirtschaftsgeschichte der Entwicklungsländer« ziehen sie den »unzweideutigen« Schluß, daß die Folgen »für die armen und arbeitenden Massen verheerend« und für die »Wirtschaft der Entwicklungsländer überaus hart« sein werden. Unzweideutig dürfte auch sein, wer von dieser Entwicklung profitiert: die privilegierten Sektoren und ihre ausländischen Kompagnons, nach deren Pfeife getanzt wird.[34]

8. »Unser Wesen und unsere Traditionen«

Es gibt noch viele andere »Erfolgsgeschichten« zu erzählen, die sich in der Karibik und Mittelamerika, auf den Philippinen und in Afrika zugetragen haben; kurz gesagt überall dort, wo westliche Macht und kapitalistische Ideologie sich ausbreiten konnten. Die wenigen Ausnahmen, die sich meist im japanischen Einflußbereich finden lassen, haben zu ihrem eigenen Vorteil die vorgeschriebenen Spielregeln verletzt, wobei die besonderen Bedingungen, die ihnen ein solches Handeln ermöglichten, wohl nicht wiederkehren werden.[35] In einer freien Gesellschaft würde man diese elementaren Wahrheiten bereits in der Grundschule vermitteln, auf unserem Marsch ins sechste Jahrhundert der alten Weltordnung müssen sie aber vom Bewußtsein ferngehalten werden.

Das gelingt auch. Betrachten wir nur den Fall, der direkt vor unserer Haustür liegt – das von den USA eingerichtete Leichenhaus im Mittelamerika der achtziger Jahre. In gebildeten Kreisen ist man stolz auf das, was wir zu bewirken vermochten. Typisch für diese Haltung ist ein Artikel des Mittelamerika-Korrespondenten der *Washington Post*. Lee Hockstader berichtet aus Guatemala von einem Treffen der neuen Generation konservativer Präsidenten, die ohne eine Spur ausländischer Beeinflussung in freien Wahlen gekürt worden sind. Die »Prioritäten der Politiker«, die einstmals

»traditionelle Repräsentanten der etablierten Ordnung« waren, hätten sich mit dieser »neuen Welle der Demokratie« verschoben. Beweis: sie hätten sich dazu entschlossen, den Armen mit einem phantasievollen neuen Ansatz zu helfen: »Mittelamerikaner werden im Krieg gegen die Armut Sicker-Strategie verwenden«, liest man in der Schlagzeile. »Der freien Marktwirtschaft verpflichtet« haben die Präsidenten sich endlich der inhaltsleeren Reden über Landreform und Sozialprogramme begeben und eine ernstzunehmende Vorstellung entwickelt: die »Sicker-Strategie soll den Armen Hilfe bringen«, ohne indes, wie ein Ökonom aus der Region bemerkt, »die grundlegenden Machtstrukturen in Frage zu stellen«. Diese brillante und innovative Konzeption schiebt die von den lateinamerikanischen Bischöfen geforderte »vorrangige Ausrichtung auf die Armen« einfach beiseite. Nachdem wir diese naive Idee durch Terror in der Art Pol Pots aus den Köpfen unserer kleinen braunen Brüder vertrieben haben, können wir uns erneut unserer traditionellen Aufgabe zuwenden und den Armen zu Hilfe eilen. Wir werden es schon schaffen, nicht an unserer eigenen Heuchelei zu ersticken – und das ist die einzig erinnernswerte Errungenschaft.

Barbara Crossette berichtet in der *New York Times*, daß an Mittelamerika deutlich wird, »was die Regierung Bush als eine ihrer erfolgreichsten außenpolitischen Initiativen ansieht: dieser gemarterten Region Frieden, Abrüstung und wirtschaftliche Entwicklung zu vermitteln«. Sie erwähnt mit keinem Wort, wie, warum und durch wen diese Region gemartert wurde. »Diese Strategie wurde durch den Zerfall der Sowjetunion unendlich begünstigt«, fährt sie fort und wiederholt damit das bequeme Märchen, die Angriffe der USA seien als Verteidigung gegen das Reich des Bösen unternommen worden. El Salvador ist »der gewalttätigste Schauplatz des Ost-West-Konflikts in der lateinamerikanischen Hemisphäre«, verkündet Tim Golden auf der Titelseite. Entsprechend hätte ein sowjetischer Journalist 1956 schreiben können, daß Ungarn »der gewalttätigste Schauplatz des Ost-West-Konflikts in Osteuropa« sei. Das wäre zwar auch schändlich gewesen, hätte aber in der unwichtigen *wirklichen* Welt eine gewisse Plausibilität beanspruchen können.

Natürlich erhalten wir von dem diplomatischen Chefkorrespondenten der *New York Times,* Thomas Friedman, ein umfassenderes Bild. Er borgt sich sein Stichwort von Les Aspin, der verkündete: »Die heraufziehende Welt wird nicht mehr die klaren Konturen des

Kalten Krieges besitzen. ... In der alten Welt gabs gute und böse Kerle. In der neuen Welt gibts graue Mäuse.« Indem er diesen Faden weiterspinnt, bemerkt Friedman: »Normalerweise übt sich Washington in Geduld, wenn frei gewählte Präsidenten gestürzt werden.« Aber mittlerweile ist das Leben härter geworden. Einige der Gewählten sind vielleicht nicht die aufrechten Saubermänner, die wir aus der Vergangenheit kennen, deshalb müssen wir lernen, genauer zu unterscheiden. Es ist jedenfalls nicht mehr so einfach wie damals, als Washington sich beim Sturz von Goulart, Arbenz, Allende, Bosch... »in Geduld übte«.

Auch vorher haben wir nicht immer nur die guten Kerle unterstützt, erkennt Friedman und ruft uns so unerfreuliche Gesellen wie den Schah und Präsident Marcos ins Gedächtnis. Aber mit dieser Abweichung vom hehren Prinzip wird er spielend fertig: »Während des Kalten Krieges konnten sich die Vereinigten Staaten nicht den Luxus oder die Last leisten, ihre Freunde auszusuchen«, sondern »mußten einfach sehen, wer im großen Kampf gegen das von Moskau angeführte ›Reich des Bösen‹ auf ihrer Seite stand.« Unsere wahren Werte zeigten sich anhand der »Tatsache«, daß »Washington auf Demokratie, freie Märkte und andere Ideale setzte« – eine einigermaßen kühne Erklärung, die in der herrschenden geistigen Kultur aber wohl ohne weiteres durchgehen wird.

Die »sowjetische Bedrohung« hat uns »in der Außenpolitik einen Zynismus aufgezwungen, der unserem Wesen und unseren Idealen zuwiderlief«, fügt ein führender Regierungspolitiker hinzu und erhält dafür das Imprimatur der *New York Times*. Er hält sich nicht unnötig bei Fragen auf, die einem so in den Sinn kommen. Hier nur ein paar: Welches Licht wirft die von uns betriebene Politik auf »unser Wesen und unsere Traditionen« für die Zeit, bevor die Sowjetunion 1917 unsere Existenz zu bedrohen beginnt? Was ist mit der regelmäßigen Beschwörung einer »sowjetischen Bedrohung« unter den lächerlichsten Vorwänden, um durch den Einsatz allerlei grausamer Mittel das zu erhalten, was wir »Stabilität« nennen? Und was hatte die sowjetische Bedrohung mit unserer Unterstützung völkermordender Monster von Indonesien bis Guatemala zu tun? Wie erklärt sich die enge Verbindung zwischen Folter und Wirtschaftshilfe?

Derselbe Politiker warnt uns davor, zu unserer traditionellen Haltung zurückzukehren und »dem Idealismus einen nahezu uneingeschränkten Einfluß auf unsere Außenpolitik einzuräumen«. Noch ist die Welt ein zu rauher Ort, als daß wir »zum alten Brauch zurückkehren« und ohne nachzudenken unsere Rolle als Wohltäter der Welt wieder aufnehmen könnten. Denn dann laufen wir Gefahr, von »Wilsonianischem« Idealismus betäubt, »das nationale Interesse« zu vergessen. Dieser Idealismus hat einen interessanten begrifflichen Status, denn er bezieht sich nicht auf das, was Wilson tat – man denke an seine mörderischen Interventionen auf Haiti und in der Dominikanischen Republik –, und noch nicht einmal auf das, was er sagte, als der Stein ins Rollen kam. Das gleiche gilt in allgemeinerer Hinsicht für den Begriff »unsere Werte«. So zitiert Friedman den politischen Philosophen Michael Sandel von der Harvard Universität, der seiner Besorgnis Ausdruck verleiht, daß wir in den Praktiken der Vergangenheit befangen bleiben anstatt die gegenwärtige Herausforderung anzunehmen. »Jahrelang haben wir nur versucht, eine gekürzte Fassung unserer Werte durchzusetzen – freie Wahlen und freie Märkte –, ohne zu erkennen, daß es, um unsere Werte vollständig zur Geltung zu bringen, mehr bedarf« als der beschränkten Mission der Verbreitung von Rechtschaffenheit, die uns bis dato der Leitstern war. Wie im Falle des Wilsonianismus ist der Begriff »unsere Werte« ganz und gar unabhängig von dem, was wir tun oder gar bekunden, außer vor den Kameras.

Da der Feind Nummer Eins nicht mehr existiert, ist »der Maßstab, der jetzt zum Vorschein kommt, demokratischen Werten verpflichtet«, schließt Friedman und denkt dabei zweifellos an George Bushs Haltung gegenüber Suharto, den Emiraten am Golf und Saddam Hussein (bevor dieser den unglücklichen Fehler vom 2. August 1990 beging), sowie gegenüber anderen attraktiven Persönlichkeiten, deren Anziehungskraft den Kalten Krieg überdauert hat – sofern sie mit ihm überhaupt in Verbindung zu bringen ist.

»Keine Satire über Funston konnte je vollkommen sein, weil Funston diesen Gipfel selbst schon erklommen hatte«, schrieb Mark Twain über einen der Helden des Massakers auf den Philippinen: er ist »die fleischgewordene Satire«.[36]

Wie lächerlich der Vorwand auch sein mag, der Trick, Geschichte zu beseitigen, indem man dem Kalten Krieg ein Adieu hinterherwinkt, ist den karrierewilligen Dienern der Macht angesichts dessen, was die Geschichte uns wirklich sagt, wärmstens zu empfehlen. Es handelt sich bei dieser Täuschung übrigens nur um die allerneueste Anwendung der Technik des »Kurswechsels«, die sich immer dann anbietet, wenn irgendeine Häßlichkeit die eleganten und reibungslos funktionierenden Unterdrückungsmechanismen durchbricht: Ja, das war ein unglücklicher Ausrutscher damals, aber jetzt können wir unter dem Banner unserer hehren Ideale weitermarschieren.

9. *Ein bißchen Handwerkszeug*

Die Doktrin des »Kurswechsels« ist nicht der einzige Trick, dessen Beherrschung sich jenen anempfiehlt, die Ansehen und Prestige erringen wollen. Einige haben wir schon erwähnt, andere werden noch folgen. Die bisherige Diskussion hat sich mit einer Reihe von recht raffinierten Begriffen beschäftigt, die für den aufstrebenden Intellektuellen wichtig sind: »Wirtschaftswunder«, »amerikanische Erfolgsgeschichte«, »Triumph des freien Marktes« usw. Diese Begrifflichkeiten sind schwer faßbar und erfordern einige analytische Sorgfalt.

Der Ausdruck »Wirtschaftswunder« bezieht sich auf einen Komplex aus hübschen makroökonomischen Statistiken, umfangreichen Gewinnen für ausländische Investoren und einem Luxusleben für die einheimische Oberschicht; das Kleingedruckte enthält dann üblicherweise das wachsende Elend für die Masse der Bevölkerung. Es ist keineswegs erstaunlich, daß diese Wunder bei den Kommentatoren der Presse und anderen Medien so beliebt sind. Solange die Fassade aufrechterhalten wird, repräsentieren die betreffenden Gesellschaften »amerikanische Erfolgsgeschichten« und »Triumphzüge des Kapitalismus und der freien Marktwirtschaft«. Bricht sie aber zusammen, wird das leuchtende Beispiel zu einem Lehrstück dafür, in welch böse Fallen etatistische, sozialistische, marxistisch-leninistische und andere sündhafte Bestrebungen führen können.

Am Fall von Brasilien läßt sich die Funktionsweise dieser Doktrin erläutern. Als Gerald Haines den Triumph des Kapitalismus und des amerikanischen Know-how in Brasilien feierte, stand er damit nicht allein, obwohl der Zeitpunkt – 1989 – nicht mehr ganz optimal gewählt war. Die brillanten Errungenschaften der Generäle und ihrer rechtsorientierten technokratischen Berater machten Brasilien »zum lateinamerikanischen Liebling der internationalen Geschäftswelt«, berichtete die Zeitschrift *Business Latin America* 1972. Arthur Burns, Vorsitzender der US-Bundesbank, war voll des Lobes für Delfims »wunderbare« Arbeit. Als die »Chicago Boys« – so erinnert sich David Felix – ein Jahr nach dem Sturz von Allende von einer anderen Kollektion faschistischer Mörder eingeladen wurden, pries Arnold Harberger, Ökonom der Chicago-Schule, Brasilien »als Beispiel für eine leuchtende Zukunft unter dem Wirtschaftsliberalismus«. Ein paar Jahre später, in einem Interview von 1980, spendete er den mit dem gleichen Modell erzielten Erfolgen Pinochets Beifall: »Santiago macht einen besseren Eindruck als je zuvor. Überall sind Konsumgüter aus der ganzen Welt zu niedrigen Preisen erhältlich«; für Leute mit der richtigen Ausbildung – Folterknechte bei der Polizei und ähnliches – gibt es sogar Arbeitsplätze. Zwar waren die Reallöhne in den Keller gesunken, aber der Realwert der Importe war um 38 Prozent gestiegen. Das verdankte sich vor allem der 276-prozentigen Zunahme von Luxusgütern, wohingegen Kapitalimporte stark abfielen. Die Auslandsschulden erreichten ungeahnte Höhen (und sollten später von den Armen bezahlt werden), während Gewerkschafts- und Bauernbewegungen vom Terror erstickt worden waren. Aber den Reichen ging es gut. Dank der richtigen Anwendung der Wirtschaftstheorie laufe in Chile wie in Brasilien alles bestens.

Zu Beginn der achtziger Jahre trieb die brasilianische Wirtschaft der Katastrophe entgegen und der bislang wohlwollende Ton der Kommentare änderte sich. Brasilien wurde, wie Felix 1986 beobachtete, aus der Liste der »neoliberalen Erfolge« gestrichen. Allerdings hatten einige die Botschaft noch nicht vernommen. In einer Erörterung des brasilianischen Militärregimes bewunderte der Harvard-Professor Frances Hagopian wie Haines noch 1989 »das beeindruckende Ausmaß der wirtschaftlichen Erfolge des Militärs«, bekundete aber Zweifel an der Notwendigkeit von Folter und Unterdrückung.[37]

Solange das »Wirtschaftswunder« wie geölt lief, war Brasilien leuchtendes Beispiel für die Zauberkunststücke der freien Marktwirtschaft und galt als geglücktes Ergebnis der Anleitung und freundlichen Hilfe Amerikas. Nach dem Zusammenbruch ist Brasilien ein Beispiel für die *mangelhafte Befolgung* der US-amerikanischen Ratschläge und der soliden Grundsätze des Wirtschaftsliberalismus. Es geht Brasilien so schlecht, weil es vom Pfad der ökonomischen Tugend staatssozialistisch abgewichen ist. Damit erhalten wir einen erneuten Beweis für die Überlegenheit von Kapitalismus und freier Marktwirtschaft. Um uns Brasiliens traurigen Zustand zu erklären, können wir nun auf genau die Maßnahmen verweisen, die den »Triumph des freien Marktes« allererst hervorgebracht haben, als alle Welt noch wie betäubt das »Wirtschaftswunder« anstarrte: zum einen die unbeschränkten Lohnkontrollen, die der vielgepriesene neoliberale Ökonom Delfim eingeführt hatte; zum anderen die Staatskonzerne, mit deren Hilfe die durch monetaristische Strategien hervorgerufene schwere Rezession bekämpft und die gänzliche Übernahme der Wirtschaft durch ausländische Konzerne verhindert werden sollte; zum dritten die Strategie der Importbeschränkung, die die Wirtschaft Mitte der achtziger Jahre über Wasser hielt.

Die Ideologie ist, das sehen wir hier erneut, ein geschmeidiges Instrument in den Händen dessen, der es zu gebrauchen versteht.

1989 fand in Brasilien eine Wahl statt, bei der die beiden Kandidaten tatsächlich ohne Zuhilfenahme eines Mikroskops voneinander unterschieden werden konnten. Der eine war Fernando Collor de Mello, ein attraktiver Vertreter der brasilianischen Oberschicht, sein Gegner der Arbeiterführer Luís Inácio da Silva (»Lula«). Nachdem Collors umfangreiche finanzielle Mittel für »Chancengleichheit im Kampf« gesorgt und die wahren Besitzer des Landes warnend darauf hingewiesen hatten, daß sie dasselbe Land in den Ausguß kippen würden, wenn die Wahlen den falschen Ausgang nähmen, konnte Collor einen Sieg herausschinden, der von großen Seufzern der Erleichterung begleitet wurde. Die Vertreter der reinen Lehre waren begeistert, als er den bewährten neoliberalen Weg fortsetzte und auf eine weitere »Erfolgsgeschichte des US-amerikanischen Kapitalismus« hoffen ließ. Die Freude währte nur kurz. Das Wirtschaftswachstum, das 1989 noch bei 3,3 Prozent gelegen hatte, sank bis 1990 auf minus 4,6 Prozent. Das Pro-Kopf-Einkommen fiel zwischen 1990 und 1992 bei rückläufiger Produktion um 6 Prozent, die Ausgaben für Gesundheit und medizinische Versorgung wurden um 33 Prozent gekürzt, die Ausgaben für Bildung und Erziehung sanken weiter und die Steuerlast für Lohnabhängige stieg um 60 Prozent an. Mitte des Jahres 1992 berichtete James Brooke: »Mr. Collors fehlgeschlagene Wirtschaftspolitik ... nährt die Unzufriedenheit im Lande.« Um das Maß vollzumachen, wurde dann noch ein Korruptionsskandal aufgedeckt, der alle Rekorde schlug, und Collor sah sich einem Verfahren zur Amtsenthebung gegenüber.[38]

Wie das Beispiel Brasiliens zeigt, erlangen »Erfolgsgeschichten von Kapitalismus und Demokratie« diesen Status unabhängig von den jeweils verwendeten Mitteln. Die Strategie der Importbeschränkung, die Brasilien vor dem völligen Ruin bewahrte, war auch eine wesentliche Komponente des »Wirtschaftswunders« in den Ländern des pazifischen Randgebietes. Es kam zustande, weil die äußerst autoritären Regierungen dieser Länder massiv in die Wirtschaftsplanung eingriffen und strenge Kontrollmaßnahmen ergriffen, die notfalls – wie in Kwangju – mit Terror durchgesetzt wurden, und nicht nur (wie üblich) die Arbeit, sondern auch das Kapital betrafen (vgl. Kap. IV.2). Dergestalt beleuchten die Errungenschaften der Schwellenländer die Tugenden von Demokratie und freier Marktwirtschaft. Und die *New York Times* zieht aus den Beispielen Südkorea, Taiwan, Singapur und Hongkong die Lehre, daß »die Demokratie als Wirtschaftsmechanismus sichtbar funktioniert«. Der demokratische Sozialist Dennis Wrong schreibt anerkennend über die »augenfälligen kapitalistischen Erfolge« dieser großen Demokratien, deren »kapitalistische Wirtschaft auf die Kontrolle durch schwächliche autoritäre Regierungen verzichten kann«. Allerdings ist hier anzumerken, daß die autoritären staatskapitalistischen Regierungen effizient, mächtig und interventionistisch, mithin alles andere als »schwächlich« gewesen sind. (Im Gegensatz dazu, so erklärt er, verdeutliche sich an Kuba, Nicaragua und anderen Offizialfeinden das Versagen des marxistisch-leninistischen Dogmas; andere Faktoren kann das mit angemessener Scheuklappe versehene Auge nicht entdecken). Brad Roberts, Leitartikler des *Washington Quarterly*, schreibt: »Nichtdemokratische Regierungen haben sich in der Regel als unfähig erwiesen, den für die wirtschaftliche Anpassung und Umstellung notwendigen Rahmen bereitzustellen...«, wobei er vielleicht an die Schwellenländer oder an Hitlerdeutschland gedacht haben mag. In diesem Falle müßten wir uns jedoch fragen, was er unter »demokratisch« versteht, wo er doch so fest an »das Engagement der USA für die Demokratie im Ausland« und den »Schutz der Menschenrechte« glaubt, Kennzeichen insbesondere der achtziger Jahre.[39]

Anerkanntermaßen haben »Wirtschaftswunder« einige unangenehme Begleiterscheinungen. In seiner Erörterung von »Menems Wunder« in Argentinien bemerkt der britische Korrespondent John Simpson: »Das Wunder ist nicht vollkommen.« Es gibt »unschöne Anzeichen für Korruption«, »weite Bereiche der Mittelschicht sind spurlos verschwunden«, während die »neuen Unternehmer und die alten Reichen« glücklich in den »teuren Läden« einkaufen; zudem ist die Armut beträchtlich. James Petras und Pablo Pozzi legen sich nicht die übliche Zurückhaltung auf und können so für ein paar genauere Einzelheiten sorgen. Seit »Menems Wunder« 1989 begann, »haben die neoliberalen privaten Plünderungsaktionen ein System in Gang gesetzt, bei dem der individuelle Reichtum sich auf wirtschaftlichen Rückschritt und den Verfall der Öffentlichkeit gründet«. Die Arbeitslosigkeit liegt bei etwa 40 Prozent, Barackensiedlungen breiten sich aus, Fabriken werden geschlossen und nicht durch neue Unternehmen ersetzt, der Staat wird zum »Instrument persönlicher Bereicherung und privater Plünderung«, es gibt Kürzungen bei den Sozialleistungen sowie im Gesundheits- und Bildungsbereich auf Kosten der Unterschichten, negative Wachstumsraten, eine zurückgehende jährliche Investitionsrate und fallende Reallöhne. Über 60 Prozent der 12 Millionen Einwohner von Buenos Aires sind nicht ans Abwassernetz angeschlossen. Die Folge: Krankheiten tauchen wieder auf, die schon vor Jahrzehnten ausgerottet waren. Die »von einer neoliberalen Politik angestachelte Wirtschaftsspekulation läßt die Bevölkerungsmehrheit verarmen und zerstört zugleich Argentiniens Binnenmärkte und Produktionskapazitäten. Dieses und die knappen Ressourcen haben eine Hobbes'sche Welt geschaffen, in der ein grausamer Kampf ums Überleben herrscht, während die Oberschicht weiterhin unvermutete Gewinne einstreicht«. Die »privilegierte Minderheit, deren Reichtum, Konsumtionsgewohnheiten und Lebensstandard beständig gestiegen sind«, ist von der neoliberalen Politik begeistert. »Menems Wunder« schließt auch das neue Schibboleth, die »Privatisierung« ein, doch hat die Sache einen kleinen Dreh: so hat die Regierung das staatliche Telefonmonopol an spanische und italienische Staatskonzerne verkauft und die nationale Fluggesellschaft ist an die regierungseigene spanische Iberia-Linie gegangen, so daß »das Management lediglich von argentinischen an spanische und italienische Bürokraten übergeht«, bemerkt David Felix.[40]

Es handelt sich also, kurz gesagt, um ein »Wirtschaftswunder« im technischen Sinne.

Die richtige Entfaltung dieser Ideen läßt sich auch im Hinblick auf Mexiko demonstrieren, wo ein weiteres Wunder im Gange ist. Allerdings: »Das ›Wirtschaftswunder‹ hat Mexikos Ärmste noch nicht erreicht«, lautet die Schlagzeile auf einer Titelseite. Es folgt die vertraute Geschichte. Die Löhne sind auf ihrem niedrigsten Stand in der Geschichte angelangt und unter der neoliberalen Politik der achtziger Jahre um 60 Prozent gefallen (so das Institut für

Wirtschaftsforschung an der Nationalen Autonomen Universität, UNAM, und andere Ökonomen). Die Hälfte aller Neugeborenen in Mexiko City hat erhöhte Bleiwerte im Blut, die die neurologische und motorische Entwicklung gefährden. Zugleich haben Ernährungsmängel stark zugenommen. Zwar ist das Bruttoinlandsprodukt seit 1987 gestiegen, aber, so merken Ökonomen der UNAM an, »die größere Produktion von Reichtum entwickelte sich nur in eine Richtung«, konzentrierte sich »in den Händen von Geschäftsleuten«, »während Millionen Mexikaner allmählich verarmten«. Der Volkszählungsbericht von 1990 vermerkt, daß 60 Prozent aller Haushalte nicht in der Lage sind, die Grundbedürfnisse zu befriedigen. Obwohl die (in ausländischer Hand befindliche, exportorientierte) Niedriglohn-Produktion wächst, »beschäftigt der industrielle Sektor heute weniger Menschen als noch vor einem Jahrzehnt«, schreibt der Wirtschaftswissenschaftler David Barkin. Mitte der siebziger Jahre waren die Lohnabhängigen am Individualeinkommen mit 36 Prozent beteiligt, 1992 nur noch mit 23 Prozent, während die Reichen und die ausländischen Investoren »fabelhafte« Gewinne einstreichen. Diese Entwicklungen hätten »in der internationalen Presse große Bewunderung hervorgerufen«.

Um ausländische Investoren ins Land zu ziehen, wies das mexikanische Handelsministerium auf die stark gefallenen Stundenlöhne für Arbeitskräfte hin. 1982 kostete eine Arbeitsstunde noch 1,38 Dollar, 1990 nurmehr 0,45 Dollar. Das sind attraktive Aussichten für GM, Ford, Zenith und andere ausländische Konzerne; zudem gibt es kaum ernstzunehmende Umweltschutzbestimmungen. Die Niedriglöhne werden durch brutale Unterdrückung der Arbeiter gesichert. Dabei arbeitet die Regierung eng mit korrupten, dem Einparteienstaat verbundenen Gewerkschaftsführern zusammen. Die achtziger Jahre sind in dieser Hinsicht ein besonders düsteres Kapitel gewesen, wofür die Erfahrung von Ford-Arbeitern in einem Montagewerk ein besonders typisches Beispiel ist. 1987, so berichtet Dan LaBotz in einer Untersuchung von Arbeiterrechten in Mexiko, »entließ das Unternehmen die gesamte Arbeiterschaft, annullierte den Vertrag mit der Gewerkschaft und stellte dann die Arbeiter zu einem sehr viel geringeren Lohn wieder ein. Als die Arbeiter versuchten, das Recht auf demokratische Gewerkschaftswahlen durchzusetzen und für ihre ihnen gesetzlich zukommenden Rechte zu kämpfen, wurden sie zusammengeschlagen, entführt und ermordet. Dabei arbeitete die Ford Motor Company ganz offen«

mit Funktionären der Gewerkschaft zusammen, die ihrerseits von der Dauerregierungspartei betrieben wird. Dies sind wenig diskutierte aber entscheidende Faktoren des Nordamerikanischen Freihandelsabkommens (NAFTA), das ohne Rücksicht auf die menschlichen Kosten optimale Bedingungen für die Realisierung von Profiten bieten soll.

Die Auslandsschulden steigen, das Handelsdefizit nimmt zu. Bei Wahlen wird betrogen, die Regierung unterdrückt die Arbeiterbewegung und behindert die freie Meinungsäußerung (jedes Jahr werden einige Journalisten umgebracht, was die Botschaft noch klarer macht), die Folter ist, Amnesty International zufolge, »endemisch«. Wenn der NAFTA-Entwurf in die Realität umgesetzt wird, »werden die meisten Mexikaner überflüssig«, lautet die Vorhersage von Barkin. Für ihn ergibt sich die Krise aus »über 35 Jahren *erfolgreicher* kapitalistischer Entwicklung«, wobei diese Entwicklung sich nach den Erfordernissen einheimischen Reichtums und ausländischer Kapitaleigner ausrichtete. Doch weil die Investoren glücklich sind und auch die entsprechenden einheimischen Wirtschaftssektoren sich freuen, wird Mexiko von James Baker (damals Außenminister unter Bush) als »Reformmodell« für Osteuropa und die Dritte Welt, als authentisches »Wirtschaftswunder« in den Vordergrund gerückt.[41]

Titelschlagzeilen verkünden gute Neuigkeiten: »Eine frische Wirtschaftsbrise weht durch Lateinamerika«, heißt es da. Aber wir erfahren auch anderes: »Lateinamerikas Schuldenlast wächst trotz Vereinbarungen weiter an« (Nathaniel Nash, *NYT*). Eine weitere Schlagzeile lautet: »Südamerikaner meinen, daß die Wirtschaftsreform mit hohen sozialen Kosten einhergeht. / Der neue Reichtum sickert nur sehr langsam nach unten durch« (Thomas Kamm, *WSJ*). Das weitere kennen wir, alles wird gut. Wie üblich, ist den Berichten nicht zu entnehmen, ob die hochgerühmte »Sickerstrategie« in der Vergangenheit überhaupt etwas zum Tröpfeln gebracht hat. Schaut man die Artikel aber näher an, enthalten sie Hinweise darauf, warum sich auch jetzt nicht viel daran ändern wird. Von Washington und Europa aus machen die Statistiken einen guten Eindruck, berichtet Kamm, aber sie verbergen die beständig wachsende Konzentration von Reichtum, die zunehmende Armut, die abnehmenden Reallöhne und die anderen bekannten Begleiterscheinungen von »Wundern«. Der ehemalige brasilianische Präsident José Sarney schreibt, daß »in allen Ländern« Lateinamerikas die ausländischen Banken und die sonstigen Nutznießer ihre Gewinne einfahren, »während Arbeitslosigkeit, Hungerlöhne und erschreckende Sozialstatistiken übrigbleiben«. »Die Reichen werden reicher, die Lücke zwischen ihnen und den Mittel- und Unterschichten wächst«. Bisher hat keine von den so viel versprechenden politischen Strategien »es vermocht, der Armut Herr zu werden« (Nash), was, so sollen wir es wohl verstehen, ebenso merkwürdig wie unerwartet ist.[42]

Die erfolgreichste aller Erfolgsgeschichten wird von Chile erzählt. Dort hat »General Augusto Pinochet eine blühende freie Marktwirtschaft hervorgebracht« (Nash). Das zählt als gesicherte Wahrheit, die überall wiederholt wird. Sicher, Pinochet sei ein harter Bursche gewesen, aber das »Wirtschaftswunder«, das seine Chicago Boys zwischen 1974 und 1989 vollbracht hätten, könnten sich alle anschauen. Sie dürfen nur nicht zu genau hinsehen.

In nicht einmal einem Jahrzehnt verwandelte sich Pinochets »Wunder« in die »chilenische Katastrophe«, schreibt David Felix. Im Versuch, die Wirtschaft zu retten, übernahm die Regierung fast das gesamte Bankensystem, woraufhin einige den Wechsel von Allende zu Pinochet als »Übergang vom utopischen zum wissenschaftlichen Sozialismus beschrieben, weil die Produktionsmittel sich schließlich in Händen des Staates befinden« (Felix). Andere sprachen vom »Chicagoer Weg zum Sozialismus«. Der militant anti-sozialistische Londoner *Economist Intelligence Unit* schrieb, daß »Präsident Pinochet, der an den freien Markt glaubte, etwas tat, wovon Präsident Allende nicht einmal zu träumen wagte, nämlich die ›Kommandohöhen der Wirtschaft‹ umfassend in den Griff zu bekommen«. 1983 war der von der Regierung kontrollierte Teil der Wirtschaft von vergleichbarem Umfang wie in den Jahren unter Allende. Vorher hatte der Staat angeschlagene Unternehmen übernommen, sie hochgepäppelt und dann gewinnbringend an den Privatsektor weiterverkauft. Das gleiche geschah mit funktionsfähigen und profitablen öffentlichen Unternehmen, die 25 Prozent der Staatseinkünfte erwirtschafteten (Joseph Collins und John Lear). Multinationale Konzerne haben dabei gute Geschäfte gemacht und die Kontrolle über große Teile der chilenischen Wirtschaft übernommen. Unter Berufung auf chilenische Ökonomen berichten James Petras und Steve Vieux, daß »bei der Privatisierungswelle von 1986/87«, die auch »funktionstüchtige, gewinnabwerfende Unternehmen einschloß«, »den Käufern etwa 600 Millionen Dollar an Subventionen zuflossen«. Der ganze Vorgang wird die zu erwartenden staatlichen Reingewinne im Zeitraum von 1990 bis 1995 um 100 bis 165 Millionen Dollar vermindern.

Bis 1980 lag Chiles Pro-Kopf-Bruttoinlandsprodukt unter dem Niveau von 1972 (Regierung Allende), die Investitionen waren geringer als gegen Ende der sechziger Jahre, die Arbeitslosigkeit dagegen sehr viel höher. Die Pro-Kopf-Ausgaben im Gesundheitswesen wurden zwischen 1973 und 1985 mehr als halbiert, was zu einem explosiven Anwachsen von armutsbedingten Krankheiten führte (wie etwa durch Viren verursachte Leberentzündung). Seit 1973 fiel die Konsumtionsrate bei den ärmsten 20 Prozent der Bevölkerung in Santiago um 30 Prozent, während sie für die 20 Prozent an der Spitze um 15 Prozent stieg. Private Krankenhäuser zeigen stolz ihre für die Reichen bestimmte High-Tech-Ausrüstung, während Mütter in öffentlichen Einrichtungen kaum einen Untersuchungstermin bekommen und sich die teuren Medikamente nicht leisten können. Die unter Allende allgemein zugänglichen Hochschulen sind nun den privilegierteren Schichten vorbehalten. Sie laufen zudem nicht Gefahr, von den »subversiven Elementen« indoktriniert zu werden, denn die hat man alle von den Universitäten verjagt. Statt dessen werden »Kurse in Soziologie, Politologie und Wirtschaftswissenschaft angeboten, ... die eher religiösen Unterweisungen im Hinblick auf die geoffenbarten Wahrheiten der freien Marktwirtschaft und der roten Gefahr ähneln« (Tina Rosenberg). Die makroökonomischen Statistiken der Pinochet-Jahre liegen im allgemeinen unter denen der vorangegangenen zwei Jahrzehnte; das durchschnittliche Wachstum des Bruttosozialprodukts von 1974 bis 1979 betrug wenig mehr als die Hälfte der Wachstumsrate von 1961 bis 1971. Das Pro-Kopf-Bruttosozialprodukt fiel von 1972 bis 1987 um 6,4 Prozent und die Pro-Kopf-Konsumtion im gleichen Zeitraum um 23 Prozent. Die Hauptstadt, Santiago de Chile, gehört, wie Nathaniel Nash bemerkt, mittlerweile »zu den Städten mit der weltweit höchsten Luftverschmutzung«. Das verdankt sie dem Friedman-Modell und seinem Schlachtruf »Produzieren, produzieren, produzieren« – ohne Rücksicht auf Verluste, was wir, wenn wir dabei Punkte machen können, als »stalinistisches Modell« anprangern. Die Verluste wurden bald sichtbar: in den »beängstigenden Kosten, die entstehen, wenn man aufräumt, und die entstehen, wenn man nicht aufräumt«, denn Chile hat »einige der dreckigsten Fabriken der Welt«, keine Schutzbestimmungen, verseuchte Wasservorräte und eine insgesamt zerstörte Umwelt, mit unabsehbaren Folgen für die Gesundheit der Bevölkerung.

Dank des Wunders und ein bißchen Hilfe seitens der USA, die der Wirtschaft unter Allende »die Daumenschrauben anzog«, konnte der Anteil der Bevölkerung, der unterhalb der Armutsgrenze (des für Grundnahrungsmittel und Unterkunft benötigten Minimaleinkommens) lebt zwischen 1970 und 1987 von 20 auf 44,4 Prozent angehoben werden.

»Kein Wunder«, kommentiert Edward Herman.[43]

Wenn man den Lehrbuchwahrheiten von 1992 Glauben schenken will, dann haben unsere lateinamerikanischen Schützlinge unserem weisen Ratschlag in den schlechten alten Zeiten keinen Glauben geschenkt. Nun aber, angesichts des weltweiten Siegeszuges, den Wirtschaftsliberalismus und Freihandel angetreten haben, begreifen sie endlich die Weisheit unserer Worte. Im Nebel der Selbstbeweihräucherung verschwinden die bekannten Probleme: Wir selbst nämlich sind dem Modell ebensowenig gefolgt wie die anderen industriell entwickelten Länder, außer, wenn man sich davon Vorteile versprach. Im übrigen – auch dies ein Widerspruch zur reinen Lehre – ist Lateinamerika im großen und ganzen durchaus unseren Ratschlägen gefolgt, wie das Beispiel Brasiliens zeigt. Und das ist kein Einzelfall. Nehmen wir etwa die von Kennedy und Johnson propagierte »Allianz für den Fortschritt«. Eine ihrer mit großer Penetranz verkündeten Erfolgsgeschichten war Somozas Nicaragua. Sein Katastrophenwunder bereitete der sandinistischen Revolution von 1979 den Weg. Danach führten die USA Krieg gegen Nicaragua. Während dieser Zeit war Francisco Mayorga der angesehenste nicaraguanische Wirtschaftswissenschaftler. In der von den USA unterstützten bürgerlichen Regierung bekleidete er einen hohen Posten (wurde aber bald der Vergessenheit überantwortet, als die von ihm unter dem Beifall der USA initiierte Wiederaufbaupolitik zum völligen Fehlschlag geriet). Als er im Rampenlicht stand, jubelten die Medien ihm zu, ignorierten aber sein wissenschaftliches Hauptwerk. Diese interessante Untersuchung aus dem Jahre 1986 war dem Versagen des »monetaristischen Paradigmas« in Nicaragua gewidmet, das, von den USA begeistert unterstützt und gefördert, die Wirtschaft 1978 »an den Rand des Zusammenbruchs getrieben hatte«. Vermutlich, so Mayorga, war die Entwicklung gar nicht mehr aufzuhalten, auch wenn eine Politik verfolgt worden wäre, die auf die ungeheuren Kosten verzichtet hätte, die mit dem US-Terror und dem Wirtschaftskrieg verbunden waren.[44]

Von keinerlei Sachkenntnis getrübte Lateinamerikaspezialisten (die vor allem den Beitrag der USA gerne verschweigen) setzen uns nun davon in Kenntnis, daß »Nicaragua in den Augen der marktwirtschaftlichen Pioniere der nachsandinistischen Ära allmählich – nach einem Jahrzehnt revolutionärer Mißwirtschaft und zwei Jahren Erholung für die Staatsfinanzen unter Präsidentin Violeta Chamorro – reif ist für ein Comeback« (Pamela Constable). Zwar sehen die Geschäftsleute immer noch ein paar Probleme, bemerkt Constable: »die fortgesetzte Drohung gewalttätiger Aktionen seitens der Gewerkschaften«, bewaffnete Gruppierungen auf dem Lande und der »ungeklärte Status« des von den Sandinisten konfiszierten Eigentums. Aber die »marktwirtschaftlichen Pioniere« sind optimistisch. Besonders fröhlich sind die Privatbankiers und ihre Kunden. Die Sandinisten verstaatlichten die Banken »und begannen damit, Staatskredite an Bauern, ländliche Kooperativen und kleine Risikobetriebe in der Industrie zu vergeben«, schreibt Tim Johnson im *Miami Herald*. Zum Glück ist es mit derlei Ungezogenheiten nun vorbei und, so bemerkt ein Privatbankier, »die Öffentlichkeit verlangt mittlerweile einen sehr viel umfangreicheren Service von ihren Banken«.

Zu dieser »Öffentlichkeit« gehören nicht die Campesinos, von deren Protestmarsch gegen den Hunger die mexikanische Presse einige Tage später berichtete, gehören auch nicht die vielen Arbeitslosen oder die leimschnüffelnden Kinder oder die halbmenschlichen Gestalten, die den Sieg des Kapitalismus und der Demokratie feiern, während sie auf der Müllkippe von Managua nach Verwertbarem suchen. Kurz danach gab die staatliche Nationale Entwicklungsbank (BND) dem Druck internationaler Kreditinstitute nach und verkündete eine neue Kreditpolitik. *CAR* berichtete: »Unter der sandinistischen Regierung vergab die BND ohne große Vorbedingungen Subventionen und günstige Kredite an Kooperativen und Kleinbauern, aber diese Zeiten sind vorbei.« Demnächst gibt es nur noch »garantierte Darlehen für Kunden mit entsprechenden Sicherheiten. Dabei bleiben die meisten Kleinbauern im Regen stehen«. Des weiteren soll es diese neue Kreditpolitik »Arbeitern unmöglich machen, ihre Schulden zu bezahlen oder monatliche Einzahlungen für die Gesellschaften, die sie kaufen wollen, zu tätigen«. Damit wird auf Verlangen der USA ein ernsthafter Mangel im Privatisierungsprozeß beseitigt, der der Beendigung des Wirtschaftskrieges noch im Wege stand. Unter dem bösen Einfluß der Sandinisten gestattete es dieser Prozeß, daß die falsche Klasse – Arbeiter eines Unternehmens – sich an der Eignerschaft beteiligen konnte. Das ist natürlich mit dem Begriff des »Wirtschaftswunders« ganz und gar nicht in Einklang zu bringen.

Sicher wird der traditionelle US-Idealismus darauf achten, daß die Politik der freien Marktwirtschaft nicht allzu ausufernd betrieben wird: »die BND erwägt, Großproduzenten ... mit bis zu 70 Prozent der Produktionskosten zu finanzieren«, bemerkt *CAR*.

Die lenkende Hand der USA wird auch in den Maßnahmen sichtbar, mit deren Hilfe der »Status des Eigentums«, der den »Pionieren der Marktwirtschaft« und ihren Lobhudlern in der US-amerikanischen Presse so viele Sorgen bereitet, geklärt werden kann. *Envío* berichtet: »Daß die Sparpolitik der Staatsbanken in Richtung auf eine Produktion mittleren bis großen Maßstabs weist, zeigte sich 1991, als die BND 16 kleinstädtische Zweigstellen in allen zentralen Regionen des Landes schloß. Traditionelle Finanzierungsmechanismen wie Wucherkredite, Terminverkäufe, Verpachtungen – deren Kosten für die Bauernschaft bekannt sind – kommen wieder in Gebrauch.« Die Campesinos werden gezwungen, ihr Land zu verlassen, und es fällt dann an seine rechtmäßigen Besitzer zurück.

Um die natürliche Entwicklung ein bißchen voranzutreiben, haben Armee und Staatspolizei »alle Formen von Gewalt und Erniedrigung in Anschlag gebracht«, um die Kleinbauern von ihrem Land zu vertreiben, berichtete *CAR*. Die Ländereien waren unter der sandinistischen Herrschaft durch Regierungserlasse verteilt worden, die besagten, daß »Farmland und andere verlassene oder aufgelöste Besitztümer ... an grundbesitzlose Campesinos in Form kleiner, auf Familiengröße berechneter Einheiten oder als Landkooperativen verteilt werden sollten«. Im Juni 1992 wurden 21 Farmen durch Sicherheitskräfte mit Gewalt geräumt und ihren vorherigen Eigentümern zurückerstattet, in 11 Fällen, so berichtet das nicaraguanische Menschenrechtszentrum (CENIDH), an Mitglieder der Familie Somoza. Am 30. Juni, so *CAR,* vertrieben 300 Mann Polizisten und Armeetruppen »40 Campesino-Familien mit Gewalt«. Sie hatten Kampfhunde dabei, schlugen Frauen, Männer und Kinder und drohten damit, räumungsunwillige Campesinos zu töten. Sie brannten Häuser und Feldfrüchte nieder und verhafteten Mitglieder des Landarbeiterbundes. CENIDH machte den Sicherheitskräften den Vorwurf, sie würden »systematisch Terror und Erpressung anwenden«, um die Campesinos davon abzuhalten, sich zu organisieren.

Schätzungen zufolge besteht die Polizei mittlerweile zur Hälfte aus Contras. Daß die USA es nicht geschafft haben, die Sicherheitskräfte wieder völlig unter ihre Kontrolle zu bringen, hat Washington und die Presse in helle Empörung versetzt. Denn die USA haben gegen Nicaragua vor allem Krieg geführt, um diese gewohnte Kontrolle wiederzuerlangen, damit die Sicherheitskräfte wie zu Zeiten Somozas die vertrauten »regionalen Maßstäbe« setzen können – nämlich die, die auch in El Salvador, Guatemala und Honduras Gültigkeit besitzen.[45]

Im Februar 1990 gewann die US-gestützte bürgerliche Regierung Chamorro die Wahlen in Nicaragua. Seitdem hat die Armut auf dem Lande dank der neoliberalen Politik »drastisch zugenommen«. Ihrer »Rache sind vor allem kleine und mittlere Farmer zum Opfer gefallen«, berichtet *CAR*. Überall auf dem Lande werden »die Menschen jeden Tag verzweifelter. Mehr als 70 Prozent der Kinder leiden in diesen Gebieten an Unterernährung, die Arbeitslosigkeit in der Bevölkerung beträgt 65 bis 89 Prozent.« Im Gebiet der Atlantikküste »leiden nicht nur die Farmer, sondern auch die Fischer. Sie verlieren 80 Prozent ihres Lebensunterhalts an ausländische Gesellschaften, denen die Regierung die Erlaubnis erteilt hat, in den Gewässern vor der Atlantikküste zu fischen«. Hier sind 90 Prozent der Bevölkerung nicht in der Lage, ihre Grundbedürfnisse zu befriedigen; schwere Krankheiten, die unter den Sandinisten beseitigt waren, breiten sich erneut aus. Ein Vertreter der staatlichen Gewerkschaft der Farmer und Viehzüchter (UNAG) sagt, daß die schwierig gewordene Kreditbeschaffung die Farmer »umbringe«. »Große Farmen, die nicht in der Tradition des Landes stehen, bekommen alle Geldmittel, die sie brauchen. Aber ein Kleinbauer, der Subsistenzwirtschaft betreibt, Bohnen oder Korn erntet, um seine Familie zu ernähren, kann Bankrott gehen und hungern.« 32.000 Familien überleben, weil sie »Wurzeln und leere Tortillas mit Salz essen«, berichtet UNAG. Die Öffnung der Wirtschaft, die unter dem Druck des US-Embargos und des Terrorkrieges beschleunigt vollzogen wurde, hat »Nicaraguas einheimische Industrie gezwungen, mit riesigen multinationalen Konzernen zu konkurrieren«, bemerkt John Otis. Weil das Land mit ausländischen Produkten überflutet wird, ist die Zahl der Kleinbetriebe von 3.800 (bei der Amtsübernahme Chamorros) auf 2.500 (zwei Jahre später) geschrumpft. Nicaragua führt sogar sein eigenes Bier unter nicaraguanischem Etikett aus Wisconsin ein. Importeure, Zwischenhändler, Läden für Luxusartikel und die einheimischen Wohlhabenden können nicht klagen, ebensowenig wie die Ausländer, für die diese Politik geplant wurde. Der Rest, darunter die 50 Prozent Arbeitslosen, kann warten, bis etwas von dem Reichtum zu ihm »hinuntersickert«.[46]

Das Pro-Kopf-Einkommen ist auf den Stand von 1945 gefallen, die Reallöhne betragen noch 13 Prozent ihres Wertes von 1980 und sinken weiter. Kindersterblichkeit und Untergewicht bei der Geburt nehmen wieder zu, machen den einstigen Fortschritt zunichte. Im März 1991 wurde der Haushalt für das Gesundheitswesen um 40 Prozent gekürzt, damit hat sich die ohnehin ungenügende Versorgung mit Medikamenten noch weiter verschlechtert. Die allgemeinen Krankenhäuser sind kaum funktionsfähig; die evangelische Kirche (CEPAD) berichtet: »Das Recht auf Gesundheitsbetreuung gibt es im Nicaragua der Nachkriegszeit nicht mehr«; außer für die, die genug Geld haben. Statistische Erhebungen bei Prostituierten ergaben, daß 80 Prozent dem Gewerbe erst seit einem Jahr nachgingen, viele waren Teenager.

Im Mai 1992 sperrte der US-amerikanische Kongreß bereits zugesicherte Hilfeleistungen im Wert von über 100 Millionen Dollar. Er wandte sich damit gegen die Unterstützung, die den Sandinisten von der nicaraguanischen Regierung angeblich gewährt wurde, und mahnte die Rückgabe des Eigentums an die Vorbesitzer an. »Inoffiziell wurde bekannt, daß die Regierung Bürgern der Vereinigten Staaten, prominenten nicaraguanischen Geschäftsleuten und Führern der ehemaligen Contras den Vorrang einräumen will«, hieß es in der mexikanischen Presse. Einer der Hauptinteressenten ist die nordamerikanische »Rosario Mining Co.«, die die Besitzrechte an den Schürfvorrichtungen in den Goldminen des Nordostens beansprucht. Die zentrale Frage ist, »ob die mehr als 100.000 Bauernfamilien das Land, das sie unter der sandinistischen Regierung erwerben und bearbeiten konnten, werden behalten dürfen«, wie es ihnen im Regierungsprogramm der UNO-Partei versprochen wurde (Lisa Haugaard vom »Central American Historical Institute«).

Ein anderer Aspekt betrifft die Unabhängigkeit der Sicherheitskräfte. Im Einklang mit seiner seit langem betriebenen Politik besteht Washington darauf, sie unter Kontrolle zu halten. In der Propagandasprache der Regierung und der Medien heißt das: die Sandinisten aus ihrer Verantwortung entbinden. Andere Industriestaaten, die nicht das Interesse verfolgen, »unsere kleine Gegend hier« zu verwalten, halten diese Forderungen für absurd, weil sie die sandinistische FSLN für eine Partei mit »soliden Strukturen und von beträchtlichem politischen Einfluß« und für die einzige politische Gruppierung mit Massenbasis halten (Detlev Nolte vom deutschen »Institut für Ibero-Amerikanische Studien«). Sie werfen der US-Politik vor, »die Situation erneut zu polarisieren«, fügt ein anderer deutscher Lateinamerika-Spezialist hinzu. Als der Kongreß die Sperrung der Gelder aufhob, hielt die Regierung Bush sie weiter zurück, denn schließlich müssen derlei Unabhängigkeitsbestrebungen schon im Keim erstickt werden.[47]

Wenn wir auf das schauen, was wir erreicht haben und uns die glorreiche Zukunft vorstellen, die da kommen wird, können wir stolz darauf sein, »dem Triumph der Demokratie in dieser Zeit die Flügel geliehen zu haben«. So jedenfalls frohlockte die *New Republic*, nachdem die Wahlen in Nicaragua von »der rechten/richtigen Seite« *(the right side)* gewonnen worden waren. Zudem hatte Washingtons strenge Warnung, daß jeder andere Wahlausgang die Fortsetzung des Wirtschaftskrieges zur Folge haben werde, eine »geeignete Wettkampfarena« geschaffen. Wir können uns also den Leitartiklern in ihrem Lob für Washingtons Gewalt- und Schreckensherrschaft anschließen und »Reagan und Konsorten gute Noten« für die wunderbaren Leichenberge und die unübersehbaren Mengen hungernder Kinder in Mittelamerika erteilen. Denn wir müssen ihrem Rat folgen und anerkennen, daß die »Latinofaschisten« Militärhilfe brauchen, »unabhängig davon, wie viele Menschen umgebracht werden«, weil »Amerika höhere Prioritäten setzt als die Menschenrechte in El Salvador«.[48]

Erinnern wir uns daran, daß sich der offiziellen Auffassung zufolge die lateinamerikanische Wirtschaftskatastrophe der letzten Jahre dem Einfluß von Etatismus, Populismus, Marxismus und anderen Übeln verdankt, die nun durch die neu entdeckten Tugenden des Monetarismus und der freien Marktwirtschaft geheilt werden können. Dieses Bild ist allerdings, wie Petras und Vieux zeigen, »von vorn bis hinten gefälscht«. Die vielumjubelten neuen Entdeckungen sind gerade diejenigen Faktoren, welche in der Vergangenheit zur Katastrophe geführt haben, wobei die USA Terror und ökonomische Kriegsführung fleißig mit anheizten. Darüber hinaus haben die USA dafür gesorgt, daß das neoliberale Dogma in diesen »Testgebieten« jahrelang uneingeschränkt herrschen konnte. Seit 1980 sind die Sozialausgaben ständig gefallen, was zum Zusammenbruch des Bildungs- und Gesundheitssystems geführt hat; das Wirtschaftswachstum stagnierte oder war rückläufig. Den einzigen Fortschritt gab es auf dem Gebiet der Privatisierung, an dem die ohnehin wohlhabenden Sektoren im Inland und Ausland gut verdienten, während, man betrachte das chilenische Beispiel, die Einnahmen der öffentlichen Hand durch den Verkauf gut funktionierender Einrichtungen weiter zurückgingen. Die riesigen Schulden aus der Partnerschaft zwischen einheimischen militärisch-ökonomischen Führungsschichten und ausländischen, von Petrodollars überquellenden Banken werden die Armen bezahlen müssen. »Die Lohnabhängigen haben die meisten Opfer gebracht, um den Überschuß zu erwirtschaften, mit dem die Auslandsschulden abbezahlt werden sollen«, berichtet der von den Vereinten Nationen herausgegebene Weltwirtschaftsüberblick 1990.

»Mehr als jedes andere geographische Gebiet auf der Welt«, schreibt der Korrespondent Marc Cooper, »hat Lateinamerika während der letzten zehn Jahre die Versprechen der Reagan-Revolution ernstgenommen.« Allerdings nicht ganz freiwillig. Das Jahrzehnt stand im Zeichen von Privatisierung, Deregulierung, »Freihandel«, Zerstörung der Gewerkschaften und anderer volksnaher Organisationen, Öffnung der Ressourcen (unter Einschluß von Nationalparks und Rohstoffreserven) für ausländische Investoren und dergleichen mehr. Die Folgen waren, wie sich vorhersehen ließ, verheerend.[49]

Ebenso läßt sich vorhersehen, wie die Vertreter der reinen Lehre dies abfeiern werden. Die Schuld für die eingetretene Katastrophe wird anderen in die Schuhe geschoben. Die von den US-Herrschaften vertretene Rolle wird per definitionem bestenfalls als marginal gewertet werden und sich den Sachzwängen des Kalten Krieges verdanken. Und in dem Maße wie die alten Doktrinen neue »Wirtschaftswunder« kreieren, haben die Ideologen des Privilegs jeden Grund zum Beifall. Das war in der Vergangenheit so, und daran wird sich auch zukünftig nichts ändern, solange die Macht ihnen diese Aufgabe zuweist.

VIII. Haitis Tragödie

1. »Die erste freie Nation freier Menschen«

»Haiti war mehr als die zweitälteste Republik der neuen Welt«, bemerkt der Anthropologe Ira Lowenthal, »mehr noch sogar als die erste schwarze Republik in der modernen Welt. Haiti war die erste *freie* Nation *freier* Menschen, die sich innerhalb des am politischen Horizont heraufziehenden westeuropäischen Imperiums und zugleich im Widerstand dagegen entfaltete.« 200 Jahre Zusammenspiel und Auseinandersetzung zwischen den beiden ältesten Republiken der neuen Welt zeigen erneut, wie dauerhaft die Grundlinien der Politik, wie zählebig ihre institutionellen Wurzeln und kulturellen Begleiterscheinungen sind.

Die Republik Haiti wurde am 1. Januar 1804 ins Leben gerufen, nachdem eine Sklavenrevolte die französischen Kolonialherren und ihre Verbündeten vertrieben hatte. Die revolutionären Anführer verwarfen das französische »Saint-Domingue« zugunsten des Namens, den das Volk bei der Begrüßung von Kolumbus verwendete, als er 1492 seine erste Siedlung auf dem Boden der neuen Welt errichten wollte. Die Abkömmlinge der Ureinwohner konnten die Befreiung nicht feiern. In der Zeit vor Kolumbus hatte ihre Zahl unterschiedlichen Schätzungen zufolge einige Hunderttausend bis zu 8 Millionen betragen. 50 Jahre nach der Entdeckung durch die Spanier waren nur noch einige Hundert übrig, und als Frankreich 1697 das westliche Drittel Hispaniolas – das heutige Haiti – von den Spaniern eroberte, war, wie zeitgenössische französische Forscher behaupten, überhaupt keiner mehr am Leben. Der Anführer der Revolte, Toussaint L'Ouverture, konnte den Sieg ebenfalls nicht mitfeiern. Er war durch Verrat gefangen und in ein französisches Gefängnis gesteckt worden, um dort, mit den Worten eines französischen Historikers aus dem neunzehnten Jahrhundert, »langsam an Kälte und Auszehrung zugrunde zu gehen«. Der Anthropologe Paul Farmer erzählt, daß die Schulkinder in Haiti bis zum heutigen Tag seine letzten Worte, die er auf dem Weg ins Gefängnis sprach, auswendig können: »Ihr habt durch meinen Sturz in Saint-Domingue nur den Baum der Freiheit gefällt. Er wird von neuem erwachsen, denn seine Wurzeln sind zahlreich und tief.«[1]

1985 brach der Baum der Freiheit erneut durch die Erdkruste, als die Bevölkerung gegen die mörderische Diktatur der Duvaliers revoltierte. Nach langen und bitteren Kämpfen führte die Revolution zum überwältigenden Sieg von Haitis erstem freigewählten Präsidenten, dem Priester und Volkshelden Jean-Bertrand Aristide. Sieben Monate nach seiner Inauguration vom Februar 1991 wurde er aus seinem Amt vertrieben. Bewerkstelligt hatte das die Oberschicht aus Militärs und Geschäftsleuten, die die Insel seit 200 Jahren regiert, und die den Verlust des traditionellen Rechts auf Terror und Ausbeutung nicht hinnehmen wollte.

»Als der letzte Duvalier aus Haiti geflohen war«, berichtet der puertorikanische Ethnohistoriker Jalil Sued-Badillo, »stürzte eine aufgebrachte Menschenmenge die Statue von Kolumbus in Port-au-Prince und warf sie ins Meer«. Das war ein Protest gegen »die Verwüstungen des Kolonialismus« unter »einer langen Reihe von Despoten« von Kolumbus über Duvalier bis zu den heutigen Herrschern, den Nachfolgern Aristides, die Duvaliers Geschäft weiterbetreiben. Ähnliche Vorgänge spielten sich in der benachbarten Dominikanischen Republik ab. Sie wurde nach einer Invasion von US-Marines 1965 einem von den USA eingesetzten Terrorregime unterworfen und ist seit Beginn der achtziger Jahre ein Opfer des IWF-Fundamentalismus. Im Februar 1992 ließ Präsident Balaguer »seine Sicherheitskräfte von der Kette, um friedliche Demonstranten zu verprügeln, die gegen die exorbitanten Kosten der 500-Jahr-Feier demonstrierten«, berichtete der »Council on Hemispheric Affairs«. Den Mittelpunkt dieser Feiern bildete ein liegendes Kreuz, das sehr teuer war (mehrere hundert Millionen Dollar), sehr hoch (über 30 Meter), sehr lang (eine halbe Meile), und von vielen starken Scheinwerfern angestrahlt wurde. Es erhob sich »hinter einem Slum, der aus rattenverseuchten Baracken besteht und wo unterernährte Kinder, die weder lesen noch schreiben können, durch das stinkende Wasser patschen, das die Straßen bei tropischen Regenfällen überschwemmt«. Slums wurden geräumt, um Platz für die terrassenförmig angelegten Gärten zu schaffen. Eine Steinmauer verbirgt »die verzweifelte Armut, die bald im Licht der Scheinwerfer liegen wird«. Die immensen Ausgaben »fallen mit einer der schlimmsten Wirtschaftskrisen seit den dreißiger Jahren zusammen«, bemerkte der frühere Präsident der Zentralbank. Nach zehn Jahren struktureller Anpassung ist das Gesundheits- und Bildungswesen im Verfall begriffen, der Strom wird bis zu 24 Stunden lang abgeschaltet, um Energie zu sparen, die Arbeitslosigkeit liegt bei über 25 Prozent, die Armut greift um sich. »Die großen Fische fressen die kleinen«, sagt eine alte Frau im nahegelegenen Slum.[2]

Kolumbus beschrieb die Menschen des Volkes, das er vorfand, als »liebenswert, fügsam, friedfertig, freundlich und schicklich«, ihr Land als mit Reichtümern gesegnet. Hispaniola war »der vielleicht am dichtesten besiedelte Ort auf der Welt«, schrieb Las Casas, »ein Bienenstock von Menschen«, die »im ganzen unbegrenzten Reich der Menschheit ... die arglosesten sind, ohne Bosheit und Doppelzüngigkeit«. Getrieben von »unersättlicher Gier und Ehrsucht« fielen die Spanier über sie her »wie reißende wilde Tiere, ... [sie] töteten, terrorisierten, verwundeten, folterten und zerstörten die eingeborenen Völker« mit »den seltsamsten und vielfältigsten neuen Methoden der Grausamkeit, die nie zuvor erfahren worden waren, und das in einem Ausmaß«, daß die Bevölkerung kaum noch 200 Menschen zählt, schrieb er 1552 »aus meinem eigenen Wissen um die Geschehnisse, deren Zeuge ich gewesen bin«. »Die Spanier hatten es sich zur allgemeinen Regel gemacht, grausam zu sein, und nicht einfach nur grausam, sondern dies in einem außerordentlichen Maße, so daß die Indianer es angesichts der harten und mitleidlosen Behandlung nicht wagen würden, sich selbst als menschliche Wesen anzusehen.« »Als sie erkannten, wie sie jeden Tag durch die grausame und unmenschliche Behandlung, die die Spanier ihnen angedeihen ließen, dem Untergang näher rückten, wie sie durch die Pferde zu Boden getrampelt, von Schwertern zerfetzt, von Hunden zerrissen und zerfleischt, oftmals lebendig begraben wurden und alle möglichen ausgesuchten Foltern erleiden mußten, ... faßten sie den Entschluß, sich ihrem unglückseligen Schicksal ohne weiteren Kampf zu überlassen und sich in die Hände ihrer Feinde zu begeben, damit diese ganz nach ihrem Willen mit ihnen verfahren könnten.«

In dem Maße, wie die Propagandamühlen ihre Arbeit verrichteten, wurde das Bild revidiert, um das Geschehene nachträglich zu rechtfertigen. 1776 sah die Geschichte schon ganz anders aus. Kolumbus habe, so hieß es nun, »ein Land vorgefunden, das war ganz mit Wald bedeckt, unbearbeitet und nur von einigen Stämmen nackter und elend lebender Wilder bewohnt« (Adam Smith). Wie schon bemerkt, begann die Wahrheit erst wieder vor etwa 30 Jahren sichtbar zu werden. Sie rief den Zorn und Protest empörter Royalisten hervor.³

Die spanischen Versuche, durch die Versklavung der freundlichen Bevölkerung die Reichtümer der Insel zu plündern, schlugen fehl; die Menschen starben zu schnell, auch wenn sie nicht durch die »wilden Tiere« getötet wurden oder durch massenhaften Selbstmord endeten. Seit Beginn des sechzehnten Jahrhunderts wurden afrikanische Sklaven nach Haiti geschickt. Sie kamen später, als die Plantagenwirtschaft eingeführt wurde, in Massen dorthin. »Saint Domingue war der reichste europäische Kolonialbesitz im gesamten Amerika«, schreibt Hans Schmidt. 1789 kamen drei Viertel der Weltzuckerproduktion von dort, und auch in bezug auf Kaffee, Baumwolle, Indigo und Rum nahm es eine führende Position ein. Die Sklavenhalter versorgten Frankreich mit enormen Reichtümern, die aus der Arbeit von 450.000 Sklaven erwuchsen, das waren so viele wie in den westindischen Kolonien Großbritanniens. Die weiße Bevölkerung zählte 40.000 Menschen, wozu auch arme Aufseher und Handwerker gehörten. Etwa 30.000 Mulatten und freie Neger *(Negroes)* genossen wirtschaftliche Privilegien, ohne in gesellschaftlicher und politischer Hinsicht gleichberechtigt zu sein. Hierin liegen die Ursprünge der Klassendifferenz, die nach der Unabhängigkeit zu starker, heute gewalttätig erneuerter Unterdrückung führte.

Die Kubaner mögen nicht als »makellose Weiße« erschienen sein, aber die Rebellen, die die Kolonialherrschaft beseitigten, erreichten nicht einmal diesen Status. Die Sklavenrevolte, die Ende 1791 beträchtliche Ausmaße angenommen hatte, wirkte in Europa abstoßend, und auch der europäische Außenposten, der gerade seine eigene Unabhängigkeit erklärt hatte, war alles andere als begeistert. Großbritannien besetzte die Insel 1793; der Sieg, so schrieb ein britischer Militäroffizier an Premierminister Pitt, würde »den Monopolbesitz an Zucker, Indigo, Baumwolle und Kaffee bedeuten«, und die Insel »könnte der Industrie für lange Zeit Kraft und Hilfe geben, die sich im ganzen Empire höchst glücklich bemerkbar machen würde«. Die Vereinigten Staaten, die mit der französischen Kolonie lebhaften Handel trieben, schickten den Herren der Insel 750.000 Dollar an Militärhilfe und ein paar Truppen, um die Revolte niederzuschlagen. Frankreich selbst entsandte eine große Armee, der auch polnische, holländische, deutsche und schweizerische Truppen angehörten. Ihr Kommandeur schrieb schließlich an Napoleon, daß man wohl die ganze schwarze Bevölkerung ausrotten müßte, um die Herrschaft Frankreichs auf der Insel zu etablieren. Der Feldzug schlug fehl, und Haiti bot das einzigartige geschichtliche Beispiel »eines versklavten Volkes, das seine Ketten selbst zerbricht und sich militärischer Mittel bedient, um eine starke Kolonialmacht zurückzuschlagen« (Farmer).

Die Rebellion hatte weitreichende Folgen. Sie führte zur britischen Vorherrschaft in der Karibik und trieb die ehemaligen englischen Kolonien weiter in Richtung Westen: Napoleon gab die Hoffnung auf ein Imperium in der neuen Welt auf und verkaufte das Territorium von Louisiana an die Vereinigten Staaten. Der Sieg der Rebellen forderte einen hohen Tribut. Etwa ein Drittel der Bevölkerung starb, der landwirtschaftliche Reichtum wurde zum großen Teil zerstört. Der Sieg versetzte Haitis sklavenhaltende Nachbarstaaten in helle Aufregung. Sie unterstützten Frankreichs Forderung nach umfangreichen Reparationszahlungen, denen Haiti herrschende Oberschicht 1825 schließlich zustimmte, weil sie darin eine Vorbedingung für den Eintritt in den Weltmarkt sah. Im Ergebnis wurden »Haitis Finanzen jahrzehntelang von Frankreich beherrscht, was sich »auf die noch unsichere Wirtschaft der neuen Nation verheerend auswirkte«, bemerkt Farmer. 1833 wurde Haiti dann von Frankreich und England als Staat anerkannt. Simon Bolívars Kampf gegen die spanische Vorherrschaft wurde von der Republik Haiti mit der Forderung unterstützt, daß die Sklaven freigelassen werden müßten. Als Bolívar Präsident von Groß-Kolumbien wurde, lehnte er allerdings die Aufnahme diplomatischer Beziehungen mit der Begründung ab, Haiti würde »den Rassenkonflikt schüren«. Diese Ablehnung ist »typisch dafür, wie Haiti in einer einheitlich rassistischen Welt empfangen wurde«, bemerkt Farmer dazu. Die Oberschicht in Haiti wurde weiterhin von Ängsten geplagt, das Land könne erobert und die Sklaverei wiedereingeführt werden; so erklären sich ihre kostspieligen und zerstörerischen Invasionen, mit denen sie die Dominikanische Republik in den fünfziger Jahren des neunzehnten Jahrhunderts heimsuchten.

Die USA waren die letzte Großmacht, die auf Haitis Ausgrenzung bestand, die Anerkennung erfolgte erst 1862. Vor dem Hintergrund des amerikanischen Bürgerkrieges bildete Haitis Sklavenbefreiung kein Hindernis mehr, im Gegenteil. Präsident Lincoln und andere betrachteten Haiti als Land, das diejenigen Schwarzen aufnehmen könnte, die die USA freiwillig oder unfreiwillig verlassen würden. (Dieser Gesichtspunkt spielte auch bei der Anerkennung Liberias im selben Jahr eine Rolle.) Im Bürgerkrieg benutzten Streitkräfte der Union die Häfen Haitis für Operationen gegen die Rebellen im Süden. Als Haiti später zum Spielball der rivalisierenden imperialen Mächte wurde, entdeckten die Planungsstäbe der USA, welch wichtige strategische Rolle die Insel in der Karibik spielte. Währenddessen hatte die herrschende Schicht auf Haiti das Handelsmonopol an sich gerissen, während die bäuerlichen Produzenten im Binnenland von der Außenwelt weiterhin isoliert blieben.

2. »Selbstlose Intervention«

Zwischen 1849 und 1913 kreuzten Schiffe der US-Kriegsmarine vierundzwanzigmal in haitianischen Gewässern, »um amerikanisches Leben und Eigentum zu schützen«. Haitis Unabhängigkeit wurde dabei, wie Schmidt in seinem Standardwerk zur Geschichte des Landes bemerkt, »kaum beachtet«, und die Rechte der Bevölkerung spielten keine große Rolle. Es handle sich, so wurde behauptet, um »Menschen minderen Ranges«, unfähig, »die ihnen von den Franzosen hinterlassene Zivilisation zu bewahren oder jene Autonomie zu entwickeln, die ihnen internationale Achtung und Vertrauenswürdigkeit verschaffen könnte«. Dies schrieb der Staatssekretär im Außenministerium, William Phillips, als er die Invasion und die Einsetzung eines US-Militärgouverneurs empfahl. Diesen Vorschlägen sollte Präsident Woodrow Wilson bald Folge leisten. Über die Zivilisation, deren Segnungen die Franzosen 90 Prozent der Bevölkerung angedeihen ließen, braucht man nicht viele Worte zu verlieren. Ein ehemaliger Sklave berichtete: »[Sie] hingen die Männer mit dem Kopf nach unten auf, steckten sie in Säcke und ertränkten sie, kreuzigten sie auf Schiffsplanken, begruben sie lebendigen Leibes, zerquetschten sie in Mörsern, ... zwangen sie, Kot zu essen, ... gruben sie lebendig ein, um sie von Würmern fressen zu lassen oder warfen sie auf Ameisenhaufen oder banden sie an Pfähle im Sumpf, wo sie die Beute von Moskitos wurden, ... warfen sie in Kessel mit kochendem Sirup« – wenn sie sie nicht »mit der Peitsche traktierten«, um den Reichtum aus ihnen herauszuprügeln, mit dessen Hilfe Frankreich sein Eintrittsbillett in den Klub der reichen Männer bezahlte.

Phillips gab die vorherrschende Haltung gegenüber den Haitianern mit wünschenswerter Genauigkeit wieder. Andere, wie etwa der Außenminister William Jennings Bryan, fanden die insulare Oberschicht eher erheiternd: »Lieber Himmel, man denke nur, Nigger, die Französisch sprechen«, bemerkte er. Der eigentliche Herrscher über Haiti, Oberstleutnant zur See L. W. Waller, gerade eben von widerwärtigen Grausamkeiten zurückgekehrt, begangen bei der Eroberung der Philippinen, war hingegen »not amused«: »Das sind richtige Nigger, da gibts kein Vertun ... richtige Nigger unter der Oberfläche«, sagte er und lehnte jegliche Verhandlungen ab, wollte überhaupt nicht »vor diesen Negern den Kratzfuß machen«. Blutrünstig und ungehobel wie er war, empfand er gegenüber den gebildeten Haitianern ganz besonderen Haß. Franklin Delano Roosevelt, Unterstaatssekretär für die Marine, erreichte zwar nie den rassistischen Fanatismus und die Gangstermentalität des mit ihm entfernt verwandten Theodore Roosevelt, aber er teilte die Gefühle seiner Kollegen. Als er 1917 dem besetzten Haiti einen Besuch abstattete, notierte er in seinem Tagebuch einen Kommentar seines Reisebegleiters, der später der ranghöchste zivile Beamte der Besatzungsmacht wurde. Er fand den Anblick des Landwirtschaftsministers von Haiti so faszinierend, daß ihm, so erzählte er Roosevelt (Franklin Delano) »unwillkürlich der Gedanke kam, dieser Mann hätte 1860 bei einer Versteigerung in New Orleans als Zuchthengst 1.500 Dollar eingebracht.« »Roosevelt scheint die Geschichte gefallen zu haben«, bemerkt Schmidt, »denn er hat sie dem amerikanischen Gesandten Norman Armour erzählt, als er 1934 als Präsident Haiti besuchte.« Man sollte das Element des Rassismus in der praktischen Politik nicht zu gering einschätzen, auch heute nicht.

Solche Gedanken waren zu der Zeit, als Wilson seine Interventionen durchführte, keineswegs unüblich, auch nicht außerhalb der Vereinigten Staaten. Erinnern wir uns daran, daß kurz danach Winston Churchill den Einsatz chemischer Waffen »als Experiment gegen widerspenstige Araber« genehmigte. Ebenso befürwortete er den »Gebrauch von Giftgas gegen unzivilisierte Stämme«, in der Hauptsache Kurden; er versprach sich davon »die Verbreitung lebhaften Schreckens« und beschimpfte die Gegner solcher Vorgehensweisen als »Zimperliesen«. Für England selbst hatte er etwas andere Pläne. 1910, als Innenminister, hatte er heimlich die Sterilisierung von 100.000 »geistig degenerierten« Menschen vorgeschlagen. Zehntausende anderer sollten in staatlich geführte Arbeitslager verbracht werden, damit die »britische Rasse« vor der Vermehrung ihrer »minderwertigen Mitglieder« geschützt und so vor dem unvermeidlichen Niedergang bewahrt werde. Diese Ideen gehörten durchaus in den Bereich der aufgeklärten Anschauungen jener Zeit, blieben aber als hochbrisante Verschlußsache in den Akten des Innenministeriums, was angesichts der Methoden Hitlers im Umgang mit geistig Behinderten nicht verwundert.[4]

In Anbetracht des kulturellen Zeitgeistes kann der Durchführungsmodus der Wilsonschen Invasion von 1915 nicht überraschen. Sie war noch grausamer und zerstörerischer als seine Invasion der Dominikanischen Republik, die ebenfalls in jenen Jahren stattfand. Wilsons Truppen mordeten, zerstörten, führten praktisch die Sklaverei wieder ein und schlugen das verfassungsmäßige System kurz und klein. Nach 20 Jahren Herrschaft ließen die USA die »minderwertigen Menschen« in den Händen der von ihnen errichteten Nationalgarde und der traditionell Herrschenden. In den fünfziger Jahren ging die Macht an die Diktatur Duvaliers über, der den Laden nach dem Vorbild Guatemalas schmiß und von den USA eisern unterstützt wurde.

Brutal und rassistisch gingen die Invasoren zu Werke, die Bauern wurden enteignet, und US-Konzerne teilten sich die Beute. Das rief Widerstand hervor. Die Marinetruppen reagierten mit unglaublicher Härte, es kam zum vermutlich ersten Luft-Boden-Kampf der Geschichte: Rebellen (Cacos), die im Busch von Marinesoldaten umzingelt waren, wurden aus der Luft bombardiert. Eine marineinterne Untersuchung wurde in die Wege geleitet, nachdem die Grausamkeiten öffentlich bekannt geworden waren. Sie fand heraus, daß 3250 Rebellen getötet und mindestens 400 exekutiert worden waren, während die Marine und die vor Ort rekrutierten Polizeikräfte 98 »Fälle« (Tote und Verwundete) zu beklagen hatten. In Befehlen, die später durchsickerten, wird angeordnet, »das unterschiedslose Töten von Einheimischen«, das »seit längerem vor sich geht«, zu beenden. Der haitianische Historiker Roger Gaillard schätzt die Gesamtzahl der Toten auf 15.000, womit er die Opfer »der Unterdrückung und der *Folgen* des Krieges« meint, die »einem Massaker vergleichbar waren«. Hauptmann Smedley Butler erinnert sich daran, daß seine Truppen »die Cacos wie Schweine jagten«. Seine Heldentaten beeindruckten Franklin Delano Roosevelt dermaßen, daß er ihm die Ehrenmedaille des Kongresses verleihen ließ: für eine Kampfhandlung, bei der 200 Cacos getötet und keine Gefangenen gemacht wurden, während auf

Seiten der Marines ein Soldat zwei Zähne verlor, als er von einem Stein getroffen wurde.

Der Anführer der Revolte, Charlemagne Péralte, wurde von Marines getötet, die sich nachts verkleidet in sein Lager schlichen. Die Marines versuchten sich in psychologischer Kriegsführung (wobei sie einige spätere Heldentaten von Oberst Edward Lansdale auf den Philippinen vorwegnahmen) und ließen Photos von Péraltes Leiche verbreiten, um so die Guerilla-Kämpfer zu demoralisieren. Dieser Schuß ging allerdings nach hinten los; auf dem Photo glich er dem gekreuzigten Christus und die Darstellung wurde zum Symbol der Nationalisten. Péralte bekam einen Platz im Pantheon neben Toussaint.

Die Invasoren »legalisierten« die Besatzung mittels einer einseitigen Erklärung, die sie »Vertrag« nannten und die das Vasallenregime gezwungenermaßen akzeptieren mußte. Nach Tische las es sich dann so, als hätten die USA ihr feierliches Versprechen zur Aufrechterhaltung der Besatzung gegeben. Während Wilson die Übernahme von Haiti und der Dominikanischen Republik überwachte, baute er an seinem Ruf als hochmögender Idealist, der die Selbstbestimmung und die Rechte der kleinen Nationen mit beeindruckender Rednergabe verteidigte. Darin liegt kein Widerspruch. Wilsons Doktrin war auf die richtige Sorte Völker zugeschnitten, sie galt nicht für jene, die sich »auf einer niederen Zivilisationsstufe« befanden. Ihnen könnten die zivilisierten Kolonialmächte allerdings »freundlichen Schutz, Anleitung und Hilfe« zukommen lassen, erklärte er. Wilsons »14 Punkte« forderten nicht Selbstbestimmung und nationale Unabhängigkeit, sondern traten dafür ein, daß in Fragen der Souveränität »die Interessen der jeweils betreffenden Bevölkerung gleiches Gewicht genießen sollen wie die billigen Forderungen derjenigen Regierung, über deren Rechtsanspruch entschieden werden muß«, nämlich der Kolonialherren. Die Interessen der Bevölkerung »würden von den entwickelten Nationen wahrgenommen, die die Bedürfnisse und das Wohlergehen der weniger entwickelten Völker am besten kennen«, kommentiert William Stivers in seiner Analyse der tatsächlichen Bedeutung von Wilsons Sprache und Denken. In diesem Zusammenhang sei ein Fall erwähnt, der langfristige Folgen haben sollte. Ein Bittsteller, der Wilsons Unterstützung für den Einzug von Vietnamesen in das französische Parlament erbitten wollte, wurde unverrichteter Dinge fortgejagt. Er tauchte später unter dem Namen Ho Chi Minh wieder auf.⁵

Eine andere Errungenschaft von Wilsons Besatzungsherrschaft war eine neue Verfassung, die dem hilflosen Land aufgezwungen wurde, nachdem die Marines die Nationalversammlung aufgelöst hatten, weil sie die Ratifikation verweigerte. Die neue Verfassung beseitigte Gesetze, denen zufolge es Ausländern verboten war, Landbesitz zu erwerben. So konnten US-Konzerne sich das nehmen, was sie brauchten. Roosevelt schrieb sich später das Verdienst zu, die Verfassung formuliert zu haben. Das stimmt wahrscheinlich nicht, aber auf jeden Fall wollte er von ihr profitieren und Haiti »zur persönlichen Bereicherung nutzen«, wie Schmidt bemerkt. Zehn Jahre später, 1927, gab das Außenministerium zu, daß die USA sich »ziemlicher Willkürmethoden« bedient hätten, »um die Annahme der Verfassung durch das Volk von Haiti zu erreichen« (ein von der Marine organisiertes Plebiszit, an dem nicht einmal fünf Prozent der Bevölkerung teilnahmen, ergab eine Zustimmung von 99,9 Prozent). Aber diese Methoden waren unumgänglich: »Wenn unsere Besatzung Haiti nützen und dem Fortschritt des Landes dienlich sein sollte, dann mußte zweifellos ausländisches Kapital dorthin fließen. ... Man konnte kaum erwarten, daß Amerikaner ihr Geld in Plantagen und große landwirtschaftliche Betriebe stecken würden, wenn sie nicht selbst das Land besitzen könnten, für das sie ihr Geld ausgaben.« Aus einem tiefen Verlangen heraus, den armen Haitianern zu helfen, zwangen die USA sie, ihr Land US-amerikanischen Investoren auszuliefern, erklärte das Außenministerium. Diese Formen nimmt die Wohltätigkeit in den meisten Fällen an.

Wahlen wurden nicht zugelassen, weil man erkannte, daß antiamerikanische Kandidaten sie gewinnen und die US-Programme daran hindern würden, den leidenden Menschen zu helfen. Ein durchaus typischer Kommentator aus der intellektuellen Zunft beschrieb diese Programme als »ein Experiment in Sachen Pragmatismus«. »Die Pragmatiker«, so bemerkte er, »beharren darauf, daß intelligente Anleitung von außen bisweilen den nationalen Wachstumsprozeß beschleunigen und viele unnütze Wege vermeiden kann.« Einige Beispiele für diese »intelligente Anleitung« haben wir bereits diskutiert und verschiedene Nutznießer wie etwa Bengalen, Brasilien oder Guatemala kennengelernt. Haitis Erfahrungen untersuchen wir im nächsten Kapitel.⁶

Die Besatzung »unterdrückte die einheimischen demokratischen Institutionen vollständig und verweigerte grundlegende politische Rechte«, schreibt Schmidt. »Statt auf den bestehenden Institutionen aufzubauen, die (zumindest auf dem Papier) sehr beeindruckend wirkten und lange Zeit die Tradition der Französischen Revolution – liberal-demokratische Philosophie und Regierungsmaschinerie – verkörpert hatten, setzten sich die Vereinigten Staaten rücksichtslos darüber hinweg, um auf illegale Weise ihr eigenes autoritäres, antidemokratisches System durchzusetzen.« »Wollte man eine ausländisch beherrschte Plantagenwirtschaft einführen, so mußte man das existierende System des Klein- und Kleinstbesitzes an Grund und Boden mit seinen unzähligen Freisassen zerschlagen«, die dann als Tagelöhner zu arbeiten gezwungen waren. Die USA unterstützten »eine Minderheit von Kollaborateuren« aus der einheimischen Oberschicht, die den europäischen Faschismus bewunderten, aber nicht dessen Anziehungskraft auf die Massen besaßen. »Insgesamt«, bemerkt Schmidt, »verkörperte die Besatzung alle fortschrittlichen Ansätze des zeitgenössischen italienischen Faschismus, war aber durch die Dysfunktionalität der zwischenmenschlichen Beziehungen geschwächt« (das heißt, ihr fehlte die Unterstützung seitens der Bevölkerung). Sie konnte lediglich die traditionelle Oberschicht der Mulatten für sich gewinnen, deren rassistische Verachtung für die große Mehrzahl der Bevölkerung noch verstärkt wurde durch die Haltung der Fremden, die mit Gewehren und Dollars auch eine Rassendiskriminierung ins Land brachten, welche es seit der Unabhängigkeit nicht mehr gegeben hatte.

Dergestalt verstärkte die Besatzung die interne Klassen-/Rassenunterdrückung, die auf die französische Kolonialzeit zurückgeht. Als Reaktion auf den Rassismus der Besatzer und ihrer Kollaborateure aus der Oberschicht entwickelte sich die Ideologie des *Noirisme*, die »Papa Doc« Duvalier später ausnutzen sollte. 20 Jahre nachdem die Marines die Insel verlassen hatten, nahm er die Zügel in die Hand. Unter dem Vorwand, die Macht an die schwarze Mehrheit zu übergeben, wurde er mitsamt seiner Killertruppe (den *Tonton Macoutes*) und der traditionellen Oberschicht, die von seiner mörderischen Kleptokratie profitierte, zum Herrscher von Haiti.

»Die Besatzung verschlimmerte die Wirtschaftskrise, indem sie den von der Bauernschaft erzwungenen Beitrag zur Erhaltung des Staatsapparates vergrößerte«, schreibt der haitianische Historiker

Michel-Rolph Trouillot. »Sie verschlimmerte die Machtkrise durch die Zentralisierung der haitianischen Armee und die Entwaffnung der [Bürger in den] Provinzen«, um an ihre Stelle »die Strukturen einer militärischen, staatlichen und wirtschaftlichen Zentralisierung zu setzen«, die unter der Dynastie der Duvaliers blutige Früchte tragen sollte.

Selbst während der blutigsten Jahre der Besatzung schwiegen die Medien oder unterstützten die Operation. Der Index der *New York Times* verzeichnet für die Jahre 1917/18 keine Einträge über Haiti. In einem Überblick über die Presse fand John Blassingame für den Zeitraum von 1904 bis 1919 »allgemeine Zustimmung in den Leitartikeln« zu den wiederholten Interventionen in Haiti und der Dominikanischen Republik. 1920 aber tauchten umfangreiche Berichte über Greueltaten auf, die zu einer Untersuchung seitens des Kongresses führten. Die Bewohner von Haiti und der Dominikanischen Republik wurden als »Nigger« und »Bastarde« bezeichnet, als »verderbte« »Horden nackter Neger«, wobei die Haitianer sogar noch »degenerierter« seien als ihre Nachbarn. Sie benötigten den »tatkräftigen Einfluß der Angelsachsen«. »Wir gehen ja nur dorthin, ... um unserem schwarzen Bruder zu helfen, sein in Unordnung geratenes Haus aufzuräumen«, hieß es in einer Zeitschrift. Darüber hinaus hatten die USA das Recht zur Intervention, weil es um »unseren Frieden und unsere Sicherheit« ging *(New York Times).*

Leitartikler der *New York Times* lobten die »selbstlose Hilfsbereitschaft«, die die USA auch jetzt wieder zeigten, da sie »in väterlicher Weise« auf Haitis »Bitte um Hilfe« eingingen. Unsere »selbstlose Intervention war fast ausschließlich von dem Verlangen bestimmt, jenen Völkern die Wohltaten des Friedens zukommen zu lassen, die fortwährend durch Revolutionen geplagt werden«. An unseren eigenen »Vorteil, sei er wirtschaftlicher oder anderer Art«, haben wir keinen Gedanken verschwendet. »Die Bewohner der Insel sollten erkennen, daß [die US-Regierung] ihr bester Freund ist.« Die USA sollten nur dafür sorgen, daß »die Leute von ihrer Gewohnheit abgebracht werden, dauernd zu revoltieren, und statt dessen lernen, wie man arbeitet und lebt«; sie »müssen geleitet, erzogen und gebessert werden, und »diese Aufgabe haben die Vereinigten Staaten übernommen«. Dadurch erwachsen unserem »schwarzen Bruder« noch weitere Vorteile: »Wenn wir diesen Menschen die Unsitte abgewöhnen, mit gezogenem Revolver zu regieren, können wir sie auch vor unserem eigenen Zorn schützen«, der zu einer weiteren Intervention führen könnte. »Die von Wohlwollen und Selbstlosigkeit diktierten Beweggründe unserer Regierung« lassen sich an den Konsequenzen ablesen, schrieben die Leitartikler 1922. Da aber waren die Folgen schon überdeutlich, und die Greueltaten der Marines hatten einen Proteststurm hervorgerufen.

Einige zeitgenössische Forscher nehmen die gleiche Haltung ein. Als Haiti mit dem Fall Duvaliers wieder in das Licht der öffentlichen Aufmerksamkeit rückte, skizzierte der Harvard-Historiker David Landes den politischen Hintergrund. Er erklärte, daß die Marines »für die notwendige Stabilität sorgten, damit das politische System arbeitsfähig und der Handel mit dem Ausland einfacher wurde«. Allerdings »ruft auch eine gutgemeinte Besatzung ... unter den Nutznießern Widerstand« und »unter den aufgeklärteren Mitgliedern der herrschenden Gesellschaft« Protest hervor. Diesem Problem müssen sich die Wohltäter immer wieder stellen. Ein anderer bekannter Gelehrter, Professor Hewson Ryan von der »Fletcher School of Law and Diplomacy«, ist noch überschwenglicher in seinem Lob für das, was wir in »zwei Jahrhunderten gutgemeinten Engagements« erreicht haben. Tatsächlich war Haiti, wie er bemerkt, in fast einzigartiger Weise privilegiert: »Wenige Nationen haben über einen so langen Zeitraum hinweg ein solches Maß an gutgemeinter Anleitung und Unterstützung genießen können.« Ehrfürchtig beschreibt er die Errungenschaften, insbesondere unser freundliches Beharren darauf, die Verfassung fortschrittlicher zu gestalten und die »rückständigen« Vorkehrungen gegen den Landerwerb durch Ausländer zu beseitigen.[7]

Nachdem die Barrieren gegen die Inbesitznahme des Landes durch ausländisches Kapital endlich beseitigt waren – zugegebenermaßen durch »ziemliche Willkürmethoden« –, griffen die US-Investoren entschlossen auf Grund und Boden zu, um neue Plantagen anlegen zu können. Billige Arbeitskräfte waren ein weiteres Lockmittel. Ein New Yorker Wirtschaftsblatt beschrieb Haiti 1926 als »wunderbare Investitionsmöglichkeit für die amerikanische Wirtschaft«. »Der Durchschnittshaitianer ist geschickt, leicht zu lenken und leistet harte Tagesarbeit für 20 Cents, während die gleiche Leistung in Panama 3 Dollar kostet.« Diese Vorteile sprachen sich herum, während die Überreste von Haitis landwirtschaftlichem Reichtum nach und nach zerstört wurden. Ab den sechziger

Jahren nahm die Zahl der Fertigungsbetriebe für US-Konzerne in der Karibik rapide zu; 1966 arbeiteten 13 Firmen in Haiti, 1981 waren es 154. Diese Unternehmen bestritten etwa 40 Prozent der haitianischen Ausfuhr (die 1960 noch zu 100 Prozent aus Primärprodukten bestanden hatte). Die Vorteile für die Bevölkerung hielten sich, auch was Arbeitsplätze betrifft, in engen Grenzen. Nur die traditionelle Oberschicht fand neue Möglichkeiten, um sich zu bereichern.

In den achtziger Jahren begann der IWF-Fundamentalismus seinen üblichen Tribut zu fordern. Die Wirtschaft verfiel unter dem Druck der strukturellen Anpassungsprogramme, unter denen die landwirtschaftliche Produktion ebenso litt wie Investitionen, Handel und Konsumtion. Die Armut nahm schreckliche Ausmaße an. Als »Baby Doc« 1986 vertrieben wurde, hatten, so ein Bericht der Weltbank, 60 Prozent der Bevölkerung ein jährliches Pro-Kopf-Einkommen von 60 Dollar und weniger, die Unterernährung der Kinder war stark angewachsen, die Kindersterblichkeit erschreckend hoch und das ganze Land eine einzige, vielleicht schon irreparable ökologische und menschliche Katastrophe. In den siebziger Jahren flohen Tausende von *boat people* von der verwüsteten Insel. Sie wurden fast alle von US-Beamten zurückgeschickt. Das erregte hier kein weiteres Aufsehen, es ist das übliche Schicksal, das Flüchtlingen ohne Propagandawert widerfährt. 1981 startete die Reagan-Regierung eine neue Einreisepolitik. Von den 24.000 Haitianern, die die US-Küstenwache in den zehn folgenden Jahren aufgriff, erhielten 11 Asyl als politische Flüchtlinge. Bei den 75.000 geflohenen Kubanern dagegen lag die Anerkennungsrate bei 100 Prozent. Während der kurzen Amtszeit von Aristide versiegte der Flüchtlingsstrom, und die Hoffnungen auf eine bessere Zukunft mehrten sich. Nun gaben die USA sehr viel mehr Asylanträgen statt. Von 1981 bis 1991, als der Terror herrschte, wurden 28 Flüchtlinge aufgenommen, während der siebeneinhalb Monate dauernden Amtszeit von Aristide waren es allein 20. Nachdem Aristide gestürzt worden war, flohen wieder jeden Monat einige Tausend mit Booten und Schiffen von der Insel. Die meisten wurden mit Gewalt zurückgeschickt, mitleidslos gegenüber dem Schicksal, das sie erwartete. Den wenigen, die vor dem Hintergrund der neuen Politik um Asyl nachsuchen durften, ging es kaum besser. Einer der ersten war ein Anhänger von Aristide, dessen Antrag mit der Begründung zurückgewiesen wurde, er sei nur »kleineren

Schikanen« ausgesetzt gewesen. Soldaten hatten sein Haus beschossen und seinen Laden zerstört.

1981/82 begann eine von USAID und Weltbank lancierte Entwicklungsstrategie, die auf dem Export von agroindustriellen und industriellen Fertigprodukten beruhte. Dadurch gingen dem Anbau von Nahrungsmitteln für den Eigenbedarf 30 Prozent der bestehenden landwirtschaftlichen Nutzfläche verloren. Sie wurden in den Dienst des Agrarexports gestellt. USAID sah einen »tiefen Wandel« voraus, der »zu stärkerer wirtschaftlicher Interdependenz« zwischen Haiti – dem »kommenden Taiwan der Karibik« – und den USA führen würde. Ein Bericht der Weltbank von 1985 mit dem Titel »Haiti: politische Vorschläge zum Wirtschaftswachstum« entwickelte die sattsam bekannten Ideen weiter: exportorientierte Entwicklungsstrategien mit »deutlich reduzierter« einheimischer Konsumtion, »damit der notwendige Anteil des Produktionswachstums in den Export gehen kann«; »Ausweitung von Privatunternehmen«; »Minimierung« der Kosten für Erziehung und Bildung; Privatisierung der noch verbleibenden »Sozialziele«. »Privat betriebene Projekte mit hohen wirtschaftlichen Renditen sollten stärker gefördert werden« als »öffentliche Ausgaben im sozialen Bereich«; »Sozialziele, die vermehrte Konsumtion zur Folge haben, sind geringer zu gewichten« – jedenfalls so lange, bis der hochgelobte »Sickereffekt« einsetzt, irgendwann nach der Ankunft des Messias. Die Empfehlungen der Weltbank sind selbstverständlich eine Vorbedingung für die Gewährung von Wirtschaftshilfe. Die glänzende Zukunft wird nicht lange auf sich warten lassen.

Von den vielen Prophezeiungen hat sich eine auf jeden Fall bewahrheitet: wie vorgesehen strömt die Landbevölkerung in die Städte. Viele allerdings wagen sich auch in undichten Booten auf die gefährliche 800-Meilen-Überfahrt nach Florida, um gewaltsam zurückgeschickt zu werden, wenn sie es geschafft haben (viele schaffen es nicht). Haiti ist nicht Taiwan.

Die US-amerikanische Wirtschafts- und Entwicklungshilfe für Haiti habe, schreibt Amy Wilentz, »zwei strategische Ziele erreicht: erstens, eine neuformierte und abhängige Landwirtschaft, die in die USA exportiert und der Ausbeutung durch die USA offensteht; zweitens, eine aus ihren Heimatorten vertriebene Landbevölkerung, die in den städtischen US-Industrieablegern beschäftigt und von der Armee besser unter Kontrolle gehalten werden kann«.[8]

3. »Die Politik hat Vorrang«

Im Juni 1985 verabschiedete die haitianische Legislative einstimmig ein Gesetz mit dem Inhalt, daß jede politische Partei den auf Lebenszeit gewählten Präsidenten Jean-Claude Duvalier als höchsten Schiedsrichter anzuerkennen habe, daß die Christdemokraten zu verbieten seien, und daß die Regierung künftig die Rechte von Parteien ohne Angabe von Gründen außer Kraft setzen könne. Das Gesetz wurde mit einer Mehrheit von 99,98 Prozent der Stimmen verabschiedet. Washington war beeindruckt. Es sei, erklärte der US-Botschafter seinen Gästen auf einer Feier zum 4. Juli, »ein ermutigender Schritt nach vorne«. Die Regierung Reagan bestätigte dem Kongreß, daß die »demokratische Entwicklung« Fortschritte mache, so daß Militär- und Wirtschaftshilfe weiterhin fließen konnten – zumeist in die Taschen von Baby Doc und seinem Hofstaat. Die US-Regierung setzte den Kongreß auch davon in Kenntnis, daß die Menschenrechtssituation sich verbessere, was sie im übrigen immer tut, wenn ein Regime militärische Hilfe braucht, um wegen einer guten Sache die Bevölkerung zu unterdrücken. Das von den Demokraten kontrollierte Komitee für auswärtige Angelegenheiten im Repräsentantenhaus hatte schon im Vorwege zugestimmt und forderte die Regierung auf, »die freundlichen Beziehungen mit Duvaliers nicht-kommunistischer Regierung aufrechtzuerhalten«.

Allerdings war diese erfreuliche Entwicklung nur von kurzer Dauer. Im Dezember konnten die Proteste der Bevölkerung nur noch mit Mühe durch staatlichen Terror im Zaum gehalten werden. Was dann geschah, beschrieb das *Wall Street Journal* zwei Monate später mit erfrischender Offenheit: »Ein Regierungsbeamter teilte mit, das Weiße Haus habe im letzten Jahr aus den großen Demonstrationen, die ein bisher nie gekanntes Ausmaß erreicht hätten, geschlossen, daß das Regime vor der Auflösung stehe. ... US-Beobachter hatten Kenntnis davon erhalten, daß die inneren Regierungskreise Haitis ihr Vertrauen in den 34-jährigen Präsidenten-auf-Lebenszeit verloren hätten. Daraufhin begannen offizielle Regierungsvertreter, unter ihnen Außenminister George Shultz, offen nach einer ›demokratischen Erneuerung‹ in Haiti zu rufen.«

Der Zynismus wurde noch durch die Tatsache unterstrichen, daß das gleiche Schauspiel zur gleichen Zeit auf den Philippinen inszeniert wurde. Dort stellten Armee und Oberschicht klar, daß sie nicht noch einen Gangster ertragen würden, den Reagan und Bush vor nicht allzu langer Zeit öffentlich ihrer Bewunderung, wo nicht gar Zuneigung, versichert hatten. So fing das Weiße Haus auch hier an, »offen nach einer ›demokratischen Erneuerung‹ zu rufen«. Die beiden Vorfälle sind als Beweis dafür gewertet worden, wie wir gerade in den achtziger Jahren »dem Triumph der Demokratie in dieser Zeit die Flügel geliehen haben« *(New Republic)*.[9]

Duvalier wurde pflichtschuldigst entfernt, in einem Düsenjet der US-Air Force ausgeflogen und ins geruhsame Exil nach Frankreich geschickt. Der Chef der Streitkräfte, General Henri Namphy, übernahm die Macht. Als enger Verbündeter Duvaliers und Favorit der USA war er »Haitis beste Chance für die Demokratie«. Das verkündete der stellvertretende Außenminister Elliott Abrams und demonstrierte damit erneut sein Engagement in Sachen Demokratie, für das er berühmt war. Nicht alle zeigten sich erfreut. Ein Priester in einer kleinen ländlichen Kirche, Pater Jean-Bertrand Aristide, sagte: »Wir sind glücklich darüber, daß Duvalier fort ist«, aber »was wir jetzt haben ist Duvalierismus ohne Duvalier«. Wenige hörten die Botschaft, aber die Ereignisse sollten ihm sehr bald rechtgeben.

Die Wahlen waren für den November 1987 vorgesehen, aber Namphy und seine Verbündeten – die Armee und die alte Oberschicht – waren fest entschlossen, nichts anbrennen zu lassen. Die *Tontons Macoutes* wurden wieder auf die Beine gestellt, der Terror ging weiter. Ein besonders schreckliches Massaker fand im Juli 1987 statt, beteiligt waren Angehörige der Armee und die *Macoutes*. Dieselben Gruppierungen schürten die neu aufflammende Gewalt, die zu einem Massaker am Wahltag führte. Damit hatte Namphy einen Vorwand, um die Wahlen abzublasen. Die USA leisteten weiterhin Militärhilfe, mit der Begründung, die Armee als Ordnungsmacht aufrechtzuerhalten – wiewohl die Ordnung gerade durch die Gewalt und Greueltaten von Armee und *Macoutes* gestört wurde. Nach dem Terror am Wahltag wurde die Militärhilfe schließlich ausgesetzt. Von den für 1987 vorgesehenen Mitteln waren schon 95 Prozent ausgezahlt worden.

Es folgte ein von den Militärs veranstalteter Wahlbetrug, dann wurde Namphy an die Macht zurückgeputscht, und es gab jede Menge Duvalierismus ohne Duvalier: Greueltaten, begangen von der Armee und den *Macoutes*, darunter wiederholte Angriffe auf Gewerkschaftsbüros und Bauernorganisationen. Als Botschafter Brunson McKinley von US-Menschenrechtsorganisationen zu diesen Vorfällen befragt wurde, sagte er: »Ich sehe keine Beweise für eine gegen die Menschenrechte gerichtete Politik.« Sicher, es gibt Gewalt, aber die ist nun mal »Teil der Kultur«. Fragt sich nur, wessen.[10]

Einen Monat später griff eine Bande von Killern Aristides Kirche an, als er gerade die Messe las. Es gab mindestens 13 Tote und 77 Verwundete. Aristide floh in den Untergrund. Bei einem weiteren Putsch nahm der Duvalier-Anhänger General Prosper Avril Namphy fest und verwies ihn des Landes. Das Oberhaupt des Ordens der Salesianer in Haiti, dem Aristide angehörte, bevollmächtigte ihn, seine seelsorgerischen Aufgaben wieder aufzunehmen, doch das währte nicht lange. Zum Entsetzen der konservativen Kirchenhierarchie setzte Aristide seine Forderungen nach Freiheit und der Beendigung des Terros fort. Pflichtschuldigst forderten seine Vorgesetzten in Rom ihn auf, das Land zu verlassen. Dies wurde von Protesten aus der Bevölkerung vereitelt, und Aristide ging erneut in den Untergrund. In letzter Minute entschied er sich, an den Wahlen vom Dezember 1990 teilzunehmen. Zur allgemeinen Überraschung errang er 67 Prozent der Stimmen und verwies den Wunschkandidaten der USA, das ehemalige Mitglied der Weltbank, Marc Bazin, mit 14 Prozent auf den zweiten Platz. Der mutige Befreiungstheologe, der sich zur von den lateinamerikanischen Bischöfen vertretenen »Option für die Armen« bekannte, trat sein Amt im Februar an – als erster demokratisch gewählter Präsident in der Geschichte Haitis. Er blieb es nicht lange; am 30. September wurde er durch einen Militärputsch gestürzt.

»Unter Aristide schien Haiti zum ersten Mal in der Geschichte dieser gequälten Republik die Möglichkeit zu besitzen, sich aus dem Geflecht von Despotismus und Tyrannei zu befreien, das alle bisherigen auf Demokratie und Selbstbestimmung zielenden Anstrengungen zunichte gemacht hatte«, schrieb der »Council on Hemispheric Affairs« (Washington) in einem Rückblick nach dem Putsch. Sein Sieg »stand für mehr als ein Jahrzehnt zivilen Engagements und geduldiger Erziehungsarbeit, die er geleistet hatte« und deren Protagonisten politisch aktive Kirchenmitglieder, kleine Basisgemeinschaften und andere bevölkerungsnahe Organisationen waren. Sie alle bildeten die Grundlage der »Lavalas«-Bewegung (Lavalas = Flut), die ihn an die Macht brachte, »ein Musterbeispiel für eine partizipatorische, basisorientierte und demokratische Entwicklung«. Mit diesem Rückhalt in der Bevölkerung war seine

Regierung der »Parteinahme für die Armen« verpflichtet – ein »populistisches Modell« mit internationalen Konsequenzen, vor dem Washington sich fürchtete. Denn das US-amerikanische Modell von »Demokratie« hat keinen Raum für Bewegungen, die »soziale und ökonomische Gerechtigkeit sowie breite politische Beteiligung der Bevölkerung an und Offenheit in allen Regierungsangelegenheiten« fordern und am »internationalen Markt oder anderen geläufigen Losungsworten« wenig interessiert sind. Darüber hinaus gestaltete Aristide den Haushalt ausgeglichen und »stutzte eine völlig ausgeuferte Bürokratie zurecht«. Der »überwältigende Erfolg« dieser Maßnahmen verunsicherte die Strategen im Weißen Haus zutiefst: Aristide besorgte sich über eine halbe Milliarde Dollar an Wirtschaftshilfe von der internationalen Finanzgemeinschaft, wobei die USA sich sehr zurückhielten; er deutete an, daß »Haiti den finanziellen Kontrollraum der USA langsam aber sicher verlasse«, und »zeigte ein großes Maß an Eigenständigkeit in seinem politischen Vorgehen«. Da entwickelte sich offensichtlich ein fauler Apfel.[11]

Washington war gar nicht erfreut. Nachdem Duvalier als Verbündeter ausfiel, wollte man die übliche Form von Demokratie lancieren, die im Dienste der Reichen, namentlich der Investoren aus den USA stand. Um das zu erreichen, bediente man sich der im Dienste zweier Parteien stehenden Nationalstiftung für die Demokratie (NED). Die Stiftung überwies die für den »Aufbau der Demokratie« bewilligten Gelder an das haitianische Internationale Institut für Forschung und Entwicklung (IHRED) und an zwei konservative Gewerkschaften. IHRED stand mit Bazin und anderen politischen Persönlichkeiten in Verbindung, die außerhalb der NED keine größere Basis in der Bevölkerung besaßen. Das genügte, um sie als demokratische Bewegung zu bezeichnen. Das Außenministerium nahm Kontakt zum AIFLD auf, dem Ableger des US-Gewerkschaftsverbandes AFL-CIO. Der AIFLD war für seine Aktivitäten gegen die Arbeiterbewegung in der Dritten Welt berüchtigt. In Haiti sollte er, so das Außenministerium, tätig werden, »weil es radikale Gewerkschaften vor Ort gab und damit die Gefahr der Radikalisierung anderer Gewerkschaften«. Der AIFLD schloß sich dem Feldzug an und verstärkte die seit 1984 gewährte Unterstützung für eine zum Teil von Duvaliers Sicherheitskräften geleitete Gewerkschaftsgruppierung. In Vorbereitung der Wahlen ließ die NED noch verschiedenen anderen Organisationen Geld zufließen, darunter einer Menschenrechtsorganisation, die von Jean-Jacques Honorat geführt wurde. Unter Duvalier war er zunächst Minister für Tourismus gewesen, hatte sich dann aber zum Gegner seines Regimes entwickelt. Über das rechtsgerichtete »Puebla Institute« stellte die NED in der Vorwahlzeit auch Finanzhilfen für Radio Soleil bereit. Der Sender hatte Duvalier bekämpft, war dann aber unter dem Einfluß der konservativen katholischen Kirche nach rechts abgedriftet.

Nach dem Wahlsieg von Aristide nahm die Unterstützung der USA für politische Aktivitäten stark zu. Die Geldmittel flossen meistens über USAID. Dem stellvertretenden Direktor von »Human Rights Watch«, Kenneth Roth zufolge, sollten die Mittel konservative Gruppen stärken, die sich »als institutionelles Gegengewicht zu Aristide« bemühen könnten, »das Land stärker nach rechts zu orientieren«. Nachdem Aristide gestürzt und die Oberschicht an die Macht zurückgekehrt war, wurde Honorat unter dem Militärregime faktisch zum Premierminister. Die Organisationen, die Aristide unterstützt hatten, wurden brutal unterdrückt, während den von NED und USAID gesponsorten Gruppierungen nichts passierte.[12]

Amy Wilentz, die die Vorgänge in Haiti aus nächster Nähe verfolgt hat, schreibt, daß während Aristides kurzer Amtszeit »die USA zum ersten Mal seit dem Ende der Ära Duvalier wirkliche Sorge um die Menschenrechte und die Einhaltung der Gesetze in Haiti gezeigt hätten«. (Die Sorge um die Menschenrechte beschränkte sich unter den Duvaliers auf reine Rhetorik). Das Außenministerium soll – unter Aristide! – »ein dickes Notizbuch mit Aufzeichnungen über angebliche Menschenrechtsverletzungen in Umlauf gebracht haben«. Ein Novum gegenüber »den vorherigen Amtsinhabern duvalieristischer und militärischer Provenienz«, denen Washington, aufgrund »angeblicher Verbesserungen der Menschenrechtssituation« sehr viel umfangreichere Hilfsleistungen, darunter auch Militärhilfe, gewährte.

»Während der Amtszeit der vier Regierungen vor Aristide hatten Vertreter internationaler Menschenrechtsorganisationen und demokratische Beobachter das Außenministerium gebeten, der demokratischen Opposition in Haiti zu helfen. Doch die USA beschränkten sich darauf, die Exekutive und das Militär zu stärken. Das änderte sich, als Aristide zum Präsidenten gewählt wurde. Auf einmal begann man in den Vereinigten Staaten darüber nachzudenken, wie man jenen Haitianern helfen könnte, die so gerne die Machtbefugnisse der Exekutive beschränken oder die Regierung auf verfassungsmäßige Weise ersetzen würden.«

Das umfangreiche USAID-Projekt zur »Ausbreitung der Demokratie« »diente vor allem der Finanzierung jener Teile des politischen Spektrums in Haiti, die zum Widerstand gegen die Regierung Aristide ermuntert werden konnten«.[13]

Das ist alles ganz normal und nur ein weiterer Beweis dafür, daß »Demokratie« und »Menschenrechte« als reine Machtinstrumente ohne Eigenwert gelten, wenn man sie nicht gar für gefährlich und unerwünscht hält. Aber das würde ohnehin jeder vernünftige Mensch, der ein bißchen Ahnung von Geschichte und Institutionen hat, erwarten.

Bevor er sich dafür entschied, zur Wahl anzutreten, sagte Aristide: »Natürlich haben die USA ihre eigenen Pläne mit Haiti«, und natürlich sei es normal für die Reichen, bei ihren Investitionen auf Gewinnmaximierung zu zielen. »Das ist eben der Kapitalismus, und wenn die USA ihn zu Hause betreiben, so kümmert mich das nicht weiter. ... Aber es ist barbarisch, hierher zu kommen und einem anderen Volk«, das man nicht versteht und an dem man kein Interesse hat, »seinen Willen aufzuzwingen. [...] Ich bin nicht damit einverstanden, daß Haiti das sein soll, was die Vereinigten Staaten aus ihm machen.« Klar, daß er gehen mußte.[14]

Auch nach dem Ende des Kalten Krieges und der Verkündung einer Neuen Weltordnung gibt es wenig Neues unter der Sonne.

Gleich nachdem die Armee (am 30. September 1991) die Macht übernommen hatte, »begann sie einen systematischen und kontinuierlichen Vernichtungsfeldzug gegen die lebendige Zivilgesellschaft, die seit dem Ende der Diktatur Duvaliers in Haiti Fuß gefaßt hat«, berichtete »Americas Watch« im Dezember. In den ersten zwei Wochen nach dem Putsch wurden mindestens 1000 Menschen getötet, Hunderte weiterer bis zum Dezember, so die Schätzungen von »generell zuverlässigen Menschenrechtsgruppen in Haiti«. Allerdings wissen sie wenig über die Geschehnisse auf dem Lande, wo für gewöhnlich die übelsten Greueltaten verübt werden. Der Terror nahm in den darauffolgenden Monaten zu, besonders als Ende Dezember die neu formierten *Macoutes* von der Leine gelassen wurden. Zehntausende, vielleicht Hunderttausende sind in den Untergrund geflohen. Viele sagen, der Terror sei »schlimmer als unter Papa Doc«. »Die Repression hat zwei Ziele: zum einen sind die politischen und sozialen Errungenschaften, die nach dem Niedergang der Duvalier-Dynastie durchgesetzt wurden, rückgängig zu machen; zum anderen ist sicherzustellen, daß ungeachtet der politischen Zukunft Haitis alle Strukturen, die diese Errungenschaften ermöglichten, funktionsunfähig gemacht werden.« In Übereinstimmung damit standen Gewerkschaften und bevölkerungsnahe Organisationen ganz besonders im Zielfeuer gewalttätiger Unterdrückung. Die »lebendigen und kampflustigen Radiosender – die hauptsächliche Form der Kommunikation mit Haitis weit übers Land verstreuter und großenteils analphabetischer Bevölkerung« – wurden verboten. Der gemeine Haufen muß zersplittert und verstreut bleiben; ohne Gewerkschaften oder andere Organisationen, mittels derer er handeln könnte, um seinen Interessen Ausdruck zu verleihen; ohne unabhängige Kommunikations- und Informationsmöglichkeiten.

Das klingt nicht nur vertraut, sondern ist es auch. In den Haitis dieser Welt können die Mittel sehr direkt sein.

Der faktische Premierminister Jean-Jacques Honorat rechtfertigte den Putsch. »Es gibt«, sagte er, »keine notwendige Verbindung zwischen Wahlen und Demokratie.« Haiti werde in der Presse von ausländischen »Rassisten« und der französischen Botschaft verleumdet. Es sei richtig, duvalieristische Gauner als Bezirkschefs wieder an die Macht zu bringen, denn: »Keine Gesellschaft kann ohne Polizei existieren.« Zusammen mit den Landbesitzern »nehmen sie Rache an jenen, die sie verfolgten«, vor allem an Priestern, christlichen Basisgemeinden und der gewaltlosen Papaye-Bauernbewegung, kurz, an allen, die sich des »Terrorismus« schuldig gemacht haben. Auch das Militär sei von diesen Elementen »systematisch verfolgt« worden, denn sie dachten, sie könnten sich unter der Herrschaft von Aristide »alles erlauben«. Diese Informationen gab Honorat der Menschenrechtsdelegation, die Haiti besuchte. Die Schuld am Putsch schob er Aristide zu. Als bewaffnete Soldaten eine Pressekonferenz des haitianischen Studentenverbandes in der Universität angriffen und die Teilnehmer schlugen und festnahmen, bot Honorats Ehefrau »fünfzig von den Studenten die Freilassung an, wenn sie offiziell erklärten, in der Haft gut behandelt worden zu sein«, berichtet Kenneth Roth.

»Als Anfang November die Menschen in Haiti vor dieser Gewalt und Verfolgung in großer Zahl zu fliehen begannen«, fährt der Bericht von »Americas Watch« fort, »wandelte sich die Regierung

Bush von einer ausgesprochenen Vertreterin der Menschenrechte und der Demokratie in Haiti zu einer schändlichen Apologetin« der herrschenden Zustände. Das Außenministerium »gab eine heuchlerische Stellungnahme heraus, in der es hieß, die politische Verfolgung der Anhänger Aristides habe nachgelassen«. In Wirklichkeit war das »rhetorische Rückendeckung für die fortgesetzte Unterdrückungskampagne der Armee« und eine Grundlage für die gewaltsame Auslieferung von Flüchtlingen an den Terror des Putschregimes. »Offensichtlich befürchtete die US-Regierung, daß weitere offene Kritik an den Vergehen des haitianischen Militärs die rechtliche Verteidigung ihrer Auslieferungspraxis gefährden könnte, denn gegen diese war schon vor US-Gerichten geklagt worden. So stoppte sie jede weitere öffentliche Kritik. Seit Ende Oktober ist Haiti vom US-Außenministerium nicht mehr wegen Menschenrechtsverletzungen kritisiert worden.«[15]

Die Regierung Bush »distanzierte sich« eiligst von dem amtsenthobenen Präsidenten Aristide; man war »besorgt über den Umgang mit Menschenrechten«, berichtete die Presse ohne sichtliche Verwirrung; das Weiße Haus weigerte sich, so Thomas Friedman, Aristides »Rückkehr an die Macht zur Vorbedingung dafür zu machen, daß Washington erklären könne, die Demokratie sei damit in Haiti wieder hergestellt«. Am gleichen Tag erklärte der Leiter der OAS-Delegation*: »Unser Mandat lautet ganz klar, daß Aristide wieder in sein Amt einzusetzen ist.«

Was jedoch davon in der Presse widerhallte, waren nur die von Washington angeschlagenen Töne. Aristide galt als »engstirniger und bedrohlicher Führer, der seine frisch erworbene Popularität als Ersatz für den Kompromiß in der Politik ansah«, schrieb der Korrespondent der *New York Times*, Howard French. Aristide regiere »mit Hilfe der Furcht« und stützte sich »in hohem Maße auf Lavalas, eine unstrukturierte Bewegung, die aus wohlhabenden Idealisten und lange Zeit exilierten Linken« bestand, deren Vorbild die chinesische Kulturrevolution war – so die Version, welche die *New York Times* vom »Musterbeispiel für eine partizipatorische, basisorientierte und demokratische Entwicklung« (Council on Hemispheric Affairs) zeichnete. Aristides Machthunger habe zu »Auseinandersetzungen mit der Zivilgesellschaft« geführt – ein weiterer Begriff aus dem »Neusprech«-Lexikon der *New York*

---

* OAS: Organisation amerikanischer Staaten, A. d. Ü.

Times, der die große Mehrheit der Bevölkerung außer Acht läßt, die Aristide weiterhin mutig und leidenschaftlich unterstützte. Darüber hinaus »heißt es bei politischen Führern und Diplomaten in Haiti, daß eine Atmosphäre wachsender Ruhelosigkeit sowie zunehmend schriller werdende Verlautbarungen des Paters, der die wohlhabenderen Schichten für die Armut der Massen verantwortlich machte«, zum Putsch ermutigt hätten. Derlei Verlautbarungen sind, wie wir schnell begreifen, empörend und absurd. »Obwohl er nur wenig von der öffentlichen Unterstützung verloren hat, mit deren Hilfe er bei der Wahl vom Dezember 1990 67 Prozent der Stimmen gewinnen konnte, wurde Pater Aristide zum Teil auch deswegen gestürzt, weil politisch aktive Menschen Zweifel an seiner Verfassungstreue hegten und weil es wachsende Furcht vor politischen und klassenspezifischen Gewalttaten gab, die der Präsident, wie viele meinten, befürwortete.«

Wie dieser gut informierte Korrespondent wußte, waren »politische und klassenspezifische Gewalttaten« das Monopol der Militärs und der Oberschicht, deren »Verfassungstreue« unsichtbar blieb und die sich sofort daran machten, die »politisch aktiven Menschen« und ihre Organisationen zu zerschlagen. Denn diese Organisationen waren viel zu »strukturiert« und effektiv, um nach dem Geschmack derer zu sein, die – nach den Maßstäben der Regierung und der *New York Times* – als »Zivilgesellschaft« gelten dürfen. Diese Zivilgesellschaft nämlich will ihre Macht und ihre Privilegien erhalten, und die Armee, die, wie French uns versichert, »deutlich gemacht hat, daß sie nicht an der Macht festzuhalten gedenkt«, wird der »Zivilgesellschaft« zweifellos die weitere Ausübung ihrer traditionellen Herrschaft gerne gestatten. Dafür darf die Armee dann, wie gehabt, »die Kontrolle über das Land ausüben und ihre äußerst lukrativen Tätigkeiten – zu denen auch die Verschiffung von Rauschgift von Süd- nach Nordamerika gehört – wieder aufnehmen« *(Financial Times)*.[16]

William Hyland, Leitartikler der Zeitschrift *Foreign Affairs*, begrübelte die Dilemmata unserer Zeit, der Epoche nach dem Kalten Krieg: »In Haiti war es gar nicht so einfach, zwischen den Demokraten und den Diktatoren zu unterscheiden.« Die Differenz zwischen Aristide einerseits, Duvalier und seinen späteren Duplikaten andererseits müsse selbst dem geschärften Auge schwerfallen. Das heißt nicht, daß Hyland die Aspekte des Menschlichen übersähe. Unser ehrenwerter Einsatz für den »Pragmatismus«, so warnte er, sollte die Erkenntnis berücksichtigen, daß die USA »dem israelischen Volk in moralischer Hinsicht etwas schuldig sind«. Deshalb dürften wir es der Politik nicht erlauben, dem »virulenten Antisemitismus« nachzugeben, der durch die »Unterstützung für Israel übertüncht wird« und »in der Auseinandersetzung um die israelische Siedlungspolitik durchzuscheinen beginnt«. In Haiti dagegen sei es schwierig, überhaupt jemanden zu finden, der unserer Unterstützung wert wäre.

Andere Kommentatoren, die es durchaus für möglich hielten, Aristide von Papa Doc und den regierenden Generälen zu unterscheiden, hofften, er würde einen Weg finden, um das Weiße Haus von seinen guten Absichten zu überzeugen. Ein Besuch in Washington, so schrieb Pamela Constable, könnte »sein Image als vernünftiger, der Demokratie verpflichteter Führer aufbessern und ihm eine starke öffentliche Unterstützung durch die Regierung Bush sichern« – die sich natürlich nur deswegen zurückhielt, weil sie in diesem einen Punkt leichte Zweifel hegte.[17]

Die OAS verhängte sofort ein Embargo, dem die USA sich anschlossen. Es trat am 29. Oktober in Kraft. Die herrschenden Schichten verurteilten diesen Schritt, während diejenigen, die am meisten darunter zu leiden haben würden, ihn unterstützten. In den Slums, »wo Hunderte von Menschen sich in überfüllte Busse quetschten, um vor den befürchteten nächtlichen Gewalttaten der Soldaten aufs Land zu fliehen, war die Neuigkeit vom OAS-Embargo für viele das einzig Erfreuliche«, berichtete Howard French am 9. Oktober. Der Handel solle ruhig blockiert werden, sagten »ängstlich dreinblickende Bewohner« den Reportern: »Das Elend, das wir zu erwarten haben, ist uns egal. Wenn es sein muß, sterben wir eben.« Monate später war die Stimmung unverändert. »Haltet das Embargo aufrecht«, wurden die Armen nicht müde zu wiederholen. »Titid [Aristide] gab uns Würde und Hoffnung. ... Wir sind bereit, zu leiden, wenn wir dadurch Titid zurückholen können.«

Das Embargo wurde nicht sehr strikt eingehalten und blieb ohne Wirkung. Europa ließ es unbeachtet, und die Mitglieder der »Zivilgesellschaft« flogen weiterhin nach Miami und New York, um ihre Wünsche zu befriedigen oder um mit der Dominikanischen Republik Handel zu treiben. Dadurch fielen für das dominikanische Militär auch einige Almosen ab. Washington, das sehr wohl weiß, wie man jemanden unter Druck setzt, wenn Macht- oder Profitinteressen auf dem Spiel stehen, sah in diesem Fall keine Möglichkeit, seine Verbündeten zur Rettung der Demokratie und zur Beendigung des Terrors herbeizurufen. Man erinnere sich der Feinfühligkeit, die Bush daran hinderte, nach dem Golfkrieg den kuwaitischen Demokraten auch nur die geringste Unterstützung zu gewähren. Er ging so weit, das Wort »Demokratie« auch aus den privaten Unterredungen mit dem Emir zu verbannen, denn, so erklärten Regierungsbeamte: »Man kann nicht ein Land gegen ein anderes ausspielen.« – In Haiti legten die europäischen Öltanker schneller an »als sie gelöscht werden konnten«, berichtete ein hochrangiger Minister des Außenministeriums im April 1992.[18]

Andere Maßnahmen, die sich unmittelbar anboten, hat die US-Regierung gar nicht ergriffen. So hätte sie »die US-Vermögenswerte der am Putsch beteiligten Offiziere und ihrer wohlhabenden Hintermänner einfrieren« oder »den Personen, die häufig in die USA reisen, für einige Zeit das Visum sperren« können, berichtete der Washingtoner Korrespondent des *Wall Street Journal*, Robert Greenberger, im Januar 1992. Doch gibt es einen Grund für diese Versäumnisse: Aristides Schwächen. Der liberale Demokrat Robert Torricelli, Vorsitzender des außenpolitischen Unterausschusses für Angelegenheiten der westlichen Hemisphäre im Repräsentantenhaus, unterbrach seine demokratisch inspirierten Bemühungen, das Embargo gegen Kuba zu verschärfen, für eine Weile und erklärte: »Der demokratische Prozeß bringt nicht immer perfekte Ergebnisse hervor«. Angesichts »der Informationen über Aristide« ist es nicht leicht, Unterstützung für ein strengeres Vorgehen gegenüber Haiti zu gewinnen. Bei kubanischen Terroristen gibt es da weniger Probleme. Obwohl Aristide »bei den ersten freien Wahlen in Haiti die überwältigende Mehrheit der Stimmen auf sich vereinigen konnte« und »bei den Armen äußerst beliebt ist«, fährt Greenberger fort, »haben seine feurigen Reden manchmal die klassenbedingte Gewalt angestachelt«. Und die beunruhigt das *Journal* zutiefst, wann immer seine scharfen Augen Spuren davon in Haiti, Guatemala, Brasilien, Indonesien und anderswo entdecken.

Torricelli forderte die Beendigung des Embargos gegen Haiti und unterstützte die zwangsweise Rückführung von haitianischen Flüchtlingen aus Guantanamo. Damit bewies er einmal mehr seine leidenschaftliche Hingabe an Demokratie und Menschenrechte, von der auch seine Kuba-Initiativen beflügelt sind.[19]

Viele dachten über die schwierigen Entscheidungen nach, denen sich die Regierung Bush gegenüber sah. *Time* schlug vor, Bush solle »die Haiti auferlegten Lasten abmildern, indem er das Embargo bei Betrieben, die Produkte für US-Unternehmen fertigen, weniger streng« handhabe. Dadurch wären »mehr als 40.000 Arbeitsplätze gesichert« und nebenbei auch die Gewinne der US-Investoren. Das Motiv liegt natürlich einzig und allein darin, »die Haiti auferlegten Lasten abzumildern«, wobei, wie derselbe Artikel berichtet, die Haitianer die USA zur »Fortsetzung des Embargos« auffordern.

Hier sei auf ein weiteres Detail »politisch korrekten« Sprachgebrauchs verwiesen: Das Wort »Arbeitsplätze« hat eine ganz neue Bedeutung angenommen und meint eigentlich »Gewinne« oder »Profite«. Wenn also George Bush mit einem Schwarm von Autokonzernmanagern im Schlepptau nach Japan fliegt, schwenkt er das Banner mit dem Slogan »Arbeitsplätze, Arbeitsplätze, Arbeitsplätze«. In Wirklichkeit meint er damit, wie ein Blick auf seine Sozial- und Wirtschaftspolitik unzweideutig verrät, »Profite, Profite, Profite«. Der Lüfte und der Presse Wellen widerhallen von leidenschaftlichen Versprechungen, die Zahl der »Arbeitsplätze« zu vermehren. Und dabei tun sich gerade jene hervor, die alles mögliche unternehmen, um die Arbeiter in die Billiglohnwüsten zu schicken, wo Unterdrückung herrscht, und ihnen auch den letzten Rest an sinnvoller Arbeit und an Rechten zu nehmen. Dies alles geschieht im Interesse eines zu verschweigenden Wortes mit sieben Buchstaben.

Bush war dem Rat von *Time* gefolgt und hatte dabei keine Zeit verloren. Am 4. Februar hoben die USA das Embargo gegen die (zumeist US-eigenen) Betriebe auf, in denen billige haitianische Arbeitkräfte Produkte für den Export in die Vereinigten Staaten fertigen. Einige Monate später las man im Kleingedruckten, daß die Regierung in Übereinstimmung mit der OAS-Resolution vom 17. Mai »die Embargobestimmungen für Schiffe, die mit Haiti Handel treiben, verschärft«, während sie offenbar »die Kontrolle von Gütern, die von den Vereinigten Staaten aus nach Port-au-Prince gehen, nachlässiger handhabt«, so daß Samen, Pestizide und Düngemittel nach Haiti ausgeführt werden können. Alles für »Arbeitsplätze«.

Die US-Regierung war, wie die *Washington Post* berichtete, »unter starken Druck amerikanischer Unternehmen mit Geschäftsinteressen in Haiti« geraten. Die Leitartikler waren der Ansicht, die

Entscheidung vom 4. Februar sei klug gewesen: das Embargo war »eine grundlegende politische Fehleinschätzung«, die »viel Leid verursacht hat, aber nicht unter den Revolverhelden. Da die Maßnahme nicht zum gewünschten Erfolg geführt hat, ist eine Lockerung angeraten« – und nicht etwa die Verschärfung, die vielleicht zu dem Ergebnis führt, das von denen eingeklagt wird, die tatsächlich unter dem Embargo leiden müssen. Allerdings stehe die gewaltsame Rückführung von Flüchtlingen, so fahren die Leitartikler fort, nicht im Einklang mit dem »tiefen Engagement für die Menschenrechte« – das sie ansonsten erblicken, soweit das Auge reicht.[20]

Washingtons einseitige Lockerung des OAS-Embargos wurde vom Generalsekretär der OAS, der dem Außenministerium von diesem Schritt abgeraten hatte, verurteilt. Die gewaltsame Abschiebung der Flüchtlinge wurde vom UN-Flüchtlingshochkommissariat (UNCHR) verurteilt, das sonst nur selten die Konfrontation mit den USA wagt, weil es weiß, was das für Folgen hat. Im November 1991 hatte das UNCHR die USA aufgefordert, allen Flüchtlingen Zutritt zu gewähren, damit über ihren Status entschieden werden könne. Es wies darauf hin, daß die UNO-Flüchtlingskonvention die »wie auch immer veranlaßte« Rückkehr von Flüchtlingen in Gebiete, wo ihr Leben oder ihre Freiheit gefährdet sind, »ausnahmslos« verbietet. Im Mai 1992 erklärte das Hochkommissariat erneut, die erzwungene Rückkehr sei eine Verletzung internationaler Abmachungen; die benachbarte Spalte in der *New York Times* zitiert einen konservativen Geschäftsmann mit engen Verbindungen zu den USA, der von einer »erheblichen Zunahme« an Tötungen nach dem Vorbild der Todesschwadronen berichtet: »Menschen werden terrorisiert, ein ganzer Haufen ist getötet worden«; diese Flut von Gewalttaten fiel mit Washingtons Entscheidung zusammen, alle Haitianer, die in die USA fliehen wollten, »direkt zu repatriieren«.[21]

Die Lockerung des Embargos wurde »von den Fabrikbesitzern begeistert begrüßt«, berichtete Lee Hockstadter, nicht aber »von den Arbeitern, die von den Sanktionen am unmittelbarsten betroffen waren« und dennoch »ihre Zustimmung bekundeten, weil sie darin das beste Mittel sahen, um Aristide zurück an die Macht zu bringen«. »Alle Anzeichen deuten darauf hin, daß die massive Unterstützung der armen Bevölkerungsmehrheit für Aristide ... weiter anhält. ... Unter den Armen gibt es kaum jemanden, sei es in der Stadt oder auf dem Lande, der den zum Politiker gewordenen Priester nicht unterstützen würde.« Aristides Verbündete haben den Schachzug der USA hart verurteilt. Ein Priester, der als enger Berater Aristides tätig ist, beschuldigt Washington, den Ex-Präsidenten »von Anfang an betrogen« zu haben. Die US-Politik, sagte er, ist »die zynischste Sache der Welt. ... Ich glaube nicht, daß die USA Aristide wieder an die Macht bringen wollen. ... Sie haben ihn nicht unter ihrer Kontrolle. Er ist nicht ihre Marionette«.[22]

Diese Annahme ist plausibel genug. Daß die USA den Versuch unternehmen würden, »Duvalierismus ohne Duvalier« zu etablieren, konnte nur die völlig Betriebsblinden überraschen. Aus ähnlichen Gründen wollte Carter mit aller Macht einen »Somozismus ohne Somoza« errichten, nachdem der Versuch, den Tyrannen zu retten, gescheitert war und sein Nachfolger auf noch gewaltsamere Mittel verfiel, um das gleiche Ziel zu erreichen – unter allgemeiner Zustimmung der veröffentlichten Meinung, von taktischer Kritik einmal abgesehen.[23]

Die Annahme des Priesters wird (vielleicht überflüssigerweise) durch ein an die Öffentlichkeit gelangtes Geheimdokument bestätigt, das angeblich von einem Mitglied der US-Botschaft in Port-au-Prince auf den dringenden Wunsch von Premierminister Honorat und anderen hohen haitianischen Beamten autorisiert worden ist. Die Echtheit dieses Dokuments wurde vom »Council on Hemispheric Affairs« (COHA) zunächst bezweifelt und vom Außenministerium bestritten, doch haben COHA zufolge »spätere Nachforschungen seine vollkommene Verläßlichkeit erwiesen«. Das Dokument entwirft einen Plan zur symbolischen »Wiedereinsetzung« Aristides als PR-Trick, dem seine endgültige Entfernung aus dem Amt später folgen sollte, wenn die Aufmerksamkeit nachgelassen hätte.

Das Dokument tauchte im Januar 1992 auf, als die meisten seiner praktisch verwendbaren Empfehlungen bereits in die Tat umgesetzt worden waren, bemerkte COHA. Weitere Maßnahmen sollten bald folgen. Am 4. Februar wurde das Embargo weiter durchlöchert. Drei Wochen später akzeptierte Aristide das, was COHA als »eine fast vollständige Niederlage für die haitianische Demokratie« beschrieb. Es war »der tragische Ausverkauf durch einen verzweifelten Mann«, der gezwungen wurde, eine »Regierung der nationalen Einheit« zu akzeptieren, in der er nur eine symbolische Funktion haben würde. Aristide »hatte im Endeffekt keine andere Möglichkeit als die der Selbstverstümmelung: er tauschte seine Macht gegen die noch unsichere Aussicht auf seine Wiedereinsetzung in eine nunmehr nur noch repräsentative Präsidentschaft«, konstatierte COHA. Die Regierung der »nationalen Einheit« brachte zwei Partner zusammen: eine von René Théodore angeführte Gruppierung, hinter der 1,5 Prozent der Wählerschaft, das Militär und die Oberschicht Haitis sowie die US-Regierung standen; die andere wurde von Aristide geleitet und repräsentierte 67 Prozent der Wählerschaft und hatte sonst nichts vorzuweisen. Angesichts der Verteilung der Gewichte kann das Ergebnis ebensowenig überraschen wie die Tatsache, daß der stellvertretende Außenminister, Bernard Aronson, seine Zufriedenheit mit dieser Übereinkunft bekundete.

Hier ergab sich für COHA eine offensichtliche Frage. Nehmen wir an, daß Präsidentin Violeta Chamorro »nach einem Putsch [in Nicaragua] gezwungen würde, außer Landes zu fliehen. Später dann müßte sie, um zurückkehren zu können, einen führenden Sandinisten als ihren Premierminister anerkennen, der die faktische Kontrolle über das Land ausübt. Wäre Aronson mit einem solchen Übereinkommen zufrieden, wenn die FSLN Präsidentin Chamorro gestürzt und ins Exil getrieben, ihre Anhänger geschlagen und getötet und ihr dann den Machtverzicht als Preis für die Wiedereinsetzung aufgezwungen hätte?« Oder, um die Analogie noch exakter zu machen, wenn die FSLN eine Partei ohne Unterstützung seitens der Bevölkerungsmehrheit, dafür aber für ihren Terror im Stil der US-Vasallen berüchtigt wäre? Die Frage blieb unbeantwortet.

Das Militär in Haiti feierte die Übereinkunft ebenso wie die »Zivilgesellschaft«. Ein haitianischer Senator meinte glücklich, es wäre »surrealistisch, zu glauben oder drucken zu lassen, daß [Aristide] am 30. Juni oder einem anderen bestimmten Datum zur Wiedereinsetzung zurückkehren kann«. Der Kongreßabgeordnete John Conyers sagte: »Die Gauner vom Militär wissen, ... daß sie von der US-Regierung einen Wink mit dem Zaunpfahl bekommen haben«.

Nun mußte nur noch Théodore durch den ursprünglichen Favoriten der USA, Marc Bazin, ersetzt werden. Das geschah im Juni 1992, als Bazin zum Premierminister ernannt wurde. »Der Vatikan und die haitianische Bischofskonferenz ... marschierten in den Nationalpalast, um Haitis neue, von der Armee gestützte Regierung zu segnen«, kommentierte der *National Catholic Reporter (NCR)* das Ereignis. Allerdings war der Vatikan der einzige Staat, der die neue Regierung formell anerkannte. Der Heilige Stuhl hatte mit der Ernennung des päpstlichen Botschafters gewartet, bis Aristide im Exil war. Die formelle Anerkennung macht deutlich, »daß sie es wirklich darauf angelegt haben, Aristide abzuservieren und sich mit den traditionellen Mächten Haitis – mit der Armee und der Bourgeoisie – zu arrangieren«, sagte ein westlicher Diplomat gegenüber *NCR*. Befreiung und Menschenrechte waren eine erhabene Sache für Osteuropa; in der Karibik und in Mittelamerika müssen sie niedergetreten werden. Hier zählt nur das traditionelle Privileg, die »Option für die Armen« ist unerwünscht. Bazin hielt seine Inaugurationsrede auf Französisch vor einer »erstickend offiziellen Versammlung von Männern in dunklen Anzügen und parfümierten Frauen in weißen Kleidern«, berichtete Howard French. Aristide dagegen hatte seine Rede auf Kreolisch, der Sprache der Bevölkerung, gehalten und die Präsidentenschärpe aus der Hand einer Bauersfrau empfangen.[24]

Die Demokratie marschiert weiter.

Ein Berater der Regierung Bazin sagte (gewissermaßen als Echo von Aristides Gedanken), Washington brauche »nur ein Telefongespräch zu führen«, um die ganze Armee davonzujagen. Darüber sind sich, wie Howard French schreibt, mehr oder weniger alle Beobachter einig. Aber »Washingtons tiefsitzendes Mißtrauen gegenüber einem Nationalisten mit Linksdrall, dessen Stil, so behaupten Diplomaten, bisweilen auf beunruhigende Weise sprunghaft war«, hat es verhindert, daß ernsthafter Druck auf das Militär ausgeübt wurde. »Obwohl die Armee viel Blut an den Händen hat, betrachten Diplomaten der Vereinigten Staaten sie als notwendiges Gegengewicht zu Pater Aristide, dessen Klassenkampfrhetorik ... die traditionellen Machtzentren im Inland und im Ausland verunsichert oder gegen ihn aufgebracht hat.« So wird also das »Gegengewicht« die Macht übernehmen, während der »sprunghafte« Nationalist im Exil weilt. Klassenkämpferische Rhetorik und Terror gehen weiter. Sie können sich der stillschweigenden Unterstützung seitens der traditionellen Machtzentren sicher sein.[25]

Die *New York Times* wollte der Entscheidung vom 4. Februar den richtigen Dreh verpassen, um das Anti-Aristide-Szenario voranzutreiben und den US-amerikanischen Geschäften zu nützen. Unter der Schlagzeile »USA planen stärkere Zielgenauigkeit der

Sanktionen gegen Haiti« berichtete Barbara Crossette aus Washington: »Die Regierung Bush teilte heute mit, sie würde ihr Embargo gegen Haitis Militärregierung schwerpunktmäßig verlagern, um die antidemokratischen Kräfte zu bestrafen und die Not der Arbeiter zu lindern, die ihre Jobs wegen des Embargos verloren haben.« Das Außenministerium würde die Wirtschaftssanktionen »genauestens abstimmen«; dies sei der »jüngste Schachzug« in den Bemühungen der US-Regierung, »wirksamere Maßnahmen zu ergreifen, um den Sturz der – so Washington – illegalen Regierung von Haiti zu beschleunigen«. Naive Menschen könnten diese Logik ein wenig seltsam finden: wie der »Schachzug« die antidemokratischen Kräfte, die ihn begrüßten, zu bestrafen vermag, während er die Not der Arbeiter, die streng dagegen waren, lindert, bleibt ein Geheimnis, solange wir die Sprache nicht aus dem Jargon der politischen Korrektheit in die Alltagssprache übersetzen. Dann wird alles klar.[26]

Ein paar Tage später wurden die Ereignisse in einem Bericht aus Port-au-Prince etwas unverblümter dargestellt. Unter der Schlagzeile »Demokratische Offensive in Haiti abgeblockt: Putschisten erfreut über Lockerung des Embargos und Ausweisung der Flüchtlinge durch USA« schreibt Howard French, daß die »Stimmung in der Armee und in politischen Kreisen von Furcht in Hoffnung umschlug, von den USA in Ruhe gelassen zu werden, *da der US-Regierung aus Haitis Problemen nun kein innenpolitischer Druck mehr erwachsen würde*«. Am selben Tag, dem Jahrestag der Amtseinführung von Aristide, wurde der Verkehr in New York durch eine große Demonstration gegen die US-amerikanische Haltung lahmgelegt; auch in Miami gab es Protestkundgebungen. Aber das ist nicht gemeint, wenn von »innenpolitischem Druck« die Rede ist. Die Demonstranten waren zumeist Schwarze und somit hielt sich die Aufmerksamkeit in Grenzen. Allerdings berichtete die Presse in Alaska von den Aktionen; dort konnte man auch die Erklärung des Generalkonsuls von Haiti in New York nachlesen, in der es hieß: »Es gibt eine stillschweigende Kollaboration zwischen dem haitianischen Militär und dem US-Außenministerium. Die Amerikaner haben das letzte Wort. Und sie wollen nicht, daß Aristide als Präsident nach Haiti zurückkehrt.« *Time* zitierte ein »enttäuschtes Kongreßmitglied der Republikaner« mit den Worten: »Das Weiße Haus rechnet mit der Tatsache, daß die Leute sich nicht weiter darum kümmern. Die Politik hat Vorrang vor dem Prinzipiellen, lautet der Wahlspruch.«[27]

Das jedenfalls scheint unstrittig. Für den, der hören kann, erzählen die kursiv gesetzten Wörter eine auf dem festen historischen Fundament von zwei Jahrhunderten beruhende Geschichte. Wenn es in den USA keine Unterstützung von seiten der Bevölkerung gibt, wird Toussaints Baum der Freiheit tief in der Erde begraben bleiben – und das nicht nur in Haiti.

IX. Die Last der Verantwortung

1. Irrationale Verachtung

Als die USA nach dem Zweiten Weltkrieg aus »höchst eigennützigen Motiven [darangingen], die Verantwortung für das Wohlergehen des kapitalistischen Weltsystems zu übernehmen«, weiteten sie auch die »Experimente in Sachen Pragmatismus« aus, die sie im näheren Umfeld ihres Herrschaftsgebietes bereits durchgeführt hatten, um den »Prozeß des nationalen Wirtschaftswachstums zu beschleunigen und unnütze Ausgaben zu vermeiden« (Gerald Haines, Ulysses Weatherby). Ein auffälliger Charakterzug der unseren Mündeln zugedachten »wissenschaftlichen Entwicklungsmethoden« ist die von Hans Schmidt so genannte »irrationale Verachtung für die landwirtschaftlichen Erfahrungen der einheimischen Bauern«. Aus dieser Verachtung resultierte »eine Reihe gravierender Fehler«, als US-amerikanische Experten den Versuch unternahmen, »die jüngsten Entwicklungen auf dem Feld der wissenschaftlichen Agrikultur« in ihrem haitianischen Testgebiet zur Anwendung zu bringen. Wie immer glaubten sie, Gutes zu bewirken und zugleich (rein zufällig) US-Konzernen zu nützen. Eine 1929 durchgeführte Untersuchung ergab, daß »sich die Bauern auf Haiti beim Anbau von Baumwolle erfolgreicherer Methoden bedienten als amerikanische Plantagenbesitzer, die die neuesten wissenschaftlichen Methoden anwendeten«, bemerkt Schmidt. Der Hauptexperte für Landwirtschaft berichtete dem Außenministerium, US-Unternehmungen seien »deswegen gescheitert, weil man sich um die von den Menschen vor Ort verwendeten Techniken nicht weiter gekümmert und somit über Generationen gesammelte praktische Erfahrungen unbeachtet gelassen hat«. Durch diese Erfahrung konnten die Einheimischen Baumwolle erfolgreicher anbauen als dies auf den »wissenschaftlich kultivierten« Plantagen gelang.[1]

Die Geschichte ging weiter, nachdem die Regierung an haitianische Aufseher übergeben worden war. 1941 wurde die Haitianisch-Amerikanische Gesellschaft für landwirtschaftliche Entwicklung (SHADA) gegründet, ein von US-Agronomen geleitetes Wirtschaftshilfe-Projekt, die den Rat und die Einwände von Experten aus Haiti mit der üblichen Verächtlichkeit beiseite schoben. Mit Dollarmillionen aus US-Regierungskrediten versuchte SHADA Sisal und Gummi anzubauen, die damals für Kriegszwecke benötigt wurden. Das Projekt belegte fünf Prozent besten Kulturlandes mit Beschlag und vertrieb 40.000 Bauernfamilien, die, wenn sie Glück hatten, hinterher als Tagelöhner eingestellt wurden. Nach vier Jahren Produktion erntete das Projekt lächerliche fünf Tonnen Rohgummi. Der Plan wurde dann fallengelassen, zum Teil auch deshalb, weil die Marktlage sich verändert hatte. Einige Bauern kehrten auf ihr ehemaliges Land zurück, konnten aber keinen sinnvollen Anbau mehr betreiben, weil Land und Boden durch das SHADA-Projekt ruiniert worden war. Manche fanden nicht einmal mehr ihre Felder wieder, weil Bulldozer Bäume, Hügel und Buschwerk entfernt hatten.

»Die haitianischen Einwände gegen US-amerikanische Hilfsprojekte klingen nach Verfolgungswahn«, bemerkt Amy Wilentz, nachdem sie diesen nicht untypischen Vorfall hat Revue passieren lassen.[2] Manchmal jedoch ist der Mann mit der Axt wirklich hinter dem Burschen her, der uns mit seinen Beschwerden auf die Nerven geht.

1978 befürchteten US-Experten, ein in der Dominikanischen Republik ausgebrochenes Schweinefieber könnte eine Bedrohung für die US-amerikanische Schweinezucht und -verwertung darstellen. So wurde ein 23 Millionen Dollar teures Vernichtungs- und Neuzüchtungsprogramm in die Wege geleitet, um alle 1,3 Millionen Schweine in Haiti zu ersetzen. Weil diese Schweine zum wertvollsten Besitz der Bauern gehörten, waren sogar »Bankguthaben« vorgesehen, um eventuelle Verluste auszugleichen. Obwohl einige Schweine auf Haiti ganz offensichtlich infiziert waren, gab es nur wenige Todesfälle, was vielleicht, wie einige Tierärzte vermuteten, an ihrer bemerkenswerten Widerstandskraft gegen Erkrankungen gelegen haben mag. Die Bauern waren skeptisch und hielten es für möglich, daß die ganze Sache getürkt war, damit die »Amerikaner am Verkauf ihrer eigenen Schweine verdienen konnten«. Das Programm wurde 1982 gestartet, nachdem die letzten Spuren der Krankheit schon verschwunden waren. Zwei Jahre später gab es in Haiti keine Schweine mehr.

Die Bauern betrachteten dies als »letzte mögliche Strafe, die uns noch ereilen konnte«. Ein Wirtschaftswissenschaftler aus Haiti beschrieb das Unternehmen als »das größte Übel, das die Bauern befallen konnte«, schlimmer noch als der 600 Millionen Dollar-Verlust an Zuchttieren. »Was die Bauern wirklich verloren haben, läßt sich kaum in Zahlen ausdrücken. ... Wenn [die bäuerliche Wirtschaft] ohne Schweine auskommen muß, wird sie in ihrem Lebensnerv getroffen.« Als diese Subsistenzwirtschaft zusammenbrach, gingen die Anmeldungen zum Schulunterricht um 40 bis 50 Prozent zurück, und der allgemeine Warenverkauf nahm rapide ab. Ein USAID-OAS-Programm schickte Schweine aus Iowa nach Haiti, die allerdings nur für Bauern gedacht waren, die den Nachweis adäquater Fütterungs- und Unterbringungsmöglichkeiten erbringen konnten. Die Iowa-Schweine waren krankheitsanfällig und benötigten teures Futter, für das die ohnehin sehr armen Bauern bis zu 250 Dollar im Jahr bezahlen mußten. Allerdings konnten die Duvalier-Clique und ihre Nachfolger neue Reichtümer in die eigenen Taschen wirtschaften, weil sie sich die Kontrolle über den Futtermarkt sicherten. Ein von der Kirche unterstütztes Entwicklungsprogramm hatte versucht, sich des Problems anzunehmen, es aber als »Zeitverschwendung« aufgegeben. »Diese Schweine werden nie in Haiti heimisch werden. ... Wer weiß, ob sie nicht demnächst eine Klimaanlage benötigen.«[3]

Andere Experimente sind auf ähnliche Weise fehlgeschlagen. In seiner Untersuchung eines weiteren Langzeit-»Testgebiets«, Liberia, beschreibt der Anthropologe Gordon Thomasson die gleiche »irrationale Verachtung« gegenüber der geistigen Entwicklung der Einheimischen – und die gleichen hohen Kosten, die sie zu tragen hatten. Im Lauf der Jahrhunderte hatten die Kpelle Hunderte von verschiedenen Reissorten entwickelt, die genauestens auf kleine Lebensräume in bestimmten Ökosystemen zugeschnitten waren; man konnte auf einem kleinen Feld Dutzende von verschiedenen Keimlingen setzen und sehr hohe Erträge erzielen. Dagegen empfahlen US-Agronomen kapitalintensive Techniken, die mit petrochemischen Produktionsmitteln arbeiteten. Derlei ist allerdings für ein armes Land viel zu teuer und bringt auch weniger hohe Erträge. Zudem geht das traditionelle Wissen um die Vielfalt, Aufzucht und Auswahl der Keimlinge verloren. Thomasson schätzt, daß die landwirtschaftliche Produktivität um mindestens 50 Prozent rückläufig sein wird, wenn der reiche genetische Pool der Reissorten verlorengeht und durch ausländische Produktionsmittel ersetzt wird: »viele ländliche Gebiete in Liberia werden praktisch aufhören zu existieren, ebenso viele einheimische Kulturen«.

Die Geringschätzung der Experten wurde noch durch die Tatsache erhöht, daß das Wissen um den Reis von älteren an jüngere Frauen weitergegeben wird, die viel Zeit darauf verwenden, sich Wissen und Fähigkeiten anzueignen. Diese Haltung ist nicht nur auf Liberia beschränkt. Max Allen, der Leiter eines der größten Textilmuseen der Welt, bemerkt dazu: »In den meisten traditionellen Gesellschaften der nördlichen Hemisphäre stammen die eindrucksvollsten Zeugnisse der menschlichen Kunstfertigkeit nicht von Männern, sondern von Frauen«, vor allem Textilprodukte, die zweifellos »künstlerisch« sind, obwohl sie in der westlichen Tradition nicht als »Kunst« gelten, sondern dem Handwerk zugerechnet werden. Vielleicht, so meint Allen, hat die Tatsache, daß diese Jahrtausende alten künstlerischen Traditionen das »Werk von Frauen« sind, zu diesen zweifelhaften Einordnungen beigetragen.[4]

Die »Mißtrauischen« werden bemerken, daß die »wissenschaftlichen Methoden« des Reisanbaus für Liberia ruinös sein mögen, westlichen Konzernen aber Gewinne verschaffen, die vielleicht nicht nur den üblichen Nutznießern, der Agrarindustrie und der Petrochemie, sondern noch ganz anderen Sektoren zufließen. Wenn die Artenvielfalt reduziert wird, dem Reis Krankheit und Schädlingsbefall drohen, könnte die Gentechnik mit künstlich entwickelten Pflanzen zu Hilfe kommen. Dadurch eröffneten sich den neuen biotechnischen Industrien verlockende Wachstums- und Gewinnchancen.

Routinemäßig empfahlen die US-Experten, Liberia solle von Bauern bewirtschaftetes Land in Reisplantagen umwandeln und auf den Export setzen (was zufälligerweise auch US-Konzernen nützt). Die daraus resultierenden Defizite wollte USAID mit dem Anbau von Paddy-Reis in Sumpfgebieten auffangen. Die Weltgesundheitsorganisation hatte aber davor gewarnt, Menschen in diesen Regionen anzusiedeln, weil das Gesundheitsrisiko enorm hoch sei.

Die Kpelle hatten auch ausgefeilte Techniken der Metallgewinnung und -verarbeitung entwickelt und waren in der Lage, hochwertiges Werkzeug herzustellen. In diesem Falle, schreibt Thomasson, wurden ihre Errungenschaften »durch Kolonialismus und Monopolkapitalismus zunichte gemacht. Ihre Produkte waren nicht schlechter oder teurer als die der anderen«, aber die von Wirtschaftsexperten empfohlenen und von den US-kontrollierten Regierungen durchgeführten Maßnahmen »zerstörten schließlich die Wirtschaft, die Währung und die einheimische Industrie«. Auch hier gab es Nutznießer: multinationale Minenbesitzer, ausländische Produzenten, die die Importeure belieferten, Banken außerhalb Liberias, wohin die Gewinne verschifft werden.[5]

Kreiden wir der »freien Marktwirtschaft« einen weiteren Sieg an.

Vielleicht ist es ja auch unfair, Liberia und Haiti als Beispiele auszuwählen. Schließlich erklärte Wilsons Außenminister Robert Lansing: »An Liberia und Haiti zeigt sich, daß die afrikanische Rasse keinerlei Fähigkeit zur politischen Organisation besitzt und vom Regieren nichts versteht. Unzweifelhaft gibt es eine angeborene Tendenz, die ihrer physischen Natur unbequemen Eierschalen der Zivilisation abzuwerfen und zur Barbarei zurückzukehren. Natürlich gibt es viele Ausnahmen von dieser rassisch bedingten Schwäche, aber die Masse ist ihr, wie wir aus Erfahrung wissen, verfallen. Dadurch wird das Negerproblem praktisch unlösbar.«[6] Sollte diese rassische Schwäche für den Ausgang der Experimente in Liberia und Haiti verantwortlich sein? Merkwürdig allerdings, daß die Erfahrungen in allen Herrschaftsgebieten die gleichen sind.

Diese sich durchhaltenden Charakterzüge der 500-jährigen Eroberung werden in den kommenden Jahren wachsende Bedeutung annehmen, wenn die ökologischen Folgen einer unhaltbaren kapitalintensiven Landwirtschaft sich auf ein Ausmaß zubewegen, das selbst von den Reichen nicht mehr ignoriert werden kann. Auch die Ozonschicht wurde in dem Moment auf die Tagesordnung gesetzt, als ihre Auflösung die reichen Weißen zu gefährden schien. Einstweilen aber gehen die Experimente in den Testgebieten weiter.

2. *Versuchskaninchen*

Der Begriff »Testgebiet« verdient besondere Beachtung. Auf vergleichbare Weise haben – so heißt es in einem vom Verteidigungsministerium finanzierten Bericht der RAND-Corporation – »amerikanische Strategen den Bürgerkrieg in El Salvador als ›ideales Testgelände‹ für die Erprobung der Kriegführung niedriger Intensität bezeichnet« (die auch als internationaler Terrorismus bekannt ist). In der Vergangenheit galt Vietnam als »funktionierendes Laboratorium, wo wir sehen, wie ... subversive Strategien des Aufstands in all ihren Formen Verwendung fanden« (Maxwell Taylor). Das ist die Gelegenheit, um »mit Methoden zur Bevölkerungs- und Ressourcenkontrolle zu experimentieren« und sich an der »Erschaffung neuer Nationalitäten« zu versuchen. Auch Haiti war während der

Besatzung durch die Marines ein »Experiment«. Zumindest scheint die technische Pose für ein positives Selbstbild nützlich zu sein.[7]

Allerdings fehlt jeder Hinweis darauf, daß die Objekte des Experiments das Recht hätten, ihre Zustimmung zu beurkunden oder wenigstens davon in Kenntnis gesetzt zu werden, was mit ihnen geschieht. Im Gegenteil, sie haben noch nicht einmal die Rechte von Versuchstieren. *Wir* entscheiden, was für sie am besten ist; dies ist ein weiteres Markenzeichen der 500-jährigen Eroberung.

Um ein Beispiel zu geben: Die Klugen unter uns *wissen* ganz einfach, daß Konsumtionsmaximierung ein zentraler menschlicher Wert ist. Wenn wir die Welt nicht in dieser Richtung beeinflussen würden, erklärt Lawrence Wotzel, Professor für Management an der Universität Boston, »dann wäre es jemand anderes, denn überall begegnen uns Ausdrucksformen des grundlegenden menschlichen Konsumbedürfnisses«. Gut, daß die US-Unternehmer so im Einklang mit der menschlichen Natur stehen. Natürlich muß man Spätzündern bisweilen unter die Arme greifen, damit sie ihr wahres Wesen erkennen. Die Werbeindustrie gibt zu diesem Zweck Milliarden von Dollars aus, und in der Frühzeit der industriellen Revolution war es ein ziemliches Problem, selbständige Bauern davon zu überzeugen, daß sie eigentlich lieber Produktionsinstrumente wären, um ihr »grundlegendes menschliches Konsumbedürfnis« befriedigen zu können. Die äußerst »sichtbare Hand« des Staates hat dabei nachgeholfen. Als das Radio erwachsen und zu einer weit verbreiteten Einrichtung wurde, setzte die »Federal Radio Commission« »kapitalistischen Rundfunk mit ›allgemein-öffentlichem‹ Rundfunk gleich«, da er all das bringen würde, was »der Markt verlangte«, schreibt Robert McChesney. Versuche von Arbeiterorganisationen, Einfluß zu nehmen oder die Forderung nach Bildungsprogrammen galten dagegen als »Propaganda«. Von daher waren die »kapitalistischen Rundfunksender« bei der Vergabe von Kanälen und auch anderweitig zu bevorzugen.[8]

Abgesehen von der üblichen Bombardierung der Sinne durch Anzeigenwerbung und die medialen Scheinwelten des schönen Lebens, unternehmen Konzerne und Staat gigantische Initiativen, um das Konsumverhalten zu prägen. Ein dramatisches Beispiel ist die Ausrichtung der US-Wirtschaft am Beispiel von Los Angeles: Staat und Konzerne veranstalten eine riesige Kampagne, um die »Ausbreitung von Vorstädten und die Ausweitung des Individualverkehrs zu fördern, statt die Zersiedlung in Grenzen zu halten und auf eine Kombination aus Schienen-, Bus- und Autoverkehr zu setzen«, bemerkt Richard Du Boff in seiner Wirtschaftsgeschichte der Vereinigten Staaten. Diese Politik bewirkte »die umfangreiche Entwertung innerstädtischer Kapitalanlagen« und »vergrößerte den Bestand an Wohnungen, kommerziellen Einrichtungen und öffentlichen Infrastrukturen nicht, sondern verlagerte ihn nur ins Umland«. Der Bundesregierung kam dabei die Aufgabe zu, Gelder für die »vollständige Motorisierung und die Beschneidung der Massentransportmittel lockerzumachen«; dies war die Hauptstoßrichtung der »Federal Highway Acts« von 1944, 1956 und 1968, die eine von dem General Motors-Vorsitzenden Alfred Sloan entworfene Strategie in die Tat umsetzten. Als der Kongreß die Kontrolle dem »Bureau of Public Roads« überließ, wurden riesige Summen in den Bau von kreuzungsfreien *interstate highways* investiert, aber nur ein Prozent dieser Summen für den Eisenbahnbau verwendet. Die »Federal Highway Administration« schätzte, daß 1981 die gesamten Aufwendungen bei 80 Milliarden Dollar lagen, während für das nächste Jahrzehnt weitere 40 Milliarden geplant sind. Vor Ort haben einzelstaatliche und Distriktverwaltungen den Prozeß vorangetrieben.

Die Privatwirtschaft tat das Ihre. »Zwischen 1936 und 1950 kaufte die National City Lines, eine von General Motors (GM), Firestone und Standard Oil of California finanzierte Holding-Gesellschaft, mehr als 100 Straßenbahnnetze in 45 Städten auf (darunter New York, Philadelphia, St. Louis, Salt Lake City, Tulsa und Los Angeles), um sie abzubauen und durch GM-Busse zu ersetzen. ... 1949 wurden GM und Partner wegen krimineller Verschwörung in dieser Sache vor einem Distriktsgericht in Chicago verurteilt und mit 5.000 Dollar Strafe belegt.« Mitte der sechziger Jahre war ein Sechstel aller Unternehmen von der Autoindustrie abhängig. Mit Hilfe von Bundesgeldern wurde die Wirtschaft am Laufen gehalten. Eisenhowers Furcht vor »einer weiteren Depression, die nach dem Koreakrieg einsetzen könnte«, wurde besänftigt, wie ein Beamter des Verkehrsministeriums berichtete. Einer der Architekten des Highway-Programms, der Kongreßabgeordnete John Blatnik aus Minnesota, bemerkte: »In Zeiten der Rezession war die ganze Wirtschaft mit einem schönen, soliden Boden ausgestattet.« Diese Regierungsprogramme ergänzten die umfangreichen Subventionen für die Hochtechnologie, die über das Militär liefen. Ohne diese Maßnahmen hätte das todkranke System der Privatwirtschaft, das in den dreißiger Jahren zusammengebrochen war, nicht am Leben erhalten werden können.[9]

Ganz abgesehen von der Wirtschaft war der Einfluß dieser Maßnahmen auf Kultur und Gesellschaft ungeheuer groß. Es handelte sich um ein Projekt zur völligen Umgestaltung der heutigen Welt, bei dem demokratische Entscheidungsmuster eine ebenso geringe Rolle spielten wie die freie Wahl der Konsumenten. Wohl treffen sie, wie die Wähler, ihre Entscheidungen, aber innerhalb eines sehr begrenzten Rahmens, der von denen abgesteckt wird, denen die Gesellschaft gehört und die sie nach Maßgabe ihrer eigenen Interessen leiten. Die wirkliche Welt hat nur wenig Ähnlichkeit mit den beliebten Traumphantasien von der Geschichte, die sich dem Ideal liberaler Demokratie annähert, das die endgültige Verwirklichung der Freiheit darstellt.

Den primitiven Völkern, für deren Bedürfnisse wir sorgen, fehlt zumeist auch das richtige Bewußtsein, und sie brauchen ein bißchen Hilfe, um zu erkennen, was sie wirklich wollen. Die Bemühungen der Jesuiten, ihre indianischen Schützlinge aus dem »natürlichen Zustande der Roheit und Wildheit« zu befreien, »haben ganz richtig zunächst zur Erweckung der Bedürfnisse geführt, den Triebfedern der Tätigkeit des Menschen überhaupt«. Denn genau daran, erklärt Hegel, habe es diesen Geschöpfen gefehlt. Ein Jahrhundert später bemerkte der Finanzberater Arthur Millspaugh, seines Zeichen US-Prokonsul in Haiti, daß »die Bauern, deren Leben uns so träge und einfallsarm vorkommt, beneidenswert sorglos und zufrieden sind. Wenn sie aber Bürger einer unabhängigen, selbstbestimmten Nation werden wollen, müssen sie – oder muß zumindest ein größerer Teil von ihnen – neue Bedürfnisse entwickeln«, die die Werbeindustrie gerne stimuliert und für deren Erfüllung die US-Exporteure großzügig sorgen werden.[10]

Mit der Abschaffung der Sklaverei stellte sich das Problem der Erweckung von Bedürfnissen in relativ unvermittelter Form. Zwar hatte das Bauernlegen in der Frühphase der industriellen Revolution ähnliche Fragen aufgeworfen, aber einen größeren Zeitraum in Anspruch genommen. Die Aufhebung der Sklaverei jedoch vollzog sich in relativ kurzer Zeit, und so mußte das Problem selbstbewußt und ohne Umschweife angegangen werden. Eine interessante Studie von Thomas Holt betrifft Jamaica, wo die Briten nach einem Sklavenaufstand 1834 die Sklaverei beseitigten, zugleich aber das Plantagensystem ohne größere Veränderungen beibehalten wollten.

Die Kolonialbeamten wiesen darauf hin, daß die Freigelassenen daran gehindert werden mußten, »in barbarische Trägheit« zurückzufallen. »Wenn man die Dinge einfach so treiben läßt«, bemerkte Lord Glenelg, »wird die Arbeitskraft dem Anbau von Exportprodukten [gemeint ist Zucker] entzogen«. Er schlug also eine Vielfalt von Regierungsmaßnahmen vor, mit deren Hilfe die befreiten Sklaven daran gehindert werden könnten, die fruchtbaren Ländereien zu erwerben, Wirtschaftsliberalismus hin oder her. Ein anderer Kolonialbeamter erkannte, daß dies noch nicht ausreicht, man müsse vielmehr »künstliche Bedürfnisse« wecken, die dann »nach und nach zu echten Bedürfnissen werden«. Als die Sklavenbefreiung vorbereitet wurde, bemerkte ein britischer Parlamentarier (1833): »Wenn sie arbeiten und Geschmack an Luxus und Komfort gewinnen sollen, müssen sie Schritt für Schritt lernen, die Gegenstände zu begehren, die durch menschliche Arbeit erlangt werden können. Der Fortschritt hat vom Besitz der lebensnotwendigen Dinge zum Wunsch nach Luxusgütern geführt, und was einmal Luxus war, wurde nach und nach ... zur Lebensnotwendigkeit. Diese Bahn des Fortschritts müssen die Neger nun auch durchlaufen, dies ist die Erziehung, der sie in ihrer Probezeit« nach der Emanzipation »unterworfen werden sollten«. Andernfalls würde ihnen, so Gouverneur Charles Metcalfe, ein hochrangiger Kolonialbeamter, »der Anreiz zum Arbeiten fehlen«. Diese Mittel, sagte ein weiterer Beamter, könnten dazu beitragen, das gewünschte Ziel zu erreichen, nämlich »eine sklavische Masse in eine geordnete und glückliche Bauernschaft zu verwandeln«, die im wesentlichen die gleichen Aufgaben ausführt wie vor der Befreiung, während die »Oligarchie der Sklavenhalter« zu einer »natürlichen Oberschicht« wird.[11]

Dem gleichen Problem stand die »United Fruit Company« (UFCO) auf ihren Plantagen in Mittelamerika gegenüber. Unter den Bedingungen eines freien Arbeitsmarktes mußten die Arbeiter daran gehindert werden, nur noch für den Eigenbedarf zu produzieren, was keine einfache Sache war. Die Leute arbeiteten faktisch nur, »wenn sie dazu gezwungen waren, und das geschah nicht oft, denn das Land gab ihnen das Wenige, dessen sie bedurften«, schrieb ein UFCO-Historiker 1929. Um das Problem zu überwinden, wollte UFCO das Konsumverhalten schüren, denn: »Das Bedürfnis nach Gütern ... muß erst einmal kultiviert werden.« Durch den »Einsatz von Werbung und gezielter Verkaufspolitik«

konnte die Kompanie »Bedürfnisse wecken«, schrieb derselbe Historiker anerkennend, und dies führte »zu den gleichen Auswirkungen wie in den Vereinigten Staaten«. Dort nämlich mußten »Bedürfnisse«, wie die Industrie wußte, künstlich stimuliert und geformt werden. In Mittelamerika richteten sich die neu erweckten Bedürfnisse auf Seidenstrümpfe, teure Stetson-Hüte und »ein glänzendes Seidenhemd, während die Füße unbedeckt blieben« usw. Dies alles konnte man in UFCO-eigenen Läden erwerben, wobei allerdings, wie der UFCO-Historiker zugeben muß, die Kompanie den Trick »wiederholt mißbrauchte«, weil die Waren »zu völlig überhöhten Preisen und viel zu oft auf Kredit an die Arbeiter verkauft wurden«, wodurch sie »auf schnellstem Wege zu Tagelöhnern wurden«.[12]

Eine ganz andere Dimension besaß das Problem, als der Westen die Öffnung Chinas erzwang. Auch diesmal war es nicht einfach. 1793 wurde eine britische Gesandtschaft in Peking zugelassen. Dort wurde fast alles, was Großbritannien an Produkten zu bieten hatte, exemplarisch präsentiert. Es war »die ausgefeilteste und teuerste diplomatische Offensive, die je von einer britischen Regierung unternommen wurde«, schreibt John Keay in seiner Geschichte der »East India Company«, die ihr Handelsmonopol mit China bis weit ins neunzehnte Jahrhundert hinein behauptete. Der Kaiser nahm die Gaben als »Tribut aus dem Königreich England« huldvoll entgegen und lobte den »respektvollen Geist der Ergebenheit«, den der britische Gesandte verkörpere. Handel aber würde es nicht geben: »Unser himmlisches Reich besitzt alle Dinge in stattlichem Überfluß«, teilte der Kaiser mit, wobei »ich die einsame Abgeschiedenheit Eurer Insel, die von der Welt durch weite Meereswüsten getrennt ist, nicht vergesse.« Europäische Händler drangen ins Landesinnere vor, wurden aber irgendwann von der kaiserlichen Macht aufgehalten.

Für eine Ware fand Großbritannien dann doch einen Markt, nämlich für Opium aus Bengalen. Zu Beginn des neunzehnten Jahrhunderts nahmen die Erträge der »East India Company« aus Opiumverkäufen an China bereits den zweiten Platz hinter Grundrentenerträgen ein. Die »Gewinne waren so außerordentlich hoch, daß sie etwaige moralische Skrupel der Briten zum Schweigen brachten und auch die von den Chinesen häufig ausgesprochenen Verbote übersehen ließen«, schreibt Keay. Einige Jahre später wollte China die Opiumflut ganz eindämmen und verging sich damit wirklich an den moralischen Skrupeln der Briten. Diese beriefen sich auf die Tugenden des Freihandels und zwangen China, sich den tödlichen Drogen zu öffnen. Der bedenkenlose Einsatz von Gewalt, den britische Chauvinisten auch während des Golfkrieges 1991 begeistert verfochten, machte sie überlegen. »Die Konstruktion und Entsendung eines gepanzerten Dampfbootes, der *Nemesis*, reichte hin, um das Reich der Mitte zur Vernunft zu bringen«, kommentiert der Militärhistoriker Geoffrey Parker ironisch: die Kanonen der *Nemesis* »brauchten nur einen Tag im Februar 1841, um neun Kriegsdschunken, fünf Forts, zwei Militärposten und eine Küstenbatterie am Perlenfluß zu zerstören«. So war China schnell bereit, in den Genuß der Vergünstigungen des liberalen Internationalismus zu gelangen. Die USA wollten angesichts der britischen Privilegien nicht nachstehen und bemühten ebenfalls die hehren Prinzipien. Für John Quincy Adams war Chinas Weigerung, Opium aus Bengalen zu beziehen, eine Verletzung des christlichen Prinzips der »Nächstenliebe« und »eine ungeheure Verletzung der Rechte der menschlichen Natur und der leitenden Prinzipien des Völkerrechts«. Derweil lobten Missionare »den großen Plan der Vorsehung, die die Bosheit der Menschen in den Dienst der Gnade für China stellt, da nun die trennende Mauer niederstürzt und das Reich mit westlichen und christlichen Nationen in Berührung kommt«.

Dergestalt förderte Großbritannien die Entstehung neuer Bedürfnisse in China, nicht anders als die USA heute, wenn sie unter Androhung von Handelssanktionen asiatische Staaten zwingen, tödliche Narkotika aus den USA einzuführen, Drogen, die fünfzig- bis hundertmal mehr Menschen töten als alle harten Drogen in den Vereinigten Staaten zusammengenommen. Darüber hinaus müssen diese Staaten Werbung betreiben, um, besonders unter Frauen und Kindern, neue Märkte zu öffnen.[13]

3. Die Vertreibung der Indianer

Wie hämmert man den »ungehobelten Barbaren« das Bewußtsein ihrer wahren Bedürfnisse ein? Vor dieses Problem sahen sich die USA auch gestellt, als sie die Indianer vertrieben und ihr Land annektierten. Am dringendsten vielleicht stellte sich diese Frage, als Washington in den achtziger Jahren des neunzehnten Jahrhunderts daranging, die formellen Verträge zu annullieren, in denen der dauerhafte Besitzanspruch der fünf zivilisierten Stämme auf Ost-Oklahoma anerkannt worden war. Zuvor hatte man diese Völker 1835 brutal aus ihren heimatlichen Gefilden vertrieben. Der damalige »Vertrag« wurde von den Häuptlingen zwangsweise akzeptiert, weil sie erkannten, daß »sie stark und wir schwach sind«. »Wir waren ganz und gar dagegen, unser Land zu verkaufen«, schrieben die Unterzeichner an den Kongreß und verurteilten die US-Regierung, weil sie »uns in unserem eigenen Land zu Gesetzlosen und Ausgestoßenen macht und uns zugleich in einen Abgrund moralischer Entwürdigung stößt, die unsere Völker schnell und nachhaltig zerstört hat.« Für die englischen Siedler hatten Friedensverträge eine besondere Bedeutung, die der Staatsrat von Virginia im siebzehnten Jahrhundert folgendermaßen erklärte: wenn die Indianer »sich auff grundt des Vertrages sicher fühlen, haben wir den Vor-Theil davonn; wir können sie gleychsam yberraschen und ihnen das Korn nieder-hawen«. Diese Methode lebt in der Gegenwart fort.

Der Vertrag von 1835 ersetzte frühere Abmachungen, die bis 1785 zurückreichten. Damals zwangen die gerade befreiten Kolonien den Cherokee (die, was nicht erstaunt, im revolutionären Krieg auf Seiten der Briten gestanden hatten) einen Vertrag auf, der den Indianern zugesichertes Land fortnahm, während sie zugleich beteuerten, daß der Kongreß »keinen Fußbreit eures Bodens noch irgendetwas anderes, das euch gehört, in Besitz nehmen will«. Dies war »seitens der Vereinigten Staaten menschlich und großzügig gehandelt«, erklärte der US-Vertreter. 1790 versicherte George Washington den Cherokee: »In Zukunft kann niemand euch um euer Land betrügen«, die neue Regierung »wird alle eure wohlbegründeten Rechte beschützen. ... Die Vereinigten Staaten werden ihren Verpflichtungen in Wahrhaftigkeit und Treue nachkommen.« Präsident Jefferson fügte hinzu: »Ich wünsche euch von ganzem Herzen Erfolg bei euren lobenswerten Bestrebungen, die Residuen eurer Nation zu erhalten, indem ihr arbeitsamen Beschäftigungen nachgeht und einer gesetzmäßigen Regierung gehorcht. Hierbei könnt ihr immer auf den Ratschlag und die Hilfe der Vereinigten Staaten zählen.« In den darauffolgenden Jahren drangen Siedler auf das indianische Territorium vor, und es wurden neue Verträge diktiert, die weiteren Landverlust bedeuteten. In den verbleibenden Gebieten bildete sich eine erfolgreiche Gesellschaft auf landwirtschaftlicher Basis heran, die Stoffe fabrizierte, Schulen und Druckerpressen besaß und eine gut funktionierende Regierung ihr eigen nannte, die von Außenstehenden sehr bewundert wurde. Ein dem Kriegsministerium 1825 übermittelter Bericht beschrieb »Land und Volk der Cherokee in den glühendsten Farben«, heißt es in Helen Jacksons 1880 erschienener und noch heute bemerkenswerter Geschichte der Indianervertreibung. Sie zitiert lange Passagen, die voller Lob sind für die fortgeschrittene Zivilisation der Cherokee und für die »republikanischen Prinzipien«, auf denen sie beruhte. Unterdessen sprachen die führenden Denker Europas in ihren Vorlesungen von der »Schwäche des amerikanischen Naturells« und einer Kultur, die »untergehen mußte, sowie der Geist sich ihr näherte« (Hegel).

Der Fortschritt war beeindruckend, wurde aber von den falschen Leuten gemacht, die damit wieder einmal dem »Fortschritt« im politisch korrekten Sinne des Wortes im Wege standen. Andrew Jacksons Gesetz zur Umsiedlung der Indianer von 1830 folgte der erzwungene Vertrag von 1835, in denen die Unterzeichneten alle Ansprüche der zivilisierten Stämme auf ihr Land östlich des Mississippi abtraten. Jackson war tief bewegt davon, daß er in seiner Großzügigkeit »meine Pflicht gegenüber meinen roten Kindern getan habe«. »Wenn auch nur ein Schatten auf meine guten Absichten fällt, so ist das ihrer Pflichtvergessenheit sich selbst gegenüber geschuldet, aber nicht mein Fehler.« Nicht nur bot er »diesen Kindern des Waldes« die Gelegenheit, »ihre Lage in einem unbekannten Land zu verbessern«, so wie »unsere Vorväter« es taten, sondern er zahlte sogar »die Kosten für die Umsiedlung« – ein Akt »freundlicher Zuneigung«, den »Tausende unseres eigenen Volkes voller Dankbarkeit annehmen würden«, wenn sie die Gelegenheit dazu bekämen.

Drei Jahre später wurden 17.000 Cherokee mit aufgepflanztem Bajonett von der US-Armee »über einen Weg, der von so vielen frisch aufgeworfenen Gräbern gesäumt war, daß man ihn später nur noch den ›Pfad der Tränen‹ nannte« (Thurman Wilkins), nach Oklahoma getrieben. Vielleicht die Hälfte von ihnen überlebte die vom Kriegsministerium mit dem gewohnten Eigenlob für unaussprechliche Greueltaten als »großzügig und aufgeklärt« bezeichnete Politik der US-Regierung.

Die erstaunlichen Errungenschaften der Cherokee vor und nach der Vertreibung und die Behandlung, der sie ausgesetzt waren, haben Helen Jackson zu folgender Bemerkung veranlaßt: »In der gesamten Geschichte der Auseinandersetzung unserer Regierung mit den Indianerstämmen gibt es keinen Vergleich zu der Niedertracht, mit der wir dieses Volk behandelt haben. Irgendwann in ferner Zukunft wird dies allen, die sich mit der amerikanischen Geschichte beschäftigen, kaum noch glaubhaft erscheinen«. Über dieses Urteil läßt sich kaum streiten, obwohl die Zukunft immer noch sehr fern ist.[14]

1870 erkannte das Innenministerium an, daß »die Cherokee und ebenso die anderen zivilisierten Indianervölker [des Oklahomagebiets] in dauerhaftem Besitz von Ländereien sind, die ihnen durch den höchsten Gesetzgeber des Landes rechtlich zuerkannt wurden«. Ihnen wird »durch die höchst formelle Garantie der Vereinigten Staaten« ein »dauerhaftes Heimat-Territorium« gesichert, das »in ihrem Besitz bleiben und für alle Zukunft von Grenzziehungen oder der Gesetzgebung eines Territoriums oder eines Staates verschont bleiben soll«. Sechs Jahre später erklärte das Ministerium, die Angelegenheiten im Indianergebiet seien »kompliziert und verwirrend, und es erhebt sich die Frage, ob ein ausgedehnter Teil des Landes auf unbestimmte Zeit praktisch unkultivierte Einöde bleiben oder ob die Regierung das Reservat verkleinern soll«. Kurz zuvor hatte das Ministerium die »unkultivierte Einöde« noch als Wunder des Fortschritts bezeichnet, wo die Menschen erfolgreich produzieren und in beträchtlichem Komfort leben, während ihr Bildungsstandard demjenigen entspricht, den »eine normale Hochschule vermittelt«. Industrie und Handel blühen, die konstitutionelle Regierung funktioniert, der Grad der Alphabetisierung ist hoch, »Zivilisation und Aufklärung« entsprechen dem, was auch sonst bekannt ist. »Wozu die Britannier fünfhundert Jahre benötigten, das haben sie in einhundert Jahren erreicht«, erklärte das Ministerium verwundert.[15]

Helen Jackson beendet ihren Bericht von 1880 mit der Frage: »Wird die Regierung der Vereinigten Staaten sich dazu entschließen, ›das Reservat zu verkleinern‹?« Die Frage sollte bald, und zwar so, wie sie es vorhersah, beantwortet werden. Erneut stand die fortgeschrittene Zivilisation der Indianer der eigentlichen Zivilisation im Wege.

Was dann folgte, beschreibt Angie Debo in ihrer klassischen Untersuchung *And Still the Waters Run*. In dem unabhängigen Indianergebiet war das Land Kollektivbesitz, und zum Leben fehlte es an nichts. Das »Federal Indian Office« dagegen lehnte gemeinschaftlichen Landbesitz aus ideologischen Gründen wie im Hinblick auf den praktischen Effekt ab: weiße Eindringlinge sollten an der Inbesitznahme gehindert werden. 1883 traf sich eine Gruppe selbsternannter Philanthropen und Humanisten, um die Probleme der Indianer zu erörtern. Auf ihrem dritten Treffen hielt Senator Henry Dawes aus Massachussetts, der als »ausgewiesener Kenner der Indianer« galt und gerade von einer Inspektionsreise durch das Indianergebiet zurückgekehrt war, eine Ansprache, in der er das Erlebte in glühenden Farben schilderte: »Es gab keinen einzigen Armen in dem Volk, und das Volk hatte keine Schulden. Es hat sein eigenes Kapitol gebaut, in dem wir diese Prüfung miterlebten, und es hat seine eigenen Schulen und Krankenhäuser gebaut.« Keine Familie war ohne Heimstatt.

Dawes empfahl dann, die Gesellschaft aufzulösen, weil sie einen tödlichen Fehler enthalte, dessen sich die unbedarften Eingeborenen nicht bewußt seien: »Der Fehler des Systems lag auf der Hand. Sie sind so weit gekommen, wie es ihren Möglichkeiten entspricht, weil ihr Land Gemeinbesitz ist. Es ist das System von Henry George, das keine Initiative zuläßt, dem eigenen Besitz Vorteile gegenüber anderen Besitztümern zu verschaffen. Es gibt keinen Egoismus, der doch die Grundlage der Zivilisation darstellt. Wenn die Menschen dort nicht dareinwilligen, ihr Land unter sich aufzuteilen, so daß jeder das Land, welches er bebaut, auch besitzt, werden sie keinen weiteren Fortschritt machen.«

Kurz gesagt, obwohl die Menschen überdurchschnittlich zivilisiert und fortgeschritten sind, bleiben sie kulturell hinter den Normen zurück, sind unfähig, den »grundlegenden menschlichen Konsumtrieb« zu erkennen und ihre Nachbarn, getreu dem »abscheulichen Wahlspruch der Herrschenden«, auszustechen.

Dawes' Projekt zur Aufklärung der Wilden wurde von den Humanisten der Oststaaten befürwortet und bald in die Tat umgesetzt. Er erließ Gesetze, die gemeinschaftlichen Landbesitz verhinderten und führte die Kommission an, die die unvermeidlich folgende Vertreibung der Indianer überwachte. Ihr Land und Eigentum wurden zur Beute, sie selbst in entlegene städtische Gebiete zerstreut, wo sie Armut und Not erlitten.

So geht es eben mit Experimenten: sie gelingen nicht immer. Tatsächlich aber gehen die in unseren verschiedenen »Testgebieten« durchgeführten Experimente – wie auch das eben beschriebene – im Durchschnitt ganz ausgezeichnet für diejenigen aus, die sie entwerfen und durchführen. Und das sind Adam Smiths Architekten der Politik – ehrenwerte Männer mit den allerbesten Absichten, die glücklicherweise mit ihren eigenen Interessen in eins fallen. Wenn die Experimente für die Einborenen von Nordamerika (oder von Brasilien, Haiti, Guatemala, Afrika, Bengalen oder für Sozialhelferinnen oder andere, die den herrschenden reichen Männern im Wege stehen) fehlschlagen, müssen wir die Gründe dafür in ihren Genen, »Defekten« und Unzulänglichkeiten suchen. Oder wir können über die Ironie der Geschichte sinnieren.

Man kann verstehen, warum das Werk von Reinhold Niebuhr, dem »Theologen des Establishments«, auf die Intellektuellen der Nachkriegszeit wie etwa George Kennan, den Guru der Kennedy-Ära, so anziehend wirken mußte. Es ist beruhigend, über das »Paradox der Gnade« – seine Schlüsselidee – zu meditieren: den unvermeidlichen »Makel der Sünde, den alle historischen Errungenschaften tragen«, die Notwendigkeit, »bewußt das Böse zu wählen, um das Gute zu erreichen« – solche Lehren klingen all denen angenehm in den Ohren, die sich darauf vorbereiten, »der Verantwortung der Macht ins Auge zu schauen«, oder, einfach ausgedrückt, ein Leben voller Verbrechen zu beginnen.[16]

4. »Die amerikanische Psyche«

Staat und Konzerne haben weder Kosten noch Mühen gescheut, um sicherzustellen, daß der gemeine Haufen seine Wünsche und Bedürfnisse erkennt, was seit den Tagen, da unabhängige Bauern in Lohnarbeiter und Konsumenten zu verwandeln waren, immer eine schwere Aufgabe gewesen ist. Viele blieben in dunkelste Unwissenheit und Aberglauben verstrickt und hörten bisweilen sogar auf die Worte solcher Schurken wie Uriah Stephens, eines Begründers und des ersten Großmeisterlichen Handwerksmannes der »Knights of Labor«. Er faßte 1871 die Aufgabe der Arbeiterbewegung so zusammen: »Die vollständige Emanzipation der Produzenten des Reichtums von der Knechtschaft der Lohnsklaverei«, eine Konzeption, die bis zu den Leitgedanken des klassischen Liberalismus zurückverfolgt werden kann. Viele sahen in den Bedingungen des »freien Arbeitsmarkts« ein »System der Sklaverei, so absolut und entwürdigend wie das, was noch vor kurzer Zeit im Süden herrschte«. So beschrieb ein Reporter der *New York Times* die neue Ära, in der »industriell produzierende Kapitalisten« die Herren sind.[17]

Selbst heute, nach einem Jahrhundert intensiver und angestrengter Bemühungen seitens der Kulturmanager ist die Bevölkerung im großen und ganzen nicht immer bereit, ihre innersten Bedürfnisse zu erkennen. Die Diskussion über die Gesundheitsvorsorge kann hierzu nützliche Illustrationen liefern, besonders ein umfangreicher Artikel des durchaus liberalen Journalisten Thomas Palmer aus dem *Boston Globe*. Palmer berichtet, daß 70 Prozent der Amerikaner ein Gesundheitssystem wie in Kanada bevorzugen würden – eine erstaunliche Zahl, wo dieser zurückgebliebene Sozialismus doch regelmäßig als unamerikanisch verurteilt wird. Aber die Öffentlichkeit macht sich, wie Palmer erklärt, falsche Vorstellungen, und das aus zwei Gründen.

Der erste Grund ist technischer Natur, er wurde von Präsident Bush verdeutlicht, der »darauf hinwies, wie wichtig es ist, die Probleme eines bürokratisierten Allround-Vorsorgesystems kanadischer Machart zu vermeiden«. Bush, so berichtet Robert Pear von der *New York Times*, »beschuldigt den Präsidentschaftskandidaten der Demokraten, ein staatliches System mit sowjet-ähnlichen Elementen zu befürworten«, eine, wie die Bush-Beraterin Gail Wilensky sagte, »nationale Krankenversicherung durch die Hintertür«. Diesen Vorwurf »weisen Mr. Clinton und andere Demokraten zurück«, fügt Pears mit echter journalistischer Objektivität hinzu, um das Gleichgewicht zwischen dem Vorwurf des Krypto-Kommunismus und den verärgerten Dementis zu halten. Es ist ja logisch, daß solche Sozi-Systeme, die es überall in den Industriestaaten gibt, nur nicht in den Vereinigten Staaten und Südafrika, ineffizient sind. Demzufolge fällt die Tatsache, daß das hochbürokratisierte private Krankenversicherungssystem in den USA sehr viel ineffizienter arbeitet, gar nicht ins Gewicht. Es ist, um ein Beispiel zu nennen, völlig belanglos, daß das Blaue Kreuz in Massachussetts 6680 Personen beschäftigt, mehr als alle kanadischen Institutionen der Gesundheitsvorsorge zusammengenommen, die doch zehnmal so viel Versicherte aufweisen. Ebenso ließe sich anführen, daß der Anteil der Verwaltungskosten an einem für die Gesundheit ausgegebenen Dollar in den USA zweimal so hoch ist wie in Kanada. Die Logik ist durch Tatsachen, durch Hegels »faule Existenz« nicht erschüttert worden.

Als interessanter erweist sich der zweite Grund, der, so fährt Palmer fort, »spiritueller« Art ist. Es gibt nördlich und südlich der Grenze eine »Verschiedenheit der Standpunkte und Anschauungen«, »theoretische Differenzen, die Beobachter dieser beiden Nationen in der Psyche des durchschnittlichen Amerikaners respektive Kanadiers entdecken«. Die Untersuchungen dieser scharfsichtigen Forscher zeigen, daß das kanadische System »eine Rationierung des Gesundheitssystems hervorbringen würde, deren Art für die Amerikaner unannehmbar wäre ... Das US-System rationiert über den Preis; wenn man es sich leisten kann, bekommt man das, was man braucht. Die Kanadier rationieren ihre Gesundheitsvorsorge, indem sie für alle die gleiche Behandlung vorsehen, und jene warten lassen, die besondere oder weniger dringliche Behandlungsmethoden suchen«.

Das würde sich, wie ein »Beobachter beider Nationen« erklärt, mit »der typisch amerikanischen Ungeduld« schlecht vertragen. Man stelle sich vor, sagt er, »daß Sie, wie arm Sie auch sein mögen, in einem Krankenhausbett liegen und die gleiche Pflege bekommen wie der Reichste in Ihrer Gemeinde. Unbeschadet Ihrer Verbindungen und Ihrer finanziellen Möglichkeiten können Sie darüber nicht hinausgelangen«. Dergleichen würden die Amerikaner niemals akzeptieren, teilt uns dieser Experte mit (der zufällig Präsident einer Beratungsfirma für Gesundheitsvorsorge ist). Weitere Einsichten in die amerikanische Psyche erhalten wir von dem stellvertretenden Direktor einer Handelsgruppe privater Krankenkassen.[18]

Die 70 Prozent Amerikaner, die ihre eigene Psyche nicht verstehen, werden nicht weiter erwähnt, und das ist gar nicht so unvernünftig. Sie gehören nicht zu den Beobachtern der amerikanischen Psyche, und es ist seit langem klar, daß sie Nachhilfeunterricht in Sachen Selbstbewußtsein benötigen.

VIERTER TEIL
ERINNERUNGEN

X. Mord an der Geschichte

Einige Monate vor dem Ende des »Jahres 500« erschien der *New York Times Book Review* mit folgender Schlagzeile auf der Titelseite: »Die Geschichte läßt sich nicht umbringen«. Der dazugehörige Artikel ist nur einem Fall gewidmet: »In der alten Sowjetunion war Geschichte wie der Krebs im menschlichen Körper, ein unsichtbar Gegenwärtiges, dessen Existenz tapfer verleugnet wird, während man zugleich jede verfügbare Waffe mobilisiert, um es zu bekämpfen.« Ein schlagendes Beispiel für »diese Krankheit im politischen Körper der Sowjetunion« ist die Darstellung der Ermordung des Zaren und seiner Familie, wobei es »die Aufgabe dieser allmächtigen Sowjetfunktionäre war, jegliche Erinnerung an diese grausige Episode zu unterdrücken.« Am Ende aber standen sie »der Flutwelle machtlos gegenüber«.[1]

Unerwähnt blieben in diesen Reflexionen ein paar andere Beispiele für Mordversuche an der Geschichte, die einem gerade heute einfallen könnten. Üblicherweise bieten die berühmten runden Daten Gelegenheit, über die Bedeutung von Geschichte und über die Fragen, die sie stellt, nachzudenken. Dabei sollte auch der Mord nicht vergessen werden, den ihre eigenen Wächter an ihr begingen, die in jeder Gesellschaft äußerst hellhörig auf die Fehltritte offizieller Feinde reagieren. Die Konvention der runden Daten ist nützlich. Wir übernehmen sie und untersuchen einige Jahrestage innerhalb des »Jahres 500«. Auf diese Weise lernen wir etwas über uns selbst und besonders über die ideologischen Grundlagen der westlichen Kultur, was angesichts der in ihren Kernländern angehäuften Ressourcen an Gewalt, Zwang und Verleugnung nicht ganz unwichtig sein dürfte.

1. Ein Datum der Niedertracht

Als das »Jahr 500« im Oktober 1991 begann, standen zunächst einige andere Erinnerungen im Vordergrund. Der 7. Dezember war der 50. Jahrestag des japanischen Bombardements von Pearl Harbor, ein »Datum der Niedertracht«. Demzufolge wurden Japans Haltung und Praxis einer näheren Betrachtung unterzogen, gewogen und für zu leicht befunden. Irgendein tiefsitzender Defekt hinderte die verirrten Japaner daran, sich für ihre ruchlose Tat zu entschuldigen.

In einem Interview der *Washington Post* bekundete Außenminister Michio Watanabe »sein tiefes Bedauern *(remorse)* über das unendliche Leid und Unglück, das Japan dem amerikanischen Volk und den Völkern des asiatischen und pazifischen Raumes während des Pazifikkrieges zugefügt hat, eines Krieges, den Japan mit dem Überraschungsangriff auf Pearl Harbor begann«. Das japanische Parlament werde, so sagte er, eine Resolution zum 50. Jahrestag des Verbrechens verabschieden, in der Japan seinem Bedauern Ausdruck verleihe. Aber das sollte sich als ein weiterer Betrug seitens der Japaner erweisen. Steven Weisman, Chef des Büros der *New York Times* in Tokio, durchschaute die Verkleidung und enthüllte, daß Watanabe das Wort *hansei* benutzt habe, »das gewöhnlich mit ›Nachdenklichkeit‹ übersetzt wird, nicht mit ›Bedauern‹.« Die Erklärung des Außenministers stelle also keine authentische Entschuldigung dar. Darüber hinaus, fügte Weisman hinzu, dürfte das japanische Parlament angesichts der standhaften Weigerung Bushs, sich für die Bombardements von Hiroshima und Nagasaki zu entschuldigen, die Resolution wohl kaum verabschieden.

Keiner denkt an eine Entschuldigung für den fünf Tage nach Nagasaki mit 1000 Bombern geflogenen Angriff auf das, was von den größeren japanischen Städten noch übrig war – ein Triumph militärischer Management-Techniken, der, wie die offizielle Geschichte der US-Air Force berichtet, »zum möglichst eindrucksvollen Finale« geraten sollte. Das hätte selbst Stormin' Norman [Schwartzkopf] beeindruckt. Tausende von Zivilisten wurden getötet, während zwischen den Bomben Flugblätter herabregneten, die verkündeten: »Eure Regierung hat sich ergeben. Der Krieg ist aus.« General Spaatz wollte für dieses krönende Finale die dritte Atombombe über Tokio zünden, entschied dann aber, daß eine weitere Verwüstung dieser schwer angeschlagenen Stadt keinen Punktgewinn erbringen würde. Aus dem gleichen Grunde war Tokio schon von der Liste der Erstziele gestrichen worden: die Stadt war »praktisch Bruch«, sagten die Strategen. Da hätte die Kraft der Bombe natürlich gar nicht richtig zur Geltung gebracht werden können. So wurde der Schlußangriff auf sieben Ziele verteilt, fügt die Geschichte der Air Force hinzu.²

Während Bush lediglich den Gedanken verwarf, die USA könnten sich für den Einsatz von Atomwaffen, die 200.000 Zivilisten das Leben gekostet hatten, entschuldigen, gingen andere darüber hinaus. Ernest Hollings, Senator der Demokraten, sagte vor Arbeitern in South Carolina, sie »sollten einen Wolkenpilz zeichnen und darunterschreiben: ›Hergestellt in Amerika von faulen und ungebildeten Arbeitern und getestet in Japan‹«, was ihm den Beifall der Menge einbrachte. Hollings verteidigte seine Bemerkung mit dem Hinweis, er habe nur einen »Witz« gemacht, als Antwort auf Japans »Ohrfeigen für Amerika«. Die humorlosen Japaner fanden den Witz nicht witzig. Über den Vorfall wurde kurz berichtet; es folgten keine weiteren Untersuchungen der amerikanischen Psyche.³

Japans obsessives Verhältnis zur Atombombe, das hier so viel Hohn und Spott hervorruft, zeigte sich auch nach der Flugzeugshow in Texas, wo der Bombenabwurf lange Zeit zum jährlich inszenierten Programm gehörte (und vielleicht heute noch gehört). Vor einer bewundernd staunenden, zehntausendköpfigen Menge flog der Luftwaffengeneral i. R. Paul Tibbets, der über Hiroshima den Vorhang vor dem atomaren Zeitalter aufzog, eine B-29. Japan verurteilte das Spektakel als »geschmacklos und für das japanische Volk verletzend« – umsonst. Vielleicht hätten die überempfindlichen Japaner ähnliche Vorbehalte dagegen gehabt, daß ein Film mit dem Titel »Hiroshima« Anfang der fünfziger Jahre in Bostons »Kampfzone« gezeigt wurde, einem Rotlichtbezirk, wo pornographische Filme zu sehen waren. »Hiroshima« aber war ein japanischer Dokumentarfilm, mit Liveaufnahmen, die zu schrecklich sind, als daß sie beschrieben werden könnten. Im Publikum löste er stürmisches Gelächter und begeisterten Beifall aus.

In den ruhigeren Zirkeln der Intellektuellen haben nur wenige über das nachgedacht, was der niederländische Richter Röling nach dem Tribunal von Tokio, bei dem japanische Kriegsverbrecher verhört und verurteilt wurden, bemerkte: »Vom Zweiten Weltkrieg bleiben vor allem zwei Dinge in Erinnerung: die Gaskammern der Deutschen und die Atombomben der Amerikaner.« Ungehört blieb auch die abweichende Meinung, die der einzige unabhängige Richter aus Asien, der Inder Radhabinod Pal, eindrucksvoll vertrat: »Wenn man das Verhalten von Nationen näher betrachtet, so wird sich vielleicht als Gesetz herauskristallisieren, *daß nur eine Nieder-*

lage ein Verbrechen ist. ... Wenn die unterschiedslose Zerstörung zivilen Lebens und Eigentums auch im Krieg immer noch als ungesetzlich gilt, dann stellt die Entscheidung für den Einsatz der Atombombe im Pazifikkrieg eine direkte Annäherung an die Weisungen ... der Naziführer dar. ... Taten dieser Größenordnung können den hier [in Tokio] Angeklagten nicht angelastet werden ...«. Sieben von ihnen wurden gehängt, 900 weitere Japaner als Kriegsverbrecher exekutiert, unter ihnen General Yamashita, der für die Greueltaten von Truppen büßte, über die er bei Kriegsende keine Kontrolle mehr besaß. Selbst die Reaktionen von hochrangigen US-Militärs blieben weitgehend unbeachtet. So betrachtete etwa Admiral William Leahy, Stabschef unter den Regierungen Roosevelt und Truman, Atomwaffen als »neue und schreckliche Instrumente unzivilisierter Kriegsführung«, als »moderne Barbarei, die eines Christen nicht würdig ist«, als Rückkehr »zu den moralischen Maßstäben der Barbaren des Mittelalters«; ihr Gebrauch würde uns, »was die Grausamkeit gegenüber der Zivilbevölkerung angeht, in die Zeit von Dschings Khan zurückversetzen«.[4]

Da er um die realen Machtverhältnisse wußte, übernahm Japans Premier Watanabe US-amerikanische Bräuche, um Japans Bedauern Ausdruck zu verleihen: er ließ Japans Verbrechen mit dem 7. Dezember 1941 beginnen und unterschlug damit schreckliche Greueltaten, denen, vorsichtigen Schätzungen zufolge, zwischen 1937 und 1945 10 bis 13 Millionen Chinesen zum Opfer fielen; von noch weiter zurückliegenden Verbrechen gar nicht zu reden.[5]

Weismann übergeht Watanabes Datierung der Schuld mit Schweigen und stellt nur die Frage, inwieweit die Geste des Eingeständnisses der eigentlichen Sache ausweicht. Die Gedenkfeiern zum 50. Jahrestag beruhten auf dem gleichen Prinzip: Millionen von Menschen zu quälen, zu foltern, zu töten mag nicht besonders verdienstvoll sein, aber ein »Überraschungsangriff« auf einen Flottenstützpunkt in einer US-Kolonie ist ein Verbrechen ganz anderer Art. Natürlich bleiben die japanischen Untaten in Asien nicht unerwähnt, haben aber eher die Funktion eines Postscriptums, das Japans schändliches Verhalten noch hervorheben soll; das eigentliche Verbrechen, die ursprüngliche Aggression ist und bleibt der Angriff auf Pearl Harbor.

Diese Entscheidung hat viele Vorzüge. Sie ermöglicht es uns, den seltsamen Defekten des japanischen Charakters nachzusinnen, ohne daß wir Tatsachen ins Auge sehen müßten, die aus der Geschichte wohl besser entfernt werden sollten. So teilten vor dem Angriff auf Pearl Harbor viele US-Regierungsbeamte und ein großer Teil der amerikanischen Geschäftswelt nicht »die allgemein akzeptierte Ansicht, Japan sei der Bösewicht und China das zu Boden getrampelte Opfer gewesen« (Botschafter Joseph Grew, eine einflußreiche Persönlichkeit der Fernost-Politik). Die USA warfen, wie Grew in einer 1939 in Tokio gehaltenen Rede erklärte, Japans neuer Ordnung vor, sie errichte »ein geschlossenes Wirtschaftssystem ... und bringe die Amerikaner in China um ihre seit langem existierenden Rechte«. Kein Wort über Chinas Recht auf nationale Unabhängigkeit, über den Raub von Nanking, den Einmarsch in die Mandschurei und andere Nebensächlichkeiten. Vor dem Angriff auf Pearl Harbor setzte Außenminister Cordell Hull in Verhandlungen mit dem japanischen Admiral Nomura ganz ähnliche Prioritäten, indem er das Recht der USA auf gleichen, ungehinderten Zugang zu den von Japan besetzten Gebieten betonte. Am 7. November stimmte Japan schließlich den von den USA erhobenen Forderungen zu und war bereit, den »Grundsatz der Nichtdiskriminierung in Handelsbeziehungen« im pazifischen Raum (China einbegriffen) zu akzeptieren. Aber die gerissenen Japaner fügten eine nähere Bestimmung hinzu: sie würden den Grundsatz nur anerkennen, wenn er »weltweite Gültigkeit erlange«.

Hull war ob dieser Unverschämtheit ziemlich entsetzt. Natürlich solle, so ermahnte er die unverschämten Emporkömmlinge, der Grundsatz nur für die japanische Einflußsphäre gelten. Man konnte von den USA und anderen Westmächten schließlich nicht erwarten, daß sie auf gleiche Weise in ihren Herrschaftsgebieten die Tore öffneten. Denn in Indien, Indonesien, den Philippinen, Kuba und anderen Großregionen hatten die Japaner in den zwanziger Jahren unfairerweise den Handelswettbewerb gewonnen und waren daraufhin durch eine extreme Hochzollpolitik abgeblockt worden.

Hull verwarf Japans frivole Anspielung auf die britisch-amerikanischen Präzedenzfälle und beklagte »die Schlichtheit des Geistes, die es ... [den japanischen Generälen] ... so schwer mache zu erkennen, warum die Vereinigten Staaten einerseits mittels der Monroe-Doktrin die Führungsrolle in der westlichen Hemisphäre beanspruchen, während sie andererseits Japans beginnende Führungsposition in Asien nicht unwidersprochen lassen«. Er drängte die japanische Regierung, die Generäle über diesen elementaren Unterschied »aufzuklären«, und erinnerte seine zurückgebliebenen

Schüler daran, daß die Monroe-Doktrin, »so wie wir sie seit 1823 verstehen und praktisch umsetzen, nur dazu dient, die für die Sicherung unserer Grenzen notwendigen Maßnahmen ergreifen zu können«. Geachtete Gelehrte stimmten dem vorbehaltlos zu und zeigten sich verärgert über die Unfähigkeit der kleinen gelben Männer, den Unterschied zwischen einer Großmacht wie den USA und einem kleinen Handlanger wie Japan wahrzunehmen und zu erkennen, daß »die Vereinigten Staaten keine militärische Gewalt einsetzen müssen, damit amerikanisches Kapital in den Republiken der Karibik gewinnträchtig investieren kann. Die Türen werden freiwillig geöffnet« – wie schon der flüchtigste Blick auf die Geschichte zeigt.[6]

2. Fehlende Glieder in der Kette

Was in den erwähnten geschichtlichen Betrachtungen auch im Dunkeln bleibt, sind Japans Umtriebe in der Mandschurei, als die Japaner 1932 den »unabhängigen« Staat Manchukuo unter dem ehemaligen Mandschu-Kaiser aus der Taufe hoben. Die Vorgehensweise wirkte, wie Walter Lippmann damals schrieb, »vertraut«, glich US-amerikanischen Präzedenzfällen »in Nicaragua, Haiti und anderswo«. Sicher hatte die Mandschurei einen größeren Anspruch auf Unabhängigkeit als zum Beispiel Südvietnam 25 Jahre später, was das Marionettenregime in Saigon auch anerkannte, das sich darum »Regierung von ganz Vietnam« nannte. Das war sogar in einem unaufhebbaren Artikel der von den USA lancierten Verfassung niedergelegt. Wissenschaftler wiesen darauf hin, daß es letztlich der Intervention des Westens zu verdanken ist, wenn die von China beherrschten Grenzregionen – Tibet, die Mongolei, die Mandschurei – heute noch nicht unabhängig sind. Der Westen nämlich unterstützte die chinesische Vorherrschaft in diesen Gebieten, um »den Einflußbereich für zukünftige Investitionen und Ausbeutungsmöglichkeiten« zu vergrößern (Owen Lattimore, 1934). Japan nahm es auf sich, den »unabhängigen Staat« gegen »Banditen«, die ihn von China aus angriffen, zu »verteidigen«. Japans Kwantung-Armee hatte das Ziel, die »Massen« von der Ausbeutung durch militärische und feudale Cliquen zu »befreien« und sie vor kommunistischen Terroristen zu schützen. Die militärische Führung der japanischen Armee ergriff dabei politische Maßnahmen, die in späteren Jahren von den »Tauben« unter Kennedy befürwortet wurden: es gab Feldzüge gegen Partisanen *(counterinsurgency campaigns),*

»strategische Dörfer« wie in Vietnam, ernsthafte Versuche, die Herzen und Köpfe zu gewinnen, und andere Vorstellungen, die einem bekannt vorkommen. Zu den vielen unerfreulichen – und deshalb ungern erwähnten – Tatsachen gehört die Ähnlichkeit dieser Operationen mit den ebenso brutalen und grausamen, die die Vereinigten Staaten einige Jahre später an der Südgrenze Chinas durchführten; Operationen, die in mörderische Gewalt einmündeten, kurz nachdem die japanischen Dokumente zur Mandschurei von der RAND-Corporation freigegeben worden waren (1967), nur um von den Kulturmanagern unter angemessenem Schweigen in die hinteren Regalreihen gestellt zu werden.[7]

Die Ähnlichkeit ist nicht rein zufällig. Abgesehen davon, daß ähnliche Akteure in ähnlichen Umständen naturgemäß ähnliche Gedankengänge entwickeln, war die US-amerikanische Doktrin der Partisanenbekämpfung und des Anti-Guerillakrieges *(counterinsurgency)* bewußt den Praktiken und Erfahrungen des Faschismus während des Zweiten Weltkriegs nachgebildet, bei denen vor allem die Nazis Pate gestanden hatten. In seiner Analyse von US-Armeehandbüchern der fünfziger Jahre bemerkt Michael McClintock die »bestürzende Ähnlichkeit zwischen der Weltsicht der Nazis und der Haltung Amerikas im Kalten Krieg«. Die Handbücher stellen fest, daß Hitlers Aufgaben fast dieselben gewesen seien wie diejenigen der USA, als sie den weltweiten Kampf gegen den antifaschistischen Widerstand und andere Kriminelle (so genannte »Kommunisten« oder »Terroristen«) übernahmen. Die USA übernahmen den Bezugsrahmen der Nazis wie selbstverständlich: die Partisanen waren »Terroristen«, vor deren Gewalt- und Zwangsmaßnahmen die Bevölkerung von den Nazis geschützt wurde. Das Töten von Personen, »die solchen Partisanen Hilfe oder Unterstützung direkter oder indirekter Art zukommen ließen oder Informationen über Partisanen zurückhielten«, war, wie das Handbuch erklärte, »rechtlich mit den Bestimmungen der Genfer Konvention durchaus vereinbar«. Die Deutschen und ihre Kollaborateure waren die »Befreier« des russischen Volkes. Ehemalige Wehrmachtoffiziere halfen bei den Vorbereitungen zu diesen Handbüchern, vermittelten wichtige Lehren und Erfahrungen aus der eigenen Praxis. So galt es zum Beispiel als nützlich, »die eingeborene Bevölkerung aus den mit Partisanen verseuchten Gebieten zu evakuieren, um danach alle Bauernhöfe, Dörfer und Gebäude im evakuierten Gebiet zu zerstören«. Das war genau die Politik, die Kennedys Berater ihrem Präsidenten anempfahlen, und es ist noch heute die in Mittelamerika übliche US-Praxis. Die gleiche Logik wurde seit den späten vierziger Jahren von der zivilen politischen Führung befolgt, als Nazi-Kriegsverbrecher erneut in Dienst genommen wurden und zu ihren alten Aufgaben zurückkehrten (Reinhard Gehlen, Klaus Barbie und andere), falls sie nicht nach Lateinamerika oder anderswohin in Sicherheit gebracht wurden, um dort ihr Werk fortzusetzen, weil sie in der Heimat nicht mehr protegiert werden konnten.[8]

Unter Kennedy verfeinerten sich die Methoden und Begriffe; der Präsident war für sein großes Interesse an der unkonventionellen Kriegsführung bekannt. US-Militärhandbücher und »Antiterrorismus-Experten« der damaligen Epoche befürworten »die Taktik, sorgfältig ausgesuchte Mitglieder der Opposition auf eine Weise einzuschüchtern, zu entführen oder zu töten, die ein Höchstmaß an psychologischem Gewinn erbringt«, wobei das Ziel darin besteht, »die allgemeine Angst vor einer Zusammenarbeit mit der Guerillabewegung zu schüren«. Geachtete amerikanische Historiker und Moralisten stellten später die geistig-ethischen Begründungen für diese Vorgehensweise bereit, unter ihnen und vor allem Guenter Lewy, der in seiner viel bewunderten Geschichte des Vietnamkrieges erklärt, die USA hätten sich (gewissermaßen per definitionem) keiner Verbrechen gegen »unschuldige Zivilisten« schuldig gemacht. Denn wer unserer gerechten Sache folgte, wurde nicht weiter belästigt (es sei denn, durch Unachtsamkeit, die schlimmstenfalls als Totschlag gilt). Wer aber mit der durch US-Gewalt eingesetzten »rechtmäßigen Regierung« nicht zusammenarbeitete, ist per definitionem nicht unschuldig und kann gar keine Unschuld reklamieren, wenn er sich weigert, in die ihm von seinen Befreiern angebotene »Sicherheit« zu fliehen, auch wenn es sich dabei um Kinder in einem Dorf im Mekong-Delta oder im tiefsten Kambodscha handelt. Solche Menschen haben ihr Schicksal nicht anders verdient.[9]

Andere wiederum sind schuldig, weil sie sich am falschen Ort befinden, wie etwa die Bevölkerung der Stadt Vinh, die auch »das vietnamesische Dresden« genannt wurde, wie Philip Shenon in einer Titelgeschichte des *New York Times Magazine* über den späten Sieg des Kapitalismus in Vietnam beiläufig bemerkt. Vinh wurde »von amerikanischen B-52-Bombern dem Erdboden gleichgemacht«, weil es »durch seine Lage dazu verdammt war« und von daher, wie Rotterdam und Coventry, den Bombern »ein natürliches

Angriffsziel« bot. Die 60.000 Einwohner zählende Stadt wurde 1965 »plattgebombt«, während die umliegenden Gebiete nach den Luftangriffen einer Mondlandschaft glichen.[10] Diese Tatsachen konnte man nur außerhalb des Mainstreams in Erfahrung bringen, dort, wo sie nicht ignoriert oder sogar schlichtweg geleugnet wurden, wie etwa von Lewy, der uns, unter Hinweis auf die Autorität von US-Regierungserklärungen, versichert, daß die Bombardements militärische Ziele treffen sollten und der Schaden in der Zivilbevölkerung äußerst gering war.

Insgesamt also bleibt die Geschichte besser im Verborgenen. Der »politisch korrekte« Ansatz besteht darin, Japans verbrecherischen Kurs mit dem »Überraschungsangriff« auf Pearl Harbor beginnen zu lassen, während die vor diesem Zeitpunkt begangenen Grausamkeiten nur als Folie dienen, vor deren Hintergrund der Unterschied zwischen ihrem bösen und unserem reinen Wesen deutlich in Erscheinung tritt. Beiseite gesetzt wird auch das unklare Verhältnis zwischen der Lehre, daß der Krieg am 7. Dezember 1941 begann, und der Tatsache, daß wir Japan wegen Greueltaten beschuldigen, die während der dreißiger Jahre begangen und darüber hinaus in einflußreichen Kreisen für annehmbar erachtet wurden. Und schließlich sollen dissonante Akkorde aus der vergangenen wie der gegenwärtigen Geschichte zum Verstummen gebracht werden.

Es ist interessant, auf die Reaktion zu achten, wenn die Regeln des Anstands durch den einen oder anderen Vergleich zwischen der japanischen Politik und unserem Verhalten in Vietnam verletzt werden. Zumeist sind solche Vergleiche so undenkbar, daß sie unbemerkt bleiben oder als absurd verworfen werden. Oder sie können, eine ganz und gar natürliche Interpretation, als Entschuldigung für die Verbrechen Japans denunziert werden. Wenn nämlich unsere Vollkommenheit ex cathedra feststeht, so wird jeder Vergleich den Abglanz unseres Edelmuts auf andere werfen und somit als Apologie ihrer Verbrechen betrachtet werden können. Die gleiche unwiderlegbare Logik zeigt, daß Beifall für unsere Verbrechen keine Entschuldigung darstellt, sondern ein Beitrag zu unserer Größe ist, während ihr Beschweigen nur um ein geringes weniger verdienstvoll ist als begeisterte Zustimmung. Wer nicht willens oder fähig ist, diese Wahrheiten zu begreifen, kann für seinen »irrationalen Haß auf Amerika« verurteilt werden. Diejenigen aber, die nicht völlig vernagelt sind, können, wie etwa die japanischen Generäle, Nachhilfeunterricht erhalten.

Der Bann, dem solch subversives Denken unterliegt, wurde am Jahrestag von Pearl Harbor auf eindrucksvolle Weise enthüllt (vgl. den 7. Abschnitt). Ein Beispiel ist der Kommentar zu diesem Jahrestag, um den die *Washington Post* den bekannten Japan-Experten John Dower gebeten hatte. Dower schrieb, es liege »einige Ironie darin, zu sehen, wie die Amerikaner sich über die militärische Gewalt und den historischen Gedächtnisschwund anderer Völker hermachen«, und zeigt dann, auf welche Weise Korea und Vietnam in das offiziell zugelassene Gedächtnis eingegangen sind. Der bestellte Artikel wurde nicht gedruckt.[11]

Bei den Betrachtungen über den japanischen Angriff vom 7. Dezember 1941 blieb auch eine andere drängende Frage außer Betracht: Wie kamen wir überhaupt zu diesem Stützpunkt namens Pearl Harbor, wie schafften wir es überhaupt, uns diese hawaiianische Kolonie zu halten? Die Antwort lautet: Wir haben, ein halbes Jahrhundert vor dem Datum der Niedertracht, durch Betrug und Gewalt Hawaii von seinen Bewohnern gestohlen, unter anderem, weil wir diesen Flottenstützpunkt namens Pearl Harbor in unseren Besitz bringen wollten. Die Jahrhundertfeier für die Inbesitznahme war kurz nach Beginn des Jahres 501 fällig und hätte wohl das eine oder andere Wort verdient gehabt, während wir jedoch nur Japans Unfähigkeit, seiner Niedertracht ins Auge zu sehen, bejammerten. Wenn wir den Schleier lüften, erblicken wir eine lehrreiche Geschichte.

Solange die Abschreckung der Briten in Kraft blieb, verteidigte die US-Regierung Hawaiis Unabhängigkeit mit großem Nachdruck. 1842 erklärte Präsident Tyler, die USA verlangten »keine besonderen Vorrechte, keine ausschließliche Kontrolle über die hawaiianische Regierung«, sondern sei »mit ihrer unabhängigen Existenz zufrieden und auf ihre Sicherheit und ihr Wohlergehen bedacht«. Dementsprechend würde Washington jeglichen Versuchen anderer Nationen, »von den Inseln Besitz zu ergreifen, sie zu kolonisieren und die einheimische Regierung zu stürzen«, Widerstand entgegensetzen. Mit dieser Erklärung dehnte Tyler die Monroe-Doktrin auf Hawaii aus. Die Unabhängigkeit des Inselstaates wurde auch von den großen europäischen Nationen anerkannt und in vielen Verträgen und Deklarationen bekräftigt.

Im weiteren Verlauf des Jahrhunderts verschoben sich die Machtkonstellationen zugunsten der Vereinigten Staaten. Dadurch eröffneten sich, wie in Lateinamerika, neue Möglichkeiten. US-amerikanische Siedler bauten eine florierende Zuckerindustrie auf, und es wurde immer deutlicher erkennbar, welchen Wert die Insel als Sprungbrett für den Aufbruch zu weiteren pazifischen Horizonten besaß. Admiral DuPont bemerkte: »Man kann den Wert und die Bedeutung der hawaiianischen Inseln sowohl in handelspolitischer als auch in militärischer Hinsicht gar nicht hoch genug veranschlagen.« Mit einfachen Worten: der Ring unserer legitimen Selbstverteidigung muß vergrößert werden, um auch diesen Edelstein fassen zu können. Hinderlich dabei war allerdings die Unabhängigkeit des Königreiches, und auch das demographische Problem konnte nicht einfach hinwegdiskutiert werden: die Bevölkerung bestand zu 90 Prozent aus eingeborenen Hawaiianern, war allerdings seit der Kontaktaufnahme mit Weißen auf ein Sechstel des ursprünglichen Bestandes geschrumpft. Die Siedler nahmen es nun in die Hand, diese »geistig auf so niedriger Kulturstufe stehenden« Menschen anzuleiten und zu unterstützen – und ihnen das Geschenk einer guten Regierung zu machen, die natürlich nicht unbedingt aus Einheimischen bestehen sollte.

Die Zeitschrift *Planters' Monthly* bemerkte im Jahre 1886, daß der Hawaiianer die »festen Grenzen« sowie die »moralischen und persönlichen Verpflichtungen«, die mit diesem Geschenk vermacht sind, »noch nicht erkennt«: »Der weiße Mann hat für die Eingeborenen eine Regierung eingerichtet, die Abstimmung in seine Hände gelegt, ihn zum Gesetzgeber und Herrscher gemacht. Doch wenn man solche Macht in seine Hände legt, ohne daß er mit ihr umzugehen weiß, dann ist es, als gebe man Kindern scharfe Messer, spitze Gegenstände und gefährliche Werkzeuge zum Spielen.« Während der ganzen Epoche der Moderne haben die »besten Männer« ähnliche Sorgen über den »gemeinen Haufen« und seine angeborene Dummheit und Wertlosigkeit laut werden lassen; es ist ein roter Faden, der sich durch die Theorien der Demokratie hindurchzieht.[12]

Die ersten Marineeinheiten zur Unterstützung der Siedler landeten im Jahre 1873, rund 30 Jahre nach Tylers vollmundiger Bestätigung der Unabhängigkeit Hawaiis. Nachdem die Machtergreifung in den Wahlen von 1886 mißglückt war, bereitete die Oligarchie der Plantagenbesitzer einen Staatsstreich vor, der ein Jahr später mit Unterstützung ihrer militärischen Hilfstruppen, der Hawaiian Rifles, durchgeführt wurde. Die dem König aufgezwungene »Bajonettverfassung« sprach US-Bürgern das Stimmrecht zu, während ein großer Teil der einheimischen Bevölkerung durch Eigentumsbestimmungen von den Wahlen ausgeschlossen wurde und Einwanderer aus Asien den Status von Ausländern erhielten. Zudem wurde die Mündung des Pearl River als Marinestützpunkt an die Vereinigten Staaten abgetreten.

Die »einheitliche« Interpretation der Monroe-Doktrin, die Aussenminister Hull so beeindruckte, findet sich schon bei seinem Vorgänger James Blaine, der 1889 bemerkte, es gebe »nur drei geographische Orte, die eine Übernahme wert sind. Einer von ihnen ist Hawaii. Bei den anderen handelt es sich um Kuba und Puerto Rico«. Sie sollten alle binnen kurzem in die richtigen Hände fallen.

Durch regelmäßige militärische Interventionen wurde sichergestellt, daß die Einheimischen sich gut benahmen. 1891 entsandte die Regierung die USS *Pensacola*, »um amerikanische Interessen zu schützen«. Die Siedler besaßen mittlerweile vier Fünftel des urbaren Landes. Im Januar 1893 unternahm Königin Lilioukalani einen letzten verzweifelten Versuch, die Souveränität Hawaiis zu bewahren. Sie beschränkte das Stimmrecht bei Wahlen auf Hawaiianer, ohne Ansehen der Person. Auf Anordnung von US-Minister John Stevens landeten US-Truppen und stellten die Insel unter Kriegsrecht – um, so der kommandierende Offizier, »die besten Bürger und neun Zehntel der Eigentümer des Landes« zu unterstützen. Stevens setzte den Außenminister davon in Kenntnis, daß »der hawaiianische Pfirsich jetzt reif und die Zeit für die Vereinigten Staaten gekommen ist, ihn zu pflücken«. Lange Zeit vorher hatte John Quincey Adams im Hinblick auf den zweiten wertvollen Ort ein ähnliches Bild benutzt: für ihn war Kuba eine »reife Frucht«, die uns, sobald die Briten abgezogen seien, in die Hände fallen würde (vgl. Kap. VI).

Die US-amerikanischen Plantagenbesitzer und ihre einheimischen Kollaborateure verfaßten eine Erklärung, die die Überzeugung der »überwiegenden Mehrheit der konservativen und verantwortlichen Mitglieder der Gemeinschaft« – ein paar hundert Personen – zum Ausdruck brachte, »daß eine unabhängige, konstitutionelle, repräsentative und verantwortliche Regierung, die sich gegen revolutionäre Erhebungen und royalistische Aggression verteidigen kann, unter dem gegenwärtigen Regierungssystem auf

Hawaii nicht mehr möglich ist«. Unter Protest ergab sich die Königin der »überlegenen Macht der Vereinigten Staaten von Amerika« und ihrer Truppen. Sie dankte ab, um ihre Gefolgsleute vor der Todesstrafe zu bewahren, und wurde zu 5000 Dollar Strafe und fünf Jahren Zwangsarbeit wegen ihrer Verbrechen gegen die Ordnung verurteilt (die Strafe wurde 1896 abgemildert). Am 4. Juli 1894 ernannte der amerikanische Plantagenbesitzer Sanford Dole sich zum Präsidenten und rief die Republik Hawaii aus. Jeder Schluck Ananassaft von Dole bietet Gelegenheit, einen weiteren Triumph der westlichen Zivilisation zu feiern.

1898 verabschiedete der Kongreß eine Resolution, in der die Annexion von Hawaii gefordert wurde. Zur gleichen Zeit versenkte die Marineeinheit des Kommandeurs George Dewey im Krieg gegen Spanien eine altersschwache spanische Flotte vor Manila. In der Folgezeit wurden Hunderttausende von Filipinos abgeschlachtet, als eine weitere reife Frucht vom Baum gepflückt wurde. Präsident McKinley unterzeichnete die Resolution des Kongresses am 7. Juli 1898 und schuf so den »ersten Außenposten eines größeren Amerika«, wie ein Journal der »konservativen und verantwortlichen Mitglieder der Gemeinschaft« triumphierend verkündete. Diese herrschten mit eiserner Faust und beendeten alle folgenden Störmanöver der »unwissenden Mehrheit«, wie die Plantagenbesitzer die übrigen 90 Prozent der Bevölkerung nannten. Diese sollten bald, verarmt und unterdrückt, in alle Winde zerstreut werden, ihrer Kultur und ihrer Ländereien beraubt.[13]

Auf diese Weise wurde Pearl Harbor zu einem wichtigen Militärstützpunkt auf der US-Kolonie Hawaii. Ein halbes Jahrhundert später fand der skandalöse »Überraschungsangriff« statt, bei dem japanische Ungeheuer ihren verbrecherischen Weg weiter verfolgten.

Am 2. Januar 1992 veröffentlichte das Institut für die Förderung hawaiianischer Angelegenheiten ein Dokument mit dem Titel »Über die Souveränität Hawaiis«, das in Vorbereitung des »100. Jahrestages der Niederwerfung Hawaiis« einen Überblick über die Geschichte gibt.[14] Wenn es in der herrschenden Kultur keine dramatischen Veränderungen gibt, wird dieser Jahrestag tief im Grab der Erinnerung verborgen bleiben, zusammen mit vielen anderen, die an das Schicksal der Opfer der 500-jährigen Eroberung gemahnen.

3. Ein bißchen Unterricht in ›politischer Korrektheit‹

Kehren wir zum öffentlichen Gedenken an den 50. Jahrestag des niederträchtigen Datums zurück, das sorgfältig gesäubert und von störenden Gedankengängen ferngehalten wird. Die Amerikaner sind, wie Urban Lehner in einem langatmigen Artikel über den japanischen »Revisionismus« im *Wall Street Journal* berichtet, sehr verärgert über die mangelnde Bereitschaft der Japaner, ihrer Schuld am Verbrechen von Pearl Harbor ins Auge zu blicken. Er zitiert den Historiker des Pearl Harbor-Gedächtnisparks, der von dem »völligen Unverständnis der Japaner gegenüber ihrer eigenen Geschichte« spricht. Um zu zeigen, wie »ambivalent sich Japan zur geschichtlichen Erinnerung verhält«, beschreibt Lehner einen Besuch bei einem »vornehmen« japanischen Militärhistoriker, der »nicht verstehen kann, warum die USA das Ereignis nicht einfach vergessen. ›Wenn Japan und die USA Partner sind, warum soll man dann ewig über Pearl Harbor reden? Das jedenfalls denken die Japaner‹, sagt er. ›Warum erinnert ihr uns immer wieder daran?‹«[15]

So endet der Artikel, und die mit solcher Deutlichkeit ans Licht gebrachten Sünden der Japaner bedürfen keines Kommentars.

Das *New York Times Magazine* widmete dieser spezifisch japanischen Krankheit eine Titelgeschichte, die der Chef des Tokioter Büros, Weisman, verfaßte. Titel: »Pearl Harbor im Gedächtnis Japans«. Es ist, so teilt der Untertitel mit, »wenig Bedauern zu hören«, und Japan »veranstaltet keine Gedächtnisfeiern zum Jahrestag der Bombardierung«. Die USA werden an das Ereignis »aus einer völlig anderen Perspektive« herantreten, schreibt Weisman, der diese Perspektive ohne weiteres Nachdenken für die einzig richtige hält; Fragen erübrigen sich. Seine Untersuchung dieses Sujets verdeutlicht, wie im allgemeinen damit verfahren wird, und wir lernen einiges über die Techniken der politischen Korrektheit, in der viele Standarderöffnungen dieses rhetorischen Spiels enthalten sind.[16]

Die Amerikaner, bemerkt Weisman, hätten die einfachen Wahrheiten nicht immer so deutlich vor Augen gehabt wie heute. In den späten Sechzigern »waren die amerikanischen Historiker ... von Schuldgefühlen wegen des Vietnamkrieges geplagt und eher bereit, die amerikanischen Motive des Engagements in Asien zu hinterfragen. Heute ist ihr Ton längst nicht mehr so apologetisch« – wobei wir die Wahl des letzten Wortes mit Interesse vermerken. Mit dem Golfkrieg und dem Zusammenbruch des Kommunismus »haben sich die Zeiten geändert«, und »daß Roosevelt einst eine Linie in den Sand malte, gilt nicht mehr als unpassend«.

Weismans Behauptungen über die späten sechziger Jahre enthalten ein Gran Wahrheit: Jüngere Historiker, die mit der Antikriegsbewegung verbunden waren, begannen tatsächlich, vordem verbotene Fragen zu stellen. Sie mußten ihre eigene akademische Gesellschaft gründen (das »Committee of Concerned Asian Scholars«), um, fast ohne Beteiligung von Assistenten und Professoren, subversive Gedanken über mögliche Fehler in den »amerikanischen Beweggründen« nachzudenken. Obwohl sie damals zur Elite der graduierten Studenten gehörten, überlebten nur wenige die autoritäre Struktur der ideologieträchtigen Fächer. Einige wurden aus direkt politischen Gründen von der Universität gejagt, andere auf gleichfalls vertraute Weise marginalisiert. Die angehenden jungen Gelehrten erhielten hier und da Unterstützung vom Mainstream, vor allem von John King Fairbank, einem überragenden Wissenschaftler und Asien-Experten, der politisch zu den Abweichlern zählte und oft beschuldigt wurde, die Grenze zur kommunistischen Apologetik zu überschreiten. Er skizzierte seine eigene Haltung zum Vietnamkrieg in seiner Ansprache als Präsident der »American Historical Association« im Dezember 1968, als die Geschäftswelt schon lange die Beendigung des Unternehmens gefordert hatte. Der Krieg, so erklärte Fairbank, sei ein »Irrtum«, der auf Mißverständnissen und Naivität beruhe. Er stelle dennoch ein weiteres Beispiel für »unsere exzessive Aufrichtigkeit und von Eigeninteressen freie Neigung zur Wohltätigkeit dar«.[17]

Damals wie heute haben die ehrbaren Kreise die Motive der USA nur selten in Frage gestellt.

Überlieferte Unwahrheiten behalten für gewöhnlich ihre Anziehungskraft, weil sie funktional sind und den Interessen einer etablierten Autorität dienen. Weismans Geschichten über die späten sechziger Jahre sind ein solcher Fall. Sie unterfüttern die Ansicht, daß die Universitäten, die Medien und das intellektuelle Ambiente im allgemeinen von links überrollt worden sind, so daß nur ein paar tapfere Verteidiger einfacher Wahrheiten und intellektueller Werte auf verlorenem Posten übrig blieben, denen von daher jede erdenkliche Unterstützung in ihrem einsamen Kampf zuteil werden muß. Ein solches Projekt ist für die gegenwärtigen ideologischen Bedürfnisse wie geschaffen (vgl. Kap. II.4).

Wie alle recht(s)denkenden Menschen geht Weisman ganz selbstverständlich davon aus, daß die Haltung der USA im Golfkrieg und im Kalten Krieg keiner weiteren Begründung bedarf und ein Hinterfragen der »amerikanischen Beweggründe« nicht auf der Tagesordnung steht. Er folgt der Konvention auch insofern, als er den Gesichtspunkt einer multilateralen Verantwortung für den Krieg im Pazifik gänzlich außer acht läßt. De facto nämlich ging es nicht darum, daß »Roosevelt eine Linie in den Sand zeichnet«, sondern um die Entscheidung der traditionellen imperialen Mächte (Großbritannien, Frankreich, Holland, die USA), ihre Herrschaftsbereiche dem japanischen Zugriff zu entziehen, nachdem das fernöstliche Kaiserreich die Regeln des »Freihandels« mit zu großem Erfolg angewendet hatte. Und es ging um die bis zum Ende aufrechterhaltene Position der USA, daß der Konflikt zwischen ihnen und Japan gelöst werden könnte, wenn Japan die USA an der Ausbeutung Asiens beteiligen würde, ohne entsprechende Rechte für den Hegemonialbereich der Vereinigten Staaten einzufordern. Weisman erkennt zwar, daß solche Gesichtspunkte eine Rolle spielten, aber er will ihnen den angemessenen Rahmen verschaffen. Er bezieht sich dabei nicht auf die Diskussionen über das Vorgehen der imperialen Mächte, die damals oder seither in den akademischen Kreisen des Westens geführt wurden; für ihn sind vielmehr die »erstaunlichen« Worte des Premierministers Hideki Tojo maßgebend, der 1948 als Kriegsverbrecher der Kategorie A gehängt wurde. Tojo »verteidigte trotzig den Angriff auf Pearl Harbor, der durch ›unmenschliche‹ Wirtschaftssanktionen von seiten Washingtons erzwungen worden sei«, Sanktionen, die, hätte Japan nicht reagiert, »die Zerstörung der Nation bedeutet hätten«. Könnte sich in diesen Gedanken ein Körnchen Wahrheit verbergen? Die Frage kann nicht beantwortet werden, weil sie gar nicht bis ins Bewußtsein vordringt.

Weisman schreibt, daß es »den meisten amerikanischen Historikern natürlich nicht schwerfallen würde, ein Urteil über Japans alleinige Verantwortung, wo nicht gar Schuld zu fällen«, wenn sie »Japans Annexion der Mandschurei im Jahre 1931« und den »blutigen Feldzug in China« berücksichtigen, der später auf Indochina übergriff und die Kolonialherrschaft der Franzosen beseitigte. Er verliert indes kein Wort darüber, wie sich die USA zu diesen Ereignissen verhielten; nur ein versteckter Hinweis findet sich: »Mit der Entscheidung von 1940, Kriegsschiffe zu entsenden, begannen die USA auf die japanische Militäraggression mit Warnungen und Protesten zu reagieren« – neun Jahre nach der Invasion der Mandschurei, drei Jahre nach der mörderischen Eskalation in China. Warum diese Verspätung? Auch andere Fragen bleiben ungestellt: Warum besaß der Westen stärkere Ansprüche auf seine Kolonialgebiete als Japan auf die seinen? Und warum befürworteten einheimische Nationalisten oftmals die japanische Eroberung, die die traditionellen Unterdrücker vertrieb? Ebensowenig macht ihm die simple Logik der Ereignisse zu schaffen: Wenn Japans eigentliche Verbrechen in China und der Mandschurei geschahen, warum nehmen wir dann ein viel späteres Geschehen zum Anlaß, des »Datums der Niedertracht« zu gedenken? Warum ist es gerade die »fünfzig Jahre zurückliegende Tragödie«, die Weisman zu seinen Nachforschungen über die Defekte der japanischen Psyche veranlaßt?

Weisman konzediert, daß die USA ein gewisses Maß an Verantwortung tragen, jedoch nicht für das, was geschah, sondern für Japans Unfähigkeit, seinen Verbrechen ins Auge zu sehen. Die USA wollten nach dem Krieg »eine Demokratie errichten«, als aber »China 1949 an die Kommunisten fiel und ein Jahr später der Koreakrieg ausbrach, änderte Washington seine Einstellung und befürwortete nun eine stabile konservative Regierung in Japan, um dem Kommunismus in Asien Paroli zu bieten«. Dabei wurde bisweilen sogar Kriegsverbrechern eine Rückkehr zu Machtpositionen gestattet.

Auch dieser historische Revisionismus hat seinen funktionalen Nutzen: die Gesetze der politischen Korrektheit beachtend dürfen wir erkennen und anerkennen, daß wir bisweilen vom Pfad der Vollkommenheit abweichen. Aber das sind lediglich allzu verständliche Überreaktionen auf die Übeltaten ausgewählter Bösewichter. Tatsächlich begann Washington, wie Weisman wissen dürfte, in Japan bereits *ab 1947* auf Gegenkurs zu gehen, also noch bevor China »an die Kommunisten fiel« (das heißt, bevor eine einheimische politische Bewegung die korrupte Tyrannei einer US-gestützten Clique zu Fall brachte) und drei Jahre vor dem offiziell anerkannten Koreakrieg, dessen inoffizielle Phase 1947 längst auf Hochtouren lief. Unterstützt von faschistischen Kollaborateuren, die von der US-Besatzungsarmee nach Kräften gefördert worden waren, machte sich das von den USA eingesetzte Regime daran, Hunderttausende von Antifaschisten und Anhängern anderer sozialer Bewegungen zu liquidieren, gegen die die Vasallen der USA bei allgemeinen Wahlen nicht den Hauch einer Chance gehabt hätten.

Washingtons »Gegenkurs« in Japan lief auf die Beendigung der demokratischen Experimente hinaus, durch die die etablierten Mächte gefährdet werden könnten. Die USA unternahmen entschiedene Schritte, um die Macht der japanischen Gewerkschaften zu brechen und die traditionellen Verbindungen zwischen Industrie- und Finanzkapital wiederherzustellen, faschistische Kollaborateure zu unterstützen, antifaschistische Bewegungen auszugrenzen und die traditionell konservative Vorherrschaft des Kapitals wieder in Kraft zu setzen. Unter der Leitung von George Kennan, dem eigentlichen Initiator des »Gegenkurses«, erschien 1947 ein Papier zur Einschätzung der Lage. Darin hieß es, die USA hätten »das moralische Recht zur Intervention«, um die »Stabilität« gegen die »Handlanger« der Kommunisten zu verteidigen: »In Anbetracht der Tatsache, daß die ehemaligen Industrie- und Handelsführer Japans die fähigsten Führungspersönlichkeiten des Landes sind und sein stabilstes Element darstellen sowie die stärksten natürlichen Bindungen zu den USA besitzen, sollte die Politik der USA alle Hindernisse beseitigen, damit diese Personen den ihnen angemessenen Platz in der japanischen Führungsschicht finden können.« Dieser in Japan gesteuerte Gegenkurs war Bestandteil einer weltweiten US-Kampagne, die schon vor 1949 überall die gleichen Ziele verfolgte.[18]

Der Wiederaufbau dessen, was US-amerikanische Experten zornig als »totalitären Staatskapitalismus« verdammten, wurde, mitsamt der Unterdrückung volksnaher und demokratischer Kräfte, schon lange vor dem Gegenkurs von 1947 in Gang gesetzt. Die Besatzung entschied sich auch sofort dafür, die grundlegenden Gesichtspunkte der Kriegsschuld ad acta zu legen. General MacArthur »verhinderte, daß der Kaiser angeklagt oder als Zeuge vernommen oder auch nur von den Beauftragten des Internationalen Gerichtshofes [bei den Kriegsverbrecherprozessen] befragt werden konnte«, schreibt Herbert Bix. Es gab zwar genügend Beweise für seine direkte Verantwortlichkeit für japanische Kriegsverbrechen, aber General MacArthur hielt das Material geheim. Dieses Reinwaschen der Monarchie war von »erheblicher« Bedeutung für die Wiedererrichtung der traditionell-konservativen Ordnung. Zugleich wurde damit, schließt Bix, eine weitaus demokratischere Alternative verhindert.[19]

Weisman bemerkt richtig, daß Japan »das Ziel verfolgte, Zugang zu natürlichen Ressourcen, zu Märkten und zur freien Schiffahrt auf den Meeren zu gewinnen«. Dieses Ziel hat Japan nunmehr erreicht, fügt er hinzu, »durch eigene harte Arbeit« und durch »die Großzügigkeit (und das Eigeninteresse) der Vereinigten Staaten«. Unter der Hand wird damit behauptet, Japan habe diese Ziele auch schon vor 50 Jahren erreichen können, wenn es sich damals nicht im Griff faschistischer Ideologie und primitiver Verblendung befunden hätte. Auch hier werden offensichtliche Fragen nicht gestellt. Wenn Japan diese Ziele durch die Anerkennung westlicher Normen hätte erreichen können, warum haben dann die Briten, die Amerikaner und die anderen imperialen Mächte nicht einfach die hohen Zollmauern niedergerissen, die sie um ihre Kolonien errichtet hatten, um Japan auszusperren? Und wenn so etwas als idealistisch überspannte Forderung erscheint, warum hat dann Hull nicht wenigstens das japanische Angebot zur gegenseitigen Öffnung der Einflußgebiete akzeptiert? Solche Gedanken überschreiten die Grenzen dessen, was legitimerweise gefragt werden darf, und bewegen sich auf dem verbotenen Terrain »amerikanischer Beweggründe«.

In der wirklichen Welt gab Japans Aggression den nationalistischen Befreiungsbewegungen den Anstoß, sich der Kolonialherrschaft zugunsten der subtileren Herrschaftsmethoden der Nachkriegsepoche zu entledigen. Darüber hinaus waren die USA nach dem Krieg in der Lage, die Neue Weltordnung zu entwerfen. Unter diesen neuen Bedingungen konnte man Japan sein »nach Süden ausgerichtetes Reich« (wie Kennan es formulierte) anbieten, das unter begrenzter Kontrolle der USA stehen sollte: Die USA zielten darauf ab, »die japanischen Ölimporte und ähnliche Einfuhrgüter weiterhin wachsam zu beobachten«, so daß wir »unser Veto in bezug auf von Japan benötigte Industrie- und Militärgüter geltend machen können«, lautete Kennans Vorschlag von 1949.[20] Diese Haltung blieb unverändert, bis unerwartete Faktoren ihr ein Ende bereiteten. Besonders der Vietnamkrieg führte hier einen grundlegenden Wandel herbei, denn er erwies sich als überaus kostspielig, während Japan und andere Wirtschaftskonkurrenten der USA von ihm profitierten.

Ein weiterer Fehler der Japaner besteht, wie Weisman bemerkt, darin, daß sie die japanisch-amerikanischen Beziehungen mit einem sehr »kriegerischen Vokabular« beschreiben und dergestalt ihre Neigung zum Militarismus verraten. So sprechen sie etwa von »ihrem ›Gegenschlag‹: wenn nämlich Washington einen Einfuhrstopp für Waren aus Japan erläßt, kann Tokio der amerikanischen Wirtschaft die Luft abdrehen, indem sie ihre Investitionen oder den Ankauf von Schatzanweisungen zurückfahren«. Selbst wenn wir Weisman in seinem vorschnellen Urteil über die Ungehörigkeit derartiger Vergeltungsmaßnahmen folgen, würden sich diese im Vergleich mit den Standardpraktiken der USA recht bescheiden ausnehmen. Man denke nur an die zerstörerischen und illegalen Wirtschaftskriege, die gegen Feinde wie Kuba, Chile, Nicaragua und Vietnam geführt wurden. Oder man denke an die Bemühungen der Demokraten unter Jackson, das Monopol über die wichtigste Ware im Welthandel zu erlangen und damit »alle Nationen zu unseren Füßen zu sehen« (vor allem den britischen Feind).

Japans ärgste Sünde ist jedoch sein Hang zum »Selbstmitleid«, seine Weigerung, den Opfern Wiedergutmachung anzubieten, seine »unbeholfenen Versuche, die Vergangenheit zu bereinigen« und, ganz allgemein, sein »Schweigen über die Verantwortlichkeit für Kriegsgeschehnisse«. Hier befindet sich Weisman auf sicherem Grund, oder befände sich dort, wenn er oder seine Vorgesetzten oder deren Kollegen im ideologisch-doktrinären System die Grundsätze, die sie anderen diktieren, für sich selbst in Anspruch nähmen. Aber das kommt ihnen, wie die Dokumente zeigen, nicht eine Sekunde lang in den Sinn.

4. »Selbstmitleid« und andere Charakterschwächen

Des fünfzigsten Jahrestages wurde mit Titelgeschichten in den großen Nachrichtenmagazinen, Zeitungsartikeln und TV-Dokumentationen gedacht. Einige dieser Veröffentlichungen erhielten den Beifall von Dorothy Rabinowitz, der Kritikerin des *Wall Street Journal*, wegen ihrer »zähen und unnachgiebigen historischen Sicht des Angriffs auf Pearl Harbor«, die keinen Zweifel am Unterschied zwischen reiner Aufrichtigkeit und dem abgrundtief Bösen aufkommen lasse (2. Dez.). Ihre Verdammungsurteile gelten den »Journalisten der modischen Linken und der ewigen Rechten«, denen die Japaner »unfehlbar« als »Opfer« der feigen Amerikaner gelten. Beispiele für diese Verrücktheiten werden ausgespart, die wirklichen historischen Gesichtspunkte mit keinem Wort bedacht.

Die Kehrseite der Medaille stellt ein Artikel von Robert Greenberger dar, der unter der Überschrift »Problem der Kriegsvermißten verhindert weiterhin Annäherung zwischen USA und Vietnam« einen vietnamesischen Plan beschreibt, der »das Hauptproblem, das einer Wiederaufnahme der Beziehungen im Wege steht, beseitigen soll: Rechenschaft abzulegen über die seit dem Vietnamkrieg vermißten Amerikaner«. Dieser Bericht ist zu konventionell, um nähere Beachtung zu verdienen, doch der Grundriß des Ganzen ist interessant. Es ist ein Gemeinplatz in den Medien und im Kulturbetrieb überhaupt, daß eigentlich wir diejenigen waren, die im und am Vietnamkrieg gelitten haben. Wir waren unschuldige Opfer des von John F. Kennedy so genannten »Angriffs von innen« (12. November 1963), der »internen Aggression« südvietnamesischer Bauern gegen ihre rechtmäßige Regierung und gegen die Retter, die ihnen diese Regierung aufzwangen und sie dann gegen die Bauern verteidigten.[21] Später wurden wir auf heimtückische Weise von den Nordvietnamesen angegriffen, die sich damit aber nicht begnügten, sondern überdies noch Amerikaner gefangensetzten, die ihnen geheimnisvollerweise in die Hände gefallen waren. Unnachgiebig wie sie sind, fuhren die vietnamesischen Aggressoren auch nach dem Krieg fort, uns schamlos zu mißbrauchen: Sie verweigerten die volle Zusammenarbeit bei Nachforschungen über das Schicksal von US-Piloten und vermißten Soldaten und waren nicht einmal bereit, sich mit angemessener Hingabe der Suche nach den sterblichen Überresten von Piloten zu widmen, die sie so tückisch vom Himmel geholt hatten.

Die Leiden, die uns diese Barbaren zufügten, sind der einzige moralische Gesichtspunkt, der nach einem Vierteljahrhundert voller Gewalt übrigbleibt. Zwar haben wir die französischen Bemühungen, ihre ehemaligen Kolonien zurückzuerobern, unterstützt und die diplomatischen Vereinbarungen von 1954 sofort zunichte gemacht; zwar haben wir im Süden ein Regime korrupter und mörderischer Folterknechte an die Macht gebracht, um dann, als Terror und Unterdrückung unserer Vasallen eine Reaktion hervorrief, der sie nicht standhalten konnten, den Süden direkt anzugreifen; zwar haben wir unsere Aggression auf ganz Indochina ausgeweitet und dabei dichtbevölkerte Gebiete mit Bombenteppichen belegt, mit chemischen Waffen Äcker, Felder und Vegetation zerstört; zwar haben wir Dämme bombardiert und das Land mit Massenmord und Terror überzogen, als die Vertreibung und Umsiedlung der Bevölkerung und die Zerstörung ganzer Dörfer nicht mehr weiterführte; zwar haben wir letzten Endes drei Länder völlig zerstört zurückgelassen, bedeckt mit Millionen Leichen und explosionsbereiten Bomben und Granaten, mit ungezählten Behinderten und Verstümmelten, mit deformierten Föten in den Krankenhäusern des Südens, an die kein Abtreibungsgegner auch nur einen Gedanken verschwendet; zwar haben wir noch andere Schrecken hinterlassen, die zu grauenhaft sind, um davon aus dieser Region zu berichten, der »die Auslöschung ... als kulturelle und geschichtliche Entität droht, ... weil Land und Landschaft unter den Angriffen der größten Militärmaschine, die je auf ein Gebiet dieser Größe losgelassen wurde, buchstäblich zu sterben drohen« – so die Worte des dem Lager der »Falken« zugerechneten Historikers und führenden Vietnam-Experten Bernard Fall im Jahre 1967, also noch *bevor* die eigentlichen Greueltaten der USA in Szene gesetzt wurden.[22]

Zwar geht all dies auf unser Konto, doch bleibt nur ein einziger Posten übrig: die schrecklichen Übergriffe, die wir unter den Händen unserer Peiniger erleiden mußten.

Die Reaktionen auf unser Unglück sind nicht ganz und gar einheitlich. Auf der Seite der »Tauben« warnt uns Senator John Kerry davor, noch einmal einen Krieg zu führen, den wir »aufgrund von Ressourcenbegrenzung nicht gewinnen können«; andere Fehler nennt Kerry nicht. Und dann war da noch Präsident Carter, der bekannte Moralprediger und Menschenrechtsapostel, der uns versicherte, wir seien Vietnam nichts schuldig und hätten keinerlei Verpflichtung, dem Land zu helfen, weil »die Zerstörung gegenseitig war«. Diese Beobachtung ist so unumstritten, daß sie keine Reaktion auslöst. Andere, die weniger bereit sind, auch die rechte Wange hinzuhalten, geben den vietnamesischen Kommunisten die Alleinschuld und klagen die anti-amerikanischen Extremisten an, die eifrig mit der Aufdeckung verborgener Zweideutigkeiten beschäftigt sind.[23]

In der *New York Times* lesen wir Überschriften wie »Vietnam gelobt Besserung, hat aber noch einen weiten Weg vor sich«. In dem dazugehörigen Artikel berichtet die Asien-Korrespondentin Barbara Crossette, daß die Vietnamesen zwar einigen Fortschritt im Hinblick auf die »vermißten Amerikaner« machen, aber noch weit davon entfernt sind, unseren hohen Maßstäben Genüge zu tun.

Hunderte anderer Artikel sind mit dem gleichen Inhalt und im gleichen Tonfall verfaßt. Ganz Staatsmann, verkündet Präsident Bush: »Es war ein harter Konflikt, aber Hanoi weiß heute, daß wir lediglich Antworten suchen und nicht mit Vergeltung für die Vergangenheit drohen.« Ihre an uns verübten Verbrechen werden wir nie vergessen, aber »wir können das letzte Kapitel im Vietnamkrieg zu schreiben beginnen«, wenn sie sich mit ausreichendem Eifer dem Problem der vermißten Soldaten zuwenden. Ja, wir könnten sogar »den Vietnamesen helfen, ihre eigenen Vermißten zu finden und zu identifizieren«, berichtet Crossette. Die nebenstehende Titelgeschichte beschäftigt sich wieder einmal damit, warum Japan nicht »in unzweideutiger Weise« die Schuld »für die Aggression im Krieg« auf sich nehmen will.[24]

Als der Präsidentschaftswahlkampf von 1992 in seine heiße Phase eintrat, flammte Vietnams grausame Mißhandlung des leidenden Amerika zu einem einzigen Fragezeichen auf: hatte Washington genug getan, um diesen Mißbrauch zu beenden, oder gab es verschwörerische Maßnahmen, um ihn zu verschleiern? Ein Bericht von Patrick Tyler auf der Titelseite der *New York Times* faßte die Stimmung in Worte. Tyler schreibt, das Weiße Haus habe einen Vorschlag von Ross Perot aus dem Jahre 1987 zurückgewiesen, demzufolge die Verminderung des Drucks auf Hanoi »eine Möglichkeit sein könnte, die Rückführung aller amerikanischen Militärangehörigen zu erreichen, die noch in Südostasien festgehalten werden«. »Gerade zu der Zeit«, bemerkt Tyler, »schlug Washington einen härteren diplomatischen Kurs ein, um dasselbe Ziel zu erreichen.« »Die Geschichte hat gezeigt, daß man, bei Strafe des Todes, keine Zugeständnisse machen soll, bevor nicht die Katze aus dem Sack ist«, sagt Richard Childress, ein mit der Überwachung der Kriegsgefangenen- und Vermißtenpolitik befaßter Beamter des nationalen Sicherheitsrates. »Sonst wird man ausgenommen wie eine Weihnachtsgans«, fügt er hinzu. »Das wissen wir seit nunmehr 25 Jahren.« »Die Verhandlungsführer der Vereinigten Staaten saßen und blieben am längeren Hebel, bis Hanoi sich schrittweise in Richtung auf verbesserte Beziehungen vortastete, indem es bei den Nachforschungen über Kriegsgefangene und -vermißte kooperierte«, fügt Tyler hinzu. Es fehlt ein und sei es noch so zaghaftes Fragezeichen im Hinblick auf die erklärten Absichten Washingtons, es fehlt ein und sei es noch so zarter Hinweis darauf, daß ihre Aufrichtigkeit auch angezweifelt werden könnte.[25]

Als das Land den »geistigen Zustand Japans« bebrütete und das schandbare »Selbstmitleid« der Japaner beklagte, die nicht in der Lage seien, ihren Opfern Wiedergutmachung anzubieten oder gar »ihre Kriegsschuld definitiv einzugestehen«, eskalierten die bitteren Vorwürfe Washingtons und der US-Presse gegen die Verbrecher in Hanoi, die sich nicht nur weigern, ihre Schuld einzugestehen, sondern sogar ihre schändliche Mißhandlung der unschuldigen amerikanischen Nation fortsetzen. In einem langatmigen Bericht über die wachsende Empörung angesichts der morbiden Beharrlichkeit Vietnams, uns 17 Jahre nach dem offiziellen Ende des Krieges noch zu bestrafen, schrieb Crossette, daß die Erwartungen, die an die diplomatischen Beziehungen zwischen den USA und Vietnam geknüpft werden, »einen Rückschlag erleiden könnten, weil es ein erneutes und sehr beharrliches Interesse an einem Stück unvollendeter Geschichte gibt: dem Schicksal der vermißten Amerikaner«. George Bush eröffnete das Jahr 500 im Oktober 1991, indem er erneut intervenierte, um europäische und japanische Bemühungen zur Beendigung des seit 1975 bestehenden Embargos abzuwürgen, während Verteidigungsminister Dick Cheyney dem Kongreß berichtete, daß »trotz der verbesserten Kooperation« die Vietnamesen noch einiges mehr tun müssen, um wieder in die zivilisierte Welt aufgenommen zu werden. Außenminister James Baker sagte, ein »substantieller Fortschritt« in Sachen kriegsvermißte Soldaten sei zur Normalisierung der Beziehungen erforderlich, ein Prozeß, der einige Jahre dauern könne. Unterdessen zeigen sich die Repräsentanten eines der ärmsten Länder der Welt irritiert angesichts der Tatsache, daß die Vereinigten Staaten »einen französischen Vorschlag, der Internationale Währungsfonds solle Vietnam Geld leihen«, abblockten, berichtete die *New York Times*.[26]

Eine zeitlang wurde das Embargo verhängt, um Vietnam für ein weiteres Verbrechen zu bestrafen; es hatte nämlich mörderische Angriffe der Roten Khmer auf vietnamesische Grenzgebiete mit einem Gegenschlag gegen Pol Pot beantwortet. Unter der Überschrift »Vermißte in Indochina: ein Thema das fortlebt« berichtet Barbara Crossette, die USA hätten die Normalisierung der Beziehungen angestrebt, obwohl Vietnam uns so grausam behandelte. »Aber«, fährt sie fort, »Präsident Carters Bemühungen, die Verbindung mit Hanoi herzustellen, wurden durch Vietnams Invasion in Kambodscha vereitelt.« Natürlich konnte der fromme Moralist eine so ungerechtfertigte Aggression nicht einfach übergehen; wäre Präsident Bush am Ruder gewesen, hätte er sicher Stormin' Norman ausgesandt, um den Angreifer zu zermalmen (zumindest, wenn er sicher gewesen wäre, daß niemand zurückschießen würde).[27]

Carters tief empfundene Abneigung gegen das Kriegsverbrechen der Aggression zeigte sich – für alle, die Augen im Kopf haben – an seiner Reaktion auf Indonesiens Invasion in Osttimor. In diesem Falle wurde ein mörderischer Angriff auf die Bevölkerung nicht beendet, sondern ein vergleichbarer initiiert. Als die indonesische Gewaltanwendung 1978 die völkermordähnlichen Ausmaße erreichte und die militärischen Ressourcen langsam zur Neige gingen, hob die Regierung Carter die Waffenlieferungen an den indonesischen Verbündeten drastisch an und schickte auch Flugzeuge über die Israel-Connection, um einschränkenden Maßnahmen seitens des Kongresses aus dem Wege zu gehen. 90 Prozent der indonesischen Waffen stammten aus US-amerikanischen Vorräten; sie wurden unter der strikten Bedingung geliefert, nur zu Verteidigungszwecken eingesetzt zu werden. Von seinem moralischen Elfenbeinturm aus beobachtete Carter die vietnamesische Aggression und beendete nach mancherlei Zögern seine Versuche, Vietnam in die Gemeinschaft der zivilisierten Nationen zurückzubringen. So jedenfalls wird es uns erzählt. Daß die USA der Anwendung von Gewalt in internationalen Angelegenheiten prinzipiell ablehnend gegenüberstehen, zeigte sich erneut in den achtziger Jahren, als Washington Israels Invasion in den Libanon und die damit verbundenen Tötungsaktionen entschieden unterstützte; es zeigte sich auch an der Reaktion von Regierung und Medien auf das Urteil des Weltgerichtshofes von 1986, das die USA aufforderte, dem »unrechtmäßigen Einsatz von Gewalt« gegen Nicaragua zu entsagen; es zeigte sich an Bushs Invasion in Panama, mit der er den Fall der Berliner Mauer und das Ende des Kalten Krieges feierte; es zeigt sich an vielen anderen Begebenheiten.[28]

Der von der Regierung und der *New York Times* vertretenen Version zufolge verweigerte Washington die »Normalisierung der Beziehungen, solange ein von Vietnam gestütztes Regime in Kambodscha einer Beendigung des Bürgerkriegs auf dem Verhandlungswege Widerstand entgegensetzte« (Steven Greenhouse). Gemeint ist der Konflikt mit den Roten Khmer, die, von China und Thailand (indirekt auch von den USA und ihren Verbündeten) unterstützt, die landwirtschaftlichen Gebiete Kambodschas von ihren Schutzzonen in Thailand aus angriffen.[29]

Die Realität sieht ein bißchen anders aus. Die Regierung Carter »wies das vietnamesische Angebot zur Wiederherstellung der Beziehungen« deshalb zurück, weil sie, wie Raymond Garthoff bemerkt, 1978 – also weit vor der Kambodscha-Invasion Vietnams – die »Hinwendung zu China« und damit auch zu den mit China verbündeten Roten Khmer vollzogen hatte. Wohl gerade aufgrund dieser Verbindung konnte Pol Pot die Greueltaten begehen, die der CIA in seiner späteren demographischen Untersuchung dann vernebelte. Im Gegensatz zu vielen europäischen Staaten enthielten sich die USA bei der UNO-Sitzung über die »legitime« Regierung von Kambodscha nach der Vertreibung der Roten Khmer durch die Vietnamesen nicht der Stimme, sondern »schlossen sich China bei der Unterstützung der Roten Khmer an« (Garthoff). Die USA unterstützten Chinas Invasion »zur Bestrafung Vietnams« ebenso wie eine Bündnispolitik Thailands, in der die Roten Khmer den wichtigsten militärischen Bestandteil darstellten. Die USA »ermutigten die Chinesen, Pol Pot zu unterstützen«, sagte Carters Sicherheitsberater Zbigniew Brzezinski später. Deng Xiaoping, ein besonderer Favorit der Regierungen Reagan und Bush, führte aus: »Es ist sehr klug, die Vietnamesen dazu zu zwingen, in Kambodscha zu bleiben, denn so werden sie stärker leiden und nicht fähig sein, ihre Hand nach Thailand, Malaysia und Singapur auszustrecken.« Zweifellos hätte Vietnam alle diese Länder erobert, wenn nicht rechtzeitig eingegriffen worden wäre. Nachdem das Bündnis USA-China-Thailand (und der Westen ganz allgemein) schon bei der Reorganisation von Pol Pots angeschlagenen Streitkräften behilflich gewesen war, wurde ihm dann auch noch diplomatische Unterstützung gewährt, ein Embargo über Kambodscha verhängt, das jegliche – auch humanitäre – Hilfsmaßnahmen aus anderen Quellen blockierte. Zusätzlich wurde jede Verhandlungslösung abgeblockt, die den Roten Khmer keinen Einfluß verschafft hätte. Wie die *Far Eastern Economic Review* 1989 berichtete, drohten die USA Thailand sogar mit dem Verlust von Handelsprivilegien, wenn das Land sich weigern sollte, Pol Pot zu unterstützen.

Es war der Druck seitens der fünf ständigen Mitglieder des UN-Sicherheitsrates, der »die Kambodschaner dazu zwang, ... die Rückkehr der Roten Khmer zu akzeptieren«, bemerkte Sihanouk in der ersten Rede nach seiner triumphalen Rückkehr in die Heimat im November 1991. »Um Kambodscha zu retten, ... hättet ihr [1979] nicht mehr tun müssen, als Pol Pot sterben zu lassen. Pol Pot war bereits am Ende, aber ihr habt ihn ins Leben zurückgeholt«, hatte Sihanouk ein Jahr zuvor dem US-Journalisten T. D. Allman gesagt.[30]

Der von der *New York Times* gepflegte Orwellsche Newspeak verhüllt also, daß Vietnams Bemühungen zur Wiederaufnahme der Beziehungen durch Carters Hinwendung zu China und den Roten Khmer vereitelt wurden, daß die USA die Invasion Vietnams als Vorwand benutzten, um die Bevölkerung von Vietnam und Kambodscha so hart wie möglich zu bestrafen, und daß Washington jede diplomatische Lösung ablehnte, die den Roten Khmer eine führende Rolle verweigerte.

Indem Vietnam diesen stillschweigenden Verbündeten der Vereinigten Staaten aus Kambodscha vertrieb und so die Greueltaten beendete, die nach Carters »Hinwendung zu China« (und damit zu Pol Pot) ihren Höhepunkt erreicht hatten, »dürfte es sich den Dank der meisten Kambodschaner verdient haben«, schrieb der Leitartikler des *Boston Globe*, H. D. Greenway. Zugleich aber erntete Vietnam »die Schmähungen nahezu der gesamten übrigen Welt«, vor allem jener Länder, die den Marotten der USA folgen. Doch Vietnams Rückzug aus Kambodscha beseitigte diesen Vorwand für das Embargo und ließ nur noch das uns so schmerzlich berührende Problem der Kriegsvermißten übrig. Dieses nicht enden wollende Verbrechen, erklären die Moralisten in Presse und Regierung, macht es erforderlich, das Embargo weiter aufrechtzuerhalten. So bringen wir Vietnam um die Anleihen und Investitionen der von den USA kontrollierten internationalen Finanzinstitutionen und gönnen ihnen auch keine Hilfestellung seitens der Europäer und Japaner, die es allmählich leid sind, immer über die Füße ihres mächtigen und erbarmungslosen Verbündeten zu stolpern.[31]

Der Jahrestag von Pearl Harbor wurde durch einen Leitartikel der *Washington Post* hervorgehoben, in dem es hieß, Vietnam habe zwar Fortschritte gemacht, doch gebe es »Anwälte der Sache der Kriegsvermißten«, die behaupten, es würden »immer noch Überlebende zurückgehalten«. »Es wird beträchtlicher Offenheit auf Seiten Hanois und sorgfältiger Prüfung auf Seiten Washingtons bedürfen, um diese Frage aufzuhellen«, schließen die Verfasser streng. Wenn die Vietnamesen zur umfassenden Zusammenarbeit bereit sind, können wir ihnen die Rückkehr in die Weltgemeinschaft erlauben, obwohl wir ihnen den Schmerz und das Leid, das sie uns über vierzig Jahre lang zugefügt haben, nicht verzeihen werden, so wie wir auch die nur ein paar Jahre weiter zurückliegende Niedertracht der Japaner nicht vergessen können.[32]

Wenden wir uns wieder der wirklichen Welt zu, in der vor allem US-Unternehmer sich über den Fanatismus beklagen, der Vietnam »am steifen Arm verhungern lassen« will. Sie befürchten, von der ausländischen Konkurrenz aus dem Felde gedrängt zu werden, und ihren »fairen Anteil am Handel mit Vietnam« nicht zu bekommen, wie ein Manager es formulierte. Diese Überlegungen sind Grund genug, unseren Standpunkt zu überdenken. Wir könnten nachgeben, berichtet die Presse, wenn Vietnam zweijährige Ausgrabungen zuläßt, Maßnahmen ergreift, um uns den Weg nach Laos und Kambodscha zu ebnen, verspricht, alles zu übergeben, was an Überresten gefunden wird, den »unmittelbaren Zugang zu den ländlichen Gebieten« und zu Militärarchiven ermöglicht. Als die betroffene Partei beschränken wir unterdessen die Bewegungsfreiheit vietnamesischer UN-Diplomaten auf die unmittelbare Umgebung, und was die Militärarchive angeht...[33]

»Es gibt Vietnamesen wie den stellvertretenden Außenminister Le Mai, der ›sagt, er könne verstehen, daß die amerikanische Regierung dem amerikanischen Volk Klarheit über die Kriegsvermißten verschaffen wolle‹«, schreibt Greenway. »Die Vietnamesen verstehen auch, daß das Problem der vermißten Amerikaner das einzige große Hindernis ist, das der Aufhebung des von Amerika verfügten Handelsembargos, der Herstellung diplomatischer Beziehungen mit den USA und der Rückkehr in die Weltgemeinschaft im Wege steht.« »Allerdings«, fügt Greenway hinzu, »gibt es auch Vietnamesen, die sich mit großer Bitterkeit dagegen aussprechen, daß, wie sie es sehen, Washington seine eigenen Verluste einem Land gegenüber politisch ausschlachtet, das 200.000 bis 300.000 Soldaten verloren hat und vermißt.« Ein vietnamesischer Kriegsveteran schlägt vor, die Amerikaner sollten »zurückkommen und uns sagen, wo die Vietnamesen begraben liegen«. »Was für eine ungeheure Aufgabe«, schreibt Greenway aus seiner unmittelbaren Erfahrung als Kriegsberichterstatter, »die lange unterdrückten Erinnerungen an Bulldozer wachzurufen, die die Leichen von Vietnamesen in Gruben schaufeln oder an die Helikopter zu denken, die ihre an Seilen herabhängenden Ladungen, aus denen Arme und Beine herausragen, zu irgendeinem unbezeichnetem Grab transportieren.«[34]

Für diesen seltenen Ausbruch aus den vorgezeichneten Bahnen des Denkens sind wir Greenway zu Dank verpflichtet. Wir könnten indes noch auf ein paar andere Probleme hinweisen, die manche gern einem ungenannt bleibenden Akteur zuschreiben würden.

Nichts von alldem hindert die USA daran, »in die Weltgemeinschaft zurückzukehren«, oder *hansei* zu fordern – ob es sich dabei nun um »Bedauern« oder »Nachdenklichkeit« handelt – oder Wiedergutmachung für schreckliche Verbrechen einzuklagen.

Andere Stimmen sind zu schwach, als daß sie unsere Orgien des Selbstmitleids über das uns angetane Unrecht übertönen könnten. Da gab es zum Beispiel den Chirurgen, der im Februar 1990 im Verlauf einer schwierigen Operation eine US-Granate aus dem Arm eines der vielen Opfer entfernte, die nach Kriegsende durch noch nicht explodierte Sprengwaffen getötet oder verstümmelt wurden. Die elenden Roten wurden mit Verachtung überschüttet, als sie nach dem Ende der Kämpfe in Afghanistan Landkarten veröffentlichten, die zeigten, wo Minen vergraben waren, so daß die Zivilbevölkerung vor dem tödlichen Erbe ihrer Aggression geschützt werden konnte. Die Vereinigten Staaten dagegen weigerten sich, den zivilen Minenräumkommandos in Indochina solche Karten an die Hand zu geben. Ein Sprecher des Pentagon erklärte: »Die Menschen sollten in solchen Gebieten nicht leben. Sie kennen das Problem.« Wo keine Karten existieren kann man – eine Sache einfacher Logik – uns nicht vorwerfen, wir hätten die Landschaft mit Bomben und Granaten übersät.[35]

Wer die Auslandspresse liest, kann vernehmen, was der 11 Jahre alte Tran Viet Cuong aus der Stadt Vinh zu sagen hat. Vinh war, wie die *New York Times* erklärte, dem »Fluch der falschen geographischen Lage« ausgesetzt. Trans Eltern wollen ihrem Sohn unter allen Umständen eine Schulbildung vermitteln, da sich aber die Stadt keine Schulbücher leisten kann, muß er ohne Frühstück in die Schule gehen, damit seine Eltern die Bücher kaufen können. (Wenn er Glück hat, kauft sein Lehrer Kreide. Das Geld dafür kratzt er aus dem Lohn von zwei oder drei verschiedenen Jobs zusammen.) Die örtliche Verwaltung »kann es sich auch nicht leisten, die ganzen Straßen, Krankenhäuser und Kläranlagen zu reparieren, die vor zwanzig Jahren von US-Bombern zerstört worden sind«, berichtet John Stackhouse aus der schwer mitgenommenen Stadt. 1991 war das Kinderkrankenhaus gezwungen, 50 von 250 Betten unbelegt zu lassen und die Patienten um Medikamente zu bitten. Ärzte führen chirurgische Eingriffe auf einem Tisch aus, den Polen ihnen geschenkt hat. Technische Ausrüstung ist kaum vorhanden. Im zentralen Krankenhaus von Vinh, dessen Apotheke »lächerlich ausgestattet ist«, konstatiert ein Arzt das Augenfällige: »Die Probleme hier sind eine Folge des amerikanischen Krieges und durch das Embargo noch verschlimmert worden.«

Das Embargo, bemerkt Stackhouse, hat »Vietnam international isoliert und von Handelsbeziehungen und Hilfsmaßnahmen abgeschnitten«. Hilfe von Entwicklungsorganisationen, in denen die USA ein Vetorecht haben, wird blockiert, wie im Falle der auf Manila beheimateten »Asian Development Bank«, die 300 Millionen Dollar bereithält, darunter Fonds für ein Bewässerungprojekt, das die landwirtschaftlichen Erträge um ein Drittel steigern könnte. Obwohl Vietnam die von den offiziellen Geldgebern geforderten strukturellen Anpassungsprogramme schon lange vor Osteuropa in die Tat umgesetzt hat, kann es dank des strikten US-Vetos keinen der günstigen Weltbank-Kredite empfangen, die die Folgen der Anpassungsprogramme abfedern sollen. So liegt denn die Kindersterblichkeit zwei- bis dreimal höher als in Bangladesh, und das Erziehungssystem, »das einst eine über die Maßen gut ausgebildete Bevölkerung hervorbrachte«, ist zusammengebrochen. Handelsbanken und andere Geldgeber und Investoren wollen sich erst rühren, wenn die USA es erlauben, und die ausländischen Märkte sind mehr oder weniger dicht, so daß auch der private Sektor keine Aussicht auf Arbeitsplätze bietet. Selbst ein Appell der UNICEF blieb erfolglos, denn keiner »wagt es, den USA zu nahe zu treten«, meint der Direktor des Büros der UNICEF in Ho-Chi-Minh-Stadt.[36]

Wer die Auslandspresse liest, weiß auch, daß Angehörige der Bergstämme im Oktober 1991 »die Behörden um Erlaubnis gebeten haben, einen US-Helikopter abzuschießen, als sie hörten, daß er unterwegs sei, um nach kriegsvermißten US-Soldaten zu forschen«. »Es ist nicht schwierig, die Quelle der aufgestauten Aggressionen [in dieser Region] zu entdecken«, berichtet der kanadische Korrespondent Philip Smucker. »Man muß nur herausfinden, in welchem Dorf erst kürzlich ein Kind verstümmelt oder getötet worden ist«, was meistens durch »eine Minibombe geschieht, die seit 18 Jahren in der Erde versteckt war«. Gerade in dieser Region »sind die Wälder durch Flächenbombardements und den Einsatz von Dioxin durch die US-Luftwaffe ... zerstört worden. Vielfach sieht die Landschaft wie die Oberfläche des Mondes aus; die Berge sind übersät mit Kratern so groß wie Cadillacs«, die Erde ist »mit über 200 Litern [chemischer Giftstoffe] pro Hektar getränkt«, so daß es »hier sehr viel mehr mißgestaltete Kinder gibt als im Norden, wo keine Gifte gesprüht wurden«. Allein in dieser abgeschnittenen Region sind seit 1975 »mehr als 5.000 Menschen« von Sprengkörpern verletzt und getötet worden. »Ich hasse den Mann, der diese Bombe abwarf«, sagt ein Bauer, »der vor einem Krater steht, der zehnmal so groß ist wie er und sich praktisch an seiner Hausschwelle befindet.« Es ist eines der Überbleibsel der von B-52 ausgeführten Flächenbombardements, bei denen seine Frau 1969 ums Leben kam. Ein anderer erzählt von seinem achtjährigen Sohn, der gerade vor ein paar Wochen in Stücke gerissen wurde, als er einen runden Metallgegenstand aus dem Schlamm grub. Ein weiterer Tod, der »in den Annalen des Vietnamkrieges nicht verzeichnet sein wird«.[37]

Nichts kann unser makelloses Gewissen trüben, wenn wir das deformierte Bewußtsein der perfiden Japaner und die psychischen Defekte untersuchen, die uns so rätselhaft und faszinierend anmuten. Wer sich der entscheidenden Doktrin des 500-jährigen Eroberungsfeldzuges bewußt ist, weiß auch um den moralischen Abgrund zwischen uns und den Japanern: die Moral kommt aus den Gewehrläufen – und wir haben die Gewehre.

Als wolle sie gerade diesen Punkt hervorheben, brachte die Wissenschaftsredaktion der *New York Times* einen Artikel mit dem Titel »Untersuchungen über Dioxinfolgen in Vietnam werden durch diplomatische Eiszeit behindert«. Diese »Eiszeit« wird mit der für den objektiven Journalismus erforderlichen Symmetrie geschildert (»Vietnamesische und amerikanische Regierungsbeamte bewegen sich in den Verhandlungen über die Verbesserung von Beziehungen im Gletschertempo vorwärts« usw.), doch ist der Artikel insofern ungewöhnlich, als er eine unglückselige Folgen dieser merkwürdigen gegenseitigen Unordnung beleuchtet. Das Problem besteht darin, daß »die 17 Jahre währende Eiszeit in den Beziehungen zwischen Vietnam und den Vereinigten Staaten die notwendige Erforschung der Langzeit-Wirkungen von Agent Orange und anderen Dioxinverursachern auf das Militär wie auch auf die Zivilbevölkerung verhindert«. Das ist sehr bedauerlich, weil man »über die möglichen Gefahren des industriell verursachten Dioxins im Westen« viel lernen könnte, wenn man »die Bevölkerung in Gebieten untersucht, die während des Vietnamkrieges mit großen Dosierungen dioxinhaltiger amerikanischer Entlaubungsmittel besprüht worden sind«.

»Vietnam ist ein ideales Forschungsfeld, um Beziehungen zwischen Dioxin einerseits und Krankheiten wie Krebs, Funktionsstörungen der Reproduktion, Hormonproblemen, Immunschwächen, Störungen des Zentralnervensystems, Leberschäden, Diabetes sowie Stoffwechsel- und Zellerkrankungen andererseits nachzuspüren«, fährt der Artikel fort. Anhand dieser Forschungen könnte man das »kritische« Problem lösen, zu bestimmen, »wann [dieses Gift] für Menschen gefährlich wird«. Daß die in dieser Weise beforschten menschlichen Wesen auch einige Bedürfnisse haben könnten, auf die zum Beispiel der verborgene Akteur *(agent)* eingehen müßte, ist ein so exotischer Gedanke, daß er nicht einmal angedeutet, geschweige denn artikuliert wird.

Es gibt zwei Gründe, aus denen »Vietnam ausgezeichnete Forschungsmöglichkeiten bieten könnte«. »Erstens sind sehr viele Vietnamesen aller Altersstufen und beiderlei Geschlechts dem Dioxingift ausgesetzt worden«, darunter besonders viele Frauen und Kinder, während im Westen Betriebsunfälle oder die »Verseuchung der unmittelbaren Umgebung« wie in Seveso oder in Love Canal »kleine Gruppen in eng begrenzten Regionen« betroffen haben, wobei die Opfer zumeist Männer waren. Zweitens bietet Vietnam »eine extensive Kontrollgruppe«, weil die im Norden lebenden Menschen »nicht besprüht worden sind«. Nützlich ist ferner die Tatsache, daß »viele Vietnamesen dem Gift in hohem Maße ausgesetzt worden sind«. »Achtzig Prozent der Vietnamesen lebten auf dem Lande und trugen keine Fußbekleidung oder nur Sandalen«, kommentiert ein amerikanischer Forscher. »Es gäbe in Vietnam ideale Kooperationsmöglichkeiten«, aber »wir lassen eine einzigartige Gelegenheit aus«, um »die gesundheitlichen Folgen für uns alle zu untersuchen«, nur weil das Klima weiterhin so frostig ist. »Die Zeit zur Erforschung von Menschen, die mit Dioxin besprüht worden sind, läuft uns davon.«[38]

Vielleicht könnte dieses interessante Forschungsvorhaben auch einen Blick auf die Kinder werfen, die an Krebs oder Geburtsfehlern sterben, oder sich die Frauen ansehen, die, an seltenen, bösartigen Tumoren leidend, die Krankenhäuser des Südens füllen (während dem Norden wenigstens diese besonderen Greuel erspart blieben), oder die versiegelten Container mit entsetzlich deformierten Kleinkindern erforschen oder andere »schreckenerregende« Szenarien begutachten, von denen bisweilen in der Auslandspresse die Rede ist und von denen die Öffentlichkeit hierzulande nichts erfährt. Auch diese Forschung könnte sich für die Vereinigten Staaten auszahlen.[39]

Diese Kritik der auf beiden Seiten herrschenden Unordnung weicht von der Konvention zumindest insoweit ab, als sie durchblicken läßt, daß nicht alles seine Richtigkeit hat. Wer dies und vieles andere bewußt zur Kenntnis nimmt, könnte sich die Frage stellen, ob die intellektuelle Kultur Realität besitzt oder nur einem Manuskript von Jonathan Swift entsprungen ist. Die Kritik erinnert an die gelegentlichen Klagen über die strenge Zensur, die in Japan während der amerikanischen Besatzung herrschte. Sie wurde im Geheimen durchgeführt (Hinweise darauf wurden ebenfalls zensiert), während die USA eine Verfassung für Japan entwarfen, in der es hieß: »Eine Zensur findet nicht statt; die Geheimhaltung der privaten Kommunikation ist zu gewährleisten.« General MacArthur »teilte der japanischen Bevölkerung und den japanischen Journalisten begeistert mit, daß Presse- und Redefreiheit ihm sehr am Herzen lägen und Freiheiten seien, für die die Alliierten den Krieg geführt hätten« (Monica Braw). Die Zensur war sofort eingerichtet worden und wurde vier Jahre lang aufrechterhalten, bis die gegen Dissidenten gerichteten Säuberungsaktionen sie nicht mehr vordringlich erscheinen ließen. Ein Motiv war von vorneherein gegeben: jegliche Diskussion über die Atombombe oder ihre Folgen sollte verhindert werden. Dieser Problemkomplex wurde so geheim wie nur möglich gehalten, denn die Wahrheit könnte, so wurde befürchtet, »die öffentliche Ruhe stören« und den Schluß nahelegen, daß »die Bombardierung ein Verbrechen gegen die Menschlichkeit« gewesen sei. So jedenfalls äußerte sich ein Zensor, als er einem Augenzeugenbericht über die Greuel von Nagasaki die Genehmigung verweigerte. Die Zensur traf sogar wissenschaftliche Zeitschriften. Dagegen erhoben sich vereinzelte Einwände, die aber nicht darauf abzielten, daß die Zensur die Behandlung von Überlebenden verhindere (ein Gesichtspunkt, der zumeist ignoriert wurde); verärgert war man vielmehr, weil eine einzigartige Möglichkeit, mehr über Strahlungsschäden zu erfahren, verlorenging.[40]

Als Amerika über Japans Verbrechen meditierte, erschien ein neues Buch über jene Greueltat, die auch bei uns nicht verschwiegen oder geleugnet wird: es geht um das im März 1968 verübte Massaker von My Lai. Amerikanische Rezensenten waren schokkiert, als sie erfuhren, daß der »berüchtigte Leutnant Calley«, der die Killer kommandierte, »nicht einmal drei Jahre Haft in einer Offizierskaserne absaß, bevor die Strafe ausgesetzt wurde«. Calley genießt jetzt sein Leben als Geschäftsmann in Georgia, der von seinem hübschen Haus im Mercedes zum Einkaufszentrum fährt, wo sich sein Juwelierladen befindet. Am Schluß seiner Reflexionen über das Massaker bemerkt der Rezensent der *Washington Post*: »Jedes Buch zu diesem Thema weicht letztlich seiner Verantwortlichkeit aus, wenn es die Schuld nicht im irritierenden Wechselspiel von Licht und Dunkel in der Seele des menschlichen Individuums aufsucht.«

Justin Wintle reagierte in der Londoner *Financial Times* etwas anders: »Wie fast jedes bisher im Westen veröffentlichte Buch über Vietnam konzentriert sich *Four Hours in My Lai* auf Amerika und auf den Schaden, den die amerikanische Selbsteinschätzung erlitten hat. Die andere Hälfte der Gleichung konvergiert gegen Null. Obwohl [die Autoren] pflichtschuldig die Augenzeugenberichte einer Handvoll Überlebender aus My Lai zu Protokoll nehmen, bleibt die unendliche Trauer, die als Ergebnis einer acht Jahre währenden Besetzung durch US-amerikanische und südkoreanische Streitkräfte immer noch über Quang Ngai hängt, hier stumm. Stattdessen ertrinkt der Leser in den oftmals belanglosen biographischen Detailmassen, mit denen fast jeder Amerikaner bedacht wird, der im Text Erwähnung findet.«

Dieses Muster war alles andere als neu. Kaum jemand verzog eine Miene, als die *New York Times* im März 1973, zum fünften Jahrestag des Massakers, einige Reflexionen aus My Lai veröffentlichte, in denen es hieß, das Dorf und die weitere Umgebung blieben »ruhig und unsicher«, obwohl die Amerikaner durch anhaltende Bombardements immer noch versuchten, die Gegend »sicher zu machen«. Der Reporter zitierte Dorfbewohner, die die Amerikaner beschuldigten, viele Menschen getötet zu haben, und fügte mit philosophischer Gelassenheit hinzu: »Sie haben gar nicht die Möglichkeit zu verstehen, was der Name My Lai für die Amerikaner bedeutet.«[41]

Die Rezension der *Washington Post* gehorcht den Gesetzen der politischen Korrektheit, indem sie uns darauf verpflichtet, die Tiefen der menschlichen Seele mit ihren dunklen Abgründen auszuloten und die Antwort auf My Lai in einer universellen Verfehlung der menschlichen Gattung zu suchen, statt in den Institutionen und politischen Strukturen der USA. In den Gesetzen steht, daß die USA nur auf die Verbrechen anderer reagieren und selbst nur die Politik allgemeinen Wohlwollens verfolgen; in der Provinz Quang Ngai bestand unsere Politik nur darin, für die leidenden Vietnamesen, die wir »beschützen«, Sicherheit zu schaffen. Sicher, es gab Zerstörungen in Indochina, aber, wie gewohnt, keinen Verursacher. Es gab »umfangreiche Landstriche, die durch den Krieg zu Brache geworden waren«, berichtet der führende Asienexperte der *New York Times*, Fox Butterfield, und prägt damit einen Ausdruck, der Orwell hätte erschauern lassen. Sein Kollege Craig Whitney faßte »das Erbe des Krieges« zusammen: es ist »die Strafe, welche über die Vietnamesen und ihr Land hereinbrach, als den Kommunisten erlaubt wurde, dort tätig zu werden«, und die Dorfbewohner »vom Kampf aus den Häusern ihrer Vorfahren vertrieben wurden«. Es war alles nichts weiter als eine Art Naturkatastrophe, erklärlich vielleicht nur, wenn man der Dunkelheit der menschlichen Seele nachsinnt.[42]

Der britische Rezensent empfahl, einen Schritt weiterzugehen und einen Blick auf »die Ziele der Politstrategen in Washington zu werfen«, statt in die Seele von Calley und der halbverrückten GIs zu schauen, die das brutale Massaker ausführten und nur wußten, daß jeder Vietnamese in den Ruinen eines Dorfes von Quang Ngai – Mann, Frau oder Kind – eine mögliche Gefahr für ihr Leben darstellte«. Als ersten Schritt zur Bestimmung dieser Ziele können wir uns die Operation Wheeler Wallawa näher ansehen, bei der die offizielle Leichenzählung 10.000 tote Feinde ergab, die Opfer von My Lai eingeschlossen. In seiner detaillierten Untersuchung dieser und anderer Massenmord-Operationen schreibt Kevin Buckley, Redaktionschef von *Newsweek*, My Lai sei »die besonders gräßliche Form einer umfassenderen Politik gewesen, die an vielen Orten zu vielen unterschiedlichen Zeiten die gleiche Wirkung erzielt hat«. So führte die US-Armee eine Operation in einer Region von vier Dörfern durch, wo die Bevölkerung von 16.000 Menschen auf 1.600 dezimiert wurde. Hinsichtlich einer weiteren Operation enthüllen die Pläne des US-Militärkommandos, daß B-52 Flugzeuge ihre Einsätze gezielt gegen Dörfer flogen, während Helikopter eingesetzt wurden, um Menschen zu jagen und zu töten, die in den Feldern arbeiteten. »Natürlich konnte die Schuld für all das nicht einem unfähigen Leutnant angelastet werden«, kommentiert Buckley. »Calley war eine Verirrung, ›Wheeler Wallawa‹ dagegen nicht.« Das gilt auch für viele andere Operationen, eine Tatsache, die bestimmte Gedanken nahelegt.[43]

Nordamerikanische Sozialhelfer in Quang Ngai erfuhren sofort vom Massaker in My Lai, nahmen aber, wie die Bevölkerung auch, davon keine besondere Notiz, weil es nichts Ungewöhnliches war. Der Armeeoffizier i. R. Edward King schrieb: »My Lai bedeutete für den durchschnittlichen Berufssoldaten nur, daß er hier in eine Affäre verwickelt war, wo Dinge vertuscht werden sollten, die, wie er wußte, schon seit langem in kleinerem Maßstab passierten.« Zufällig entdeckte die Militärkommission, die das Massaker von My Lai untersuchte, einen ähnlichen Vorfall, der sich nur einige Meilen entfernt in My Khe ereignet hatte. Hier jedoch wurde gegen den diensthabenden Offizier keine Anklage erhoben, weil es sich um eine ganz normale Operation gehandelt hatte, in deren Verlauf ein Dorf zerstört, etwa 100 Menschen getötet und der Rest mit Gewalt verschleppt wurde. Ähnliches geschah mit den Überlebenden von My Lai. Sie wurden in ein Lager ohne Wasser auf der Halbinsel Batangan gesteckt, über dem ein Banner mit der Inschrift: »Wir danken Euch für die Befreiung vom kommunistischen Terror« flatterte. Dort wurden die Menschen der Operation Bold Mariner unterworfen, die, mit vielleicht noch größeren Greueltaten und umfangreicherer ökologischer Zerstörung die Gegend »sicher zu machen« versuchte.[44]

Könnte es außer General Yamashita und den anderen tausend, die für ihre Verbrechen im Pazifikkrieg hingerichtet wurden, noch einen weiteren Kandidaten für Kriegsverbrecherprozesse geben?

5. Unser sensibler Umgang mit Geschichte

Erinnern wir uns daran, daß eine der Charakterschwächen des »japanischen Geistes« der »unbeholfene Versuch [ist], die Vergangenheit zu bereinigen«. Überhaupt gehe den Japanern »jeglicher Sinn für ihre eigene Geschichte ab«. Darin glichen sie den Politkommissaren der Sowjets, die »jede verfügbare Waffe [einsetzten], um die öffentliche Erinnerung [an die] greulichen Episoden zu unterdrücken«, die »den eigentlichen Krebs der Geschichte« ausmachten. Aber all diese Versuche seien vergeblich, denn: »Die Geschichte läßt sich nicht umbringen«.

Oder doch? Das Schicksal der Indochinakriege in der US-Ideologie zeigt, daß wir ein Recht darauf haben, an diesem Punkt den Finger auf die Wunde zu legen. Ein Beispiel jüngeren Datums ist die Mittelamerika-Episode aus dem letzten Jahrzehnt. Zukünftige Historiker werden wohl eher verwundert darüber sein, mit welchem Eigenlob wir uns für unsere Greueltaten überschüttet haben, die mehr als alles bisher Geleistete dazu beitrugen, unseren »Hinterhof« in Armut und Elend zu halten.

Die bloße Vorstellung, ein amerikanischer Intellektueller würde andere danach beurteilen wie sie mit ihrer Geschichte umgehen, ist so erstaunlich, daß es einem die Sprache verschlägt. Wer von uns hätte sich denn nicht schon von klein auf mit der Wahrheit über die Sklaverei oder die Vernichtung der Urbevölkerung arrangiert? Gibt es zum Beispiel auch nur einen Bewohner im zivilisierten Neu-England, der die grauenhaften Einzelheiten des ersten umfassenden Ansatzes zum Völkermord nicht auswendig wüßte? Das aber war das Massaker an den Pequot-Indianern im Jahre 1637, dessen Überlebende in die Sklaverei verkauft wurden. Wer kennt nicht die stolzen Worte, mit denen die Puritaner 1643 von diesen begeisternden Taten berichteten, als sie die offizielle Auflösung des Volkes der Pequot durch die Kolonialbehörden beschrieben? Sie verboten sogar die Bezeichnung *Pequot*, »so daß nun der Name der Pequot (gleich dem von Amalek) unter dem Himmel ausgelöscht ist, so daß es keinen mehr gibt, der Pequot ist oder wenigstens sich so zu nennen wagt«. Jedes amerikanische Kind, das gelobt, unserer Nation »unter Gott« zugehörig zu sein, lernt, auf welche Weise die Puritaner sich die Bilderwelt und Rhetorik des Alten Testaments zu eigen gemacht und sich bewußt als Gottes auserwähltes Volk verstanden haben, als sie Seinem Befehl folgten und »die Kanaaniter schlugen und aus dem Gelobten Land vertrieben« (Neil Salisbury). Wer hätte nicht *hansei* gezeigt bei der Lektüre der Chroniken, die unsere verehrten Vorfahren lobten, weil diese im Einklang mit den Ermahnungen ihrer religiösen Führer das Werk des Herrn vollbrachten und ihre »göttliche Mission« erfüllten, als sie in einem präventiven Überraschungsangriff auf das Hauptdorf der Pequot, dessen Männer gerade fort waren, Frauen, Kinder und Greise in wahrhaft biblischer Manier abschlachteten? Die Puritaner verwandelten die Hütten, mit ihren eigenen Worten gesprochen, in einen »Feuerofen«, in dem die Opfer »des schrecklichsten Todes, den es wohl gibt« starben, indem sie »im Feuer brieten, das dann durch die Ströme Blutes gelöscht wurde«. Unterdessen lobpriesen die »Knechte des Herrn« den Höchsten, der »so wundersam für sie gerungen hatte«. Könnte es sein, daß die Begeisterung über die

Vernichtung derer, die sich »in ihrem großen Stolz erhöht hatten« und hochmütig uns das ihre zu geben verweigerten, in unserer Geschichte nachhallt?[45]

Sollte aber das südliche Connecticut für die intellektuellen und moralischen Reiseführer in unserer größten Stadt zu weit entfernt sein, so finden sie zahllose Berichte über die Operationen, die nur ein paar Jahre später das damalige New York und seine Umgebung von der Geißel der Eingeborenen befreiten. Ein Beispiel ist der Bericht, den David de Vries von seinen Erfahrungen in Lower Manhattan im Februar 1643 gab. Damals massakrierten holländische Soldaten friedfertige Algonquin-Indianer, die am anderen Ufer des Hudson lebten. Schließlich wurden fast alle einheimischen Amerikaner aus dem Stadtgebiet von New York vertrieben. In diesem Fall bevorzugten die Mörder ein anderes Lieblingsmodell der Gründungsväter. »Sie glaubten, römische Größe bewiesen zu haben, als sie die Menschen im Schlaf hinmordeten, Säuglinge von der Mutterbrust rissen und vor den Augen der Eltern in Stücke hackten, die sie dann ins Feuer oder ins Wasser warfen. Andere Kleinkinder, die in Wiegen schaukelten, wurden verstümmelt, durchbohrt und so elendiglich hingeschlachtet, daß es ein Herz aus Stein hätte rühren müssen. Einige wurden in den Fluß geworfen und als die Väter und Mütter sie zu retten suchten, ließen die Soldaten sie nicht wieder ans Ufer zurück, so daß Eltern und Kinder ertranken.«

Das erinnert an den Massenmord vom Rio Sumpul, der 1980 an der Grenze zwischen Honduras und El Salvador begangen wurde. Es war die erste Greueltat des von den USA geführten Krieges in El Salvador. Eines Tages wird sie vielleicht selbst die *New York Times* entdecken, zusammen mit zahllosen anderen Operationen der gerade von ihrer US-amerikanischen Ausbildung zurückgekehrten und mit US-Waffen ausgerüsteten Eliteeinheiten, die nun den Lehren folgten, die wir ihnen über Jahre hinweg vermittelt hatten.[46]

Keiner kann uns beschuldigen, die New Yorker Säuberungsaktionen nicht publik gemacht zu haben; immerhin kann jeder die Tatsachen in der vom Museum der Stadt New York veröffentlichten Broschüre *Ortsnamen der Eingeborenen in New York City* nachlesen.

Das Schauspiel unseres »sensiblen Umgangs mit der Geschichte« ist zu obszön, als daß es hier eigens betrachtet werden müßte. Allerdings wäre es auch nicht ganz richtig, von Mißachtung der

Geschichte zu sprechen. Wer sich an die Bilder und den Unterricht in seiner Kindheit erinnert, weiß was gemeint ist, vor allem dann, wenn es eine Zeit war, in der sich der Einfluß der 68er Generation noch nicht bemerkbar machte. Später dann, als es soweit war, erhob sich ein Chor entrüsteter Stimmen gegen die Übernahme unserer vormals geheiligten Kultur. Meine eigenen Erinnerungen wurden ein paar Wochen nach der Enthüllung des Massakers von My Lai 1969 wach, als ich ein Geschichtsbuch für die Unterstufe einer der wirklich guten Bostoner Schulen durchblätterte und auf einen Text über die neuenglischen Kolonien stieß. Die Kinder konnten dort tatsächlich einen recht genauen Bericht über das Massaker an den Pequot lesen. Allerdings wurde diese Untat mit Beifall bedacht, so wie es der Bericht der Puritaner aus dem Jahre 1643 auch schon getan hatte.[47]

Und so geht die Geschichte weiter, über das Jahr 500 hinaus. In der *New York Times Book Review* bespricht der Historiker Caleb Carr eine Veröffentlichung über den Aufstand der Sioux, der 1862 in Minnesota stattfand. »Die Begegnung von Minnesota«, erklärt er, »war ein totaler Krieg zwischen zwei konkurrierenden Nationen, die die Kontrolle über ein Territorium erlangen wollten, für das sie bereit waren zu sterben.« Doch habe es eine wichtige Asymmetrie gegeben. Für die eine Nation »war die Besiedlung so ziemlich ihre letzte Hoffnung«; sie setzte »nicht nur ihr Vermögen, sondern auch ihr Leben aufs Spiel, in der Hoffnung, auf unbearbeitetem Land neu beginnen zu können«. Für die Eingeborenen dagegen seien – zumindest anfänglich – die »Konfliktbedingungen [...] nicht so lebensbedrohlich« gewesen, denn sie konnten ja gen Westen weiterziehen. Carr beschreibt die »Begegnung« als »nicht ermutigend« und lobt den Autor für die Einsicht, daß beide Nationen gleichermaßen an Verbrechen beteiligt gewesen seien. Die der Sioux werden dann en détail ausgebreitet (»gräßliches Verhalten«, »Sadismus und Blutrünstigkeit«, »eine besondere Neigung zur Folterung von Kindern« usw.), während sich die Tonart ändert, wenn Carr zu den Siedlern und ihren Hoffnungen auf ein neues Leben übergeht (Vertragsbruch, 38 Sioux gehängt, Vertreibung auch solcher Indianer, die sich nicht des »Widerstands« schuldig gemacht hatten usw.). Doch ist es angesichts der asymmetrischen Bedürfnisse beider Nationen nur fair, diesen radikalen Unterschied zu machen.

Malen wir uns den Alptraum aus, die Nazis hätten den Zweiten Weltkrieg gewonnen. Vielleicht würde dann ein deutscher Ideologe später zugeben, daß die »Begegnung« zwischen Deutschen und Slawen an der Ostfront »nicht ermutigend« war, obwohl man um der Ausgewogenheit willen daran erinnern müsse, daß es sich »um einen totalen Krieg zwischen konkurrierenden Nationen« gehandelt habe, »die die Kontrolle über ein Territorium erlangen wollten, für das sie bereit waren zu sterben«. Für die Slawen aber seien »die Konfliktbedingungen [...] nicht so lebensbedrohlich« wie für die Deutschen gewesen, die *Lebensraum* [i. O. dt.] benötigten und »nicht nur ihr Vermögen, sondern auch ihr Leben aufs Spiel [setzten], in der Hoffnung, auf unbearbeitetem Land neu beginnen zu können«. Die Slawen hätten ja nach Sibirien weiterziehen können.[48]

Bemerkenswerterweise eröffnet Carr seine Rezension mit einiger Häme betreffend die böse politische Korrektheit, das heißt hier: die Bemühungen einiger Irregeleiteter, den Wahrheiten der Geschichte ins Auge zu sehen. Derlei ist in der *New York Times* übrigens gang und gäbe. Typisch ist der Fall eines anderen *NYT*-Rezensenten, der in von Bitterkeit triefenden Worten über einen Kolumbus-Roman schreibt, er halte sich »eng an die neue multikulturelle Perspektive« und konzentriere sich auf die nach seiner Meinung »verheerenden Folgen, die Kolumbus' Ankunft in der neuen Welt für die Eingeborenen zeitigte«, zu denen möglicherweise auch »Tausende von Toten« gerechnet werden müßten. Natürlich kann nur ein modischer »Multikulturalist« darauf kommen, daß die Folgen der Eroberung »verheerend« waren und Tausende von Ureinwohnern daran gestorben sind. Das Buch hat in der *New York Times* einen weiteren Rezensenten gefunden: den ehemaligen Chefkritiker von *Newsweek*, Paul Prescott. Der stimmt in den Chor der Vorwürfe ein und fragt, wie der »ideologisch korrekte« Autor es wagen könne zu behaupten, die Spanier hätten den Einwohnern von Hispaniola Leid zugefügt, während er zugleich das unterdrücke, »was an der Geschichte nicht politisch korrekt ist«, daß nämlich die Eingeborenen Kolumbus »berichteten, ihr hauptsächliches Problem läge darin, von den Kariben gefressen zu werden«. Wie sie Kolumbus diese Leidensgeschichte »erzählen« konnten und warum darüber keine Aufzeichnungen existieren, erklärt Prescott indes nicht. (Im übrigen wies der zeitgenössische Beobachter Las Casas den von Kolumbus erhobenen Vorwurf des Kannibalismus zurück; vgl. Kap. VIII.1).[49]

Man darf getrost davon ausgehen, daß der äußerst grobschlächtige, aber wirksame Propagandafeldzug gegen die Übernahme unserer Kultur durch politisch korrekte Linksfaschisten zum Teil auch durch die bevorstehende 500-Jahr-Feier bedingt war; denn immerhin war die Gefahr nicht von der Hand zu weisen, daß es hier und da zu »Nachdenklichkeit« wo nicht gar »Bedauern« hätte kommen können.

6. »Haltet den Dieb!«

Die erneuerte Bestrafung Vietnams für seine Verbrechen, die ungehörten Stimmen der Opfer, die Erforschung der Tiefen der »menschlichen Seele« in den Fällen, wo wir zugegebenermaßen vom Tugendpfad abgekommen sind, unsere Meditationen über den »Geist Japans«, die neuerliche Woge des Selbstmitleids in Anbetracht unseres tragischen Schicksals – all dies fällt mit dem 50. Jahrestag von Pearl Harbor zusammen.

Wer glaubt, daß der Gesichtspunkt der Kriegsgefangenen und -vermißten die tiefen humanitären Impulse unserer politischen Führer widerspiegele, wird diese naive Vorstellung schnell fallenlassen, wenn er einige Vergleiche zu Gesicht bekommt. Walter Wouk, Vietnam-Veteran und Vorsitzender des Beirates der Vietnam-Veteranen im Senat des Staates New York, schreibt: »Gegen Ende des Zweiten Weltkrieges zählten die USA 78.751 Kriegsvermißte, das sind 27 Prozent der im Krieg gefallenen Soldaten. Der Koreakrieg endete mit 8.177 Vermißten, die 15,2 Prozent der im Kampf Gefallenen darstellten. Von den 2,6 Millionen Amerikanern, die in Vietnam Militärdienst leisteten, gelten 2.505 – weniger als 5,5 Prozent der Kriegstoten – als vermißt. Aber selbst diese Zahl ist irreführend. Denn von den 2.505 wurden 1.113 im Kampf getötet, aber ihre Leichen waren unauffindbar. Weitere 631 wurden aufgrund der Umstände ihres Verschwindens für tot erklärt – zum Beispiel Piloten, die ins Meer stürzten – und 33 starben in der Gefangenschaft. Übrig bleiben 728, die als tatsächlich vermißt gelten dürfen. Davon aber sind 590 (81 Prozent) Piloten; und es gibt deutliche Hinweise darauf, daß mehr als 442 von ihnen (75 Prozent) mit ihrem Flugzeug abstürzten.«

Gehören die in Vietnam Vermißten zu einer besonderen Kategorie, weil die grausamen Kommunisten gründliche Suchaktionen verweigern? In seiner gründlichen Untersuchung der Kampagne weist Bruce Franklin darauf hin, daß in den ländlichen Gegenden von Europa fast jedes Jahr Überreste von Vermißten aus dem Zweiten Weltkrieg gefunden werden. Dort hat seit 45 Jahren niemand irgendeine Suchaktion behindert. Noch 1980 konnte man Überbleibsel aus der Schlacht von General Custer (1876) finden oder Skelette von US- und Konföderierten Soldaten, die im Krieg von 1812 in Kanada getötet worden waren.[50]

In Wirklichkeit ist die Sache nicht schwer zu begreifen. Staat und Medien haben auf einen Trick zurückgegriffen, den jeder kleine Taschendieb beherrscht. Wenn man mit der Hand in einer fremden Tasche erwischt wird, schreit man einfach: »Haltet den Dieb!« Wenn man sich selbst verteidigt, klagt man sich nur an. Besser ist es, den Ball an die Angreifer zurückzugeben, damit die sich ihrerseits verteidigen müssen. Die Technik ist äußerst wirksam, wenn man die Kontrolle über das ideologische System innehat. Propagandisten beherrschen diesen Trick mustergültig; die Propagandaoperation »politische Korrektheit« ist ein durchsichtiges Beispiel (vgl. Kap. II.4).

Dieser Trick kommt auch den Konzernchefs sehr gelegen. Sie stellen sich für gewöhnlich als kämpferisch-leidende Persönlichkeiten dar, die einen verzweifelten Überlebenskampf gegen die liberalen Medien, die mächtigen Gewerkschaften und die feindlich gesonnene Regierung ausfechten müssen, ehe sie überhaupt einen ehrlichen Dollar verdient haben. Ihre Propagandisten in den Medien spielen auf dem gleichen Instrument. Während des Streiks der Minenarbeiter von Pittston 1989 bis 1990 gab der Präsident der Minengesellschaft jeden Tag mindestens eine Pressekonferenz, obwohl das gar nicht notwendig war, weil die Medien sich darum rissen, ihm die Arbeit aus den Händen zu nehmen. In dem ersten (und einzigen) Versuch des Fernsehens, Berichterstattung zu betreiben, kommentierte Robert Kulwich von *CBS*: »Mike Odom«, der Präsident der Pittston Coal Group, »gibt gerne zu, daß die Gewerkschaft gute PR-Arbeit geleistet und er einiges aufzuholen hat.« Daran wird deutlich, daß die nationalen Medien in ihrer ohnehin begrenzten Berichterstattung über diesen historischen Arbeitskampf ohne weiteres Nachdenken den Standpunkt der Gesellschaft übernahmen und den Bemühungen der Gewerkschaft, die Probleme aus der Sicht der Arbeiter darzustellen, eine Absage erteilten.[51]

Das gilt im übrigen für die Berichterstattung der Medien schlechthin. Nur allzu leicht läßt sich nachweisen, daß sie sich im Hinblick auf Indochina, Mittelamerika und den Nahen Osten der

Staatsmacht untergeordnet haben. Dementsprechend ist der einzige Gesichtspunkt, den wir diskutieren dürfen, die Frage, ob die Medien in ihrem Oppositionseifer zu weit gegangen sind, vielleicht gar die Grundlagen der Demokratie untergraben haben (und was sonst noch alles mit gefurchter Stirn in den Erörterungen der Trilateralen Kommission und des »Freedom House« erwogen wird). Eine wissenschaftliche Untersuchung der Berichterstattung der Medien über Mittelamerika und den Nahen Osten, die von einem gestandenen Liberalen durchgeführt wurde, widmet sich lediglich dem Problem, wie weit der gegen das Establishment gerichtete Impetus der Medien führt. War ihre Berichterstattung zu extrem oder konnte sie noch innerhalb der erträglichen Grenzen gehalten werden? Auch hier ist die Technik des »Haltet den Dieb!« immer dann besonders wirksam, wenn der Kritiker zum radikaleren Spektrum der Dissidenten gezählt werden kann. So untersucht zum Beispiel Jim Lederman, der langjährige Korrespondent von *NPR* für den Nahen Osten, die glühende Unterstützung der US-Medien für die Sache der Palästinenser, ihre Manipulation durch Yassir Arafat und ihren verzehrenden Haß auf Israel – was ohnehin alle Leser schon wußten. Während er sich als Linksliberaler ausweist, kommt er zu dem Schluß, es gebe in den Medien keine bewußte antisemitische Verschwörung, obwohl viele Anzeichen darauf hindeuteten.[52]

Auf diese Weise können Berge von Beweismaterial mit einer einzigen Handbewegung zum Verschwinden gebracht werden; eine Technik, die seitens der Kulturmanager den loyalen Schulterschluß mit der Regierung erfordert. Bisweilen aber sind die verkommenen Massen weniger leicht abzuspeisen.

Im Fall von Vietnam gingen in den späten sechziger Jahren ganze Bereiche der Öffentlichkeit zu denen über, die McGeorge Bundy, Sicherheitsberater von Kennedy und Johnson, »die wilden Männer auf den Flügeln« nannte; Leute, die keine Scheu hatten vor der »ersten Garnitur«, die den Krieg führte, und die sogar die gerechte Sache der USA in Zweifel zogen.[53] Trotz aller Hilfe durch die US-Medien steuerte die Entwicklung auf einen Punkt zu, an dem die mörderische Barbarei des Krieges nicht länger verborgen gehalten oder verteidigt werden konnte. So bot es sich an, »Haltet den Dieb!« zu rufen. Natürlich war das nichts Neues. Aber der Indochinakrieg hatte ein Stadium erreicht, in dem etwas gebraucht wurde, was außerhalb der Norm lag.

In den späten sechziger Jahren erteilte das an allen Grundschulen verteilte Blatt *Weekly Reader* Schulkindern den Auftrag, an Ho Chi Minh zu schreiben und ihn zu bitten, die gefangenen Amerikaner freizulassen – so als hätten die bösen Kommunisten sie direkt von der Straße irgendeiner friedlichen Kleinstadt weggeholt und nach Hanoi gezaubert, um sie dort zu foltern. 1969 lief die PR-Kampagne auf vollen Touren, und zwar aus zwei Gründen. Zunächst einmal hatten die Greueltaten der USA ein Ausmaß erreicht, das sich einfach nicht mehr verleugnen ließ. Da die Anschuldigungen nicht mehr vom Tisch gewischt werden konnten, mußte das Augenmerk auf den bösen Feind gelenkt werden, auf *seine* Verbrechen gegen *uns*. Zweitens hatte die amerikanische Konzernwelt beschlossen, daß der Krieg ein Ende finden müsse. Von daher konnten diplomatische Bemühungen und Verhandlungen nicht mehr vermieden werden. Aber man hielt noch an der von Eisenhower, Kennedy und Johnson vertretenen Doktrin fest, daß Diplomatie nicht in Frage komme, weil die USA und ihre Vasallen politisch zu schwach seien, um im friedlichen Wettbewerb den Sieg davonzutragen. Folgerichtig verschärften Nixon und Kissinger die Gewaltanwendung auf radikale Weise, um unerwünschten Verhandlungen aus dem Wege gehen zu können. Der Trick war, Forderungen nach Rückgabe der Gefangenen zu stellen, die in dieser Form von keinem kriegführenden Staat bisher in Betracht gezogen worden waren. Man hoffte darauf, daß Hanoi sich an traditionelle westliche Maßstäbe halten und die Forderungen zurückweisen werde, so daß man die tückischen Kommunisten der Niedertracht bezichtigen und die Verhandlungen vertagen könne.

Nach dem Ende des Krieges ergab sich ein neues Motiv. Die Zerstörung Indochinas reichte als Siegesbeute nicht aus, es war notwendig, den vietnamesischen Feind durch andere Methoden in die Knie zu zwingen: Verweigerung diplomatischer Beziehungen, Wirtschaftskrieg und andere Mittel, über die der größte Rabauke im Viertel verfügte. Diesen Kurs schlug Präsident Carter ein und verschärfte ihn noch, als er Anfang 1978 seine »Hinwendung zu China« vollzog. Seine Nachfolger haben in diesem Sinne weitergemacht und sind dabei von der Schicht der Intellektuellen weitgehend politisch unterstützt worden. Die gegenwärtige Kursbestimmung haben wir gerade beleuchtet.

Die Technik des »Haltet den Dieb!« erwies sich, dank der Mitarbeit der Indoktrinationsagenturen, als überaus erfolgreich. Franklin zeigt in einer detaillierten Untersuchung, auf welche Weise die Presse den Schulterschluß mit der Regierung vollzog, während Film und Fernsehen die einfallsreiche Strategie verfolgten, die bekanntesten Greueltaten der USA und ihrer Vasallen durch veränderte Rollenverteilung in Verbrechen des Feindes zu verkehren. Der ganze Zynismus dieses Unternehmens zeigt sich an den Manövern, mittels derer der öffentlich bekundete Zorn über Pol Pots Greueltaten – der in den oberen Schichten ohnehin verlogen war, wie ihre Reaktion auf die Untaten der USA in Kambodscha und auf Indonesiens Gewaltherrschaft in Osttimor zeigt[54] – in eine Sichtweise umgeformt wird, die Pol Pot zum Symbol kommunistischen Schreckens schlechthin macht, während die vietnamesische Invasion, die Kambodscha vor noch Schlimmerem bewahrte, zum monströsen kommunistischen Verbrechen stilisiert und die stillschweigende Unterstützung der USA für Pol Pot wegretuschiert wird. Auch diese Aufgabe wurde mühelos bewältigt. Und als man sich, um die Völker Indochinas weiterhin zu quälen, nicht mehr auf Kambodscha, sondern nur noch auf die Problematik der Kriegsgefangenen und -vermißten berufen konnte, vollzogen die ideologischen Institutionen auch diesen Vorgang reibungslos mit.

Michael Vickery weist auf den wichtigen Punkt hin, daß die USA jede auch noch so geringe Chance Vietnams, den zerstörerischen Folgen der französischen Kolonialherrschaft zu entkommen, zunichte gemacht haben. Als mit dem Genfer Abkommen von 1954 die Grundlage für die Vereinigung und landesweite Wahlen geschaffen worden war, legten die USA ihr Veto ein, weil sie erkannten, daß die falsche Seite gewinnen würde. Obwohl der Norden, die Demokratische Republik Vietnam, von den traditionell nahrungsreicheren Gebieten des Südens abgeschnitten war, konnte er sich ab 1958 selbst versorgen, während die Industrie sich entwickelte. Den US-amerikanischen Politstrategen war das gar nicht angenehm, und sie drängten insgeheim darauf, daß die USA alles Erdenkliche tun möge, um den wirtschaftlichen Fortschritt der kommunistischen Staaten Asiens, mit seinem gefährlichen Vorbildeffekt, zu verlangsamen. Besonders sorgenvoll betrachteten sie den Fortschritt im Norden, der sich deutlich abhob vom Versagen des US-Vasallenstaates im Süden. 1959 ging der Geheimdienst davon aus, daß der Norden, wo das Wirtschaftswachstum deutliche Fortschritte machte und »auf die Zukunft ausgerichtet« war, den Süden auf den zweiten

Platz verweisen würde. Die Gewalteskalation unter Kennedy und danach nahm sich dieser Bedrohung an.

Nach dem Krieg wurde Vietnam in den Weltwährungsfonds aufgenommen. In einem vertraulichen Bericht aus dem Jahre 1977 lobte ein Team der Weltbank »die Anstrengungen der vietnamesischen Regierung, ihre Ressourcen zu mobilisieren und ihr riesiges Potential auszuloten«. Auch mit dieser Gefahr machten die USA kurzen Prozeß. Sie blockierten jegliche Hilfeleistung und hielten Vietnam im ökonomischen Würgegriff. In den Jahren 1988 bis 1990, sagt Vickery weiter, »konnte Vietnam trotz einer äußerst ungünstigen internationalen Position mit erstaunlichen Wirtschaftserfolgen aufwarten«, die, so der *Far Eastern Economic Review*, den Weltwährungsfonds zu einem »enthusiastischen Bericht« veranlaßten. George Bush reagierte darauf mit der Erneuerung des Embargos, und die ideologischen Institutionen vergossen weitere heiße Krokodilstränen über die unmenschliche Behandlung, die uns die verbrecherischen Aggressoren zuteil werden lassen.[55]

Dieser Wahnsinn hat Methode. Abgesehen davon, daß die USA gegen jegliche Entwicklung in der Dritten Welt sind, die sich ihrer Kontrolle entzieht, müssen die untergeordneten Nationen begreifen, daß sie in Gegenwart des Herrn und Meisters den Mund zu halten haben. Bei Zuwiderhandlungen droht ihnen die Anwendung von Gewalt. Danach werden sie so lange leiden wie wir es für richtig halten. Die Behandlung, die Nicaragua gegenwärtig zuteil wird, zeigt das Grundmuster solchen Handelns. Das gilt auch für den Irak. Als Bushs Freund und Verbündeter aus der Reihe tanzte, haben wir dafür gesorgt, daß im Irak nach Kriegsende Zehntausende seiner Opfer an Hunger und Krankheiten starben. Streng wie er ist, zerstörte der Westen die Massenvernichtungswaffen, mit denen er Saddam versorgt hatte, als es gewinnträchtig und vorteilhaft war. Zugleich aber schwang er die Geißel einer »anderen Massenvernichtungswaffe, indem er dem irakischen Volk Lebensmittel und andere notwendige Güter entzog«, bemerken zwei Experten in Sachen Welthunger.[56] Die unteren Ränge müssen wissen, wo sie in einer ordentlichen und »stabilen« Welt ihren Platz einzunehmen haben.

Ein Leitartikel der *Washington Post* weist zum Jahrestag von Pearl Harbor auf die »Ironie« hin, die darin liegt, »daß die Vereinigten Staaten den Krieg [in Vietnam] in militärischer Hinsicht verloren haben, am Ende jedoch die Normalisierungsbedingungen eines Siegers diktieren konnten. Das war möglich, weil die USA auch weiterhin dominante globale Werte verkörpern und das regionale Gleichgewicht sowie die internationale Wirtschaft machtvoll beeinflussen. So mußte Vietnam diese ganzen Zugeständnisse machen.« Diese an sich verdienstvolle Erklärung bedarf der Präzisierung. Die von der *Post* gelobten »globalen Werte« werden von jenen verfügt, die die Regeln mit dem Schwert festsetzen.[57]

Es dürfte schwerfallen, in der 500-jährigen Geschichte der Eroberung ein Beispiel größerer Unehrlichkeit und Feigheit zu finden als das sorgfältig zur Schau gestellte Selbstmitleid der mörderischen Aggressoren, die drei Länder zerstörten und Berge von Leichen, Verstümmelten und Waisen zurückließen, um ein politisches Abkommen zu torpedieren, dem, wie sie wohl wußten, ihre politisch schwachen Vasallen nicht gewachsen sein würden. Diese Tatsache geht aus den internen Aufzeichnungen zweifelsfrei hervor, ist von den Militärhistorikern en détail entwickelt worden und wird selbst von den eingefleischtesten Regierungsfans unter den Forschern anerkannt.[58] Die »Ironie« besteht darin, daß dieses schändliche Treiben ungestört fortgeführt wird – zusammen mit unseren Meditationen über die Defekte der japanischen Psyche.

7. Ein Datum ohne Niedertracht

Die Ironie – um ein Wort zu gebrauchen, das am Kern der Sache vorbeizielt – wird noch durch einen anderen Jahrestag verstärkt, der nicht ins allgemeine Bewußtsein gedrungen ist. Der 50. Jahrestag des »Datums der Niedertracht« fiel mit dem 30. Jahrestag der von John F. Kennedy betriebenen Eskalation des Vietnamkrieges zusammen. Kennedy weitete den internationalen Terrorismus zum direkten Angriffskrieg aus. Am 11. Oktober 1961 befahl er die Entsendung einer US-Luftwaffeneinheit nach Südvietnam. Es handelte sich dabei um zwölf Flugzeuge, die besonders für die Partisanenbekämpfung ausgerüstet waren und bald die Erlaubnis erhielten, »Einsätze in Zusammenarbeit mit vietnamesischen Besatzungen zu fliegen, um die Bodentruppen zu unterstützen«. Am 16. Dezember ordnete Verteidigungsminister McNamara ihre Beteiligung an Kampfeinsätzen an. Das waren die ersten Schritte, die dann ab 1962 zum direkten Einsatz von US-Streitkräften – Bombardierungen und andere Kampfhandlungen in Südvietnam und Sabotageaktionen in Nordvietnam – führten. Damals wurde der Grundstein für die spätere Eskalation des Krieges gelegt.[59]

Ganz unbemerkt verstrich dieser Jahrestag denn doch nicht: Bush nahm die Gelegenheit wahr – fast genau 30 Jahre nachdem Kennedy den ersten schicksalhaften Schritt in diese Richtung getan hatte –, um Vietnams Einbeziehung in die Weltgemeinschaft zu verhindern. Der Propagandaapparat trug neue Heucheleien im Hinblick auf das Problem der Kriegsvermißten vor. Soweit ich weiß, ist die bemerkenswerte Konstellation der beiden Jahrestage dreimal in den Medien erwähnt worden: einmal von Michael Albert *(Z magazine)* und zweimal von Alexander Cockburn *(Nation, Los Angeles Times)*.[60]

In einer Welt voller Wahrheit und Ehrlichkeit könnte man ein solch diskretes Schweigen dem allzu großen Unterschied zwischen den beiden Fällen anrechnen, der einen Vergleich unfair erscheinen ließe. Denn was hat Japans Angriff auf einen Flottenstützpunkt in einer US-Kolonie mit der ersten großen Aktion gegen eine schutzlose, 10.000 Meilen entfernte Gesellschaft von Zivilisten zu tun? Die Geschichte kennt keine kontrollierbaren Experimente, wer jedoch eine Analogie sucht, könnte Japans Überraschungsangriff mit der Bombardierung Libyens durch die USA im Jahre 1986 vergleichen. Die Aktion war sorgfältig für die Sieben-Uhr-Abendnachrichten (Eastern Standard Time) getimed; die PR-Berater von Reagan hatten sich da ein bißchen an Lyndon Johnson orientiert, der die Bombardierung Nordvietnams als Vergeltung für den Zwischenfall im Golf von Tonkin (August 1964) ebenfalls auf sieben Uhr abends gelegt hatte. Allerdings konnten in diesem Fall die Militärs dem Befehl nicht nachkommen. Doch auch dieser Vergleich, so ließe sich einwenden, tut den Japanern noch unrecht. Denn der Angriff auf Libyen galt zivilen Zielen; die Begründung war, wie auch im Fall der »Vergeltung« für den Tonkin-Zwischenfall, erschlichen, was außerhalb der Mainstream-Medien auch schnell entdeckt wurde.[61]

Solche Gedanken sind natürlich zu abwegig als daß sie weiter verfolgt werden müßten. Lassen wir sie beiseite und wenden wir uns wieder dem Jahr 501 zu.

Das folgende Aufeinandertreffen zweier Gedenktage in den Jahren 1991-92 ist frappierend: auf der einen Seite die große Entrüstung anläßlich des 50. Jahrestages von Pearl Harbor, auf der anderen das Schweigen über den 30. Jahrestag des Angriffs auf Südvietnam. Diese Kombination ist ein außergewöhnlicher Beitrag zur moralischen Feigheit und intellektuellen Verderbtheit, die ganz natürlich mit unhinterfragten Privilegien einhergehen.

Ein letzter Zufall, der per se Interesse beanspruchen darf, soll noch erwähnt werden. Der vergessene 30. Jahrestag ging mit einer Welle der Verehrung für den getöteten Präsidenten einher, der, so wurde leidenschaftlich behauptet, den Rückzug aus Vietnam geplant habe, was die Medien verschwiegen hätten. Wegen dieser Pläne sei er dann ermordet worden. Die ehrfürchtige Bewunderung für Kennedy, den einsamen Helden, der niedergeschossen wurde, als (vielleicht sogar: weil) er einen Krieg der USA in Vietnam verhindern wollte, fügt den Fragen von *hansei* eine interessante Nuance bei, die auch nach dem Jahr 500 nicht vergessen werden sollte. Das Drama der Jahre 1991/92 fand auf verschiedenen Ebenen statt, die vom Kinosaal bis in die Universität reichten. An ihm beteiligten sich einige der bekanntesten Kennedy-Intellektuellen, aber auch große Teile der sozialen Bewegungen, die unter anderem aus der Opposition gegen den Vietnamkrieg erwachsen waren. Über Einzelheiten mögen sie unterschiedlicher Meinung sein, aber insgesamt sind sie sich darüber einig, daß mit der Ermordung Kennedys im November 1963 die Geschichte einen dramatisch anderen Verlauf genommen habe. Der Tod des Präsidenten habe einen dunklen Schatten auf alle folgenden Ereignisse geworfen. Dieser Enthusiasmus wirft ein bezeichnendes Licht auf das kulturelle und politische Klima der frühen neunziger Jahre.

Die Bedeutung dessen, was auf Kennedys Aggression von 1961 folgte, ist unumstritten; von daher ist die Beschaffenheit seiner Pläne und die Reaktion darauf von großem Interesse. Die Wahrnehmung jetziger Realität, die Umdeutung der Erinnerung, die Vorstellungen von einer besseren Zukunft könnten durch die Wahrheit in dieser Angelegenheit entscheidend beeinflußt werden. Die Sichtweisen sind sehr breit gestreut. Für die einen war der Mord am Präsidenten zwar tragisch, aber ein Ereignis mit eher unbestimmten politischen Folgen, wobei man der Spekulation freien Lauf lassen kann[62]; für die anderen war es ein bedeutsames geschichtliches Ereignis von außerordentlicher Bedeutung und mit langfristigen Folgen.

Es gibt viele Beweismaterialien, die für das Problem relevant sind; insbesondere sind die Aufzeichnungen über interne Entscheidungen in höherem Maße verfügbar als es der Norm entspricht. Die Geschichte läßt keine definitiven Schlußfolgerungen zu, doch sind in diesem Falle die Aufzeichnungen und Dokumente so reichhaltig, daß meiner Ansicht nach fundierte Beurteilungen möglich sind. Die Gesichtspunkte sind so zahlreich und interessant, daß sie eine gesonderte Behandlung verdienen, die den Rahmen dieses Buches sprengen würde und deren Ergebnisse ich hier nur kurz zusammenfasse.[63]

Die Politik gegenüber Vietnam bewegte sich im allgemeinen Rahmen der Doktrin, die für die globale Ordnung nach dem Zweiten Weltkrieg erarbeitet worden war und bis zu den frühen siebziger Jahren im wesentlichen stabil blieb. Die USA taten sich sehr schnell auf Gedeih und Verderb mit Frankreich zusammen, weil sie von Anfang an wußten, daß es gegen die nationalistischen Kräfte in Indochina ging und daß die eigenen Vasallen der politischen Konkurrenz nicht gewachsen waren. Demzufolge standen friedliche Mittel der Auseinandersetzung gar nicht zur Debatte, waren im Gegenteil bedrohlich und mußten vermieden werden. Klar war auch, daß die Zustimmung der eigenen Bevölkerung zu Kriegs- und subversiven Maßnahmen gering war. Es erwies sich also als notwendig, die Operation so schnell wie möglich in Gang zu bringen und Indochina soweit es ging unter der Kontrolle von Vasallenregierungen zu halten.

Die Planungsstäbe (und die führenden Schichten insgesamt) hielten von 1950 bis Anfang der siebziger Jahre an dieser grundsätzlichen Politik fest. Zum Schluß allerdings wurden ihre Durchführbarkeit und ihre Kosten ernsthaft in Frage gestellt. Die Genfer Abkommen von 1954 wurden sofort unterlaufen; in dem später »Südvietnam« genannten Landesteil setzten die USA ein auf wackligen Füßen stehendes Vasallenregime ein, das, mangels Unterstützung seitens der Bevölkerung, zu Terrormaßnahmen griff und damit schließlich einen Widerstand heraufbeschwor, den es nicht mehr kontrollieren konnte. Als Kennedy das Präsidentenamt übernahm, schien der Zusammenbruch nur noch eine Frage der Zeit zu sein. Mithin wurde 1961/62 das militärische Engagement der USA zum Angriffskrieg ausgeweitet. Die Kommandoebene war glücklich über den Erfolg der verstärkten Gewaltanwendung und fest davon überzeugt, daß der Krieg bald vorüber sein würde und die Truppen siegreich in die Heimat zurückkehren könnten. Kennedy widersprach diesen Voraussagen nicht, betrachtete sie aber mit Zurückhaltung und ließ sich auf keinerlei Vorschläge zum Truppenabzug ein. Mitte 1963 schienen die Zwangsmaßnahmen auf dem

Lande zu greifen, aber die innenpolitische Repression hatte zu großen Protestdemonstrationen in den Städten geführt. Darüber hinaus forderte das Vasallenregime von den USA größere Zurückhaltung, wo nicht gar den Rückzug, und leitete Schritte zu einer friedlichen Verständigung mit dem Norden ein. Die Regierung Kennedy entschloß sich also, ihren Vasallen zugunsten eines Militärregimes zu stürzen, das voll und ganz auf den Sieg in der militärischen Auseinandersetzung eingeschworen wäre. Dieses Ziel wurde mit dem Militärputsch vom 1. November 1963 erreicht.

Wie die militärischen Befehlshaber vorausgesehen hatten, führte dieser Putsch zum weiteren Zerfall Südvietnams und, als die Bürokratie des vormaligen Regimes sich auflöste, zur Erkenntnis, daß alle Berichte über militärische Erfolge auf Sand gebaut waren. Es war also an der Zeit, die Taktik zu ändern. Zu diesem Zweck wurden zwei neue Faktoren in Betracht gezogen: zum einen die Hoffnung, daß zumindest eine stabile Grundlage für die Ausweitung von Militäraktionen vorhanden sei; zum zweiten die Erkenntnis, daß die militärische Lage auf dem Lande nicht mehr als einen Scherbenhaufen darstelle. Der erste Faktor machte die Eskalation möglich, der zweite machte sie notwendig, und das umso mehr, als die vorangegangenen Hoffnungen sich als Fata Morgana erwiesen hatten. Die Pläne für den Truppenabzug wurden aufgegeben, da ihre Vorbedingung, der militärische Sieg, sich nicht einstellen wollte. Anfang 1965 konnten nur umfangreiche weitere Angriffe durch die USA eine politische Lösung des Konflikts verhindern. Da die grundlegenden politischen Annahmen unverändert bestehen blieben, gab es wenig Handlungsalternativen: die Einsätze in Südvietnam wurden verstärkt und der Krieg auf den Norden ausgeweitet.

Die TET-Offensive vom Januar 1968 ließ erkennen, daß der Krieg so schnell nicht zu gewinnen sein würde. Allmählich wuchs auch die Unzufriedenheit in den Vereinigten Staaten, es gab Protestkundgebungen und die Wirtschaft geriet gegenüber der ausländischen Konkurrenz in die Hinterhand. Die Führungsschichten waren unzufrieden und forderten den Rückzug aus dem Krieg.

Tatsächlich wurden die Anzahl der Bodentruppen verringert, zugleich aber die Militäraktionen gegen Südvietnam und gegen den Rest Indochinas verstärkt, weil die USA die Hoffnung noch nicht ganz aufgegeben hatten, die wesentlichen politischen Ziele durchsetzen zu können. Weiterhin wurden Verhandlungen so lange wie möglich hinausgezögert, und als die USA im Januar 1973 gezwungen waren, einen »Friedensvertrag« zu unterschreiben, erklärte Washington sofort laut und deutlich, daß man ihn in allen wichtigen Punkten unterlaufen werde. Das geschah dann auch. Vor allem wurde die Gewaltschraube im Süden noch einmal angezogen (in flagranter Verletzung der Vertragsbestimmungen), was in den USA selbst als erfolgversprechende Taktik viel Beifall fand. Die Medien außerhalb des Mainstream konnten die Wahrheit erzählen, der Mainstream selbst aber war (und ist) für solche Häresien nicht zugänglich. Der Bannstrahl gegen alles, was nicht ins Konzept paßte, wurde mit beträchtlicher Rigorosität aufrechterhalten.[64] Die Operationen der USA und ihres Vasallen riefen heftige Gegenwehr hervor, und das Vasallenregime brach erneut zusammen. Diesmal gab es keine Rettung. 1975 war der Krieg zu Ende.

Die USA hatten nur einen Teilsieg erreicht. Auf der Minusseite war der Sturz der Vasallenregimes zu verbuchen. Auf der Plusseite konnte vermerkt werden, daß die ganze Region in Trümmern lag und keine Chance mehr bestand, daß der »Virus« erfolgreicher unabhängiger Entwicklung andere »infizieren« könne. Positiv war auch, daß die Region nunmehr vor allen eventuell noch verbleibenden Gefahren durch eine ganze Anzahl von mörderischen Militärregierungen bewahrt wurde, bei deren Machtergreifung die USA kräftig nachgeholfen hatten und die sie großzügig unterstützten. Nachdem Südvietnam und Laos durch die Angriffe der USA ausgeblutet waren, blieb Nordvietnam als Vormacht in Indochina übrig, auch dies eine Konsequenz, die sich schon seit langem abgezeichnet hatte.[65] Hätten die nationalen Kräfte in Laos und Südvietnam überlebt und die Länder ihren eigenen Weg finden können, wer weiß, was dann geschehen wäre. Die meinungsbildenden Medien sind dagegen froh, wenn sie die gewünschten Formulierungen abliefern können, die indes nicht der Wahrheit, sondern ideologischen Erfordernissen dienen.

Der Kern der Politik blieb im wesentlichen unverändert: man wollte aus einem ungeliebten und kostspieligen Abenteuer so schnell wie möglich aussteigen, aber wenigstens sicher sein, daß der Virus zerstört und der Sieg sicher ist. (Das war Anfang der siebziger Jahre, als die Zweifel sich mehrten, ob die Vasallenregierungen weiter gestützt werden könnten.) Die taktischen Veränderungen folgten veränderten Umständen und Wahrnehmungen. Dagegen hatten Veränderungen in der Regierung keinen umfassenden Einfluß auf die Politik, ja nicht einmal auf die taktischen Erwägungen, wenn man die objektive Situation und die Art und Weise ihrer Wahrnehmung in Betracht zieht. Das gilt auch für die Ermordung Kennedys.

Das Ausmaß und die Zerstörungskraft dieser Kolonialkriege waren enorm. Das gilt auch für die langfristigen Auswirkungen auf die internationale und nationale Ordnung. Ihrem Wesen nach aber gehören die Indochina-Kriege in die Geschichte der 500-jährigen Eroberung und insbesondere in die Epoche der US-amerikanischen Hegemonie.

XI. Die Dritte Welt im eigenen Land

1. »Das Paradox des Jahres 1992«

Es wäre zu einfach, den Gegensatz zwischen Europa – dem wirtschaftlich-politischen Zentrum – und den peripheren Nationen zum Grundthema der 500-jährigen Eroberung zu machen. Schon Adam Smith wies darauf hin, daß die politischen Führer ihre eigenen Interessen verfolgen und nicht die der Bevölkerung; der Klassenkrieg im Inneren einer Nation ist integraler Bestandteil des globalen Eroberungskrieges. Wachgeblieben ist zum Beispiel die Erinnerung daran, daß »auch die europäischen Gesellschaften kolonisiert und geplündert wurden«, wobei jedoch die »besser organisierten« Gemeinschaften mit ihren »politischen und ökonomischen Steuerungsinstrumenten« und ihrer Tradition des Widerstandes bestimmte Grundrechte erhalten und sie durch fortwährende Auseinandersetzungen sogar ausbauen konnten.[1]

Mit dem Ende der Wohlstandsallianz und dem Beginn des »neuen imperialen Zeitalters« hat sich der innere Klassenkrieg verschärft. Mit der Globalisierung der Wirtschaft hält die Dritte Welt in den reichen Nationen selbst Einzug, wächst die Tendenz zu einer zweigeteilten Gesellschaft, in der große Bereiche unwichtig werden, weil sie zur Bereicherung der Privilegierten nichts beitragen. Mehr als je zuvor muß die Masse ideologisch und physisch kontrolliert und aller Organisations- und Kommunikationsmöglichkeiten, der Vorbedingungen für konstruktives Denken und soziales Handeln, beraubt werden. »Die Zeitung hat sich uns alle einzeln vorgenommen und uns davon überzeugt, daß ›die Zeiten ganz toll sind‹«, schreibt T-Bone Slim, Schriftsteller und Mitglied der *Industrial Workers of the World*. »Jetzt können wir nicht einmal mehr unseren Nachbarn fragen, ob die Presse uns die Wahrheit erzählt.«[2] Die Mehrheit der Bevölkerung hält das Wirtschaftssystem für »in sich ungerecht«, findet rückblickend, daß der Vietnamkrieg kein »Fehler«, sondern »grundsätzlich falsch und unmoralisch« war, gab der Diplomatie den Vorzug vor dem Krieg, als die USA die Bombardierung des Irak vorbereiteten, und so weiter. Aber das sind private Gedanken, die erst dann mit Freiheit und Demokratie drohen können, wenn wir systematische Möglichkeiten geschaffen haben, »unseren Nachbarn zu fragen«. Die individuellen Gedanken sind vielleicht frei, aber als Kollektiv marschieren wir im Verbund. Kein Präsidentschaftskandidat könnte sagen: »Ich war aus prinzipiellen Erwägungen heraus gegen den Vietnamkrieg, und ich ehre diejenigen, die sich ihrer Einberufung zu einem ›grundsätzlich falschen und unmoralischen Krieg‹ widersetzt haben.«

Jedes Herrschaftssystem muß sich des Gehorsams seiner Mitglieder versichern. Dafür gibt es ideologische Institutionen, die von Kulturmanagern verwaltet und geleitet werden. Eine Gesellschaft mit einer ausgeglichenen Verteilung von Ressourcen und der Beteiligung der Bevölkerung an politischen Entscheidungen, das heißt, eine demokratische Gesellschaft mit libertären gesellschaftlichen Formen wäre eine Ausnahme. Aber eine solche Demokratie schwebt höchstens als Ideal in den Wolken, gilt als Gefahr, die vermieden, nicht als Wert, der angestrebt werden muß. Die »unwissenden und lästigen Außenseiter« müssen auf ihre Rolle als Zuschauer beschränkt bleiben, wie Walter Lippmann das seit langem gängige und vertraute Thema umschrieb. Im Augenblick geht es darum, dem gemeinen Haufen jeden Gedanken an eine selbständige Verfügung über sein Schicksal auszutreiben. Die Menschen sollen nichts weiter sein als isolierte Propagandaempfänger, der Regierung und der Privatwirtschaft – zwei feindlichen und von außen kommenden Mächten – hilflos ausgeliefert. Nur sie haben derzeit das geheiligte Recht, den Grundcharakter des gesellschaftlichen Lebens zu bestimmen. Darüber hinaus muß die zweite dieser Mächte im Verborgenen bleiben; unhinterfragt und unsichtbar, wird sie zum Bestandteil der natürlichen Ordnung der Dinge. Auf diesem Weg sind wir ein gutes Stück vorangekommen.

Die Rhetorik der Wahlkampagne von 1992 veranschaulicht diesen Prozeß. Die Republikaner beschwören den Glauben an den Unternehmer und beschuldigen die »andere Partei«, das Werkzeug von Sozialingenieuren zu sein, die den Kommunismus und den Wohlfahrtsstaat (zwei Seiten einer Medaille) in die Welt gebracht zu haben. Die Demokraten halten dagegen, sie wollten lediglich die Effizienz der Privatwirtschaft verbessern, im übrigen aber deren diktatorische Befugnisse über viele Bereiche des gesellschaftlichen Lebens und der Politik unangetastet lassen. Die Kandidaten sagen: »Gebt mir eure Stimme, und ich werde für euch tun, was ich kann.« Die wenigsten glauben ihnen, können sich aber auch keine andere Verfahrensweise vorstellen. Undenkbar, daß in den Gewerkschaften, politischen Vereinigungen und anderen Organisationen die Menschen ihre eigenen Pläne und Projekte entwerfen und Kandidaten aufstellen, die sie repräsentieren sollen. Undenkbar auch, daß die Öffentlichkeit bei Entscheidungen über Investitionen, Produktion, Arbeitstätigkeit und anderen grundlegenden Aspekten des Alltags ein Wörtchen mitzureden haben könnte. Die Minimalbedingungen für eine funktionierende Demokratie sind schon lange nicht mehr vorhanden; das ist ein bemerkenswerter Sieg des ideologischen Systems.

Am totalitären Ende des politischen Spektrums versuchen selbsternannte »Konservative« den gemeinen Haufen mit chauvinistischem und religiösem Fanatismus, mit Reden über die Familie-als-Keimzelle-des-Staates und andere Standardwerte abzulenken. Das Schauspiel hat im Ausland zu besorgten Kommentaren geführt. Der *Economist* beobachtete den Parteitag der Republikaner (1992) von der Eröffnungskundgebung, die in voraufklärerischem Geist Gott und Vaterland beschwor, bis zum Wahlprogramm, das von evangelischen Extremisten formuliert wurde; er notierte die Tatsache, daß der Kandidat der Demokraten »in seiner Rede zur Annahme der Kandidatur sechsmal den Namen Gottes erwähnte« und »aus der Bibel zitierte«. Der *Economist* wunderte sich daraufhin über eine Gesellschaft, die als einzige in der Welt der Industrienationen »noch nicht bereit ist, bei der Auswahl ihrer politischen Führer der Säkularisation Tribut zu zollen«. So zieht man demokratischen Formen und Normen die Zähne, um jegliche Bedrohung der privaten Macht zu beseitigen.[3]

Ein interessantes Bild ergeben öffentliche Meinungsumfragen. Eine Gallup-Untersuchung vom Juni 1992 fand heraus, daß 75 Prozent der Bevölkerung für die nächste Generation keine Verbesserung des Lebensstandards erwarten. Das überrascht nicht, wenn man bedenkt, daß die Reallöhne seit 20 Jahren gesunken sind, eine Tendenz, die sich unter Reagans »Konservatismus« noch beschleunigt und sogar die Universitätsabsolventen erreicht hat. Wie die Bevölkerung eingestellt ist, zeigt sich auch an der Popularität, die ehemalige Präsidenten augenblicklich genießen: Carter liegt weit in Führung (74 Prozent), gefolgt von dem praktisch unbekannten Ford (68 Prozent), während Reagan (58 Prozent) gerade eben vor Nixon (54 Prozent) rangiert. Reagan ist besonders bei den Arbeitern und den »Reagan-Demokraten« unbeliebt; allerdings war seine Popularität in hohem Maße ein Produkt der Medien, der »große Kommunikator« wurde schnell ad acta gelegt, als die Farce beim Publikum nicht mehr zog.[4]

Eine andere Umfrage enthüllte, daß »der Glaube an Gott im Leben der Amerikaner die größte Rolle spielt«. 40 Prozent geben an, ihnen bedeute »das Verhältnis zu Gott mehr als alles andere«, 29 Prozent entschieden sich für »Gesundheit«, 21 Prozent für eine »glückliche Heirat«. Befriedigende Arbeit war für fünf Prozent ein Wert, gegenseitige menschliche Achtung für zwei Prozent. Besonders unter Schwarzen sollen Endzeitvisionen vorherrschen, was nicht erstaunt, wenn wir aus dem *New England Journal of Medicine* erfahren, daß »Schwarze in Harlem mit größerer Wahrscheinlichkeit vor dem 65. Lebensjahr sterben als Bangladeshis«.[5]

Ebenso ist das Gefühl für Solidarität und Gemeinschaftlichkeit im Schwinden begriffen. Die Bildungsreform ist für die Kinder zahlungskräftiger Eltern gedacht; der Gedanke, daß es bei der Erziehung überhaupt um die Kinder gehen könnte, spielt keine Rolle mehr. Wir müssen den Leuten klarmachen, »wie teuer es ist, ein uneheliches Kind auszutragen«, weil »die Schulden schon mit der Geburt des Kindes beginnen« und Kinder von jugendlichen High-School-Aussteigern von uns keine Hilfe erwarten können (Michael Kaus). Für die im Entstehen begriffene »Kultur der Grausamkeit«, schreibt Ruth Conniff, »sind der Mittelschicht-Steuerzahler, der Politiker und die wohlhabende Oberklasse allesamt Opfer« der unwürdigen Armen, die für ihre Verkommenheit diszipliniert und bestraft werden müssen.

Als der Caterpillar-Konzern Streikbrecher anheuerte, um einen Arbeitskampf der »United Auto Workers« zu unterminieren, war die Gewerkschaft »zutiefst erstaunt« darüber, daß Arbeitslose die Streiklinien ohne Gewissensbisse passierten, während die Arbeiter von Caterpillar in ihrer Umgebung wenig »moralische Unterstützung« fanden. Der Gewerkschaft, die »den Lebensstandard nicht nur für ihre Arbeiter, sondern für große Bereiche ihrer Lebenswelt angehoben hatte«, war »verborgen geblieben, in welchem Ausmaß die Sympathie der Öffentlichkeit für die Belange der Arbeiterschaft abgenommen hatte«, bemerkt eine Untersuchung von drei Reportern der *Chicago Tribune*. Das ist ein weiterer Sieg in einem unablässigen Feldzug, den die Unternehmerschaft seit vielen Jahrzehnten führt und den die Gewerkschaftsführung nicht wahrhaben wollte. Erst 1978 kritisierte der Präsident der »United Auto Workers«, Doug Fraser, die »Führer der Unternehmerschaft«, indem er ihnen vorwarf, »einen einseitigen Klassenkrieg in diesem Land« angezettelt zu haben – »einen Krieg gegen die arbeitende Bevölkerung, gegen die Arbeitslosen, gegen die Armen, gegen die Minderheiten, gegen die ganz Jungen und ganz Alten, und sogar gegen viele Angehörige der Mittelschicht in unserer Gesellschaft«. Sie hätten, so sagte Fraser weiter, »den brüchigen, ungeschriebenen Vertrag aufgekündigt, der während einer Periode des Wachstums und des Fortschritts bestand«. Das kam zu spät, und die Taktiken jenes elenden Dieners der Reichen, der bald darauf das Präsidentenamt übernehmen sollte, zerstörten viel von dem, was noch übrig war.[6]

Der Beitrag in der *Tribune* begreift die Niederlage der Gewerkschaft als »das Ende einer Ära, das Ende der vielleicht stolzesten Errungenschaft der amerikanischen Arbeiterbewegung im zwanzigsten Jahrhundert: einer umfassenden Mittelschicht aus Arbeitern«. Diese Ära, die auf einem Pakt zwischen Konzernen und Gewerkschaften innerhalb einer staatlich subventionierten Privatwirtschaft beruhte, war schon 20 Jahre vorher zu Ende gewesen, und der »einseitige Klassenkrieg« war längst angekurbelt worden. Der Pakt schrieb auch den Tausch von politischer Macht gegen Geld fest, den die Gewerkschaftsführer vollzogen (David Milton); ein Handel, der so lange währte, wie er den Herrschenden von Nutzen war.

Ein wichtiger Bestandteil der von Konzernen und Staat geführten Kampagne ist die ideologische Offensive zur Überwindung der »Krise der Demokratie«, die sich den Bemühungen des gemeinen Haufens, in die Politik einzugreifen, verdankt. Das aber sollte denen überlassen bleiben, die etwas davon verstehen. Diese Offensive zielt unter anderem darauf ab, die Solidarität mit den arbeitenden Menschen zu untergraben. Walter Puette hat untersucht, auf welche Weise der Komplex »Lohnarbeit« in den Medien (Filme, Fernsehen, Presse) behandelt wird und kommt zu dem Ergebnis, daß die Gewerkschaften »unterrepräsentiert sind und negativ gezeichnet werden«; sie gelten als korrupt, gehören nicht zum Mainstream, verfolgen unwichtige oder der Sache der Arbeiter und der Allgemeinheit sogar abträgliche »Sonderinteressen«, sind »unamerikanisch im Hinblick auf ihre Werte, ihre Strategien und ihre Mitgliedschaft«. Das Thema »zieht sich wie ein roter Faden durch die Mediengeschichte« und »hat mitgeholfen, die Werte und Ziele der amerikanischen Arbeiterbewegung von der liberalen Tagesordnung zu streichen«. Das ist natürlich ein alter Plan, der, wenn es erforderlich wird, intensiver verfolgt werden kann.[7]

In den achtziger Jahren entschied Caterpillar, daß der Arbeitsvertrag mit »United Auto Workers« »der Vergangenheit angehört«, bemerkt die *Tribune*-Serie. Das Unternehmen zielte darauf ab, den Vertrag »auf Dauer zu verändern, indem es mit dem Einsatz von Zeitkräften drohte«. Diese Taktik, die im neunzehnten Jahrhundert gang und gäbe war, wurde von Ronald Reagan 1981 wieder eingeführt, um die Gewerkschaft der Fluglotsen (PATCO) zu zerschlagen. Das war einer der vielen Tricks, mit deren Hilfe die Arbeiterbewegung empfindlich getroffen und die Dritte Welt ins eigene Land geholt werden sollte. 1990 verlagerte Caterpillar einen Teil der Produktion in einen kleinen stahlverarbeitenden Betrieb, der durch den Einsatz von Streikbrechern die Betriebsgruppe der Gewerkschaft niedergerungen hatte. Das war »ein schwerer und betäubender Schlag für die Arbeiter, ein Vorläufer« dessen, was noch kommen sollte. Zwei Jahre später fuhr der Hammer nieder. Zum ersten Mal seit 60 Jahren fühlte sich ein großer US-Hersteller in der Lage, die ultimative Waffe im Kampf gegen die Gewerkschaften einzusetzen. Der Kongreß vollzog kurz darauf den Schulterschluß, indem er ausgesperrten Eisenbahnarbeitern das Streikrecht verweigerte.

Der Rechnungshof des Kongresses stellte fest, daß die Unternehmen sehr viel direkter mit dem Einsatz von »Zeitarbeitskräften« drohten, nachdem Reagan 1981 damit begonnen hatte. Zwischen 1985 und 1989 griffen die Arbeitgeber in einem Drittel aller Streikfälle auf diese Drohung zurück; 1990 machten sie bei 17 Prozent aller Streikfälle ihre Drohung wahr. Eine Untersuchung aus dem Jahre 1992 zeigte, daß »vier von fünf Arbeitgebern bereit sind, mit dem Einsatz von ›Zeitarbeitskräften‹ zu drohen, berichtete das *Wall Street Journal* nach dem Streik bei Caterpillar; ein Drittel sagte, sie würden dieses Mittel sofort anwenden.

Der Gewerkschaftsreporter John Hoerr weist darauf hin, daß der seit Beginn der siebziger Jahre zu verzeichnende Lohnrückgang bei den Arbeitern mit einem Rückgang der Streiks einhergehe, deren Häufigkeit so gering sei wie seit dem Zweiten Weltkrieg nicht mehr. Die Kämpfe der Arbeiterorganisationen während der großen Wirtschaftskrise brachten ihnen die ersten – und zugleich letzten – Siege, verschafften ihnen (im »National Labor Relations Act« von 1935) Rechte, die in anderen Industriegesellschaften längst selbstverständlich waren. Obwohl das Recht auf Organisierung durch Entscheidungen des Obersten Gerichtshofes schnell wieder abgeschwächt wurde, fühlten sich die US-amerikanischen Konzerne doch erst in den achtziger Jahren wieder stark genug, zu den guten alten Zeiten zurückzukehren und die USA aus dem internationalen Spektrum herauszulösen. Die »International Labor Organization« (ILO) nahm sich 1991 einer Beschwerde des obersten Gewerkschaftsverbandes AFL-CIO an und monierte, daß das Streikrecht erlischt, wenn die Arbeiter Gefahr laufen, ihre Jobs an Zeitarbeitskräfte zu verlieren. Die Organisation empfahl den USA, ihre Politik wieder nach internationalen Maßstäben auszurichten – starke Worte von einer Institution, die traditionell ihren mächtigen Sponsoren verpflichtet ist. Unter den Industrieländern toleriert neben den USA nur noch Südafrika diese alten Tricks zur Zerschlagung der Gewerkschaften.[8]

»Das Paradox des Jahres 1992: Schwache Wirtschaft, starke Gewinne«. Diese Überschrift eines Aufmachers im Wirtschaftsteil der *New York Times* erfaßt die Folgen des »einseitig erklärten Klassenkrieges«, der seit dem Ende der Wohlstandsallianz mit erneuerter Heftigkeit geführt wird. »Amerika geht es nicht gut, aber die Konzerne können nicht klagen.« So fängt der Artikel an. Weiter heißt es, die Konzerngewinne würden »in bisher unerreichte Höhen klettern, weil die Margen steigen«. Ein unerklärliches und unauflösliches Paradoxon. Es wird sich vertiefen, wenn die Politstrategen ungestört in ihrem Werk fortfahren.[9]

Was dieses »Paradoxon« für die Bevölkerung im allgemeinen bedeutet, zeigen unzählige Untersuchungen zur Einkommensverteilung, zu Reallöhnen, Armut, Hunger, Kindersterblichkeit und anderen Daten aus dem Sozialbereich. Eine vom Institut für Wirtschaftspolitik am 1. Mai 1992 veröffentlichte Studie führte im einzelnen aus, was die Menschen aus ihrer Erfahrung heraus wissen: nach einem Jahrzehnt Reaganismus »arbeiten die meisten Amerikaner länger für niedrigere Löhne und beträchtlich weniger soziale Absicherung«, und »die große Mehrheit« ist »in vielerlei Hinsicht schlechter dran« als Ende der siebziger Jahre. Seit 1987 sind die Reallöhne auch für Collegeabsolventen gefallen. »Mit historischen Maßstäben gemessen war der Anteil der Armen an der Gesellschaft hoch«, und die »Armen von 1989 waren sehr viel ärmer als die Armen von 1979«. 1991 stieg die Armut noch weiter an, wie das Zensusbüro vermeldete. Ein wenige Tage später veröffentlichter Bericht des Kongresses schätzt, daß der Hunger seit Mitte der achtziger Jahre um 50 Prozent angewachsen ist, so daß mittlerweile etwa 30 Millionen Menschen darunter leiden. Andere Untersuchungen zeigen, daß von acht Kindern unter zwölf Jahren eins an Hunger leidet, ein Problem, das seit 1982 wieder auftaucht, nachdem es in den sechziger Jahren durch Regierungsprogramme hatte beseitigt werden können. Zwei Forscher berichten, daß in New York die Anzahl der unter Armutsbedingungen aufwachsenden Kinder sich verdoppelt hat und nun bei 40 Prozent liegt, während landesweit »die Anzahl der Hunger leidenden amerikanischen Kinder um 26 Prozent angestiegen ist«, während die Armenhilfe in den »Boomjahren der Achtziger« zurückging, in jenen Jahren also, die ein Fürsprecher der Kultur der Grausamkeit als »einen der großen goldenen Momente, die die Menschheit erlebt hat«, bezeichnet (Tom Wolfe).[10]

Das ganze Gewicht dieses Elends wird in detaillierter vorgehenden Untersuchungen sichtbar. So fanden zum Beispiel Forscher im Stadtkrankenhaus von Boston heraus, daß »die Anzahl der unterernährten und untergewichtigen Kinder im Gefolge der kältesten Wintermonate dramatisch angestiegen ist«. Das ist nämlich die Zeit, in der die Eltern vor der alptraumhaften Wahl stehen, sich entweder für Wärme oder für Nahrung entscheiden zu müssen. Auf der zum Krankenhaus gehörenden Station für unterernährte Kinder wurden zwischen Januar und September 1992 mehr Fälle behandelt als im Gesamtjahreszeitraum 1991; die Wartefrist betrug zwei Monate, was die Ärzte zur Aussonderung nach schweren und weniger schweren Fällen zwang. Einige Kinder leiden an Mangelerscheinungen, wie sie sonst nur aus der Dritten Welt bekannt sind, und müssen im Krankenhaus versorgt werden. Sie sind die Opfer der »sozialen und finanziellen Schwierigkeiten, in die die Familien geraten sind«, schuld ist darüber hinaus die »rigorose Zusammenstreichung von Sozialprogrammen«.[11] – Am Straßenrand halten Männer Schilder mit der Aufschrift »Arbeite für Lebensmittel« hoch, ein Anblick, der an die dunkelste Zeit der großen Wirtschaftskrise gemahnt.

Doch gibt es einen wichtigen Unterschied. Obwohl die gegenwärtige Rezession sehr viel mildere Züge trägt als die damalige, scheint die Hoffnung in viel größerem Maße verlorengegangen zu sein. Zum ersten Mal in der Geschichte der modernen Industriegesellschaft macht sich das Gefühl breit, daß die Dinge nicht besser werden und daß es keinen Ausweg gibt.

2. »Ein Kampf auf Leben und Tod«

Der Sieg, den Arbeiterbewegung und Demokratie 1935 errangen, ließ die Unternehmerschaft erschauern. Die »National Association of Manufacturers« warnte 1938 angesichts »der politischen Macht, über die die Massen jetzt verfügen«, vor dem »Risiko für die Industriellen«. »Wenn ihre Denkweise nicht beeinflußt wird, weht uns der Wind ins Gesicht.« Man startete eine Gegenoffensive, zu der auch der Rückgriff auf mörderische staatliche Gewalt gehörte. Allerdings reichte das nicht aus, und so griffen die Konzerne auf »wissenschaftliche Methoden des Streikbrechens« zurück, förderten die »human relations«, betrieben große PR-Kampagnen, um die Öffentlichkeit gegen »Außenseiter« zu mobilisieren, die »Kommunismus und Anarchie« predigten und unsere Gemeinschaft zerstören wollen, und so weiter. Diese Tricks und Maßnahmen, die auf frühere Konzernpläne zurückgingen, wurden während des Krieges auf Eis gelegt, unmittelbar danach aber wiederbelebt, als Gesetzgebung und Propaganda die Erfolge der Arbeiterbewegung Stück für Stück zunichte machten, wobei die Gewerkschaftsführung kräftig mithalf. Das alles führte schließlich zur heutigen Situation.[12]

Der Schock angesichts der Siege, die die Arbeiterbewegung in der New-Deal-Ära errang, ging besonders tief, weil die Unternehmerschaft bis dato der Auffassung gewesen war, daß organisierte Arbeiterschaft und volksnahe Demokratie endgültig der Vergangenheit angehörten. Ein erster Warnschuß war das Norris-LaGuardia-Gesetz von 1932, das die Gewerkschaften von Antitrust-Maßnahmen befreite und damit der Arbeiterbewegung Rechte zubilligte, die sie in England sechzig Jahre eher erhalten hatte. Das Wagner-Gesetz von 1935 (National Labor Relations Act) war natürlich ganz und gar unannehmbar und ist mittlerweile durch die Allianz von Konzernen, Staat und Medien in sein Gegenteil verkehrt worden.

Gegen Ende des neunzehnten Jahrhunderts machte die amerikanische Arbeiterbewegung trotz des extrem feindseligen Klimas Fortschritte. In der Stahlindustrie, dem Herzen der sich entwickelnden Wirtschaft, entsprach der Grad der gewerkschaftlichen Organisation ungefähr dem britischen um 1880. Das sollte sich bald ändern. Staat und Unternehmerschaft gingen in die Offensive und zerstörten die Gewerkschaften gewaltsam. Auch andere Industrien wurden davon betroffen. In der Euphorie des Wirtschaftsaufschwungs der zwanziger Jahre glaubte man dann, die Bestie sei tot und begraben.

In der Geschichte der amerikanischen Arbeiterbewegung gibt es mehr Gewalttaten als in anderen Industriegesellschaften. Patricia Sexton bemängelt das Fehlen einer ernsthaften Untersuchung und schätzt, daß zwischen 1877 und 1968 700 Streikende getötet und Tausende verletzt wurden, wobei »die Dunkelziffer weitaus höher liegen kann«. In Großbritannien dagegen wurde seit 1911 ein Arbeiter bei Streikaktionen getötet.[13]

Eine bittere Niederlage erlitten die Arbeiter 1892, als Andrew Carnegie die 60.000 Mitglieder umfassende Gewerkschaft der Eisen- und Stahlarbeiter (AAISW) vernichtete, indem er Streikbrecher anheuerte – ein weiterer Jahrestag, der 1992 einer Erinnerung wert gewesen wäre, wurde doch die »United Auto Workers« mit den gleichen Methoden niedergerungen, die nach sechzig Jahren fröhliche Urständ feierten. Der Sozialhistoriker Herbert Gutman beschreibt 1892 als »das wirklich entscheidende Jahr«, das »das Bewußtsein der Radikalen, der Arbeiterführer und der Gewerkschafter geformt und umgeformt hat«. Zu jener Zeit wurde die Staatsmacht in »wirklich erstaunlichem Umfang« für die Ziele der Konzerne eingesetzt, was »unter den Arbeitern zu der wachsenden Erkenntnis führte, daß der Staat für sie und vor allem für ihre politischen und wirtschaftlichen Bedürfnisse immer unerreichbarer geworden war«. Das sollte bis zur großen Wirtschaftskrise so bleiben.

1892 fand eine Auseinandersetzung zwischen der Gewerkschaft und dem Unternehmer statt, die später als »Homestead-Streik« in die Annalen eingegangen ist. Dieser Streik war ursprünglich eine Aussperrung, die Carnegie und sein Manager vor Ort, der brutale Henry Clay Frick, veranlaßt hatten. Carnegie fuhr in den Urlaub nach Schottland, um dort Bibliotheken einzuweihen, die er gestiftet hatte. Am 1. Juli verkündete die neu formierte »Carnegie Steel Corporation«: »Ab jetzt wird in den Stahlwerken von Homestead keine Gewerkschaft mehr zugelassen.« Die ausgesperrten Arbeiter durften sich individuell um die Arbeitsplätze bewerben, das war alles. Es sollte der »Endkampf gegen die organisierte Arbeiterschaft« sein, meinte die Presse in Pittsburgh, und die *New York Times* berichtete von einem Kampf »auf Leben und Tod zwischen der Carnegie Steel Company Ltd. mit ihrem Kapital von 25 Millionen Dollar und den Arbeitern von Homestead«.

Carnegie und Frick bezwangen die Arbeiter durch Gewalt. Sie schickten zuerst Leute von Pinkerton [einer Detektivagentur, d. Ü.], die aber von der örtlichen Bevölkerung vertrieben wurden. Danach kam die Nationalgarde von Pennsylvania. »Die Aussperrung traf die größte Gewerkschaft Amerikas, die AAISW, in ihrem Lebensnerv und zerstörte die Existenz ihrer treuesten Anhänger«, schreibt Paul Krause in seiner umfassenden historischen Aufarbeitung. 45 Jahre lang lag die Gewerkschaftsbewegung in Homestead darnieder. Die allgemeinen Auswirkungen aber reichten viel weiter.

Die Zerstörung der Gewerkschaften war nur ein Aspekt bei der Disziplinierung der Arbeiterbewegung. Die Arbeiter wurden unter der Kontrolle des »wissenschaftlichen Managements« zu geschmeidigen Werkzeugen ohne große Fähigkeiten und Fertigkeiten. Das Management war besonders wütend darüber, »daß die Männer den Laden im Griff hatten und der Vorarbeiter wenig Autorität besaß«, teilte ein offizieller Vertreter später mit. Wie wir schon andeuteten, kann die gegenwärtige Schwäche der US-amerikanischen Industrie zum Teil darauf zurückgeführt werden, daß die Arbeiter »so dumm und unwissend« gehalten werden sollten, »wie nur irgend ein menschliches Wesen sein kann«. Demgegenüber hatte Adam Smith warnend darauf hingewiesen, daß die Regierung »Sorge tragen müsse«, dieses Schicksal für »die arbeitenden Armen« zu verhindern, wenn die »unsichtbare Hand« ihr Werk verrichtet. Tatsächlich aber rief die Unternehmerschaft den Staat zu Hilfe, um den Prozeß zu beschleunigen. Wenn man die Herde zähmen will, muß man alle Möglichkeiten, »den Nachbarn zu fragen« ausschalten.

Homestead war ein besonders verlockendes Ziel, weil die Arbeiter dort »gründlich organisiert« waren und auch das politische Leben vor Ort unter Kontrolle hatten. Als in den achtziger Jahren des vorigen Jahrhunderts die Arbeiter in Pittsburgh schwere Niederlagen einstecken mußten, hielt Homestead die Fahne hoch. Die Mitglieder der multi-ethnischen Arbeiterschaft forderten ihre Rechte als »freigeborene amerikanische Bürger« in einer, wie Krause sagt, »von den Arbeitern entworfenen Version einer modernen amerikanischen Republik«, in der sie in Freiheit und Würde leben könnten. Homestead war, wie Krause schreibt, »die erste Arbeiterstadt der Nation«. Sie wurde Carnegies nächstes Ziel in seinem Feldzug gegen das Recht der Arbeiter, sich zu organisieren.[14]

Carnegies Sieg in Homestead ermöglichte ihm die radikale Kürzung der Löhne, die Durchsetzung eines zwölfstündigen Arbeitstages, die Vernichtung von Arbeitsplätzen und die Realisierung gigantischer Gewinne. Er verließ sich nicht nur auf die Staatsgewalt, um die Macht der Gewerkschaft zu brechen. Wie in anderen Industrien waren staatlicher Protektionismus und öffentliche Subventionen auch für Carnegies Erfolg ausschlaggebend. »Unter dem Schutz des Zollsystems genießt die Industrie des Landes einen bis dato nicht gekannten Aufschwung«, berichtete die *Pittsburgh Post* am Vorabend der Aussperrung, während Carnegie und seinesgleichen »die enorme Reduzierung der Löhne ihrer Arbeiter« vorbereiteten. Er war außerdem ein Meisterbetrüger, der Pittsburgh in Zusammenarbeit mit Stadtverordneten hinters Licht führte. Carnegie wurde als Pazifist und Philanthrop gerühmt und sah zugleich erwartungsvoll einem Millionengeschäft entgegen, das aus dem Bau von Kriegsschiffen resultierte. Die dienten, wie er erklärte, natürlich nur der Verteidigung und standen von daher mit seinen pazifistischen Grundsätzen im friedlichen Einklang. 1890 hatte Carnegie für sein neues Werk in Homestead einen großen Auftrag zum Bau von Kriegsschiffen unter Dach und Fach gebracht. »Mit der Hilfe von ... mächtigen Politikern und gewieften Finanziers, die auf den Feldern der nationalen und internationalen Regierungspolitik ebenso zu Hause waren wie in den Hinterstuben der Unternehmen und der Stadtverwaltung von Pittsburgh, konnte Carnegie sein ungeheures industrielles Imperium auf die Beine stellen«, schreibt Krause. Das war der erste Milliarden-Konzern der Welt: die US-Steel Company. Unterdessen »verteidigte« die neue imperiale Flotte die USA vor den Küsten von Brasilien und Chile und im ganzen Pazifik.[15]

Die Presse unterstützte den Konzern wie gewöhnlich mit vollen Breitseiten. Die britische Presse zeichnete ein anderes Bild. Die Londoner *Times* verspottete »diesen plutokratischen Schotten-Yankee, der in einem Vierspänner kreuz und quer durch Schottland zieht und öffentliche Bibliotheken einweiht, während die darbenden Arbeiter, die ihm die Mittel für seine Selbstbeweihräucherung an die Hand geben, in Pittsburgh Hunger leiden«. Die weit rechts angesiedelte britische Presse machte Carnegies Predigten über »die Rechte und Pflichten des Reichtums« lächerlich und beschrieb sein vor Eigenlob strotzendes Buch *Triumphant Democracy* als »ein wahres Stück Satire«, denn seine brutalen Methoden, mit denen er den Streik brach, sollten »in einer zivilisierten Gemeinschaft weder erlaubt noch geboten sein«, fügte die Londoner *Times* hinzu.

In den USA bezeichnete die Presse streikende Arbeiter als »Freibeuter«, als »Erpresser, die von aller Welt verachtet werden« *(Harper's Weekly)*, als einen »zerstörungswütigen Mob« *(Chicago Tribune)*, als »Anarchisten und Sozialisten, die ... darauf aus sind, die Bundesbank in die Luft zu sprengen« und sich das Geld in den Schatzkammern anzueignen *(Washington Post)*. Eugene Debs [ein Sozialistenführer, d. Ü.] sei »ein Gesetzesbrecher, ein Feind der menschlichen Rasse«, der ins Gefängnis geworfen werden sollte (was auch bald geschah). Die »Unordnung, die durch seine schlechten Lehren ins Kraut geschossen ist, muß ausgerottet werden« *(New York Times)*. Als der Gouverneur von Illinois, John Altgeld, an Präsident Cleveland telegrafierte, daß es sich bei den Presseberichten über Gesetzesbrüche von Streikenden oftmals um »einfache Erfindungen« oder »wilde Übertreibungen« handle, warf ihm die *Nation* vor, »ungehobelt, unverschämt und unwissend« zu sein und forderte den Präsidenten auf, ihm wegen seiner »schlechten Manieren« und dem »schlechten Geruch seiner Grundsätze« möglichst bald den Kopf zu waschen. Die Streikenden seien »ungebildete Menschen« der »untersten Schichten«, fuhr die *Nation* fort, sie müßten lernen, daß die Gesellschaft »unerschütterlich« ist und ihnen nicht erlauben kann, »auch nur für einen Tag den Handel und Fleiß einer großen Nation zu unterbrechen, nur damit sie auf diesem Wege zehn oder zwanzig Cents mehr Lohn pro Tag aus ihren Arbeitgebern herausholen«.

Es blieb nicht allein der Presse überlassen, für den leidenden Geschäftsmann eine Lanze zu brechen. Der hoch geachtete Geistliche Henry Ward Beecher verurteilte »den abscheulichen Import von kommunistischen und ähnlichen europäischen Ideen. Die Vorstellungen und Theorien, daß der Staat sich fürsorglich um das Wohlergehen seiner Untertanen [sic] zu kümmern und ihnen Arbeit zu verschaffen habe, ist unamerikanisch. ... Es ist Gottes Wille, daß die Großen groß und die Kleinen klein sind«. Wie viel sich doch in den letzten einhundert Jahren geändert hat.[16]

Nach seinem Sieg in Homestead machte sich der Stahlkonzern daran, jegliche Spur einer unabhängigen Arbeiterbewegung auszulöschen. Streikführer kamen auf schwarze Listen, viele wurden für lange Zeit ins Gefängnis geworfen. Ein Europäer, der Homestead im Jahre 1900 besuchte, beschrieb Carnegies »triumphierende Demokratie« als »Restauration des Feudalismus«. Er fand eine Atmosphäre »voller Enttäuschung und Hoffnungslosigkeit«, die Menschen hätten »Angst davor, sich zu äußern«. Zehn Jahre später schrieb John Fitch, der an einer von Stadtsoziologen in Homestead durchgeführten Untersuchung teilnahm, daß die im Konzern Beschäftigten sich weigern würden, mit Fremden zu reden, ja nicht einmal bei sich zu Hause dazu bereit wären. »Sie sind mißtrauisch gegen jedermann, auch gegen ihre Nachbarn und Freunde.« Sie »wagen es nicht, ihre Überzeugungen offen zu äußern« oder »sich zu versammeln und über ihre Arbeit und ihren Lohn zu sprechen«. Viele wurden entlassen, weil sie es wagten, an öffentlichen Versammlungen teilzunehmen. Eine überregionale Gewerkschaftszeitschrift beschrieb Homestead 1919 als »despotisches Fürstentum, schlimmer als alle anderen«. In jenem Jahr wurde die 89-jährige Mother Jones »in ihr dreckiges Gefängnis geworfen, weil sie es gewagt hatte, für die versklavten Stahlarbeiter ihre Stimme zu erheben«. Einige, so erinnerte sich Mother Jones, durften später dann doch in Homestead sprechen, »zum ersten Mal seit 28 Jahren«. Auf diese Art ging es weiter, bis die Bewegungen der dreißiger Jahre die Mauern durchbrachen. An der Geschichte von Homestead läßt sich die Beziehung zwischen Demokratie und sozialer Organisation und Bewegung lebendig veranschaulichen.[17]

Wir können nicht einfach sagen, daß die gegenwärtige Offensive der Konzerne die Organisations- und Kulturformen der Arbeiterklasse auf den Stand von vor einhundert Jahren zurückgeworfen hat. Damals nämlich waren die Arbeitenden und die Armen nicht so isoliert oder dem ideologischen Monopol der Medien so ausgeliefert wie heute. »Um die Jahrhundertwende«, schreibt John Bekken, »gab es in der US-Arbeiterbewegung Hunderte von Zeitungen und Zeitschriften«, regionale und überregionale, wöchentlich und monatlich erscheinende. Sie waren »integraler Bestandteil der Lebenswelt der Arbeiter, brachten nicht nur die Neuigkeiten der letzten Tage oder Wochen, sondern boten den Lesern ein Diskussionsforum für politische, wirtschaftliche und kulturelle Fragen«. Einige dieser Periodika waren »ebenso groß und in mancherlei Hinsicht ebenso professionell wie viele der gleichzeitig erscheinenden kapitalistischen Zeitungen«. »Die Arbeiterpresse war so vielfältig wie die Arbeiterbewegung selbst, spannte den Bogen von der Konzentration auf Arbeitsbedingungen bis zur Propagierung der sozialen Revolution.« Allein die sozialistische Presse war vor dem Ersten Weltkrieg mit über zwei Millionen Exemplaren verbreitet; ihre führende Zeitschrift, das Wochenblatt *Appeal to Reason* erreichte über 760.000 Abonnenten. Die Arbeiter bauten auch »eine Vielzahl von ethnischen, lokalen, betrieblichen und politischen Organisationen auf«, die Bestandteil einer »lebendigen Arbeiterkultur« waren. Sie erstreckte sich auf alle Lebensbereiche und stand, ungeachtet aller Unterdrückung seitens der Regierung (wobei sich Wilson besonders hervortat), bis zum Zweiten Weltkrieg in Blüte. Abgesehen von repressiven Maßnahmen fiel die Arbeiterpresse letztlich den natürlichen Folgen der Kapitalkonzentration zum Opfer: Anzeigenkunden hielten sich an die kapitalistische Konkurrenz mit ihren niedrigeren Produktionskosten, und auch andere Marktfaktoren forderten ihren Tribut. Ein ähnliches Schicksal war den Massenblättern der Arbeiterpresse in England in den sechziger Jahren beschieden. Und vergleichbare Faktoren sorgten zusammen mit regierungspolitischen Maßnahmen dafür, daß das Radio in den dreißiger Jahren de facto zum Konzernmonopol wurde.[18]

Die Linksintellektuellen beteiligten sich aktiv am Aufbau der Arbeiterkultur. Manche versuchten, den Klassencharakter der Kulturinstitutionen durch Arbeiterbildungsprogramme oder durch populär geschriebene Bücher über Mathematik, Naturwissenschaften und andere Themen auszugleichen. Ein bezeichnender Gegensatz zur heutigen Zeit, wo die Linksintellektuellen den Arbeitern diese Mittel zur Emanzipation aus der Hand nehmen wollen und uns darüber informieren, daß das »Projekt der Aufklärung« tot sei und wir die »Illusionen« der Wissenschaft und der Vernunft verlassen müßten – eine Nachricht, die die Herzen der Mächtigen höher schlagen läßt, weil sie dergestalt die Mittel und Instrumente zu ihrem eigenen Nutzen einsetzen können. Es gab auch eine Zeit, da die evangelische Kirche den aufbegehrenden Massen ähnliche Lehren vermittelte, so wie es heute die Erben in den bäuerlichen Gesellschaften Mittelamerikas tun.

Besonders augenfällig ist, daß diese selbstzerstörerischen Tendenzen in einer Zeit auftreten, da die überwiegende Mehrheit der Bevölkerung das »in sich ungerechte« Wirtschaftssystem verändern möchte und der Glaube an die moralischen Grundprinzipien des traditionellen Sozialismus erstaunlich hoch ist (vgl. Kap. III.2).

Überdies ist mit dem Sturz der Sowjetdiktatur ein altes Hindernis, das der Verwirklichung dieser Ideale im Wege stand, beseitigt. Persönliche Motive einmal beiseite gelassen, bezeichnet der in linksintellektuellen Kreisen auftretende Vernunftpessimismus meines Erachtens einen weiteren ideologischen Sieg der privilegierten Kultur, wo er nicht gar zu diesem Sieg das seine beisteuert. Die gleichen Tendenzen leisten einen bemerkenswerten Beitrag zum nicht enden wollenden Projekt namens »Mord an der Geschichte«. In Zeiten aktiver sozialer Bewegungen ist es oftmals möglich, Elemente der Wahrheit aus dem Pesthauch an »Informationen« zu retten, den die Knechte der Macht ausdünsten; und viele Menschen »fragen [nicht nur] ihren Nachbarn«, sondern lernen eine Menge über die Welt; Indochina und Mittelamerika sind schlagende Beispiele aus der jüngsten Zeit. Wenn die Aktivität erlischt, übernimmt die Klasse der Kommissare, die bei der Erfüllung ihrer Aufgaben nicht zögert, das Kommando. Während die linken Intellektuellen miteinander ausufernde Diskurse führen, werden einleuchtende Wahrheiten zu Grabe getragen, die Geschichte in ein Machtinstrument umgebogen und in das Fundament für den Auftritt der Konzerne gegossen.

3. *»Unseren Nachbarn fragen«*

»Die Männer und Frauen, die 1892 für Heim und Herd in den Kampf zogen, haben eine Lehrstunde erteilt, die für unser Zeitalter genauso wichtig ist wie für das ihre«, schreibt der Sozialhistoriker David Montgomery im Nachwort eines Essaybandes über die Ereignisse von Homestead. »Die Menschen arbeiten, um ihre materiellen Bedürfnisse zu befriedigen, doch bringen diese alltäglichen Bemühungen eine Gemeinschaft hervor, deren Zwecke und Ziele wichtiger sind als die persönliche Bereicherung eines einzelnen. Die letzten einhundert Jahre haben gezeigt, wie sehr der Zustand der politischen Demokratie in der modernen Industriegesellschaft davon abhängt, daß die arbeitenden Menschen ihre persönlichen und Gruppendifferenzen überwinden, um mit ihrer eigenen, unverwechselbaren Stimme ihre Zukunft bestimmen zu können. Der Kampf um Heim und Herd dauert auch für uns noch an.«[19]

Die Gemeinschaft der arbeitenden Menschen in Homestead wurde durch den Einsatz staatlicher Gewalt zerstört. Die Gewalt wurde aufgeboten, um die Ansprüche der Unternehmen auf ungestörte Verfügung über ihr Eigentum zur Realisierung persönlichen

Gewinns zu schützen«, schreibt Montgomery. Die Auswirkungen auf das Leben der Arbeiter waren weitreichend. 1919, nachdem erneute Organisierungsbestrebungen niedergeschlagen worden waren – diesmal mit Hilfe von Wilsons als *Red Scare* firmierender Kommunistenhatz –, war die durchschnittliche Arbeitswoche in amerikanischen Stahlwerken 20 Stunden länger als in britischen und die amerikanischen Stunden waren länger als 1914 oder sogar noch 1910«, bemerkt Patricia Sexton. Die kommunale Infrastruktur verfiel. Als Homestead eine Gewerkschaftsstadt war, ging man daran, die traditionellen Barrieren zwischen Fach- und Hilfsarbeitern niederzureißen und den um sich greifenden Rassismus, der sich vor allem gegen die Einwanderer richtete, zu bekämpfen. Eingewanderte Arbeiter wurden damals verhöhnt und verachtet, standen aber im Kampf an vorderster Front und wurden als »tapfere Ungarn, Söhne der Arbeit, ... die ihr Recht suchen« begrüßt. »Solches Lob ließen ›amerikanische‹ Arbeiter später nur noch selten hören«, bemerkt Montgomery.[20]

Mit der Gewerkschaft sind auch die Demokratie und die zivilgesellschaftlichen Freiheiten zusammengebrochen. »Wenn du in Homestead reden willst, dann redest du mit dir selbst«, sagten die Bewohner; wer von außen kam, bemerkte, wie wir gehört haben, deutlich die von Furcht und Mißtrauen geschwängerte Atmosphäre. 1892 bestimmte die Arbeiterklasse die Politik vor Ort. 1919 verweigerten städtische Beamte Gewerkschaftsfunktionären das Recht darauf, Zusammenkünfte zu organisieren. »Ausländische Redner« hatten Auftrittsverbot. Wurde die Stadt durch Gerichtsbeschluß gezwungen, Zusammenkünfte zu genehmigen, beorderte sie Polizeikräfte auf das Podium, »um die Redner von aufwieglerischen Bemerkungen und der Kritik an örtlichen und nationalen Autoritäten abzuhalten« (Montgomery). Viele waren zornig, als sie erfuhren, wie Mother Jones behandelt worden war, aber nur wenige konnten in Homestead darüber sprechen.

Vierzig Jahre sollte es dauern, bis Freiheit, Gewerkschaft und Arbeiterbewegung in Homestead wieder zum Leben erwachten und »mit den Rechten der Arbeiter durch die Anerkennung der Gewerkschaft auch die politische Demokratie sich neu etablieren konnte«, fährt Montgomery fort. Organisation der Arbeiter und Wiedererstarken der Demokratie bedingen sich gegenseitig; die dauerhafte Möglichkeit, unseren Nachbarn zu fragen, ist für die Errichtung demokratischer Strukturen von entscheidender Bedeutung. Diese

Lehre verstehen Priester in El Salvador ebenso wie Gewerkschafter in Homestead; diese Lehre verstehen aber auch diejenigen, denen daran gelegen ist, die Masse mit allen zur Verfügung stehenden Mitteln unorganisiert und unaufgeklärt zu halten. Der Kampf vollzieht sich auf unebenem Terrain. Während der letzten Jahrzehnte haben die Institutionen der Macht Hand in Hand mit der sie legitimierenden Priesterschaft einige beeindruckende Siege erringen können und einige ernsthafte Niederlagen hinnehmen müssen.

Daß die internationale Finanzpresse die Heraufkunft eines neuen imperialen Zeitalters verkündet, ist offensichtlich und verständlich, ebenso wie die damit verbundene Ausweitung der Wasserscheide zwischen Nord und Süd auf die Territorien der Reichen. Es gibt aber auch Gegentendenzen. Im ganzen Norden, vor allem in den Vereinigten Staaten, hat sich in den letzten 30 Jahren viel verändert, vielleicht nicht auf der institutionellen Ebene, aber wenigstens in den Bereichen von Moral und Kultur. Wäre das 500-jährige Jubiläum der alten Weltordnung in das Jahr 1962 gefallen, so hätte man es erneut als Befreiung der Hemisphäre gefeiert. 1992 war das nicht mehr möglich, so wie nur noch wenige ganz unbedarft von unserer Aufgabe, »Bäume und Indianer zu fällen« reden können. Die europäische Invasion gilt nun offiziell als »Begegnung«, obwohl weite Teile der Bevölkerung diesen Euphemismus verwerfen, weil er lediglich etwas weniger beleidigend klingt.

Ein anderer Punkt ist die Begrenzung staatlicher Gewalt im Inneren, die von den politischen Führungskräften in den USA streng eingehalten wird. Viele waren bedrückt, weil es der Friedensbewegung nicht gelang, den Golfkrieg zu verhindern. Sie übersehen dabei, daß wahrscheinlich zum ersten Mal den Bombardierungen große Protestaktionen *vorhergingen.* Das ist ein grundsätzlicher Wandel gegenüber dem Angriff auf Südvietnam 30 Jahre zuvor, der damals ohne den Schatten eines offiziellen Vorwandes durchgeführt wurde. Die sozialen Bewegungen der sechziger Jahre haben weitergewirkt, das Bewußtsein für Rassismus und Sexismus geschärft, die Aufmerksamkeit auf die Zerstörung der Umwelt gelenkt, die Achtung vor anderen Kulturen und die Bewahrung der Menschenrechte gefördert. Eines der einleuchtendsten Beispiele ist die Solidaritätsbewegung für die Länder der Dritten Welt, die in den achtziger Jahren entstand und sich in bisher nicht gekanntem Ausmaß für Leben und Schicksal der Opfer einsetzte.

Dieser Prozeß der Demokratisierung und der Sorge um soziale Gerechtigkeit könnte weitreichende Folgen haben.

Solche Entwicklungen werden von den Mächtigen für gefährlich und subversiv erachtet und mit aller Schärfe verurteilt. Auch das ist verständlich, denn hier wird der abscheuliche Wahlspruch der Herrschenden mitsamt seinen Folgen in Frage gestellt. Diese Entwicklungen stellen für die meisten Menschen in der Welt die einzige Hoffnung dar, und wer, wenn nicht sie, könnte für das Überleben der Menschheit einstehen angesichts der gigantischen globalen Probleme? Von den primitiven gesellschaftlichen und kulturellen Strukturen, deren Triebfeder einzig der kurzfristige materielle Gewinn ist und die die Menschen als Instrumente, nicht aber als Zwecke an sich ansehen, ist eine Antwort auf die uns bedrängenden Fragen ganz sicher nicht zu erwarten.

Nachweise und Anmerkungen

zu Kapitel I. »Das große Werk der Unterwerfung und der Eroberung«

1 Höfer, *Das Fünfhundertjährige Reich*. Vgl. auch Stannard, *American Holocaust*.
2 Stavrianos, *Global Rift*, 276.
3 Smith, *Wealth of Nations*, Buch IV, Kap. VII, Abschnitt III (ii, 141); Buch IV, Kap. I (i, 470). Hegel, *Vorlesungen über die Philosophie der Geschichte*, in: ders., Werke, Bd. 12, hg. von E. Moldenhauer und K. M. Michel, Frankfurt/M. 1970, S. 108, 122, 125, 128 f. Das ›Germanische Reich‹ umfaßt vermutlich den Nordwesten Europas. Zum Schicksal der Wilden, denen der Geist fehlt, vgl. Jennings, *Invasion*; Lenore Stiffarm mit Phil Lane in Jaimes, *State*; Stannard, *American Holocaust*.
4 Jan Carew, Davidson, *Race & Class*, Jan.-März 1992.
5 Pearson, in Tracy, *Merchant Empires*, der Niels Stengaard zitiert. Brewer, *Sinews*, XV, 64.
6 Keynes, *A Treatise on Money*, zitiert nach Hewlett, *Cruel Dilemmas*. Pearson, Brady, in Tracy, *Merchant Empires* (Andrews und Angus Calder [über die Kelten] zitiert nach Brady); Brewer, *Sinews*, 11, 169 (englisch-holländische Kriege). Hill, *Nation*. Smith, *Wealth*, Buch IV, Kap. II; Buch IV, Kap. VII, 3. Teil. Zu den in den keltischen Randbezirken entwickelten und nach Nordamerika transferierten Kenntnissen und Kunstfertigkeiten vgl. Jennings, *Invasion, Empire*. Eine graphische Darstellung der britisch-holländisch-portugiesischen Kriege findet sich in Keay, *Honorable Company*.
7 *Ebd.*, 281; Parker, K.N. Chaudhuri (der Ibn Jubayr zitiert), in Tracy, *Merchant Empires*. Smith, *Wealth*, Buch V, Kap. III (II, 486). Vgl. unten, Kap. 1, Abschn. 2.
8 Tracy, Pearson, in Tracy, *Merchant Empires*.
9 Brewer, *Sinews*, xiii f., 186, 89 f., 100, 127, 167.
10 Pearson, *op. cit.* Smith, *Wealth*, Buch IV, Kap. VII, 3. Teil (ii, 110 ff.); Kap. II (i, 483).
11 *Ebd.*, Buch I, Kap. X, 2. Teil (i, 150). Stigler, Vorwort. Morris, *American Revolution*, 34. Zum Krieg im Pazifik vgl. unten, Kap. X.
12 Keay, *Honorable Company*, 170, 220-1, 321; Parker, *op. cit.* Thompson und Garrett, *Rise and Fulfillment of British Rule in India*, 1935, zitiert nach Nehru, *Discovery*, 297.
13 Hartman und Boyce, *Quiet Violence*, Kap. 1. Bolts, *Considerations on Indian Affairs*, 1772, zit. nach Hartman und Boyce und nach dem Herausgeber von Smith, *Wealth*, ii, 156n. *Ibid.*, Buch I, Kap. VIII; Buch IV, Kap. V; Buch IV, Kap. VII, 3. Teil; Buch IV, Kap. VII, 2. Teil. Trevelyan und Bentinck zit. nach Clairmonte, *Economic Liberalism*, 86n., 98. Nehru, *Discovery*, 285, 299, 304.

14   De Schweinitz, *Rise and Fall*, 120-1, zitiert den Wirtschaftshistoriker Paul Mantoux (über die Erlasse) und Claphams ›vorsichtige‹ Wirtschaftsgeschichte Gro·britanniens. Clairmonte, *Economic Liberalism*, 73, 87 (Wilson). Jeremy Seabrook, *Race & Class*, Juli-Sept. 1992. Hewlett, *Cruel Dilemmas*, 7.

15   Nehru, *Discovery*, 196-9, 284. Weiteres Beweismaterial bei Clairmonte, *Economic Liberalism*, Kap. 2.

16   Arruda, Pearson, in Tracy, *Merchant Empires*.

17   Smith, *Wealth,* Buch IV, Kap. VII, 3. Teil; Buch IV, Kap. VIII.

18   Brady, in Tracy, *Merchant Empires*. Brenner, in Aston und Philipin, *Brenner Debate*, 62, vgl. vor allem Kap. 10. *DD*, Kap. 12.

19   Smith, *Wealth,* Buch I, Kap. I; Buch V, Kap. I, 3. Teil, Abschn. 2. Im detaillierten Register führt der Eintrag unter ›Arbeitsteilung‹ Smiths Kritik an ihren Folgen nicht auf. Humboldt, *Ideen zu einem Versuch, die Gränzen der Wirksamkeit des Staats zu bestimmen*, in: Werke in fünf Bänden, Bd. 1, Stuttgart 1960 (zuerst 1792), S. 56-233 [Orthographie beibehalten], vgl. auch *FRS*.

20   Smith, *Wealth,* Buch III, Kap. IV.

21   Herman Merivale, zitiert nach Clairmonte, *Economic Liberalism*, 92. Cromer, Curzon, zitiert nach de Schweinitz, *Rise and Fall*, 16. Der holländische Generalgouverneur J.P. Coen zitiert nach Tracy, in Tracy, *Merchant Empires*, 10-11. Seal, Jenning, *Invasion*, 228.

22   David Gergen, *Foreign Affairs, America and the World*, 1991-92.

23   Nehru, *Discovery*, 293, 326, 301.

24   *Britannica*, 9. Aufl., 1910; Cobban, *History* (1963; Bd. 1, 74), zitiert nach Edward Herman, *Z magazine*, April 1992.

25   Miller, *Founding Finaglers;* Keay, *Honorable Company*, 185. Virginia, Jennings, *Invasion, Empire*, (447 über die von der ›höchsten Autorität in Amerika, Oberbefehlshaber Amherst‹ in Fort Pitt geforderte bakterielle Kriegsführung; ebenso Stannard, *American Holocaust*, 335n.).

26   Saxton, *Rise and Fall*, 41. Mannix und Cowley, *Black Cargoes*, 274. Alfred Rubin, ›Who Isn't Cooperating on Libyan Terrorists?‹, *CSM,* 5. Febr. 1992.

27   Bailey, *Diplomatic History,* 163.

28   Drinnon, *Facing West*, 65, 43; *White Savage*, 157, 169-71; ebenso sein Ms. ›The Metaphysics of Empire-Building‹, Bucknell, 1972. Jennings, *Invasion,* 60, 149 ff.

29   *TTT,* 87 (Theodore Roosevelt), 126 (Churchill; weitere Einzelheiten in *DD*, 182f., Omissi, *Air Power*, 160.) Stannard, *American Holocaust*, 134 (Theodore Roosevelt). Kiernan, *European Empires*, 200 (Lloyd George). Über Bush als Erben Theodore Roosevelts vgl. John Aloysius Farrell, *BG Magazine*, 31. März 1991, und andere augenblickliche faschistisch-rassistische Bekundungen. Für ein Beispiel aus der liberalen Presse vgl. meine Artikel im *Z magazine*, Mai 1991, sowie Peters, *Collateral Damage*. Indochina, *APNM*, Kap. 3, n. 42.

30   Perkins, *Monroe Doctrine*, I, 131, 167, 176 f. Vgl. *TTT*, 69.

31 Morris, *American Revolution*, 57, 47. *DD,* Kap. 1.3. Vgl. auch Jan Carew, *Monthly Review,* Juli-August 1992.
32 Über Bürgerkrieg und Flüchtlingsbewegung vgl. *PEHR,* II, 2.2; Morris, *Forging,* 12 ff. Das *Caroline*-Kriterium, das für gewöhnlich bei der Diskussion der Charta der Vereinten Nationen herangezogen wird, wird vom Rechtsprofessor Detlev Vagts zitiert: ›Reconsidering the Invasion of Panama‹, *Reconstruction,* I.2 1990.
33 Lawrence Kaplan, *Diplomatic History,* Sommer 1992.
34 Appleby, *Capitalism,* 1 f.
35 Hietala, *Manifest Design;* Horsman, *Race.* Fredonia, Drinnon, *White Savage,* 192, 201-21; Hervorhebung im Original. Emerson, zitiert nach Clarence Karier, ›The Educational Legacy of War‹, Ms., Univ. of Illinois, Juli 1992.
36 Hietala, *Manifest Design,* 193, 170, 259, 266.
37 Howard, *Harper's,* März 1985; Morris, *American Revolution,* 4, 124; Bernstein, *NYT,* 2. Febr. 1992.
38 *Military Sales: the United States Continuing Munition Supply Relationship with Guatemala,* US General Accounting Office, Jan. 1986, Bericht an das Committee on Foreign Affairs, House of Representatives, 4. ›Inter-Agency Task Force, Africa Recovery Program/Economic Commission‹, *South African Destabilization: the Economic Cost of Frontline Resistance to Apartheid,* NY, UN, 1989, 13, zitiert nach Merle Bowen, *Fletcher Forum,* Winter 1991.
39 *CAR,* 22. Nov. 1991; *Economist,* 20. Juli 1991; Freed, *LAT,* 7. Mai 1990. Shelley Emling, *WP,* 6. Januar 1992. Gramajo weigerte sich, auf die Anklage des Gerichts einzugehen und wurde der massiven Menschenrechtsverletzungen für schuldig befunden. Den Klägern wurden über zehn Millionen Dollar Schadenersatz zugesprochen – zweifellos symbolisch.
40 Vgl. *PI,* 1. Vorl.; *DD,* Kap. 12. Insgesamt vgl. Kolko, *Confronting.* Schoultz, *Human Rights,* 7.
41 Jackson, *Century.* Zwick, *Mark Twain's Weapons;* 190, 162. Hassett und Lacey, *Towards a Society; DD,* Kap. 12, *Economist,* 21. Dez. 1991. Las Casas, zitiert nach Todorov, *Conquest,* 245.

zu Kapitel II. Umrisse der Weltordnung

1 Zu Einzelheiten und Quellen vgl. *TTT, PI, DD.* Kennan und andere Dokumente in *TTT,* Kap. 2.2, *PI,* 1. Vorlesung.
2 Green, *Containment,* VII, 2. Vgl. auch Kap. VII.1 in diesem Buch.
3 Cumings, *Origins,* 172-3. Zur verächtlichen Haltung gegenüber Japans Perspektiven vgl. *DD,* 337-8. Zum Nahen Osten vgl. *ebd.,* Kap. 6 und »Nachwort«, sowie *TNCW,* Kap. 8. Die Briten und Dulles: Stivers, *Supremacy,* 28, 34; *America's Confrontation,* 20 f.
4 *DD,* 49-51, 27, und allgemein.
5 *Ebd.,* 259; *TTT,* 270; *COT,* 219-221; *NI,* 71-2. Kissinger, *TTT,* 67-8.
6 *DD,* 395. Russell, *Practice and Theory,* 68.

7 Gleijeses, *Shattered Hope*, 365. *Foreign Relations of the United States, 1952-1954*, Bd. IV, 1131 ff.; anderes Beweismaterial wurde nicht zitiert. Der Justizminister berief sich auf »Selbstverteidigung und Selbsterhaltung«, um die in Verletzung des internationalen Rechts verhängte Blockade zu rechtfertigen. Memorandum der NSC-Diskussion, 27. Mai 1954.

8 *APNM*, 33 ff.; *TNCW*, 67-9, 89-90.

9 Friedman, *NYT*, 7. Juli 1991. Irakische Demokraten, *DD*, Kap. 6.4, »Nachwort«, Abschn. 4, sowie frühere Artikel im *Z magazine*.

10 Friedman, *NYT*, 24. Juni; Haberman, *NYT*, 28. Juni 1992; vgl. Nabeel Abraham, *Lies of Our Times*, September 1992. Zum Problem USA vs. Friedensprozeß und zu den Hintergründen vgl. *DD*, »Nachwort«; aktuelle Dokumente in *TNCW, FTR, NI*. Zur offiziellen *Political Correctness* vgl. Herman, *Decoding Democracy*.

11 Eisenhower, zitiert nach Richard Immerman, *Diplomatic History* (Sommer 1990). John Foster Dulles, Telefongespräch mit Allen Dulles am 19. Juni 1958, »Minutes of telephone conversations of John Foster Dulles and Christian Herter«, Eisenhower Library, Abilene, KA.

12 Leffler, *Preponderance*, 258, 90-1. *TNCW*, Kap. 8 und 11. *DD*, Kap. 1, 6, 8 und 11. Frank Costigliola, in Paterson, *Kennedy's Quest*. Zu Japan vgl. Schaller, *American Occupation*. Vgl. die Hinweise in Fn. 16.

13 Leffler, *Preponderance*, 71. Jeffrey-Jones, *CIA*, 51. Pisani, *CIA*, 106-7. Vgl. oben, Kap. 1.2. Zur Wahl in Nicaragua, *MC, NI, DD. DD*, Kap. 11 über USA und Italien, im Zusammenhang mit dem umfassenderen Kampf gegen die Demokratie in den Industriegesellschaften nach dem Zweiten Weltkrieg.

14 Pisani, *CIA*, 114 f., 91 f. Chace, *NYT-Magazine*, 22. Mai 1977. Zum Rassismus gegenüber den »Itakern« in internen und öffentlichen Berichten vgl. *DD*, Kap. 1.4 und Kap. 11.5.

15 Stimson; Kolko, *Politics*, 471. Wood, *Dismantling*, 193, 197 (dort Zitat Woodward, persönlicher Brief; Dreier, *The Organization of the American States*, [1962]). Pastor, *Condemned*, 32, Hervorhebung von ihm.

16 Leffler, *Preponderance*, 165. Zu einer früheren Diskussion dieser Angelegenheiten vgl. *AWWA*, Einleitung; Essays von Gabriel Kolko, Richard Du Boff und John Dower in *PP*, V; *FRS*, 31ff. Zu den wichtigsten neueren Untersuchungen gehören Borden, *Pacific Alliance*; Schaller, *American Occupation*; Rotter, *Path to Vietnam*. Lefflers äußerst nützliche Studie, die viele kürzlich erschienene Arbeiten zusammenfaßt und wichtige neue Informationen beibringt, verortet diese Denkweise in den allgemeinen Planungsmustern der Truman-Ära. Neuere wissenschaftliche Untersuchungen bestätigen und erweitern im wesentlichen die Pionierarbeit von Gabriel und Joyce Kolko, die 20 bis 25 Jahre zurückliegt. Kolko, *Confronting*, hat sie in Teilen auf den neuesten Stand gebracht. Vgl. auch *DD*, Kap. 1 und 11 und die dort angegebenen Quellen.

17 South Commission, *Challenge*, 216 ff., 71 f., 287.

18 Kissinger, *American Foreign Policy;* Leffler, *Preponderance*, 17, 449, 463.

19 *Ebd.*, 282 f.
20 *Ebd.*, 284, 156. Acheson und Kennan zitiert nach Gaddis, *Strategies*, 76.
21 Leffler, *Preponderance*, 117, 119. *DD*, Kap. 11. Zum Problem der »Aggression« vgl. *FRS*, 114 f.
22 Costigliola, in Paterson, *Kennedy's Quest*, der Theodore Sorenson und George Ball zitiert. Wachtel, *Money Mandarins*, 64 f. Zu Kennedy und Vietnam vgl. *RC*. Zum Einfluß des »internationalen Militärkeynesianismus« nach dem Versagen der Hilfsprogramme vgl. vor allem Borden, *Pacific Alliance;* anderen Quellen und Kommentare in *DD*, Kap. 1.
23 Garthoff, *Détente*, 487 f.
24 Auszüge in *NYT*, 8. März; Patrick Tyler, *NYT*, 8. und 11. März, Barton Gellman, *WP Weekly*, 16.-22. März 1992.
25 Patrick Tyler, *NYT*, 24. Mai 1992. Frederick Kempe, »U.S., Bonn Clash Over Pact with France«, *WSJ*, 27. Mai 1992.
26 Vgl. *DD*, Einleitung. Christopher Bellamy, *International Affairs*, Juli 1992.
27 Strange, *International Economic Relations of the Western World* (1976), zitiert nach Wachtel, *Money Mandarins*, 79; zur Profitabilität *ebd.*, 137.
28 *Ebd.* Du Boff, *Accumulation*, 153 f.; Calleo, *Imperious Economy*, 63, 116, 75.
29 Vgl. vor allem Rand, *Making Democracy Safe*; zu den Auswirkungen meinen Artikel von 1977, wiederabgedruckt in *TNCW*, Kap. 11; desgl. Kap. 2. *DD*, Kap. 6.1. Vgl. auch Yergin, *Prize*.
30 Zum Kapitalfluß vgl. *DD*, 98.
31 *NI*, 84 f., App. IV.4. *DD*, Kap. 6, »Nachwort«, Abschn. 5; mein Aufsatz in Peters, *Collateral*. Zur UNESCO vgl. Preston u. a., *Hope & Folly*.
32 *TTT*, Kap. 5 und die dort zitierten Quellen. *NI*, Kap. 1. *LAT, Extra!* (FAIR), Juli-August 1992, die sechs Monate vor dem Urteil in Sachen Rodney King vom April 1992. Maynes (Hg.), *Foreign Policy*, Sommer 1990.
33 G. Rees, Alain Besançon, *Encounter*, Dezember 1976, Juni 1980.
34 Vgl. Kap. VII; *DD*, Kap. 7. Nancy Wright, *Multinational Monitor*, April 1990, zitiert nach Gar Alperowitz und Kai Bird, *Diplomatic History*, Frühjahr 1992. Vgl. auch James Petras, *Monthly Review*, Mai 1992.
35 Fitzgerald, *Between*. Foreign staff, »US and Japan shy from investing in UK«, *FT*, 25. Sept. 1992.
36 Marc Fisher, »Why Are German Workers Striking? To Preserve Their Soft Life«, *WP* service, *IHT*, 4. Mai; Andrew Fisher, *FT*, 20. Mai; Christopher Parkes, *FT;* Kevin Done, *FT*, 24. September (zu General Motors); *FT*, 4. Juni 1992. Elaine Bernard, »The Defeat at Caterpillar«, Ms., Harvard Trade Union Program, Mai 1992.
37 Sexton, *War on Labor*, 83 f. Vgl. unten, Kap. XI.
38 Barnaby Feder, *NYT*, 25. Mai 1992.
39 Jim Stanford, »Going South: Cheap Labour as an Unfair Subsidy in North American Free Trade«, Canadian Centre for Policy Alternatives, Dezember 1991; Andrew Reding, *World Policy Journal*, Sommer 1992. Edward Gold-

smith, Mark Ritchie, *The Ecologist*, Nov./Dez. 1990; Watkins, *Fixing*, 103-4. Brief amicus curiae of Government of Canada, US Court of Appeals, »Corrosion Proof Fittings, et al., vs. EPA and William K. Riley«, 22. Mai 1990. Vgl. Kap. 3, Fn. 43.

40 »Drogenkrieg« und Medien, *DD*, Kap. 4; über vergleichende Untersuchungen Kap. 7. Jonathan Kaufman, *BG*, 26. Mai 1992.

41 Bob Hohler, *BG*, 26. Mai 1992.

42 »Interview«, *Mulitnational Monitor*, Mai 1992.

43 Reding, *op. cit.*

44 Rose Gutfeld, *WSJ*, 27. Mai 1992.

45 Arthur MacEwan, *Socialist Review*, Juli-Dez. 1991; Du Boff, *Accumulation*; World Bank, *Global Economic Prospects and the Developing Countries 1992*, zitiert nach Doug Henwood, *Left Business Observer*, Nr. 54, 4. August 1992; Watkins, *Fixing*, 5, 24.

46 Weltbank, in *Trócaire Development Review* (Catholic Agency for World Development, Dublin, 1990); Chakravati Raghavan und Martin Khor, *Third World Economics* (Penang), 16.-31. März 1991; *Economist*, 25. April 1992; Watkins, *Fixing*, 75, 49, 64; Frances Williams, *FT*, 11. Juni 1992; Kent Jones, *Fletcher Forum*, Winter 1992. Zum Protektionismus unter Reagan vgl. *DD*, Kap. 3; ausführliche Details bei Bhagwati und Patrick, *Aggressive Unilateralism*; Bovard, *Fair Trade Fraud*.

47 George Graham, *FT*, 25.Sept.; Nancy Dunne, *FT*, 24. Sept. 1992.

48 Wachtel, *Money Mandarins*, 146; Greider, *Secrets*, 521 f. *FT*, 16./17. Mai 1992.

49 *Economist*, 16. Mai; Jonathan Hicks, *NYT*, 31. März 1992.

50 Preliminary Report, LAC, 16. Sept. 1992.

51 *DD*, Kap. 12; Wilbur Edel, »Diplomatic History – State Department Style«, *Political Science Quarterly*; 106.4 1991/92.

zu Kapitel III. Nord-Süd, Ost-West

1 Brenner, in Aston und Philpin, *Brenner Debate*, 277 ff., 40 ff. Stavrianos, *Global Rift*, Kap. 3 und 16; Feffer, *Shock Waves*, 22; Shanin, *Russia* (wo der Historiker D. Mirsky zitiert wird). Zeman, *Communist Europe*, 15-16 (wo T. Masaryk zitiert wird), 57-8. Gerschenkron, *Economic Backwardness*.

2 Leffler, *Preponderance*, 359. Gaddis, *Long Peace*, 10.

3 Gerschenkron, *Economic Backwardness*, 146, 150. Du Boff, *Accumulation*, 176; dort wird Kuznets zitiert.

4 Zu Einzelheiten über Indochina vgl. *FRS*, 51-2. Zu Guatemala, Wood, 177. Zu USA und Faschismus-Nazismus, Mexiko vgl. *DD*, Kap. 1.3-4, und 11. Sklar, *Washington's War*; dort auch weitere grundlegende Literatur zu Nicaragua.

5 *DD*, Kap. 11. Zu Roosevelt vgl. Zeman, *Communist Europe*, 172n.; Kimball, *Juggler*, 34. Zu Truman vgl. Garthoff, *Détente*, 6, dort wird die *NYT* vom 24. Juni 1941 zitiert.

6 Leffler, *Preponderance*, 78; zu Indochina vgl. *RC*.

7 Über die Kommunistenfurcht vgl. *NI*, 185 f.; über Libyen *ebd.*, 272 f. und *P&E*, Kap. 3.
8 Leffler, *Preponderance*, 58-9, 15.
9 Leffler vermittelt einen detaillierten und im großen und ganzen sympathisierenden Bericht über die tatsächlichen Befürchtungen und ihre Grundlagen. Zur UNO vgl. die Hinweise in Kap. 2, Fn. 10.
10 *DD*, 103.
11 Leffler, *Preponderance*, 284-5.
12 *DD*, Kap. 1. Raymond Garthoff, *International Security*, Frühjahr 1990 zeigt, daß Chruschtschow mit seinen Entspannungsbemühungen ein »interessanter Vorläufer« von Gorbatschow gewesen ist; vgl. S. 365 unten. Kennedy, *Strategy of Peace*, 5; zitiert nach Leacock, *Requiem*, 7.
13 *Defense Monitor*, Jan. 1980. Zeman, *Communist Europe*, 267-8.
14 Vgl. Charles S. Maier, *Why Did Communism Collapse in 1989?*, Program on Central and Eastern Europe, Working Paper Series #7, Januar 1991.
15 Die Erklärung der Weltbank wurde veröffentlicht in der *Trócaire Development Review*, *op. cit.* (Kap. 2, Fn. 46).
16 Zitate aus *TNCW*, 3, 204. Zu NSC 68 vgl. *DD*, Kap. 1.1. Meyer wird nach seinem Buch *Peace or Anarchy* bei Pisani, *CIA* zitiert.
17 Holzman, *Challenge*, Mai-Juni 1992. Garthoff, *Détente*, 793-800. In einem Zusatz vom 11. Juni 1992 bemerkt Holzman, daß ein vom »House Permanent Select Committee on Intelligence« [eine Art Untersuchungsausschuß des Repräsentantenhauses für den Geheimdienst, d. Ü.] eingesetztes Komitee, das aus fünf hervorragenden Ökonomen bestand, die gleichen technischen Probleme sah und auch in direkten Treffen mit den verantwortlichen CIA-Analytikern – die als »unaufrichtig« beschrieben wurden – keine befriedigenden Erklärungen erhielt.
18 Leiken, *Foreign Policy*, Frühjahr 1981; zitiert nach Schoultz, *National Security*, eine nützliche Übersicht über die Wahngebilde der Politstrategen. Ob sie selber daran glaubten, darüber läßt sich nur spekulieren. Zur weiteren Diskussion vgl. *DD*, Kap. 3.6. Thompson, *Diplomatic History*, Winter 1992.
19 Carnegie zitiert nach Krause, *Homestead*, 235. Die Umfrage von 1987 zitiert nach Lobel, *Less than Perfect*, 3. Vgl. *APNM*, Kap. 1; »Intellectuals and the State«, wiederabgedruckt in *TNCW*.
20 Feffer, *Schock Waves*, 22, 112, 129. Brumberg, *NYRB*, 30. Januar; *FT*, 3. Februar; Robinson, *FT*, 28. April 1992. Haynes, *European Business and Economic Development*, Sept. 1992. Wirtschaftsindikatoren; *FT*, 28. Sept. 1992. Engelberg, *NYT*, 9. Febr.; *WSJ*, 4. Febr.; Glaser, *NYT*, 19. April; Bohlen, *NYT*, 30. Aug. 1992. Zu »Continental Illinois« vgl. oben. Kinderhandel, vgl. *DD*, Kap. 7; vgl. auch unten, Kap. IX.5. Polanyi, *Great Transformation*. Miller, *Founding Finaglers*. Zur Ausnahme Costa Rica und der US-amerikanischen Haltung gegenüber C.R. seit den vierziger Jahren vgl. *NI*, 111 f., App. V.1; *DD*, 221 f., 273 ff.
21 Gowan, *World Policy Journal*, Winter 1991-92.
22 Vgl. Deere, *In the Shadows*, 213; McAfee, *Storm Signals*.

23 Vgl. *DD*, Kap. 1.6, 3.3. Kaslow, *CSM*, 12. Aug. 1992.
24 Burke, *Current History*, Febr. 1991; Morales, *Third World Quarterly*, Bd. 13.2, 1992. Vgl. auch Peter Andreas u. a., »Dead-End Drug Wars«, *Foreign Policy*, Winter 1991-92.
25 McAfee, *Storm Signals*, Kap. 7. Bourne, *Orlando Sentinel*, 12. April 1992. Suskind, *WSJ*, 29. Okt. 1991. *DD*, 162. Zur unterdrückten Geschichte von Grenada vgl. *NI*, 177 f.
26 *CAR*, 27. Sept. 1991; 5. Juni 1992. *Latinamerica press* (Lima), 4. Juni 1992. AFP, *Chicago Sun-Times*, 22. Dez. 1991. Sheppard, *CT*, 18. Juni, 22. Mai, 1. Sept. 1992. *Proceso* (Mexiko), 2. Dez. 1992 *(LANU)*. Kenneth Sharpe, *CT*, 19. Dez. 1991. Andreas, *op. cit.* Joachim Bamrud, *CSM*, 24. Januar 1991.
27 *CAR*, 20. Sept., 29. Nov., 3. Mai 1991. *Links* (National Central America Health Rights Network), Sommer 1992.
28 Felipe Jaime, IPS, *Subtext* (Seattle), 3.-16. Sept.; Nusser, *NYT* news service, 26. Sept.; Johnson, *MH*, 3. Dez. 1991.
29 *CAR*, 11. Oktober 1991. Gómez, *NYT*, 28. Januar 1992. Vgl. America's Watch, *»Drug War«;* WOLA, *Clear and Present Dangers*.
30 Simes, *NYT*, 27. Dez. 1988. Zu weiteren Einzelheiten vgl. *DD*, 97 f.
31 Vgl. *Daedalus*, Winter 1990; *NYT*, 4. Jan., 31. Aug. 1990. Weitere Einzelheiten in *DD*, 61.
32 Lionel Barber und Alan Friedman, *FT* (London), 3. Mai 1991. Die ernsthafte Beschäftigung der Mainstream-Medien mit dem Thema geht auf die *Los Angeles Times* zurück, vgl. *LAT* v. 23., 25., 26. Feb. 1992. über Informationen, die bereits vor der Invasion in Kuweit zugänglich waren, vom Mainstream aber zumeist nicht beachtet wurden, vgl. *DD*, 152, 194 f.
33 *DD*, Kap. 4-5.
34 *DD*, Kap. 6 und »Nachwort«. Weitere Einzelheiten enthält mein Artikel in Peters, *Collateral Damage*. Zur »Eisernen Faust« vgl. oben, Kap. II.1.
35 *DD*, 141 f., Kap. 10. Vgl. *COT, NI, DD* zu einem fortlaufenden Bericht über die Subversion des Friedensprozesses und die Komplizenschaft der Medien. Vgl. Robinson, *Faustian Bargain,* zur US-Subversion der Wahlen selbst.
36 Van Niekerk, *G&M*, 25. und 29. Jan. 1992. Brittain, *Guardian* (London), 30. März; *Guardian Weekly*, 5. April 1992. Hintergrundinformationen: vgl. George Wright, *Z magazine,* Mai-Juni 1992.
37 Lewis, *NYT*, 24. August 1992.
38 *Latin America Strategy Development Workshop*, 26./27. Sept. 1990, Memoranden, 3.
39 Weitere Einzelheiten in *DD,* 29-30.
40 Maureen Dowd, *NYT,* 23. Feb. 1991; vgl. *DD,* »Nachwort«.
41 Khor, *Uruguay Round,* 10. Vgl. auch Raghavan, *Recolonization*.
42 Wachtel, *Money Mandarins,* 266; Peter Phillips, *Challenge,* Jan./Feb. 1992.
43 Virginia Galt, *G&M,* 15. Dezember 1990. John Maclean, *CT,* 27. Mai 1991; *WSJ,* 28. Nov. 1990.
44 *Monthly Review,* März 1992.

zu Kapitel IV. Demokratie und Markt

1   Rabe, *Road,* 129.
2   Asia Watch, *Human Rights;* Shorrock, *Third World Quarterly,* Okt. 1986. *Harvard Human Rights Journal* 4, Frühjahr 1991; vgl. meinen Artikel in Peters, *Collateral Damage.*
3   Fitzgerald, *Between,* der Ryutaro Komiya u. a. zitiert, *Industry Policy of Japan* (Tokyo 1984; Academic Press 1988). Johnson, *National Interest,* Herbst 1989.
4   Amsden, »Diffusion of Development: the Late-Industrializing Model and Greater East Asia«, AEA Papers and Proceedings, 81.2, Mai 1991. Vgl. insbesondere ihr Buch *Asia's Next Giant.* Smith, *Industrial Policy,* der Hollis Chenery, Sherman Robinson und Moises Syrquin zitiert: *Industrialization and Growth: A Comparative Study* (Oxford 1986). Zu Brasilien vgl. Kap. VII. Zu Vergleichen s. *DD,* Kap. 7.7.
5   Francis, *CSM,* 14. Mai 1992. Amsden, *op. cit.* Huelshoff, Sperling in Merkl, *Federal.* Ronald van de Krol, *FT,* 28. September; *Economist,* 23. Mai 1992. Dertouzos u.a., *Made in America.* Felix, »On Financial Blowups and Authoritarian Regimes in Latin America«, in Jonathan Hartlyn und Samuel A. Morley, (Hg.), *Latin American Political Economy* (Westview 1986). Vgl. auch Lazonick, *Business Organization,* 43. *Ebd.* zur Rolle der Banken bei der Industrieentwicklung in Deutschland. Ausführliche Materialien in: Gerschenkron, *Economic Backwardness,* Landes, *Unbound.*
6   Bils, zitiert nach Du Boff, *Accumulation,* 56. Bartel, Hg., *Challenge,* Juli-August 1992. Vgl. Du Boff zum Thema im allgemeinen. Brady, *Business,* über die zwanziger und dreißiger Jahre. Eine klassische Untersuchung darüber, wie der freie Markt aufgegeben wurde, ist Polanyi, *Great Transformation.* Weitere Hinweise in *DD,* Kap. 1, Fn. 19.
7   Lazonick, *Business Organization.*
8   Taylor, *Dollars & Sense,* Nov. 1991.
9   Steven Elliott-Gower, Assistant Director, Center for East-West Trade Policy, U. of Georgia, *NYT News Service,* 23. Dez. 1991. Jeffrey Smith, *WP* weekly, 18.-24. Mai; Korb, *CSM,* 30. Jan.; Schweid, *BG,* 15. Feb. 1992. Hartung, *World Policy Journal,* Frühjahr 1992. Die ehrgeizigen Pläne wurden nicht verwirklicht, wie der Forschungsdienst des Kongresses im Juli 1992 berichtete. Die Verkäufe gingen 1991 zurück, obwohl die USA immer noch 57 Prozent aller Waffenverkäufe in die Dritte Welt tätigten; Robert Pear, *NYT,* 21. Juli 1992.
10 Zu »Food for Peace« vgl. *NI,* 363 und die dort zitierten Quellen, v. a. Borden, *Pacific Alliance.* Hogan, *Marshall Plan,* 42-3, 45. Zur Analyse des Handelsministeriums vgl. Wachtel, *Money Mandarins,* 44f. *BW,* 7. April 1975.
11 Nasar, *NYT,* 7. Feb., »Furor on Memo at World Bank«, *NYT,* 7. Feb.; Reuters und Peter Gosselin, *BG,* 7. Feb. 1992. *Economist,* 8. FEb., 15. Feb. (Summers' Brief) 1992.
12 Mac Ewan, *Dollars & Sense,* Nov. 1991. Hegel, *Phil. d. Gesch.,* Einleitung.

13 »Criminalizing the Seriously Mentally Ill«; Anita Diamant, *BG*, 10. Sept. 1992. Falco, und andere Artikel, *Daedalus*, »Political Pharmacology«, Sommer 1992. James McGregor, *WSJ*, 29. Sept. 1992; dieser Titelseitenstory über burmesisches Opium in China gelingt es, die wichtige Rolle des CIA in dieser Angelegenheit völlig zu verschweigen; vgl. McCoy, *Politics*. Victoria Benning, *BG*, 27. Juni 1992.

14 Paul Hemp, *BG*, 30. Aug. 1992.

15 Louis Ferleger und Jay Mandle, *Challenge*, Juli/Aug. 1991. Der US-amerikanische Steuersatz beträgt 95 Prozent des japanischen und 71 Prozent des westeuropäischen; Zahlen des Wirtschaftswissenschaftlers Herbert Stein, der den »Mythos« angreift, die amerikanischen Steuern seien hoch, gemessen an internationalen oder historischen Maßstäben; *WP Weekly*, 7. Sept. 1992.

16 Sonia Nazario, *WSJ*, 5. Okt. 1992. Wachtel, *op. cit.*, »Nachwort«; John Zysman, »US power, trade and technology«, *International Affairs* (London), Jan. 1991. Benjamin Friedman, *NYRB*, 13. August; *CSM*, 14. August; *Science*, 21. August; Pollin, *Guardian* (New York), August 1992.

17 Uchitelle, *NYT*, A1, 12. Aug. 1992.

18 Michael Waldholz und Hilary Stout, »Rights to Life«, *WSJ*, 7. April; Leslie Roberts, *Science*, 29. Mai 1992. *The Blue Sheet*, 8. und 15. April 1992.

19 Gina Kolata, *NYT*, 28. Juli 1992.

20 *Economist*, 22. August 1992. Richard Knox, *BG*, 11. Sept. 1992, eine Untersuchung der »Families USA Foundation«, deren Richtigkeit von Pharmaproduzenten bestätigt worden ist. Fazlur Rahman, *NYT*, 26. April; William Stevens, *NYT*, 24. Mai 1992.

21 Watkins, *Fixing*, 94-5.

22 »Intellectual Property Rights«, *Anthropology Today* (UK), Aug. 1990.

23 Jeremy Seabrook, *Race & Class*, Juli 1992. Watkins, *Fixing*, 96.

24 David Hirst, *Guardian* (London), 23. März 1992.

zu Kapitel V. Die Menschenrechte: das pragmatische Kriterium

1 Thomas Friedman, *NYT*, 12. Januar 1992; vgl. unten, Kap. VII.8. Taylor, *Swords*, 159. Pfaff und Hoopes lieferten nahezu identische Kommentare, ohne Querverweis, so daß nicht entschieden werden kann, wem der Ruhm gebührt; vgl. *AWWA*, 297-300, *FRS*, 94-5. Wohlstetter, *WSJ*, 25. August 1992. Hegel, *Philosophie der Geschichte*, .

2 Schoultz, *Comparative Politics*, Jan. 1991. Herman, in *PEHR*, I, Kap. 2.1.1; *Real Terror Network*, 126 ff. Zur vergleichenden Analyse siehe *PEHR*, MC. Und eine umfangreiche Literatur zu Fallstudien.

3 Zur weiteren Erörterung vgl. *TNCW*, 73 f. Des weiteren auch *NI, DD*.

4 Leffler, *Preponderance*, 260, 165. Vgl. Kap. X.4; zum Hintergrund Kap. II.1-2. Zu Japan-Südostasien vgl. *RC*, Kap. 2.1. Zu Indonesien/Sukarno vgl., wo nicht anders angegeben, Peter Dale Scott, »Exporting Military-Economic Development«, in Caldwell, *Ten Years*, und »The United States and the Overthrow of Sukarno«, *Pacific Affairs*, Sommer 1985; *PEHR*, Bd. I, Kap. 4.1; Kolko, *Confronting*.

5   *FTR*, 457 ff.; *COT*, Kap. 8. Marshall u.a., *Iran-Contra*, Kap. 7 u. 8.
6   McGehee, *Nation*, 11. April 1981. Desgl. *News from Asia Watch*, 21. Juni 1990.
7   *Ebd*. Rusk wird nach Kolko zitiert.
8   Brands, »The Limits of Manipulation: How the United States Didn't Topple Sukarno«. *Journal of American History*, Dez. 1989.
9   Johnson zitiert nach Kolko, *Confronting*. McNamara und der Kongreßbericht zitiert nach Wolpin, *Military Aid*, 8, 128. Zu McNamaras Mitteilung an Johnson vgl. Brands, *op. cit.*, Kap. 7.3.
10 *Public Papers of the President*, 1966 (Washington 1987), Buch II, 563.
11 *NYT*, 29. März 1973. Vgl. unten, Kap. X, Fn. 64.
12 Frankel, *NYT*, 11. Okt. 1965.
13 Zitiert nach *NYT*, 17. Oktober 1965.
14 Robert Martin, *U.S. News*, 6. Juni 1966. *Time*, 15. Juli 1966.
15 *NYT*, 19. Juni 1966.
16 Leitartikel in der *NYT* vom 22. Dez. 1965, sowie vom 17. Feb., 25. Aug. und 29. Sept. 1966.
17 *IHT*, 5. Dez. 1977, aus der *LAT*.
18 *PEHR*, I, Kap. 3.4.4; *TNCW*, Kap. 13. Peck, *Chomsky Reader*, 303-13. Einen Überblick bietet Taylor, *Indonesia's Forgotten War*.
19 John Murray Brown, *CSM*, 6. Feb. 1987; Shenon, *NYT*, 3. Sept. 1992; *Economist*, 15. Aug. 1987.
20 Wain, *WSJ*, 25. April 1989; *Asia Week*, 24. Feb. 1989, zitiert nach *TAPOL Bulletin*, April 1989. Richard Borsuk, *WSJ*, 8. Juni 1992.
21 Kadane, *SFE*, 20. Mai 1990. *WP*, 21. Mai; *AP*, 21. Mai; *Guardian* (London), 22. Mai, *BG*, 23. Mai 1990. Eine Ausnahme im allgemeinen Achselzucken machte der *New Yorker*, »Talk of the Town«, 2. Juli 1990. Zu Guatemala vgl. unten, Kap. VII.7.
22 Wines, *NYT*, 12. Juli; Martens' Brief, *WP*, 2. Juni 1990.
23 Budiardjos Brief, *WP*, 13. Juni; Rosenfeld, *WP*, 13. und 20. Juli 1990.
24 Moynihan, *NYRB*, 28. Juni 1990.
25 Vgl. *TNCW*, Kap. 13. Lewis, *NYT*, 16. April 1992.
26 Zu Shawcross vgl. *MC*, 284 f.; weitere Einzelheiten bei Peck, *op. cit.* Chaliand, *Nouvelles littéraires*, 10. Nov. 1981; Fallows, *Atlantic Monthly*, Feb. und Juni 1982. Halliday, *Guardian Weekly*, 16. August 1992.
27 *Daily Hansard* SENATE (Australia), 1. November 1989, 2707. *Indonesia News Service*, 1. November 1990. Green left mideast. gulf. 346, electronic communication, 18. Feb. 1991. *Monthly Record*, Parliament (Australia), März 1991. Reuters, Canberra, 24. Feb.; Communiqué, International Court of Justice, 22. Feb. 1991. *PEHR*, I, 163-6. Taylor, *Indonesia's Forgotten War*, 171.
28 *FEER*, 25. Juli 1991. Brief von Carey, *Guardian Weekly*, 12. Juli 1992.
29 ABC-Radio (Australien), »Background briefing: East Timor«, 17. Feb. 1991; Osborne, *Indonesia's Secret Wars;* Monblot, *Poisoned Arrows*; Anti-Slavery Society, *West-Papua*.

30 *Age* (Australien), 11. Jan., 18. Feb.; IPS, Kupang, 20. Jan.; *Australian*, 6. Juli; Carey *op. cit.; The Engineer*, 26. März 1992. Vgl. auch *TAPOL Bulletin*, Aug. 1992.

zu Kapitel VI. Eine »reife Frucht«

1 Jennings, »The Indians' Revolution«; Berlin, »The revolution in black life«; beide in Young, *American Revolution*. Morris, *American Revolution*, 72. Higginbotham, *In the Matter of Color*. Hamilton zitiert nach Vine Deloria, in Lobel, *Less than Perfect*. Vgl. auch die Hinweise in Kap. I. Fn. 32.
2 Gleijeses, »The Limits of Sympathy: the United States and the Independence of Spanish America«, Ms., Johns Hopkins Univ., 1991.
3 Lawrence Kaplan, *Diplomatic History*, Sommer 1992; vgl. auch oben, Kap. I.2.
4 Vgl. Bernal, *Black Athena*.
5 *North American Review*, 12. April 1821, zitiert nach Gleijeses. Crossette, *NYT*, 18. Jan.; Stephen Fidler, *FT*, 29. Jan. 1992.
6 Jefferson, zitiert nach van Alstyne, *Rising American Empire*, 81.
7 Gleijeses, »Limits of Sympathy«. Drinnon, *White Savage*, 158. Vgl. auch *PI*, 12 f., 71 f. und die dort angegebenen Quellen.
8 *Ebd.*
9 Green, *Containment*, 13-18. Zur Politik der »Guten Nachbarschaft« und ihrer Hintergründe vgl. LaFeber, *Inevitable Revolutions*; Krenn, *US-Policy*. Vgl. ebenso Salisbury, *Anti-Imperialism*.
10 Benjamin, *US and Origins*, 186 ff. Paterson, in Paterson, *Kennedy's Quest*; der mexikanische Diplomat wird nach Leacock, *Requiem*, 33, zitiert.
11 *NI*, 177, 101. Shirley Christian, *NYT*, 4. Sept. 1992.
12 »Patriotic America«, 1903; Zwick, *Mark Twain's Weapons*, 161.
13 *Envío*, Jesuit Central American University (UCA), Managua, Jan.-Feb. 1992; *NI*, 176 f., 67-8; *PI*, 22 f.
14 Einen Überblick über die Terrorkampagnen bietet Blum, *CIA*. Zu Nixon vgl. Garthoff, *Détente*, 76n. Zur neueren Diskussion sowie zum Gilpatric-Interview vgl. McClintock, *Instruments*. Darstellungen aus gut informierten US-Regierungsquellen findet man bei Garthoff, *Reflections* und Smith, *Closest of Enemies*.
15 Paterson, *op.cit.*; Martin Tolchin, *NYT*, 15. Jan. 1992. Garthoff, *Reflections*, 17.
16 Zur Disziplin der Gelehrten vgl. u. a. *NI*, Anhang V.2 (zu Walter Laqueur), sowie verschiedene Artikel in George, *Western*. Leitartikel der *NYT* vom 8. Sept. 1991. French, *NYT*, 19. April; Constable, *BG*, 15. Juli, 26. Okt.; Krauss *NYT Book Review*, 30. Aug. 1992. Vgl. oben, Kap. III.5.
17 Vgl. *DD*, 280-1.
18 Ein besonders beschämendes Beispiel findet sich in *NI*, Anhang I.1. Allgemeine Hinweise zur Methodik von Anklage und Verschweigen in *PEHR*, *MC* und weiterer umfangreicher Literatur. Zur Berichterstattung der Medien über Kuba vgl. Platt, *Tropical Gulag*.

19 *Envío, op. cit.;* Stavrianos, *Global Rift*, 747; *Latinamerica press*, 5. April 1990; Morris Morley und Chris McGillion, *Sydney Morning Herald*, 7. Jan. 1992. Ellacuría, »Utopia and Prophecy in Latin America« (1989), in Hassett und Lacey, *Towards a Society*.
20 Smith, *Closest of Enemies;* Gillian Gunn, *Current History*, Feb. 1992. Thomas Friedman, *NYT*, 12. Sept. 1991. Michael Kranish, *BG*, 19. April; *NYT*, 19. April 1992. Zum nicaraguanischen Kaffee vgl. *NI*, 98.
21 Detlev Vagts, »Reconsidering the Invasion of Panama«, *Reconstruction*, Bd. 1.2, 1990. Vgl. auch *DD*, Kap. 5.
22 *WP weekly*, 20.-26. Januar 1992; zur *Washington Post* vgl. *DD*, 103, 141; eine umfangreichere Übersicht über die Dogmen der *Post* und der *NYT* findet sich in *NI*. Benjamin, *US and Origins*, 59; *PI*, 72.

zu Kapitel VII. Alte und neue Weltordnungen: Lateinamerika

1 Evans, *Dependent Development*, 51 ff. *WP*, 6. Mai 1929; *New York Herald Tribune*, 23. Dez. 1926; *CSM*, 22. Dez. 1928; *NY Post*, 21. Dez. 1928; *WSJ*, 10. Sept. 1924; zitiert nach Smith, *Unequal Giants*, 186 f., 135 f., 82. Krenn, *US-Policy*, 122. Green, *Containment*, 8 f.
2 Smith, *Unequal Giants*, 3 ff., 35 f., 134.
3 Evans, *Dependent Development*, 70; Rabe, *Road to OPEC*, 110.
4 Haines, *Americanization*; Leffler, *Preponderance*, 258, 339. Vgl. oben, Kap. II.2.
5 Zitiert nach Kolko, *Politics*, 302 f. Green, *Containment*, Kap. 11. Die Situation ist vielschichtiger, vgl. oben, Kap. II.2.
6 Vgl. *TTT*, Kap. 2.3. Bismarck zitiert nach Nancy Mitchell, Ms., SAIS, Johns Hopkins, 1991, erscheint in *Prologue*. Zu Stimson vgl. oben, Kap. II.2.
7 Green, *Containment*, 74 f., 315 n.; vgl. auch oben, Kap. II.1.
8 NSC 5432, August 1954; *Memorandum for the Special Assistant to the President for National Security Affairs* (McGeorge Bundy), »Study of U.S. Policy Toward Latin America Military Forces«, Secretary of Defense, 11. Juni 1965. Weitere Einzelheiten in *PI*, 1. Vorlesung. Green, *Containment*, 180 f., 259 f., 103, 147 f., 174 f., 188. Zum lateinamerikanischen Militär vgl. auch Leffler, *Preponderance*, 59 f. Zu den Folgen in Bolivien vgl. *DD*, 395 f., sowie oben, Kap. III.4.
9 Vgl. oben, Kap. V, Fn. 5. Agee, *Inside*, 361-2.
10 Parker, *Brazil*; Leacock, *Requiem*; Skidmore, *Politics*; Hewlett, *Cruel Dilemmas*. Vgl. auch Black, *US Penetration*.
11 Felix, »Financial Blowups« (s. o., Kap. IV, Fn. 5); Evans, *op. cit.*; Herman, *Real Terror Network*, 97.
12 Skidmore; Evans, 4. Mario de Carvalho Garnero, Vorsitzender von Brasilinvest, Informations and Telecommunications, *O Estado de Sao Paulo*, 8. August (*LANU*, Sept. 1990); *Latin America Commentary*, Okt. 1990. CIIR, *Brazil*. Zum umfassenderen Kontext vgl. *DD*, Kap. 7.
13 Americas Watch, *Struggle for Land*; der brasilianische Journalist José Pedro Martins, *Latinamerica press*, 4. Juni 1992; George Monbiot, *Index on*

Censorship (London), Mai 1992; Isabel Vincent, *G&M*, 17. Dez. 1991. Vgl. auch Hecht und Cockburn, *Fate*.

14 Dimerstein, *Brazil;* Blixen, »War waged on Latin Americas street kids«, *Latinamerica press,* 7. Nov. 1991; Gabriel Canihuante, *Ebd.,* 14. Mai 1992; Moffett, *CSM,* 21. Juli 1992; Maité Pinero, *Le Monde diplomatique,* August 1992.

15 Rabe, *Road.* Zur früheren Periode vgl. Krenn, *US Policy.*

16 *Excelsior* (Mexiko City), 11. Nov., 21. Nov., 4. Dez. 1991; 30. Jan. 1992 *(LANU).*

17 Brooke, *NYT,* 21. Jan.; AP, *NYT,* 5. Feb.; Douglas Farah, *BG,* 10. Feb.; Stan Yarbro, *CSM,* 12. Feb. 1992.

18 AP, *NYT,* 5. Feb.; Joseph Mann, *FT,* 5. Feb.; Brooke, *NYT,* 9. Feb.; Yarbro, *CSM,* 11. u. 12. Feb. 1992.

19 Seabrook, *Race & Class,* (London), 34.1, 1992.

20 *TTT, MC;* Jonas, *Battle.*

21 *Excelsior*, 21. Juli 1992; Shelley Emling, *WP*, 1. Aug. 1992.

22 Jonas, *Battle.* David Santos, *Excelsior,* 20. Juni 1992 *(CAN)*; CAR, 17. Jan. 1992; Florence Gardner, »Guatemala's Deadly Harvest«, *Multinational Monitor,* Jan./Feb. 1991; *Report from Guatemala,* Frühjahr 1992. Zu US-Regierungsansichten über die Demokratie in Guatemala vgl. *DD,* Kap. 3.6, 8.3, 12.5.

23 Edward Gargan, *NYT,* 9. Juli 1992. *Frontline,* (India), 6. Dez. 1991.

24 Vickery, »Cambodia after the ›Peace‹«, Ms. (Penang, Malaysia, Dez. 1991). Zu einer vergleichenden Erörterung von Kambodscha und Thailand vgl. sein Buch *Cambodia.* Einige Beispiele zur Verbreitung der Kindersklaverei in *TNCW,* 202, 283.

25 Blixen, *op. cit.; Excelsior* (Mexiko), 5. Nov. 1991 *(CAN).*

26 *Unomásuno,* 13. Okt. 1990; David Santos, *Excelsior,* 20. Juni 1992; Pinero, *op. cit.* »Honduras: A Growing Market in Children?«, *CAR,* 5. Juni 1992. Vgl. auch die Menschenrechtskommission der UNO im Wirtschafts- und Sozialrat, E/CN.4/Sub.2/1992/34, 23. Juni 1992. *DD,* Kap. 7.

27 »Argentina uncovers patients killed for organs«, *BMJ,* Sommer 1992; AFP, 8. März 1992, zitiert nach *LANU,* April-Mai 1992; Pinero, *op. cit.* Zu weiteren Berichten aus Lateinamerika vgl. *DD,* 220-1. Kolumbien, auch Reuters, *BG,* 3. und 5. März 1992; Ruth Conniff, *Progressive,* Mai 1992. Zur Rolle der USA vgl. *DD,* Kap. 4.5.

28 Scanlan, *MH,* 28. Mai 1991; *CT,* 243.

29 Zum Verhältnis USA-Costa Rica vgl. oben, Kap. III, Fn. 20. Vgl. auch meinen »Letter from Lexington«, *Lies of our Times,* Jan. 1992.

30 Tim Johnson, *MH,* 14. Juni 1992; Inter Press Service (IPS), 31. Juli 1992; Gibb, *SFC,* 17. Juni 1992 *(CAN).*

31 *Science,* 20. Dez. 1991; *Economist,* 4. Jan. 1992.

32 *CAR,* 14. Juni, 16. Aug. 1991; 21. Aug. 1992. IPS, San José, 23. Feb.; *Excelsior,* 31. Juli 1992 *(CAN).*

33 *CAR,* 18. Okt. 1991; Reuters, *SFC,* 1. August 1992 *(CAN).*

34 *Envío* (Managua), April 1991. Madhura Swaminatham und V. K. Ramachandran, *Frontline* (Indien), 6. Dez. 1991. Zur Version von vor 1980 vgl. Herman, *Real Terror Network*, Kap. 3.
35 Vgl. oben, Kap. 4.2. Vgl. *DD*, Kap. 1, Fn. 19; Kap. 7.7. Vgl. auch Bello und Rosenfeld, *Dragons*.
36 Hockstader, *WP*, 20. Juni 1990; Crossette, *NYT*, 18. Jan.; Tim Golden, *NYT*, 17. Jan.; Friedman, *NYT*, 12. Jan. 1992. Zum Zusammenhang von Wirtschaftshilfe und Folter vgl. oben, Kap. V.1. Zwick, *Twain*, 111.
37 Skidmore, Evans, Felix, *op. cit.* Zu Hagopian vgl. die Rezension von Skidmore, *Politics, Fletcher Forum*, Sommer 1989. Zu Chile vgl. Herman, *Real Terror Network*, 189 f. (dort auch das Zitat aus dem Harberger-Interview mit Norman Gall, *Forbes*, 31. März 1980).
38 James Petras und Steve Vieux, »Myths and Realities: Latin America's Free Markets«, *Monthly Review*, Mai 1992. Überarbeitete Version: Ms., SUNY Binghamton. CIIR, *Brazil*. Brooke, *NYT*, 28. Aug. 1992.
39 James Markham, *NYT Week in Review*, 25. Sept. 1988; Wrong, *Dissent*, Frühjahr 1989. Roberts, »Democracy and World Order«, *Fletcher Forum*, Sommer 1991.
40 Simpson, Spectator, 21. März 1992; Petras und Pozzi, Against the Current, März/April 1992; Felix, »Reflections on Privatizing and Rolling Back the Latin American State«, Ms., Washington University, Juli 1991.
41 David Clark Scott, *CSM*, 30. Juli 1992; Salvador Corro, *Proceso* (Mexiko), 18. Nov. 1991 *(LANU*, Jan. 1992); UN Report on the Environment, AP, 7. Mai 1992; La Botz, *Mask*, 165, 158; Andrew Reding und Christopher Whalen, *Fragile Stability*, Mexico Project, World Policy Institute, 1991. Barkin, *Report on the Americas* (NACLA), Mai 1991; »Salinastroika«, Ms., Aug. 1992. Baker, *WP*, 10. Sept. 1991, zitiert nach Reding und Whalen.
42 Nash, *NYT*, 13. Nov. 1991; 1. Aug. 1992. Kamm, *WSJ*, 16. April 1992.
43 Felix, »Financial Blowups«; »Reflections on Privatizing«; »Latin American Monetarism in Crisis«, in: »*Monetarism« and the Third World*, Institute of Development Studies, Sussex, 1981. Die Daten wurden von dem chilenischen Ökonomen Patricio Meller zusammengestellt; UN ECLA Poverty Study (Santiago, 1990) (Felix, p.c.). Petras und Vieux, »Myths and Realities«, *Economist Intelligence Unit*, zitiert nach Doug Henwood, *Left Business Observer*«, Nr. 50, 7. Juli 1992. Collins und Lear, »Pinochet's Giveaway«, *Multinational Monitor*, Mai 1991. Rosenberg, *Dissent*, Sommer 1989. Brief von Herman, *Washington Report on the Hemisphere*, 3. Juni 1992. Nash, *NYT*, 6. Juli 1992.
44 Mayorga, *Nicaraguan Economic Experience*. Weitere Einzelheiten in *DD*.
45 Constable, *BG*, 4. März 1992 (vgl. oben, Kap. VI); Golden, *MH*, 5. März; Kabelnachrichten, *Excelsior*, 12. März 1992 *(CAN). CAR*, 31. Juli 1992.
46 *CAR*, 18. Okt. 1991; 8. Mai 1992; Otis, *SFC*, 1. Aug. 1992.
47 *Links* (National Central America Health Rights Network), Sommer 1992; *CEPAD Report*, Jan./Feb. 1992; *Excelsior*, 11. Juni 1992 *(CAN);* Haugaard, CAHI, Georgetown University; IPS, 9. Aug. 1992 *(CAN)*.
48 Mehr über diese Problematik in *TTT*, Kap. 3.9 und *DD*, Kap. 10.

49 Petras und Vieux, »Myths and Realities«. Cooper, *New Statesman & Society* (London), 7. Aug. 1992. Zu US-IWF-Programmen in der Karibik vgl. Deere, *In the Shadows*; McAfee, *Storm Signals*. Eine kontinuierliche Bestandsaufnahme der Vorgänge in Mittelamerika findet sich in *PEHR, TNCW, TT, COT, NI, DD* und den dort zitierten Quellen.

zu Kapitel VIII. Haitis Tragödie

1 Lowenthal, *Reviews in Anthropology*, 1976, zitiert nach Farmer, *AIDS and Accusation*, die Quelle für viele Materialien bei Schmidt, *US Occupation*. Die klassische Darstellung der Revolution gibt C. L. R. James, *The Black Jacobins*. Die hohen Bevölkerungszahlen gehen auf Schätzungen von Sherburne Cook und Woodrow Borah zurück, *Essays in Population History: Mexico and the Caribbean* (California 1971) (vgl. Farmer, Stannard, *American Holocaust)*.

2 Sued-Badillo, *Monthly Review*, Juli-August 1992. COHA Pressemitteilung, 18. Feb.; Anne-Marie O'Connor, Cox News Service, 12. April 1992. Zu den IWF-Programmen vgl. McAfee, *Storm Signals; DD*, Kap. 7.3.

3 Farmer, *AIDS*, 153; Las Casas zitiert nach Chicago Religious Task Force, *Dangerous Memories*, Stannard, *American Holocaust*, Sale, *Conquest*. Vgl. auch Koning, *Columbus*. Smith, *Wealth*, Buch IV, Kap. VII, Abschn. I (ii, 70).

4 Siehe oben, Kap. I, Fn. 29. Zur Sterilisierung vgl. den Churchill-Biographen Clive Ponting, *Sunday Age* (Australien), 21. Juni 1992. Zum Thema Rassismus und Politik vgl. *DD*, 52-3.

5 *TTT*, 46. Stivers, *Supremacy*, 66-73.

6 Ulysses B. Weatherly, »Haiti: an Experiment in Pragmatism«, 1926, zitiert nach Schmidt.

7 Trouillot, zitiert nach Farmer, *AIDS*. Blassingame, *Caribbean Studies*, Juli 1969. Leitartikel der *NYT*: vgl. *DD*, 280. Landes, *NR*, 10. März; Ryan, *CSM*, 14. Feb. 1986. Mehr zu diesen und anderen wissenschaftlichen Analysen in *PI*, 68-9, *TTT*, 153 f.

8 Deere, *Shadows*, 144, 35, 174-5 (Auszug aus Josh DeWind und David Kinley, *Aiding Migration* [Westview 1988]). McAfee, 17; *PI*, 68; Wilentz, *Rainy Season*, 272 ff. Zum Flüchtlingsproblem vgl. *PEHR*, II, 50, 56 (die siebziger Jahre); Wilentz, *NR*, 9. März; Bill Frelick, NACLA *Report on the Americas*, Juli 1992; Pamela Constable, *BG*, 21. Aug. 1992.

9 *PI*, 69 f.; *WSJ*, 10. Feb. 1986.

10 Wilentz, *Rainy Season*. Wilentz gibt einen lebendigen Augenzeugenbericht über die Jahre 1986-89.

11 COHA, »Sun Setting on Hopes for Haitian Democracy«, 6. Jan. 1992.

12 *The NED Backgrounder*, Inter-Hemispheric Education Resource Center (Albuquerque), April 1992.

13 Wilentz, *Reconstruction*, Bd. 1.4 (1992).

14 Wilentz, *Rainy Season*, 275.

15 Americas Watch, National Coalition for Haitian Refugees and Physicians for Human Rights, »Return to the Darkest Days«, 30. Dez. 1991. Roth, »Haiti: the Shadows of Terror«, *NYRB*, 26. März 1992.

16 Friedman, French, *NYT*, 8. Okt. 1991. French, *NYT*, 22. Okt. 1991; 12. Jan. 1992. Canute James, *FT*, 10. März 1992.

17 Hyland, »The Case for Pragmatism«, *Foreign Affairs, America and the World*, 1991-92. Constable, *BG*, 13. März 1992.

18 Americas Watch, »Return«. French, *NYT*, 10. Okt. 1991. *Time*, 10. Feb.; *FT*, 3. April 1992. Zu Bush/Kuwait vgl. Andrew Rosenthal, *NYT*, 3. April 1991.

19 Greenberger, *WSJ*, 13. Jan. 1992. COHA-Pressemeldung, 5. Feb. 1992.

20 *Time*, 10. Feb.; Barbara Crossette, *NYT*, 28. Mai; Lee Hockstadter, *WP weekly*, 17. Feb.; Leitartikel, *WP weekly*, 10. Feb. 1992.

21 Frelick, *op. cit.;* Lee Hockstadter, *WP weekly*, 10. Feb.; Barbara Crossette, French, *NYT*, 28. Mai 1992.

22 Hochstadter, *WP weekly*, 10. FEb.; *WP-MG*, 16. Feb. 1992.

23 *DD*, Kap. 8 und 10; *NI*, 61-6; Sklar, *War*.

24 COHA Pressemitteilung, 10. Jan., 25. Feb. 1992. Barbara Crossette, *NYT*, 26. Feb.; French, *NYT*, 27. Feb., 21. Juni; James Slavin, *NCR*, 14. Aug. 1992.

25 French, *NYT*, 27. Sept. 1992.

26 Barbara Crossette, *NYT*, 5. Feb. 1992.

27 French, *NYT*, 7. Feb. (Hervorhebung von mir); Pierre-Yves Glass, AP, *Anchorage Times*, 17. Feb.; *Time*, 17. Feb. 1992.

zu Kapitel IX. Die Last der Verantwortung

1 Schmidt, *US Occupation*, 16, 181.
2 Wilentz, *Rainy Season*, 271-2.
3 Farmer, *AIDS*, 37 ff.
4 Allen, *Birth Symbol*.
5 Thomasson, *Cultural Survival Quarterly*, Sommer 1991.
6 Zitiert nach Schmidt, *US-Occupation*, 62-3.
7 Schwarz, *American Counterinsurgency Doctrine. FRS,* 246; *ANPM*, Kap. 1.
8 David Holstrom, *CSM*, 30. April 1992. McChesney, *Labor*.
9 Du Boff, *Accumulation*, 101-3.
10 Hegel, *Philosophie der Geschichte*, 128. Schmidt, *US Occupation*, 158.
11 Holt, *Problem*, 45, 71 ff., 54 f.
12 A. Chomsky, *Plantation Society*.
13 De Schweinitz, *Rise and Fall*, 165; Keay, *Honorable Company*, 435 f., 454 f. M. N. Pearson, Parker, in Tracy, *Merchant Empires. DD*, Kap. 4; vgl. auch oben, Kap. II.4.
14 Jackson, *Century*. Wilkins, *Cherokee Tragedy*, 3, 4, 287. Zu den Friedensverträgen vgl. Stannard, *American Holocaust*, 106. Zu Andrew Jackson vgl. Rogin, *Fathers*, 215 f. Zu Schätzungen über die Anzahl der Opfer vgl. Lenore Stiffarm zus. mit Phil Lane, »The Demography of Native North America«, in Jaimes, *State*.
15 Jackson, *Century*.

16 Einzelheiten in meinem Aufsatz »Divine License to Kill«, wo ich Arbeiten von und über Niebuhr diskutiere; zum Großteil veröffentlicht in *Grand Street*, Winter 1987.
17 Krause, *Battle*, 82-3.
18 Palmer, BG, 9. Feb.; Pear, NYT, 12. Aug. 1992. Daten von Nancy Watzman, Multinational Monitor, Mai 1992.

zu Kapitel X. Mord an der Geschichte

1 Frederick Starr, *NYT Book Review*, 19. Juli 1992.
2 *WP-BG*, 4. Dez.; Weismann, *NYT*, 6. Dez. 1991. Zu den Bombardements vom 14. August vgl. *APNM*, Kap. 2, das auch einen Auszug aus der Geschichte der Air Force sowie aus dem Augenzeugenbericht des japanischen Romanciers Makoto Oda aus Osaka enthält. Zu Tokio als Angriffsziel vgl. Barton Bernstein, *International Security*, Frühjahr 1991.
3 AP, *NYT*, 4. und 5. März 1992. Längere Berichte im *Boston Globe*, an den selben Tagen.
4 Vgl. *PEHR*, II, 32 f., 39. Zu den angewandten Maßstäben der Rechtsprechung vgl. auch *FRS*, Kap. 3; der Abdruck stammt von einem Symposium der *Yale Law Review* über Nürnberg und Vietnam. Auszüge aus Pals abweichender Stellungnahme in *APNM*. Vgl. auch Minnear, *Victor's Justice*. Leahy wird zitiert nach Braw, *Atomic Bomb*, aus seiner Autobiographie von 1950, *I Was There*.
5 Vgl. den Japan-Historiker Herbert Bix, *BG*, 19. April 1992.
6 Weitere Materialien und Quellen in *APNM*, Kap. 2.
7 *Ebd.* finden sich Auszüge aus den Dokumenten.
8 Vgl. *TTT*, 194 f.; Simpson, *Blowback*, Reese, *Gehlen*.
9 McClintock, *Instruments*, 59 ff., 230 ff. Lewy, *America in Vietnam*. Eine Diskussion dieser Parodie von Geschichtsschreibung findet sich in der Rezension von Chomsky und Edward Herman, wiederabgedruckt in *TNCW*. Zu Lewys Vorstellungen darüber, wie die Pest unabhängigen Denkens an der Heimatfront beseitigt werden könnte, vgl. *NI*, 350 f.
10 Bernard Fall, *Ramparts*, Dez. 1965, wiederabgedruckt in *Last Reflections*. Die Beschreibung eines Augenzeugen nach dem Krieg findet sich in John Pilger, *New Statesman*, 15. Sept. 1978. Shenon, *NYT magazine*, 5. Jan. 1992.
11 Dower, ›Remembering (and Forgetting) War‹, Ms., MIT.
12 Hietala, *Manifest Design*, 61; Kent, *Hawaii*, 41 f. Daws, *Shoal of Time*, 241. Poka Laenui, ›The Theft of the Hawaiian Nation‹, *Indigenous Thought*, Okt. 1991. Vgl. oben, Kap. I.1 und Kap. II.1. *DD*, Kap. 12.
13 Kent, Daws, Laenui, *op. cit.*
14 Institute for the Advancement of Hawaiian Affairs, 86-649 Puuhulu Rd., Wai'anae Hawaii 96792.
15 Lehner, *WSJ*, 6. Dez. 1991.
16 Weisman, *NYT magazine*, 3. Nov. 1991.
17 Zu Fairbanks Ansichten vgl. *TNCW*, 400-1.

18 Vgl. *DD*, Kap. 11 und die dort zitierten Quellen. Kennan wird zitiert nach Cumings, *Origins*, II, 57; zu den Massenmorden im US-besetzten Korea vor dem so genannten ›Koreakrieg‹ vgl. die Bände I und II.

19 Sherwood Fine, zitiert von Moore, *Japanese Workers*, S. 18; vgl. auch Moore zum Thema im allgemeinen. Bix, ›The Showa Emperor's ›Monologue‹ and the Problem of War Responsibility‹, *J. of Japanese Studies*, 18.2, 1992 (dort wird John Dower zitiert, *Japan Times*, 9. Jan. 1989).

20 Cumings, *Origins*, II, 57.

21 Adlai Stevenson, der den Krieg der USA vor der UNO verteidigte. Vgl. *FRS*, 114 f.

22 Fall, *Last Reflections*.

23 Elizabeth Neuffer, *BG*, 27. Feb.; Pamela Constable, *BG*, 21. Feb. 1992. Carter, Pressekonferenz vom 24. März 1977; vgl. *MC*, 240.

24 Zu Beispielen aus der Presse vgl. *ebd.*, 240 ff. und *NI*, 33 ff. *NYT*, 24. Oktober 1992.

25 Tyler, *NYT*, 5. Juli 1992.

26 Crossette, *NYT*, 6. Jan. 1992. Mary Kay Magistad, *BG*, 20. Okt.; Eric Schmitt, *NYT*, 6. Nov.; Steven Greenhouse, *NYT*, 24. Okt. 1991.

27 Barbara Crossette, *NYT*, 14. Aug. 1992.

28 Vgl. oben, Kap. V, Fn. 18. Zum Medienecho auf Pol Pot und die Grausamkeiten in Osttimor vgl. *PEHR*. Zur erhellenden Reaktion auf diese Enthüllungen vgl. *MC*, 6.2.8; *NI*, Anhang I, Abschn. 1.

29 Greenhouse, *NYT*, 24. Okt. 1991.

30 Vgl. *MC*, 6.2.7 und die dort angegebenen Quellen. Garthoff, *Détente*, 701, 751. Sihanouk wird zitiert nach Ben Kiernan, *Broadside* (Sydney, Australien), 3. Juni 1992; Allman, *Vanity Fair*, April 1990, zitiert nach Michael Vickery, ›Cambodia After the 'Peace'‹ (vgl. oben, Kap. VII, Fn. 24). Einen aktualisierten Überblick bietet: Kiernan, ›Cambodia's Missed Chance: Superpower obstruction of a viable path to peace‹, *Indochina Newsletter*, Nov.-Dez. 1991, dort auch das Zitat aus *FEER*. Vgl. auch Kiernan, *Bulletin of Concerned Asian Scholars*, Bd. 21, 2-4, 1989; Bd. 24, 2, 1992. Ausführliche Hintergrundinformationen in Vickery, *Cambodia*, und Chandler, *Cambodia*.

31 Greenway, *BG*, 13. Dez.; Uli Schmetzer, *CT*, 2. Sept. 1991. Susumu Awanohara, *FEER*, 30. April 1992.

32 Editorial, WP weekly, 2.-8. Dez. 1991.

33 Barbara Crossette, *NYT*, 31. März 1992.

34 Greenway, *BG*, 20. Dez. 1991.

35 AP, 14. März 1990; *NI*, 35.

36 John Stackhouse, *G & M*, 12. Juni 1992.

37 Smucker, *G & M*, 7. Okt. 1991.

38 Barbara Crossette, *NYT*, 18. August 1992.

39 Vgl. *NI*, 38-9; dort werden der israelische Journalist Amnon Kapeliouk und die US-amerikanische Forscherin Dr. Grace Ziem zitiert.

40 Braw, *Atomic Bomb*.

41 Robert Olen Butler, *WP-MG*, 5. April; Wintle, *FT*, 16.-17. Mai 1992 (beides Rezensionen von Michael Bilton und Kevin Sim, *Four Hours in My Lai*). AP, ›Five Years Later, My Lai is a no man's town, silent and unsafe‹, *NYT*, 16. März 1973.
42 Butterfield, *NYT*, 1. Mai 1977; Whitney, *NYT*, 1. April 1973.
43 Buckleys unveröffentlichte Notizen. Vgl. PEHR I, Abschn. 5.1.3.
44 *Ebd.*; *FRS*, 222. King, *The Death of the Army* (1972), zitiert nach Kinnard, *War Managers*.
45 John Underhill, John Mason und William Bradford. Vgl. Laurence Hauptman in Hauptman und Wherry, *Pequots;* Salisbury, *Manitou*, 218 ff. Diskussion und allgemeine Hintergrundinformationen in Jennings, *Invasion*.
46 Robert Venables, ›The Cost of Columbus: Was There a Holocaust?‹, *View from the Shore, Northeast Indian Quarterly* (Cornell, Herbst 1990). Zum Massaker vom Rio Sumpul vgl. *TNCW*.
47 Einzelheiten in *AWWA*, 102-3.
48 Carr, *NYT Book Review*, 22. März 1992. Vielleicht sind Carrs Erwiderungen auf meinen Kommentar, der im wesentlichen bereits in *Lies of our Times*, Mai 1992, erschienen war, von Interesse. Carr schreibt: ›Die Vorstellung, es könne in der amerikanischen Geschichte Episoden gegeben haben, in der sich *beide* Seiten wie blutrünstige Tiere benahmen, übersteigt bei vielen das moralische Fassungsvermögen ganz beträchtlich.‹ (Briefe, *NYT Book Review*, 23. Aug. 1992. Der Passus ist in die Antwort auf eine Kritik an ganz anderen Dingen eingeschaltet.) Ich überlasse es den Lesern, hier die Analogie zu den Nazis herzustellen.
49 *Times*-Rezensent Michio Kakutani, *NYT*, 28. Aug.; Prescott, *NYT Book Review*, 20. Sept. 1992; die Rezensionen beziehen sich auf Jay Parini, *Bay of Arrows*. Zur Mythologie des Kannibalismus, die die westlichen Ideologen so in ihren Bann zieht, vgl. Sale, *Conquest*. Der Ethnohistoriker Jalil Sued-Badillo schreibt: ›Bis zum heutigen Tag haben archäologische Forschungen keinen Beweis dafür erbringen können, daß es irgendwo in Amerika kannibalistische Praktiken gegeben hat.‹ *Monthly Review*, Juli-Aug. 1992. Einen Bericht aus zweiter Hand über rituellen Kannibalismus in Nordamerika bietet Axtell, *Invasion*, 263. Zu Berichten der Indianer vgl. Jennings, *Empire*, 446-7.
50 Wouk, *CT*, 2. Juni 1992. Franklin, *MIA*.
51 Puette, *Through Jaundiced Eyes*, Kap. 7.
52 Zur Diskussion dieser Beispiele vgl. *TNCW*, 68 f., 89 f. *MC*, Abschn. 5.1, 5.5.2, Anhang 3. *NI*, Anhang I, Abschn. 2. Lederman, *Battle Lines*; zu Einzelheiten vgl. meinen ›Letter from Lexington‹, *Lies of our Times*, Sept. 1992.
53 Bundy, *Foreign Affairs*, Jan. 1967. Vgl. *MC*, 175.
54 Zu diesen erhellenden und von daher natürlich völlig unzulässigen Vergleichen siehe *PEHR,* Bd. I und II; *MC*.
55 Vickery, *Cambodia After the ›Peace‹*. Zu den internen US-Dokumenten vgl. *FRS*, 31 f., 36 f.
56 Dräze und Gazdar, *Hunger and Poverty*.

57 Vgl. oben, Fn. 32. Zur Annahme, daß die USA ›den Krieg verloren‹ haben und zur Bedeutung dieser Annahme vgl. *MC*, 241 ff., und weiter unten.

58 Zum Beispiel Douglas Pike. Quellen und Diskussionen in *MC*, 180 f.; *PEHR*, Bd. I, 338 f. Vgl. *RC*, Kap. 2.3.

59 *Foreign Relations of the United States*, Vietnam 1961-1963, I, 343; III, Fn. 4. Gibbons, *US-Government*, 70-1, zitiert die Geschichte der US-Luftwaffe.

60 Albert, *Z magazine*, Dez. 1991; Cockburn, *LAT*, 5. Dez.; *Nation*, 23. Dez. 1991.

61 Vgl. oben, Kap. II.1. bis II.2. Zur Tonkin-Affäre vgl. *MC*, 5.5.1; und *RC*. Zum Timing der Angriffe vgl. *Foreign Relations of the United States*, Vietnam, 1964-1968, 609.

62 So vermuten manche, daß Kennedy in Vietnam eine Strategie der Enklaven verfolgt haben könnte, wie sie dem Typ nach von General Maxwell Taylor und anderen vertreten wurde. Vielleicht hätte er auch eine Modifikation der Nixonschen Vorgehensweise angewandt: verstärkte Bombardierungen und ›beschleunigte Befriedung‹, mit sehr viel geringerem Einsatz von Bodentruppen; während er zu Hause mit Johnsons ›Great Society‹-Programmen die Entwicklung nicht so rasch hätte vorantreiben können.

63 Vgl. meinen Artikel ›Vain Hopes, False Dreams‹, *Z magazine*, Oktober 1992. Eine sehr viel umfangreichere Diskussion und Materialsammlung bietet *Rethinking Camelot*, South End Press, Boston 1993. Die bereits zitierten Quellen und andere, die sich in der Literatur der Dissidentia finden lassen, geben ein im großen und ganzen genaues Bild der Ereignisse und müssen vor dem Hintergrund der mittlerweile bekannten Tatsachen nur wenig revidiert werden. Eine Zusammenfassung findet sich in *MC*.

64 Vgl. *TNCW*, Kap. 3, sowie *MC*, Kap. 5.5.3 zur bemerkenswerten Komplizenschaft, mit der die intellektuelle Gemeinschaft die leicht zugänglichen Fakten über die Unterminierung der diplomatischen Bemühungen unterdrückte. Die vollständige Geschichte dieser – bisweilen ganz bewußt vollzogenen – Unterdrückung muß erst noch geschrieben werden.

65 Vgl. dazu *AWWA*, 286.

zu Kapitel XI. Die Dritte Welt im eigenen Land

1 Vgl. oben, Kap. I.1 und III.1.

2 T-Bone Slim, *Juice*, 68.

3 *Economist*, 22. Aug. 1992.

4 Steven Greenhouse, *NYT*, ›Income Data Show Years of Erosion for U.S. Workers‹, *NYT*, 7. Sept.; Adam Pertman, *BG*, 15. Juli; Garry Wills, *NYRB*, 24. Sept. 1992. Zu den außerordentlichen Anstrengungen der Regierung und rechtsgerichteter Wirtschaftsexperten, die ökonomischen Tatsachen zu verbergen und zu verbiegen, vgl. Paul Krugman, ›The Right, the Rich, and the Facts‹, *American Prospects*, Herbst 1992.

5 AP, *BG*, 4. April 1991. *NE J. of Med.*, Jan. 1990, zitiert bei Melvin Konner, *NYT*, 24. Feb. 1990.

6   Vgl. oben, Kap. IV.3. Conniff, *Progressive*, Sept. 1992, eine Rezension von Kaus, *End of Equality*. Stephen Franklin, Peter Kendall und Colin Mc Mahon, ›Caterpillar strikers face the bitter truth‹, Pkt. 3 der Serie, *CT*, 6., 7. und 9. Sept. 1992. Fraser zitiert nach Moody, *Injury*, 147.
7   Milton, *Politics*, 155; Puette, *Through Jaundiced Eyes*.
8   Franklin u.a., *op. cit.*; zur Aussperrung der Eisenbahnarbeiter vgl. Alexander Cockburn, *LAT*, 13. Juli; Robert Rose, *WSJ*, 20. April 1992. Hoerr, *American Prospect*, Sommer 1992.
9   Floyd Norris, *NYT*, 30. Aug. 1992.
10 Peter Gosselin, *BG*, 7. Sept.; Frank Swoboda, *WP weekly*, 14.-20. Sept. 1992. Shlomo Maital und Kim Morgan, *Challenge*, Juli 1992. Wolfe, *BG*, 18. Feb. 1990.
11 Diego Ribadeneira und Cheong Chow, *BG*, 8. Sept.; Ribadeneira, *BG*, 25. Sept. 1992.
12 Vgl. Alex Carey, ›Managing Public Opinion: The Corporate Offensive‹, Ms., Univ. of New South Wales, 1986; Milton, Moody, *op. cit.*, Sexton, *War*. Vgl. auch Ginger und Christiano, *Cold War*.
13 Sexton, *War*, 76, 55.
14 Demarest, ›*River*‹, 44, 55, 216. Krause, *Battle*, 287, 13, 294, 205 ff., 152, 178, 253, 486 (dort das Zitat aus dem Gutman-Interview).
15 Demarest, ›*River*‹, 32; Krause, *Battle*, 361, 274 ff. Hagan, *People's Navy*.
16 Demarest, ›*River*‹, 159; Sexton, *War*, 83, 106 ff.
17 Demarest, ›*River*‹, 199, 210 f.; Krause, *Battle*, Kap. 22.
18 Bekken, in Solomon und McChesney, *New Perspectives*. McChesney, *Labor*. Zu England vgl. *MC*, Kap. 1.1-2.
19 Demarest, ›*River*‹, Nachwort.
20 *Ebd.;* Sexton, *War*, 87.

Bibliographie

Agee, Philip. *Inside the Company* (Stonehill, 1975), dt.: *CIA intern*, 1993
Allen, Max. *The Birth Symbol in Traditional Women's Art* (Museum of Textiles, Toronto, 1981)
Americas Watch. *The ›Drug War‹ in Colombia* (October 1990)
– *The Struggle for Land in Brazil* (Human Rights Watch, 1992)
Amsden, Alice. *Asia's Next Giant: South Korea and Late Industrialization* (Oxford, 1989)
Anti-Slavery Society. *West Papua* (London 1990)
Appleby, Joyce. *Capitalism and a New Social Order* (NYU, 1984)
Asia Watch. *Human Rights in Korea* (Jan. 1986)
Aston, T. H., and C. H. E. Philpin. *The Brenner Debate: Agrarian Class Structure and Econonmic Development in Pre-Industrial Europe* (Cambridge, 1985)
Axtell, James. *The Invasion Within* (Oxford 1985)
Bailey, Thomas. *A Diplomatic History of the American People* (New York, 1969)
Ball, George. *The Past has another Pattern* (Norton, 1982)
Bello, Walden, and Stephanie Rosenfeld. *Dragons in Distress* (Institute for Food and Development Policy, 1990)
Benjamin, Jules. *The United States and the Origins of the Cuban Revolution* (Princeton 1990)
Bernal, Martin. *Black Athena* (Rutgers 1987), dt.: *Schwarze Athene*, 1992
Bhagwati, Jagdish, and Hugh Patrick, eds. *Aggressive Unilateralism* (Michigan, 1990), dt.: *Geschützte Märkte*, 1990
Black, Jan Knippers. *United States Penetration of Brazil* (Pennsylvania, 1977)
Blum, William. *The CIA: a forgotten history* (Zed, 1986)
Borden, William. *The Pacific Alliance* (Wisconsin, 1984)
Bovard, James. *Fair Trade Fraud* (St. Martin's, 1991)
Brady, Robert. *The Spirit and Structure of German Fascism* (Viking, 1937)
– *Business as a System of Power* (Columbia, 1943)
Braw, Monica. *The Atomic Bomb Suppressed: American Censorship in Japan* (M. E. Sharpe, 1991)
Brewer, John. *Sinews of Power: War, Money and the English State, 1688-1783* (Knopf, 1989)
Caldwell, Malcolm, ed. *Ten Years Military Terror in Indonesia* (Spokesman, 1975)
Calleo, David. *The Imperious Economy* (Harvard, 1982)
Catholic Institute of International Relations (CIIR). *Brazil: Democracy and Development* (London, 1992)
Chandler, David. *The Tragedy of Cambodia in History* (Yale 1991)

Chicago Religious Task Force on Central America. *Dangerous Memories: Invasion and Resistance since 1492* (Chicago, 1991)

Chomsky, Aviva. *Plantation Society, Land and Labor in Costa Rica's Atlantic Coast, 1870-1940* (PhD dissertation, UC Berkeley, 1990)

Chomsky, Noam. *American Power and the New Mandarins* (Pantheon, 1969) [APNW], dt.: *Amerika und die neuen Mandarine*, 1969

– *At War with Asia* (Pantheon 1970) [AWWA], dt.: Im Krieg mit Asien, 1972

– *For Reasons of State* (Pantheon 1973) [FRS], dt.: Aus Staatsraison, 1974

– *Towards a New Cold War* (Pantheon 1982) [TNCW]

– *Fateful Triangle* (South End, 1983) [FT]

– *Turning the Tide* (South End, 1985) [TTT], dt.: *Vom politischen Gebrauch der Waffen*, 1988

– *Pirates and Emperors* (Claremont, Black Rose, 1986; Amana, 1988)[P&E]

– *On Power and Ideology* (South End, 1986) [PI], dt.: Die Fünfte Freiheit, 1988

– *Culture of Terrorism* (South End, 1988) [CT]

– *Necessary Illusions* (South End, 1989) [NI]

– *Deterring Democracy* (Verso, 1990; updated edition, Hill & Wang 1991) [DD]

– *Rethinking Camelot* (South End Press, 1993) [RC]

–, and Edward Herman. *Political Economy of Human Rights* (South End, 1979) [PEHR]

–, and Howard Zinn, eds. *Pentagon Papers*, vol. 5, analytic Essays and Index (Beacon, 1972) [PPV]

Clairmonte, Frederick. *Economic Liberalism and Underdevelopment* (Asia Publishing House, 1960)

Cooper, Chester. *The Lost Crusade* (Dodd, mead, 1970)

Cumings, Bruce. *The Origins of the Korean War*, vol. II (Princeton, 1990)

Daws, Gaven. *Shoal of Time* (Macmillan, 1968)

Debo, Angie. *And Still the Waters Run* (1940; Princeton, 1991, updated)

Deere, Carmen Diana, et al. *In the Shadows of the Sun* (Westview, 1990)

Demarest, David, ed. *»The river Ran Red«: Homestead 1892* (Pittsburgh 1992)

Dertouzos, Michael, Richard Lester, and Robert Solow. *Made in America* (MIT, 1989)

Dimerstein, Gilberto. *Brazil: War on Children* (Latin, America Bureau, London, 1991), dt.: *Krieg der Kinder*, 1991

Drèze, Jean, Haris Gazdar. *Hunger and Poverty in Iraq*, 1991 (Development Economics Research Programme. London School of Economics, no. 32, Sept. 1991)

Drinnon, Richard. *White Savage: the Case of John Dunn Hunter* (Schocken, 1972)

– *Facing West* (Minnesota, 1980)

Du Boff, Richard. *Accumulation and Power* (M. E. Sharpe, 1989)

Evans, Peter. *Dependent Development* (Princeton, 1979)

Fall, Bernard. *Last Reflections on a War* (Doubleday, 1967)

Farmer, Paul. *AIDS and Accusation: Haiti and the Geography of Blame* (California, 1992)

Feffer, John. *Shock Waves: Eastern Europe After the Revolution* (South End 1992)

Fitzgerald, Tom. *Between Life and Economics* (1990 Boyer lectures of the Australian Broadcasting Company, ABC, 1990)

Franklin, Bruce. *M.I.A., or Mythmaking in America* (Lawrence Hill, 1992)

Gaddis, John Lewis. *Strategies of Containment* (Oxford, 1982)

– *The Long Peace* (Oxford, 1987)

Garthoff, Raymond. *Détente and Confrontation* (Brookings, 1985)

– *Reflections on the Cuban Missile Crisis* (Brookings, 1987)

George, Alexander, ed. *Western State Terrorism* (Polity 1991)

Gerschenkron, Alexander. *Economic Backwardness in Historical Perspective* (Harvard, 1962)

Ginger, Ann Fagan and David Christiano, eds. *The Cold War Against Labor* (Meiklejohn Civil Liberties Institute, 1987) two vols.

Gleijeses, Piero. *Shattered Hope* (Princeton 1991)

Green, David *The Containment of Latin America* (Quadrangle, 1971)

Greider, William. *Secrets of the Temple* (Simon & Schuster, 1987)

Hagan, Kenneth. *This People's Navy* (Free Press, 1991)

Haines, Gerald. *The Americanization of Brazil* (Scholary Resources, 1989)

Hartmann, Betsy, and James Boyce. *A Quiet Violence: View from A Bangladesh Village* (Zed, 1983), dt.: *Hunger in einem fruchtbaren Land*, 1991

Hassett, John & Hugh Lacey, eds. *Towards a Society that Serves its People: The Intellectual Contributions of El Salvador's Murdered Jesuits* (Georgetown, 1991)

Hauptman, Laurence, and James Wherry, eds. *The Pequots in Southern New England* (Oklahoma, 1990)

Hecht, Susanna, and Alexander Cockburn. *The Fate of the Forest* (Verso, 1989)

Hegel, Georg Wilhelm Friedrich. *The Philosophy of History* (Dover 1956; Lectures of 1830 -31), dt.: *Vorlesungen über die Philosophie der Geschichte,* in: ders., Werke, Bd. 12, hg. von E. Moldenhauer und K. M. Michel, Frankfurt/M. 1970

Herman, Edward. *The Real Terror Network* (South End, 1982)

– *Beyond Hypocrisy: Decoding the News in an Age of Propaganda* (South End, 1992)

–, and Frank Brodhead. *Demonstration Elections* (South End, 1984)

–, and Noam Chomsky. *Manufacturing Consent* (Pantheon, 1988)[MC]

Hewlett, Sylvia Ann. *The Cruel Dilemmas of Development* (Basic Books, 1980)

Hietala, Thomas. *Manifest Design* (Cornell, 1985)

Higginbotham, Leon. *In the Matter of Color* (Oxford, 1978)

Hill, Christopher. *A Nation of Change & Novelty* (Routledge & Kegan Paul, 1990), dt.: *Über einige intellektuelle Konsequenzen der englischen Revolution*, 1990

Höfer, Bruni, Heinz Dietrich, and Klaus Meyer, eds. *Das Fünfhundertjährige Reich, dt. (3) 1991*, (Médico International, 1990)

Hogan, Michael. *The Marshall Plan* (Cambridge, 1987)

Holt, Thomas. *The Problem of Freedom* (Johns Hopkins, 1992)

Horsman, Reginald. *Race and Manifest Destiny* (Harvard, 1981)

Humboldt, *Ideen zu einem Versuch, die Gränzen der Wirksamkeit des Staats zu bestimmen*, in: Werke in fünf Bänden, Bd. 1, Stuttgart 1960 (zuerst 1792), S. 56-233

Jackson, Helen. *A Century of Dishonor* (1880; reprinted in limited edition by Ross & Haines, Minneapolis, 1964)

Jaimes, Annette, ed. *The State of Native America* (South End 1992)

–, and Andrew Lownie, eds. *North American Spies* (Edinburgh, 1992)

Jennings, Francis. *The Invasion of America* (North Carolina, 1975)

– *Empire of Fortune* (Norton, 1988)

Jonas, Susanne. *The Battle for Guatemala* (Westview, 1991)

Keay, John. *The Honorable Company: A History of the English East India Company* (Harper, Collins, 1991)

Kent, Noel. *Hawaii* (Monthly Review, 1983)

Khor Kok Peng, Martin. *The Uruguay Round and Third World Sovereignity* (Third World Network, Penang, 1990)

Kiernan, V. G. *European Empires from Conquest to Collapse* (Fontana, 1982), dt.: *Die Militarisierung Afrikas*, 1986

Kimball, Warren. *The Juggler* (Princeton, 1991)

Kinnard, Douglas. *The War Managers* (University Press of New England, 1977)

Kissinger, Henry. *American Foreign Policy* (Norton, 1974; expanded edition), dt.: *Kernwaffen und Auswärtige Politik*, (2) 1974

Kolko, Gabriel. *The Politics of War* (Random House, 1968)

– *Confronting the Third World* (Pantheon, 1988)

Koning, Hans. *Columbus: His Enterprises* (Monthly review, 1976)

Krause, Paul. *The Battle for Homestead, 1880-1892* (Pittsburgh, 1992)

Krenn, Michael. *U. S. policy toward Economic Nationalism in Latin America, 1917-1929* (Scholarly Resources, 1990)

La Botz, Dan. *Mask of Democracy: Labor Suppression in Mexico Today* (South End, 1992)

LaFeber, Walter. *Inevitable Revolutions* (Norton, 1983)

Landes, David. *The Unbound Prometheus* (Cambridge, 1969)

Lazonick, William. *Business Organization and the Myth of the Market Economy* (Cambridge 1991)

Leacock, Ruth. *Requiem for Revolution* (Kent State, 1990)

Lederman, Jim. *Battle Lines* (Holt, 1992)

Leffler, Melvyn. *A Preponderance of Power* (Stanford, 1992)

Lewy, Guenter. *America in Vietnam* (Oxford 1978)

Lobel, Jules, ed. *A Less than Perfect Union* (Monthly Review, 1988)

Maguire, Andrew, and Janet W. Brown, eds. *Bordering on Trouble* (Adler & Adler, 1986)

Mannix, Daniel, and Malcolm Cowley. *Black Cargoes* (Viking, 1962)

Marshall, John, Peter Dale Scott, and Janet Hunter. *The Iran-Contra Connection* (South End 1987)

Mayorga, Francisco. *The Nicaraguan Economic Experience, 1950-1984: Development and exhausting of an agroindustrial model* (PhD dissertation, Yale, 1986)

McAfee, Kathy. *Storm Signals* (South End, 1991)

McClintock, Michael. *Instruments of Statecraft* (Pantheon, 1992)

McCoy, Alfred. *The Politics of Heroin* (Lawrence Hill, 1991; revision of 1972 edition)

Merkl, Peter, ed. *The federal Republic of German at Forty* (NYU press, 1989)

Miller, Nathan. *The Founding Finaglers* (McKay, 1976)

Milton, David. *The Politics of U. S. Labor* (Monthly Review, 1982)

Minnear, Richard. *Victor's Justice* (Princeton, 1971)

Monbiot, George. *Poisoned Arrows* (Abacus, London, 1989)

Moody, Kim. *An Injury to All* (Verso, 1988)

Moore, Joe. *Japanese Workers and the Struggle for Power 1945-1947* (Wisconsin, 1983)

Morris, Richard. *The American Revolution Reconsidered* (Harper & Row, 1967)

– *The Forging of the Union* (Harper & Row, 1987)

Nehru, Jawahrlal. *The Discovery of India* (Asia Publishing House, 1961)

Omissi, David. *Air Power and Colonial Control* (Manchester, 1990)

Osborne, Robin. *Indonesia's Secret Wars* (Allen & Unwin, 1985)

Parker, Phyllis. *Brazil and the Quiet Intervention, 1964* (Texas, 1979)

Pastor, Robert. *Condemned to Repetition* (Princeton, 1987)

Paterson, Thomas, ed. *Kennedy's Quest for Victory* (Oxford, 1989)

Peck, James. *The Chomsky Reader* (Pantheon, 1987)

Perkins, Dexter. *The Monroe Doctrine* (1927; reprinted by Perter Smith, 1965)

Peters, Cynthia, ed. *Collateral Damage* (South End, 1992)

Pisani, Sallie. *The CIA and the Marshall Plan* (Kansas, 1991)

Platt, Tany, ed. *Tropical Gulag* (Global Options, 1987)

Polanyi, Karl. *The Great Transformation* (Beacon, 1957), dt. 1978

Preston, William, Edward Herman, and Herbert Schiller. *Hope and Folly* (Minnesota, 1989)

Puette, William. *Through Jaundiced Eyes: How the Media View Organized Labor* (Cornell, 1992)

Rabe, Stephen. *The Road to OPEC* (Texas, 1982)

Raghavan, Chakravarthi. *Recolonization: GATT, the Uruguay Round & the Third World* (Third World Network, Penang, 1990)

Rand, Christopher. *Making Democracy Safe for Oil* (Little, Brown, 1975)

Reese, Mary Ellen. *General Reinhard Gehlen: the CIA Connection* (George Mason, 1990), dt.: *Organisation Gehlen*, 1992

Robinson, William. *A Faustian Bargain* (Westview, 1992)

Rogin, Michael Paul. *Fathers and Children.* (Random House, 1975)

Rotter, Andrew. *The Path to Vietnam* (Cornell, 1987)

Russell, Bertrand. *The Practice and Theory of Bolshevism* (Allen & Unwin, 1920), dt.: *Die Praxis und Theorie des Bolschewismus*, 1987

Sale, Kirkpatrick. *The Conquest of Paradise* (Knopf, 1990), dt.: *Das verlorene Paradies*, 1991

Salisbury, Neil. *Manitou and Providence* (Oxford, 1982)

Salisbury, Richard. *Anti-Imperialism and International Competition in Central America, 1920-1929* (Scholarly Redsources, 1989)

Saxton, Alexander. *The Rise and Fall of the White Republic* (Verso, 1990)

Schaller, Michael. *The American Occupation of Japan* (Oxford 1985)

Schmidt, Hans. *The United States Occupation of Haiti, 1915-1934* (Rutgers, 1971)

Schweinitz, Karl de. *The Rise & Fall of British India* (Methuen, 1983)

Schoenbaum, David. *Hitler's Social Revolution* (Doubleday, 1966)

Schoultz, Lars. *Human Rights and United States Policy toward Latin America* (Princeton 1981)

– *National Security and United States Policy toward Latin America* (Princeton 1987)

Schwarz, Benjamin. *American Counterinsurgency Doctrine and El Salvador* (RAND, 1991)

Sexton, Patricia Cayo. *The War on Labor and the Left* (Westview, 1991)

Shanin, Teodor. *Russia as a ›Developing Society‹* (Yale, 1985)

Simpson, Christopher. *Blowback* (Weidenfeld & Nicolson, 1988)

Skidmore, Thomas. *The Politics of Military Rule in Brazil* (Oxford, 1988)

Sklar, Holly. *Washington's War on Nicaragua* (South End, 1988)

Slim, T-Bone. *Juice is Stranger than Friction* (Kerr, 1992)

Smith, Adam. *The Wealth of Nations* (Chicago, 1976; first edition 1776), dt.: *Der Wohlstand der Nationen*

Smith, Joseph. *Unequal Giants* (Pittsburgh, 1991)

Smith, Stephen. *Industrial Policy in Developing Countries* (Economic policy Institute, 1992)

Smith, Wayne. *The Closest of Enemies* (Norton, 1987)

Solomon, William, and Robert McChesney, eds. *New Perspectives in U. S. Communication History* (Minnesota, 1993)

South Commission. *The Challenge to the South* (Oxford, 1990)

Stannard, David. *American Holocaust* (Oxford, 1992)

Stavrianos, L. S. *Global Rift* (Morrow, 1981)

Stivers, William. *Supremacy and Oil* (Cornell, 1982)

– *America's Confrontation with Revolutionary Change in the Middle East* (St. Martin's, 1986)

Taylor, John. *Indonesia's Forgotten War: the Hidden History of East Timor* (Zed, 1991)

Taylor, Maxwell. *Swords and Plowshares* (Norton, 1972)

Thompson, E. P. *The Making of the English Working Class* (Vintage, 1963), dt.: *Wahrnehmungsformen und Protestverhalten*, 1978

Todorov, Tzvetan. *The Conquest of America* (Harper & Row, 1985), dt.: *Die Eroberung Amerikas*, 1983

Tracy, James, ed. *The Political Economy of Merchant Empires* (Cambridge, 1991)

Van Alstyne, R. W. *The Rising American Empire* (Oxford, 1960)

Vickery, Michael. *Cambodia: 1975-1982* (South End, 1984)

Wachtel, Howard. *The Money Mandarins* (M. E. Sharpe, 1990)

Washington Office on Latin America (WOLA). *Clear and Present Dangers: the U. S. Military and the War on Drugs in the Andes* (October, 1991)

Watkins, Kevin. *Fixing the Rules* (Catholic Institue of International Relations, London 1992)

Wilentz, Amy. *The Rainy Season* (Simon & Schuster, 1989)

Wilkins, Thurman. *Cherokee Tragedy* (Oklahoma, 1986)

Williams, Robert. *Export Agriculture and the Crisis in Central America* (North Carolina, 1986)

Wolpin, Miles. *Military Aid and Counterrevolution in the Third World* (Lexington Books, 1972)

Wood, Bryce. *The Dismantling of the Good Neighbor Policy* (Texas, 1985)

Yergin, Daniel. *The Prize* (Simon & Schuster, 1991), dt.: *Der Preis*, 1991

Young, Alfred, ed. *The American Revolution* (Northern Illionois, 1976)

Zeman, Z. A. B. *The Making and Breaking of Communist Europe* (Blackwell, 1991)

Zwick, Jim, ed. *Mark Twain's Weapons of Satire: Anti-Imperialist Writings on the Philippine-American War* (Syracuse, 1992)

Glossar der Periodika und Informationsstellen

AP	Associated Press
BG	Boston Globe
BMJ	British Medical Journal
BW	Business Week
CAHI	Central America Historical Institute
CAN	Central America Newspak
CAR	Central America Report
CIIR	Catholic Institute of International Relations
COHA	Council on Hemispheric Affairs
CSM	Christian Science Monitor
CT	Chicago Tribune

FEER	Far Eastern Economic Review
FT	Financial Times
G&M	Toronto globe and Mail
IHT	International Herald Tribune
IPS	Inter Press Service
LANU	Latin America News Update
LAT	Los Angeles Times
MH	Miami Herald
NCR	National Catholic Reporter
NR	The New Republic
NYRB	The New York Review of Books
NYT	The New York Times
SFC	San Francisco Chronicle
SFE	San Francisco Examiner
WOLA	Washington Office on Latin America
WP	The Washington Post
WP-MG	Washington Post-Manchester Guardian Weekly
WSJ	The Wall Street Journal

Glossar der Bücher von Noam Chomsky

APNM	American Power and the New Mandarins (dt. 1969)
AWWA	At War with Asia (dt. 1972)
COT	Culture of Terrorism
DD	Deterring Democracy
FRS	For Reasons of State (dt. 1974)
FTR	The Fateful Triangle
MC	Manufacturing Consent
NI	Necessary Illusions
P&E	Pirates and Emperors
PEHR	Political Economy and Human Rights
PI	On Power and Ideology (dt. 1988)
PPV	Pentagon Papers
RC	Rethinking Camelot
TNCW	Towards a New Cold War
TTT	Turning the Tide (dt. 1988)

Personenregister

Abrams, Elliott 149, 302
Acheson, Dean 21, 84, 86, 88, 124
Adams, Abigail 57
Adams, John 53, 57
Adams, John Quincy 56, 213, 329, 348
Agee, Philipp 241
al-Attar, Layla 13
Albert, Michael 384
Allen, Max 322
Allende, Salvador 73f., 268, 270, 277–279
Allman, T. D. 363
Altgeld, Eugene 402
Amsden, Alice 161, 163f.
Anderson, Roger 111
Andrews, Kenneth 31
Arafat, Yassir 379
Arbenz Guzmán, Jacobo 268
Arévalo, Juan José 256
Arias, Oscar 262
Aristide, Jean-Bertrand 287, 299, 302–311, 313–317
Armour, Norman 292
Arnold, Henry Harley »Hap« 238
Arns, Paolo Evaristo 11
Aronson, Bernard 315
Arruda, José de 43
Aspin, Les 13, 267
Austin, Stephen 60f.
Avril, Prosper 303

Baby Doc (*siehe* Duvalier, Jean-Claude)
Bailey, Thomas 52
Baker, James 9, 85, 167, 212, 226, 276, 360
Balaguer y Ricardo, Joaquín Videla 287
Ball, George 192
Barbie, Klaus 344
Barkin, David 275f.
Barruel 260
Bartel, Richard 165
Batista, Fulgencio 215
Battuta, Ibn 39
Bazin, Marc 303, 315f.

Beecher, Henry Ward 402
Bekken, John 403
Bemis, Samuel Flagg 61f.
Benedetti, Mario 11
Benjamin, Jules 216
Bentinck, Lord 41
Berle, Adolf 215, 236, 241
Berlin, Ira 211
Bernstein, Richard 62
Bils, Mark 164
Bismarck, Otto von 233
Bix, Herbert 354
Blaine, James 231, 348
Blassingame, John 297
Blatnik, John 325
Blixen, Samuel 258f.
Bohlen, Celestine 134
Bohlen, Curtis 181
Bolívar, Simon 211–213, 232, 290
Bolts, William 39f.
Borrus, Michael 23
Bosch Gaviño, Juan 268
Boucher, Richard 167
Bourne, Peter 139
Bowles, Chester 217
Bradley, Omar 87
Brady, Thomas 31f., 46f.
Brand, H. W. 190–192, 194, 197, 202
Braw, Monica 369
Brenner, Robert 46, 114
Breshnew, Leonid 90, 145
Brewer, John 35
Brittain, Victoria 151
Broad, William 24
Brock, William 154
Brooke, James 252, 272
Bruce, David 89
Brumberg, Abraham 130, 135
Bryan, William Jennings 292
Brzezinski, Zbigniew 362
Buckley, Kevin 371
Budiardjo, Carmel 202
Bundy, McGeorge 379
Bunker, Ellsworth 191
Burke, Melvin 138
Burnes, Arthur 270

439

Bush, George 10–12, 15, 18f., 22f., 24, 54f., 76, 85, 104, 106f., 136f., 140, 144, 147, 149f., 152f., 156, 160, 166f., 176, 183, 227f., 261, 267, 269, 276, 284, 301, 308, 311f., 317, 335, 338f., 359–362, 382, 384
Butler, Smedley 293
Butterfield, Fox 371

Caffery, Jefferson 215
Calderón, Rafael Ángel 264
Callejas, Rafael Leonardo 265
Calleo, David 95
Calley, William L. 370f.
Canning, George 211
Carey, Peter 207
Carnegie, Andrew 102, 129, 399–401, 403
– (siehe auch Carnegie Steel Company Ltd., US-Steel Company)
Carr, Caleb 375f.
Carter, Jimmy 83, 95, 128, 139, 159, 185, 198, 218f., 314, 358, 360f., 363, 380, 392
Castro, Fidel 14, 215f., 219–224, 226, 228, 242
Ceauşescu, Nicolaie 160
Chalabi, Ahmad 148
Chace, James 81
Chaliand, Gérard 205
Chamorro, Violeta Barrios de 141–143, 149f., 280, 282f., 315
Chandler, Alfred 165
Chenery, Hollis 161
Cheyney, Dick 92, 167, 360
Childress, Richard 359
Chomeini, Ruhollah 188
Chruschtschow, Nikita 125, 220
Chun Doo Hwan 159
Churchill, Winston 9f., 16, 55, 69, 85, 109, 120, 182, 292
Clairmonte, Frederick 41
Clapham, J. H. 42
Cleveland, Stephen Grover 402
Clinton, Bill 12–15, 18–20, 22–24, 335
Clive, Robert 33, 39
Cobban, Alfred 51
Cockburn, Alexander 384

Colby, William 64, 201
Collins, Joseph 277
Collor de Mello, Fernando 272
Conniff, Ruth 393
Constable, Pamela 221f., 280, 310
Conyers, John 315
Cooper, Marc 285
Cortés, Hernán 33, 39
Costigliola, Frank 89
Cowell, Alan 148
Cromer, Evelyn Baring 49
Crossette, Barbara 212, 267, 317, 358–360
Cumings, Bruce 71f.
Curzon, George Nathaniel 49, 72
Custer, George Armstrong 378

Daley, Herman 106
Davidson, Basil 30
Dawes, Henry 333
Debo, Angie 332
Debs, Eugene 402
Delfim Neto, Antonio 243, 270f.
Deng Xiaoping 362
Dewey, George 349
Dole, Sanford 349
Donovan, William 121
Dower, John 346
Drake, Francis 31
Dreier, John 83
Dschingis Khan 340
Du Boff, Richard 95, 108, 325
Duggan, Laurence 71
Dulles, Alan Welsh 77
Dulles, John Foster 72, 75, 77, 120f., 234, 236
DuPont 347
Duvalier, François (»Papa Doc«) 287, 293, 296–299, 306f., 310
Duvalier, Jean-Claude (»Baby Doc«) 301f., 304f., 306f., 309, 314, 321

Eisenhower, Dwight David 21, 75, 77, 121f., 216f., 220, 228, 251, 325, 380
Ellacuría, Ignacio 226
Elisabeth I. 31
Emerson, Ralph Waldo 59
Endara, Guillermo 140

Engelberg, Stephen 131
Evans, Gareth 206
Evans, Peter 230, 244f., 247

Fagoth, Steadman 142
Fairbank, John King 351
Falco, Mathea 173
Fall, Bernard 358
Fallows, James 206
Farmer, Paul 286, 289
Federspiel, Howard 201
Feffer, John 115, 130
Felix, David 164, 244, 270f., 274, 277
Fields, Richard 60f.
Figueres, José 81
Fitch, John 403
Ford, Gerald R. 392
Ford, Henry 18
Francis, David 162
Frank, Barney 14
Frankel, Max 195
Franklin, Bruce 377, 380f.
Fraser, Doug 393
French, Howard 221, 308f., 316f.
Frick, Henry Clay 399f.
Friedman, Thomas 14f., 76f., 147, 149, 267–269, 308

Gaddis, John Lewis 117, 120
Gaidar, Jegor 131
Gaillard, Roger 293
Gama, Vasco da 27, 65
Garrett, G. T. 39
Garthoff, Raymond 90, 128, 362
Gaulle, Charles de 89
Gavin, James 21
Gehlen, Reinhard 344
Gelb, Leslie 92
George, Henry 333
Gerschenkron, Alexander 117
Ghaddafi, Muammar 14f., 52, 183
Gibb, Tom 263
Gilpatric, Roswell 219
Glaser, Gabrielle 133
Gleijeses, Piero 211, 213
Glenelg, Lord 327
Golden, Tim 267
Gómez, Juan Vincente 231, 250
Gómez Lizarazo, Jorge 143

Goodman, Amy 208
Gorbatschow, Michail 123, 125, 226, 228
Gordon, Lincoln 240
Gore, Albert 241
Goulart, Joao 239–242, 268
Gowan, Peter 135
Gramajo, Héctor 63–65, 200, 226
Grau San Martín, Ramón 214f.
Gray, Harry 17f.
Green, David 215, 233–235, 238
Green, Marshall 190–192, 195, 201f.
Greenberger, Robert 311, 357
Greenhouse, Steven 361
Greenway, H. D. 363f.
Grew, Joseph 341
Gromyko, Andrej 220
Grotius, Hugo 53
Gutman, Herbert 399

Haberman, Clyde 77
Hagopian, Frances 271
Haines, Gerald 232–237, 242, 246f., 270f., 319
Halliday, Fred 205
Hamilton, Alexander 211
Hansen, Simon 235
Harberger, Arnold 271
Harriman, William Averell 122
Hartung, William 168
Hassett, John 67
Hatfield, Mark 178
Haugaard, Lisa 283
Hawke, Robert James Lee 206
Hayden, Bill 207
Haynes, Michael 131
Healey, Bernardine 178
Hegel, Georg Wilhelm Friedrich 29, 172, 184, 186, 326, 331, 335
Helms (CIA-Direktor) 194
Henwood, Doug 108
Hekmatyar, Gulbuddin 16
Herman, Edward 185, 279
Higginbottom, Leon 211
Hill, Christopher 32
Himmler, Heinrich 227
Hitler, Adolf 11, 50, 117f., 122, 203, 227, 293, 343
Ho Chi Minh 118, 295, 380

441

Hobbes, Thomas 274
Hockstader, Lee 266
Hoerr, John 395
Hogan, Michael 169
Hollings, Ernest 339
Holt, Thomas 326
Holzman, Franklyn 127f.
Honorat, Jean-Jacques 305, 307, 314
Howard, Michael 62
Huelshoff, Michael 162
Hull, Cordell 214, 341, 348, 355
Hull, John 262
Humboldt, Wilhelm von 48f.
Humphrey, Hubert 168
Hunter, John 60f.
Huntington, Samuel 245
Hurtado, Carlos 143
Hussein, Saddam 12, 14, 61, 76, 78, 82, 122, 144, 146–149, 205, 226, 269, 382
Hyland, William 309

Jackson, Andrew 59f., 211, 331, 356
Jackson, Helen 66, 331f.
Jeffrey-Jones, Rhodri 80
Jefferson, Thomas 53, 56f., 210, 212f., 330
Jelzin, Boris 135
Jennings, Francis 54, 210
Jiménez, Pérez 158, 251
Johannes Paul II. 133
Johnson, Alexis 193
Johnson, Chalmers 161
Johnson, Lyndon Baines 192–195, 219, 239, 279, 379f., 384
Johnson, Samuel 210
Johnson, Tim 143, 280
Jonas, Susanne 257
Jones, Howard 191
Jones, Mary Harris (Mother Jones) 403
Jordan, William 262

Kadane, Kathy 200–203
Kamm, Thomas 276
Kaslow, Amy 137
Kaus, Michael 393
Keay, John 33, 38, 328

Kennan, George 65, 69f., 84, 88, 158, 186f., 232, 334, 354f.
Kennedy, John F. 19f., 79, 89, 125, 144, 176, 184, 216f., 219f., 228, 236, 239f., 251, 256, 279, 334, 342–344, 357, 379f., 382, 386f.
– Ermordung 385, 389
Kennedy, Robert 240
Kerry, John 358
Keynes, John Maynard 31
Kim Dae Jung 160
Kim Young Sam 160
Kimball, Warren 119
King, R. Edward 372
Kintner, William 188
Kirkpatrick, Jeane 16
Kissinger, Henry 73, 86, 89, 380
Kolko, Gabriel 189, 202
Kolumbus, Christoph 9, 27, 30, 65, 67, 108, 232, 286–288, 376
Korb, Lawrence 166
Korry, Edward 74
Krause, Paul 400
Krauss, Clifford 222
Kroeber, Alfred Louis 54
Kulwich, Robert 378
Kuznet, Simon 117

LaBotz, Dan 275
Lacey, Hugh 67
Landes, David 165, 298
Lansdale, Edward 294
Lansing, Robert 47, 233, 323
Las Casas, Bartolomé de 66f., 257, 288, 376
Lattimore, Owen 342
Lazarsky, Joseph 201
Lazonick, William 165
Le Mai 364
Leacock, Ruth 240
Leahy, Patrick 137
Leahy, William Daniel 122, 340
Lear, John 277
Lederman, Jim 379
Leffler, Melvyn 79, 83, 87, 116, 122, 124
Lehner, Urban 350
Leiken, Robert 128
Lenin, Wladimir Iljitsch 117, 129, 145

Leopold von Belgien 51
Lewis, Anthony 152
Lewis, Paul 205
Lewy, Guenter 344f.
Lilioukalani 348f.
Lincoln, Abraham 290
Lippmann, Walter 47, 342, 391
Lloyd George, David 55
Locke, John 113
Lowenthal, Ira 286
Ludwig XVI. 51
Lumumba, Patrice 14

MacArthur, Douglas 354, 369
MacEwan, Arthur 171
Madison, James 212
Malia, Martin 145
Marcos, Ferdinand Edralin 268
Marshall, John 53f.
Martens, Robert 200f.
Maynes, Charles 99
Mayorga, Francisco 279
McArthur, George 198
McChesney, Robert 324
McClintock, Michael 343
McGehee, Ralph 189f., 192
McKinley, Brunson 302
McKinley, William 228, 349
McNamara, Robert 193f., 217, 220, 239, 383
Meier, Charles 162
Mendieta, Carlos 215
Menem, Carlos Saúl 273f.
Metcalfe, Charles 327
Metternich, Klemens, Fürst von 55f., 81
Meyer, Cord 127
Mill, John Stuart 48
Miller, Nathan 52
Millspaugh, Arthur 326
Milton, David 394
Mobutu Sese Seko 160
Moffet, George 249
Monroe, James 57, 213
Montgomery, David 405f.
Montt, Ríos 63
Morales, Waltrad 138
Moreno, Victor Carlos García 259
Morgan, James 109, 111
Morgenthau, Hans 186

Morris, Richard 38, 56, 62, 210
Mossadegh, Mohammed 72
Moynihan, Daniel 203f., 206
Mussolini, Benito 11, 78, 118, 122

Nader, Ralph 173
Nairn, Alan 64, 208
Namphi, Henri 302f.
Napoleon I. 290
Napoleon III. 213
Nasar, Silvia 169
Nash, Nathaniel 277
Nasution 191
Nehru, Jawaharlal 42f., 50f.
Niebuhr, Reinhold 47, 334
Niekerk, Phillip van 151f.
Nixon, Richard 94f., 144, 195, 217, 219, 380, 392
Nolte, Detlev 284
Nomura 341
Noriega, Manuel Antonio 78, 140, 144, 147
Nusser, Nancy 143
Nyerere, Julius 85

Odom, Mike 378
Oppenheimer, Andres 222f.
Orwell, George 92, 99, 103, 200, 363, 371
Otis, John 283

Pal, Radhabinod 339
Palmer, Alexander Mitchell 121
Palmer, Thomas 335
Papa Doc (*siehe* Duvalier, François)
Pastor, Robert 83
Parker, Geoffrey 33f., 38, 329
Pauker, Guy 188
Pear, Robert 335
Pearson, M. N. 30, 35, 43
Pepper, Claude 124
Péralte, Charlemagne 294
Pérez, Carlos Andrés 252f.
Perot, Ross 359
Petras, James 273, 277, 284
Pfaff, William 184
Phillips, Peter 155
Phillips, William 291
Pinochet Ugarte, Augusto 271, 277f.

443

Pitt, William 289
Pizarro, Francisco 33, 39
Poinsett, Joel 59f.
Pol Pot 158, 198, 205, 267, 360, 362f., 381
Polanyi, Karl 133
Polk, James Knox 59, 62
Pollin, Robert 175
Pool, Ithiel 75
Portes, Richard 135
Posey, Darrell 181
Powell, Colin Luther 11
Pozzi, Pablo 273
Prescott, Paul 376
Preston, Lewis 110
Puette, Walter 394

Rabe, Stephen 232, 250–252
Rabin, Yitzhak 77
Rabinowitz, Dorothy 356
Ramírez, Ivan 265
Reading, Andrew 106
Reagan, Ronald 20, 22–25, 62, 95, 101, 110, 113, 128, 132, 136f., 139, 149, 159, 162, 165, 168f., 174, 185, 219, 223, 245, 255, 284f., 299, 301, 362, 384, 392, 395
Reston, James 196f.
Reuter, Edzard 101f.
Reza Schah Pahlevi 268
Rivera, Brooklyn 142
Roberts, Brad 273
Robinson, Anthony 130–132
Rocha, Jan 249
Rodriguez, Lopez 250
Röling (holl. Richter) 339
Romero, Oscar Arnulfo 67
Roosevelt, Franklin Delano 292–294
Roosevelt, Theodore 54f., 83, 119, 214f., 292, 340, 351f.
Root, Elihu 231
Rosenberg, Tina 278
Rosenfeld, Stephen 202f.
Rostow, Walt 193f.
Roth, Kenneth 307
Rubinstein, Danny 77
Rusk, Dean 190–192, 202, 242

Russell, Bertrand 74
Ryan, Hewson 298

Saboya, Hélio 249
Sachs, Jeffrey 130
Safire, William 14
Salisbury, Neil 373
Sandel, Michael 269
Sandino, César Augusto 224
Sarney, José 276
Savimbi, Jonas 16, 151
Scanlan, Christopher 261
Schlesinger, Arthur 62, 217
Schmidt, Hans 289, 291f., 294f., 319
Schoultz, Lars 65, 185
Schwartzkopf, Norman 338, 360
Scott, Peter Dale 190
Seabrook, Jeremy 254
Serrano, Jorge 256
Sexton, Patricia 399, 406
Shamir, Yitzhak 77
Shanin, Theodor 115
Shawcross, William 205
Sheffield, Lord 31
Shenon, Philip 199, 344
Sheppard, Nathaniel 140
Shlaudeman, Harry 131
Shorrock, Tim 159
Shultz, George 159, 301
Sihanouk 362f.
Silva, Luís Inácio da 272
Simes, Dimitri 145, 147
Simpson, John 273
Skidmore, Thomas 242–245, 247
Slim, T-Bone 390
Sloan, Alfred 325
Smith, Adam 10, 32f., 38, 48f., 102f., 288, 333, 390, 400
– Kritik am Kolonialismus 28, 32f., 35, 37, 40, 43–45, 67
Smith, Joseph 231
Smith, Stephen 161
Smith, Wayne 219
Somoza Debayle, Anastasio 159, 279, 281f., 314
Spaatz, Carl 338
Sperling, James 162
Stackhouse, John 365

Stalin, Josef 119, 122, 124f., 186, 203
Stavrianos, Leften 114
Stein, Herbert 176
Stevens, John 348
Stevens, Uriah 334
Stewart, Allan 251
Stigler, George 27, 38, 45
Stimson, Henry Lewis 82, 119, 234
Stivers, William 294
Strange, Susan 94
Strauss, Robert 137
Subandrio 192
Sued-Badillo, Jalil 287
Suharto 189, 192, 194, 196f., 199f., 203, 205f., 208, 226, 269
Sukarno 187–189, 192–194, 196, 203
Summers, Lawrence 170
Suskind, Ron 139
Swift, Jonathan 369

Taft, William Howard 233
Taylor, Lance 165
Taylor, Maxwell 184, 323
Thatcher, Margaret Hilda 25, 101
Théodore, René 315
Thomasson, Gordon 321f.
Thompson, Edward 39
Thompson, John 128
Tibbets, Paul 339
Tojo Hideki 352
Torricelli, Robert 311
Toussaint L'Ouverture 286, 294, 318
Tracy, James 34
Tran Viet Cuong 365
Trevelyan, Charles 39
Trotzki, Leo 117
Trouillot, Michel-Rolph 297
Trujillo, Rafael 78
Truman, Harry S. 71, 87, 119, 122, 238, 340
Twain, Mark 66, 218, 269
Tyler, John 58, 346f.
Tyler, Patrick 92, 359
Tyson, Laura 23

Uchitelle, Louis 177
Underhill, John 54

Vandenberg, Arthur 21
Vickery, Michael 257f., 381f.
Vidal, Gore 99
Vieux, Steve 277, 284
Volker, Paul 111
Vries, David de 374

Wachtel, Howard 111, 155
Wain, Barry 199
Waller, L. W. 292
Walters, Vernon 241
Washington, George 53, 210, 330
Watanabe, Michio 338, 340
Watkins, Kevin 182
Weatherby, Ulysses 319
Webster, Daniel 57
Weisman, Steven 338, 340, 350–353, 355f.
Welles, Sumner 214
Whipple, Henry B. 66
Whitman, Walt 59
Whitney, Craig 371
Wilensky, Gail 335
Wilentz, Amy 300, 305, 320
Wilkins, Thurman 331
Williams, Roger 54
Wilson, Horace 42
Wilson, Thomas Woodrow 47, 117, 121, 127, 233, 269, 291–293, 323, 406
Wimer, Javier 141
Wines, Michael 201
Wintle, Justin 370
Wohlstetter, Albert 184
Wolfe, Tom 397
Wolfowitz, Paul 92
Wood, Leonard 228
Woodward, Robert 83
Wotzel, Lawrence 324
Wouk, Walter 377
Wrong, Dennis 273

Yamashita Tomoyuki 340, 372
Yarbro, Stan 253

Zeman, Z. A. B. 115

Sachregister

Afghanistan 365
AFP 140, 260
Afrika 29f., 33, 63, 65, 72, 84, 100, 156, 185, 211f., 245, 247, 263, 266, 334
Ägypten 49, 148, 167, 169, 183
Al-Ahram 12, 183
Alaska 96, 317
Albanien 247
American Enterprise Institute 176
Americas Watch 64, 248, 306f.
Amerika (*siehe* Indianer, Lateinamerika, USA)
Amnesty International 189, 199, 276
Angola 15f., 63, 123, 151f., 223
– (*siehe auch* MPLA, UNITA)
AP (Associated Press) 253
Appeal to Reason 404
Antikommunismus 72–75, 77f., 105, 343
Antisemitismus 310, 379
Arbeiterbewegung 88, 101, 117, 132, 171, 242, 276, 324, 334, 397–408
– Arbeiterpresse 403f.
– (*siehe auch* Gewerkschaften, Industrial Workers of the World)
Argentinien 260, 273f.
Asahi Shimbun 196
Asia Watch 159
Asian Development Bank 366
Asiaweek 199
Asien 29, 33f., 36, 71f., 75, 97, 184–209, 212, 247, 329
– wirtschaftlicher Aufschwung in Ostasien 160–164
Asyl 199, 205, 299f., 308, 311, 313, 316f.
Atlacatl-Brigade 66
Atombombe 338–340, 369
Atomwaffen 125, 220, 339f.
Australien 100f., 199, 205–208, 225
Automobilindustrie 324f.

Bagdad
– Bombardement durch USA 10, 12–14
Bahrein 12
Baltimore 173
Bangkok 257
Bangladesch 39, 41, 110, 366, 393
– (*siehe auch* Bengalen)
Bank für Interamerikanische Entwicklung 138
Barbados 108
Basra 10
Batangan 372
BBC 109
Bedürfnisse 324–329, 333–336
– (*siehe auch* Werbung)
Belgien 51
Bengalen 33, 38–41, 49, 294, 328, 334
Berliner Mauer (*siehe* Deutschland)
Biotechnologie 168, 177–183, 225, 322
– (*siehe auch* Chemie, Gentechnologie, Industrial Biotechnological Association, Pharmaindustrie)
Bolivien 130, 231, 238
– Drogenhandel 137–139
Bolschewismus 116–118, 129
Bombay 182, 266
Bosnien 15f.
Boston 397
Boston Globe 105, 173, 221, 226, 335, 363
Brasilien 31, 82, 105, 157, 161f., 212, 225, 230–237, 239–250, 254, 270–272, 279, 294, 311, 334, 401
– Kinderarbeit 249
– Todesschwadronen 249f.
Bretton Woods Konferenz 94, 100
British Aerospace 207f.
British East India Company 31, 33, 37f., 40f., 328
British Medical Journal 260
Brookings Institution 161, 166
Buenos Aires 274
Bulgarien 105, 134

Burkina Faso 110
Business Latin America 270
Business Week 17, 169

Caracas 252
Carnegie Endowment for International Peace 145
Carnegie Steel Corporation Ltd. 399–403
- (*siehe auch* US-Steel Company)
Caterpillar Inc. 102, 393, 395
CBS 378
Center of Defence Information (CDI) 125, 127
Center for Defensive Trade 166
Central America Report (CAR) 64, 141, 143, 264 f., 280–282
Central American Institute 283
Chapultepec 71
Chemie 103 f., 107, 136, 181, 256, 261 f.
- chemische Kriegführung 66, 207, 292, 357, 366–368
- (*siehe auch* Biotechnologie, Pharmaindustrie)
Chicago Tribune 140, 393–395, 402
Chile 73 f., 81, 128, 188, 190, 225, 231, 241, 270 f., 277–279, 285, 356, 401
China 31, 34, 41, 43, 71, 118, 126 f., 147, 158, 160, 162, 168, 173, 194, 196, 328 f., 343, 353, 361–363, 380
- Japanische Invasion 340–343, 352 f.
Christian Science Monitor 141 f., 199
Chrysler Corporation 132
Church Committee 217
CIA 64, 77, 79, 81, 87, 121, 127 f., 188–192, 194, 201, 232, 240 f., 263, 362
- Subversion in Kuba 215 f., 219 f.
Company of Massachussetts Bay 49
Continental Illinois Bank 111 f., 132
Council on Hemispheric Affairs (COHA) 314 f.
Counterinsurgency 63–67, 251, 342 f.

Costa Rica 141 f., 225, 261–265
Coventry 344

Dacca (*siehe* Dhakar)
Daimler-Benz 101 f.
Dardanellen 120
Defense Security Assistance Agency 166
Demokratie 47, 112 f., 132 f., 135, 149 f., 153, 184, 214, 224, 236, 246, 256, 267, 269, 272 f., 284, 301, 304–308, 311, 316, 326, 347, 391 f., 398, 403, 406 f.
- Demokratie und Markt 158–183
- Krise der Demokratie 394
- (*siehe auch* Menschenrechte)
Deutschland 86–89, 92, 94, 101 f., 108, 122–125, 137, 163, 182, 245, 261, 289
- Angriff auf die Sowjetunion 119, 343
- Drittes Reich 186, 188, 204, 226, 339 f., 343 f., 375 f.
- Fall der Berliner Mauer 145 f., 149, 361
- KPD 188
- Ostdeutschland als Billiglohnland 17, 101
- Soldatenhandel im 18. Jh. 93
- Wirtschaftswunder 162
Dhakar 39
Dili 208
Dominikanische Republik 269, 287, 290, 293 f., 297, 310
- Landwirtschaft 320 f.
Dresden 344
Dritte Welt 104–106
- als Billiglohnländer 17, 155 f., 170, 256, 275, 277, 312
- als Versuchskaninchen 323–329
- Arbeitslosigkeit 137, 143, 265, 274, 277 f., 280, 282 f., 288, 393 f.
- Armut 39–42, 45, 66, 74, 110 f., 138, 141 f., 168–170, 248 f., 252–285, 287, 299, 320 f.,
- Auswirkungen des Neoliberalismus 100
- Die Dritte Welt im eigenen Land 390–408

- Dienstleistungsfunktion 69, 154
- Entwicklungs- und Wirtschaftshilfe 50, 69, 97, 111, 139, 168f., 185, 235f., 240–242, 256, 258, 261, 266–268, 300f., 304, 319–321, 366, 382
- Folter 66, 143, 152, 185, 199, 237, 242, 244, 249, 251, 254, 257f., 260, 263f., 268, 271, 276, 357
- Inflation 130f., 180, 245, 252, 265
- Kapitalabfluß 97
- Kinderarbeit 257f.
- Kinderhandel 259f.
- Kinderprostitution 258f.
- Logik der Nord-Süd-Beziehungen 69–78
- nach dem Kolonialismus 78–86
- Organhandel 259f.
- Protektionismus durch USA 109–111, 154f.
- Sowjetischer Einfluß 84f., 116, 123
- Ursprung in Osteuropa 114f.
- Verschuldung 96f., 116, 138, 150, 162, 181, 245, 248, 262, 265, 271, 276, 285
- (*siehe auch* Drogenhandel, Entwicklungshilfe, Food for Peace, Kolonialismus, Lateinamerika, Menschenrechte, Neue Weltordnung, Sklavenhandel, USA)

Drogenhandel 66, 104–107, 134, 138–144, 173, 249, 259, 262, 309, 329
- Alkoholismus 105f., 134, 139
- Geldwäsche 138–142
- Opiumhandel 40, 42, 328f.
- Tabakindustrie 104–106
- (*siehe auch* Drug Enforcement Agency)

Drug Enforcement Agency (DEA) 141

Eastern Committee 72
Economist 17, 67, 110, 112, 163, 170f., 199, 392
Economist Intelligence Unit 277
Ecuador 259

Eigentum, geistiges (*siehe* Patentrecht)
El Salvador 74, 226, 228, 263, 265, 267, 282, 284, 323, 374, 407
- Drogenhandel 142f.
England (*siehe* Großbritannien)
Entwicklungshilfe (*siehe* Dritte Welt)
Envío 265, 281
Environmental Protection Agency (EPA) 104
Erdöl 61, 72, 91, 96, 128, 156, 169f., 207f., 231, 233, 250–253, 310, 355
Eurokommunismus 90f.
Europa 78, 81, 84, 86, 89f., 94, 96, 101, 105, 122, 137, 164, 169, 212, 213, 234, 259, 276, 289, 310
- frühe europäische Handelskriege 30–34
- (*siehe auch* Europäische Gemeinschaft, NATO, Osteuropa)
Europäische Gemeinschaft (EG) 135f., 155, 163, 212
Excelsior 259

Far Eastern Economic Review 207, 362, 382
Federalist Papers 211
Financial Times 17, 101, 109–111, 130, 253, 309, 370
Firestone Tire and Rubber Company 325
Florida 56, 128, 300
Folter (*siehe* Dritte Welt)
Food and Agriculture Organisation (FAO) 247
Food for Peace 168
Ford Motor Company 275
Foreign Affairs 309
Freedom House 75, 194, 379
Frankreich 36, 43, 46, 52, 82, 89f., 92, 110, 116, 118, 234, 250, 286, 289–291, 294, 296, 302, 316, 352, 357, 360, 381, 386
Freedom Support Act 137
Freihandel (*siehe* NAFTA, Weltwirtschaft)

G-7 27, 65, 109, 138
Gallup Poll 392
GATT 104, 109, 112, 154, 180
Gentechnologie 177–183, 322
Gold 89, 94 f.
General Electric 177
General Motors 16 f., 101, 108, 275, 325
Gewerkschaften 94, 102–104, 111, 127, 159, 240, 242, 252, 255 f., 260 f., 271, 275 f., 285, 302, 307, 354, 378, 393–408
- AAISW 399 f.
- AFL-CIO 304, 396
- AIFLD 304 f.
- Homestead-Streik 399–403, 405–407
- ILO 396
- National Labour Relations Act 395, 398
- Norris-LaGuardia-Gesetz 398
- PATCO 395
- United Auto Workers 393, 395, 399
Gibraltar 120
Golfkrieg 9–14, 55, 61, 76, 85, 93, 147–149, 166 f., 205–208, 311, 329, 350, 352, 407
- Reaktionen der Dritten Welt 10 f.
Granada 30
Grenada 116, 128, 144, 218
- Drogenhandel 139 f.
Griechenland 79 f., 212
Großbritannien 17, 25, 31–33, 35–46, 52, 56, 58–60, 72, 79, 84–86, 93, 96 f., 99 f., 108, 110 f., 114, 116 f., 120, 133, 147, 149, 163 f., 168, 206–208, 210–214, 227, 230, 234, 250, 289 f., 292, 326, 332, 348, 352, 355 f.
- Akkumulation von Reichtum durch Kolonialherrschaft 38
- Arbeiterbewegung 404
- Kolonialherrschaft 35–44, 49–52
- Navigationsakte 32 f.
- Ökonomischer und sozialer Niedergang 93
- Opiumhandel 328 f.
- Vernichtung der ursprünglichen Industrie in Bengalen 38–41

- (*siehe auch* British East India Company, USA: Unabhängigkeitskrieg)
Guantanamo 311
Guatemala 62–65, 74 f., 105, 116, 118 f., 139, 201, 228, 254–259, 266, 268, 282, 293 f., 311, 334
- Drogenhandel 141–143
Guayaquil 259
Guinea-Bissau 248

Haiti 146, 213, 254, 269, 326, 334, 342, 376
- Haitis Tragödie 286–318
- Landwirtschaft 319–323
Haitianisch-Amerikanische Gesellschaft für landwirtschaftliche Entwicklung (SHADA) 319 f.
Hanoi 195
Handelskrieg 30–34
Harper's Weekly 402
Harvard International Review 63
Hawaii 346–349
High-Tech-Industrie 152–155, 168, 175–180
- (*siehe auch* Kommunikationstechnologie)
Hiroshima 338 f.
Ho-Chi-Minh-Stadt 366
Holland (*siehe* Niederlande)
Hokkaido 186
Homestead (*siehe* Gewerkschaften)
Honduras 74 f., 149 f., 223, 265, 282, 374
Hongkong 273
Human Rights Watch 305

Ideologie 70–78, 82 f., 94 f., 97–100, 104 f., 116–121, 127–130, 147 f., 150, 158, 171–174, 199–204, 221, 223 f., 226, 250, 270–272, 284 f., 312, 351, 356–358, 373-392, 394 f., 398, 403, 405
- Neusprech (Newspeak) 200, 308, 363
- (*siehe auch* Nationalismus, Politische Korrektheit, Pragmatismus, Stabilität, Werbung)
India's Working Group on Patent Law 182

Indianer 51–61, 128, 257, 326, 329–334, 373–377
- Algonquin 374
- Cherokee 59f., 330–332
- Guaymí 261
- Kollektivbesitz 332f.
- Narraganset 54
- Pequot 54, 373, 375
- Pfad der Tränen 331
- Sand Creek-Massaker 55
- Sioux 375
- (*siehe auch* USA)
Indien 31, 33, 38–41, 43, 49, 71, 182, 257, 341
- Kinderarbeit 257
- (*siehe auch* Bangladesch, Bengalen, Großbritannien: Indische Kolonien)
Independent 93
Indochina 75, 89f., 121, 352, 357, 365, 372, 378, 386, 405
Indonesien 34, 75, 186–209, 241, 268, 311, 341
- Invasion in Osttimor 198f., 204–206, 361, 381
- PKI 187, 189–193, 196, 198, 200, 203
- Suharto-Putsch 189–198, 200–204
Industrial Biotechnological Association 178
Industrial Workers of the World 390
Inquisition 30
Institut für Ibero-Amerikanische Studien 284
Internationales Institut für Forschung und Entwicklung (IHRED) 304
Irak 9, 12, 14f., 19, 61, 146–149, 155, 167, 204f., 208, 382, 390
- Invasion in Kuwait 206–208
- Krieg gegen Kurden und Schiiten 12, 76, 148
- (*siehe auch* Golfkrieg)
Iran 41, 72, 188, 241, 252
Irland 27
Islam 144
Israel 72, 77, 92, 138, 167, 169, 188, 205, 310, 361, 379
- (*siehe auch* Palästina)

Italien 73, 90, 182, 274
- Innenpolitische Einflußnahme durch USA 80–82, 118f.
- KPI 80, 90
- (*siehe auch* Eurokommunismus)
IWF (*siehe* Weltwährungsfonds)

Jakarta 190, 192, 201f.
Jamaica 211
- Sklavenbefreiung 326f.
Japan 10, 22, 27, 31, 33f., 38, 71, 78f., 84, 86f., 94, 96, 101, 108, 116f., 122, 136f., 154f., 160f., 163, 165, 182, 187, 196, 206, 232, 266, 312, 350, 352–356, 359f., 363f., 367, 369, 372, 377, 383f.
- Aggression gegen China 340–343, 352f.
- (*siehe auch* Pearl Harbour)
John F. Kennedy School of Government 63

Kalkutta 39
Kalter Krieg 70, 76, 84f., 87–89, 114–130, 166, 228, 236, 240, 251, 268f., 306, 309, 343, 352, 361
- Dogma der kommunistischen Bedrohung 19f.
- Nach dem Kalten Krieg 143–153
Kambodscha 127, 195, 205, 255, 257f., 344, 360–364, 381
- (*siehe auch* Rote Khmer)
Kanada 17, 53, 56f., 101, 103, 155, 199, 211, 234, 378
- Gesundheitsvorsorge 335f.
Kapitalismus
- Banken 30, 94, 96f., 111f., 115, 130, 132, 138, 140, 154f., 158, 162f., 168, 265, 277, 280, 285, 323, 363, 366
- Demokratie und Markt 158–183
- Die Dritte Welt im eigenen Land 390–408
- Internationalisierung des Kapitals 107, 154
- Krisen 63, 94–97, 245
- Phasen des Industriekapitalismus 165

- Sozialabbau 45f., 94–97, 172–174
- Ursprüngliche Akkumulation 46f., 326
- Verelendung 18, 86, 101, 157, 172
- Verschuldung der Konzerne 175
- Wohlfahrtsstaat für die Reichen 174
- (*siehe auch* Dritte Welt, Keynesianismus, Marktwirtschaft, Neoliberalismus, Weltmarkt)

Keynesianismus 22, 89, 162, 165, 168, 173f.
Kinderarbeit 249, 257f.
Kinderhandel 259f.
- in Osteuropa 133f.

Kinderprostitution 258f., 283
Kolonialismus 30–51, 78f., 84, 114, 128, 186, 287, 289, 322, 327, 352, 355, 373, 381
- Handelsgesellschaften 30–40
- Zerschlagung der traditionellen Handelssysteme und Industrien in den Kolonien 34f., 41f.
- (*siehe auch* Großbritannien, Sklavenhandel)

Kolumbien 141, 143f., 214, 260, 290
Kommunikationstechnologie 96f.
- (*siehe auch* High-Tech-Industrie)

Konservatismus 98–100
Kongo 51
Korea 79, 108, 159–161, 164, 273, 346, 370
- (*siehe auch* Koreakrieg)

Koreakrieg 71, 89, 176, 184, 325, 353, 377
Krakau 131
Kuba 73, 92, 123, 125, 128, 144, 146, 151, 213–229, 231, 251, 273, 289, 299, 311, 341, 348, 356
- Schweinebucht-Invasion 217, 219

Kuwait 12, 16, 61, 149, 167, 205–208, 311
Kwangju 159, 273

La Penca 262
Labour Advisory Committee 113
Landwirtschaft 319–323
Laos 364, 388
Lateinamerika 63–68, 71, 79, 81–84, 91, 100, 149, 155f., 164, 185f., 230–285, 344, 346, 373, 378f., 404f.
- Drogenhandel 137–143
- Eine »reife Frucht« 210–229
- Kinderarbeit 257f.
- Kirche 78, 146
- (*siehe auch* Dritte Welt)

Levant Company 31
Libanon 205, 361
Liberia 291, 321–323
Libyen 12, 15, 52, 121, 144, 204, 262f., 384
Lissabon 205
London 230
Los Angeles 324
Los Angeles Times 98, 198, 384
Louisiana 290
Love Canal 368
Luanda 152

Maastricht 17
Madiun 187, 191
Mafia 66, 68
Maine 51
Malaysia 11, 362
Mali 110
Managua 142f., 280
Mandschurei 341–343, 352f.
Manila 349
Marktwirtschaft 100f., 132f., 171–174, 184, 273, 284, 323
Marokko 12
Marshall-Plan 81f., 169
Massachussetts 335
Medien (*siehe* Ideologie)
Menschenrechte 62, 66, 70, 141, 144, 146f., 150, 153, 158, 160, 184–209, 224, 260, 273, 301f., 305–308, 311, 316, 407
- (*siehe auch* Amnesty International, Human Rights Watch, Demokratie)

Mexiko 17, 28, 33, 58–60, 71, 118, 141, 155–157, 212, 214, 217, 245, 257, 259, 263, 274–276, 280, 283

Miami 142, 317
Miami Herald 143, 222, 261, 263, 280
Miskito 142
Mongolei 342
Monroe-Doktrin 53, 213, 231, 233f., 341f., 346, 348
Mozambique 63, 127
My Khe 372
My Lai (*siehe* Vietnamkrieg)

NAFTA 113, 276
Nagasaki 338, 369
Naher Osten 79f., 84, 91, 96, 149, 152, 166–168, 233f., 250, 252, 378f.
Namibia 151
Nanking 341
NASA 20, 168
Nation 384, 402
National Academy of Sciences and Engineering 179
National Alliance for the Mentally Ill 173
National Association of Manufacturers 398
National Catholic Reporter 316
National City Lines 325
National Institutes of Health (NIH) 24, 177–179
National Science Board (NSB) 175
National Science Foundation (NSF) 175
National Security Council (NSC) 69, 71, 126
Nationalismus 70–73, 79, 116f., 123, 141, 152, 187, 234, 238–241, 316, 386
Nationalstiftung für die Demokratie (NED) 304f.
NATO 86f., 90–93, 125, 127f., 145
– NACC 93
– Nordatlantikpakt 87
Neoliberalismus 16–18, 23, 26f., 70, 100–108, 172, 236, 243f., 247, 250, 253–255, 260, 264, 271f., 274, 279, 285
Neue Weltordnung 65, 76, 82, 85f., 91, 144, 183, 206f., 230, 232, 306, 355
New England Journal of Medicine 393
New Hampshire 105f.
New Republic 14, 284, 302
New York 51, 230, 374, 393, 397
New York Herald 59, 230
New York Review of Books 203
New York Times 14f., 23f., 62, 72, 76f., 92, 99, 112, 128, 131, 133f., 145, 147–150, 169f., 176f., 181, 195–199, 201f., 205, 212, 218, 221–224, 252, 267f., 273, 297, 308f., 313, 316, 334f., 338, 358–361, 363, 365, 367, 370f., 374, 376, 396, 399, 402
New York Times Book Review 337, 375
New York Times Magazine 344, 350
Newsweek 371, 376
Nicaragua 73, 81, 118f., 127f., 128, 143f., 150–152, 158, 217, 222–224, 226, 228, 263, 273, 279–284, 315, 342, 356, 361, 382
– Drogenhandel 141f.
– Kinderprostitution 283
Niederlande 30–32, 34, 35f., 38, 43, 46, 49, 52, 114, 162f., 186f., 289, 352
– (*siehe auch* Vereinigte Ostindische Kompanie)
Norwegen 57
NPR 379
Nürnberger Prozesse 57

OECD 22
Office for Strategic Services (OSS) 121
Okkultismus 113
Oklahoma 329f., 332
Olympia and York 112
Ontario 103
Opium (*siehe* Drogenhandel)
Oregon 58
Organhandel 259f.
Organisation amerikanischer Staaten (OAS) 82f., 118, 308, 310, 312, 321
Osteuropa 247, 249, 276, 316, 366

- Integration in die Weltwirtschaft 135
- Kinderhandel 133f.
- Verelendung 105, 114f., 130–137, 172

Ostindische Handelsgesellschaft (*siehe* British East India Company)
Osttimor (*siehe* Timor)
Oxford Committee for Famine Relief (Oxfam) 73

Pakistan 72
Palästina 77, 379
- PLO 206

Panama 120, 147, 149, 223, 261, 361
- Drogenhandel 140f., 143

Paraguay 247
Patentrecht 154, 177–183
Pearl Harbour 338–341, 345, 349f., 352, 356, 363, 377, 382–384
Pentagon 22, 91f., 96, 127, 152, 166, 219, 241
Persien (*siehe* Iran)
Peru 28, 33, 143, 258f.
Pharmaindustrie 180–183
Philippinen 55, 105, 266, 269, 294, 301, 341
Pinkerton National Detective Agency 400
Pitahaya 261
Pittsburgh 399–401
Pittsburgh Post 401
Pittston Coral Group 378
Planters' Monthly 347
Plassey, Schlacht von 33, 39
PLO (*siehe* Palästina)
Polen 17, 93, 114, 139, 289, 366
- Kinderhandel 133
- Solidarnosc 17, 132
- Wirtschaftslage 130–132, 134, 136

Politische Korrektheit 28, 53, 58, 75–77, 81, 98–100, 105, 153, 200, 312, 317, 331, 345, 350–356, 370, 374–379
- (*siehe auch* Ideologie, Zivilgesellschaft)

Portugal 30–35, 152, 199, 207
- Kommunistische Partei 90

Pragmatismus 53, 76f., 83, 209, 309, 319
Prawda 223
Puerto Rico 348

Quang Ngai 370–372

RAND-Corporation 188, 323, 343
Rassismus 29, 50–61, 71, 212, 290, 292f., 296, 323, 406f.
Religion 19
Republic of Fredonia 60f.
Rio de Janeiro 249
Rio Sumpul 374
Rolls-Royce Ltd. 208
Rosario Mining Company 283
Rote Khmer 255, 360–363
Rotterdam 344
Rumänien 105, 134, 160
- Kinderhandel 133f.

Rußland (*siehe* Sowjetunion)
Rzeszow 131

S & L 132
Santiago de Chile 271, 278
Santo Domingo 260
Sao Paulo 260
Saudi-Arabien 76, 80, 252, 269
Schweden 117, 226
Schweiz 227, 289
Science 178
SDI (*siehe* USA)
Seoul 159
Seveso 368
Singapur 108, 273, 362
Sklaverei, Sklavenhandel 29f., 32f., 43, 51f., 56, 60, 66, 128, 210–214, 249, 257f., 289f., 291–293, 326f., 373
Solidarnosc (*siehe* Polen)
Somalia 15f.
South Commission 85
Sowjetunion 74, 86–90, 105, 114–132, 134–137, 145–147, 149, 151–153, 170, 176, 186, 203f., 267, 337, 343, 372
- Einfluß in der Dritten Welt 84f., 116, 123, 236f.
- Dissidenten 67
- Kommandowirtschaft 117, 125f.

453

- Oktoberrevolution 116f., 337
- Perestrojka 123, 228
- Präsenz in Kuba 216, 220, 226f.
- Zusammenbruch 96f., 101, 144, 405
- (*siehe auch* Bolschewismus, Osteuropa, Warschauer Pakt)

Spanien 33, 36, 52, 67f., 257, 274, 349
- amerikanische Kolonien 211–213, 286, 288, 376
- Judenvertreibung 30
- (*siehe auch* Inquisition)

Sri Lanka 31
Stabilität 74–77, 81, 87, 121, 123f., 127, 146, 148f., 153f., 200, 224, 231, 245, 268, 298, 354
Standard Oil Company 251, 325
States News Service 200
Südafrika 16, 33, 63, 123, 151f., 223, 234, 335, 396
Südostasien 84, 149, 186–209
Sumatra 186, 199f.
Syrien 205

Taiwan 108, 273, 300
Texas 58–61, 128, 144, 339
Thailand 205, 247, 257f., 361f.
Tibet 342
Time 150f., 196, 312, 317
Times 401f.
Times of India 10
Timor 16, 158, 198f., 204–208, 361, 381
Togo 110
Tokio 338–341
Trinidad-Tobago 110
Tropical Science Center 264
Tschechoslowakei 93, 115, 136
Türkei 36, 72, 76, 169, 220, 245

UdSSR (*siehe* Sowjetunion)
Ukraine 136
Umweltschutz und -verschmutzung 69, 103–107, 113, 156, 169–171, 180f., 261–263, 278f., 323, 407
- Konferenz in Rio 107, 169
- (*siehe auch* Biotechnologie, Chemie, EPA, Pharmaindustrie)

UN-Sicherheitsrat 12, 149
UNCTAD 97, 109
UNESCO 97f., 248
Ungarn 93, 105, 134, 267
UNICEF 225, 254, 259, 366
United Fruit Company (UFCO) 327f.
United Technologies 17
UNO 12f., 85, 97, 100, 123, 141, 204f., 225, 227, 247, 260, 285, 313, 362, 364
- Demontage durch USA 97f., 149f.

Uruguay 258, 260
U. S. News & World Report 196
US-Steel Company 401
USA
- Annexion von Hawaii 346–349
- Annexion von Texas 58–61
- Antikommunismus 72–75, 77f., 80f., 114–130, 169, 234, 236f., 343, 406
- Arbeiterbewegung 393–408
- Atombombe 338–340, 369
- Außenpolitik in Dritter Welt 78–86
- Baumwollmonopol 58–60
- Bildungssystem 24f., 173f.
- Counterinsurgency in Lateinamerika 62–67, 149–151, 185f., 210–229, 230–285, 344
- Demontage der UNO 97f.
- Dritte Welt als Feind 152
- Drogenhandel in Lateinamerika 137–143
- Embargo gegen Vietnam 360, 364, 366, 377, 382
- Führungsanspruch 86–93
- Gesundheitssystem 335f.
- Höhepunkt der Vorherrschaft nach dem 2. Weltkrieg 78
- Immigration 406
- ideologische Vorherrschaft der Rechten 98–100
- innenpolitische Einflußnahme in Italien 80–82
- Intervention in Haiti 291–318
- Invasion in Panama 140f., 147, 149, 361
- Iran-Contra-Affäre 188, 241

- klassenbewußte Unternehmenskultur 18
- Manifest Destiny 59
- Mord an der Geschichte 337–389, 405
- Nach dem Kalten Krieg 143–153
- Neuformierung der Industriepolitik 174–183
- New Deal 398
- Parteien 19
- Pentagon-System 20–24, 45f., 168, 176
- Protektionismus gegen Dritte Welt 109–111, 154f.
- Rückgang von Forschung und Entwicklung 175f.
- Rüstungsproduktion und Waffenlieferung in Dritte Welt 127f., 164–168, 176, 188, 190, 192f., 206–208, 238–242, 284, 289, 302, 305, 361
- SDI 22
- Sozialabbau und -politik 93–97, 102, 107
- Sezessionskrieg 57, 290
- Unabhängigkeitskrieg 56–58, 93, 210f., 330
- Unterstützung von Mussolini und Hitler 118f.
- Verlagerung der Produktion in Billiglohnländer 16–18, 101f.
- Verhältnis zu Kuba 213–229
- Vertreibung und Vernichtung der Indianer 51–56, 329–334, 373–377
- wirtschaftliches Engagement in Osteuropa 136f.
- (siehe auch CIA, Golfkrieg, Kalter Krieg, Kapitalismus, Koreakrieg, Mafia, Marshall-Plan, NAFTA, NASA, NATO, Neue Weltordnung, National Security Council, Office for Strategic Services, SDI, Vietnamkrieg)

USAID 139, 141, 264, 300, 305f., 321f.

Vatikan 315f.
Venezuela 156, 158, 231, 250–254
- Erdölvorräte 250–253

Vereinigte Ostindische Kompanie 30f., 49
Vereinte Nationen (siehe UNO)
Vietnam 89, 118, 184, 251, 258, 294, 323, 345f., 356, 364, 377–389
- Invasion in Kambodscha 360–363, 381
Vietnamkrieg 62, 64, 94, 193f., 197, 201, 203, 342–345, 350f., 355, 357–360, 365–368, 379–383, 390f., 407
- Eskalation durch USA 383–389
- Golf von Tonkin 384
- My Lai-Massaker 369–372, 375
- Operation Bold Mariner 372
- Operation Wheeler Wallawa 371
- TET-Offensive 387
- vermißte US-Soldaten 357–360, 363f., 366, 377f., 384
Vinh 344, 365
Virginia 51, 330
Völkermord 60, 62f., 65, 122, 158, 184, 198, 254f., 268, 361, 373

Wall Street Journal 24, 107, 139, 156, 173f., 177, 199f., 230, 276, 301, 311, 356, 395
Warschau 131
Warschauer Pakt 87
Washington Post 13, 64, 121, 201f., 228, 230, 266, 312, 338, 346, 370, 382, 402
Washington Quarterly 273
Watergate 51
Weekly Reader 380
Weltbank 106, 109–111, 126, 130f., 137, 162, 169–171, 195, 212, 242, 264, 300, 366, 382
- (siehe auch Weltwährungsfonds)
Weltgesundheitsorganisation (WHO) 225, 322
Weltkrieg, Zweiter 117, 119, 164, 204, 206, 375–377
- Atombombe 338–340, 369
- (siehe auch Atombombe, Deutschland, Hiroshima, Pearl Harbour)
Weltwährungsfonds 100, 109–112, 131, 134f., 137f., 153, 162, 168,

257, 264–266, 287, 299, 360, 382
– (*siehe auch* Weltbank)
Weltwirtschaft 69–72, 85
– Ausweitung der 2-Klassen-Gesellschaft auf die Industrienationen 18, 390
– Freihandel 18, 27f., 37f., 48, 70, 100–108, 136, 153–155, 158, 165, 171f., 212, 235, 279, 285, 329, 352
– Internationalisierung des Kapitals 107
– Konkurrenz 22
– Protektionismus 18, 109–111, 154f., 180
– Rückgang der traditionellen Industriezweige 21f.
– Tripolarität 94
– (*siehe auch* Erdöl, GATT, NAFTA, Weltbank, Weltwährungsfonds)

Werbung 324–329
– (*siehe auch* Bedürfnisse)
Westpapua 199, 207
Wirtschaft (*siehe* Kapitalismus, Weltwirtschaft)
Wirtschaftshilfe (*siehe* Dritte Welt)
World Resources Institute 264

Z-Magazine 384
Zaire 151, 160
Zenith 275
Zentrum für lateinamerikanische Studien 141
Zivilgesellschaft 106, 306, 308–310, 315, 391, 406
– (*siehe auch* Demokratie, Politische Korrektheit)
Zollschranken
– gegen Dritte Welt 109–111
– (*siehe auch* GATT)

»Eine höchst aufschlußreiche und wohltuende Lektüre für jene, die sich für größere Zusammenhänge interessieren, von der Hektik einer emotional geführten Debatte Abstand gewinnen wollen und zugleich der Überzeugung sind, daß das Asylrecht zu den wichtigsten Errungenschaften einer demokratisch verfaßten Gesellschaft gehört.«
Walter Koisser, Vertreter des Hohen Flüchtlingskommissars der UN in Deutschland bis 1993.

Gérard Noiriel ist Professor für Sozialgeschichte an der Pariser Eliteuniversität École Normale Supérieure und Präsident des Comité d'Aide aux Intellectuels Réfugiés.

360 Seiten, Ln, Fadenheftung ISBN 3-924245-30-4 68,- DM/öS 530,-/SFr 69,80

»Warum und wie konnte ›das Nationale‹ zu einer ›grundlegenden sozialen Frage in der modernen Welt werden‹? Dieser Frage geht der Historiker Gérard Noiriel auf Genaueste nach, indem er sich als Hauptgegenstand seiner Analyse nicht Migranten im weitesten Sinne wählt, sondern Flüchtlinge, das heißt Asylbewerber. Im Gegensatz zum Gastarbeiter, der weiterhin von seinem Land abhängt, ist der Flüchtling ein ›national Behinderter‹, weil er den ›Schutz seines Herkunftslandes verloren hat‹. Daher spürt er stärker als andere das, was der Autor ›Die Tyrannei des Nationalen‹ nennt.« *Le Monde*

zu Klampen Verlag
Postfach 1963 · 21309 Lüneburg · Telefon 0 41 31/4 83 79 · Fax 04131/4 83 36

Denkanstöße – Philosophie im dtv

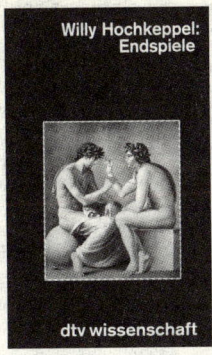

Wolfgang Bauer:
China und die Hoffnung auf Glück
Paradiese, Utopien, Idealvorstellungen in der Geistesgeschichte Chinas
dtv 4547

William K. Frankena:
Analytische Ethik
dtv 4640

Ernest Gellner:
Pflug, Schwert und Buch
Grundlinien der Menschheitsgeschichte
dtv 4602

Christopher Robert Hallpike:
Die Grundlagen primitiven Denkens
dtv 4534

Willy Hochkeppel:
Endspiele
Zur Philosophie des 20. Jahrhunderts
dtv 4594

Klassiker des philosophischen Denkens
Hrsg. N. Hoerster
2 Bände
dtv 4386/4387

Klassische Texte der Staatsphilosophie
Hrsg. N. Hoerster
dtv 4455

Panajotis Kondylis:
Die Aufklärung im Rahmen des neuzeitlichen Rationalismus
dtv 4450

Jacques Le Goff:
Die Intellektuellen im Mittelalter
dtv 4581

Ernst R. Sandvoss:
Geschichte der Philosophie

Band 1: **Indien, China, Griechenland, Rom**
dtv 4440

Band 2: **Mittelalter, Neuzeit, Gegenwart**
dtv 4441

Peter F. Strawson:
Analyse und Metaphysik
dtv 4615

Texte zur Ethik
Hrsg. D. Birnbacher und N. Hoerster
dtv 4456

Was das Schöne sei
Hrsg. M. Hauskeller
dtv 4626

dtv-Atlas zur Philosophie
dtv 3229

Gesellschaft Politik Wirtschaft

Christoph Buchheim:
Industrielle Revolutionen
dtv 4622

Ralf Dahrendorf:
Der moderne soziale Konflikt
dtv 4628

Gilberto Freyre:
Das Land in der Stadt
Die Entwicklung Brasiliens
dtv/Klett-Cotta 4537

Erich Fromm:
Arbeiter und Angestellte am Vorabend des Dritten Reiches
dtv 4409

Ernest Gellner:
Der Islam als Gesellschaftsordnung
dtv 4588

Bronislaw Geremek:
Geschichte der Armut
dtv 4558

Gerd Hardach:
Der Marshall-Plan
Auslandshilfe und Wiederaufbau in Westdeutschland 1948-1952
dtv 4636

Indianische Realität
Nordamerikanische Indianer in der Gegenwart
Herausgegeben von Wolfgang Lindig
dtv 4614

Klassische Texte der Staatsphilosophie
Herausgegeben von Norbert Hoerster
dtv 4455

Hans van der Loo/ Willem van Reijen:
Modernisierung
Projekt und Paradox
dtv 4573

Herbert Marcuse:
Der eindimensionale Mensch
Studien zur Ideologie der fortgeschrittenen Industriegesellschaft
dtv 4623

Peter Cornelius Mayer-Tasch:
Politische Theorie des Verfassungsstaates
dtv 4557

Jörg P. Müller:
Demokratische Gerechtigkeit
dtv 4610

Oskar Weggel:
Die Asiaten
dtv 4629

Gesellschaft Politik Wirtschaft

Jewgenia Albaz:
Das Geheimimperium KGB
Totengräber der Sowjetunion
dtv 30326

Timothy Garton Ash:
Ein Jahrhundert wird abgewählt
Aus den Zentren Mitteleuropas 1980-1990
dtv 30328

Fritjof Capra:
Wendezeit
Bausteine für ein neues Weltbild
dtv 30029

Das neue Denken
Ein ganzheitliches Weltbild im Spannungsfeld zwischen Naturwissenschaft und Mystik, Begegnungen und Reflexionen
dtv 30301

Graf Christian von Krockow:
Politik und menschliche Natur
Dämme gegen die Selbstzerstörung
dtv 11151

Heimat
Erfahrungen mit einem deutschen Thema
dtv 30321

Dagobert Lindlau:
Der Mob
Recherchen zum organisierten Verbrechen
dtv 30070

John R. MacArthur:
Die Schlacht der Lügen
Wie die USA den Golfkrieg verkauften
dtv 30352

Gérard Mermet:
Die Europäer
Länder, Leute, Leidenschaften
dtv 30340

Der Deutsche an sich
Einem Phantom auf der Spur
dtv 30406

Hans Jürgen Schultz:
Trennung
Eine Grunderfahrung des menschlichen Lebens
dtv 30001

Dorothee Sölle:
Gott im Müll
Eine andere Entdeckung Lateinamerikas
dtv 30040

Roger Willemsen:
Kopf oder Adler
Ermittlungen gegen Deutschland
dtv 30405

Natur und Umwelt

Maureen & Bridget Boland:
Was die Kräuterhexen sagen
Ein magisches Gartenbuch
dtv 10108

Jürgen Dahl:
Nachrichten aus dem Garten
Praktisches, Nachdenkliches und Widersetzliches aus einem Garten für alle Gärten
dtv/Klett-Cotta 30077

Zeit im Garten
Zwölf Gänge durch den Garten am Lindenhof und anderswo
dtv 30391

Dieter Heinrich / Manfred Hergt:
dtv-Atlas zur Ökologie
Mit 116 Farbtafeln
dtv 3228

Henry Hobhouse:
Fünf Pflanzen verändern die Welt
Chinarinde, Zucker, Tee, Baumwolle, Kartoffel
dtv / Klett-Cotta 30052

Edith Holden:
Vom Glück, mit der Natur zu leben
Naturbeobachtungen aus dem Jahre 1906
dtv 30049

Die schöne Stimme der Natur
Naturerlebnisse aus dem Jahre 1905
dtv 30027

Frederic Vester:
Unsere Welt – ein vernetztes System
dtv 10118

Neuland des Denkens
Vom technokratischen zum kybernetischen Zeittafel
dtv 10220

Ballungsgebiete in der Krise
Vom Verstehen und Planen menschlicher Lebensräume
dtv 30007

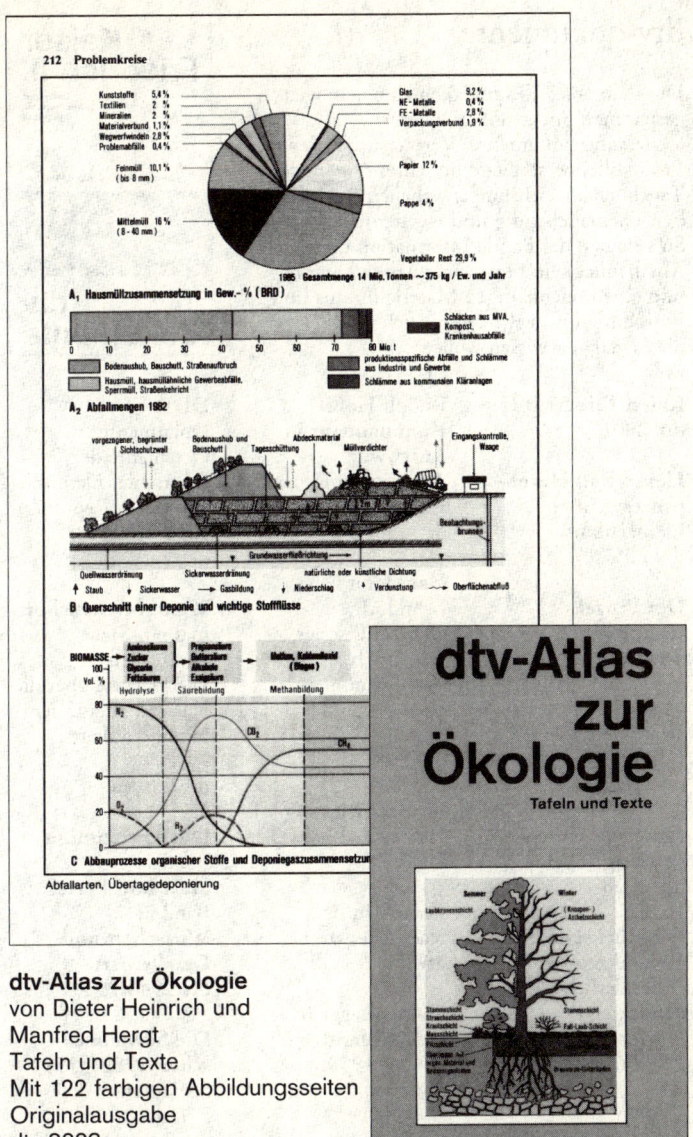

Abfallarten, Übertagedeponierung

dtv-Atlas zur Ökologie
von Dieter Heinrich und
Manfred Hergt
Tafeln und Texte
Mit 122 farbigen Abbildungsseiten
Originalausgabe
dtv 3228

dtv-dokumente

Die Reihe bietet Materialien zu einem weit gespannten Spektrum an Themen. Verfassungsdokumente, Vertragstexte, Reden, Protokolle, persönliche Berichte, Briefe oder Tagebuchaufzeichnungen erhellen das jeweilige Thema lebendig und facettenreich.
So vereinen die Bände Information und Anschaulichkeit, bieten spannende Lektüre und einen reichhaltigen Materialfundus für Forschung und Lehre, aber auch für alle, die es genauer wissen wollen.

Kaiser Friedrich II.
dtv 2901

Hexen und Hexenprozesse in Deutschland
dtv 2957

Der Prozeß Jeanne d'Arc
dtv 2909

Mozart
Dokumente seines Lebens
dtv 2927

Hitlers Machtergreifung 1933
dtv 2938

Die Rückseite des Hakenkreuzes
Absonderliches aus den Akten des Dritten Reiches
dtv 2967

Rudolf Höß:
Kommandant in Auschwitz
Autobiographische Aufzeichnungen
dtv 2908

Hans Graf von Lehndorff:
Ostpreußisches Tagebuch
Aufzeichnungen eines Arztes aus den Jahren 1945-1947
dtv 2923

Entnazifizierung
1945 – 1949
dtv 2962

Frauen in der Nachkriegszeit
dtv 2952

Stalins Lager in Deutschland
1945 – 1950
dtv 2966

DDR
Dokumente zur Geschichte der Deutschen Demokratischen Republik
1945-1985
dtv 2953

Wann bricht schon mal ein Staat zusammen!
Die Debatte über die Stasi-Akten auf dem 39. Historikertag 1992
dtv 2965

Die Sowjetunion
Band 1:
Staat und Partei
Band 2:
Wirtschaft und Gesellschaft
dtv 2948/2949

Die Sowjetmenschen 1989 - 1991
Soziogramm eines Zerfalls
dtv 2964